컬처럴 턴즈

컬처럴 턴즈

문화학의 7가지 지평

해석적 턴
수행적 턴
성찰적 턴/문학적 턴
포스트식민주의 턴
번역적 턴
공간적 턴
아이코닉 턴

CULTURAL TURNS
SPATIAL TURN
ICONIC TURN
POSTCOLONIAL TURN
TRANSLATIONAL TURN
REFLEXIVE TURN
LITERARY TURN
PERFORMATIVE TURN
INTERPRETIVE TURN

Doris Bachmann-Medick 지음
호모포에티카 옮김

HU:iNE

목차

역자서문

이 책은 한국외국어대학교 독일어과의 문화번역모임 '호모포에티카'가 지난 4년 동안 공들여 작업한 끝에 완성되었다. 2017년 『괴테, 예술작품같은 삶』을 번역출간하면서 호모포에티카는 그 후속작업을 문화학에서 찾기로 했다. 그동안 국내에서도 문화론에 대한 책들이 무수히 출간되었지만 21세기적 시각으로 문화학의 기틀을 잡아줄 이론서가 부족하다는 생각에서였다. 2017년 3월, 우리는 첫 기획 회의를 갖고 유럽과 영미권에서 문화학의 필독서로 인정받고 있는 『컬처럴 턴즈』의 번역에 착수했다.

독일 원저가 우리의 관심을 끈 것은 비판적 시각과 학문적 혁신정신이었다. 이 책은 기존의 문화학이 지배적 문화를 재현하는 주제, 즉 내용상의 기술에 치우쳐 있었다는 비판에서 출발한다. 저자 바흐만-메딕 Bachmann-Medick은 무엇보다 문화학의 초점을 주제에서 분석범주로 전복시켜야 한다고 주장한다. 기존의 문예학이론이나 문화학방법론이 패러다임 전환에 치중했던 관행에도 반기를 든다. 그 대신 '패러다임'에 대한 대안으로 '턴 turn'이라는 개념을 제시한다. 토마스 쿤 Thomas Kuhn식의 '패러다임 전환'은 단호하게 시대를 바꾸는 "방향전환"을 뜻하는 반면, '턴'은 복합적이고 다층적으로 맞물려 역동적으로 진행되는 '전회'로서 결과보다 발전과정에 천착하기 때문이다.

그런데 왜 단수의 '컬처럴 턴'이 아니고 복수의 '컬처럴 턴즈'인가? 이 책이 제목에서부터 표방하는 중요한 이슈는 문화다원주의와 과정중심의 수행성에 기반하는 개방적 태도이다. 탈식민주의적 문화번역 전문가이기도 한 저자는 무엇보다도 유럽중심의 일방적인 근대화개념을 문제 삼는다. "언어적 턴"이나 "문화적 턴"같은 총체적 개념의 거대서사도 거부한다. 이들을 대신해 문화학의 새로운 분석범주로 제시된 것이 바로 복수체계의 다양한 "문화적 턴들"이다. '컬처럴 턴즈'의 스펙트럼으로 매핑된 문화지형도라야 비로서 하부문화와 로컬리티의 자율성과 특성이 빛을 발할 수 있다는 것이다. 이 턴들은 시류를 따라 흐르고, 점점 더 발전하면서 다른 학문적 전환들과 교차하며 융합 턴들을 형성하기도 한다. 그렇게 되면 하나의 '문화학'이 아니라 복수의 '문화학들'이라는 개념도 가능해진다.

이 책은 현재 시의성 있는 7가지의 주요 턴들을 중심으로 20세기 중반부터 변화를 거듭해온 문화학의 지평을 살펴보고 미래를 전망한다. 문화학의 새로운 방향을 보여주는 이 턴들 중에는 이미 고전이 되어버린 것도 있고, 아직 생성과정 중에 있는 것도 있다. 이들을 연대기적으로 나열하기보다는 각 턴들의 특성 및 차별성과 상호연관성이 무엇인지 심층적으로 분석한다. 개별적 턴의 개념과 특성을 논하되, 개별 학문에서의 활용사례와 발전현황을 각 장마다 일관성있게 소개함으로써 분석범주로서의 적용가능성을 실용적으로 제시해준다. 아울러 각 장의 마지막에 참고문헌과 각주를 달아 개별 턴에 관련된 비중 있는 학술적 담론들을 독자가 직접 찾아보고 검토해 볼 수 있게 서비스하고 있다.

독일어로 된 각주 역시 일반 독자가 이해하기 쉽게 우리말로 재정리하였고, 필요한 경우 '옮긴이 주'를 추가해두었다. 아울러 각 장별로 참고문헌 앞에 별도의 요약문을 첨부해 일목요연하게 핵심을 정리해 놓았다.

이 책을 공동 번역하는 작업은 문자 그대로 '문화번역'을 직접 수행해보는 아주 특별한 실천의 장이기도 했다. 우리는 매달 한 번씩 모여 정기 번역심포지엄을 갖고 각 챕터 별로 정해진 주제에 대해 논의한 후, 토론내용을 반영해 대표 번역자가 번역을 완성해나갔다. 단순히 텍스트를 번역하는데 그치지 않고 독회를 열어 비판적 논쟁을 벌이면서 학술적인 논의와 검증을 충분히 거쳤기에, 이 책은 문화번역론에 대한 치열한 연구결과이기도 하다고 감히 말할 수 있다.

번역작업에는 1차와 2차에 걸쳐 약 2년이 소요되었지만, 검토 작업에도 그만큼 많은 시간이 할애되었다. 2018년 제천에서 1차로 진행된 번역검토 MT, 2020년 문화카페 '이문일공칠'에서 2차로 진행된 "컬처럴 턴즈" 심포지움에서 이 책의 내용이 좀 더 면밀하게 검토되었고 번역이 다듬어졌다. 호모포에티카의 우정과 결속력이 더욱 단단해진 것은 이 책의 번역작업이 덤으로 가져다 준 선물이다.

Covid 19 감염사태의 유래 없는 위기 상황에서도 마지막까지 학문에의 열정을 게을리하지 않은 번역진과 지난한 윤문·교정작업을 도맡

아준 편집위원회의 노고에 감사드린다. 모쪼록 이 한권의 책이 문화학에 입문하는 학생과 일반 독자들에게 작은 길잡이가 되고 학계에서도 후속담론을 추동시키는데 조금이나마 기여할 수 있기 바란다.

끝으로 이 책의 출판을 흔쾌히 수락해준 준 한국외대 지식출판콘텐츠원 원장님을 비롯해 편집진에게 심심한 감사의 말씀을 전한다.

2020년 12월 31일
옮긴이를 대표하여
장 은 수

저자서문

컬처럴 턴즈: 문화학의 새로운 방향들

1. 문화학 매핑을 위한 제언

주지하다시피 문화학 Kulturwissenschaften은 포스트모더니즘 시대를 거쳐오면서 해방과 진보를 주장하는 거대 담론에 종언을 고했다. 그런데 실상 문화학 자체도 하나의 거대 서사가 되어 버렸다. 소위 "문화적 턴 Cultural Turn"이라는 파급력 있는 용어가 여전히 회자되고 있는 것을 보면 이를 알 수 있다. 하지만 이 문화적 턴은 패러다임의 도약처럼 사회과학 및 문화학의 분과 학문들을 강타했으면서도 여전히 막강한 '언어적 턴 linguistic turn'의 마력에서 벗어나지 못하고 있다. 실제로 언어적 턴은 메가톤급 전환 또는 혁명적인 패러다임 교체로 보이기도 한다. 그런데 이 언어적 턴이 정말로 오늘날까지도 다른 모든 문화학의 새로운 방향들을 좌지우지할 정도로 문화학의 이론 구성에 강력한 지배력을 행사하고 있을까?

이제는 또 하나의 문화학사 Geschichte der Kulturwissenschaften 서술이 가능해졌다. 이 문화학사는 바로 다수의 '문화적 턴들 cultural turns'이 만들어낸 역사다. 대략 1970년대부터 언어적 턴을 선두로 다양한 턴들이 형성되면서 비로소 다변적이고 역동적인 문화학 연구의 장이 펼쳐지기 시작했으며 관점들이 바뀌고, 새로운 연구 대상에 초점을 두게 되었다. 이로써 모든 분과 학문을 망라하고 횡단하면서 그 동안 연구되지 못했던 분야들을 개척하게 되었고, 연구의 동인이 각각의 지향점을 찾아가면서 기존의 확고한 이론 및 규범화된 연구 방법을 타파했다. 이것은 획기적인 새로운 방향 설정을 뜻하는 것으로, 먼저 문화인류학 Kulturanthropologie 분야에서 형성된 해석적 턴 interpretive turn, 수행적 턴 performative turn, 성찰적 턴 reflexive turn을 말하며, 이후 주도 학문이 바뀌면서 출현한 포스트식민주의 턴 postcolonial turn, 공간적 턴 spatial turn, 아이코닉 턴iconic/pictorial turn을 말한다. 최근에는 번역적 턴 translational turn도 추가되었다.

이렇듯 "문화적 턴"이라는 "거대 서사"는 다양한 문화적 '턴들'의 차별화된 동인에 의해 그야말로 와해되고 있다. 게다가 문화적 턴들의 관점이 뚜렷이 바뀌면서 언어적 턴의 유효성 역시 흐릿해지고 있다. 문화적 턴들이 문화를 분석할 때 더 이상 언어와 텍스트에 치우치지 않고, 재현 Repräsentation이라든가 단순한 자기 지시성 Selbstreferenzialität, 행동의 "문법"에 지배를 받지 않기 때문이다. 그렇다면 문화적 턴들은 어디를 향하고 있는가? 이 턴들이 지향하는 바는 이렇게 새로운 초점들이 폭넓게 자리함으로써 언어적 턴 이후의 문화학에 지평을 드넓게 펼쳐 주는 일이다. 곧 자기 해석과 연출, 신체성과 행위 능력, 또한 번역 및 협상의 실천을 통한 사회적 차이 및 문화 간 차이의 정치가 전면에 부각되며, 그밖에도 시각적 통찰, 이미지 지각, 시선의 문화, 그리고 사회적 행위의 공간성과 공간 관계, 심지어는 경험과 역사가 갖는 불가피한 물질성까지도 강조된다.

바로 이러한 문화적 턴들의 족적을 따라가는 새로운 문화학사는 통상 『오늘날의 인문학 Geisteswissenschaften heute』(1991)이라는 연구보고서[1]를 기점으로 인문학에서 포괄적인 "문화적 턴"이 촉발되었다는 독일에서의 논의를 새로운 각도에서 조명하도록 해 준다. 이 보고서에 따르면, 문화학은 정신사에 편향된 독일 전통에서 벗어나는 것을 의미한다. 이제 훨씬 더 분명해진 것은 문화학이 인문학을 전적으로 대체하게 되면서 "현대화의 상징"[2]이 되었으며 학문 정책에 의해 가속화되었다는 점이다. 문화학에 건 기대는 제일 먼저 전문화된 분과 학문들과 분업적으로 파편화된 연구들을 서로 이어줄 수 있는 통합적 관점을 얻는 것이고, 각 학문 분야 고유의 개념 체계로 인해 야기되는 소통의 장벽을 극복하는 것이었다. 하지만 곧이어 문화학의 현대화 동력은 점점 더 현저하게 자기 성찰 Selbstreflexion과 분화 Differenzierung 쪽으로 흘러갔는데 여기에는 여러 다양한 나라들의 이론적 시도와 연계함으로써 인문학을 "현대화하려는" 노력이 한몫을 했다. 이러한 관점을 통해 비로소 전통적인 인문학이 안고 있는 고유한 결점들을 인식할 수 있게 되었다. 그 문제는 곧 인문학이 정신의 생산성을 드러내는 개별적인 문화 대상들을 강조하면서 한 가지 인간 정신이라는 단일 모델을 가정한다는 것인데, 이 정신의 유일한 발원지가 바로 유럽의 정신사라는 것이다.

이와 달리 문화학은 물질성과 매체성, 문화적 행동양식에 커다란 관심을 기울이면서 정신적인 것과 문화적인 것이 각 사회에서 어떠한 과정 속에서 어떤 문화적 특성을 가지고 생산되는지를 명확히 인식하고자 한다.[3] 동시에 더 이상 유럽에만 국한되지 않는 문화다원주의, 즉 문화적 과정과 표현 형식의 다원주의에 개방적인 태도를 취한다. 문화학은 "복수의 근대성"(슈무엘 아이젠슈타트 Shmuel Eisenstadt)에 기초해 특히 '문화학 프로젝트' 자체가 그렇듯, 유럽을 중심으로 두는 일방적인 근대화 개념을 문제시한다. 더구나 비유럽적인 영역들에 대한 논의가 증가하고 있으며, 이에 따라 여전히 중요한 의미가 있다고 간주되는 유럽의 지식 규범의 한계를 벗어나려는 시도들이 지속적으로 나타나고 있다. 문화학의 이러한 다원주의적 경향은 무엇보다 비판적인 자기 성찰과 독자적 이론들의 상호 문화적 반영을 통해 나타난 결과이며, 과거에도 그렇고 현재에도 마찬가지로 개별적인 분과 학문 분야에서뿐만 아니라 그것을 넘어선 분야에서도 의미 있는 문화적 턴들을 형성하는 토대가 된다.

그러한 점에서 "문화적 턴"이라는 "거대 서사"는 적어도 마찬가지의 파급력으로 차이를 추구하는 문화적 '턴들'의 동력에 의해 와해된다. 그러나 또한 그럴수록 문화학의 이러한 동력을 문화학 차원에서 어떻게 "기술"할 것인가 혹은 공간적 턴을 학문적 이론에 직접 응용하려면 어떻게 매핑할 것인가 하는 물음이 더욱 시급한 문제로 남게 되었다. 여기에서 문화학의 역사를 논하는 것은 물론 중요한 일이 아니다.[4] 영어권의 문화 연구 Cultural Studies와 독일어권의 문화학 Kulturwissenschaften을 동일시하거나 차이점을 드러내 재구성하는 것 역시 핵심 사안이 아니다.[5] 같은 맥락에서 "이미 십 년이나 지난 논쟁, 즉 문예학, 또는 문예학과 문화학을 하나의 문화학으로서 새롭게 정초하려는 기본적인 논의를 일단락 시키려는" 의도 역시 적절한 것이 아니다.[6] 다만 그러한 기본적인 논의들과 "텍스트를 다루는 고증 작업과 문화적 기억을 다루는 작업"들을 서로 대립시키는 대신[7] 다른 방법을 제시하려는 것이다. 현재 진행 중인 연구 대상과 주제, 텍스트를 직접적으로 다루기 위해 문화학 담론들을 명확히 전면에 등장시키는 것이 좀 더 생산적인 방법일 수 있다.

문화학 연구와 그 이론적 배경, 그리고 문화학 담론의 지형을 가늠해 볼 수 있는 몇몇 시도가 있긴 했지만, 턴들을 관통하여 이론 변화의 동력을 조망해보려는 시도는 여전히 존재하지 않는다. 지금까지는 문화 개념의 변화에 주목하는 시각[8], 특히 일상문화, 대중문화, 문화 정체성, 미디어와 커뮤니케이션, 세계화와 트랜스컬처 커뮤니케이션[9], 또는 신역사주의와 같은 "복합적인 방법론", 문화사, 담론 분석 등과 같은 "담론 영역들"에 대한 관심이 두드러졌다. 일상사, 역사인류학, 여성사와 젠더의 역사, 세대사, 담론사와 특히 주요 이론의 대표자들과 창시자들, 선구자들의 이론 체계 등도 문화학의 "내용적 중심의제"를 밝혀주는 주요 단서가 된다. 역사학자 우테 다니엘 Ute Daniel[10]이 바로 이러한 영역들을 조합하여 재구성하였다. 로렌스 그로스버그 Lawrence Grossberg는 "현 상태의 문화 연구를 위한 시공간적 지형도"[11]와 관련하여 "모델들"(문화 연구의 모델들)[12]을 설정하고 있는데, 이러한 모델은 텍스트로서의 문화, 커뮤니케이션으로서의 문화, 차이로서의 문화, 사회-정치적 공간으로서의 문화, 제도로서의 문화, 담론과 일상으로서의 문화와 같은 독일 문화학의 모델과 많은 부분 일치한다.

그러나 담론 영역에 따라 윤곽을 그리고 구체화하려는 이러한 시도는 동시에 문화학을 상이한 주제들의 복합체로 협소화시킨다. 따라서 본서는 다른 방향을 모색하고자 한다. 흔한 방식인 주제 중심의 모색이 아니라 방법론에 가까운 방식으로 턴들을 정리해보는 것이다. 다시 말해 각 턴들이 어떠한 인식의 차이를 보이며, 대상에 대한 접근 방식과 구상은 어떻게 다른지, 그리고 분석 범주들의 특징은 어떠한지를 살펴보는 것이다. 초점은 어디에 맞추고 있으며, 어느 부분을 강조하고 있는지를 살펴보고, 이를 위해 어떠한 방법론을 사용하고 있는지를 찾아보는 것이다. 그러면 구체적인 연구 발상이 무엇인지 문화학적으로 고찰할 수 있고, 동시에 그 발상들을 특정한 이론 담론의 영역으로 위치시킬 수 있는 가능성이 열린다.

무엇보다도 문화학에 나타나는 다양한 턴들을 살펴보는 과정에서 문화학의 지속적인 유행으로 인해 점점 더 무뎌지고 망각되고 있는 방법론적 단초들을 다시 소환할 수 있을지도 모른다. 이것은 지금 교착 상태에 빠져 있는 문화학이 재정비되기 위한 동력을 제공할 것이다. 문화학이 특유의 통용어를 만들어내면서 막다른 골목에 내몰린 것도 있지만, "교착 상태에 빠져있다"는 말은 단지 이것만을 의미하지는 않는다. 글로벌화, 문화, 정체성, 상호 문화성 등등, 이런 말을 단순히 언급하는 것만으로도 연상되는 개념들과 관련 분야들이 많은데, 이 점은 바로 문화학 연구가 모호하고 불명료하다는 인상을 더욱 드러낸다. 그밖에도 여전히 해결되지 않은 양자택일의 문제가 남아 있다. 즉, 단수의 '문화학 Kulturwissenschaft'은 하나의 독립된 분과 학문이 되어야 하는가? 아니면 복수의 '문화학 Kulturwissenschaften'을 계속해서 발전시켜나가야 하는가? 다시 말해 초분과 학문적 관점에서 "여러 분과 학문을 아우르는 입문 범주"로 발전시켜나가야 하는가? 문화학의 제도화를 출발점으로 삼고 있는 『문화학 입문』이라는 책에서 전개된 이 문제의 주된 논점은 다음과 같은 점에서 눈길을 끈다. "일찍이 '문화학'

에 관한 그리고 인문학의 현대화에 관한 논쟁에서 대학 교육은 원칙적으로는 분과 학문적으로 설계되지만, 연구의 경우는 실제로 '초학제적 transdisziplinär' 목표로 수행된다는 생각이 지배적이었다 (...). 이러한 관점에서 보면 문화학은 무엇보다도 한 전공 분야에서 탄탄한 기초지식을 쌓은 후, 전문적으로 지평을 확장할 수 있는 능력을 갖춘 대학원생들의 특권일지도 모른다."[13] 그렇다면 분과 학문적인 교육이 바탕이 되어야 비로소 문화학의 지평 확장을 기대해 볼 수 있다는 것인가?

문화학자 하르트무트 뵈메 Hartmut Böhme, 페터 마투쎅 Peter Matussek, 로타르 뮐러 Lothar Müller는 이에 반대하며 "기초학문으로서의 문화학"[14]을 고집한다. 반면, 학문의 경계를 넘는 턴들의 관점은 다른 문화학을 구상한다. 이 구상은 처음부터 학제 간의 성격을 띠는데, 출발점이 되는 전공 분야들 자체가 이미 학제 간의 성격을 갖고 있으며, 문화학에 응용되면서 분과 학문의 전문지식들과 뚜렷하게 교차된다. 문화학 프로젝트가 독자적인 하나의 개별 학문 안으로 흡수된다거나 아니면 단순히 전문성이 추가되면서 접붙여지는 것이라면 이는 결국 자기 소멸로 나아가게 될 것이다. 그렇게 되면 문화학은 그야말로 하나의 에피소드에 그치고 말 것이다. 즉 "인문학의 근간을 위해 중요하긴 하지만 한시적인 하나의 단계"[15]에 지나지 않을 것이라고 2006년 학문협의회는 권고안 서두에서 깊은 우려와 함께 독일의 "인문학" 상황에 대해 언급하였다.

이와 반대로 문화학 프로젝트가 활발한 논의를 이어가려면 단수로 이해된 문화학의 "혼란스러운 총체적 요구"[16]를 넘어선 문화학이 부각되어야 한다. 즉, 다양한 분과 학문의 뿌리를 포기하지 않으면서 여러 전공 분야를 분명하게 아우르는 입문 범주로서 부각되는 것이다.[17] 또한 특수한 분과 학문의 발상과 연구 영역 및 그 연구 대상들 자체에 문화학적 시각을 투영한다면 첫 출발부터 아주 다른 방향으로 가게 됨을 의미하기도 한다. 그러므로 분과 학문 간의 연결 가능성을 찾는 일을 포기해서는 안 된다. 즉, 학문 간의 경계를 생산적으로 넘어서고, 해외의 연구 방향에 개방적인 태도를 취하며, 다양한 관점을 인정하고 분과 학문들을 아우르는 연구 영역들로 방향을 전환하는 것이다. 하르트무트 뵈메와 클라우스 셰르페 Klaus Scherpe가 표현한 것처럼 문화학은 이러한 의미에서 "서로 이질적이고 고도로 전문화되어 있으며 서로 차단벽을 세우고 있는 학문의 결과물들 간에 '대화'를 이끌어내고 이들 간의 근본적인 공통점이 드러나도록 하기 위한 (...) 소통 매체"[18]이다. 이러한 문화학의 동력들은 특히나 인문학과 자연과학이 조심스럽게 시작한 대화를 계속 촉진시킬 수 있을 것이다.

또한 문화적 턴들의 전망에 종결이란 없다. 그것은 항상 대답을 열어놓은 채 "그 다음에는 무슨 턴이 나올까"라고 끊임없이 질문을 제기한다. 문화적 턴들의 관점에서 문화학은 결코 이론의 "진보"라는 선형적인 순서대로 나아가지 않는다. 문화학은 오히려 전개 공간이라는 특징을 가지고 있으며, 턴들과 함께 언제나 방향만 바뀔 뿐이다. 그러니까 전적으로 반전 혹은 개념적 우회, 중심점의 이동, 새로운 초점화 또는 방향교체이기도 하다.

그렇다면 '턴들'이라는 개념은 대체 무슨 뜻인가? 혹시라도 '턴'이라고 표현하면서 인식 과정을 한날 "유행"이라는 징후 아래 어떤 식의 비구속적이고 우발적인 것으로 만들어버리는 것은 아닌가? 아니면 그야말로 "칸트가 말하는 아프리오리를 역사화하거나 혹은 언어적으로 변형시킴"[19]으로서 인식을 주도하는 높은 위상적 가치를 얻게 되는 것일까? 어찌 됐든 "턴들"은 새로운 주도표상과 범주를 도입하고, 방향을 바꾸고, 이론을 바꾸면서 자체 내의 맥락 관계에서 뿐만 아니라 문화학과 사회과학에 펼쳐진 "학문의 장 wissenschaftliches Feld"[20]을 재구조화한다는 점에서 중요하다.

문화학의 "장"

문화학 턴들의 맥락을 형성하기 위해서는, 턴들이 "문화"로 근본적인 방향 전환을 이룸으로써, 곧 "문화적 턴"을 이룸으로써 촉발되었다는 점이 결정적으로 중요하다. 이로 인해 턴들은 사회적 맥락을 더 이상 과학주의와 실증주의, 경제로 설명하지 않고, 상징화와 언어 그리고 재현을 근본적으로 재평가하기 시작했다. 언어와 텍스트는 명백히 사회적 행위 soziales Handeln를 형상화하는 힘, 추진하는 힘으로 파악되었으며, 야누스의 얼굴처럼 철저하게 이중적인 이론으로 발전되었다. 다시 말해, "텍스트로서의 문화 Kultur als Text"라는 문화기호학적인 방향으로부터 시작되었지만, 나중에는 사회적인 것과 물질적인 면이 좀 더 풍부하게 가미되어 "사회적인 것의 직조로서의 문화 Kultur als Textur des Sozialen"로 방향을 잡게 되었다. 이에 따라 문화는 정치-경제적 성격을 띠는 "매개 과정"으로 파악되었고 이 과정은 "사회적인 것을 상징적인 것으로 '번역'하면서 사회적인 것에 직조의 성격을 각인시켰다. 즉, 사회적인 직조에 생활세계의 의미를 각인시킨 것이다."[21] 루츠 무스너 Lutz Musner가 지적하듯, 이렇게 문화적 "직조"에서 여전히 나타나고 있는 사회적인 것의 "귀환"은 아울러 "딱딱한" 여러 사회차원들을 문화, 의미, 담론이라는 "좀 더 부드러운" 차원으로 유연하게 만들려는 포스트모더니즘의 경향에서 돌아서는 것을 의미한다. 보다 포괄적인 사회 분석을 약화시키는 이러한 유연화는 실은 기호의 세계로, 다양화와 절충주의를 더욱 옹호하고 인식론적 성찰을 장려하며, 양극적 대립 대신에 차이의 다양화를 요구하는 길로 끊임없이 문화학 연구를 유인해왔다. 이 모든 것은 결국 글로벌화된 현대 사회에서 점점 더해 가고 있는 파편화에 더 이상 어울리지 않는 "대서사 große Erzählungen" 및 포괄적인 의미 관계의 해체를 가져온다.

그러나 이와 같은 인식론적 형세 못지않게 문화학의 담론 한 가운데에서 물질적, 경제적, 사회적인 "이면"이 다시 활기를 띠는 모습이 현저하게 드러나고 있다. 바로 이 때문에라도 "문화적 턴"이라는 "대서사"를 습관적으로 중얼거리며, 문화학 내에 형성된 다채로운 새로운 방향들을 오로지 포스트모더니즘적인 파편화의 결과로만 보는 것은 논지를 오도하는 것이다. 마찬가지로 이 이론들을 어떤 역사적, 정치적, 경제적 토대 위에 엉성하게 교체하고 고정시킨다면 이 또한 편협한 태도에 지나지 않을 것이다. 예를 들면, 프레드릭 제임슨 Fredric Jameson[22]이 자신의 방식으로 포스트모던 자체를 "후기 자본주의의 문화 논리"로, 혹은 심지어 턴들에 대해서는 단순히 "포스트포드주의[23]적 변형"[24]의 일환으로 보는 것이 바로 그것이다.

이와 반대로 각각의 턴들을 고찰할 때에는 여러 가지 다양한 설명을 필요로 한다. 즉, 문화학 담론들 하나하나가 역사적, 사회적, 정치적 맥락의 변화와 어떻게 결부되어 있는지, 그야말로 어떻게 이러한 현실 관계들 자체가 다시 각각의 문화학적 지각에 초점을 맞춤으로써 비로소 각자의 윤곽을 갖게 되었는지를 설명해야 하는 것이다. 따라서 "문화적 턴"을 커다란 정치 체계들의 해체, 낡은 국제정치적 경계 짓기 및 블록화의 해체와 지나치게 일괄적으로 연결하다 보면 오히려 시야가 좁아지게 된다.

이뿐 아니라 턴들은 "지적 장 intellektuelles Feld" 내부의 조건들에도 주목하게 만든다. 이 조건들은 피에르 부르디외 Pierre Bourdieu의 장 이론 Feldtheorie[25]으로 문화학을 구조화해보면 분명해진다. 즉, "놀이 공간, 서로 같은 것을 얻으려고 경쟁하는 개인들 혹은 기관들 사이의 객관적 관계들의 장"[26]으로 문화학을 구조화하는 것이다. 문화학을 부르디외의 '지적 장'으로 옮겨보면 지적 "유행"의 장도 통찰할 수 있을 것이다. 지적 유행에서 장의 지배자들은 "보존 전략"을, 뒤늦게 장에 진입한 신참자 혹은 도전자들은 "전복의 전략"[27]을 사용하여 장 내에서 자신들이 차지하고 있는 포지션을 유지하거나 혹은 쟁취하려고 투쟁한다.

턴들 및 연구 방향의 점유 그리고 주도 개념들의 중층결정에 응집되어 나타나는 상징 자본을 둘러싼 경쟁은 경험을 통해 분명히 관찰될 수 있으며, 학술 정책 면에서도 결코 무시할 수 없는 것이다. 부르디외가 "오트 쿠튀르 Haut Couture"와 "오트 퀼튀르 Haut Culture"[28]를 유비시키며 개념화시킨 '학문의 유행'은 문화학 자체가 문화학의 연구 대상에 의해 얼마나 크게 각인되어 있는지를 반증할 뿐이다. 그러나 그렇다고 해서 루츠 무스너처럼 메타 서사의 종말이 우리에게 확인시켜 준 것은 단지 "학술 이론 유행의 과열된 호황과 무비판적 변화"[29]라는 식으로 일반화시킬 필요는 없다. 오히려 지적 유행의 야누스적 이중성은 그것이 지닌 혁신성과 동시에 이를 동반하는 순응의 압박에서 생산적 비판의 계기로 작동할 것이다. 왜냐하면 유행이란 혁신의 추동력이긴 하지만, 제아무리 지적 논쟁을 일삼고 다수의 이론들이 경합을 벌인다고 해도 결국 어떤 식으로든 연구의 합의점에 이르도록 하는 길잡이 역할을 하기 때문이다. 이미 부르디외도 "장의 지배적 방향들"[30]에 내재된 이와 같은 "뼛속 깊이 박힌 순응주의"를 비판한 바 있다.

그렇다면 유행의 지배, 그와 더불어 "구별 짓기"의 법칙 역시 문화학적 턴들에 해당될까? "촌구석까지 미니스커트가 등장하면, 이제 모든 것은 다시 처음부터 시작된다"[31]는 부르디외의 비유가 문화학의 턴들에도 해당될까? 이러한 질문은 단순히 턴들의 합의적 특성뿐만이 아니라 그 반대인 새로운 주류 형성의 특성을 가리키기도 한다. 그러므로 문화학적 턴들을 가능하게 하는 조건들을 두루 주목하는 것이 더욱더 중요해진다. 물론 '지적 장'이 사회적 장에 비해 상대적으로 자유롭긴 하지만, 바로 이러한 조건들에 의해 문화학적 턴들이 아비투스, 경쟁, 투쟁, 포지셔닝, 전통의 구속, 전통의 창출 등의 개념들과 결부되기 때문이다. 마지막으로 각각의 문화학적 턴들은 언제나 학술적 장들의 경계 구분 및 유지 등과 관련이 있는데, 이는 특히 특수 연구 분야, 우수한 박사과정생 지원프로그램 그리고 대학의 여타 차별화 내지 특성화 조치들의 가열된 경쟁 속에서 이루어지는 연구 지원금 확보를 보면 뚜렷이 드러난다.[32]

반면 턴들 자체는 자기주장과 이론이 전개되는 문화학의 제한된 장에서 고정된 위치와 기능을 갖는 것에 만족하지 않는다. 그렇다면 여기서 말하는 턴이라는 것은 토마스 쿤 Thomas Kuhn의 패러다임 이론[33]에서 사용된 "연구 패러다임"[34]이 아니라 "접근"이라고 할 수 있을까?

이론의 변화를 패러다임 전환이라 할 수 있는가?

여기에서 곧바로 토마스 쿤이 말한 의미에서의 패러다임과 그에 상응하는 '패러다임의 전환'을 이야기하지 않는 이유는 무엇일까?

쿤은 '패러다임' 개념에 기대어 과학의 발전 동력을 과학의 이론과 과학사로부터 도출해낸다. 이러한 패러다임 개념은 "오로지 특정 과학 공동체 구성원들만이 공유할 수 있는 것"[35]을 지칭한다. 이에 반해 최근 문화학의 이론 변화는 오히려 다수의 학문 분과를 두루 섭렵하며, 외형상 서로 분리된 과학공동체들의 경계를 넘어서 이루어지기 때문에 소위 "특화된 그리고 비의적인 연구"[36]는 고려하지 않는다. 문화학 연구는 오히려 학제 간의 (소통의) 장이며, 그 연구 대상은 롤랑 바르트 Roland Barthes가 표현한 바와 같이[37] 일정 분야에 국한되지 않는다. 그리하여 문화학 연구는 분과 학문들의 배타적 독점권으로부터 자유롭다.

주지하다시피, 바로 이렇게 분과 학문의 경계를 넘어 학문공동체를 확장하는 것이 현대 문화학의 특징이다. 이를 통해 문화학은 초분과적 구도로 인해 발생되는 문제 영역을 드러내며, 여기에서 끊임없이 새로운 해석의 단초들이 결합되어 나타나기도 한다. 바로 이러한 이유만으로도 소위 "과학의 발전"[38]을 지향하는 쿤의 자연과학의 분과 발전 모델은 시대에 뒤처진 것이다. 그의 (과학발전)모델은 새로운 패러다임이 점진적인 형태가 아니라, 갑자기 "번뜩이는 영감"[39]을 통해 탄생한다는 입장에서 출발한다. 즉, 이를 통해 일련의 비약적이며 혁명적인 패러다임 전환이 야기된다는 것이다.

'새로운 구조' 이론은 끊임없이 이전의 전통적인 이론 구조를 무너뜨린다. 오래된 패러다임이 새로이 등장하는 문제들을 해결하지 못하면 '새로운 구조'는 그것을 곧바로 새로운 패러다임으로 대체한다. 이와 같은 "학문 발전에서의 전환점들"은 "명확한 학술적 합의"[40]를 바탕으로 연구 목표에 뚜렷한 초점을 맞춘다. 그러나 문화학과 사회과학에서는 연구의 전제들이 이미 "경쟁적으로 구성되어 있기" 때문에 이러한 합의를 이야기할 수 없다. 매릴린 스트래선 Marilyn Strathern은 패러다임 문제에 대한 예리한 민속학적 성찰에서 다음과 같이 지적한다. "패러다임은 문제의 본질과 그 가능한 해결책의 윤곽을 그리기 위한 규칙들을 제공한다. 그러나 사회과학에서는 서로 다른 이론적 입장들이 다양한 사회적 이해관계들과 교섭한다."[41] 따라서 문화학과 사회과학 간에 이론을 두고 경쟁하는 입장이나 혹은 심지어 "세대를 이루는 이론들 Theoriegenerationen"[42]로는 사회적이면서 문화적인 세계에 대한 공통적 시각을 기대할 수가 없다.

'대서사'와 '혁명적 패러다임'을 포기한 문화학에서의 턴들은 '코페르니쿠스적'이라고 할 수 없다. 그보다 턴들은 훨씬 더 조심스러우면서도 실험적으로, 그야말로 훨씬 더 점차적이고 단계적으로 새로운 시각과 접근 방식을 관철시킨다. 그러므로 한 가지 특정한 문화학의 '세계상'을 말하는 것도 불가능하다. 그것은 오히려 다양한 턴들로 갈라져 나가거나 혹은 안스가 뉘닝 Ansgar Nünning이 말하듯 다양한 턴들로부터 합성된다.[43] 그러나 아무리 방향 전환이 뚜렷하고 훨씬 더 강력하게 작용한다 할지라도 현재의 문화학 연구 경향에서 나타나는 "턴들"은 어찌 됐든 불가역적이지는 않다. 즉, 한 분과 학문 전체가 결코 완전하고 총체적으로 방향을 전환했다는 뜻이 아니라는 것이다. 중요한 것은 학제 간 연구가 가능하도록 한 분과 학문 혹은 어떤 연구 아이디어를 가지고 각각의 방향 전환과 새로운 초점화를 구체화할 수 있도록 대학에서 교육하고 이를 부각시키는 것이다. 그러니까 다양한 방법론과 경계 넘기, 절충적인 방법의 도입이 이루어지고 있을 뿐, 이전의 패러다임을 대체하는 또 하나의 패러다임이 만들어지지는 않는다. 이를테면 문예학에서의 '인류학적(인간학적) 턴 anthropologische Wende'에 대해 이야기할 뿐, 전체 문예학의 인간학적 턴을 이야기하지는 않는다.[44] 덕분에 다양한 턴들을 더욱 실용적으로 적용하는 것이 가능한지 탐색할 수 있다는 장점이 생긴다.

따라서 학문의 '혁명'이라는 열정적인 수사나 문화학의 패러다임 모색[45]은 문화학에는 맞지 않는다. 오히려 그 반대다. 민속학자 마커스와 피셔 George Marcus and Michael Fischer는 그들의 공저 『문화비평으로서의 인류학 Anthropology as Cultural Critique』(1986)[46]에서 오히려 반(反)패러다임에 대해 이야기한다. 턴들은 덜 엄격하지만 그렇다고 '무엇이든 허용된다'는 포스트모던의 표어처럼 바람에 흔들리는 깃발같이 약한 것도 아니라는 것이다. 마커스와 피셔가 표현하듯 "권위적인 범례로부터 자유로운 아이디어의 유희, 주제를 바라보는 비판적이고 성찰적인 시각, 무슨 일이든 수용하고 다양한 영향들에 열려있는 자세, 연구 방향이 불확실하거나 연구 프로젝트가 다소 불완전하더라도 이를 관대히 받아들이는 태도"[47]와 같은 실험적인 시도들이 새로이 발견된다. 이처럼 전망의 불확실성을 견디고 그것을 생산적으로 만드는 것은 문화학이 지속적으로 노력해야 하는 일이다. 그것은 특히 "막다른 골목"[48]이 위험하기도 하지만 그것이 가지고 있는 엄청난 양의 비관습적 탐구의 잠재력이 의미 있기 때문이다. 이런 점에서 턴들은 "패러다임이 주도하는 좀 더 안착된 연구 양식의 주기 사이에서 비교적 단명하는 과도기 성격을 갖는다."[49]

턴들은 패러다임 지향적인, 즉 통일적인 이론에 따라 기획된 연구에 반대하는 운동이라는 진단에도 불구하고, 여전히 턴들에게 패러다임의 전환이라는 안경을 들이대는 경우도 없지 않다.[50] 그럼으로써 앙드레 깅리치 Andre Gingrich처럼 턴들은 낮게 평가하는 대신 문화상대주의, 기능주의, 구조주의, 후기구조주의와 같은 "응집성 있는 개념들"은 과대평가한다.[51] 이런 개념들이 정말로 패러다임에 대한 문제인지 아니면 단지 근본적인 연구 태도의 문제인지는 거론하지 않더라도, 바로 턴들은 이와 같이 확립된 방법론의 표준을 뚜렷하게 극복하고 있다.

이렇듯 턴이 새로운 방법론을 자극하는 것은 문화학에 대한 새로운 이해, 즉 문화학이 개별 학문들을 발판삼아 자신의 기반을 구축하는 것이 아니라, 오히려 문화학의 연구 방향을 의도적으로 그리고 방법론적으로 다양화시킨다는 견해를 전적으로 뒷받침한다. 말하자면 문화학의 새로운 이해란, 개별 학문들의 '경계에서' 상호학문이 가능한 연구 영역을 탐색하고자 할 때, 문화학은 각각의 분과 학문 내에서 나타날 수 있는 모호한 문제들의 영역을 문화학적으로 조망해 볼 수 있다고 간주하는 것이다.

문화 이론 중심의 이론변형

연구 방향을 문화학적으로 전환한다는 것은 연구 대상이 학제 간의 성격을 갖는다는 것뿐만 아니라 자기만의 혁신적인 용어를 도입한다는 특징을 갖는다. 안드레아스 레크비츠 Andreas Reckwitz는 그의 책 『문화 이론의 변형』에서 이러한 전환이 상당한 효과를 거둘 것으로 판단한다. "이와 같은 문화학적 턴은 사회과학이 가스통 바슐라르 Gaston Bachelard의 용어를 빌어 '인식론적 장애'라고 부르는 상황을 똑똑히 보여준다. 즉 하나의 새로운 인식을 유도하는 용어가 도입되고 확산된다는 사실은 새로운 분석을 가능케 하는 시각이 열린다는 사실과 같은 것이다."[52]

실제로 문화학은 그 어떤 것보다도 문화학 고유의 개념 짓기를 통해 두각을 나타냈으며, 그러한 문화학적 개념화를 통해 비로소 문화학의 새로운 연구 영역이 발견되었다. 구체적으로 말하자면, 불연속성, 단절, 과도기, 경계, 차이 등과 같은 표현들이 (예를 들어, 역사 기술에서와 같이) 문화학의 영향을 받아, 작가, 작품, 영향, 전통, 발전, 동일성, 심성, 정신과 같이 전통에 밀착된 개념들을 대신해 점점 더 많이 등장하게 된다. 그 결과는 실로 엄청난데, 각각의 문제를 분석하고 해석하기 전에 이미 문제 상황을 완전히 새롭게 지각하게 된 것이다. 다른 한편으로는, 전문가 집단이 독점적으로 사용하던 특수 용어를 위협하는 신호가 되는 단어들, 예컨대 세계화, 근대화, 혼종성 Hybridität, 초국가주의 Transnationalität 등이 눈에 띈다. 하지만 이러한 상황에서도 '문화적 턴'은 총체적인 개념을 형성하지 않는다. 오히려 분석 개념들과 전문가들의 특수 개념들 사이에서 가까스로 인식을 이끌어 내는 것은 바로 각각의 턴들이 각인시킨 개념들이다.

레크비츠는 전반적으로는 쿤과 연계되어 있지만, 쿤이 주장하는 패러다임의 전환[53]을 통한 '과학혁명'보다는 훨씬 소박한 방식으로 사회학적인 변형을, 무엇보다도 문화학적인 이론의 장과 그 특정한 "용어들"[54]의 변형을 이론 내부적으로 재구성한다. 레크비츠가 생각하는 문화학의 발전은 패러다임의 혁명적인 교체를 통해 부각되는 것이 아니라, '변형', 곧 주창자들의 이론을 가공한다는 점에서 특징적이다. 여기서 이론을 가공한다는 것은 바로 그 이론들을 완전히 교체한다는 데에 목표를 두는 것이 아니라, 일정한 방향으로 근접시키는 데에 목표를 둔다는 것이다. 이로써 레크비츠는 본래는 서로 대척점에 있었던 연구들의 접점, 그러니까 신구조주의의 용어들과 해석학의 용어들 사이의 접점을 찾으려는 움직임, 즉 (...), 문화 이론을 문화학에 실천적으로 적용시킬 수 있는 방향이야말로 근본적인 접점이라고 주장한다.[55] 하지만 레크비츠는 이와 같은 수렴이 진행되는 동안 나타나는 "기본구상의 변화"[56] 및 "연구 주제의 변화"[57]의 책임을 작가들, 주요 대표자들, 학문기관과 그 주창자들에게로 돌린다.

하지만 본서는 완전히 다른 방향을 취한다. 다시 말해 여기에서는 턴, 곧 관점의 전환이 체계적으로 분화한다는 사실, 그리고 이론, 방법론, 연구들 사이의 번역 과정이 초분과학문적으로 발생한다는 사실에서 출발한다. 그러므로 목적을 지향하거나, 더 나아가 특정한 목적을 위해 수렴이 이루어진다는 생각과는 거리를 두면서 턴이 번역이라는 과정을 통해서 분화된다는 가정을 수용할 것이다. 동시에 그렇게 함으로써 턴은, 분과 학문들 간의 번역이든, "여행하는 이론들 traveling theories"(에드워드 사이드 Edward Said, 제임스 클리포드, 미케 발 Mieke Bal)[58]이든, 글로벌 사회의 맥락과 이것을 상호 문화적으로 습득하도록 문화학 이론들을 번역하는 것이든, 이를 통해 자기 고유의 발전을 지속하도록 스스로를 개방할 것이다. 한 마디로 '이론의 변형 Theorietransformation'이 아닌 '이론의 번역 Theorieübersetzung'인 것이다.

이와 같은 시각은 "체계적인 이론사"[59]라는, 보호를 구실로 내세운 족쇄로부터 문화학의 구조를 분리시킨다. 또한 사회과학이 문화학적으로 변형되면서 실천적으로 적용할 수 있는 이론으로 뻗어 나아갈 수 있도록 한다. 하지만 이 때 각각의 입장들은 체계적인 발전의 통로 속으로 너무 쉽게 끌려들어갈 위험이 있다. 이와 반대로 턴이 초분과학문적으로 사용되는 용어들과 개념에 초점을 맞추어, 더 나아가 개별 학문들의 방법론으로까지 '번역' 된다는 사실에서 출발한다면, 문화학 연구를 위한 이 새로운 로드맵은 확실히 그 영역을 더 넓히는 효과를 가져올 것이다. 그러나 본서에서는 결코 기존 문화학의 양대 영역, 즉 구조주의적-기호학적 전통과 현상학적-해석학적 전통을 일치시켜서 똑같이 실천 이론의 최종판으로 편입시키려 하지 않을 것이다.[60] 레크비츠 Reckwitz가 이 두 개의 기본 궤도를 따라가며 "현대 문화이론장의 변형"을 처음부터 끝까지 추적한 반면, 필자는 다양한 턴의 다면적 모습들을 제시할 것이다. 턴들은 제각기 발생되었지만 철저한 긴장구도 속에서 동시에 나란히 존재하는 새로운 지향점들을 보여줄 것이다.

따라서 본서의 의도는 매우 전복적인 '문화적 턴'에서 시작된 이론 발전 과정의 시작점과 끝점을 회고하며 재구성하려는 것이 아니다. 오히려 여전히 미지의 좌표계를 가진 문화학의 연구와 토론의 장이 드러나게 하려는 것이다. 레크비츠는, 예컨대 신경과학과의 논쟁에서 '문화적 턴'의 미래 전망을 과감히 내놓기는 했지만, 의미의 토대를 이해하려고 했던 것만큼 유럽적 이론 구상과 가설의 틀을 전혀 넘어서지 못하고 있다. 이와 반대로 본서의 취지는 계속해서 문화학을 부각시키고, 문화학의 상호 문화적 확장과 문화학의 중심 범주를 숙고해보는 데에 더 많은 공간을 할애할 것이다. 이로써 문화학 담론의 "변형"이 사상가나 사상의 전통이 아니라, 체계적인 주도 표상들, 다시 말해 이론적 개방성 때문에 비유럽권의 이론적 발상들과 비판들과도 연결될 수 있는 턴들에 고착되도록 하는 데에 도움을 주고자 한다.

'장르 간 경계 해체'를 통한 재형상화

레크비츠는 구조주의, 포스트구조주의, 기능주의, 해석학, 기호학 등 여러 이론들의 주된 흐름을 재구성하면서 문화학의 범위와 주도적인 이론들을 해명했다. 그러나 반대로 이론의 기본 방향들과 학파들이 교차되면서 분명히 턴들에서부터 시작된 어떤 발상의 생산성이 드러나게 되었다. 이 발상이 민속학 Ethnologie에서 확산된 것은 우연이 아니지만, 현대 문화인류학의 발전은 바로 '턴들'을 통해 그 특징이 드러난다.[61] 예를 들어 클리포드 기어츠는 학문의 역사를 회고하면서 역설적이게도 이와 같은 턴들의 성공사를 직접적으로 알렸다. 무엇보다도 기어츠는 1960년대 인문학의 발전, 특히 상징적 인류학 Symbolische Anthropologie의 발생을 지적 동향이라는 광범위한 영역과 관련지었는데, 지적 동향은 "이후 수십 년간 언어학적, 해석적, 사회구조적, 신역사주의적, 수사학적, 기호학적 '전회'라는 이름으로 모든 인문학에서 점증적으로 영향력을 획득하였다. 여기에서 턴들이 동향으로 거론되었다는 것은 자기를 증명하려는 서사적-반어적 굴절상에서 기인한 것이다. 즉, 기어츠는 문화학의 장을 담론 참가자이자 주도자로서 자신의 경험적 관점으로 재구성한다. 이러한 재구성은 특히 두 가지 측면을 강조한다. 하나는 "동요"와 "철학적 불안"[62]에서 턴들이 시작되었다는 관점으로, 구체적으로는 1960~70년대 격동의 시기에 "점차적으로 동요되기 시작한 지적 장에서"[63] 시작되었으며, 이후 이 지적 장은 여타 인문학들 역시 턴의 전개 과정 안으로 밀어 넣었다는 것이다. 하지만 특히 민속학은 소위 식민주의의 붕괴와 포스트식민주의 그리고 제3세계 독립국가들의 새로운 자기주장으로 인한 도전에 직면해야 했다고 기어츠는 말한다. 두 번째로 인문학 이론과 연구의 역동성을 기술함에 있어 기어츠는 진보주의적 진행 과정을 제시하는 것이 아니라, '체험 위주의 일화적' 접근을 대변한다. 하지만 그 역시 쿤처럼 "분과 학문 공동체"[64]에 주목한다.

분명 기어츠는 결정적인 부분들에서 쿤을 넘어서고 있다. 이는 특히 그의 저서 『로컬 지식 Local Knowledge』(1983)의 서문과 그곳에 게재된 자신의 논문 「장르 간 경계 해체 Blurred Genres」(1980)[65]에서 잘 드러난다. 일련의 턴들이 학파가 아니라, 방법론적으로 내용을 중요시하는 연구 방향 내지는 연구 관점의 변화라는 인식은 기어츠가 쿤식의 구성주의를 따르고 있음을 보여주는 측면이 있다. 연구가 스스로 창조된 '패러다임들'의 가이드라인을 따라간다고 보는 점에서 그렇다. 하지만 기어츠는 연구 과정 자체를 구불구불한 강을 따라 턴들을 지나는 것으로 비유하면서, 낡은 설명 모델에서 새로운 설명 모델로 옮겨가는 능동적인 행위로 이해한다는 점에서 쿤을 넘어선다.

이를 해석적 턴에 적용해보면, "사회 현상을 원인과 결과로 이루어진 거대한 천 조각으로 엮어 설명하려는 시도에서 그 방향을 바꿔, 지역적 의식의 틀에 놓고 설명하려는 시도를 해야 한다(...)"[66]는 것을 의미한다. 기어츠는 이후에 이러한 방향의 '턴'을 비유적으로 더욱 확대한다. 이로써 그는 자신이 어떻게 해석적 턴에 이를 수 있었는지를 설명한다. "누군가는 우회로를 만들고 샛길로 간다."[67] 이 같은 뒤집기와 샛길로 다니는 실험적인 행위는 이에 상응하는 표현 양식을 낳는다. 바로 에세이가 그러하다. "우회로를 만들고 샛길로 가는 데 있어 에세이 형식보다 더 편리한 것은 없다."[68] 기어츠는 자신의 "문화 변동 culture shift"[69] 개념에 있어 결정적인 논문인 「장르 간 경계 해체」에서 연구 과정의 이러한 개방성과 무목적성이 사회과학의 연구 영역 전체를 크게 바꾸어놓았다고 강조한다. 이는 '사회사상의 재형상화'를 가져왔다.

기어츠에 따르면, 이러한 재형상화는 전형적인 장르들의 혼합으로 발전한다. 철학에서만 에세이 형식 내지 문학 형식을 취하는 게 아니다. 사회학 역시 연극적 메타포와 역할극을 사용하곤 한다. 그에 따르면, 특히 유사 극, 유사 텍스트와 같은 비유들은 개별 연구자를 지적 공동체로 끌어모은다. 유사와 은유적 차용은 현대 학문 지형에서도 폭넓게 사용되고 있다. 이는 최근 유전공학에서 유전정보를 해독할 때[70], 또 유전학을 텍스트로 바라볼 때 잘 드러난다. 이러한 과정은 정신, 의식, 자유의지 등 철학에서 개념을 가져가 물질주의적 인지 이론에 문자 그대로 사용하는 최신 뇌 연구에서도 발견된다. 이와 같은 분과 학문들 간의 비유, 은유적 차용은 습득할 때에는 상당한 문제를 유발하기도 한다. 그럼에도 불구하고 이들은 학문 공동체의 경계를 침범하기도 하면서, 동시에 지식을 넓히는 기회를 제공한다.

"강화된 환기"를 통한 새로운 방향 전환

물론 비유의 사용이 과해져서 사회과학에서 "장르 간 경계 해체하기"의 증후 정도에서 그치지 않는다면 문제가 된다. 문화적 턴들의 발생과 그 과정을 '설명'하기 위해 비유를 과도하게 사용할 경우, 비유적 이미지의 명료함 때문에 설명의 성공 여부를 따지지 못할 위험이 있다. 칼 슐뢰겔 Karl Schlögel에서 시작된 공간적 턴을 예로 들면, 역사 기술 방식으로 턴들의 발현과 사라짐을 물에 비유함으로써 오히려 그 의미를 모호하게 만들었다. 그에 따르면, 턴들은 "(만약에 있다면) 다시 스며들거나 한동안 눈에 띄지 않게 지면 아래에서 조용히 흐르고 있다가 언젠가 다시 표면에 드러나는 물과 같다"[71]. '발현', '성숙', '인지의 밤과 새벽', '지식의 탈피'와 같은 만연한 비유들로는 공간적 턴과 같은 방향 전환이 어떻게 가능했는지 설명할 수 없다는 점은 그다지 놀랄 일이 아니다. "지금까지 익숙했던 모든 것을 새롭게 보게 하는 턴들은 명령한다고 나타나는 것이 아니다. 턴들은 빠르지도 늦지도 않고 때가 되면 나타난다. (...) 그리고 다시 때가 되면, 과거에 있었던 논쟁과 싸움은 그 어떤 흔적도 남기지 않은 채, 의미의 독점도 끝나고, 침식되고 퇴적되어 다른 턴이 그 자리를 채우게 된다."[72]

'때가 되면', 시간이 '채워지면' 하나의 턴이 일어난다. 슐뢰겔에 따르면, 턴이 거론된다면, 그 턴은 이미 완성된 것이다. 완성되었지만, 물론 아직 끝나지 않았다. 그러나 이런 식의 비유적인 '설명'으로는 어떤 턴의 시작과 끝을 말하는 것이 거의 불가능하다. 게다가 지난 시간을 거슬러 올라가 전적으로 역사화하면서 바라보는 이런 설명은 모호성을 낳는다. 이런 모호성은 글로벌화 과정들을 세분화하지 않고 역사적으로 다시 정리하는 모습에서도 관찰된다. 슐뢰겔이 턴에, 다시 비유적으로 표현하자면, '유기체적인 비유-코트'를 입히는 것은 "턴들"에 대한 그의 절제된 시각을 확인시켜준다. 그는 턴들을 오히려 패러다임이나 방법론들과는 거리가 먼, 그러면서도 여전히 패러다임의 전환이라고 말하긴 하지만, 단순한 지각 방식의 교체로 여긴다. 즉 "턴은 지금까지 등한시되었던 측면들이나 현상들을 부각시키기 위해 사용되는 최근의 용어로 보인다. (…) 그래서 턴은 똑같은 대상에 대해 많은 그리고 완전히 다른 관점들이 가능하다는 사실을 시사해준다. 턴은 보고, 인식하고, 가공한 것을 확대하는 것 같다. 그러니까 그 복수형인 '턴들'은 현재 진행 중인 뭔가에 대한 지표들처럼 보인다. 차원들을 개방하고 확장시키고 다양화하는 것이다."[73] 물론 '강화된 환기 Gesteigerte Aufmerksamkeit'는 하나의 턴을 나타내는 특성들 중에 하나일 뿐이다.

턴: 연구 대상에서 분석 범주로의 전복

턴들의 생성을 비유적으로 '설명'하는 것에 회의를 품는다고 해서 비유와 유추들이 문화학 전체에 치명적인 영향을 미칠지도 모른다는 의미는 결코 아니다. 이와는 반대로 비유와 유추는 문화학에서 광범위하게 사용되고 있는 아주 특징적인 인식 및 서술 수단이다. 그 외에 분석 범주조차도 계속해서 비유적으로 서술된다는 점 역시 문화학의 특징으로 꼽힌다. 이런 사실은 턴들 특유의 생성 과정의 구조를 보여준다. 우선은 새로운 대상 영역들에 대한 발견과 발굴이 있고, 모든 학문적 수단을 동원해, 예컨대 제의나 번역 그리고 공간과 같은 대상에 대해 집중적으로 연구한다. 그렇다면 하나의 턴이 진짜 턴이 되는 시점은 언제인가? 여기에 대해서 아직은 불확실성이 광범위하게 퍼져 있는 것처럼 보인다. "정확하게 언제부터 하나의 턴이라고 말할 수 있는지 분명한 기준은 없다."[74] 그러나 실은 기준들은 아주 분명하다.

연구의 초점이 새로운 연구 분야의 대상 차원에서 분석 범주와 구상 차원으로 새롭게 '전복될 때', 그러니까 연구의 초점이 단순히 새로운 인식 '대상들'을 명시하는 것이 아니라, 스스로 직접 인식의 '수단' 이자 '매체'가 될 때, 비로소 하나의 턴이라고 말할 수 있다. 예를 들어, '수행적 턴'은 단순히 제의 Rituale를 더욱 심도 있게 분석하면서 이에 대한 '주의를 강화'하는 것이 아니다. 오히려 사회적인 흐름들, 예를 들어 '소셜 드라마 soziale Dramen'를 제의 분석이라는 도구를 빌어 비로소 인식하게 되고 사회적 흐름의 구조 속에서 분석하는 것이 중요한 것이다. 이렇게 대상에서 분석 범주로 "전복"이 이루어지는 것은 단지 양적인 것만을 축적하는 과정이 아니다. 이런 축적 과정이라면 카를 슐뢰겔의 주장처럼 효력을 발생할 수 있는 "임계점"에만 도달하면 되는 것이다. 그러나 여기에서는 범주적 차원 혹은 나아가 구상적 비약이라는 결정적인 교체 현상이 일어난다. 예를 들어, '제의'나 '번역' 또는 '공간'이 연구 대상에서 분석 범주가 되어, 좁은 의미의 전통적인 연구 대상 영역에 속하지 않는 현상들도 이 범주로 파악할 수 있게 된다. 또한 '번역'은 언어와 텍스트라는 번역의 대상 영역을 넘어 일반화될 수 있는 범주가 되어 여러 문화들의 번역과 문화 간 번역에 응용될 수 있다. 턴들에 의한 이러한 구상의 도약은 다음과 같은 이유로 강력한 영향을 미치는데, 이러한 도약이 대부분 처음에는 '서술하는 beschreibend' 개념에서 '작동하는 operativ' 개념, 즉 현실을 변화시키는 구상으로 변형되기 때문이다.

나아가 분석 범주가 형성되고 전파되는 과정에서 비유화되는 것도 턴들의 역동성을 보여주는 하나의 단면이다. "번역으로서의 문화 Kultur als Übersetzung"[75]라는 비유는 여기에 잘 들어맞는 한 예이다. 이런 비유는 하나의 턴에 특별한 추동력을 부여한다. 한편, 어떤 한 턴의 성과와 지속 가능성은 분석 범주를 통한 인식 역량이 비유라는 "연료"를 얼마나 능가할 수 있는가에 달려 있다. 말하자면 어떤 턴이 독자적인 분석 범주를 적용시킴으로써 얼마나 비유화의 경향을 제어할 수 있는가에 달려있는 것이다. 이를 번역에 적용해 본다면, 번역관점이 문화 개념을 너무 과도하게 뒤덮지 말아야 함을 뜻할 것이다("번역으로서의 문화"). 비유에 제동을 걸어 약화시켜야 비유가 비로소 좀 더 구체적인 범주로 작용할 수 있기 때문이다. 그렇게 되면 이 범주는 이민의 맥락에서 이민 경험의 전달과 생활세계 및 사회적 번역의 성과 분석에 기여하며, 고정된 방식의 문화 비교 방법론을 극복하는 데 기여할 수 있다.[76]

이러한 발상은 어쨌든 유기체적 해석 모델보다는 더 발전적인 것으로 보인다. 그 이유는 다름 아닌 문화학이 비유와 같은 문화학 특유의 서술 수단으로 비유화의 과정을 스스로 성찰하고 드러내는 일도 또한 동시에 할 수 있기 때문이다. 슐뢰겔의 예에서 보듯이, 유기체적 해석은 스스로를 비유에 내맡기고 새로운 턴들이 수평선에 "떠오를" 때까지 머물러서 기다린다. 더구나 이런 해석들은 수행적 전환점에 고정되어 있다. 그러나 턴들은 그냥 뜬금없이 나타나는 게 아니다. 오히려 이론을 형성하는 미세한 사건들이 결정적으로 작용한다. 이 사건들은 먼저 턴을 준비하고, 그 다음에는 적극적으로 강화되거나 혹은 아예 사라져버리기도 한다.

2. 주도 학문의 교체와 이론 변화의 스펙트럼

본서는 턴들이 어떤 다양한 배경과 역학 구도에서 각각의 구상과 내용을 관철시키는 역량을 얻었는지를 다룬다. 그러나 중요한 것은 방향성과 개념을 갖춘 연구 관점을 형성할 수 있는 "턴들" 자체에 내재된 능력이다.

일련의 턴들이 생겨난 것은 무엇보다 문화인류학 및 민속학 분야로서 특히 영미인류학에서 비롯되었다. 미국의 인류학은 철학에 기반을 둔 독일어권의 인류학 전통과는 확연한 차이를 보인다. 알려진 바와 같이 영미의 문화인류학은 인류학적 고정요소나 보편적 학문 체계에 기반하지 않는다.[77] 이들의 연구 관심사는 문화적 차이에 비중을 두고 성장해왔다. 문화인류학은 통합적 연결학문으로서 사회과학과 인문학을 통해 중요한 주안점들을 발전시켰다. 영미 문화인류학자들은 문화분석에서 문화적 이방성과 복수성을 인정하고, 행동 방식의 문화적 차이를 연구하는 것에 초점을 맞추었다. 이들이야말로 인문학에서 광범위한 "문화적 턴"이 전환기를 맞도록 도운 장본인들이었다. 이때 이미 별도의 "인류학적/인간학적 턴 Anthropologische Wende"이 나타났다. 사회과학에서는 "인류학적 턴"(Wolf Lepenies)이 학제 간 연구로 진행되었다. 이것은 "학문의 인류학화"(Wolfgang Frühwald) 현상과 병행되었는데, 문학 및 역사인류학에서의 인류학적/인간학적 전환과 나란히 진행되었다.

가장 생산적인 것은 문화인류학이 세계화의 지평과 방법론적 원칙인 이방성을 고수하는 데에 기초를 두었다는 점이다. 잘 알려진 대로 이들의 연구는 더 이상 낯선 (원주민) 문화에만 국한되지 않고, 현대 산업 사회의 상황에 점점 더 주목하고 있다. 나아가 핵심적인 이론 기반을 문화 및 상호 문화적 성찰 자체에 두고 있다.

턴들의 경우와 비슷한 발전모델을 보이는 민속학은 자신의 전통적인 연구 분야인 지역학의 지역 연관성을 벗어버리고 체계적 분과 학문의 위상을 갖게 되었다.[78] 이러한 위상과 함께 비로소 민속학은 분과 학문들을 포괄하는 분석 범주를 형성하고 "문화비평 cultural critique"을 통한 개념화의 추동력을 제공할 수 있게 된다. 민속학은 민속학적 시선을 촉구하며, 이 시선으로 자국 문화, 즉 자국의 사회제도, 규범, 가치, 관습도 바라볼 수 있으며 또 마땅히 그래야 하는 것이다.

이러한 인류학적 시각의 발전은 특히 낯선 것을 마주하면서 촉발된다. 그러므로 밖에서 바라보는 관찰자처럼 거리를 둔 시각은 자국의 문화를 낯설게 바라보고 지금까지 보지 못했던 것을 지각하게 한다.[79] 다른 학문 분야들도 문화를 낯설게 바라보는 이런 생산적인 방법을 인류학에서 배울 수 있다. 이 방식은 결코 지적인 활동으로 끝나는 것이 아니라, 현실과 밀접하게 연관되어 있다. 따라서 이 활동은 독일어권의 문화학보다 미국의 '문화 연구 Cultural Studies'에서, 예를 들면, 인종 갈등, 소수민족 정책, 다문화 사회에서의 시민운동, 다양한 문화적 경험 계층과 다수의 그룹이 혼재해서 중첩되는 디아스포라[80]와 이민이라는 사회적 과정에서 활발하게 진행된다. 그러나 이런 변화를 두고 문화학의 턴들이나 레크비츠가 말하는 문화 이론의 변형이 이론 연구소에서 만들어진다고 주장할 수는 없다. 그것은 오히려 문화학적 턴들의 개념적 관점화를 통해 다시금 형성되는 사회적, 상호 문화적 과정과 분명히 연계되어 있다.

자국의 문화적 현실을 바라보는 "낯선 시선 Fremder Blick"은 지금껏 주목받지 못한 학제 간 연구 대상을 환히 밝힐 것을 계속해서 촉구하고 있다. 예를 들어 역사학에서 광기, 권태, 혐오, 꿈, 기억의 역사는 우테 다니엘 Ute Daniel의 표현에 따르면[81] 오히려 "유연제로서의 문화"를 통해 '부드러워진' 요소들로서 문화학에 의해 촉진되었다. 이와 같은 연구 방향은 일상사와 역사인류학에서 선구적인 성과를 거두었다.[82] 문예학의 경우에는 문학에 나타나는 명예, 피부, 페티쉬, 사랑, 폭력 등과 같은 연구 대상이 이에 해당된다. 물론 알려진 바와 같이 미디어, 구술성, 퍼포먼스를 포함하는 확대된 텍스트 개념은 예술 작품을 지향하는 문예학의 전통과는 아주 다른 것이다.[83] 이로써 "문학이 개개의 문학 작품이 갖고 있는 미적 특성 및 개별성과 같은 문학 고유의 연구 대상을 상실하는 것은 아닌가"라는 문제는 이미 오래전부터 논의되고 있는 실정이다.[84]

이 문제를 인정하지 않는다고 해도, 역사학과 문예학 말고도 문화학의 영향을 받은 연구 대상들이 광범위하게 확장되었다는 사실이 지속적인 현대화 및 혁신에 대한 압박의 결과라는 점은 분명하다. 그러나 문화학에서도 많은 논의가 되고 있듯이, 연구 대상의 확장은 우려스럽게도 주제 관련성에 고정되는 결과를 가져왔으며 오늘날까지도 대부분의 문화학적 담론에 대한 기술들조차 주제에 지나치게 쏠려있다. 우테 다니엘의 『문화사 교과서 Kompendium Kulturgeschichte』(2001)가 바로 그것이다. 이 책은 여러 주제와 대표 학자들을 중심으로 "주제와 관련된 중점 연구들"[85]과 미시역사 Mikrogeschichte 및 일상사, 역사인류학, 양성 연구, 담론사에 집중하고 있다. 이렇게 주제와 관련된 중점 연구들은 전반적으로 분과 학문 내에서 연구 스펙트럼이 나누어지고 차별화되지만, 초분과적으로 경계를 넘지는 못한다. 턴들에 이르러서야 비로소 초분과적인 경계 넘기가 가능하게 된 이유는 턴들이 주제에서 분석 범주로 "전복"되었기 때문이다. 바로 이 질적인 도약을 현재의 문화학은 철저하게 다루지 못하고 있다. 설명하기/이해하기, 사실, 진리, 객관적/주관적, 언어/내러티브 같은 '핵심 용어들'을 발굴한 우테 다니엘 역시 이러한 문화학의 역동성을 따라가지 못하고 있다. 그러나 이 역동성이 있어야 내용으로 장전된 개념들이 작동될 수 있으며, 그래야 획기적인 방법론으로서의 분석 범주가 작용할 수 있다.

본서가 턴들에 집중하는 이유는 이처럼 주제에 고정된 현재 문화학 연구의 지배적 방식에서 벗어나기 위함이다. 주제에 매여 있는 것은 문학적 재현의 독특한 형식에 주목하거나 문화적 지각 범주를 드러내어 연구의 한 축이 되게 하기보다는, 문학 텍스트를 단순히 "사상이나 형식 혹은 모티브를 캐는 채석장"[86]으로 너무 쉽게 축소시키는 것이다.[87]

하지만 끝도 보이지 않을 만큼 엄청난 탐구 대상들에 둘러싸인 채 스스로 소진되는 문화학 연구에서 한걸음 물러나 문화학의 '방법론'을 더욱 부각시키기 위해서는 턴들의 동인들을 생산적으로 만들 필요가 있다. 그렇게 함으로써 다양한 턴들을 거쳐 오면서 문화학의 (예를 들어 문예학 또는 역사학의) 범주들이 직접 재구성될 수 있는 일종의 방법론에 대한 의식과 이론 형성 작업이 촉진되는 것이다. 바로 이 지점에서 낯설게 하는 새로운 시각으로 자신의 분과 학문 및 문화를 본다는 것이 무엇을 의미하는지 보다 구체적으로 드러날 수 있다. 이 새로운 시각은 유럽의 전통적인 범주들을 상호 문화적으로 확장시키고 재검토하는 것으로 끝나는 것이 아니다. 한발 더 나아가 유럽적 특징으로 각인되어 있으며, 일반화 및 보편화의 가능성을 요구하는 이 범주들 자체를 의문시하는 데까지 이른다. 이는 예컨대 문예학에서 보면 문학사조와 장르 개념, 그리고 특히 식민주의 역사에 편입된 문학사 측면에서 본 문학 정전의 기준에 대한 비판적 수정을 의미한다.[88]

범주 비판과 방법론의 확장은 문화학 연구 전체를 새로운 단계로 끌어 올린다. 즉, 문화학 역시 연구 대상의 새로운 개척과 팽창을 넘어 방향성을 제시하는 연구 관점을 설계함으로써 광범위하게 응용될 수 있는 지평을 얻게 된다. 바로 이 점을 턴들은 약속한다. 턴들이 갖고 있는 범주 비판에 대한 동인은 결국에는 문화학 용어들에 대한 비판으로 작용한다. 다시 말해 턴들의 동인은 자기 이해를 향한 것이며, 문화학이 범할 수 있는 자신에 대한 과대평가 혹은 (예를 들어 자연과학을 의식한) 과소평가를 겨냥한 것이다. 그러므로 다음과 같은 통상적인 질문이 가능할 것이다. 문화학 내에서 어떤 턴들이 더 발생할 수 있으며, 혹시라도 문화학에 통합될 수 없는 턴들은 어떤 것들인가? 턴들은 단지 피상적인 학문적 유행인가, 아니면 긴 생명력을 갖는 연구 방향들이 구체화된 것인가? 세계의 학문지형에서 턴들의 위치는 어떻게 "자리매김"될 수 있는가?

독일어권 문화학에서는 거의 일상적으로 턴이 논의되고 있지만, 그 논의가 영미권, 특히 미국의 담론에 의존하고 있다는 사실은 주목할 만하다. 〈옥스포드 영어 사전〉에는 "턴 turn"이 갖고 있는 복합적인 의미 영역이 기술되어 있는데, 이 의미 영역이 갖는 생활세계와 연관된 실용적인 뉘앙스는 심지어 '연구의 턴 Forschungsturn'이라는 보다 좁은 개념 안에서도 발견된다.[89] 그와 반대로 '턴'에 상응하는 독일어인 "전회 Wende"라는 말에는 보다 묵직한 의미가 함축되어 있다. 독일어의 '전회'는 최종적으로 획기적이며 단호한 변화, 말하자면 "시대를 나누는" 방향 전환[90]을 암시한다. 이러한 함축은 하이데거의 "전향 Kehre"[91] 개념과 유사하게 "전회"의 개념을 심화시킨다. 따라서 본서에서는 문화학적으로 전환된 연구를 표현하기 위해 '턴 turn'이라는 영어 표현을 사용하여 세계적 논의를 함께 이어가는 것이 의미 있다고 보인다. 물론 20세기 초반 이후의 독일어권의 문화학 전통(게오르크 짐멜 Georg Simmel, 에른스트 카시러 Ernst Cassirer, 막스 베버 Max Weber 등)[92]이 재발견되고 있다는 점에서 독일에서도 "턴들"이라고 할 수 있는 독자적인 발상이 존재하는 것은 아닌가라는 질문을 던져볼 수는 있다. 만일 그렇다면 이러한 발상은 그 어느 때보다도, 특히 기억의 "패러다임"[93]을 통한 턴은 더욱 진지하게 수용해야 할 것이다. 그러나 본서는 세계적인 발생 맥락을 고려할 때 다만 부분적으로라도 독일 문화학의 발전 과정에 유입되었고 그 가운데 매우 독자적인 특징들로 각인된 가장 중요한 턴들만을 다루고자 한다.

이와는 대조적으로 프랑스어권에서는 전달 Transfer에 관한 연구가 활발하게 이루어지고 있음에도 불구하고 위에서 기술한 문화적 턴들의 이론 전달은 그다지 확산되지 못하고 있는 듯하다. 프랑스에서는 미국의 학파를 거부하는 경향이 있기 때문에 턴들에 대한 담론들은 다른 방식으로 진행되고 있는 듯하다. 심지어 문화학[94]이나 '문화연구'에 대해서는 거론도 하지 않는다. "구조주의"[95]의 뒤를 이은 "인문학적 턴" 내지는 페르디낭 드 소쉬르 Ferdinand de Saussure로부터 시작되어 롤랑 바르트의 기호학과 자크 데리다 Jacques Derrida에게로 이어진 '언어적 턴' 이후 프랑스에서는 '턴들' 또는 프랑스어인 "전환점들 tournants"은 그다지 거론되지 않고 있다. 프랑스에서의 특징은 오히려 지적 장의 다른 담론 축과 다른 경계 설정을 따라 독자적인 이론의 발상들이 전개된다는 점이다. 이러한 이론의 발상들은 부분적으로 울리히 라울프 Ulrich Raulff가 "심성사 Mentalitätengeschichte"에 대해 강조한 바와 같이, "턴들을 따라가던 선들이 회귀선들처럼 교차되는"[96] 곳에 위치할 수 있다. 예를 들면 다음과 같은 곳이다. "상호텍스트성"(줄리아 크리스테바 Julia Kristeva), "심성/심성사"(마르크 블로흐 Marc Bloch/루시엥 페브르 Lucien Febvre와 아날학파), "전달"(미셸 에스파냐 Michel Espagne/미카엘 베르너 Michael Werner/한스-위르겐 뤼제브링크 Hans-Jürgen Lüsebrink), "교차된 역사 histoire croisée"(미카엘 베르너/베네딕트 침머만 Bénédicte Zimmermann), "학문장/문학장"(피에르 부르디외), "지식으로서의 기억 장소 Gedächtnisorte/체험으로서의 기억 장소 Erinnerungsorte"(피에르 노라 Pierre Nora) 등등. 이를 볼 때, 프랑스에서는 언어적 턴 이후에는 턴들을 우선적으로 지향하지 않는 담론의 스펙트럼이 펼쳐졌던 것으로 보인다. 이는 문화학에 대한 프랑스 특유의 배타적인 태도가 낳은 주목할 만한 결과이다. 그래서 "문화학적 턴"[97]이 확인되는 데도 불구하고 프랑스권의 담론적 특징은 처음부터 문화학과 사회과학이 인문학 안에서 서로 긴밀하게 얽혀있는 모습을 나타낸다. 이로 인해 "문화적 턴"의 결과로 생긴 이론적 발상들은 더욱 강화된 "학문 발전과 사회 발전의 병행"[98]이라는 특성을 보이게 된다. 이로써 프랑스에서는 특히 언어적 턴이라는 좁은 길이 더욱 확장되었던 것이다.

언어적 턴

다양한 턴들의 형태로 새롭게 일어난 문화학의 방향 전환은 결정적인 "메가"-턴, 곧 '언어적 턴'을 빠져 나가지는 못한 것 같다. 언어적 턴은 바로 "문화적 턴" 자체를 촉발시킨 턴이다. 문화적 턴을 일반화시켜 말하면 기껏해야 문화를 성찰하는 역동적 과정을 이끌어낸 동인이라고 말할 수 있을 것이다. 언어적 턴에 대해서는 본서에서 별도로 다루지는 않을 것이다. 왜냐하면 이 턴은 모든 턴들을 관통하면서 이후의 턴들이 계속해서 발생한다는 강력한 징후가 되었기 때문이다. 이 모든 턴들은 언어적 턴을 각자의 방식대로 처리하면서 방향을 전환했고 중점을 옮기게 되었다. 결과적으로 언어적 턴의 기능은 초석을 놓는 것으로, 예컨대 리처드 로티 Richard Rorty가 "철학의 최신 혁명, 언어철학의 혁명"[99]이라고 가리켰듯이 심지어 '패러다임 전환'으로 간주되기도 한다.

'언어적 턴'은 언어철학에서 출현한 것으로 이미 1950년대에 언어철학자 구스타프 베르크만 Gustav Bergmann이 만든 개념이다. "모든 언어철학자들은 한 가지 적합한 언어에 대해 말함으로써 이 세계에 대해 말하고 있다. 이것이 바로 언어적 턴이며, 일상언어 철학자와 이상언어 철학자들[100] 모두가 (...) 동의하는 방법적 토대가 되는 전략이다."[101] 이에 따라 철학에서 발생한 언어철학적 및 언어적 턴에서는 실재에 대한 구체적인 진술이 아니라 실재를 진술하기에 적합한 언어에 관한 진술이 중요한 문제가 된다. 하지만 이 접근법이 언어적 턴으로 널리 알려지게 된 것은 1967년 리처드 로티가 편집 발행한 논문집 『언어적 턴 The Linguistic Turn』을 통해서이다.[102] 언어의 한계가 사고의 한계라는 확신, 그리고 언어와 언어 사용을 넘어선 그 '이면'이나 바깥에 실재가 숨어 있는 것이 아니라는 확신은 많은 파급 효과를 불러일으킬 만한 통찰을 가져다주었다. 즉, '실재'에 대한 모든 분석은 언어에 의해 결정되며 언어가 우선이라는 시각을 통해 '여과'된다는 것이다. "전통 철학에서는 언어의 밑을 파 내려가 언어가 표현하고자 했던 것에 도달하려고 시도했기 때문에, 전통 철학이 언어적 턴을 수용한다는 것은 그렇게 파 내려가기만 해서는 아무것도 발견할 수 없다는 실체적 논제를 전제로 하는 것이다."[103]

언어적 턴의 언어 개념은 초기에는 페르디낭 드 소쉬르의 언어 이론(1916)으로까지 거슬러 올라간다. 특히 언어는 (자체적으로 완결된) 공시적 기호 체계(랑그)라는 그의 통찰과 맞닿는다. 한 언어기호의 정체성은 내재되어 있는 것이 아니라, 다른 기호들과의 차이에서 생긴다. 예컨대 사과는 배가 아니라는 사실을 통해 규정되듯이 a도 m이나 기타 다른 것이 아니다. 그래서 언어기호들은 차이의 체계 속에서 서로 연결되면서 구조를 이룬다. 구조주의 언어학의 이러한 통찰과 맥을 같이하며 언어적 턴은 실제 역시 언어로부터 구조화된다는 관념, 언어와 마찬가지로 실재도 기호 체계로, 재현과 차이의 체계로 파악해야 한다는 관념에서 출발하게 된다.

언어적 턴은 언어철학을 넘어 더 넓은 영역에 영향을 주었는데, 언어 종속성에 대한 통찰, 텍스트와 재현이 인식 조건에 앞선다는 통찰을 다른 인문학들과 이후의 문화학들에게 전파한 것이다.

그러나 언어적 턴의 특징은 "구조주의"에서 가장 명확하게 드러나는데, 언어적 턴은 구조주의로부터 시작해 새로운 패러다임과 유사한 주요 방법론을 인문학과 문화학으로 발전시킨다. 그 토대는 1960년대까지 양적 자료에 근거해 현실을 인식했던 실증주의와 철저히 결별하면서 구축된다. 실증주의와는 반대로 언어적 턴은 '실재' 현실에 대한 접근이 가능하지 않다고 본다. 언어에 종속되지 않은 현실, 언어와 떨어져 있는 현실은 그 어떤 것이라도 언어로 묘사할 수 없기 때문이다. 언어는 현실을 묘사하는 도구가 아니라 현실을 구성하는 도구라는 것이다. 실재하는 것에 대한 모든 인식은 언어적 진술 속에서 형성되며, 언어를 통하지 않은 현실, 언어적으로 각인되지 않는 현실이란 없다. 특히 롤랑 바르트와 자크 데리다의 프랑스 텍스트 이론은 '필터'로서의 언어적 속성을 강조하는데,[104] 한 예로 이들은 역사기록은 텍스트와 언어로 전달된 세계에 그저 접근한 것일 뿐이라고 암시한다. 역사기록은 인간의 '실제적인' 경험을 보여주는 것이 아니라, 그러한 경험에 대해 역사적인 자료들이 알려주는 것만을 보여준다. 현실 경험과 역사 서술에 대한 언어적 한계와 가능성에 대한 이러한 통찰은 역사학에서 언어적 턴이 무엇보다 "내러티브 턴"으로 형성되는 결과를 초래한다.[105] 역사적 사실은 역사학자에 의해 비로소 구성된다.[106] 마찬가지로 역사적 행위자 자신의 감정과 행동 계기 역시 한 개인의 실제적 표현으로서가 아닌 언어적으로 전달된 감정과 행동 코드의 결과로서 이해될 수 있다. 언어적 코드화는 항상 행위자(독립적인 내부의 정신세계로 잘못 오인되는)의 독자적인 의도에 앞서 설정된다. 바로 이러한 징후 아래 기호학적 턴은 1960년대 말에 이르러, 언어적 턴의 토대와 연결된다.

따라서 학문적 인식을 포함한 인간의 모든 인식은 언어를 통해 구성된다. 패러다임 전환의 근거는 언어가 이제 전통적인 의식철학의 주체-객체 관계 사이로 밀고 들어온다는 사실이다. 그와 더불어 언어분석 철학의 언어적 패러다임이 의식철학의 유심론적 패러다임을 대신한다. 언어적 턴이 의미하는 것은 실재에 대한 (언어 기반의) 구성주의적 통찰이다. 이러한 통찰은 자연스럽게 다음과 같은 중요한 결과를 가져오는데 한편으로는 재현 능력에 관한 것이다. 주체는 담론의 접점이 되고 수사적 전형이 학문적 해석을 관통하는데, 이것은 "성찰적 턴"을 다룬 장에서 확인할 것이다. 다른 한편으로는 이로부터 두 가지 인식이 발생하는데, 첫째는 인간의 실재란 만들어진, 즉 상징 속에서 그리고 상징을 통해 생산된 것이고, 둘째는 의미 체계의 완성을 위한 잠재적 투쟁이 항상 현실을 문화적으로 구성함으로써 나타난다는 것이다. 다시 말해 재현이 실재를 창조할 수 있는 것이다. 그런 식으로 문화적 재현 영역을 정확하게 관찰하는 것은 생산적인 작업이다. 그로부터 사회적 권력구조가 재현되는 상징 전략을 살펴볼 수 있기 때문이다. 이러한 관점이 이미 문화학적 담론 과정에서 언어적 턴을 촉진시키고 있으며, 동시에 언어적 턴을 일방적으로 고정된 언어구조(랑그)에서 해방시키고 대화 사건, 실제 대화, 커뮤니케이션과 퍼포먼스(빠롤)가 가지고 있는 약점을 보완시켜 준다.

언어적 턴 이후의 문화적 턴들

언어적 턴은 문화학적 턴들을 관통하는 중심 모티프이다. 그러나 이러한 방향 전환의 과정 속에서 언어적 턴의 절대적 영향력은 눈에 띠게 감소한다. 이전에 밀려났던 요소들이 다시 주목을 받으면서 새롭게 초점의 방향이 바뀌기 때문이다. 언어적 턴이 가지고 있는 언어라는 협소함 때문에 배제되고 밀려났던 문화, 일상세계, 역사, 그리고 무엇보다 행위의 차원이 점차적으로 연구 영역으로 재편된다. 이러한 사실은 오늘날까지 충분히 알려져 있지 않은 것처럼 보인다. 여전히 언어적 턴의 지배력을 일괄적으로 선언하는 사람들이 있고, "언어적 턴"이라는 치명적 공포에 대해 이야기하며 탄식하는 사람들도 있다.[107] 언어적 턴이 담론 분석을 통해 유령처럼 문화학을 뒤흔들기 때문이다.[108] 그러나 동시에 개별적인 턴들이 언어적 턴의 새로운 초점, 새로운 변화와 변형에 자극을 주면서 연구는 다시금 새로운 방향을 찾을 수 있게 된다.

언어적 턴의 변형으로 새롭게 연구된 시범적인 개별적 턴 가운데 하나가 바로 1970년대 미국 인류학에 의해서 완성된 '해석적 턴'이었다. 해석적 턴에 따른 "기호적 문화 개념"[109]과 "텍스트로서의 문화"에 관한 비유는 1970년대 문화학과 사회과학에서 전적으로 언어적 턴이 변형되어 생겨난 것이다. 문화인류학은 그때까지 사회인류학적인 방향에 맞춰져 있었고, 오히려 구조기능주의의 모든 장치들과 함께 사회 구조에 관해 연구했다. 그 후, 클리포드 기어츠 Clifford Geertz에 의해서 해석적 문화인류학으로 전환을 이루었고 문화에 대한 재평가가 실행되었는데, 그 전환은 "모든 생활 방식"(에드워드 타일러 Edward B. Tylor)이라는 전통적인 의미에서가 아니라, 해석에 따른 의미 창출이 가능하고 자기 해석도 할 수 있는 기호와 상징체계로서의 생활 방식에 초점을 맞추었다. 모든 사회는 특정한 표현양식을 구성하고 있고, 그 안에서 예를 들어 예술, 연극, 제의와 같은 표현 방식을 통해서 사회 스스로를 해석하기 때문이다. 바로 이와 같은 공적인 표현 영역들을 통해서 우리는 문화의 의미에 접근할 수 있다. 이러한 인식으로부터 해석적 턴은 끊임없이 다음과 같은 질문을 제기하면서 난관을 극복하고 해석학의 상호 문화적 확장을 이루는데 성공한다. "공감할 수 없는데 어떻게 이해할 수 있는가?"[110] 낯선 문화의 맥락을 이해하기 위해 더 이상 낯선 의향 및 의도를 공감에 의지하여 파악할 수 없다면, 문화적 의미에 보다 강력하고 객관적으로 접근할 수 있는 방법, 즉 "텍스트로서의 문화"라는 기호와 상징에 대한 모색이 이루어져야 한다. 이 공식은 지난 수 십 년 동안 있어 왔던 문화 개념에 대한 커다란 도전 가운데 하나가 되었다. 마침내 이 공식은 행위 역시 텍스트로 파악하게 되었다. 바로 이 점 때문에 텍스트성과 언어, 담론의 위세에 대한 반감이 크게 일었던 것이다. 마치 역사적 현실이 텍스트 안에서는 미약해지고, 문화주의라는 안경을 통해 왜곡된 것 같았기 때문이다. 문화주의에 대한 이와 같은 비판은 텍스트적-해석적 턴이 결국에는 실천 이론으로

완성되고 확장될 수 있는 동인을 제공한다.[111]

이와 같이 텍스트에 토대를 둔 발상을 취하기는 하지만 여기에 동력을 가한 '수행적 턴'은 이미 이러한 비판적 방향으로 첫발을 내딛는다. 해석적 턴에서 수행적 턴으로의 이동은 방법론적으로 특히 시사하는 바가 크다. 여기서 텍스트와 의미에 맞춰졌던 초점이 표현과 수행적 실천으로 옮겨가기 때문이다. "텍스트로서의 문화"에서 밀려났던 물질성, 문화역동성, 상황조건들 및 대화적 교류 과정 등의 차원들이 귀환하게 되고, 이러한 범주들이 부각되면서 언어적 턴의 위세는 흔들리기 시작한다. 또한 역사적 행위자, 분쟁, 위반, 문화적 파괴와 마찬가지로 육체성 및 비언어적 행위차원들도 중요하게 부각된다. 즉, 언어적 턴의 결과로 담론에서 그 존재감이 없었던 범주들이 다시 돌아오게 된 것이다. 그러나 빅터 터너 Victor Turner에 의한 민속학적 제의 분석 Ritualanalyse과 언어학에서 존 오스틴 John Austin의 언어 행위 이론으로부터 언어적인 것은 표현 행위, 즉 퍼포먼스에서 구체화된 역사적이고 수행적인 실천으로 발전하게 된다. 이러한 발전은 가장 상이한 분과 학문들이 현실은 어떻게 생산되고 연출되는지, 예를 들어, 축제, 카니발, 스포츠와 같은 문화적 표현 매체, 정치적 연출, 종교, 특히 드라마와 연극의 형태에서 행위들은 어떠한 연출구조를 나타내는지에 대한 문제를 탐구하게끔 한다. "표현으로서 문화 Kultur als Darstellung"를 관찰하는 것은 분과 학문들이 문화적 표현 영역으로부터 사회적 과정의 원동력으로 접근하는 것을 시도하게끔 이끌며, 이러한 물질성, 매체성 및 사회적 연출 문화의 구성력 안에서 문화적 상징화 과정에 보다 구체적으로 접근할 수 있게 된다. 상징의 생산이 행위 및 사회적 실천과 얼마나 밀접하게 연관되어 있는지는 제의의 맥락 속에서 가장 분명하게 드러난다. “장르 간의 경계 해체”에 대한 전이를 통해서도 확인할 수 있듯이, 바로 이 점에서 임계 상태의 보다 포괄적인 문화학적 핵심 개념이 발전하게 된다. 그것은 개별적이고 사회적인 이동 과정의 분석을 위해 매우 유효한 것으로 입증되어야 한다.

사실 이미 이 턴을 통해 수행경험 그리고 실천을 역사적 범주로서 재발견하는 길이 열렸으며, 이로써 언어적 턴에 기대고 언어와 텍스트에 토대를 둔 “행위의 문법”을 교체할 수 있었다.[112] 하지만 역사학자 가브리엘레 슈피겔 Gabrielle Spiegel[113]처럼 문화를 수행적 개념으로 재획득하는 것에 머물러서는 안 된다. 그 이유는 문화학 연구가 다른 턴들에 이르러서야 비로소 텍스트와 실천 사이의 간극을 넘어서기 때문이다. 즉 다른 턴들을 통해서야 비로소 우리는 언어적 턴이라는 낡은 틀에 대한 고정된 태도를 버릴 수 있게 된다. 물론 이는 주도 학문의 교체를 동반한다. 문화인류학이 여러 부분에서 문화학의 핵심 분과가 되었다는 사실은, 민속학의 점증하는 비판적 자기 성찰을 다른 분과로 끌어들인 ‘성찰적 턴’에서도 나타난다. 문화학 연구에 있어 자기비판의 추동력은 “재현의 위기”를 단순히 거명하는 것에 그치지 않고, 그것을 극복하려는 시도에서 나온다. 즉, 학문의 기술 과정을 비판적으로 통찰하고, 재현은 재현을 둘러싼 복합적인 환경과 역으로 결합되어 있음을 비판적으로 살펴보는 것이다. 그리하여 민속지학 관련 연구서에는 문학적 전범과 플롯 및 메타포와 아이러니의 사용 등 모든 문화기술 Kulturbeschreibung에서 가려낼 수 있는 영향력 있는 서술 및 서사 전략이 노출되며 이로써 저자들이 갖고 있는 엄청난 조종 및 조작 능력이 드러난다. 즉 문화 기술은 저자, 학자 혹은 작가들의 전권에 맡겨져 있다. 따라서 ‘성찰적 턴’을 ‘수사적 턴 rhetorical turn’ 혹은 ‘문학적 턴

literary turn'이라고 부르는 것은 우연이 아니며, 주목할 점은 이 때 주도 학문으로서의 문화인류학은 그 자신이 문학적 턴을 경험하고 난 후, 또 다른 일시적인 "주도 학문"으로 방향을 바꾸는데, 이것이 문예학이다.

1980년대 이후 '포스트식민주의 턴'이 발생한 것도 바로 문예학 때문이다. 탈식민화 현상과 이로 인한 비유럽권의 현대 문학을 통한 비판적인 문학재현과 맞물리면서 포스트식민주의 턴은 중대한 문화이론적 통찰과 개념화 전망을 제시하는데, 무엇보다도 문화적 차이, 타자성 그리고 권력의 상호 관계 속에서 정체성과 재현의 문제를 비판적으로 새롭게 자리매김한다. 포스트식민주의 턴에 힘입어 민속지학의 자기 성찰 역시 더욱 강도 높게 정치화된다. 이미 재현에 대해 제기한 성찰적 턴의 핵심 문제가 권력, 지배 그리고 문화적 불평등과 같은 차원들을 포괄하고 있지만, 이러한 것은 불평등한 권력의 세계에 직면하여 무엇보다 식민주의의 여파로, 그리고 유럽중심주의에 대한 새로운 관점에 힘입어 더욱더 세계적 차원에서 성찰된다. 이렇게 포스트식민주의 턴은 그 자체의 문제지평과 방법지평을 처음부터 글로벌한 차원에, 즉 비대칭적 권력관계라는 초국가적 연관 틀에 둔 최초의 새로운 문화학적 경향이다. 애초에 포스트식민주의 턴은 탈식민화라는 구체적인 경험과 포스트식민주의 해방운동 그리고 반식민지 저항이라는 성격을 통해 각인되었다. 하지만 이와 같은 적극적 현실참여는 이를테면 포스트식민주의 이론 내의 언어적 턴을 통해 점차 스스로 동력을 잃게 된다. 역사적, 정치적 출발동력이 점점 더 담론 비판으로, 즉 지식 체계 차원에서의 식민 권력의 존속에 대한 비판으로 옮겨가기 때문이다.

하지만 이러한 인식론적 잠재력으로 인해 비로소 포스트식민주의 턴은 마침내 하나의 '턴'으로 확립되었으며, 문화학은 총체적으로 기존의 전제들을 의문시해야만 했다. 여기에서 결정적인 것은 문화적 차이를 인정하기는 하지만 이 차이를 본질적인 것으로 확정하지 않고 합의를 이루어 내는 포스트식민주의 턴의 기본 원칙이다. 그리하여 포스트식민주의 턴은 이분법적인 인식태도 그리고 서구 합리주의의 지배 담론이 전 세계에 가했던 인식론적 폭력을 뒤흔들어 놓는다. 이 같은 인식론적 비판을 통해서 포스트식민주의 턴은 문화학 내에서 하나의 돌파구를 마련한다. 그것은 또 다른 의미에서 전 지구적으로 그리고 초문화적으로 인식론적 비판의 장을 열어놓기 때문이다. 즉 포스트식민주의 턴은 문화학과 사회과학에서 다루어지는 유럽과 연관된 연구 대상들의 정전을 확대할 뿐만 아니라, 유럽 중심의 학문적 연구 범주 자체를 당연시하는 관행을 재고하도록 만든다. 여기서 "범주교차적 번역"[114]과 마찬가지로 상호 문화적인 논의의 장에서 진행되는 실제적인 번역 과정 연구 또한 요구된다는 사실은, 포스트식민주의 턴의 영역에 '번역적 턴'이 이미 잠재해 있음을 말해준다.

실제로 번역적 턴은 근래에 시작되었으며, 번역의 범주를 텍스트와 언어의 번역을 넘어 이제까지 별로 주목받지 못했던 문화와 사회과학의 기본 개념으로 발전시키고 있다. 이항적인 인식 방식과 이분법적인 구분과는 다른 새로운 방법론으로 "사이 공간 Zwischenräume"을 개척하려는 문화학의 지속적인 노력은 번역적 턴에서 실질적으로 경험될 수 있는 토대를 발견하게 되었다. 문화적 사이 공간은 "번역공간 Übersetzungsräume"으로 이해하면 더 명확해지기 때문이다. 이런 식으로 정체성이라든지 이주, 망명 등 다른 "상호 문화성"의 상황들도 번역과정과 자기 번역의 필연성으로 각인된 구체적인 행위맥락으로 관찰될 수 있을 것이다. 그러므로 "번역으로서의 문화 Kultur als Übersetzung"[115] 라는, 번역의 차원에서 문화를 새롭게 이해하려는 태도는 생활세계와 다시 접목된다. 이와 맞물려 그렇게 실제적이면서도 체계적으로 상호 문화성이라는 시나리오에 근접해 가다보면, 어느새 '언어적 턴'이라는 큰길에서 벗어나게 된다. 그러나 다른 턴들도 언어적 턴에 붙들려 자신을 소모시키지 않으면서 연구를 위한 새로운 진입로를 알차게 개척하고 있다.

이제껏 인문학과 문화학을 규정해온 것이 단연코 시간의 범주였다면, 최근에는 '공간'의 재발견으로 관심이 쏠리고 있다. '공간적 턴'은 특히 글로벌한 탈공간화의 경험을 통해 유발되었다. 그러나 생성되고 있는 세계 사회 Weltgesellschaft 안에서 다양한 문화의 동시성을 인정하고 패권을 추구하는 중심과 주변화된 변두리를 비판적 시각으로 리매핑하고자 하는 포스트식민주의에 자극받은 것이기도 하다. 지역화 Lokalisierung의 문제는 다름아닌 글로벌 시대에 공간상실의 경향과 함께 격하게 대두되고 있다. 바로 이 점에서 "문화의 위치 Verortung von Kultur"(호미 바바 Homi Bhabha)는 하나의 요구, 곧 새로운 문화이해를 위해 새로운 공간 관계가 필요하다는 요구의 직접적인 표현이다. 다른 한편, '공간'은 중심적인 분석 범주가 되면서, 사회적 행태의 구성원칙, 그리고 물질성과 경험근접성의 차원이자, 영향력 있는 재현 전략이 되기도 한다. 이들의 서사는 더 이상 시간의 축을 따라 흘러가지 않는다. 따라서 더 이상 진화론과 발전 내지는 진보라는 전제의 덫에 붙잡히지 않게 된다. 여기에서 현대의 문화지리학 Kulturgeographie은 처음으로 주도권을 갖게 되고 또 다른 근본적인 시각의 변화를 위한 강력한 동인이 된다. 이로 인해 공간적 징후를 나타내는 문화 분석은 '언어적 턴'의 편협함에 강력하게 대항할 수 있게 된다. 더 이상 모든 것이 다 기호, 상징 혹은 텍스트인 것이 아니라 물질이고 소재이기도 하다.[116]

언어적 턴에 반대하는 훨씬 더 결정적인 움직임은 현재로서는 '아이코닉 턴 iconic turn'/'시각적(그림적) 턴 pictorial turn'이라 할 수 있다. 이는 1990년대 이후 언어와 언어 체계, 즉 서구 문화의 이성중심적인 지배에 반대하여 그림/이미지의 인식 가치에 새롭게 주목하도록 요구한다. '주도 학문'으로는 미술사가 매체 이론과 "이미지학 Bildwissenschaft이라는 새로 세운 기둥과 함께 강력하게 등장한다. 이미지학은 현재의 비주얼 세계에 이르기까지 이미지와 "이미지성 Bildlichkeit"의 역사적 형식을 분석한다. 그러면서 이미지 정치와 매체 또는 감시 카메라의 관찰, 그리고 전자 디지털 영상을 통한 이미지시각화 영역도 빼놓지 않고 다루고 있다. 그러나 논의를 주도하는 문제의식은 더 이상 관조, 해석, 인식의 대상으로서의 이미지에 대한 것이 아니다. 최근의 관심사는 이미지 및 다른 시각적 경험이 지식 자체를 형성하는 어떤 능력을 갖고 있는가에 관한 것이다. 이미지를 인식하는 것보다 더 중요한 것은 이미지와 시각성을 '통한' 인식이다. 그리고 이미지를 이해하는 것보다 더 중요한 것은 세계를 이미지 속에서 그리고 특수한 시각과 시선의 문화를 통해 이해하는 것이다. 바로 여기에서 재차 확인되는 점은 하나의 턴을 특징짓는 급격한 변화는 대상의 차원에서 분석 범주의 차원으로 변화한다는 것이다. 바로 이 점에서 결국에는 자연과학과 의학, 뇌과학에서 사용되는 새로운 이미지 처리 방식과 시각화 및 지각의 이미지 기술에 이르기까지 여러 분과 학문에 연결될 수 있는 생산적인 역량이 도출되는 것이다.

하지만 주도적 턴들의 연쇄 과정에서 눈에 띄는 점은 풍부하게 축적된 젠더 연구와 젠더를 간과하려는 턴의 경향 간에 분명한 갈등 영역이 있다는 사실이다. 본서의 독자들은 “젠더 턴 gender turn”을 본서에서 독립된 챕터로 다루고 있지 않아 실망했을 지도 모르겠다. 하지만 연관되지 않는 곳이 없는 젠더의 문제를 독립적인 하나의 턴으로 설정하는 것이 과연 의미가 있을까? 젠더 턴에 대해서는 이미 충분히 논의되고 있다. 특히 1985년에 역사학자 조앤 스콧 Joan Scott이 오늘날에는 이미 고전이 되어버린 논문에서 “분석 범주로서의 젠더”를 페미니즘 연구가 계속 전개되고 있다는 근거로 제시했다.[117] 페미니즘의 시작인 양성 관계 연구에서 벗어나 그야말로 분석 범주가 된 ‘젠더’는 해석적 턴의 맥락을 갖는 초기의 근거 연관성을 벗어났다고 해야 할 것이다. 언어가 그러하듯 ‘젠더’는 인간의 사회적 관계를 문화의 표준을 통해 규정한다. 그리하여 스콧은 젠더가 “권력의 관계를 표시하는 일차적 방법”[118]이라고 정의한다. 이 점에서 보다 근본적이며 일반적으로 모든 턴들을 관통하는 새로운 방향설정이 이루어지고 있음을 추측할 수 있다. 그것은 더욱이 젠더가 양성의 대립 관계를 비판하면서 성정체성의 이분법적 표준과 이 표준의 사회구성적 특징을 비판적으로 드러내고 있기 때문이다. 이렇게 젠더 시각은 중요한 인식론적 축 위에서 문화학 연구 및 문화학 연구의 문화구성주의와 얽혀있다.

문화학의 새로운 방향 설정

여러 턴들을 함께 살펴보는 것이 각 턴들의 영향이 실제로 얼마나 지속적인지, 그리고 그중 어떤 것들이 새로운 패러다임 구성을 탄생시키는 데에 도움을 주는지 관찰할 수 있는 가장 좋은 방법이라고 할 수 있다. 그런데 턴들의 연결사슬은 소위 말하는 '언어적 턴'의 지배적 위치에 대해 어떤 의미를 갖고 있는가? 언어적 턴은 각각의 턴들에 의해 그야말로 완성되며, 턴에서 턴으로 넘어가는 변화 과정에서 변화되고 또한 분명 약화되기도 하는 듯하다. 여하튼 언어적 턴은 이미 오래전에 보다 다층적인 문화학 연구 관점에 반영되었고, 이 관점으로 인해 모든 것을 언어와 담론으로 귀결시키려는 초기의 편협한 방식은 점차 사라지게 되었다. 그리하여 세분화된 문화학은 언어를 다른 지각 및 행동 차원과 교차시킴으로써 '포괄적인' "생명과학 Lebenswissenschaft"이 되려고 한다. 포괄적이라고 하는 것은, 문화학은 언제나 자기반성적 근거를 제시할 수 있으며, 문화학 고유의 개념을 전제로 적용될 수 있지만, 동시에 해체주의의 선구자들보다 경험주의적 연구에 더 많은 기반을 두고 있기 때문이다. 그렇다고 칼 슐뢰겔의 주장대로 "턴들이 전체사 histoire totale의 귀환을 예비"[119]할 수 있을 정도인지는 아직 미지수이다. 그러나 "보다 풍부한 역사지각" 혹은 문화 지각에 도달하기 위해서라면 조금만 더 길을 닦으면 될 것 같기도 하다. 다른 턴들을 사용하든지 아니면 완전히 다른 초석을 놓든지 말이다. 그리하여 문화학적 턴들 내지는 새로운 방향 설정이 계속해서 자가생산되면서 결국에는 하나의 새로운 "메가-턴 Mega-Turn"에서 그 정점을 이루게 되지 않을까 싶다. 개개의 턴들이 문화를 지나치게 과장하는 "문화적 턴"에서 벗어나고 있음을 확인해 주는 단서들은 이미 나와 있다. 그러나 이렇게 벗어나기 위해서는 문화학이 편협함을 버리고, 바이오정치학 Biopolitik, 경제학, 뇌 연구처럼 경계를 넘어 지평을 확장해야 할 것이다. 문화학에서 이미 확립된 턴들은 이러한 지형 확장에서도 도약판 구실을 한다. 그렇게 되면 턴들은 "전체사"는 형성하지 못하더라도 '더 포괄적인' 생명과학[120]은 형성할 수 있지 않을까? 더 포괄적인 이유는 "생명공학 Biowissenschaft만 단독 대표가 되게 하는"[121], 현재의 소위 말하는 "생명과학"보다 더 복합적이기 때문이다. 하지만 더 포괄적인 생명과학이 된다는 것은 동시에 신경생물학적 환원주의가 될 수도 있다는 위험도 갖고 있다.

'언어적 턴 다음에는 어떤 턴이 나올까?', 나아가 '문화적 턴들이 아예 다 지나가면 그 다음에는 무엇이 올까?'라는 문제에서 중요한 것은 다양한 턴들이 서로 긴장감을 가지면서도 협력한다는 사실을 주시하며 숙고해야 한다는 것이다. 하지만 여기에 소개된 모든 턴들이 완전히 새로운 현상인 것으로 오해해서는 안 된다. 이들은 아직 이론적으로 정립되지만 않았을 뿐, 이미 수행되어 왔던 연구의 방향이 부활한 것일 뿐이다. 또한, 턴들이 선형적, 순차적으로 일어날 것이라는 오해 역시 불식되어야 한다. 오히려 그 반대로 턴들은 동시에 발생하는 경우가 많으며 대체로 상호 갈등 관계에 놓여 있지만, 꼭 그렇지 않다고 하더라도 레나테 슐레지어Renate Schlesier의 말처럼[122] 적어도 논쟁의 여지가 있는, 그리고 해석적 논의의 여지가 있는 관계로 이해해야 한다. 이제 턴들은 문화를 더 이상 해석의 대상이 아닌, 새로운 분석 범주를 요하는 사회적, 상호 문화적 실천의 장으로 파악함으로써 해석학을 확연히 넘어서고 있다. 문화 간의 직접적인 접촉과 논쟁은 문화학 이론의 기반과 연구 관점을 발전, 확대시키는 데에 출발점이 되고 있다. 이러한 방향 전환은 이미 1970, 80년대에 일어났으나, 그것이 얼마나 다양한 방법으로 연구가 가능한지, 문화학이 오늘날 어느 정도로 세계화 시대에 발생하는 문제들을 극복할 수 있도록 도와주는지를 깨닫게 된 것은 최근에 이르러서이다. 사회학, 정치학, 역사학, 문예학, 민속학에서 사용되고 있는 주요 기본 개념과 가설들은 이러한 새로운 맥락 안에서 문화학적, 문화인류학적 관점으로 세분화되고 있으며, 문화, 정체성, 텍스트, 권위, 번역, 타자성, 이질성, 재현, 자기 및 타자 이해(문화이해), 상호 문화성, 이분법적 사고방식 등과 같은 문제들에 의문을 제기한다.

하지만 턴들의 영향력은 문화 개념의 특징을 부각시킬 때 가장 극명하게 드러난다. 어쨌든 턴들을 통해 문화 개념의 급격한 변화를 가져오는 주된 축이 형성될 수 있게 된다. 그것은 자주 인용되는 에드워드 B. 타일러의 문화 정의(1871)에서 시작해 해석적 턴까지 영향을 미친 '전체성을 지향하는' 문화이해에서 '수행성 및 실천 지향적인' 민속학적 문화 개념을 지나, 마침내 '포스트식민주의 턴' 이후 문화학에 각인된 '차이를 강조하는' 문화 개념으로의 변화이다.

나아가 턴들의 영향력은 분과 학문과 연구 방식의 특징을 부각시킬 때에도 드러난다. 문화학의 턴들을 학제 간의 모호한 사이 공간에서 단순히 이론을 찾아낸다는 정도로 이해하는 것만으로는 충분하지 않다. 그보다는 이 턴들을 학제적으로 정착시키는 것이 필요하다. 왜냐하면, 문화학의 턴들은 흔히 짐작하거나 비판받는 것처럼 절대로 학제를 대신할 수 없기 때문이다.[123] 오히려 개별 분과 학문 쪽에서 접근하여 방법론적으로 발전시켜야 비로소 학제 간 연구의 기본요건이 마련될 수 있다. 비록 최근에 분과 학문으로 회귀하는 문화학 연구가 다시 강하게 일고 있지만, 여기에서 그야말로 분과 학문의 특수한 역량을 강화하려면 턴들의 촉진력이 무엇보다 필요하다. 물론 그러다보면 어떤 분과 학문이 주도권을 잡느냐의 문제로 시작되는 학문 간 논쟁 역시 심화되기도 한다. 세계화의 도전에 직면하여 우리는 분과 학문 간의 접촉 및 번역 구역에서 발생하는 상호 긴장을 생산적으로 만들어주는 협력을 향해 나아가야 한다. 그러나 학문 간 논쟁은 이러한 필요성을 점점 약화시킬 뿐이다.

이러한 학제 간 접촉이라는 영역에서도 턴들의 다양성은 통상 "포스트모던적 턴"[124]이라고 구획 지을 수 없는 포스트모더니즘의 경우와 같이 무조건 갈등 없는 절충주의로 이어지지만은 않는다. 오히려 반대로, 턴들의 다양성과 공존은 지속적인 긴장 관계를 갖게 한다. 영미권의 문화 연구 Cultural Studies는 이러한 긴장 관계에 특히 지대한 관심을 보인다. 이는 분과 학문의 경계를 넘어설 뿐만 아니라, 학문적 담론의 경계를 넘어 사회적, 사회정책적 문화 논쟁으로까지 이어진다. 클리포드 기어츠는 이러한 변혁을 다음과 같이 비유적이고 함축적으로 간결하게 표현하고 있다. "턴들이 오고 나서 전쟁이 시작되었다. 즉, 문화 전쟁, 학문 전쟁, 가치 전쟁, 역사 전쟁, 젠더 전쟁, 그리고 구(舊)와 신(新)의 전쟁이다."[125]

미국에서 벌어지는 문화 전쟁들은 대립적인 정치집단 사이에서 특히 미국적 가치(종교, 가족)에 대한 정의를 둘러싼 논쟁에서 진행되고 있다. 최근 이 전쟁은 특히 보수성향의 집단에 의해 촉발되고 있는데, 이는 이미 공적 여론 안으로 확대되고 있는 문화 연구의 비판적 인식 역량에 대한 방어적 태도라고 할 수 있다. 그러나 주목할 점은 비판적 문화학이 문화적 차이에 대한 문제의식의 부족을 줄곧 드러내는 국제정치의 결정안들을 관철시키려는 권력에 대해서는 힘을 쓰지 못한다는 점이다.

이에 반해 독일에서 문화적 턴들은 처음부터 너무 쉽게 대학의 분과 학문으로 회귀된 상태에 머물러 있다. 그렇기 때문에 대학 밖에서 벌어지는 사회적 행위 및 행위자들과 문화학이 더욱 협력할 수 있는 공동의 장이 손쉽게 확보될 수 없었다. 물론 최근에는 문화 간 협의의 무대이자 싸움터로서의 문화 영역이 전 세계적으로 더욱 부각되는 차원에서 심지어 구체화된 "문화적 턴"을 말하고 있긴 하다. "'문화적 턴'의 시대에 사람들은 모든 것을 문화라는 범주 안에서 인식하고, 정치에도 문화적으로 반응한다."[126] 그러나 '문화적 턴들'로 인해 분석적인 시각이 열리면 이렇게 문화를 실제로 과대평가하고 있다는 근거를 조사할 수 있다. 그것은 세계화에 따른 상실 경험일 수도 있고, 불평등한 권력관계나 실패한 번역 과정 혹은 문화 간 오해의 경험일 수도 있다. '문화적 턴들'이라는 비판 도구는 불가피한 것으로, 세계의 갈등을 점점 더 문화적으로 보려는 앞의 주장들을 재검토하고, 그 주장 안에 갇힌, 문제의 소지가 있는 문화이해를 드러내기 위해서다.

문화학적 연구의 발상 자체를 정치화시키는 이와 같은 지평과 함께 턴들이 갖고 있는 긴장 영역은 추가적인 폭발력을 가지고 있다. 이 긴장 영역은 한편으로는 "혁신"에서 대학 지성의 순응주의(부르디외)로 급변하는 위험을 막는 것을 도울 뿐만 아니라, 다른 한편으로는 문화학적 턴들이 보이는 전형적인 피로 현상들을 저지할 수 있게 해준다. 미국의 민속학자 마샬 사린즈 Marshall Sahlins는 자신의 풍자적인 책 『푸코를 기다리며, 아직도 Waiting for Foucault, Still』[127]에 들어 있는 "지루--------해! Borrrrrrring!"라는 제목의 아포리즘에 가까운 글에서 쿤의 패러다임 전환 이론을 사회과학과 문화학에서 발생하는 일련의 턴들과 관련짓고 있다. 사린즈에 따르면 턴들만 교체되는 것이 아니라, 관점의 교체에 대한 징후들 자체도 교체된다. 즉, 문화학 연구는 처음에는 사회 참여로 전회 했다가, 점점 더 경제적 효용성을 고려하는 경향 쪽으로 접근해 갔고, 결국에는 주도권을 쥐고 있는 권력에 봉사하게 되었다는 것이다. 하지만 이런 사실은 문화학의 이론 교체나 이론의 "정권 Regime"이 갖고 있는 유일한 역동성은 아니다. 더욱 우려가 되는 것은 사회과학 및 문화학 턴들로 인해 점점 더 증가하는 설명의 인플레이션이라고 한다. "사회학의 패러다임들은 설명을 점점 덜 하기 때문이 아니라, 오히려 너무 금방 모든 것을 설명하고 있을 정도로 점점 더 많은 설명을 하기 때문에 유행에 뒤떨어지는 것이다. 사회과학의 패러다임에는 인플레이션 효과가 있어 패러다임의 가치를 빨리 저하시킨다."[128]

마치 유행이 지난 옷처럼 턴들 역시 얼핏 보기에는 빨리 시들어버린다. 턴들은 점점 지루해지면서도 바로 그렇기 때문에 자본주의 소비경제에 맞게 항상 새로운 턴들을 생산하고 있는 것은 아닐까? 그러나 "평범한 보편자 commonplace universals"로 인한 피로 현상들은 막을 수 있을지도 모른다. 이를 위해 반드시 필요한 것은 이러한 피로 현상들의 특징을 방법론에 입각해 부각시키고, 자극과 동력을 주면서 연구가 활성화되도록 이들을 재번역하는 것이다. 이것은 본서의 의도이기도 하다. 새로운 방향을 설정한 각각의 문화학 연구들은 서로 대립하면서도 협력하는 턴들의 넓은 연구 스펙트럼 안으로 직접 편입되어 문화정책에 따라 자리매김 될 것이다. 이 같은 과정을 거치다 보면 그 연구들은 결국 본래 내재된 보편화 경향으로 인해 수상쩍은 일로 받아들여질 수도 있을 것이다.

미주

1 Frühwald, Wolfgang/Hans Robert Jauß/Reinhart Koselleck/Jürgen Mittelstraß/Burkhart Steinwachs (Hg.): Geisteswissenschaften heute. Eine Denkschrift. Frankfurt/M. 1991.

2 Hartmut Böhme/Peter Matussek/Lothar Müller: Orientierung Kulturwissenschaft. Was sie kann, was sie will. Reinbek 2000, 19쪽.

3 Gerhart von Graevenitz: Literaturwissenschaft und Kulturwissenschaften. Eine Erwiderung, in: Deutsche Vierteljahrsschrift fur Literaturwissenschaft und Geistesgeschichte 73 (1999), 94–115쪽, 여기서는 98쪽 참조.

4 문화학의 역사에 관해서는 다음을 참조하시오. Lutz Musner/Gotthart Wunberg/Christina Lutter (Hg.): Cultural Turn. Zur Geschichte der Kulturwissenschaften. Wien 2001. 비코 Vico에서 하이데거에 이르는 인물 중심의 유럽 문화사와 사상사에 관해서는 다음을 참조하시오. Friedrich Kittler: Eine Kulturgeschichte der Kulturwissenschaft. 2. verb. Aufl. München 2001.

5 Lutz Musner: Kulturwissenschaften und Cultural Studies, in: ders.: Kultur als Textur des Sozialen. Essays zum Stand der Kulturwissenschaften. Wien 2004, 61–76쪽 참조. Andreas Hepp/Carsten Winter (Hg.): Die Cultural Studies Kontroverse. Lüneburg 2003. Roger Bromley/Udo Göttlich/Carsten Winter (Hg.): Cultural Studies. Grundlagentexte zur Einführung. Lüneburg 1999. 문예학과 관련해서는 다음을 참조하시오. Britta Herrmann: Cultural Studies in Deutschland. Chancen und Probleme transnationaler Theorie–Importe für die (deutsche) Literaturwissenschaft, in: Ansgar Nünning/Roy Sommer (Hg.): Kulturwissenschaftliche Literaturwissenschaft. Disziplinäre Ansätze–Theoretische Positionen–Transdisziplinäre Perspektiven. Tubingen 2004, 33–53쪽.

6 Ansgar Nüning/Roy Sommer: Kulturwissenschaftliche Literaturwissenschaft. Disziplinäre Ansätze, theoretische Positionen und transdisziplinäre Perspektiven, in: dies. (Hg.): Kulturwissenschaftliche Literaturwissenschaft, 9–29쪽, 여기서는 26쪽 이하.

7 같은 책, 27쪽.

8 문화 개념의 이해와 관련한 문화학의 재구성에 대해서는 다음을 참조하시오. Urte Helduser/Thomas Schyvietring (Hg.): Kultur und ihre Wissenschaft. Beiträge zu einem reflexiven Verhaltnis. Konstanz 2002, 8쪽 이하.

9 Hepp/Winter (Hg.): Cultural Studies Kontroverse, 12쪽 이하 참조.

10 Ute Daniel: Kompendium Kulturgeschichte. Theorien, Praxis, Schlüsselwörter. Frankfurt/M. 2001.

11 Lawrence Grossberg: Globalization and the 〈Economization〉 of Cultural Studies, in: Bundesministerium für Wissenschaft und Verkehr/Internationales Forschungszentrum Kulturwissenschaften (Hg.): The Contemporary Study of

Culture. Wien 1999, 23–46쪽. 여기서는 36쪽.

12 같은 책, 31쪽.

13 Böhme/Matussek/Müller: Orientierung Kulurwissenschaft, 208쪽.

14 같은 책.

15 2006년 1월 27일 학문협의회(http://www.wissenschaftsrat.detexte/text/7068-06.pdf)를 통해 작성된 "독일 인문과학의 발전과 장려를 위한 권고안"에서. ("현재 '문화'와 문화학에 대한 회귀는 중요한 단계이긴 하지만, 인문과학의 정체성에 있어서 한시적 단계를 기술하는 경우가 증가하고 있다."), 11쪽 참조.

16 같은 책, 12쪽 참조.

17 학문협의회의 권고안 또한 "인문학이 문화학으로 용해되는 것"(같은 책, 12쪽)을 경고하면서 이와 유사한 논점을 갖지만, 실상은 상반된 반응을 보이는 경향이 있다. 문화학적 재편성에 있어서 분과 학문의 입지는 고려하지 않은 채, 분과 학문들로 후퇴, 분과 학문 내의 의사소통 촉진, "분과 학문의 표준 개발"에 집중할 것을 권고하고 있기 때문이다(같은 책, 69쪽). "왜냐하면 문화학적 초점화가 너무 성급하게 시도되다가는 분과 학문에 뿌리를 둔 방법론 전달이 뒷전으로 내몰릴 수 있기 때문"(같은 책 68쪽)이라는 이유에서다.

18 Hartmut Böhme/Klaus R. Scherpe (Hg.): Literatur und Kulturwissenschaften. Positionen, Theorien, Modelle. Reinbek 1996, 12쪽.

19 Heinz Dieter Kittsteiner: "Iconic turn" und "innere Bilder" in der Kulturgeschichte, in: ders. (Hg.): Was sind Kulturwissenschaften? 13 Antworten. München 2004, 153–182쪽, 여기서는 164쪽 참조.

20 Pierre Bourdieu: Narzißtische Reflexivität und wissenschaftliche Reflexivität, in: Eberhard Berg/Martin Fuchs (Hg.): Kultur, soziale Praxis, Text. Die Krise der ethnographischen Repräsentation. Frankfurt/M. 1993, 365–374쪽 참조, 여기서는 374쪽 참조. 장이론에 대해서는 다음을 참조할 것. Pierre Bourdieu: Sozialer Raum und "Klassen". Leçon sur la leçon. Zwei Vorlesungen. Frankfurt/M. 1985. 상세한 설명을 원한다면 다음을 참고할 것. Joseph Jurt: Das literarische Feld. Das Konzept Pierre Bourdieus in Theorie und Praxis. Darmstadt 1995.

21 Musner: Kultur als Textur des Sozialen, 82쪽.

22 옮긴이 주 – Fredric Jameson(1934~): 미국의 문학비평가, 마르크스주의 정치이론가. 프랑스문학 전공. 현대 문화의 트렌드들을 분석하고, 포스트모더니즘을 마르크스주의 철학으로 고찰한 것으로 유명하다. '인식의 지도 작성'을 통해 전 지구화된 자본주의의 총체상을 그려냈다. 주요 저서로는 『포스트모더니즘 혹은 후기 자본주의의 문화논리』, 『정치적 무의식』, 『마르크스주의와 형식』 등이 있다.

23 옮긴이 주 – 포드주의 fordism는 2차 세계대전 이후 대량생산과 소비를 지향하는 자본주의적 기술 체계와 작업조직의 지배적인 방식을 말한다. 포스트포드주의는 1970년대에 포드주의에 반대하는 경향으로 포드주의적인 단순 반복 작업에서 벗어나 업무결합으로 분업의 최소화, 폭넓은 자율성과 다숙련화, 그룹 혹은 팀 작업, 노동자의 경영 참여를 통한 의사결정의 분산화 등 작업 만족도를 극대화할 수 있는 유연한 작업조직 방식을 말한다.

24 Wolfgang Maderthaner: Kultur Macht Geschichte. Anmerkungen zur Genese

einer historischen Kulturwissenschaft, in: Lutz Musner/Gotthart Wunberg (Hg.): Kulturwissenschaften. Forschung–Praxis–Positionen. Wien 2002, 88–109쪽, 여기서는 105쪽.

25 옮긴이 주 – 부르디외에 따르면, 사회는 개인이나 집단들의 무질서한 집합체이거나 계급들의 위계화된 피라미드이기보다는 경제, 정치, 법, 교육, 학문, 예술, 문학, 스포츠, 언론 등과 같이 서로 영향을 주고받으며 연결되어 있는 수많은 장들이 접합된 다차원의 위치 공간이다. 그리고 이러한 장 안에서 개인들은 자신이 점유한 위치에 따라 상이한 행동 전략을 펼치게 된다. 부르디외의 이론 속에 장 개념이 전면적으로 등장하게 되는 계기는 1966년에 발표한 「지적 장과 창조적 기획」이라는 논문이다. 이 논문에서 그는 지적 작품의 창조성은 작가의 순수한 기획이라기보다는 작가가 속한 사회적 요구와 제약 속에서 형성된 것이라는 사실을 부각시킨다. 즉 창조적 지식이나 예술 작품들은 장 안에 있는 행위자들의 상대적 위치와 장을 지배하는 구조적 규칙의 상호작용이 만들어낸 결과물이라는 것이다.

26 Pierre Bourdieu: Haute Couture und Haute Culture, in: Pierre Bourdieu: Soziologische Fragen. Frankfurt/M. 1993, 187–196쪽, 여기서는 188쪽.

27 같은 책, 188쪽.

28 옮긴이 주 – '오트 쿠튀르'는 고급패션을, '오트 퀼튀'는 고급문화를 의미한다.

29 Musner: Kultur als Textur des Sozialen, 77쪽.

30 Pierre Bourdieu: Ein soziologischer Selbstversuch. Frankfurt/M. 2002, 120쪽.

31 Pierre Bourdieu: Haute Couture, 191쪽.

32 Doris Bachmann-Medick: Geisteswissenschaften auf dem Laufsteg der Kulturwissenschaften. Anmerkungen zur kulturwissenschaftlichen Forschung im Anschluß an die Tagung 《Kultur und Wissen》, in: Historische Anthropologie. Kultur– Gesellschaft–Alltag 9, 2 (2001), 284–289쪽 참조.

33 옮긴이 주 – 미국의 과학사학자이자 철학자인 토머스 쿤은 『과학혁명의 구조 The Structure of Scientific Revolution』(1962)에서 '패러다임'을 '한 시대를 지배하는 과학적 인식과 사고, 가치관 등이 결합된 총체적인 틀 또는 개념의 집합체'로 정의하였다. 쿤에 따르면, 과학사의 특정한 시기에는 언제나 개인이 아니라 전체 과학자 집단에 의해 공식적으로 인정된 모범적인 틀이 있는데, 이 모범적인 틀이 패러다임이다. 이러한 패러다임은 기존의 자연과학 위에서 혁명적으로 생성되고 쇠퇴하며, 다시 새로운 패러다임으로 대체된다.

34 Victoria E. Bonnell/Lynn Hunt (Hg.): Beyond the Cultural Turn. New Directions in the Study of Society and Culture. Bekeley, Los Angeles, London 1999, 1쪽. 이 책 서문에서 저자들은 자연과학의 연구 주도 모델에 상응하는 것으로 '연구 패러다임'을 그리고 해석 중심의 해석학 전통의 의미에서 '시론'을 언급하고 있다.

35 Thomas S. Kuhn: Neue Überlegungen zum Begriff des Paradigma, in: ders.: Die Ent– stehung des Neuen. Studien zur Struktur der Wissenschaftsgeschichte. Frankfurt/M. 1977, 389–420쪽, 여기서는 390쪽에서 인용.

36 Thomas S. Kuhn: Die Struktur wissenschaftlicher Revolutionen. Frankfurt/M. 1967, 37쪽.

37 "학제적 분과성의 본질은 어떤 분과에도 속하지 않는 새로운 대상을 창출하는데 있다"(Roland Barthes), James Clifford: Introduction: Partial Truths, in: ders./George E. Marcus (Hg.): Writing Culture. The Poetics and Politics of Ethnography. Berkeley, Los Angeles, London 1984, 1쪽에서 재인용.

38 Kuhn: Entstehung des Neuen, 309쪽.

39 Kuhn: Struktur wissenschaftlicher Revolutionen, 135쪽.

40 Marilyn Strathem: Ein schiefes Verhaltnis. Der Fall Feminismus und Anthropologie, in: Gabriele Rippl (Hg.): Unbeschreiblich weiblich. Texte zur feministischen Anthropologie. Frankfurt/M. 1993, 174–195쪽. 여기에서는 185쪽.

41 같은 책, 185쪽. Peter V. Zima도 문화학과 사회과학에서 패러다임 개념의 적용에 대해 회의적이다. 이 두 분야는 "언제나 파편적이고 이념적이며 이론적인 특정 사회집단의 언어와 관련"되기 때문이다. Peter V. Zima.: Was ist Theorie? Theoriebegriff und Dialogische Theorie in den Kultur- und Sozialwissenschaften. Tübingen, Basel 2004, 114쪽.

42 Strathern: Ein schiefes Verhaltnis, 187쪽. 스트래선은 턴들에 대해 말하지 않는다. 기껏해야 여성주의 관점의 패러다임 가능성과 관련한 견해 세트가 있다고 말할 뿐이다. "견해 세트는 패러다임과 유사할 수도 있는데, 여성 인류학자들과 여성주의자들은 이것 없이는 앞으로 나아갈 수 없다고 생각한다."(192쪽)

43 Ansgar Nünning: Das Paradigma der Kulturwissenschaften? Elemente ihrer Weltbilder und Ausblick auf ihre Aufgaben, in: Emil Brix/Gottfried Magerl (Hg.): Weltbilder in den Wissenschaften. Wien, Köln, Weimar 2005, 147–178쪽 참조.

44 Doris Bachmann-Medick (Hg.): Kultur als Text. Die anthropologische Wende in der Literaturwissenschaft. 2. Aufl. Tübingen, Basel 2004 참조.

45 Ansgar Nünning은 이 문제로 문화학에서의 세계상에 대한 성찰을 시작했다. Ansgar Nünning: Das Paradigma der Kulturwissenschaften?

46 George E. Marcus/Michael M. J. Fischer: Anthropology as Cultural Critique. An Experimental Moment in the Human Sciences. Chicago, London 1986.

47 같은 책, 서문, x쪽.

48 같은 책, x쪽.

49 같은 책, x쪽.

50 이를테면 Andreas Reckwitz/Holger Sievert (Hg.): Interpretation, Konstruktion, Kultur. Ein Paradigmen Wechsel in den Sozialwissenschaften. Opladen 1999.

51 Andre Gingrich: Erkundungen. Themen der ethnologischen Forschung. Wien, Köln, Weimar 1999, 〈Wege zur transkulturellen Analyse. Über die Paradigmenwechsel euro-amerikanischer Sozial- und Kulturanthropologie im 20. Jh.〉장, 76–203쪽, 특히 178쪽: "20세기 초에 유럽과 미국의 인류학은 진화론에서 벗어나 원칙적으로 두 방향으로 발전한다. 북미에서는 문화상대주의가 이러한 패러다임의 전환을 이루고, 북서유럽에서는 얼마간 여러 방법론이 혼재하다가 구조기능주의 방법론이 나오는데, 이것은 곧 두 가지 독자적인 방향으로 분화된다. 지역 특유의 패러다임

들로, 이를테면 영국 전통에서 이론적인 패러다임상의 대변동으로"(22쪽) 참조. Fredrik Barth/Andre Gingrich/Robert Parkin/Sydel Silverman: One Discipline, Four Ways. British, German, French, and American Anthropology. Chicago, London 2005 참조.

52 Andreas Reckwitz: Die Transformation der Kulturtheorien. Zur Entwicklung eines Theorieprogramms. Weilerswist 2000, 644쪽.

53 Kuhn: Struktur wissenschaftlicher Revolutionen, 20쪽 참조.

54 Reckwitz: Transformation der Kulturtheorien, 50쪽 참조.

55 같은 책, 51쪽; 187쪽 참조.

56 같은 책, 22쪽.

57 같은 책, 26쪽.

58 '여행하는 개념들'의 트랜스컬처럴한 연결 가능성에 대해서는 다음을 참조할 것. James Clifford: Routes. Travel and Translation in the Late Twentieth Century. Cambridge, London 1997. Edward W. Said: Theorien auf Wanderschaft, in: ders.: Die Welt, der Text und der Kritiker. Frankfurt/M. 1997, S. 263–292. Mieke Bal: Travelling Concepts in the Humanities. A Rough Guide. Toronto 2002. Birgit Neumann/Ansgar Nünning (Hg.): Travelling Concepts for the Study of Culture. Berlin/Boston 2012. "빠르게 여행하는 만트라 raceclassgender"와 이것이 나타내는 토론을 유발하는 쟁점들에 관해서는 Gudrun-Axeli Knapp: Traveling Theories. Anmerkungen zur neueren Diskussion über 《Race, Class, and Gender》, in: Österreichische Zeitschrift fur Geschichtswissenschaften 16,1(2005), S. 88–110쪽, 여기서는 105쪽을 참조할 것.

59 Reckwitz: Transformation der Kulturtheorien, 194쪽 이하.

60 Reckwitz: Transformation der Kulturtheorien, 542쪽.

61 턴들에 대한 것이 아니라 재현의 문제에 대한 문화인류학적 관점에서의 성찰의 단계에 관련해서는 Eberhard Berg/Martin Fuchs (Hg.): Kultur, soziale Praxis, Text. Die Krise der ethnographischen Repräsentation. Frankfurt/M. 1993 (darin bes. die Einleitung von dens.: Phänomenologie der Differenz. Reflexionsstufen der ethnographischen Repräsentation, 11–108쪽) 참조.

62 같은 책, 146쪽.

63 같은 책, 152쪽.

64 같은 책, 203쪽.

65 Clifford Geertz: Blurred Genres. The Refiguration of Social Thought, in: Local Knowledge. Further Essays in Interpretive Anthropology. New York 1983, 19–35쪽.

66 Geertz: Local Knowledge, Introduction, 6쪽. (34쪽 참조: "물리적 과정의 유사성에서부터 상징적 형식의 유사성에 이르기까지 사회과학의 중요한 한 분과가 받아들인 턴은 사회과학 공동체에 방법론이 아니라 연구 목적과 관련된 근본적인 논의를 불러일으켰다.")

67 같은 책, 6쪽.

68 같은 책, 6쪽.

69 Geertz: Blurred Genres, 19쪽.

70 Sigrid Weigel: Der Text der Genetik. Metaphorik als Symptom ungeklärter Probleme wissenschaftlicher Konzepte, in: dies. (Hg.): Genealogie und Genetik. Berlin 2002, 223–246쪽 참조.

71 Karl Schlögel: Im Raume lesen wir die Zeit. Über Zivilisationsgeschichte und Geopolitik. München, Wien 2003, 61쪽 이하.

72 같은 책, 60쪽.

73 Karl Schlögel: Kartenlesen, Augenarbeit. 역사학과 문화학에서의 공간적 턴의 필요성에 대해서, in: Kittsteiner(Hg.): Was sind Kulturwissenschaften, 261–283쪽, 여기서는 265쪽 참조.

74 Martina Heßler: Bilder zwischen Kunst und Wissenschaft. Neue Herausforderungen für die Forschung, in: Geschichte und Gesellschaft 31 (2005), 266–292쪽, 여기서는 268쪽.

75 옮긴이 주 – "번역으로서의 문화"라는 용어는 호미 바바 Homi Bhabha에게서 비롯되었는데, 그는 문화를 번역과 이해의 과정으로 본다.

76 Doris Bachmann-Medick: Übersetzung als Medium interkultureller Kommunikation und Auseinandersetzung, in: Handbuch der Kulturwissenschaften. Bd. 2: Paradigmen und Disziplinen. Hg. Friedrich Jaeger/Jürgen Straub. Stuttgart, Weimar 2004, 449–465쪽 참조. 본서 제5장 〈번역적 턴〉 참조.

77 국가별로 상이한 인류학의 전통에 대해서는 Barth/Gingrich/Parkin/Silverman: One Discipline, Four Ways 참조.

78 Michael Lackner/Michael Werner: Der cultural turn in den Humanwissenschaften. Area Studies im Auf- oder Abwind des Kulturalismus? Bad Homburg 1999 (Werner Reimers Konferenzen, Heft 2) 참조.

79 Julika Funk: Forschungsrichtungen in der Anthropologie: Philosophische Anthropologie, Historische Anthropologie, Interkulturalität und Kulturanthropologie. Überblick und Auswahlbibliographie, in: Historical Social Research/Historische Sozialforschung 25, 2(2000), 54–138쪽에서 98쪽.

80 옮긴이 주 – 팔레스타인을 떠나 세계 각지에 흩어져 살면서 유대교의 규범과 생활 관습을 유지하는 유대인을 지칭한다. 후에 그 의미가 확장되어 본토를 떠나 타지에서 자신들의 규범과 관습을 유지하며 살아가는 민족 집단 또는 그 거주지를 가리키는 용어로도 사용된다.

81 Ute Daniel: Geschichte als historische Kulturwissenschaft. Konturen eines Wiedergängers, in: Heide Appelsmeyer/Elfriede Billmann-Mahecha (Hg.): Kulturwissenschaft. Felder einer prozeßorientierten wissenschaftlichen Praxis. Weilerswist 2001, 195–214쪽에서 196쪽.

82 이와 관련된 논문은 다음을 참조하시오. <Historische Anthropologie. Kultur-Gesellschaft-Alltag>. Köln, Wien, Weimar 1993.

83 Claudia Benthien/Hans Rudolf Velten (Hg.): Germanistik als Kulturwissenschaft. Eine Einführung in neue Theoriekonzepte. Reinbek 2002.

84 "문예학의 연구 대상은 상실되었는가?"라는 질문에 대해 바르너 Wilfried Barner가 야기한 논쟁은 Jahrbuch der deutschen Schillergesellschaft 42(1998), 43(2000)을 참조하시오.

85 Daniel: Kompendium Kulturgeschichte, 297쪽.

86 Klaus Grubmüller: Wie kann die 'Mediaevistik' in ihrem Gegenstand verlieren? In: Jahrbuch der deutschen Schillergesellschaft 43 (1999), 466–469쪽에서 469쪽.

87 주제에 집착하는 것에 대한 비판과 문화학이 문화적인 인식과 개념의 방법론적 가능성에 관심을 기울이는 문제에 대해서 Doris Bachmann-Medick: Literatur – ein Vernetzungswerk. Kulturwissenschaftliche Analysen in den Literaturwissenschaften, in: Appelmeyer/Billmann-Mehecha (Hg.): Kulturwissenschaft, 215–239쪽 참조.

88 이에 관해서는 Edward W. Said: Kultur und Imperialismus. Einbildungskraft und Politik im Zeitalter der Macht. Frankfurt/M. 1994 참조. 본서 제4장 〈포스트식민주의 턴〉 참조.

89 The Oxford English Dictionary. Bd. 18.2. Aufl. Oxford 1989, 695–698쪽.

90 Deutsches Wörterbuch von Jacob und Wilhelm Grimm(1955) 제 28권, München 1984, 1742–1746쪽의 "Wende" 항목 참조, 여기서는 1744쪽. 또한 Duden. Das große Wörterbuch der deutschen Sprache. 총 8권. 2. Aufl. Mannheim, Leipzig, Wien, Zürich 1995, 제 8권, 3895쪽 "Wende" 항목 (1. 단호한 변화, 어떤 사건 혹은 발달 과정에서의 변화) 참조.

91 내용적인 관점에서도 하이데거의 '전향'과 '언어적 턴'이 연관되는 부분에 대해서는 Ulrich Raulff: Mentalitäten-Geschichte, in: ders. (Hg.): Mentalitäten-Geschichte. Zur historischen Rekonstruktion geistiger Prozesse. Berlin 1987, 7–17쪽, 여기서는 7쪽: "(...) 하이데거의 전향 또한 언어 방향을 가리키면서 앞서 말한 턴에 대한 진정한 번역어를 제시하고 있지 않은가?"

92 특히 Otto Gerhard Oexle: Historische Kulturwissenschaft heute, in: Rebekka Habermas/Rebekka v. Mallinckrodt (Hg.): Interkultureller Transfer und nationaler Eigensinn. Europäische und anglo-amerikanische Positionen der Kulturwissenschaften. Gottingen 2004, 25–52쪽 참조.

93 Aleida Assmann: Gedächtnis als Leitbegriff der Kulturwissenschaften, in: Musner/Wunberg (Hg.), Kulturwissenschaften, 27–45쪽. 그러나 "새로운 패러다임"(27쪽)으로서의 기억은 기억의 역동성의 교류와 상호작용을 강조하는 "수행성을 지향하는 문화학"(31쪽)에 속하기 때문에 독자적인 '턴'이라고 할 수 없다. Astrid Erll: Kollektives Gedächtnis und Erinnerungskulturen, in: Ansgar Nünning/Vera Nünning (Hg.): Einführung in die Kulturwissenschaften. Stuttgart, Weimar 2008, 156–185쪽 참조.

94 프랑스에서 문화학은 오히려 문학과 언어학 내지는 외국어문헌학과 지역학에서 그 단서를 발견하였다. Dorothee Roseberg: Kulturwissenschaft Frankreich. Stuttgart, Düsseldorf, Leipzig 2001, 7쪽, 10쪽 이하 참조.

95 Jurt: Das literarische Feld, 32쪽 참조.

96 Raulff: Mentalitaten-Geschichte, 8쪽.

97 Michael Werner: Neue Wege der Kulturgeschichte, in: Étienne François u. a. (Hg.): Marianne – Germania. Deutsch-französischer Kulturtransfer im europäischen Kontext. Les transferts culturels France-Allemagne et leur contexte européen 1789-1914. 2 Bde. Bd. 2. Leipzig 1998, 737-743쪽, 737쪽.

98 같은 책, 738쪽.

99 Richard M. Rorty (Hg.): The Linguistic Turn. Essays in Philosophical Method. With Two Retrospective Essays. Chicago, London (1967) 1992, Introduction, 3쪽.

100 옮긴이 주 - 일상언어철학 ordinary language philosophy은 일상에서 사용되는 언어를 더 많이 이해함으로써 철학적 문제를 해결하려는 시각의 언어철학이며, 이상언어철학 ideal language philosophy은 언어를 개혁함으로써 철학적 문제를 해결하려는 입장이다.

101 Gustav Bergmann: Logic and Reality. Madison 1964, 177쪽, Rorty (Hg.): Linguistic Turn, 9쪽에서 재인용.

102 Rorty (Hg.): Linguistic Turn 참조.

103 같은 책, 10쪽.

104 언어적 턴과 관련한 프랑스 텍스트 이론의 역할에 관해서는 다음을 참조하시오. Jürgen Trabant: Zur Einführung: Vom linguistic turn der Geschichte zum historical turn der Linguistik, in: ders. (Hg.): Sprache der Geschichte. München 2005, vii-xxii쪽, 여기서는 vii쪽 이하.

105 여기에 관해서는 다음 책을 참조하시오. Philipp Sarasin: Geschichtswissenschaft und Diskursanalyse. Frankfurt/M. 2003.

106 Hayden White: Auch Klio dichtet oder Die Fiktion des Faktischen. Studien zur Tropologie des historischen Diskurses. Stuttgart 1986. (내러티브와 관련해서는 70쪽 "narrativistischen Erklärung" 참조). 본서 제3장 〈성찰적 턴〉 참조.

107 여기에 대해서는 다음을 참조하시오. Gabrielle M. Spiegel: Practicing History. New Directions in Historical Writing after the Linguistic Turn. New York, London 2005. Elizabeth A. Clark: History, Theory, Text. Historians and the Linguistic Turn. Cambridge/Mass., London 2004. Trabant (Hg.): Sprache der Geschichte, die sich am linguistic turn abarbeiten, 여기에 실린 논문들을 참조하시오.

108 Peter Schöttler: Wer hat Angst vor dem 〈linguistic turn〉? In: Geschichte und Gesellschaft 23 (1997), 134-151쪽, 여기서는 150쪽 참조.

109 Clifford Geertz: Dichte Beschreibung. Bemerkungen zu einer deutenden Theorie von Kultur, in: ders.: Dichte Beschreibung. Beiträge zum Verstehen kultureller Systeme. Frankfurt/M. 1983, 7-43쪽. 21쪽 참조.

110 Clifford Geertz: "Aus der Perspektive des Eingeborenen." Zum Problem des ethnologischen Verstehens, in: ders.: Dichte Beschreibung, 289-309쪽. 여기서는 290쪽.

111 이것에 관해서는 도리스 바흐만-메딕 Doris Bachmann-Medick의 “전망”을 다음에서 참조할 것. Textualität in den Kultur- und Literaturwissenschaften Grenzen und Herausforderungen, in: dies. (Hg.): Kultur als Text. Die anthropologische Wende in der Literaturwissenschaft. 2. Aufl. Tübingen 2004, 298–338쪽. 본서 제1장 「해석적 턴」 참조.

112 경험, 행위 그리고 실천에, 즉 현실의 사회적 산출물의 재발견에 초점을 둔 '언어적 턴'의 “수정”과 관련해서는 Gabrielle M. Spiegel: Practicing History. New Directions in Historical Writing after the Linguistic Turn. New York, London 2005, Introduction, 18쪽 참조.

113 같은 책 참조.

114 Dipesh Chakrabarty: Provincializing Europe. Postcolonial Thought and Historical Difference. Princeton, Oxford 2000, 85쪽 참조

115 Homi K. Bhabha: Die Verortung der Kultur. Tübingen 2000, 특히 257쪽 참조.

116 Schlögel: Kartenlesen, 262쪽에서 이를 특히 강조하고 있다.

117 Scott: Gender, 169쪽.

118 Scott: Gender, 169쪽.

119 Schlögel: Kartenlesen, 265쪽 참조.

120 안스가 뉘닝 역시 이를 강조하는데, 물론 “다양한 분과 학문에서 제시하는 세계상들의 개관”임을 암시하기도 한다. Angar Nünning: Paradigma der Kulturwissenschaften, 177쪽 이하.

121 Ottmar Ette: Über Lebenswissen. Die Aufgabe der Philologie. Berlin 2004, 17쪽.

122 Renate Schlesier: Kultur-Interpretation. Gebrauch und Mißbrauch der Hermeneutik heute, in: Bundesministerium für Wissenschaft und Verkehr/Internationales Forschungszentrum Kulturwissenschaften (Hg.): Contemporary Study of Culture, 157–166쪽, 특히 158쪽.

123 Jürgen Kaube: Befreiungsschlag für die Universitäten, in: Frankfurter Allgemeine Zeitung, Nr. 24, 2006년 1월 27일자, 33쪽 참조.

124 Gingrich: Erkundungen, 275쪽(ad James Clifford) 참조.

125 Clifford Geertz: Available Light. Anthropological Reflections on Philosophical Topics. Princeton 2000, 17쪽 이하 참조.

126 Basam Tibi: Die Neuerfindung des Islam. Wir befinden uns im weltanschaulichen Krieg mit den Islamisten. Eine Erkenntnis, der sich deutsche Intellektuelle weiter verschließen, in: Tagesspiegel (2006년 2월 10일).

127 Chicago 2002.

128 같은 책, 73쪽.

감사의 말

필자는 본인이 이끈 대학원의 학제 간 이론콜로키움에 참석하여 열띤 토론을 함께 해준 분들에게 감사의 말을 전한다. 이 콜로키움은 베를린 자유대학 역사학과와 문화학과의 클라우디아 울리히를 비롯한 여러 동료학자들의 주선으로 이루어졌다. 뿐만 아니라 프랑크푸르트 암 오더 대학과 취리히 대학에서 열린 이론콜로키움 참석자들에게도 고마움을 전한다. 이 책의 마지막 집필시기인 2005/06년도에 4개월간 필자에게 학술적인 환대를 베풀어 준 비인에 있는 국제 문화학 연구센터(IFK)와 고무적인 대화를 나누어 준 동료들에게도 감사한다. 마지막으로 이 책의 첫 번째 비판적 독자이자 여기에 소개된 모든 턴들을 거치는 동안 곁에서 격려해준 남편 한스 메딕에게 가장 큰 고마움을 전한다.

1

해석적 턴

Interpretive Turn

1. 발생 배경과 형성 과정
2. 의미를 지향하는 문화 개념
3. “텍스트로서의 문화” 비유
4. 해석적 턴과 개별 학문
5. 해석적 턴에서 “문화 비평”으로

제1장 해석적 턴

'해석적 턴 Interpretive Turn'은 앞으로 문화학 연구의 여러 턴들이 비로소 시작될 수 있는 동기가 된 새로운 방향이다. 해석적 턴은 동시에 발생했거나 순차적으로 발생한 모든 종류의, 소위 말하는 문화학에서의 '문화적 턴'을 총망라하고 있다. 해석적 턴은 일찍이 1970년대 초에 나타났지만 여전히 그 맹위를 떨치고 있는데, 그 이유는 무엇보다도 끊임없는 논쟁 속에서도 계속 확장된 '텍스트' 개념이 확립되었기 때문이다.

해석적 턴은 먼저 '해석적 전환 interpretative Wende'이라는 대단히 영향력 있는 주도적 발상을 "텍스트로서의 문화"라는 비유를 사용해 전달한다. 그리하여 학술적인 글도 '텍스트'라는 성격 속에서 분석할 것을 권한다 ('성찰적 턴' 참고). 마침내 해석적 턴은 21세기 초에 이르러서도 문화학이 여전히 열중하고 있는 '텍스트성'의 범주를 실천지향적이고 매체의식적으로 새롭게 해석하기에 이르렀다. 확장된 텍스트 개념 외에도 해석적 턴이 갖고 있는 또 하나의 획기적인 범주는 바로 '타자성 das Fremde'이다. 이방학 Fremdheitswissenschaft인 '민속지학 Ethnographie'은 타자성이라는 범주를 통해 분과 학문의 경계를 넘어 좀 더 포괄적인 해석적 턴을 궤도에 올려놓을 수 있었다. 정신과학과 문화학에 내재해 있는 전통 해석학적 발상은 오늘에 이르기까지 낯선 것을 경험하고 이해하는 문제와 여전히 씨름하고 있다. 그러면서 어쩔 수 없이 낯선 것의 범주를 분명하게 '구별'하고 변형시킬 수밖에 없게 되었다. 더구나 글로벌화의 역동성을 생각할 때 다른 문화와 사회의 '이방성'에 대해서는 여전히 매개된 방식으로만 말할 수 있기 때문이다. 결국 '해석적 문화인류학 interpretative Kulturanthropologie'은 문화 개념에 대해 근본적인 성찰을 시작했고, 이는 오늘날까지도 지속되고 있다. 해석적 문화인류학은 사회과학적 사회 분석에 중심 표상으로서 '문화'라는 범주를 최초로 도입했으며, '사회 시스템'이라는 분석 범주를 대거 억압했다. 이런 맥락에서 해석적 문화인류학은 문화적 의미에 특히 초점을 두는 자신의 방법론을 사회과학과 문화학 간의 학제간 연구가 시작될 수 있는 중요한 접점으로 만들었다.

이렇듯 해석적 턴의 토대가 되는 학문은 특히 해석적 문화인류학 및 '민속학 Ethnologie'이다. 이들 학문은 사회과학, 정신과학, 문화학의 연구 대상과 방법론에 지대한 영향을 끼쳤다.[1] 그 이전까지만 해도 민속학은 상징 이해보다는 구조 분석을 여전히 지향하면서 과학주의의 일반화 경향을 따른 사회과학의 지배를 받고 있었다면, 이제는 '해석적 턴'을 통해 텍스트의 지배를 받기 시작했던 것이다. 그렇다고 이를 단순히 '언어적 턴'으로 회귀하는 경향이라고 보는 것은 너무 성급한 판단이다. 왜냐하면 텍스트에 집중하는 것은 분명 실천적 맥락을 지향하는 것이지 회의적인 태도로 언어와 실재의 관계를 단절시키는 것이 아니기 때문이다. 게다가 해석적 턴은 "장르 간의 경계 해체 genre blurring"라는 그만의 새로운 방식을 특징으로 한다. 어쨌든 오늘날 해석적 문화인류학의 아버지인 클리포드 기어츠 Clifford Geertz[2]는 사회과학과 문화학의 경계가 점차 사라지고 있음을 "유비 Analogie", 즉 사회과학과 문화학에서 서로의 경계를 모호하게 하는 비유와 해석모델이 확산되면서 두 분야 간의 유비가 형성되는 것으로 표현했다.

기어츠의 논문 「경계가 해체된 장르들. 사회사상의 재형상화 Blurred Genres. The Refiguration of Social Thought」(1983)[3]에서는 이와 같은 근본적인 해석적 변혁에 대해 서술하고 있다. 그것은 바로 민속학과 사회과학이 사회과학적 설명의 기초가 되는 법칙, 구조, 기능으로부터 전적으로 돌아섰음을 의미한다. 대신 사례 연구, 개별적인 사례들, 디테일한 사안들, 특히 해석에 관심을 기울이기 시작했음을 보여준다. 사회인류학 Sozialanthropologie은 단적으로 사회제도, 법률, 경제, 친족 관계에 관심을 집중시켰고, 문화인류학은 반대로 지식 체계와 해석 체계에 집중했었다. 지금까지 주류를 이루었던 자연과학 및 기술과의 유비 대신 이제는 정신과학과의 유비, 특히 놀이모델, 연극모델, 텍스트 모델이 강력하게 대두되었다. 하지만 "장르 간의 경계 해체"는 학문적 서술과 문학적 서술 차원에서 엿볼 수 있는 경계 넘기와 장르혼합을 의미하기도 한다. 예를 들어, 철학 논문을 점점 에세이 스타일로 쓴다든지, 민속지학 분야의 이론적인 논문이 (레비-스트로스의 경우처럼) 기행문의 형식을 띤다든지, 심지어 문학이 이론적인 텍스트의 특징을 갖기도 한다. 이러한 예들이 단순히 문체의 문제로 보일지 모르지만, 실은 그 안에 더욱 본질적인 의미가 있다. 그것은 바로 '해석적 턴'이 문화기술 그리고 학문기술의 상징계가 갖고 있는 가치를 대단히 높이 평가한다는 점이다. 이리하여 해석적 턴은 비유를 가지고 작업하는 문화해석의 핵심 수단, 한 마디로 인식 수단으로 선포된다.

1. 발생 배경과 형성 과정

각각의 턴들을 학문사적으로 정렬하고 매핑 Kartierung할 때에 매우 중요한 것은 어떤 서술 관점을 취하느냐이다. 예컨대 폴 라비노 Paul Rabinow와 윌리엄 설리번 William Sullivan의 논문 「제2의 관점 A second look」[4]에서는 '해석적 턴'을 철학에서 연원한 것으로 보는데, 특히 한스-게오르그 가다머 Hans-Georg Gadamer의 해석학과 프랑크푸르트학파, 그리고 폴 리쾨르 Paul Ricoeur가 중요하다. 반대로 앤서니 기든스 Anthony Giddens[5]는 사회학적 연원을 말하는데, 빌헬름 딜타이 Wilhelm Dilthey에서부터 막스 베버 Max Weber, 알프레드 쉬츠 Alfred Schütz를 거쳐 민속방법론 Ethnomethodologie에 이르는 '이해하는 사회학 Verstehende Soziologie'의 전통을 강조한다. 그러나 해석적 턴은 학문정치적으로는 아직 자리 매김되지 못하고 있다.[6] 그래도 어쨌든 1950년대 이후의 탈식민화 과정과 소위 말하는 제3세계의 해방운동과 연결되는 것으로 보인다. 왜냐하면 이와 관련해서 민속학은 스스로가 제국주의에 연루되었던 사실을 학제 간 민족중심주의 비판이라는 결과를 도출한 민속학의 전통적인 장 field 연구 방법론과 함께 가장 앞장서서 재검토할 수밖에 없기 때문이다. 그리하여 문화인류학에서 부상하고 있는 '해석적 자기 이해'를 핵심으로 삼아 해석적 턴을 발전시키는 것이 중요하다. 결국 이를 통해 유럽과 서구를 넘어서는 이방 경험의 지평과 동시에 자기성찰적인 학문 지평이 드러나게 되었다. 이 두 개의 지평은 다른 문화학에게도 우선적으로 상호 문화적 시각을 갖도록 만들 수 있었다. 문화이해에서 상호 문화적 시각의 가치를 높이고 정교하게 하는 것 그리고 이 시각의 자기성찰적이면서도 상호 문화의 작용 범위는 문화인류학을 영향력 있는 주도 학문이 되게 했다. 소위 말하는 '문화적 턴'을 사회과학 내에서 촉발시키고, 나아가 더욱 포괄적으로 분과 학문을 아우르는 문화 연구의 확립을 촉구했던 것이 바로 상호 문화적 시각인 것이다.

"해석"이라는 징후 하에 일종의 "후발주자로서 발전"[7]하고 있는 문화인류학은 현상학과 '이해하는 사회학'이라는 이미 출발한 해석학의 기차에 뒤늦게 뛰어 올라탄 것이라 할 수 있다. 하지만 올라탄 이후에는 독자적으로 이 기차를 '해석적 턴'이라는 더 넓은 궤도에 들어서도록 만들었다. 문화인류학의 우선적인 과제는 그때까지만 해도 사회과학과 특히 민속학에 만연했던, 과학주의에 경도된 구조기능주의 Strukturfunktionalismus를 해체하는 것이었다. 특히 1960~70년대 시카고 대학에서 결집된 영국의 구조기능주의가 그것이다. 이러한 맥락에서 포괄적인 해석적 턴이 구조에 천착하는 경향에 반대하며 문화의 차원을 다시 획득하는 것을 분명한 목표로 삼게 된 후에야 비로소 '문화인류학'이라고 말할 수 있게 된 것이다.[8] 오늘날의 관점에서 이 점은 주목할 만한 것인데, 특히 이후 인플레이션과도 같이 문화 개념이 확산되어 오늘날까지도 '문화주의'라는 협소한 개념이 지속되고 있기 때문이다. 그런데 어떻게 방향이 그렇게 바뀌게 되었을까?

폴 라비노와 데이비드 슈나이더 David Schneider와 더불어 주창자 중 한 명인 클리포드 기어츠는 문화인류학의 탄생에 대해 개인적이거나 집단적인 결단 행위가 아닌, 담론이 형성되기까지 걸리는 긴 과정이 있었음을 다음과 같이 직접 증언하고 있다. "그러나 우리가 그냥 앉아서 '자, 상징인류학을 탄생시키자'라고 말했다는 것은 사실이 아니다."[9] 해석적 문화인류학 및 상징인류학은 오히려 갈등이 많은 대학 커리큘럼 논의에서 생겨났다. 그러면서 독일의 역사주의(헤르더, 훔볼트)와 해석학(딜타이, 쉬츠, 가다머), 탈콧 파슨스 Talcott Parsons의 사회학, 존 듀이의 실용주의에서 리처드 로티 Richard Rorty[10], 그 외에도 논란의 여지가 많은 긴장 영역, 즉 레비-스트로스의 프랑스 구조주의가 개입되었다. 바로 프랑스 구조주의가 구현하고 있는 새로운 구상은 오늘날에도 각각의 턴들이 전제로 두고 있는, 즉 이론에 의해 주도되는 연구와 분과 학문들의 해체이다. 리처드 핸들러 Richard Händler가 기어츠와의 인터뷰에서 말했듯이, 레비-스트로스는 "영국의 이론에 대한 하나의 주요 대안을 제공함으로써 인류학의 길을 열었다."[11] 기어츠에 따르면 이 말의 의미는 다음과 같다. "레비-스트로스는 인류학을 지적인 학문 분과로 만들었다 (...) 그는 인류학을 세상의 일반적인 지적 유행과 연결시켰다."[12] 여기에서 에드워드 사이드 Edward Said의 개념을 빌자면 분과 학문의 "세속화 worlding", 즉 세상과의 관계 속에서 발전하는 이론이라는 양상이 방향성을 제시하는 것이다. 그럼에도 불구하고 구조주의는 레비-스트로스의 유희 방식에서도 해석적 기획의 사랑받는 '적수'였다. 왜냐하면 그것은 유사-자연과학적 '법칙'과 구조를 통해 사회 규칙을 탐색하려고 애쓰면서 형식주의적인 언어를 만들어냈기 때문이다. 그리고 이 언어는 점점 더 사회적 담론, 그리고 상호주관적으로 생성되는 문화적 의미와 사회적 실천 및 역사적 변화 과정으로부터 분리되었다.[13] 이 언어는 영국의 구조기능주의 및 규칙적인 사회구조, 기능, 제도의 안정을 통해 사회를 관찰하는 구조기능주의의 방식과 비슷하다. 물론 여기에서 주로 사용된 글로벌 시각은 "실증주의적인 사회과학"[14]에 사로잡혀 있었다. 사회과학이 과학주의 모델에서 돌아서는 일은 여전히 요원해 보였다. 그러기는커녕 오히려 "자연-과학적 패러다임 안으로 인문학을 통합시키려는"[15] 시도가 나타났다.

이와 같은 초기 상황에서 '해석적 턴'은 사회과학과 자연과학의 통합과는 반대 방향의 길로 들어선다. 이 두 학문 분야는 해석에 대한 관점을 통해 서로 연결되어야 하지, 예컨대 행동 관찰 혹은 구조 설명이라는 자연과학적인 패러다임을 통해서 연결되어서는 안 된다.[16] 오늘날 '신경생물학적 턴 neurobiological turn'의 부상과 관련해 사회에 대한 유사-자연과학적 설명이 다시 진지하게 논의될 가능성이 보인다. 그러나 이보다 더욱 중요한 것은 사회에 대한 "해석적인 설명"[17]이다. 즉, 제도나 행동, 이미지, 사건, 관습이 이들의 담지자들에게는 정작 어떤 의미를 갖는가[18]라는 질문이 중요한 것이다. "자기 해석"은 문화 분석에 있어서 중요한 근거가 된다. 자기 해석이라는 말은 토착민이 갖고 있는 개념과 '토착민의' 이론 및 경험, 믿음 체계, 신념 체계 등의 문화특수적인 (자기) 서술을 말한다. 이는 보편적인 대(大)이론들의 틀 속에 안주했던 원인-작용 설명모델과는 대체로 상반된다.

절충적인 이론의 스펙트럼 내에서 해석적 턴의 담론이 형성되었다는 것은 바로 해석적 턴과 그 이후에 뒤따르는 여러 턴들이 패러다임이 아니라는 것을 가장 잘 증명해 준다. 더군다나 이 턴들은 사회과학 및 문화학의 접근 방식이 패러다임의 위상을 획득할 수 있으며, 또한 획득해야 한다는 요구와 결별하고 있기 때문이다. "사회과학에서 패러다임의 시대는 더 이상 없을 것임을 알릴 때가 무르익다 못해 이미 좀 늦은 감이 있다."[19] 그러므로 실제로 문화인류학에서 해석적 방향교체는 패러다임의 도약이라는 특징으로 나타나지 않는다. 왜냐하면 그것은 생각보다 긴 역사적 선행 과정을 갖고 있기 때문이다. 그것은 20세기 초반까지 거슬러 올라간다. 당시 독일의 민속학자이자 현대 문화인류학의 "창시자"로서 미국으로 이주한 프란츠 보아스 Franz Boas는 독일의 정신사와 해석학의 전통을 미국의 문화인류학에 전수한다. 보아스는 당시 사회다윈주의자들과 인간생물학자 Humanbiologe들의 인종차별주의에 맞서 문화의 풍부한 변종들을 강조하면서 각 문화의 고유가치를 고집하는 문화상대주의를 대변했다. 그 후 물론 유사-자연과학적 노력에 의해, 또한 구조기능주의 때문에 중단되긴 했지만, 이러한 전통에 바로 클리포드 기어츠가 서 있는 것이다. 그는 다시 전적으로 민속학적 연구 전통을 이어갔지만, "참여하는 관찰 teilnehmende Beobachtung"이라는 전통적인 방법론적 연구 관점에 있어서 기호와 상징의 해석이 너무 부족하다는 것을 알게 된 후 이전의 전통을 완전히 새롭게 해석한다.

기어츠가 주목한 것은 바로 기호, 상징, 묘사를 통해 사회생활을 조직화하고 이를 해석하는 양상이다. 이러한 재현의 차원은 단순한 관찰의 차원을 넘어선다. 하지만 이는 기어츠가 언어적 턴을 잇는 기호의 사슬에서 너무나 쉽게 독립하는 것에 반대한다는 점에서 알 수 있듯이 포기할 수 없는 의미 관계를 보유하고 있다.[20] 그리고 이러한 의미 관계야말로 하나의 공동의 해석 관점을 통해 "인문학 Humanwissenschaften"[21]을 서로 연결시키는 것이기도 하다. 이때 중요한 가교역할을 하게 되는 것이 '유비'들의 빈번한 교류인데, 이는 바로 사회과학과 다른 인문학들 사이에서 "장르 간의 경계 해체"를 말한다. 이것이 사회과학과 문화학 이론 발전의 특징이다. 사회적 실천도 상징적인 형태를 통해 지각할 수 있는 것은 바로 이러한 유비들의 교류 때문이며, 이는 장르와 학제 간 경계의 기반이 흔들리고 있음을 보여준다. 그것은 "해석적 턴의 부상"[22], 즉 해석학적–문화기호학적 사회과학 및 문화학으로 확장된 "텍스트 운동 textuelle Bewegung"을 통해 촉발된 것이다.

이로써 사회 분석의 중점이 이동하는 중요한 단계에 접어들게 되었다. 이제 사회 및 문화를 닳고 닳은 기계나 유사 유기체로 관찰하는 대신 진지한 놀이나 드라마, 행동텍스트 Verhaltenstext[23]로 보게 되었다. 원인 설명이나 결정론, 힘과 기능을 문제 삼는 대신 규칙준수나 재현의 구성, 사고방식과 의미 그리고 사회관계를 표현하는 것이 보다 중요해진 것이다. 이때 주로 사용되는 것이 "놀이–유비 Spiel-Analogie"로, 미국의 사회학자 어빙 고프만 Erving Goffmann은 사회생활을 변장, 위장, 플롯, 연극성과 가면의 요소를 가진 역할놀이로 관찰했다. 또한 "드라마–유비 Drama-Analogie" 역시 주로 사용되었는데, 이는 세상을 무대로 보면서 제의 이론을 통해 사회과학이 "소셜 드라마 soziale Dramen"에 접근할 수 있게 한다 (본서의 〈수행적 턴〉 장 참고). 기어츠에 따르면, 처음에는 스파이나 연인들, 왕 혹은 정신이상자와 같은 사람들의 행동 방식을 문장이 아닌 연극적 성격이나 퍼포먼스로 파악하는 것[24]이 타당한 듯 보이나, 실은 그것은 "텍스트–유비 Text-Analogie"이며, 결국 유비가 결정적인 우위를 갖는다는 것이다. 텍스트–유비는 "의미를 고정시킬"[25]수 있는데, 바로 행위의 기호성과 상징 내포성 그리고 이 자체가 갖는 해석의 힘을 통해서다. 그렇게 되면 "텍스트-유비"는 문화학에도, 비록 오늘날까지도 매우 모호하긴 하지만, 포기할 수 없는 하나의 공통적인 징후가 된다. 그것은 텍스트라는 "위험할 정도로 초점이 없는 용어"[26]와 그것의 해석적 활동공간에 문화 분석을 제공한다.

2. 의미를 지향하는 문화 개념

중요한 이 지점에서 클리포드 기어츠의 의미중심적 문화 개념이 대두된다. 이 문화 개념을 통해 오늘날까지 문화에 대한 성찰은 계속해서 확장되며 분화되고 있다. 이제 문화는 구조기능주의와는 달리 더 이상 기능적으로 이해해서 기본욕구를 충족시키는 수단 혹은 순응시스템이 아니기 때문이다. 오히려 문화는 의미 및 문화적 코드화의 산물로서 기호적으로 이해된다.

> 내가 주장하는 문화 개념은 (...) 본질적으로는 기호학적 개념이다. 이 말은 막스 베버의 말대로 인간은 자기 스스로 직조된 의미의 천에 같이 엮여 있는 존재라는 뜻이다. 이 천을 나는 문화라고 본다. 따라서 문화 연구는 법칙을 찾는 실험적인 학문이 아니라 의미를 찾는 해석하는 학문이 된다. 나에게 중요한 것은 당장에 수수께끼처럼 보이는 사회적 표현 형식을 설명하고 해석하는 것이다.[27]

그러니까 기어츠에게 중요한 것은 문화의 생성이나 역사적인 문화 분석이 아니라 문화를 의미 관계로 규명하는 것, 즉 "의미의 고정 fixation of meaning"인 것이다. 행위의 사건적 특성이 아니라 행위의 의미 내용이 중요하다. 이로써 인간의 행동에서 인과적 법칙성을 찾고 학문의 모델이나 학문 언어의 범주들을 외부에서부터 연구 대상으로 가져오는 분석적 민속학과 다른 중요한 차이점이 드러난다. 해석적 연구가 이와 다른 점은 장 연구의 맥락에서 문화적 의미를 최초로 밝혀내고 해석하려고 시도한다는 점이다. 구체적으로는 기호, 상징, 해당 문화 자체에 존재하는 해석에서 출발한다.

여기에 '타문화 이해하기 Fremdverstehen'라는 해석학적 방식이 요긴하다. 실제로 기어츠는 해석학적 방식을 수용하긴 하지만 동시에 이를 뚜렷이 변형시킨다. 즉, 가다머의 해석학에서만 해도 "지평융합 Horizontverschmelzung"은 이해 과정을 확증할 수 있었지만, 대부분 자국 문화의 전승 맥락과 매우 동떨어져 있는 타문화의 현상들은 이 "지평융합"을 이루어내지 못한다는 것이다. 기어츠는 오히려 다음과 같은 핵심 질문을 던진다. "공감할 수 없는데 어떻게 이해할 수 있는가?"[28] 기어츠가 영어로 이 질문을 던지면서 독일어로 된 해석학 용어를 그대로 사용한 것은 분명 우연이 아니다. "What happens to verstehen when einfühlen disappears?"[29] 이 질문은 전통 해석학을 상호 문화적으로 확장할 수 있는 가능 지평을 연다. 여기에서 분명히 드러난 것은 타문화 이해하기에 실패한 해석학이다. 문화학의 진로를 이런 해석학에 맡겨 놓으면 앞으로도 공감에 준거를 두고 의도와 동기에 감정을 이입함으로써 문화를 이해하는 작업은 더 이상 생각할 수가 없다. 하지만 그렇게 되는 대신 공적이고 상호주관적인 다른 차원에서 문화적 의미를 알게 되는 길, 말하자면 "텍스트로서의 문화"라는 기호와 상징을 통해 가는 길이 열리게 된다. 그 이유는 단 하나인데, 문화적 의미는 개인들의 머릿속에서 산출되는 것이 아니라 사회적 실천과 사회적 관계에서 만들어지기 때문이다.

방법론: 제유적 방식, 맥락화, 중층기술

문화학의 방향 전환은 이에 상응하는 방법론과 보조를 맞출 때만이 관철될 수 있다. 그렇기 때문에 해석적 턴 역시 학문에 대한 새로운 인식 태도를 요구한다. 이 태도란 문화에 대한 글로벌한 시각 대신에 미시적인 분석 방식을 취하는 것이다. 분명한 것은 사회와 문화는 하나의 전체로서가 아니라 중요한 실천의 관점에서 혹은 제도 차원에서 연구된다는 것이다. 예를 들어, 시장 Basar의 관점에서 모로코 사회를 본다든가, '닭싸움 의식'의 관점에서 극장국가 Theaterstaat인 발리를 이해하는 식이다. 따라서 세세한 사례 연구가 중심이 된다. 이를 위해 요구되는 방법으로 "보간법 Interpolation"[30]이 있다. 이는 전통 해석학의 보간법과 일치하지는 않지만, 그렇다고 구조기능주의를 취하는 사회과학의 보간법과도 일치하지 않는다. 그 밖의 중요한 방법으로는 중요한 부분을 가지고 전체 문화나 사회를 설명하거나 해석하려는 "제유적 synekdochisch" 방법[31] 그리고 "맥락화 Kontextualisierung"가 있다. 언어비교학자인 알톤 베커 Alton Becker를 빌어 기어츠는 "신언어학 new philology"을 요구한다. 신언어학은 맥락화의 해석을 통해 텍스트 재-기입하기 re-inskribieren, 즉 어떤 한 텍스트를 다른 텍스트를 이용해서 해석하는 것, 다시 말해 "문화 현상의 다중적 맥락화 multiple contextualization of cultural phenomena"[32] 및 상징적 구성주의를 통해 해석하는 것, 이러한 것들이 무엇인지를 알려준다. 이 방법으로 텍스트 주해와 행위 해석의 불일치는 극복되고 여러 해석들과 의미를 구성하는 사회적 과정의 분석은 다시 만나게 될 것이다. 이로써 문화적 의미를 전달하는 매체인 텍스트(문학 텍스트도 마찬가지로)가 어떻게 사회관계 속에서 형성되어 "소셜 텍스트"[33]로 작용하는지를 비로소 연구할 수 있을 것이다.

이러한 방법론은 미시적 연구에서 구체적으로 적용될 수 있다. 예를 들어 문학적으로 혹은 서사적으로 구성된 자기 혹은 개인에 대한 이해는 문화에 따라 다른 의미로 파악될 수 있다. 또한 감정의 개념들, 종교적 표상, 의사소통 형태 등도 문화에 따라 다른 시나리오에서 시작하여 더 큰 행위 맥락 안으로 편입될 수 있다. 그러나 이를 위해서는 "로컬 지식 local knowledge", "로컬 의식 프레임 local frames of awareness"[34]에 대해 새롭게 주목할 필요가 있다.

그런데 맥락화는 좀 더 멀리 나아간다. 맥락화는 "텍스트에서 담론으로의 방향 전환"[35]을 의미한다. 텍스트를 담론의 실천과 담론 형성이라는 광범위한 분야와 관련시키는 것이 얼마나 생산적이고 필요한 일인지는 오리엔탈리즘 담론의 예에서 분명해진다. 바로 에드워드 사이드는 오리엔탈리즘 비판과 자신의 책 『문화와 제국주의 Kultur und Imperialismus』에서, 예를 들어 제인 오스틴의 소설과 같은 문학 텍스트가 식민주의 및 제국주의가 원하는 바를 전달하는 수로 역할을 하면서 오리엔탈리즘 영역에서 오랫동안 살아남았다는 점을 보여주었다. 물론 이들 문학은 제국주의에 비판적이었지만, 다른 한편으로는 이에 동조하기도 했고 제국주의적 팽창의 기본적인 흐름에 휩쓸리기도 했던 것이다.[36]

결국 '맥락화'의 방법은 해석적 턴의 주도적인 방법론 가운데 하나인 "중층기술 dichte Beschreibung/thick description"의 본질적인 요소라고 할 수 있다. 방법론에 대한 이 메타포를 기어츠는 그의 논문 「중층기술. 해석하는 문화 이론에 대하여」에서 강령과도 같이 이렇게 설명한다. 단층기술 dünne Beschreibung과 중층기술의 차이는 철학자 길버트 라일 Gilbert Ryle로 거슬러 올라가지만 기어츠에 이르러 비로소 알려지게 된다. 서술의 중층성 Dichte은 재료의 의미론적 중층성, 즉 문화적 진술의 다층성 및 복합성과 관련된다. 예를 들어 발리섬의 닭싸움이라는 "심층놀이 deep play"[37]가 이를 잘 보여준다. 기어츠는 행위, 재산, 텍스트 간에는 등급적인 차이만 있고 하나의 원칙적인 차이가 없기 때문에 한 문화의 특수성을 그 표현 형식의 다차원성에서부터 파악하기 위해서는 "중층기술"이 필요하다고 말한다. 이 방법을 통해서 비로소 문화적으로 의미 있는 것과 의미 없는 것을 구별할 수 있게 된다. 기어츠는 한 가지 예에서 이를 분명하게 보여준다. 세 명의 젊은이가 함께 있다고 상상해보자. 세 명 모두 번개처럼 빠르게 윙크를 한다. 그 움직임은 동일한 것이지만 각각 의미하는 바는 모두 다르다. 한 명은 단순히 무의식적으로 윙크를 한다 (의미 없는 반사행동). 또 한 명의 경우는 의도적인 전달 행위로서 공적이고 소통적인 의미기능을 갖는 기호로서 윙크(문화적 코드로서의 윙크)를 한다. 나머지 한 명은 어쩌면 앞의 두 명을 따라 윙크를 했을지 모르지만, 실은 이를 패러디한 윙크이다. 이렇듯 "단층"기술은 눈꺼풀의 움직임만을 파악하는 것이라면, "중층"기술을 통해 비로소 그 안에 있는 문화적 기호를 발견하게 되는 것이다.

또 다른 예로 지진을 생각해 보자. 지진은 구조지질학적이고 종교적이고 사회적인 의미차원이 함께 작용하고 있는 것으로 이러한 의미의 다양성을 파악하기 위해서는 무엇보다도 문화 내적인 자기 해석이라는 맥락을 끌어와야 할 것이다. 문화인류학적인 접근 방식은 여기에서 가능한 한 외부에서 가져오는 '대규모 분석 개념'은 피한다. 그보다는 현미경적인 관점을 가지고 구체적인 개별사안에서 시작한다. 하지만 그렇다고 결코 경험적인 사건들의 표면만 파악되는 것은 아니다. 오히려 중층기술은 일종의 '깊이 파내는 방식 Tiefenbohrung'을 통해 숨겨져 있는 문화 텍스트를, 즉 이미 축적되어 있는 이 텍스트의 심층 의미와 문화적 코드, 해석을 발굴해낸다. 그러니까 사건 자체를 기술한다기보다는 그 사건이 말하고 있는 것, 사건의 내용과 그 안에 적혀있는 '의미'를 기술하는 것이다. 이로써 기어츠는 얼마나 많은 사전지식이 기초적인 기술 전체에 이미 스며들어 있는지를 분명하게 보여주고 있다. "우리가 우리의 자료라고 이름 붙인 것은 사실은 다른 사람들이 그들 자신과 동포들의 행위를 해석한 방식에 대한 우리의 해석이기"[38] 때문이다. 그러므로 중층기술은 다른 사람의 해석을 해석하기 때문에 "이차질서관찰 Beobachtung zweiter Ordnung"[39]에 근거를 두고 있다. 그것은 바로 여러 해석들의 해석인 것이다.

"중층기술"의 본질적인 특징은 이론적 통찰이 문화적 생활양식이라는 구체적인 연구 영역에서 도출되었다는 것이다. "민속지학은 다른 생활양식을 해석하는 전통적인 과제를 고수하면서 이론, 철학, 인식론에 관해 이야기하는 하나의 방법이 되었다."[40] 실제로 "중층기술"은 깜짝 놀랄 정도로 이론과 가까운데, 그것은 바로 개별기술의 정확성, 중층성 및 특수한 첨가 방식을 통해 풍요로운 의미를 생산할 수 있는 농축성 때문에 더욱 그렇다. 문화를 해석할 때에는 이런 식으로 다양한 (경제적, 심리적, 사회적, 미학적) 해석의 관점들을 수용할 수 있는 것이다. 물론 언제나 자기 해석의 요소들을 발굴하려는 시도를 해야 하지만, 이로써 하나의 전체적인 텍스트들의 앙상블이 만들어져 언제나 새로운 층으로 또 다른 의미의 차원을 저장할 수 있게 된다.

그러나 여기에서 하나의 문제가 생긴다. 설득력을 얻기 위한 문화기술은 얼마나 중층적이어야 하는가? 이 문제에 대한 대답은 저마다 '옳은' 해석의 타당성을 확인하기가 모호한 것만큼이나 모호하다. 그러나 기술할 때에 경험하기 쉬운 상식적인 개념('사랑'과 같은) 혹은 경험하기 어려운 분석 개념 및 전문 개념들 ('대상 애착'과 같은)이 어느 정도로 사용되는가가 타당성의 근거가 될 수 있을 것이다. 해석적 문화인류학자들은 둘 중 한 가지만 사용하는 것은 아니다. 그들은 용어의 사용 비율에 대해 비판적으로 성찰한다.[41] "중층기술"은 학문적-민속지학적 관찰과 해석, 기술의 불충분함과 미완결성을 시인하기도 한다. '민속지학'을 한다는 것은, '하나의 읽기 방식을 개발한다'는 의미에서 보면, 낯설고 빛이 바래서 불충분하고 모순으로 가득 찬 어떤 원고를 읽으려는 시도와 같은 것이다. (...)"[42] 그러나 그럼에도 불구하고 민속지학이 갖고 있는 해석의 특권은 가독성이 "중층결정 Überdeterminierung"[43]되도록 사용된다. '읽기'의 메타포는 바로 여기에서도 "텍스트로서의 문화"라는 기본신념과 다시 결합하고 있는 것이다.

3. "텍스트로서의 문화" 비유

해석적 턴에서 텍스트 개념을 이렇게 세세한 부분까지 다루다 보면, 마치 언어적 턴의 무게중심이 문학으로 이동한 것처럼 보인다. 여기서 "텍스트"는 가독성과 연결되어 있기는 하지만[44], 곧바로 문자의 속성을 뛰어넘는다. 이같이 새롭게 갖추어진 텍스트 개념과 함께, 신화, 장례식, 결혼식을 연구하면서도 이들을 해석 가능한 텍스트로 간주하지 않은 레비-스트로스 식의 구조주의는 결정적으로 물러가게 된다. 레비-스트로스는 신화나 장례식, 결혼식을 마치 언어 체계와도 같이 그 내부의 구조와 논리에 따라서 분석될 수 있는 암호로 간주하기 때문이다. 이에 반해, 기어츠는 어떻게 텍스트가 상징 형식 및 문화적인 의미전달 매체로서 구체적인 사회적 생활세계에서 지각한 내용들을 조직하고 여러 감정을 형태화하는지 묻는다. 이를 위해 기어츠는 많이 인용되는 자신의 논문 「'심층놀이': 발리섬의 닭싸움에 대하여」를 언급하는데, 이 사례는 시간이 흐르면서 하나의 고전적 예시로 자리를 잡는다.[45]

이처럼 경험을 해석하는 동시에 모델화하는 텍스트의 의미잉여적 차원은 1970년대에 발행된 텍스트해석학의 기본 텍스트가 되는 폴 리쾨르 Paul Ricœur의 논문 「모델로서의 텍스트: 해석학적 이해 Der Text als Modell: hermeneutisches Verstehen」[46]에서도 이미 충분히 논구된 바, 기어츠는 이 텍스트에 자신의 이론을 연결시키고 있다. 리쾨르는 텍스트가 언어 체계, 곧 '랑그'에 속한 것이 아니라, 말하기로서의 언어 사용, 곧 '빠롤'에 속해 있다는 점을 분명히 밝힌다. 하지만 리쾨르는 발화되면 곧 사라지는 언어 사건 같은 것이 아니라, 어떤 언어 사건이 발생했을 때 그 언어 사건을 텍스트화하고 문자화함으로써 견고히 보존할 수 있는 '의미의 고정화 Fixierung des Sinns'를 발견한다. 텍스트가 하나의 의미론적 자율성을 갖는 것이다. 왜냐하면 텍스트는 단순히 작가의 눈에 들어오는 내용보다도 훨씬 더 폭넓게 그 의미 스펙트럼을 확대할 수 있기 때문이다. 텍스트는 주관적인 의도에 의한, 또는 행위와 연관된 상황들이 무의미하게 됨으로써 나타나는 왜곡에 구애받지 않고, 다양한 측면에서 관련을 맺으며 공적이고 상호주관적인 해석 가능성의 세계를 펼친다. "이해라는 개념이 개인적인 심상에서 벗어나 문화세계로 들어간다."[47] 이처럼 해석학을 문화이해라는 관점에서 확장시킨다면, 이는 공감 능력의 확대도 아니고, 낯선 심리 상태들을 지향한다는 의미도 아니다. 오히려 해석학의 확장은 문화적 맥락의 이해를 목표로 삼는다. 이 문화적 맥락을 이해하는 것이야말로 바로 문화학 연구를 하는 데 있어서 오늘날까지 효력이 미치는 해석적 턴의 공로라 할 수 있다. 왜냐하면 해석적 턴에서는 사회학적, 문화학적 분석에서 주관성을 배제하는 것이 아니라, 객관적인 방식으로 주관성에 접근하는 시도, 즉 주관적인 구상이나 의도를 충분히 감내하고도 남는 포괄적인 의미구조들을 내세우려는 시도가 중요하기 때문이다.

기어츠의 생각은 바로 이와 같은 '텍스트-유비'에 연결된다. "텍스트에서 텍스트-유비로, 담론으로서의 글쓰기에서 담론으로서의 행위로 넘어가기 위한 관건은, 폴 리쾨르가 지적한 바와 같이, '새겨 넣기 inscription', 곧 '의미의 고정 fixation of meaning'이라는 개념이다."[48] 만약 민속학자나 사회학자들이 구술 담론을 문자로 적어 가며 텍스트화한다면, 이는 '의미 새겨 넣기'라는 잣대로 볼 때 아직은 텍스트-유비가 아니며, 단순한 텍스트에 불과하다. 반대로 텍스트-유비라는 것은 구술 담론, 언어 행위, 심지어는 행동 그 자체에 이미 내장되어 있다. 리쾨르도 이미 거론한 바와 같이, 텍스트-유비는 "행위도 하나의 고정된 텍스트처럼 관찰하게끔 한다."[49] 결과적으로 이러한 유사 과정을 통해 행위의 발생 상황을 읽어내는 일과 문자로 이루어진 텍스트를 해석하는 일은 동일하다고 볼 수 있다. 그렇기 때문에 각종 제의, 예술작품, 축제, 의복, 현악사중주 등으로까지 동일한 방식으로 텍스트 개념을 확장시킬 수 있게 된다. 하지만 (계속 주장되고 있는 것처럼) 여기에서 문예학적인 텍스트 이해가 작용하는 것은 결코 아니다. 기어츠가 주장하는 "텍스트"는 오히려 직조물-비유와 결합된 하나의 구조 개념이다. 이 텍스트 비유는 상당히 많은 오해를 불러일으키듯이 결코 문화와 텍스트가 동일시될 수 있다는 주장이 아니다. 이 비유는 문화를 관찰할 때 다층적인 가독성을 염두에 두어야 하며, 그와 맞물려 문화 내부의 다층성과 하위문화들이 다원화되기 위한 접근 방법들을 발전시켜야 한다고 촉구하는 것이다.

그러므로 행위가 발현되는 상황들과 텍스트는 동일한 것이 아니다. 하지만 우리는 그 상황들을 텍스트처럼, 텍스트-유비로 관찰하고, 마치 텍스트를 접하듯이 읽을 수 있다. 이것이 사회-기호학적인 비유의 핵심이다. 즉 사회적 행위들은 끊임없이 기호로 번역되며 그 결과, 그 행위들에 어떤 의미가 부여될 수 있는 것이다.[50] 물론 그러한 기호들은 다시 각각의 맥락에 따라서 다양하게 해석될 수 있다. 결론적으로 우리는 우리의 행위들을 지배하지 못한다. 우리의 행위들은 우리가 반드시 의도한 것만을 그 결과로 가져오는 것은 아니며, 그 행위가 발생한 순간들을 넘어서는 의미를 갖는다는 것이다.[51] 그렇기 때문에 애초의 상황으로부터 독립된 것처럼 행위들은 의미의 (무한한) 연결고리들을 생산해 낸다. 이런 방식으로 확장된 텍스트 개념은 해석적 턴이라는 특성을 띠고 발전된 것만큼, 오늘날까지도 문화 개념의 중추적인 역할을 한다. 다시 말하면, 문화는 텍스트들의 앙상블로 간주된다.

자기 해석

이처럼 문화가 텍스트들의 앙상블이라는 생각이 갖는 장점은 무엇일까? 각각의 문화들이나 문화적 경험들은 앞서 언급한 '텍스트-유비' 라는 표지판을 따라가며 그 의미의 차원들을 연구할 수 있다. 물론 여기서 말하는 문화적 의미들이란, 의도의 주관성, 상황에 따라 달라져버리는 행위 여건들의 피상성, 그리고 추론에 의한 사건 가능성들을 넘어서는, 축적되어 있고 객관화될 수 있는 의미 구조를 뜻한다. 이러한 점에서 하나의 낯선 문화도 거기에 텍스트라는 지위가 부여됨으로써 객관화된다. 즉, 하나의 행위가 갖는 의미 역시 사건으로서의 행위와 분리되는 것이다. 그렇게 본다면 텍스트는 세계 해석의 문을 열며, 세계를 설계하고 세계를 새로운 관점에서 조망할 수 있는 출발점이 될 수 있다. 물론 이 과정을 따라가다 보면 중요한 점이 간과될 여지가 있다. 그것은 시간이 경과하면서 흐려져가는 상황의 계기들, 그리고 종종 내재되어 있는 문화 내부의 대립적인 주장들, 그러니까 문화의 의미 생산 과정에서 빈번하게 나타나는 과정의 모순점들이다. 이렇게 문화를 텍스트로 이해한다면, 문화는 결코 역동적인 것이 아니라 의미들의 체계로 간주된다. 이는 전적으로 감정이입이나 공감 능력이 없어도 문화이해가 가능하다는 장점을 갖는다. 연구자들은 낯선 문화 속으로 들어가지 않고, 그 낯선 문화에 속한 사람들의 내면을 뚫고 들어갈 필요도 없이, 생소한 상징체계들을 해석함으로써, 뿐만 아니라 인간들이 그들 고유의 세계를 인지하고 해석할 수 있도록 이끄는 기호학적인 방법들을 치밀하게 연구함으로써 그 생소함은 그대로 보존된다.

이와 동일한 의미에서 기어츠의 닭싸움 해석은 사회의 위계질서와 집단적 감정들이 '기입되어' 있는 한 사건을 묘사한다. 바로 그렇기 때문에 그 사건은 발리섬 사람들에게도 하나의 "사회적 텍스트"처럼 읽힐 수 있고, 따라서 그들은 그들 고유의 억눌린 감정과 집단적이고 문화적이고 위계적인 사회관계들을 목도하게 되는 것이다. 이런 방식으로 닭싸움이 텍스트화되면서 일종의 "메타사회적 논평"을 행할 수 있을 만큼 상당한 정도로 객관화되고, 단순한 사건으로 머물러 있을 뻔했던 상황들을 초월하게 된다. 다시 말해 닭싸움의 기능은 "일종의 해석하는 기능이다. 발리 사람들의 경험을 발리 사람들의 방식으로 읽는 것, 그들이 자기 자신들에 대해 서로 주고받는 그런 이야기가 중요하다."[52]

기어츠의 논증에서는 이처럼 학문적인 해석과 그 학문의 연구 대상인 사회 내부의 자기 해석을 연결하는 것이 결정적으로 중요하다. 해석적 턴 전체를 망라하는 주도적인 사고가 바로 이와 같은 결합인 것이다. 그러나 여러 다양한 경로를 통해서 이의를 제기할 수도 있다. 예컨대 가디 알가치 Gadi Algazi의 주장에 따르면, 행위자들은 그들 스스로가 통찰할 수 있는 의미나 해석들을 쫓는 것이 아니라, 오히려 수많은 사회적 행동 코드와 "사회의 사용지침"을 따른다. 이런 점에서 문화는 행위 선택 체계라는 것이다.[53] 이러한 반론에도 불구하고 방법론적으로 하나의 새로운, 심성에 의존하지 않는 연구를 시도하려는 자세가 중요하다. 이와 같은 태도를 따른다면, 이해라는 개념은 주관적, 내면적 그리고 정신적인 영역에서 벗어나 공적 영역으로 나아갈 수 있는 문화, 곧 기호의 영역으로 옮겨지기 때문이다. 여기서 문화와 사회는 표현 Darstellung이라는 차원을 거쳐야만 비로소 그들의 의미 연결망에서 이해에 도달한다는 사실을 통찰해 볼 수 있다. 바로 이 지점에서 수행적 턴은 해석적 턴의 장에 동시에 놓이게 되는데, 말하자면 수행적 턴은 이미 해석적 턴의 일부인 것이다. 이와 더불어 표현 이전에 (해석되지 않은) 그 어떤 본래적인 사건이란 존재하지 않는다는 통찰을 염두에 둔다면, 해석적 턴이 언어적 턴에 얼마나 의존하고 있는지를 알 수 있다. 각각의 모든 표현은 단지 수많은 "텍스트"를 드러낼 뿐이다.

문화의 표현 영역을 지나치게 중시한다면, 이는 동시에 해석적 턴의 극단화로 빠지게 되는 일로, 특히 "경험의 민속지학"[54]이 이러한 극단화를 촉진시키고 있다. 이 연구 방향은 해석적 턴과 수행적 턴 "사이에" 있는 것처럼 보인다. 게다가 표현을 통한 문화의 자기 해석이라는 기어츠의 진술을 환기시키기도 하면서, 체험된 경험으로 나아가기 위한 보다 구체적인 통로를 경험 구성이라는 형식 내에서 확보하려고 시도한다. 그러므로 경험을 가공하는 것에 대해서 원주민들 스스로가 갖고 있는 개념과 생각들을 독자적인 분석적 연구라는 개념으로 아예 처음부터 그리고 너무 성급하게 덧씌우기보다는, 그들 고유의 개념과 생각들을 조망할 수 있도록 "원주민의 시각으로 본다는" 자세를 유지하면서 그들을 주목해 볼 필요가 있을 것이다.

학문이론적 분석 개념들과 연구 대상들 사이에 생길 수밖에 없는 간격을 생각해볼 때, 경험의 민속학은 관찰된 경험에 대한 표현과 풍부한 표현 형식들 자체에, 예를 들어, 드라마, 제의 및 기타 수행적이고 서사적인 장르들에 우려스러울 정도로 가까이 다가가 있다. "우리는 서사, 드라마 혹은 카니발이나 그 밖의 다른 표현들에 초점을 맞춤으로써 끊임없이 변하는 우리의 이론 프레임에서 도출된 범주들을 도입하기보다는 사람들에게 연구 단위를 정하라고 맡긴다."[55] 이 말은 이미 "텍스트로서의 문화"라는 메타포가 해석적 연구 본연의 장에서 어떻게 가동되면서 수행적 턴을 촉발시키고 있는지를 보여준다. 왜냐하면 리쾨르 및 기어츠와는 달리, '텍스트로서의 문화'는 하나의 기호학적인 암호해독에만 주목하는 것이 아니기 때문이다. 여기에 더하여 우리의 생각과 느낌과 의지가 유도하는 의미들이 어떻게 표현되는지, 또한 그 의미들이 그림과 춤과 드라마로 어떻게 가공되는지, 말하자면 의미와 경험들이 어떤 방식으로 순환되는지, 달리 말해 "경험을 순환 속으로 집어넣는 아주 다양한 방식"[56]에 대한 문제가 전면적으로 제기된다.

비판적 입장들

물론 단연코 문제시되고 있는 경험 근접성에만 국한해서 해석적 턴을 비판하는 것은 아니다. 비판의 화살은 오히려 "텍스트로서의 문화"라고 하는 특정한 독법을 향하고 있다. 다음의 세 가지 핵심 사항들이 주된 비판의 내용이다.

1) 텍스트화를 통한 의미 부여에 대한 비판
2) 문화 개념에 대한 비판
3) 텍스트 이해에 대한 비판

1) 텍스트화를 통한 의미 부여에 대한 비판

"텍스트로서의 문화"의 결과로 나타나는 의미 부여 Bedeutungszuschreibung에 대한 비판은 무엇보다도 닭싸움에 관한 기어츠의 논문에서 시작된다. 이 닭싸움 무대에서는 실제로 대화를 나누는 사람들은 하나도 없고 구체적인 인물들도 거의 등장하지 않으며 유형화된 인물들, 곧 "발리 원주민들"만 있다는 점이 가장 먼저 비판의 도마 위에 오른다. 닭싸움도 마찬가지로 이상화된 유형, 곧 모든 인물들을 다 한데 담아서 그 누구도 아닌 애매한 초상화처럼 묘사되어 있기 때문에, 그 초상화의 주인공들은 그저 문화를 대표하는 사람들로만 보인다. 발리 원주민들끼리의 논쟁적 대화도 없다는 점 역시 비판의 대상이다. 그 대신 민속학자 기어츠의 권위가 만들어 놓은 해석만 있을 뿐이다. 그 역시 해석하는 저자이기에 무대에서는 자취를 감춘다. 방법론적으로는 문헌학적-해석학적인 고찰 방식이 압도적이다. 즉 읽기 Lesen가 대화 Dialog의 자리를 차지하는 것이다. '성찰적 턴'의 관점에서 이를 표현하자면, 해석적 접근이 편향성을 보일 때 너무나 쉽게 나타나는 민속지학적 권위의 특수한 형태가 바로 격렬한 비판을 받고 있는 것이다.

저자는 없는데, 어디에든 다 있으며 무엇이든 다 알고 있는 화자가 지배하는 민속지학적 리얼리즘의 전형적인 형식도 비판을 받는다. 민속학자의 지식이 과하거나[57] 아니면 개괄적인 지식에 그친다면, 이는 과장된 해석이나 심지어는 잘못된 해석을 낳게 될 뿐만 아니라, 예컨대 특별한 집단의 "열정"[58]이 전가되는 것처럼 의미들이 이양되고 투사되는 결과를 가져온다. 이것이 바로 의미 부여로서의 의미해석이 과도해진 결과로 나타나는 해석적 턴의 가장 큰 위험성이다. 발리 원주민들이 도대체 어떤 감정을 갖고 있는지 누가 말할 수 있을까? 이에 대해 기어츠는 다음과 같은 단순한 주장으로만 일관한다. "이 끝없는 닭싸움, 이 끝없이 재연출되는 닭싸움 공연을 통해 발리 원주민들은 자신의 주체성의 한 차원을 발견할 수 있다. 마치 우리가 『맥베스』를 반복해서 읽을 때 경험하는 것처럼 말이다."[59] 빈센트 크라판차노 Vincent Crapanzano는 이 대목에서 펄쩍 뛰며 격렬히 비판한다. "기어츠가 그것을 어떻게 알 수 있을까?" 그는 묻는다. "어떻게 한 민족 전체가 하나의 유일무이한 주체성을 공유할 수 있을까? 텍스트와 각종 주석들, 주석에 대한 주석들, 연극, 스포츠, 현악 사중주와 정물화 사이에는 아무런 차이점들이 없는 것일까? 기어츠 교수는 분석 과정에서 총체적으로 드러나는 차이점들을 포기한 것일까(...)?"[60] 기어츠의 해석은 투사와 의미 부여에 의존하기 때문에, 원주민들의 시각에서 도출된 이해를 전혀 촉진시키지 못하며, 결과적으로 기어츠는 기껏해야 자신이 구성한 원주민들의 이해, 역시나 구성된 관점을 통해 구성된 이해에 도달하게 된다는 것이다. 이러한 이유로 크라판차노는 기어츠가 민속지학자로서의 권위를 남용했다고 비판한다. 지금까지 언급한 내용들이 무엇을 가리키는지는 성찰적 턴, 특히 제임스 클리포드 James Clifford의 권위 비판으로 눈을 돌리면 좀 더 정확한 이해에 도달할 수 있다.[61]

의미 부여를 비판하는 또 다른 흐름은 문화 분석을 (소위) 텍스트에 대한 단순 독해로 이해하고 이를 극단으로 끌고 간다는 점과 관련된다.[62] 여기서 해석적 턴을 수용한 유럽의 사정을 들여다보면, 해석적 턴은 해석학적인 전통과 접목되어 있다는 문제점이 여실히 드러난다. 반면에 영미철학과 사회학은 '프래그머티즘'과의 연계 속에서 해석적 턴을 수용하였고, 그 때문에 해석에 대한 입장 그 자체는 철저히 사회적 실천, 또는 '실천적 턴 practice turn'으로 이해되고 있다.[63] 하지만 독일에서도 "텍스트로서의 문화" 메타포를 실천적으로 파악하려는 시도들이 있기 때문에 어떤 별도의 실천적 턴[64]을 채택할 필요는 없다. '텍스트로서의 문화'라는 비유는 안드레아스 레크비츠의 "텍스트의 실천

이론적 이해"[65]에서 알 수 있듯이, 단순히 의미의 저장고가 아닌, 의미의 패턴으로 이해할 수 있으며, 더 나아가 "행위유도모델"로 확장시킬 수 있다. 그럼에도 불구하고 "텍스트로서의 문화"는 지각된 현실을 해석할 때 사회적 사건 및 행위 맥락과 분리되지 않는 독법을 발전시켜야 할 과제를 떠안고 있다. '텍스트로서의 문화'를 파악한다는 의미는 "현재 일어나고 있는 사건을 읽어내는 독법을 구축한다는 것이다"[66]. 여기에서 텍스트 이해란 행위를 해석하는 것이 된다. 하지만 해석적 턴이 단지 텍스트의 의미를 찾는 방향으로만 나아가고, 미셸 푸코와 담론 분석의 경우처럼 그 텍스트가 어떻게 기능하는지를 연구하지 않는다면 한계에 부딪히게 될 것이다.

2) 문화 개념에 대한 비판

또 다른 비판의 줄기는 '성찰적 턴'의 '문화 쓰기 Writing Culture' 논쟁을 선취하면서 기어츠를 어느 선까지는 민속지학적 리얼리즘의 대표자로 공공연히 선언하기에 이른다. 왜냐하면 그는 문학의 표현원리로서의 리얼리즘과 유사한 방식으로 하나의 전체를 묘사하는 일에 심혈을 기울이기 때문이다. 말하자면 낯선 문화의 맥락을 원주민의 어깨너머로 본 그대로, 게다가 원주민들의 시선으로 그려내려 한다. 이 같은 노력은 결국 원주민들의 "눈으로 본" 민속지학자가 직접 목격한 증언이라는 역설적인 상황으로 귀결된다. 이로써 (미하엘 바흐친과 연결 짓지 않더라도) 지속적인 이론 형성을 위해 포기할 수 없는 '대화적인' 모든 것은 특히 문화적인 차이를 조정한다는 명분 하에 사라지고 만다.

텍스트성을 역동적으로 이해하기 위해서는 문화를 그보다 더 역동적으로 이해해야 되는 것은 아닐까? 하지만 해석학적 문화인류학의 문화 개념에는 아직도 문화 및 의미 전체를 아우르는 전체론적인 문화 개념이 너무 강하게 깔려있다. 하지만 이러한 비판이 기어츠가 주장하는 기호학적인 문화 개념에는 타당할지 몰라도 해석적 턴 전체에 무조건적으로 타당하다고 할 수는 없다. 기어츠의 입장에서 일반적으로 통용될 만한 하나의 전체론적인 문화 개념을 이끌어낸 다음, 그 개념을 불변의 것으로 단정해 버리면, 지나치게 일차원적인 일이 될 것이다. 이와는 반대로 텍스트를 이해하는 데 있어서 실천이론적인 독법을 따라가고,[67] 여기에 기어츠가 자신의 책인『조각난 세계 Welt in Stücken』에 쓴 저자 후기를 추가적으로 끌어 들인다면 (그 책에서 기어츠는 문화를 하버마스의 합의 이론 Konsenstheorie으로부터 분리해낸다), 전체론이라는 비판에 계속 묶여 있을 필요는 전혀 없다. 텍스트성의 정치적 측면과 관련해서 보면, 기어츠는 텍스트 전체에 대한 글로벌한 도전과 텍스트 전체가 파편화되고 있다는 사정을 감안하면서 그가 원래 지니고 있었던 문화에 대한 이해를 어느덧 극복해 냈다. "우리 세계가 파편화되고 있는 현실을 고려하면, 문화를, 즉 하나의 특정한 문화, 바로 이 문화를 공통된 기본가치에 대한 합의로 이해하는 것은 좀처럼 오래가지 못할 것이다. 반대로 오늘날 집단 정체성이라는 풍경이 그려낸 모습은 다름 아닌 비난과 분열이다."[68] 최근 들어 기어츠는 텍스트라는 말 대신 흔적읽기, 네트워킹, 실뭉치, 영역들, 힘들에 대해 주로 이야기한다.

그럼에도 불구하고 사회과학 영역에서 해석적 턴을 둘러싼 논쟁은 엄청난 "문화 변동 culture shift"[69]을 불러일으켰다. 그 요인은 무엇보다도 의미 체계로서의 문화를 지나치게 끌어들인 것에 대한 불편함이다. 이러한 불편함은 예컨대, 민속학자인 릴라 아부루고드 Lila Abu-Lughod

로 하여금 『문화에 저항하는 글쓰기 Writing Against Culture』[70]를 하도록, 즉 권력관계와 문화 변동을 차단시키는 문화 개념을 사용하지 않도록 만들었다.

3) 텍스트 이해에 대한 비판

해석적 턴에서 도출된 텍스트 개념도 결국은 해석적 턴으로 인해 변화를 겪는다. 낯선 문화권의 실생활 모습은 기어츠에 의해 여전히 '고전적인' 텍스트모델, 그러니까 문자로 고정된 텍스트라는 서구적 개념으로 번역된다(반면, 발리 사회는 그 자체로 연극 사회 내지는 구술/구두 사회이다). 이러한 방식으로 전지적 화자인 민속지학자 기어츠는 발리 사회의 풍속처럼 서구문화에 의해 위협받고 있는지도 모르는 그 무언가를 '세계문학'의 아카이브를 위해 구해냈을지도 모른다.[71] 하지만 다른 한편으로는 "텍스트로서의 문화"라는 아이디어는 문화기호학이라는 그물에 너무도 쉽게 걸려든다. 그 이유는 문화를 텍스트로 간주하다 보면, 문화 중에서 텍스트로 전환되지 못한 채 남아있는 것들(감각적 지각, 소음, 냄새, 소리)과 문화의 상당 부분을 차지하는 물질적인 부분과 같은 텍스트들의 다양한 생산조건들이 드러나지 않기 때문이다.

따라서 해석적 턴이 실행되는 과정에서 텍스트 개념 자체는 변형될 수 있는 개념으로 나타난다. 그렇다고 해서 "텍스트로서의 문화"라는 이론 프로그램이 해체되거나 하지는 않는다. 반대로 텍스트 개념은 오늘날 문예학 분야에서 자리를 잡은 만큼, 더욱이 매체 이론을 고려해 보더라도 그 개념의 복잡성과 분화 가능성이 증가하기 때문에 더욱 풍성해지고 있다. 그렇게 본다면 기어츠와 결부된 텍스트 개념은 우선 텍스트 생산, 수용과 (사회적인) 텍스트 사용이라는 관점에서, 그러고 나서 서사구조와 매체의 전제조건이라는 관점에서 지속적으로 분화될 여지가 있다. 왜냐하면 문화학은 해석들과 연관되어 있을 뿐만 아니라 수용 절차 및 매체에 의한 중개와 확산 과정에도 관련이 있기 때문이다. 이렇게 텍스트 차원을 확장시키고 매체를 통해 텍스트 개념을 정교하게 만드는 작업을 해나간다면 텍스트를 의미공간에 들어서기 위한 관문으로 이해하는 것을 넘어서서 더욱 괄목할 만한 성과를 이룰 수 있을 것이다. 마지막으로 다음과 같은 의문점들이 더욱 뚜렷하게 부각된다. 텍스트에서 말하는 자는 누구인가? 그는 누구에게 말하며, 무엇에 대해 말하는가? 텍스트에 나타나는 사회적 상황은 어떠한가? 물론 이러한 질문들에 답하기 위해서는 무엇보다도 여타 분과 학문에서 규정하는 텍스트 개념들과 서로 영향을 주고받으면서 텍스트 개념을 다시 축적할 필요가 있을 것이다.[72]

4. 해석적 턴과 개별 학문

하나의 턴이라고 말할 수 있는 것은 턴이 다수의 분과 학문에 안착하여 새로운 방법론의 도입을 촉진시킬 때 비로소 가능하다고 할 수 있다. 어느 정도 종합을 이룬 해석적 턴의 초기 형태와 특징은 논문집 『해석적 턴』[73]에서 찾아볼 수 있다. 이 논문집은 1988년 "해석과 인문학 Interpretation and the Human Sciences"이라는 주제로 산타크루즈 대학에서 개최되었던 하계 세미나의 결과물이다. 클리포드 기어츠도 참여했던 이 세미나에서는 해석에 대한 새로운 관점을 통해 해석, 말하자면 재해석의 동력에 주목했는데, 이 동력은 철학에서부터 시작해 사회과학과 인문학으로, 나아가 자연과학으로까지 퍼져나갔던 바로 그 동력이다. 그 전에 먼저 철학은 수백 년 동안 진행된 '인식론적 턴 epistemological turn'(형이상학에서 지식기반구축으로의 전환) 및 이후 20세기의 '언어적 턴'에서부터 떨어져 나왔다. 왜냐하면 '언어적 턴'에서는 언어 체계를 구조주의에 따른 독자적 체계로 파악한 반면, 인문학에서는 언어를 의사소통이 이루어지는 상호작용으로 따라서 해석을 요구하는 행위로서 보다 깊이 있게 주목했기 때문이다. 하지만 그야말로 해석적 턴이 막강한 효력을 발휘하게 된 것은 이 턴이 자연과학으로 확산되면서 토마스 쿤이 말하듯, 맥락과 무관한 분석 범주와 연구 구상 세트란 없다는 확신과 함께 정점에 이르게 되면서였다. 오히려 자연과학에서 더욱더 해석학적 기반 내지 패러다임 의존성은[74] 불가피하다는 것이다.

그렇다면 해석적 턴이라는 발상을 가지고 구체적으로 어떤 일을 할 수 있을까? 해석적 턴의 응용 가능성은 여러 분과 학문에서 드러난 각각의 사례들을 탐구함으로써 증명된다. 왜냐하면 해석적 턴은 그와 같은 개별 사례들 속에서 자신의 특성을 확연히 구현해 내기 때문이다. 우선 놀라운 점은 해석적 턴이 "텍스트로서의 문화"라는 비유를 통해 '텍스트로서의 스포츠'[75], '텍스트로서의 기술'[76], (문화지리학에서) '텍스트로서의 경관'[77]에서부터 '텍스트로서의 유전학'[78]에 이르기까지 그야말로 거침없이 확산되어 왔다는 사실이다. 해석적 턴은 그 어느 분야에서보다도 문예학, 역사학, 사회학과 정치학에 꾸준히 도입되었다. 예나 지금이나 후속 턴들의 온갖 도전에 맞서면서 개별 분과 학문들의 문화학적 재편성의 기반이 구축되도록 확고한 보호막을 형성한 것은 바로 해석적 턴이다. 오늘날에 와서야 해석적 턴을 정착시킨 몇몇 분과 학문들도 있지만, 그러한 안착이 "텍스트로서의 문화"를 비판하면서 이루어졌다는 사실은 더더욱 놀랄 만한 일이다. 이 분과 학문들은 한편으로는 텍스트성이 사회적 경험 현실과 다시 연결되어야 하며, 다른 한편으로는 해석적 턴이 하나의 의미 체계로 제한받지 않도록 해석학적인 접근이 개방되어야 함을 요구한다. 그렇게 함으로써 모순적인 형세, 담론의 대립, 해석의 갈등과 문화 간 내적 차이들이 시야에 뚜렷하게 포착된다는 것이다.

이와 같은 새로운 초점화는 현대 문화 이론에서야 비로소 관철될 수 있었는데, 이로써 해석적 발상은 인간이 세계를 해석하고 또한 이를 통해 반성적 거리두기를 할 수 있는 안목을 열어준다.[79] 무엇보다도 이러한 안목은 특히 역동적인 행위 체계와 상호작용 체계 속에서 의미에 대한 문제를 직접 해결할 수 있는 가능성도 열어 준다. 이 관점은 이후 수행적 턴에서 계속 전개되지만, 부분적으로는 해석적 턴과 동시에 전개된다. 어쨌든 (낯선 것에 대한) 이해에 직면해 있는 모든 학문들은 해석적 턴에 힘입어 내면으로 향하는 길에 들어서는 것이 아니라, 표현, 묘사, 그리고 상징적 가공이라는 차원을 진지하게 받아들이고, 나아가 이를 연구의 출발점으로 삼게 되었다. 심리학에서 이 해석적 발상은 특별한 도전을 의미하기는 하지만 비교문화심리학 kulturenvergleichende Psychologie은 말할 것도 없고, 해석심리학 interpretative Psychologie[80]에서도 오늘날까지 해석적 턴이 완전히 안착하지는 못했다. 왜냐하면 해석을 방법론의 통제를 받는 학문 방식으로 도입하려는 시도는 여전히 압도적인 경험적 연구 방법론에 못 미치는 것 같기 때문이다.[81] 그러므로 심리학의 경우를 보더라도 하나의 턴은 그에 상응하는 방법론이 제대로 구축되었을 때에야 비로소 하나의 학문 분과로 진입한다는 사실이 재차 명백해진다.

해석적 턴이 문화적 턴 자체와 동일시된다 할지라도, 더욱 의도적으로 해석적 방법들과 연계시키려는 시도 역시 존재한다. 그중에서도 "중층기술" 방식은 하나의 매력적인 방법론적 동력이라고 할 수 있다. 예컨대 비르깃 그리젝케 Birgit Griesecke는 "중층기술" 방법을 일본학에 아주 생산적으로 적용한 바 있다. 여기서 그녀는 "중층기술", 곧 "(민속지학적) 기술이 운신하는 틀, 근본적으로 고정되어 있지 않은 틀"[82]을 이용해 허구의 세계를 비유화하고 허용한다. 비유를 펼치고 에세이식으로 기술하며 유연하게 교차 연결시키는 "중층기술"은 일본을 "새롭게 기술"할 수 있는 자극제가 된다. 즉, 무엇보다도 수치심 문화, 극장국가, 그리고 "래핑 문화(포장 문화) wrapping culture"를 특색으로 하는 일본을 허구화하고 "고안"한다는 관점이다. 이를 통해 예컨대 "래핑 문화"라는 영역에서 일본의 감추기 문화가 안고 있는 의미의 복합성을 놀라울 정도로 통찰할 수 있게 되고, 나아가 "언어적 래핑 linguistic wrapping"과 심지어 "이념의 옷"[83]을 입힘으로써 학문-민속지학적 이론과 조사결과들을 포장하는 경향으로까지 나아간다. 거기에다가 "중층기술"의 어마어마한 잠재력은 문화들을 서로 비교하는 과정에서도 드러난다. "이는 물론 다음과 같은 전제가 필요하다. 비교의 주요 관심사는 [몇몇 일본 담론의 경향들이 그러하듯 – 바흐만 메딕] 국지적으로 관찰되는 현상들을 조밀하게 채워 넣어 문화 내부의 응집성을 억지로 내보이려는 것이 아니라, 그러한 현상들을 상호 문화적이면서도 서로 교차하는 연결고리로 압축하려는 것이다. 이로써 정체성과 차이의 놀이가 시작되고, 중층기술이 성공적으로 이루어지면, 이 놀이에 참여한 문화의 여러 면모들은 그 어떤 것도 변화를 겪지 않을 수 없게 된다."[84] 이처럼 문화들을 포괄하면서 비교학적인 잠재력을 갖고 있는 "중층기술"의 지속적인 발전은 중요하리라고 본다. 이를 위한 기초작업이 아래에서 다루게 될 각 분과 학문들의 시각에 따라 다음과 같이 마련되었다.

문예학에서는 기어츠와 "신문헌학 New Philology"과의 연관성이 특히 강력한 영향을 끼쳤다. 기어츠는 문예학에서의 '인류학적(인간학적) 전환 anthropologische Wende'[85], 또는 '문학적 인류학(인간학) Literarische Anthropologie'이라는 연구 방향을 세울 수 있도록 자극을 주었으며, 이 연구들은 처음부터 상호 문화적 연결 가능성을 발견하기 위한 접합지점들을 찾는 데 주력하였다. 이러한 지평과 함께 문예학에서 텍스트 개념은 이전까지 결코 본 적이 없을 만큼 엄청나게 확장되어, 열린 텍스트 offene Texte, 겹겹이 쌓아 올려 중첩된 텍스트로까지 확장되었다. 이는 문헌학 전체가 문화학에 개방되도록 만들었으며, 문헌학이 "텍스트"의 다양한 상호 문화적 이해 방식도 수용하도록 만들었다. 이와 같은 "열린 텍스트"의 지평은 특히 중세 문학을 "고정되지 않은 텍스트"[86]로 연구하는 성과를 거두었다. 하지만 다른 맥락들을 살펴보면 텍스트는 상징적 구조물로 이해되기도 하는데, 즉 줄거리에 의미를 부여하고 그 자체로 해석 효과를 일으키면서 사회적인 자기 해석(물론 이것은 작가의 의도에 따라 결정된 의미로 다시 되돌아가겠다는 뜻은 아니다)에 참여하는 구조물이다. "문화를 텍스트로" 이해한다는 것은 문학이 갖고 있는 문화적 기능, 곧 현실 창조적인 (형식의 생산뿐만 아니라) 의미 생산 매체로서의 가치도 높이 평가한다는 것을 의미한다.[87] 여기에서 텍스트들은 단순히 해석의 대상에 머물러 있지 않으며, 텍스트 자체가 문화적 자기 해석의 매체가 되며 행위 지향적 구상이 문화적으로 형성되기 위한 매체가 된다. 특히 호르스트 터크 Horst Turk가 시도한 바와 같이, 문학 텍스트에서도 단지 "의미 구성"[88]의 차원만이 아닌, "실천 구성의 차원"을 보다 더 강력하게 조명하려는 시도가 나타나고 있다.

비슷한 방향의 연구가 클리포드 기어츠와 연관되어 심지어 신학 텍스트에서도 나타나고 있다.[89] 해석적 턴을 전적으로 수용하면서 신학에서는 신약성서 주해도 "중층기술"로, 즉 문학 텍스트에 대해 요구하듯 "다양한 방법"[90]을 강력히 요구하는 민속지학적 기술의 압축된 형식으로 읽는다. 여기에서도 단 하나의 텍스트 의미만을 찾는 것이 아니라, 텍스트 자체 내에 들어있는 다층적인 '자기 해석'을 찾는다고 할 수 있다. 필리스 골페인 Phyllis Gorfain은 햄릿을 해석하면서 이와 같은 방식을 하나의 본보기로 제시하였다. 그녀는 드라마 『햄릿』 안에 들어 있는 공연 장면, 곧 "연극 속의 연극"을 종결되지 않은 성찰 및 해석 과정 속에서 드라마의 줄거리가 해설되는 일종의 드라마의 자기 해석으로 풀어낸다.[91] 이렇게 하면 그 작품 본래의 의미가 드러나는 것이 아니라, 의미 구성을 위한 과정 그 자체가 부각된다. 그러므로 텍스트 개념은 의미들을 생산하는 과정이 멈추지 않는다는 점에서, 그리고 당연한 말이겠지만 이 의미 생산 과정이 서로 다른 문화적 시각으로 인해 계속해서 풍요로워질 수 있다는 점에서 열려 있는 것이다. 민속학자인 로라 보하넌 Laura Bohannan이 쓴 「덤불숲의 햄릿」[92]이라는 제목의 논문에서도 이에 대한 여러 명쾌한 시사점을 던져 주고 있다.

가브리엘레 브란트슈테터 Gabriele Brandstetter 역시 고트프리트 켈러 Gottfried Keller[93]의 노벨레 『베를로켄 Die Berlocken』[94]을 해석하면서 텍스트들의 자기 해석을 주장하는 기어츠의 발자취를 따라간다. 이 소설 자체 안에 식민지 담론이 안고 있는 긴장 영역에 대한 해석의 지평들이 들어 있다. 말하자면 유럽 태생과 비유럽 태생 주인공들의 만남은 식민지 정복의 모습으로 형상화되지만, 서로의 문화가 교류되면서 낯설게 되어 되돌아오는 자기 문화 기호들을 재획득하는 모습으로도 형상화된다. 문화는 행위들이 끊임없이 기호로 번역되는 하나의 세계이다. 따라서 아마도 문화 분석의 최대 도전은 바로 이 기호들이기도 하며, 다양한 재현 체계의 맥락에서 생겨나는 기호들의 타자성이다. 해석에 힘입어 문학적 또는 문화적 의미들의 발자취를 좇는 온갖 시도들에도 불구하고 기호의 낯선 타자성은 그대로 보존되는데, 그래도 생산적으로 보존된다는 것이 바로 해석적 턴의 통찰이다. 그것이 아무리 타자화를 인식하기 위한 동인으로서만 남는다고 해도 말이다.

그러므로 해석적 문화인류학에서 중요한 것은 타자성에 관여함으로써 문학이나 이야기, 드라마 등에 직접 드러나거나 아니면 사회 현상들을 연구할 때 한 (낯선) 사회의 구성원들 스스로에 의해 표시된 해석 지평을 찾는 일이다. 그러므로 최종적으로 중요한 관건은 해석의 심급과 해석의 권위의 무게중심을 옮기는 것이다. 이러한 의미에서 문학 텍스트는 문학의 "중층기술"을 통해 민속지학적 기술과 문화해석의 압축된 형식들을 직접 포함하고 있는 매체로 파악될 수 있다. 이 압축된 형식들은 각각의 문화를 그 고유한 개념과 자기 해석을 위한 자기만의 고유한 용어로 표현한다. 예를 들어 각각의 문화에 따라 개인, 감정, 신분의 위계질서를 다르게 이해하면서 "문화 텍스트로서의 문학 Literatur als Text der Kultur"[95] 혹은 좀 더 실천적으로 표현하자면, "사회적인 것의 직조로서의 문화 Kultur als Textur des Sozialen"[96]가 표현되는 것이다. 이로써 의미가 강조되는 '해석적 턴'의 문화이해는 문학이 민속학이 되어가고 있는 현상에서 가시화된다. 이러한 초점 이동은 문화학으로서의 문예학 논의를 문학적인 문화기술의 사례들을 통해 구체화시키기도 했지만, 이 논의는 지금까지도 너무 지나치게 항상 주제에만 천착하면서 문학 분석을 위한 새롭고 특이한 연구 대상을 찾는 쪽으로 진행되었다.[97]

또 다른 전개의 흐름을 언급한다면, 맥락화하는 의미 분석을 넘어 오히려 "문화적인 텍스트들"의 네트워크화에 관심을 두는 연구이다. 이는 '신역사주의 New Historicism' 관점의 "문화시학 Kulturpoetik"을 가리키는 것으로, 누구보다도 스티븐 그린블래트 Stephen Greenblatt의 발상에서 촉발되었다.[98] "문화시학"은 해석적 턴에서 유래되었으나 텍스트 이해를 (유럽적인) 예술 형식의 함축적 의미로부터 독립시킴으로써 해석적 턴이 요구하는 텍스트 이해를 대중화시켰다고 할 수 있다. 문화시학이 말하고 있는 것은 "텍스트로서의 문화"가 아닌 "문화적인 텍스트"이다. 주목할 점은 예술작품과 문학 텍스트가 다른 "문화적인 텍스트"와 긴밀하게 상호작용하면서 더 이상 특권을 누릴 수 없게 되었다는 분명한 사실이다. 하지만 그러면서도 해석적 턴의 의미를 충실히 반영한다면, 문화적인 영역은 예술과 문학에서부터 실천, 제의, 사회적 관계 등으로 확장된다. 이렇게 넓은 의미로 파악되는 "문화적인 텍스트"는 텍스트들 간에 이루어지는 상호 교류 관계라는 점에서 이 텍스트가 나타내는 효력을 통해 파악된다. 이는 역사학에서 한스 메딕 Hans Medick의 경우처럼, 인식의 가능성을 확장시키려는 목적으로, 다양한 사료들이 의도적으로 교류 내지는 상호 관계를 맺었다고 보는[99] 미시사학의 발상과 비슷하다. 이 경우에도 해석적 턴은 결정적인 역할을 했다. 말하자면 심성적이고 의도를 갖는 의미 부여에서부터 실천적 경험들의 네트워크 내에 텍스트들이 위치하는 것으로 텍스트의 의미가 확장된 것이다. 이 실천적 경험들을 이루는 요소는 바로 텍스트들로서 전통적인 텍스트 개념처럼 콘텍스트로서만 텍스트에 관련되는 것이 더 이상 아닌 것이다.[100] 문화는 상호 교류하는 (문화적인) 텍스트들의 배열로 나타난다. 따라서 셰익스피어의 드라마를 신대륙의 식민지에서 작성된 보고서라든지 또는 악마를 내쫓기 위한 종교 책자로 연관시킬 수 있는 것이다. 바로 이 지점에서 전체를 지향하는 "텍스트로서의 문화"라는 표상은 더 이상 주목을 받지 못하고, 감정을 모델화하고 행위의 방향을 제시하는 "문화적인 텍스트"의 역동성이 더욱 부각되는 것이다.

'신역사주의 New Historicism'로 인해 텍스트와 해석의 탈중심화가 이루어진다. 이를 위해 결정적으로 중요한 것은 다른 텍스트와의 교류가 이루어질 수 있고, 동시에 물질세계와도 연결될 수 있는 지점인 텍스트의 경계 지점까지 끌고 가는 추동력이다. 기어츠의 구심적인 해석방식이 의미의 중심부를 찾으면서 핵심이 될 만한 텍스트에서 문화의 어떤 "내적 본질"을 이해하려는 본질주의적 시도를 하는 반면,[101] 신역사주의는 텍스트의 주변성과 모순 가능성을 재평가한다. 그러니까 신역사주의에서는 교류 관계나 혼합, 협상, 즉 문화학이 계속 논의되는 과정에서 비로소 더욱 분명하게 전면으로 드러나게 되는 범주들이 재평가되는 것이다.

해석적 턴이 문화 이론 차원에서는 예컨대 미하엘 바흐친처럼 상이성 Alterität과 "타자화 Othering"라는 범주를 해석 과정에 도입할 정도만큼 미치지는 못했다는 주장은 사실이다.[102] 마찬가지로 대화 모델과 다성(多聲)적 경험 모델(다의성, 다성적 특성)들도 부각되지 못했다. 그렇기 때문에 해석을 상호 문화적 교류를 실천하기 위해 필요할 수도 있는 행위 형식으로 완성할 기회를 놓친 것이다. 그러나 "중층기술"의 측면에서 보면 어쨌든 차이를 둔 문화 분석의 길이 열렸다고 볼 수 있다. 결과적으로 해석적 턴을 통해서는 문화 해석에 대한 보편적인 이론도, 일반화를 겨냥한 그 어떤 이론도 구축되지 못한다. 오히려 해석에 열려있는 "개별 사례 내에서의 일반화"[103]가 가능해진다. 그러니까 문화 분석과 구체적인 개별 사례들의 긴밀한 연결, 더 나아가 미시적인 연구 방식이 요구되는 것이다. 마찬가지로 오래전부터 당연시해왔던 사회 연구의 주도적 개념들, 예컨대 '근대화', '산업화', '통합', '글로벌화'와 같은 개념들에 의존하여 어떤 문화 또는 문화적 현상을 분석한다는 것은 점점 더 문제적이라고 볼 수 있다. 그것보다 좀 더 생산적인 것은 각각의 사례들을 경험적으로 관찰하고 동시에 그 관찰한 것들에 대해 해석하며 '깊이 파내는 방식'을 척도로 삼아 그러한 일반화를 끊임없이 재평가하는 방식일 것이다. 그렇지만 개별 사례들로부터 시작해 일반화로 나아가려고 한다면, 개별 연구들과 그것들을 포괄하는 맥락이 어떤 관련을 맺고 있는지에 대해서도 끊임없이 숙고해 보아야 할 것이다. 여기에서 학술 연구에 관한 다음과 같은 질문이 제기될 수 있다. 각각의 연구는 어떤 맥락을 다루고 있는가? 범위가 어떻게 설정되어 있는가? 어떤 제한을 두고 있는가? 어떤 단위들을 기초로 하는가? 어떤 방식으로 문화 분석의 맥락이 만들어지는가? 중심적인 분석 개념들은 무엇인가? 이 개념들은 학문적 전통을 따르는 개념인가, 아니면 연구 "대상들"의 "토착적" 개념들을 향해 개방되어 있는 개념인가? 표현수사 Darstellungsrhetorik의 특징은 무엇인가?

역사학은 1970년대에 이르러 대주제와 선형적인 "거대 담론"으로부터 등을 돌리고, 그 대신 다층적인 배열들, 동시적인 역사적 의미 및 사건(다발)을 조명하기 시작한 이후에야 위와 같은 질문들을 던진다. 비판적 시각을 가지고 이렇게 해석적 턴으로 진입하는 궤도 수정은 일찍이 로버트 단톤 Robert Darnton이 쓴 역사–인류학 분야의 논문에서 나타난다. 클리포드 기어츠와 공동으로 주최한 한 세미나로부터 촉발된 그의 논문은 민속학의 입장에서 18세기 프랑스의 심성사와 문화사의 개별 사례 연구를 다루고 있다.[104] 이 논문이 새롭다는 것은 낯선 문화를 드러내는 것처럼 "낯선 의미 체계를 드러내고"[105] 있기 때문이다. 예를 들면, 고양이 대학살 Katzenmassaker[106]같은 사건은 고양이 학살이라는 제의에 담겨 있는 다층성을 인정하면서 수공업 노동자들의 문화 내부에서는 하나의 이질적인 사건이라는 해석에 무게를 두는 것이다.

그런데 심성사로서의 역사 기술이 양적으로 과도해졌다는 점에 맞서 사회적 상호작용의 상징적인 요소가 다시 힘을 얻게 되었다.[107] 이 방식의 주요 방법론은 역사적 주체들의 위치와 시각을 가능한 한 폭넓게 수용하고 역사적 사료에서 불가사의한 곳이 눈에 띄면 그 지점에서부터 해석을 시작하려고 시도하는 것이다.[108]

그러나 역사학 분야에서 해석적 턴의 구상이 가장 광범위하게 실현된 것은 한스 메딕[109], 린 헌트 Lynn Hunt, 윌리암 세웰 William Sewell Jr.[110]의 연구와 이후 해석적 턴의 조류 속에서 창간된 학술지 〈역사학적 인류학. 문화 – 사회 – 일상〉[111]에서 수행된 개별 사례 연구들이다. 여기에서 보다 면밀히 주목받는 점은 의미 및 텍스트 차원으로서, 이는 주체들의 지각 내용, 의미 창출, 자기 해석이 적어도 그들이 처한 사회경제적 상황 또는 그들의 신분이나 계층 혹은 계급만큼이나 중요한 역사적 "사실들"이라는 점을 한층 강하게 지시한다.[112] 역사학에서 해석적 턴은 특히 "언제나 의미들, 의미 부여의 방식들과 상징적 차원들에 대한 질문이기도 한 '어떻게'라는 방법에 대한 질문"[113]에서 뚜렷이 드러난다. 이 질문은 역사학 내에서 이론이 연쇄적으로 전개되는 결과를 가져온다. 다시 말해, 사회사는 문화사로 변모되며, 무엇보다도 일상사와 미시사, 그리고 역사인류학이 태동하게 된다. 이러한 전개는 의도적으로 역사적 주체들의 자기 증언에서 시작되어 문화적 자기 해석의 차원과 역사 속에서의 주체적인 경험의 차원으로 이어진다.[114] 물론 여기에서는 기어츠를 넘어서 분명 문화적 의미들이 사회적 긴장과 모순들로 각인된 역사적 상황 속에서 사회적으로 생성되고 변모된다는 점을 추적한다. 글로벌화 과정을 볼 때, 이러한 발상에서 요구되는 것은 이론적 기반을 둔 지역사와 미시사[115]의 해석적 발상이라는 방법론을 훨씬 더 강하게 부각시키거나 심지어 수정하는 것이다. 물론 이러한 지역사 및 미시사는 오늘날 글로벌 역사라는 거시적 과정과의 긴장 관계에 다시금 내몰릴 수밖에 없지만 말이다.

이렇게 역사학에서와 같이 텍스트를 진지하게 수용하는 예들이 바로 텍스트학 차원에서 진행되고 있는 양성 연구이다. 이 사례들은 예컨대 『텍스트와 성. 초기 근세 혼인문서에 나타난 남자와 여자』[116]라는 논문집에 수록되어 있다. 이에 따르면, 텍스트(설교문, 논박문, 군주의 교육서 등)와 양성 관계의 연관성은, 가령 언어로 지칭된 성역할의 의미가 현실에서 도출되어야 한다거나 남자/여자라는 기호에 현실 세계의 어떤 지시자가 일치한다는 것으로 만들어지는 것이 아니다. 오히려 양성 연구는 이러한 언어적 명명에는 언제나 의미 부여가 이미 결합되어 있다고 확신한다. 즉, 현실은 담론에 의해 생산된다는 전략이다. 말하자면 언어와 텍스트가 세세한 부분에 이르기까지 양성의 현실을 가장 먼저 기획하고 창조하는 것이지, 그 반대가 아니라는 것이다. 여기에서 암시적으로만 나타나는 "성의 '텍스트성'"[117]의 역사적 가시화는 언어의 모사 기능에 성급하게 매몰되지 말라고 경고한다. 그 대신 상징적인 기획역량을 갖고 있는 언어와 텍스트가 어떻게 현실을 그 무엇보다 먼저 생산하고 구성하는가에 주목하라고 한다.

기호와 의미를 생성하는 체계인 언어에 의존하고 있는 세계가 의미와 더불어 구축되어 있다는 사실은 다음과 같은 해석적 사회학 Interpretative Soziologie의 견해이기도 하다. "사회적 행위를 기술해낸다는 것은 행위자들이 사회적 세계의 구성과 재구성을 위해 직접 사용하고 있는 의미의 틀을 뚫고 들어가야 한다는 해석학적 과제를 따르는 것이다."[118] 그렇다면 예컨대 사회기관들 역시 고정된 의미 심급의 관점하에서 해석될 수 있을 것이다. 앤서니 기든스는 해석적 사회학이라는 학파를 개괄하면서 어떻게 해석 이전의 세계가 사회학의 대상이 되었는지를 보여주고 있다. 그 사회학은 철학적 관념론과 연결되어 있어 실천 연관이 부족하기도 하며 물질적 행위 조건과 권력이라는 전제조건을 무시하는 그런 사회학이었다. 그런데 여기에서도 해석적 턴은 완전히 새로운 턴으로 드러나지 않는다. 그것은 현존하거나 아니면 단절된 전통의 흐름과 여러 학파들과의 연계선상에서 발전된 것이다.

상당히 늦은 감이 있기는 하지만, 1990년대 들어서면서 비로소 정치학에서도 문화학적 턴이 안착된다. 이제 "문화"에 새로운 범주로서 "사회"라는 범주가 합세하게 된다. 상징, 언어, 제의에 의한 행위자들의 문화 코드, 해석, 설명들은 각 행위들의 특징으로 인식되며, 이러한 특징은 정치의 장에 스며들게 된다. 여기서 정치학은 자기 내부의 선각자들의 입장과 맞닿아 있다. 예를 들면 에릭 뵈겔린 Eric Voegelin과 이해의 방법론과 자기 해석의 도입으로 분석이 가능해진다는 사회의 자기 해석에 대한 그의 입장과 연결된다. 특히 학제 간의 연결 가능성이라는 점에서 경제 분석을 위해 문화와 해석적 발상이 중요하다는 통찰은 주목할 만하며, 이는 게임 이론과 합리적-선택-구상들 Rational-Choice-Konzeptionen로 확장되기도 한다.[119] 정치학에서는 정말 이르게 "국제 관계"의 장에서도 "국제 관계의 텍스트 정치"[120]라는 아이디어가 발견된다. 이 말은 담론과 텍스트 구성에 대한 문제 그리고 이와 함께 의미의 생산 역시 국제 관계 속에서 새롭게 보이게 된다는 뜻이다. 국제정치의 재현과 텍스트에 의한 전달(수사학, 내러티브, 역사적으로 특수한 해석문서들의 문제)을 우선시하는 텍스트에 민감한 정치이해가 발생한다. 예를 들어, 특히 낯선 위협을 통제하는 미국의 경우처럼, 권위 및 통제 담론을 재현하는 안전 문제가 거론될 수 있겠다. 갈등 연구, 안전 정책, 전쟁 정책 영역에서 주로 사용하는 재현 형식인 스포츠 비유 역시 이러한 맥락에서 하나의 예가 된다.[121] 정치학에서 나타나는 문화적 턴들에 대한 다양한 발상들은 역으로 문화학을 부각시키는 데에 중요해진다. 왜냐하면 이 발상들은 문화학적 분석이 이제까지보다 더욱 강력하게 사회적 과정, 행위자, 이해관계, 결정들과 교차되도록 기여할 수 있기 때문이다.[122] 이로써 텍스트 개념의 과잉에서 빚어진 문화주의라는 위험은 저지될 수 있을 것이다.

5. 해석적 턴에서 "문화 비평"으로

"현대의 '해석적 인류학'을 정치와 역사에 보다 민감한 '비평적 인류학'으로 몰고 가기"[123]. 이 강령으로 민속학자인 조지 마커스 George Marcus와 마이클 피셔 Michael Fischer는 해석적 턴을 '문화비평 Cultural Critique'으로 부각시키고자 했다.[124] 이렇게 문화비평에 강조점을 두는 것은 민속학이 비판적이고 자기성찰적인 "이방학 Fremdheitswissenschaft"으로서 체계적으로 재규정되는 것을 더욱 첨예화하는 것이다. 민속학은 더 이상 단순히 '지역학 Area Studies'으로 제한되지 않고 다른 문화학 분야들도 해석을 향해 새롭게 방향을 정할 수 있도록 동기를 부여한다. 특히 '낯설게 하기 das Fremdmachen'를 실천하는 것이 바로 그것이다. '낯설게 하기'는 새로운 인식 수단이자 문화비평을 위한 매체로 이용되어야 한다는 것이다. '해석적 문화인류학'은 바로 어떻게 개별 학문들이 해석적 턴을 통해 "문화비평"[125]이라는 학제 간 영역으로 들어갈 수 있는지 먼저 시범을 보여주었다. 여기에 미국의 '실용주의'와 라이오널 트릴링 Lionel Trilling 같은 학자의 문학 이론과 연결되면서 하나의 성찰 영역이 열리게 된다. 이 영역은 자기 문화를 이방 문화로 만들면서 도덕적 문화비평을 가능하게 만들고, 학문적 관점을 도덕과 정치의 비판적인 사안에 연결시킬 수 있는 능력을 요구한다. "스스로 해석주의자라고 선언하면서 그렇게 스스로를 이해하고 있는 우리들은 고정된 프레임을 갖고 있는 '학문 방법론'의 좁아진 범위를 넘어서는 작업에 관심이 있었다. 그것은 도덕, 정치 그리고 종교적인 관심사와 관련된 작업이었다."[126] 물론 이러한 "문화비평"의 출발은 담론이 갈라질 때와 똑같이 후기구조주의와 해체주의의 영향을 받으면서 비로소 더욱 분명하게 권력관계에 초점을 맞추게 되었고, 정치적으로도 첨예화되었다. 그러면서 재현시스템의 권력이 어떻게 인간의 행위에 각인되고 상징 질서를 만들어내는가라는 질문을 피할 수 없게 되었다.[127]

이런 맥락에서 이들은 문화비평을 촉진하기 위해 특별히 두 가지 기법을 제안한다. 주목할 것은, 이 기법이란 마커스와 피셔가 이에 대해서 역설한 이후 하나의 지침처럼 다른 모든 문화학에서도 논의의 방향을 바꾸고 있는 "기법 Techniken"[128]이라는 점이다. 그중 하나는 "인식론적 비평에 의한 낯설게 하기 defamiliarization[129] by epistemological critique"[130] 기법으로 가히 획기적이다. 이 기법은 타자 경험을 논할 때 '주변부'에서 얻은 통찰을 통해 자신의 유럽적 사고와 개념의 틀을 비판하고, 공리주의적이고 유물론적인 사고의 전제(예컨대, 마샬 살린스 Marshall Sahlins의 『문화와 실천이성』(1976)[131])를 비판하거나 또는 서구적 개인관의 수정으로 방향을 바꾸도록 촉구한다. 이러한 자기개념화에 대해 반성적으로 성찰하는 기법 외에 또 다른 기법으로 "비교문화적 대조에 의한 낯설게 하기 defamiliarization by cross-cultural juxtaposition"[132]가 구체적인 문화적 현상들을 자기비판적으로 대조하면서 병치할 수 있게 해준다. 물론 여기에 전제가 되어야 하는 것은 학술 연구에서도 자기 문화를 먼저 내세우는 태도에 대한 민속지학적 시각이다. 마커스와 피셔는 이에 대한 오래된 예가 바로 마르셀 모스 Marcel Mauss의 고전인 『증여론 Die Gabe』이라고 한다. "이 책은 프랑스(그리고 자본주의자)에서 정치-경제를 도덕적으로 다시 조직하는 일에 관한 질문들을 제기하기 위해 비교 사례들을 사용하고 있다."[133] 물론 이러한 '낯설게 하기'의 요구를 통해 기어츠의 "해석적 문화인류학"의 도덕화 경향이 아주 첨예해지고 또한 정치화되어 이를 계승하는 문화학 연구에 있어서 규범적인 증후가 뚜렷하게 나타나게 된 것은 사실이다. 이러한 규범에 대한 요구는 오늘날까지도 문화학에 고착되어 있다. 그러나 동시에 '해석적 턴' 영역에서 문화 비교의 기본적인 실천이 시작되었음을 발견하게 된다. 앞으로의 문화학 연구는 글로벌화된 세계를 올바르게 평가하기 위해 이러한 실천을 점점 더 강력하게 필요로 할 것이다.

해석적 턴은 "문화비평"이라는 새로운 길을 열어 일찍이 사회과학에서 통용되었던 유럽적인 연구 대상과 유럽 중심의 범주를 이미 넘어섰다. 어쨌든 마커스와 피셔의 연구는 그러하다. 그러나 기어츠 역시 유럽 밖에서 터져 나오는 "탈지역화 Entprovinzialisierung"를 향한 이러한 상호 문화적 확장에 대해 '해석적 사회 연구 Interpretative Sozialforschung' "학파"를 종합적으로 회고하는 서문에서 다음과 같이 이미 그 단초를 어느 정도는 제시한 바 있다. "사회과학은 우리가 원하기도 하고 혹은 적절하다고 생각하듯이 의심의 여지 없이 아직도 대단히 유럽적이고 미국적인 기획이다. 그것은 서구적이고 계몽주의적이고 또한 많은 이들이 주장하는 대로 식민적인 사고방식에서 나왔고 또한 거기에 위치하고 있다. 그렇기 때문에 우리는 탈지역화를 위해 아시아와 아프리카, 라틴아메리카, 어쨌든 서구가 아닌 지역의 목소리를 논의에 끌어들이려고 분명하게 시도했다."[134] 하지만 이러한 의도는 "회상적인 서문"에서나 표명되고 있으며, 이러한 서문이란 "제2의 관점 second look"의 경우와 비슷하게 이상화하는 경향이 있기 마련이다. 이미 그 씨앗을 잉태했지만 여러 턴들이 일어나는 초기에는 뚜렷하게 드러나거나 심지어는 실제로 발달된 모습으로 나타나지 않던 것이 나중에 가서야 준비되어 나타나는 일이 종종 있는 것이다.

어쨌든 전체적으로 개관할 때 분명해지는 점은 문화학 전반의 연구 대상과 방법론이 새롭게 규정될 수 있었던 것은 '해석적 턴'을 통해 비로소 가능했다는 것이다. 그리하여 흥미로운 역설이 생겨난다. 한편으로는 해석적 턴으로 인해 사회과학과 자연과학 간의 경계 허물기가 장려되어 현재 이루어지고 있는 문화학과 자연과학 간의 새로운 접근이 가능하게 되었다. 그 무엇보다도 뇌 연구에서 그 징후가 뚜렷하다. 하지만 다른 한편으로는 해석적 턴이 아무리 경계 허물기를 한다 해도 사회과학 및 문화학의 개념 체계가 자연과학의 개념 체계와 여전히 분리된 채로 남게 했다는 점이다. 왜냐하면 사회과학 및 문화학의 인식이 갖고 있는 가치, 판단과 주체, 무의식적인 것 그리고 역사에 대한 의존성은 인식을 위해 반드시 필요한 전제이므로 이를 간직하는 것이 중요하기 때문이다. 이로써 사회과학 및 문화학은 인식 태도 및 연구 대상으로서 문화적인 것이 특별하다는 점을 드러내었다. 하지만 동시에 문화적인 것의 해석은 문화적 자기 해석이라는 "해석적 순환 Interpretationszirkel"속에 포함되어 있다. "우리가 문화의 세계를 이해하려고 할 때 다루는 것은 여러 해석들과 해석들의 해석들이다."[135]

이러한 해석의 순환은, 대상이 단지 해석의 작용으로만 나타날 때, 그리고 언어와 텍스트 해석을 넘어서서도 뭔가가 있지는 않은지 물어보는 한에서 해석적 보편주의로 이어진다.[136] 하지만 민속학 및 학문적 기술 역시 모두 해석들의 해석으로 본다면, 여기에서 민속학적 글쓰기의 자기성찰(성찰적 턴)로 가는 길은 더 이상 멀리 있지 않다. 그러므로 다시 '해석적 턴'의 길은 갈리게 된다. 한쪽으로는 학술적 글쓰기의 실천, 텍스트 구조 그리고 재현의 차원에서 텍스트성의 범주가 확장되는 길로 나아가고, 다른 한쪽은 수행적이고 실천에 더욱 가까운 역동화의 길로 나아가는 것이다.

'해석적 턴' 자체를 본다면 경계를 뛰어넘으며 문화학의 논의를 가속화시켰고 관통해간 것이 사실이다. 하지만 더욱 놀라운 것은 그와 함께 바로 '해석'이라는 개념이 주도적인 개념이 되지 않았다는 점이다. 그와 반대로 훨씬 더 파급력 있게 성공한 개념은 '텍스트'와 '텍스트성'이라는 핵심 개념이다. 그 무엇보다도 흥미로운 것은 해석적 턴이 오로지 해석적 추진력만 갖고 있다면 해석학의 편협함에 머물게 되었으리라는 견해이다. '텍스트적 턴 textual turn'이 되어야 비로소 해석적 턴은 여러 턴들 속에서 오늘날까지도 그 유효성이 지속될 것이다. 왜냐하면 텍스트 범주를 실천적 관계와 매체 맥락 안으로 가져올 때 비로소 해석적 턴은 계속해서 살아남을 수 있기 때문이다.[137] 어쨌든 문화적 대상들의 맥락을 안전하게 지켜주는 것이 바로 텍스트 개념이라는 모리츠 바슬러 Moritz Baßler의 통찰은 입증되었다. 그렇기에 새로운 시각으로 "텍스트성이라는 정리(定理)를 다시 한번 확인하고 이를 통해 미래의 문화학 연구에 굳건한 토대를 마련할 수 있으리라는 희망으로 이론적으로, 방법론적으로 가능한 한 멀리까지 가보자"[138]는 바슬러의 제안은 흥미롭다고 할 것이다.

(번역: 서송석, 서유정)

1장 요약

'해석적 턴'은 언어적 턴 이후 '문화적 턴'이라는 거대서사를 와해시키면서 나타난 문화학의 여러 턴들 중 첫 번째 턴이다. 이는 언어적 턴의 변형으로서 '문화' 개념의 전방위적 확산을 초래하게 된다. 해석적 턴은 1970년대 초 미국의 문화인류학에서 시작되어 문화 개념에 대한 근본적인 성찰을 시작한 클리포드 기어츠의 해석적 문화인류학을 통해 발전하게 된다. 해석적 턴의 결정적인 동인은 문화를 직조에 비유한 '텍스트로서의 문화'라는 확장된 텍스트 개념이다. 모든 문화는 사회적 맥락에서 기호화된 텍스트로서 읽히고 해석될 수 있게 된다. 또한 낯선 것, 타자성이라는 범주 역시 해석적 턴에서 중요한 화두가 된다. 상호 문화적 시각으로 자기를 이해할 뿐만 아니라 낯선 타자(문화)를 경험하고 '이해'하는 문제에 새롭게 초점이 맞춰진다. 이를 통해 특히 민속학 및 민속지학이 부상하게 된다. 나아가 타자를 이해하는 문제는 '의미'의 문제로 이어진다. 중요한 것은 문화 분석이 아니라 문화를 의미 관계로 규명하는 것으로 문화적 행위의 사건적 특성이 아니라 의미 내용이 중요해진다. 이해와 의미의 문제는 주관적, 내면적, 정신적인 영역에서 문화와 기호라는 공적 영역으로 옮겨진다. 문화와 사회는 표현의 차원을 거쳐 비로소 의미 연결망을 통해 이해할 수 있게 된다. 모든 사회는 예술, 연극, 제의와 같은 특정한 표현 방식을 통해서 이미 스스로를 해석하고 있기 때문에 이러한 공공 표현 영역들을 통해서 문화의 의미에 접근할 수 있게 된다. 이러한 자기 이해 및 타자 이해를 위해 해석적 턴에서 구체적으로 정립된 방법은 제유적 방식, 맥락화, 중층기술 방식이다.

한편, 해석적 턴은 민속지학적 권위에 따른 과도한 의미해석이라는 점에서, 그리고 여전히 전체론적인 문화 개념을 토대로 한다는 점, 또한 문화 중에서 텍스트로 전환되지 못한 물질적인 부분들을 도외시한다는 점에서 비판을 받기도 한다. 이를 극복하기 위해서는 텍스트 차원을 확장시키고 매체를 통해 텍스트 개념을 보다 정교하게 만들고, 문화주의라는 비판을 넘어 실천 이론으로 완성되고 확장될 필요가 있다.

나아가 해석적 인류학은 비판적이고 자기성찰적인 '이방학'이 되면서 '비평적 인류학'으로 전개된다. 여기에서 중요한 것은 '낯설게 하기'로서 인식론적 비평을 통해 그리고 비교문화적 대조를 통해 자기를 낯설게 하면서 이해와 해석의 차원을 확장시킨다.

이렇듯 해석적 턴은 경계를 뛰어넘으면서 문화학의 논의를 가속화시키고, '해석'이라는 개념에 머물지 않고 '텍스트'와 '텍스트성'이라는 핵심 개념으로 더 큰 파급력을 갖게 되었다. 그러나 '텍스트적 턴'으로서의 해석적 턴이 텍스트 범주를 실천적 관계와 매체 맥락 안으로 가져올 때 비로소 문화학의 장에서 살아남을 수 있을 것이다.

(요약: 서유정)

미주

1 문화인류학의 다양한 방향의 변화와 그것이 턴들을 생성한 내용에 대해서는 Doris Bachmann-Medick: Kulturanthropologie, in: Ansgar Nünning/Vera Nünning (Hg.): Einführung in die Kulturwissenschaften. Theoretische Grundlagen – Ansätze – Perspektiven. Stuttgart, Weimar 2008, 86–107쪽도 참조할 것.

2 클리포드 기어츠(1926–2006)를 많은 이들은 문화학의 "교부"라고도 부른다(예를 들면 Gerhart von Graevenitz: Literaturwissenschaft und Kulturwissenschaften. Eine Erwiderung,(auf Walter Haug), in: Deutsche Vierteljahrsschrift für Literaturwissenschaft und Geistesgeschichte 73, 1 (1999), 94–115쪽, 여기에서는 101쪽.). 그는 1970년부터 2000년도까지 프린스턴 대학 사회과학부의 고등연구소에서 교수직을 역임했다. 그는 민속학자로서 인도네시아의 발리섬, 자바섬, 모로코에서 장 연구를 수행했다. 가장 유명한 저서는 다음과 같다. 『문화의 해석 The Interpretation of Cultures. Selected Essays』(1973), 『로컬 지식 Local Knowledge. Further Essays in Interpretive Anthropology』(1983), 『극장국가 느가라 Negara. The Theatre State in Nineteenth-Century Bali』(1980), 『Available Light Anthropological Reflections on Philosophical Topics』(Princeton, 2000), 『Spurenlesen. Der Ethnologe und das Entgleiten der Fakten』(München, 1997)

3 Clifford Geertz: Local Knowledge. Further Essays in Interpretive Anthropology. New York 1983, 19–35쪽.

4 Paul Rabinow/William M. Sullivan: The Interpretive Turn. A Second Look, in: Paul Rabinow/William M. Sullivan(Hg.): Interpretive Social Science. A Second Look. Berkeley, Los Angeles 1987, 1–30쪽 참조.

5 Anthony Giddens: Interpretative Soziologie. Eine kritische Einführung. Frankfurt/M., New York 1984 참조.

6 이에 대한 문제 제기는 폴커 고토비크가 해석적 인류학의 연원에 대해 상세하게 쓴 다음의 책에 잘 나와 있다. Volker Gottowik: Konstruktionen des Anderen. Clifford Geertz und die Krise der ethnographischen Repräsentation. Berlin 1997, 특히 8.2.장: "해석적 발상의 전사와 중요성Vorgeschichte und Relevanz eines interpretativen Ansatzes", 209쪽 이하를 참조할 것.

7 Martin Fuchs/Eberhard Berg: Phänomenologie der Differenz. Reflexionsstufen ethnographischer Repräsentation, in: Eberhard Berg/Martin Fuchs (Hg.): Kultur, soziale Praxis, Text. Die Krise der ethnographischen Repräsentation. Frankfurt/M. 1993, 108쪽, 여기에서는 19쪽.

8 Richard Händler: An Interview with Clifford Geertz, in: Current Anthropology 32 (1991), 603–613쪽 참조, 여기에서는 608쪽을 볼 것.

9 같은 책, 608쪽.

10 해석적 턴의 절충주의적 환경에 대해서는 George E. Marcus/Michael M. J. Fischer: Anthropology as Cultural Critique. An Experimental Moment in the Human Sciences. Chicago, London 1986, 25쪽 이하를 참조할 것.

11 Händler: Interview, 609쪽.

12 같은 책.

13 구조주의에 대한 비판은 Paul Ricoeur: Der Konflikt der Interpretationen. Bd. 2. Hermeneutik und Psychoanalyse. München 1974 참조.

14 Händler: Interview, 607쪽.

15 Rabinow/Sullivan: Interpretive Turn, 5쪽.

16 해석적 턴을 통해 자연과학모델에서 사회과학이 해방된 것에 대해서는 Rabinow/Sullivan: Interpretive Turn, 2쪽 이하 참조.

17 Geertz: Blurred Genres, 22쪽.

18 같은 책.

19 Rabinow/Sullivan: Interpretive Turn, 5쪽.

20 Geertz: Blurred Genres, 30쪽.

21 옮긴이 주 – '인문학'이란 인간을 연구 대상으로 하는 학문으로 단연코 학제 간 연구 방식을 취한다. 기존의 정신과학, 사회과학, 자연과학과 차이를 두지만 방법론에 있어서는 여전히 유사하다. 주로 사회학, 심리학, 교육학, 인류학, 문화학, 인간의학, 역사학 등이 이에 속한다.

22 Geertz: Blurred Genres, 23쪽.

23 같은 책.

24 같은 책, 30쪽 참조.

25 같은 책, 31쪽.

26 같은 책, 30쪽.

27 Clifford Geertz: Dichte Beschreibung. Bemerkungen zu einer deutenden Theorie von Kultur, in: ders.: Dichte Beschreibung. Beiträge zum Verstehen kultureller Systeme. Frankfurt/M. 1983, 7–43쪽, 여기에서는 특히 9쪽.

28 Clifford Geertz: 《Aus der Perspektive des Eingeborenen.》 Zum Problem des ethnologischen Verstehens, in: ders.: Dichte Beschreibung, 289–309쪽, 여기에서는 특히 290쪽.

29 Clifford Geertz: 《From the Native's Point of View》. On the Nature of Anthropological Understanding, in: ders.: Local Knowledge, 55–70쪽, 여기에서는 56쪽.

30 옮긴이 주 – 이미 알고 있는 두 데이터의 사이 값을 추정하는 방법, 내삽법, 인터폴레이션이라고도 한다.

31 옮긴이 주 – 대유법에는 환유법과 제유법이 있다. 환유법은 사물의 '특징'으로서 전체를 나타내는 것이고(예: 요람→탄생), 제유법은 같은 '종류'로서 전체를 나타내는 방식이다(예: 빵→식량).

32 Geertz: Blurred Genres, 33쪽.

33 같은 책, 32쪽.

34 Geertz: Local Knowledge, Introduction, 3–16쪽, 여기에서는 6쪽.

35 Michaela Wolf: 《〈Cultures〉 do not hold still for their portraits.》 Kultureller Transfer als 《Übersetzen zwischen Kulturen》, in: Federico Celestini/Helga Mitterbauer(Hg.): Vcr–rückte Kulturen. Zur Dynamik kultureller Transfers. Tübingen 2003, 85–98쪽, 여기에서는 87쪽.

36 Edward W. Said: Kultur und Imperialismus. Einbildungskraft und Politik im Zeitalter der Macht. Frankfurt/M. 1994, 48쪽 이하, 92쪽 이하, 129쪽 이하 참조.

37 옮긴이 주 – 제러미 벤담은 합리적 사람들은 참여하지 않는 높은 위험을 안고 있는 게임을 '심층놀이'라고 불렀다. 벤담의 견해에 따라 고액도박과 같은 발리섬의 닭싸움을 보면 비합리적인 놀이로 사회적 비판의 대상이 되지만, 기어츠는 경제적 합리성만이 중요하다고 보지 않는다. 높은 비용을 감수하는 취미 활동 같은 것도 심층놀이의 한 예라고 할 수 있다.

38 Geertz: Dichte Beschreibung, 14쪽.

39 옮긴이 주 – 니클라스 루만의 체계 이론에 나오는 용어로 관찰된 것을 관찰하는 것을 말함.

40 George E. Marcus/Dick Cushman: Ethnographies as Texts, in: Annual Review of Anthropology 11 (1982), 25–69쪽, 여기에서는 37쪽.

41 Geertz: 《Aus der Perspektive des Eingeborenen》, 291쪽 참조.

42 Geertz: Dichte Beschreibung, 15쪽.

43 옮긴이 주 – 무의식의 형성물이 하나의 원인이 아니라 다수의 요인과 원인으로 중첩되어 결정되어 있음을 뜻하는 프로이트의 용어.

44 가독성 Lesbarkeit 범주에 대한 상세한 설명은 Doris Bachmann–Medick: Textualität in den Kultur– und Literaturwissenschaften. Grenzen und Herausforderungen, in: dies. (Hg.): Kultur als Text. Die anthropologische Wende in der Literaturwissenschaft. 2. Aufl. Tübinen 2004, 298–338쪽 참조, 여기서는 314쪽 이하 '가독성의 한계' 참조.

45 In: Geertz: Dichte Beschreibung, 202–260쪽, 여기서는 254쪽.

46 Paul Ricœur: Der Text als Modell: hermeneutisches Verstehen, in: Walter L. Bühl (Hg.), Verstehende Soziologie. Grundzüge und Entwicklungstendenzen. München 1972, 252–283쪽.

47 Rabinow/Sullivan: Interpretive Turn, 12쪽.

48 Geertz: Blurred Genres, 31쪽.

49 Ricœur: Text als Modell, 260쪽.

50 Giles Gunn: The Culture of Criticism and the Criticism of Culture. New York, Oxford 1987, 9쪽 참조.

51 Geertz: Deep Play, 263쪽.

52 같은 책, 252쪽.

53 Gadi Algazi: Kulturkult und die Rekonstruktion von Handlungsrepertoires, in:

L'Homme II, I(2000), 105–119쪽 참조.

54 Victor W. Turner/Edward M. Brunner(Hg.): The Anthropology of Experience. Urbana, Chicago 1986.

55 Edward M. Brunner: Introduction. Experience and Its Expressions, in: Turner/ Brunner (Hg.): The Anthropology of Experience, 3–30쪽, 여기서는 9쪽.

56 Geertz: Epilogue: Making Experiences, Authoring Selves, in: Turner/ Brunner(Hg.): The Anthropology of Experience, 373–380쪽, 여기서는 375쪽.

57 Irmtraud Stellrecht: Interpretative Ethnologie. Eine Orientierung, in: Thomas Schweizer u. a. (Hg.): Handbuch der Ethnologie (Festschrift für Ulla Johansen). Berlin 1993, 29–78쪽, 여기서는 50쪽.

58 Geertz: Deep Play, 247쪽.

59 같은 책, 256쪽.

60 Vincent Crapanzano: Das Dilemma des Hermes. Die verschleierte Unterwanderung der ethnographischen Beschreibung, in: Bachmann–Medick (Hg.): Kultur als Text, 161–193쪽, 여기서는 185쪽.

61 James Clifford: Über ethnographische Autorität, in Berg/Fuchs (Hg.): Kultur, soziale Praxis, Text, 109–157쪽 참조.

62 이에 대한 비판은 Fuchs/Berg: Phänomenologie der Differenz, 55쪽 이하. Gadi Algazi: Kulturkult. Rolf Lindner: Konjunktur und Krise des Kulturkonzepts, in: Lutz Musner/Gotthart Wunberg (Hg.): Kulturwissenschaften. Forschung - Praxis - Positionen. –Wien 2002, 69–87쪽. 기어츠 비판에 대한 다양한 입장에 관해서는 Bachmann–Medick: Textualität, 특히 308쪽 이하 「텍스트모델의 한계 Grenzen des Textmodells」 참조.

63 David R. Hiley/James F. Bohman/Richard Shusterman: Introduction. The Interpretive Turn, in: dies. (Hg.): The Interpretive Turn. Philosophy, Science, Culture. Ithaca, London 1991, 1–14쪽, 여기서는 11쪽.

64 Theodore R. Schatzki/Karin Knorr–Cetina/Eike von Savigny (Hg.): The Practice Turn in Contemporary Theory. London 2000. 또한 가장 최근의 국제학술대회 제목인 〈학문의 역사와 실천적 턴? Practical Turn in der Wissenschaftsgeschichte?〉 (MPI für Wissenschaftsgeschichte, Berlin) 참조.

65 Andreas Reckwitz: Die Transformation der Kulturtheorien. Zur Entwicklung eines Theorieprogramms. Weilerswist 2000, 606쪽.

66 Geertz: Dichte Beschreibung, 26쪽.

67 예를 들어, Reckwitz: Transformation der Kulturtheorien, 606쪽. 또한 Bachmann–Medick: Textualität, 참조, 특히 308쪽 이하.

68 Clifford Geertz: Welt in Stücken. Kultur und Politik am Ende des 20. Jahrhunderts. Wien 1996, 73쪽.

69 Geertz: Blurred Genres, 19쪽.

70 Lila Abu-Lughod: Writing Against Culture, in: Richard G. Fox (Hg.): Recapturing Anthropology. Working in the Present. Santa Fe 1991, 137–162쪽.

71 Andreas Poltermann: Antikolonialer Universalismus. Johann Gottfried Herders Übersetzung und Sammlung fremder Volkslieder, in: Doris Bachmann-Medick (Hg.): Übersetzung als Repräsentation fremder Kulturen. Berlin 1997, 217–259쪽, 여기서는 230쪽 이하 (항목 《Übersetzung von Kulturen in klassische Texte》) 참조.

72 문화학에 나타난 텍스트성에 관한 논의의 전개 과정에 대한 상세한 설명을 위해서는 다음을 참조할 것. Doris Bachmann-Medick: Textualität. 또한 Doris Bachmann-Medick: Kultur als Text? Literatur- und Kulturwissenschaften jenseits des Textmodells, in: Ansgar Nünning/Roy Sommer (Hg.): Kulturwissenschaftliche Literaturwissenschaft. Disziplinäre Ansätze - Theoretische Position - Transdisziplinäre Perspektiven. Tübingen 2004, 147–159쪽.

73 Hiley/Bohman/Shusterman (Hg.): Interpretive Turn.

74 Thomas S. Kuhn: The Natural and the Human Science, in: Hiley/Bohman/Shusterman (Hg.): Interpretive Turn, 17–24쪽, 여기서는 32쪽.

75 예를 들어, Eberhard Hildenbrandt (Hg.): Sport als Kultursegment aus der Sicht der Semiotik. Hamburg 1997.

76 Stefan Beck: Umgang mit Technik. Kulturelle Praxen und kulturwissenschaftliche Forschungskonzepte. Berlin 1997, 238–248쪽 참조.

77 Donald W. Meining (Hg.): The Interpretation of Ordinary Landscapes. Oxford 1979 참조. 문화지리학에 도입된 해석적 턴에 대해서는 Peter Jackson: Maps of Meaning. An Introduction to Cultural Geography. Boston, Sydney, Wellington 1989, 173쪽 참조.

78 Sigrid Weigel: Der Text der Genetik. Metaphorik als Symptom ungeklärter Probleme wissenschaftlicher Konzepte, in: dies. (Hg.): Genealogie und Genetik. Schnittstellen zwischen Biologie und Kulturgeschichte. Berlin 2002, 223–246쪽 참조.

79 Martin Fuchs: Der Verlust der Totalität. Die Anthropologie der Kultur, in: Heide Appelsmeyer/Elfriede Billmann-Mahecha (Hg.): Kulturwissenschaft. Felder einer prozeßorientierten wissenschaftlichen Praxis. Weilerswist 2001, 18–53쪽, 여기서는 36쪽 참조.

80 Jürgen Straub: Psychologie und Kultur, Psychologie als Kulturwissenschaft, in: Appelsmeyer/Elfriede Billmann-Mahecha (Hg.): Kulturwissenschaft, 125–167쪽.

81 Jürgen Straub: Kulturwissenschaftliche Psychologie, in Friedrich Jaeger/Jürgen Straub (Hg.): Handbuch der Kulturwissenschaften. Bd. 2. Stuttgart, Weimar 2004, 568–591쪽, 여기서는 572쪽 이하.

82 Birgit Griesecke: Japan dicht beschreiben. Produktive Fiktionalität in der ethnographischen Forschng. München 2001, 188쪽.

83 같은 책, 187쪽.

84 같은 책, 188쪽.

85 Bachmann-Medick (Hg.): Kultur als Text 참조. 이 책의 해석학적 문화인류학과 문학인류학에 대한 참고문헌 참조.

86 Barbara Sabel/André Bucher (Hg.): Der unfeste Text. Perspektiven auf einen literatur- und kulturwissenschaftlichen Leitbegriff. Würzburg 2001.

87 Bachmann-Medick (Hg.): Kultur als Text. 서론, 7-64쪽, 특히 26쪽 참조.

88 Horst Turk: Philologische Grenzgänge. Zum Cultural Turn in der Literatur. Würzburg 2003, 8쪽.

89 Christian Strecker: Turn! Turn! Turn! To Everything There is a Season. Die Herausforderungen des cultural turn für die neutestamentliche Exegese, in: Wolfgang Stegemann (Hg.): Religion und Kultur. Aufbruch in eine neue Beziehung. Stuttgart 2003, 9-42쪽 참조.

90 같은 책, 37쪽. 종교학에서 기어츠를 기점으로 문화학적 전환을 위한 추동/추진에 대해서는 Hans G. Kippenberg: Was sucht die Religionswissenschaft unter den Kulturwissenschaften? In: Appelsmeyer/Billmann-Mahecha (Hg.): Kulturwissenschaft, 240-275쪽. ///종교를 문화적 (상징) 체계로 보는 생각은 현상학적인 종교 이해를 남겨 두었으며 세계 이미지를 현실의 형식으로 변환하는 주의력을 이끌었다 (같은 책, 257쪽). ///는 오자일지요?

91 Pyhllis Gorfain: Spiel und die Unsicherheit des Wissens in Shakespeares 《Hamlet》, in: Bachmann-Medick (Hg.): Kultur als Text, 67-97쪽 참조.

92 Laura Bohannan: Hamlet in the Bush, in: Transatlantik (Oktober 1982), 41-45쪽.

93 옮긴이 주 - 1819~1890, 스위스 태생의 시적 사실주의(Poetischer Realismus)를 대표하는 독일어권 작가.

94 Gabriele Brandstetter: Fremde Zeichen. Zu Gottfried Kellers Novelle 《Die Berlocken》. Literaturwissenschaft als Kulturpolitik, in: Jahrbuch der deutschen Schillergesellschaft 43 (1999), 305-324쪽.

95 Moritz Csáky/Richard Reichensperger (Hg.): Literatur als Text der Kultur. Wien 1999.

96 Lutz Musner: Kultur als Textur des Sozialen. Essays zum Stand der Kulturwissenschaften. Wien 2004.

97 주제를 강조하는 연구에 대해서는 본서의 〈서문〉, 29-31쪽 참조.

98 신역사주의에 대한 기본서로는 Moritz Baßler: New Historicism. 2. Aufl. Tübingen 2002 참조.

99 Hans Medick: Mikro-Historie, in: Winfried Schulze (Hg.): Sozialgeschichte, Alltagsgeschichte und Mikro-Historie. Göttingen 1994, 40-53쪽 참조.

100 Claire Colebrook: New Literary Histories. New Historicism and Contemporary Criticism. Manchester, New York 1997, 《Culture and Interpretation. Anthropology, Ethnography and Unterstanding》, 66-89쪽, 특히 75쪽 참조.

101 Geertz: Deep Play, 208쪽.

102 바흐친과의 연관성에 대해서는 Gunn: Criticism of Culture, 133쪽 참조.

103 Geertz: Dichte Beschreibung, 37쪽.

104 Robert Darnton: Das große Katzenmassaker. Streifzüge durch die französische Kultur vor der Revolution. München, Wien 1989.

105 같은 책, 13쪽.

106 옮긴이 주 - 다음과 같은 국내 번역서가 있음. 고양이 대학살 – 프랑스 문화사 속의 다른 이야기들, 로버트 단턴 지음, 조한욱 옮김, 문학과지성사, 1996.

107 Robert Darnton: Das große Katzenmassaker. Streifzüge durch die französische Kultur vor der Revolution. München, Wien 1989, 293쪽 참조.

108 같은 책, 296쪽 참조.

109 특히 역사학 내지 역사인류학에서 "중층쓰기"의 응용 가능성에 대해서는 Hans Medick: 《Missionare im Ruderboot》? Ethnologische Erkenntnisweisen als Herausforderung an die Sozialgeschichte, in: Alf Lüdtke (Hg.): Alltagsgeschichte. Zur Rekonstruktion historischer Erfahrungen und Lebensweisen. Frankfurt/M., New York 1989, 48–84쪽, 여기서는 특히 59쪽 이하. Hans Medick: Mikro-Historie 참조.

110 이에 대해서는 Elizabeth A. Clark: History, Theory, Text. Historians and the Linguistic Turn. Cambridge, London 2004, 특히 149–155쪽(항목 〈Geertzian Anthropology and the Historians〉). 이 텍스트가 명백히 사회적 관계 맥락으로 진입했다는 독자적인 입장을 비판적으로 조망하기 위해서는 많이 인용된 논문 《History, Historicism, and the Social Logic of the Text》 von Gabrielle M. Spiegel, in: dies.: The Past as Text. The Theory and Practice of Medieval Historiography. Baltimore, London 1997, 3–28쪽 참조.

111 1993년에 출간된 im Böhlau Verlag, Köln, Weimar, Wien.

112 Ute Daniel: Clio unter Kulturschock. Zu aktuellen Debatten in der Geschichtswissenschaft, in: Geschichte in Wissenschaft und Unterricht 48 (1997), 200쪽 참조; 이에 대해서는 또 Heidemarie Uhl: 《Kultur》 und/oder 《Gesellschaft》? Zur 《kulturwissenschaftlichen Wende》 in den Geschichtswissenschaften, in: Lutz Musner/Gotthart Wunberg (Hg.): Kulturwissenschaften. Forschung - Praxis - Positionen. Wien 2002, 220–236쪽, 여기서는 230쪽.

113 Ute Daniel: Geschichte schreiben nach der 《kulturalistischen Wende》, in: Archiv für Sozialgeschichte 43 (2003), 576–599쪽, 여기서는 577쪽.

114 ('자기'라는 유럽적인 개념에만 제한되지 않은) 역사적인 자기 증언 연구라는 새로운 발상에 대해서는 Gabriele Jancke/Claudia Ulrich (Hg.): Vom Individuum zur Person. Neue Konzepte im Spannungsfeld von Autobiographietheorie und Selbstzeugnisforschung. Göttingen 2005 (= Querelles. Jahrbuch für Frauen- und Geschlechterforschung 10 (2005)) 참조.

115 역사인류학의 지속적 발전에 대해서는 Hans Medick: Quovadis Historische

Anthropologie? Geschichtsforschung zwischen Historischer Kulturwissenschaft und Mikro-Historie, in: Historische Anthropologie 9, I(2001), 78-92쪽 참조.

116 Rüdiger Schnell (Hg.): Text und Geschlecht. Mann und Frau in Eheschriften der frühen Neuzeit. Frankfurt/M. 1997.

117 Rüdiger Schnell: Text und Geschlecht. Eine Einleitung, 같은 책, 9-46쪽, 특히 11쪽 이하.

118 Anthony Giddens: Interpretative Soziologie. Eine kritische Einführung. Frankfurt/M., New York 1984, 191쪽. 물론 기든스는 기어츠와 관련 있는 것이 아니라, 쉬츠에서 가다머를 거쳐 하버마스까지 이해의 사회학의 전통과 관련이 있다. 또 Gabriele Cappai: Kultur aus soziologischer Perspektive. Eine metatheoretische Betrachtung, in: Appelsmeyer/ Billmann-Mahecha (Hg.): Kulturwissenschaft, 54-96쪽 참조.

119 Frank Nullmeier: Interpretative Politikanalyse in der Theorienkonkurrenz, in: Andreas Reckwitz/Holger Sievert (Hg.): Interpretation, Konstruktion, Kultur. Ein Paradigmenwechsel in den Sozialwissenschaften. Opladen, Wiesbaden 1999, 219-238쪽 참조. 또한 Jakob Tanner: 《Kultur》 in den Wirtschaftswissenschaften und kulturwissenschaftliche Interpretationen ökonomischen Handelns, in: Friedrich Jaeger/Jörn Rüsen (Hg.): Handbuch der Kulturwissenschaften. Bd. 3. Stuttgart, Weimar 2004, 195-224쪽.

120 James DerDerian/Michael J. Shapiro (Hg.): International/Intertextual Relations. Postmodern Readings of World Politics. New York 1989, 11쪽. 정치학 전반에 나타나는 "문화적 턴"을 보기 위해서는 Birgit Schwelling (Hg.): Politikwissenschaft als Kulturwissenschaft. Theorien, Methoden, Problemstellungen. Wiesbaden 2004 참조. Ursula Lehmkuhl: Entscheidungsprozesse in der internationalen Geschichte. Möglichkeiten und Grenzen einer kulturwissenschaftlichen Fundierung außenpolitischer Entscheidungsprozesse, in: Wilfried Loth/Jürgen Osterhammel (Hg.): Internationale Geschichte. Themen - Ergebnisse - Aussichten. München 2000, 187-207쪽 참조.

121 Michael J. Shapiro: Textualizing Global Politics, in: James DerDerian/Michael J. Shapiro (Hg.): International/Intertextual Relations, 11-22쪽, 특히 12쪽 이하.

122 Birgit Schwelling: Der kulturelle Blick auf politische Phänomene. Theorien, Methoden, Problemstellungen, in: dies. (Hg.): Politikwissenschaft als Kulturwissenschaft, 11-29쪽, 여기서는 27쪽 참조.

123 Marcus/Fischer: Anthropology as Cultural Critique, xii쪽.

124 옮긴이 주 - 다음의 국내 번역서가 있음. 조지 마커스/마이클 피셔, 유철인 역, 『인류학과 문화비평』, 2005, 아카넷.

125 Gunn: Culture of Criticism 참조; Marcus/Fischer: Anthropology as Cultural Critique도 참조할 것.

126 Clifford Geertz: Introduction. School Building. A Retrospective Preface, in: Joan W. Scott/Debra Keates (Hg.): Schools of Thought. Twenty-Five Years of Interpretive Social Science. Princeton, Oxford 2001, 1-11쪽, 여기에서는 8쪽.

127 Vincent P. Pecora: What Was Deconstruction? In: Contention. Debates in Society, Culture, and Science 1, 3 (1992), 59–79쪽 참조. 여기에서는 60쪽. 빈센트 페코라는 자크 데리다가 해석적 턴과 동시에 1966년 미국 강연에서 이미 해체주의적 발상을 제시했다고 언급한다.

128 Marcus/Fischer: Anthropology as Cultural Critique, 137쪽 참조.

129 옮긴이 주 – 낯설게 하기: 시클로프스키(1896~1976)가 1910년에 주창한 문학 이론. 문학은 언어와 문자에 의한 예술이므로 표현에 있어서 일상화 된 대상을 다른 양상으로 제시해야 한다.

130 위의 책, 137쪽.

131 독역판은 다음과 같다. Marshall Sahlins: Kultur und praktische Vernunft(1981). Frankfurt/M. 1994.

132 Marshall Sahlins: Kultur und praktische Vernunft (1981). Frankfurt/M. 1994.

133 Marcus/Fischer: Anthropology as Cultural Critique, 138쪽.

134 위의 책, 157쪽.

135 Geertz: Introduction. School Building, in: Scott/Keates (Hg.), Schools of Thought. 9쪽.

136 Rabinow/Sullivan: Interpretive Turn, 7쪽.

137 Ruth Ronen: The Real as Limit to Interpretation, in: Semiotica 13 2/1/2 (2000), 121–135쪽 참조.

138 다음의 입장들을 참조할 것. Jonathan Culler (Beyond Interpretation, 1981), Umberto Eco (해석적 보편주의에 반대함), Stanley Fish (해석공동체와의 관련성)

참고문헌

Algazi, Gadi: Kulturkult und die Rekonstruktion von Handlungsrepertoires, in: L'Homme, Europaische Zeitschrift fur Feministische Geschichtswissenschaft 11,1 (2000), 105-119쪽.

Bachmann-Medick, Doris (Hg.): Kultur als Text. Die anthropologische Wende in der Literaturwissenschaft. 2. Aufl. Tübingen, Basel 2004.

Berg, Eberhard/Fuchs, Martin (Hg.): Kultur, soziale Praxis, Text Die Krise der ethnographischen Repräsentation. Frankfurt/M. 1993.

Brandstetter, Gabriele: Fremde Zeichen. Zu Gottfried Kellers Novelle 《Die Berlocken》. Literaturwissenschaft als Kulturpoetik, in: Jahrbuch der deutschen Schillergesellschaft 43 (1999), 305-324쪽.

Csaky, Moritz/Reichensperger, Richard (Hg.): Literatur als Text der Kultur. Wien 1999.

Dolgin, Janet L./Kemnitzer, David /Schneider, David M. (Hg.): Symbolic Anthropology. A Reader in the Study 0: Symbols and Meanings. New York 1977.

Fischer, Michael M.: Interpretive Anthropology, in: Reviews in Anthropology 4. 4(1977). 391-404쪽.

Geertz, Clifford: Dichte Beschreibung. Beitrage zum Verstehen kultureller Systeme. Frankfurt/M. 1983.

Geertz, Clifford: Local Knowledge. Further Essays in Interpretive Anthropology. New York 1983.

Geertz, Clifford: Spurenlesen. Der Ethnologe und das Entgleiten der Fakten. München 1997.

Geertz, Clifford: Available Light. Anthropological Reflections on Philosophical Topics. Princeton 2000.

Giddens, Anthony: Interpretative Soziologie. Eine kritische Einführung. Frankfurt/M., New York 1984.

Gottowik, Volker: Konstruktionen des Anderen. Clifford Geertz und die Krise der ethnographischen Repräsentation. Berlin 1997

Griesecke. Birgit: Japan dicht beschreiben. Produktive Fiktionalität in der ethnographischen Forschung. München 2001.

Gunn, Giles: The Culture of Criticism and the Criticism of Culture. New York, Oxford 1987.

Händler, Richard: An Interview with Clifford Geertz, in: Current Anthropology 32 (1991). 603-613쪽.

Hiley, David R./Bohman, James F./Shusterman, Richard (Hg,): The Interpretive Turn.

Philosophy, Science, Culture. Ithaca, London 1991.

Inglis, Fred: Clifford Geertz. Culture, Custom and Ethics. Cambridge 2000.

Keller, Reiner: Das interpretative Paradigma, Eine Einführung. Wiesbaden 2012.

Kumoll, Karsten: 〈From the Native's Point of View〉? Kulturelle Globalisierung nach Clifford Geertz und Pierre Bourdieu. Bielefeld 2005.

Marcus, George E./Cushman, Dick: Ethnographies as Texts, in: Annual Review of Anthropology 11 (1982), 25-69쪽.

Marcus, George E./Fischer, Michael M. J.: Anthropology as Cultural Critique. An Experimental Moment in the Human Sciences. Chicago, London 1986.

Medick, Hans: 《Missionare im Ruderboot》? Ethnologische Erkenntnisweisen als Herausforderung an die Sozialgeschichte, in: Alf Ludtke (Hg.): Alltagsgeschichte. Zur 102 Rekonstruktion historischer Erfahrungen und Lebensweisen. Frankfurt/M., New York 1989, 8. 48-84쪽.

Musner, Lutz: Kultur als Textur des Sozialen. Essays zum Stand der Kulturwissenschaften. Wien 2004.

Ortner, Sherry B.: The Fate of 《Culture》. Geertz and Beyond. Berkeley 1999.

Ortner, Sherry B.: Theory in Anthropology Since the Sixties, in: Comparative Studies in Society and History 26 (1984), 126-166쪽.

Rabinow, Paul/Sullivan, William M. (Hg.): Interpretive Social Science. Berkeley 1979.

Rabinow, Paul/Sullivan, William M. (Hg.): Interpretive Social Science. A Second Look. Berkeley 1987.

Reckwitz, Andreas/Sievert, Holger (Hg.): Interpretation, Konstruktion, Kultur. Ein Paradigmenwechsel in den Sozialwissenschaften. Opladen, Wiesbaden 1999.

Ricoeur, Paul: Der Text als Modell: hermeneutisches Verstehen, in: Walter L. Buhl (Hg.): Verstehende Soziologie. Grundzuge und Entwicklungstendenzen. Munchen 1972, 252-283쪽 (auch in: Hans-Georg Gadamer/Gottfried Boehm [Hg.]: Seminar: Die Hermeneutik und die Wissenschaften. Frankfurt/M. 1985, 83-117쪽).

Schlesier, Renate: Was ist Interpretation in den Kulturwissenschaften? In: Querelles. Jahrbuch fur Frauen- und Geschlechterforschung 8 (2003), 29-49쪽.

Schwanitz, Dietrich: Dichte Beschreibung, in: Jürgen Fohrmann/Harro Müller (Hg.): Systemtheorie der Literatur. München 1996, 276-291쪽.

Scott, Joan W./Keates, Debra (Hg.): Schools of Thought. Twenty-Five Years of Interpretive Social Science. Princeton, Oxford 2001.

Shweder, Richard A./Good, Byron (Hg.): Geertz by His Colleagues. A Colloquium. Chicago 2005.

Spiegel, Gabrielle M.: History, Historicism, and the Social Logic of the Text, in: dies.:

The Past as Text. The Theory and Practice of Medieval Historiography. Baltimore, London 1997, 3-28쪽.
Steger, Florian (Hg.): Kultur - ein Netz von Bedeutungen. Analysen zur symbolischen Kulturanthropologie. Wurzburg 2002.
Stellrecht, Irmtraud: Interpretative Ethnologie: Eine Orientierung, in: Thomas Schweizer/Margarete Schweizer/Waltraud Kokot (Hg.): Handbuch der Ethnologie (Festschrift fur Ulla Johansen). Berlin 1993, 29-78쪽.
Turner, Victor W./Bruner, Edward M. (Hg.): The Anthropology of Experience. Urbana, Chicago 1986.
Wiechens, Peter: Das Prinzip Überschreitung. Clifford Geertz und die Konstitution der Interpretativen Anthropologie. Münster (Diss.) 2000.
Yanow, Dvora/Schwarz-Shea, Peregrine (Hg.): Interpretation and Method. Empirical Research Methods and the Interpretive Turn 2. Aufl. Armonk 2014.

2

수행적 턴

Performative Turn

1. 발생 배경과 형성 과정
2. 수행적 턴의 동력: 민속학적 제의 분석
3. 리미널리티와 문화혁신
4. 수행적 턴과 개별 학문
5. 수행성 이론의 발전전망

제2장 수행적 턴

수행적 턴은 행위나, 행위로 구성된 사건들의 표현양상, 그리고 사회적 연출 문화까지 주목한다. 여기서 우선시되는 것은 문화적 의미맥락이나 "텍스트로서의 문화"라는 사고방식이 아니라 의미와 경험이 문화적으로 어떻게 생산되는가를 보는 실제적 차원이다. 사건이나 실행, 물리적 구체화와 매체적 표현으로부터 문화적인 것이 생성되고 변화되는 순간들이 마련되기 때문이다. 그런데 수행적 턴이 문화학적 담론의 기준점이 된 이유는 그와 같은 공연이나 표현 및 연출 측면, 즉 퍼포먼스로서의 문화를 더 많이 주목하게 만들었기 때문만은 아니라 수행적 턴의 비판적 과정 분석[1]이라는 특별한 작업이 그 이정표를 보여준다. "수행적 턴"은 "구조" 개념으로부터 벗어나 사회적 "과정"이라는 주도적 사고로 전환을 만들어내는 또 다른 새로운 방향이기 때문이다. 즉 "퍼포먼스는 과정의 패러다임이다."[2] 여기서 말하는 것은 물론 엄밀한 의미의 패러다임 전환은 아니다. 그래도 “과정”에 초점을 둠으로써 해석적 턴의 구조주의 비판이 계속되고 심지어는 더욱 강화되고 있다. 해석적 턴과 수행적 턴이라는 이 두 가지 턴들은 신화, 제의, 친척 관계, 남녀 관계 같은 상징체계를 대립적 이분법 안으로 억지로 끼워 넣는 구조주의적 방법론에서 확실히 벗어나고 있다. 구조주의적 방법론에 대한 비판적 거부가 문화학의 새로운 방향이 불러일으키는 모든 변화에서 나타나고 있다.

문화학의 이분법적 원칙에 대한 이러한 전형적 비판은 오늘날까지도 결정적인 역할을 수행한다. 수행적 턴의 이러한 창발적 효과를 보기 위해서는 확실히 현재 연극학 쪽에서 진행되고 있는 “퍼포먼스화 현상 Performativierungsschübe” 이전 단계에서 시작할 필요가 있다.[3] 고전적 상징민속학 분야에서 다루던 제의 분석은 우리가 현재와 관련하여 다룰 수 있는 지평을 제공한다. 이 제의 분석은 초국가적 문화학의 수행적 관점에 결실을 가져올 수 있는 동인이 되고 있다. 초국가적 문화학은 처음에는 해석적 문화인류학 범주 안에 그 활동 무대를 두고 있어서 해석적 턴이 지속적으로 작용하고 있다는 것이 뚜렷이 보인다. 해석적 턴은 문화 해석학을 겨냥해서 문화적 의미에 접근했기 때문이다. 그러면서 공적으로 접근 가능한 연출 및 표현 범주에서 출발한 것이다. 바로 이 지점이 수행적 방향 전환과 연결된다.

1. 발생 배경과 형성 과정

해석적 턴은 일방적으로 텍스트 모델과 그 의미에만 비중을 두었기 때문에 사회학에서는 1970년대부터 문화적 퍼포먼스라는 용어를 점점 더 많이 쓰게 되었다. 이 용어는 아주 다양한 영역에서 즉 연극의 공연모델이나 예술, 정치와 일상의 연출문화에서뿐만 아니라 민속학에서의 제의 분석적 접근, 그리고 실용주의적 언어철학과 화행론의 언어 활용 시나리오에서 출현하였다. 이러한 수행적 퍼포먼스 개념은 젠더 연구와 현행 미디어 이론의 새로운 접근 방식까지 포괄한다. 클리포드 기어츠는 그의 대표 논저『장르 간 경계 해체』에서 드라마 유비 drama analogy가 사회 분석에서 지배적으로 사용되는 편이며 이런 조류는 꾸준히 확산되고 있다고 말한다.[4] 그렇다면 연극 및 드라마 유비의 등장으로 텍스트의 지배력은 과연 정말 와해되었을까? 일례로 민속학자 콩케군 Dwight Conquergood은 다음과 같이 주장한다. "퍼포먼스 패러다임은 텍스트 실증주의의 비동시적, 비맥락적, 수평적 접근 방식에 대한 하나의 대안이다"[5]

그렇다면 지금 정말 "텍스트 패러다임" 대신에 "퍼포먼스 패러다임"이 들어섰다고 말할 수 있을까? 여기서 텍스트 패러다임에서 퍼포먼스 패러다임으로의 분명한 도약이 진행 중이라고 보고 있는 사람은 결코 콩케군 혼자만이 아니다. 다른 학자들도 "텍스트 위주의 고찰로부터 행위 위주 고찰로 바뀌는 패러다임 전환"을 이야기한다.

최근 들어 연극성 콘셉트에 대한 학제 간 연구에서 수행적 턴이 부각될 때도 마찬가지로 이런 식의 패러다임 전환이 주장되고 있다.[6] 이때 "연출로서의 문화 Kultur als Inszenierung"[7]를 과대평가하고 동시에 "문화를 공연으로 분석하는"[8] 방법론이 개발된다면, 이로써 문화학에서는 아마도 성급히 텍스트 모델에 결별을 고하게 될 것이다. "오랫동안 텍스트-패러다임 중심으로 움직였던 문화학의 시선을 문화의 연극성으로 돌린다면 문화학으로 하여금 문화의 공연성에 눈뜨게 하는 것이다."[9]

그런데 설사 공연성이 문화학의 새로운 혁신적 개념이 된다고 하더라도, 이 말이 꼭 텍스트 개념을 뒷전으로 물러나게 한다는 뜻일까? 연극학의 시각으로 볼 때는 텍스트 대본과 무대 연출 및 공연을 분명히 구분하고 있으므로 이 문제는 그렇게 비춰질 수도 있다. 이에 비해 가장 먼저 수행적 턴을 구동시켰던 이른바 상징민속학 내지 비교상징론의 시각에서 볼 때 그 구분은 분명하지 않다.

텍스트와 수행적 전환 사이에 뚜렷이 경계를 긋는 것은 너무 단순한 처사다. 그렇게 되면 한 가지 지적 영역에 다양한 턴들이 겹쳐 나타나는 다층성을 간과하게 된다. 이 경우 수행적으로 확장된 텍스트 이해가 그런 것으로, 이러한 텍스트 이해는 해석적 턴에서 이미 "텍스트로서의 문화"라는 사고방식에서 생겨난 것이며 축제나 카니발, 제의, 그리고 그 밖의 다른 행위예술에서 분명히 읽어낼 수 있는 것이다. 수행적 관점은 발리를 극장국가로 보는 기어츠의 책에서도 드러난다.[10] 기어츠는 발리의 문화에서 분명한 기본적 특징을 보이는 양식화와 연출, 즉 사회적 역할에 대한 사고가 작용하고 있음을 본다. 발리는 극장국가일 뿐만 아니라, "지위 체계의 극장으로서 계급을 연출한다."[11] 그러나 이러한 통찰만으로는 아직 더 포괄적인 수행적 턴이 생성되지는 않는다. 왜냐하면 수행적 상태란 이 경우에는 여전히 해석된 문화의 특징, 즉 풍부한 표현과 양식화를 통한 문화의 자기 해석과 관련이 있기 때문이다. 이에 반해서 연구 관점을 전환하기 위해서는 텍스트 및 문화이해 그 자체를 역동적으로 유발하는 하나의 독자적인 수행적 분석용어를 이끌어낼 수 있어야 한다. 바로 이런 전제 아래 상징민속학의 퍼포먼스 접근 방식은 문화를 완결된 의미 체계로 보는 전체론적인

holistisch[12] 문화관을 깨뜨린다. 문화는 오히려 의미가 열려있고 수행적이며, 그리고 그렇게 함으로써 변화를 지향하는 과정으로서도 나타난다. 이때 문화는 결정적인 행위 및 연출용어를 통해 이해될 수 있다.

이제는 제의나 "소셜 드라마"의 예와 같이 좀 더 분명한 행위 및 사건에 관한 것들이 주목받는다. 이때 민속학적 제의 분석은 수행적 전환을 위한 한 가지 추동력일 뿐이다. 이 분석 방식은 연극의 제의적 기원론에 대한 과거의 연구들에 비판적으로 연결되면서 제의 개념이 확산되던 1970년대부터 제의 연구 Ritual Studies의 인기에 편승했다.[13] 그러나 수행적 턴의 토대는 훨씬 더 다층적이다. 수행적 이론 개발의 중요한 핵심축을 형성하고 있는 것은 언어철학, 그리고 그중에서도 특히 행위와 관계된 존 오스틴 John L. Austin의 화행론이기 때문이다. 결정적인 것은 화행론에서 발화와 행위를 특별하게 연결시키고 있다는 점이다. 오스틴에 의하면 특정 발화 행위에서는 현행의 사태가 언술 형태로 재현되는 것이 아니라 그대로 수행된다는 것이다. 언술과 행위의 수행은 수행적 표현 및 화행에서 동시에 일어난다. 예를 들면 약속이나 명령, 세례 등에서 그러하다. 여기서도 역시 언술의 작용은 그 의례나 제의적 배경조건에 좌우된다. (이는 그 조건이 정확히 규정되어 있지 않았을 때도 마찬가지다.) 어찌 됐든 오스틴의 화행론은 수행적 턴을 시작하는 데 결정적인 계기로 함께 작용한다. 여기서 처음에는 언어와 관련되어 있던 퍼포먼스 개념 Performanzbegriff이 "문화학적 전환"을 통해 문화적 "퍼포먼스"로 바뀐다.[14] 그에 따르면 모든 발화가 항상 연출로, 즉 퍼포먼스로 관찰될 수 있다는 점이 '수행성'의 문화학적 발견인 것이다.[15]

수행성의 문화학적 발견은 이러한 연출의 측면에서 특히 연극학의 시각에서 볼 때 "퍼포먼스화 현상"을 야기시킨 다른 축, 즉 예술계의 수행적 전환과 연결될 수 있다. 1960년대의 행동주의예술, 해프닝, 실험극 같은 퍼포먼스 예술은 "한계를 넘어선 예술"을 위한 매우 중요한 무대로 작동한다. 이들은 미적인 것의 공연성을 강조하고 작품 대신 사건을 무대에 도입했다. 수행적 턴의 추동력은 예술이나 이론 개발에서 발원된 것이 아니라 일상문화로부터였다. 여기서 1970년대 두드러졌던 뉴에이지 운동이 특기할 만한데, 이들은 외국문화에서 온 종교적 의례들을 차용하였다. 더 나아가서 현재까지도 지속되고 있는 미디어화 과정과 정보의 시각화, 그리고 컴퓨터의 인터넷 동영상에 이르는 생활세계의 연극화 Theatralisierung가 중요한 선구적 역할을 했다. 여기서 결정적인 것은 미디어 사회와 "연출 사회"를 관통하는 연극화 현상이다. 이런 연극화 현상을 보여주는 예는 정치적 표현공간과 "관찰 및 연출 사회"에서다. 이런 관찰 및 연출 사회에서 확고한 방향성을 상실한 주체들은 그룹에 귀속되어 자기 연출로 자신을 인지하게 만들어야 한다. 이러한 심미적 일상과 미디어 일상의 현상들은 거기에 어울리는 사회적 환경을 만들어낸다. 그리고 이런 환경은 대중문화의 조류를 수행성 쪽으로 조장하고 또한 이론에 중점을 두는 수행적 턴이 부상하는 데 유리하게 작용한다.

이것은 일상문화의 조류와 혼란스럽게 발전하고 있는 문화학 이론 사이에서 혼합되어 나온 산물이다. 이는 보다 포괄적인 "포스트모던적 전환"의 지평에서 이루어졌는데, 이 포스트모던적 전환은 결국 수행적 턴을 여러 갈래의 "수행적 턴으로, 즉 개념 놀이 conceptual flips"로 세분화시킨다. 그러나 이론이 전개되기 시작하는 진입로들은 계속해서 서로 명백히 구분되어야 한다. 새로운 수행성의 방향을 개척한 사람들은 우선 개별 노선을 유지하면서 독자적인 방향성에 중점을 두고 있다. 따라서 인류학이나 화행론, 연극학, 그리고 젠더 연구 및 제의와 일상연출에 대한 이론들에서 수행성 및 수행성 개념을 "다양하고 상반된 해석 방식"[16]으로 읽다 보면 서로 매끄럽게 연결되는 농지를 거의 만들어내지 못한다.[17] 수행적 턴에서의 그러한 해석 방식들은 단순하게 하나로 묶이지도 못하고 포스트모던하게 서로 얽히지도 않는다. 처음에는 서로 별개의 노선을 보였던 화행론의 수행성과 제의적 연극적 수행성을 하나로 연결시킨 것은 연극학의 성과이기는 하다. 그러나 이 상이한 이론적 노선들을 정말로 함께 논하는 것은 아직도 해결되지 못한 과제로 남아있으며, 이것이야말로 새로운 수행성 연구로 시급히 풀어야 할 문제이다. 예를 들면 오스틴이 암시는 하면서도 제대로 설명하지 않은 제의해석을 제의 분석적 측면에서 접근하고 그 반대로 민속학적 제의론과 연극론적 제의론을 화행론의 시각에서 조명해보는 것이다. 그러나 개개의 상반된 해석 방식을 포기하지 않음으로써 좀 더 포괄적인 수행적 턴의 길을 터줄 생산적인 긴장 관계가 유지될 수 있을 것이다. 그렇게 해야 비로소 협소한 연극론 영역을 넘어서 행위로서의 언어와 연출로서의 문화를 설명할 수 있는 수행적 인식의 관점이 작동하게 될 것이다. 그렇게 되면 그야말로 사회 일반에서의 연출적 측면을 주목하게 되고 높게 평가하게 된다. 이때부터 수행적 시각으로 확장된 스펙트럼이 매우 다양한 문화학적 연구 대상에 널리 적용된다. 즉 그 연구 대상은 "'기존의 연극 장르를 넘어서' '무력분쟁과 식량'을 망라하는 더 넓고 거친 영역"까지를 포괄하게 된다.[18]

독일어의 '퍼포만츠 Performanz', 영어의 '퍼포먼스 Performance', 그리고 '수행성 Performativität'은 문화학의 새로운 개념들이다.[19] 이 개념들은 언어와 현실이 구성되고 만들어진 것이라는 점과 관계가 있다. 그래서 사회의 자기 묘사와 정치적 연극성의 형태로부터 군사 갈등의 무대까지 분석하는 데 기여한다. 언어로 어떻게 행위가 유발되는가? 현실은 어떻게 생산되고 연출되는가? 텍스트 영역이 의미영역에 집중하고 있다면, 수행적 개념에서 문제는 어떤 행위를 수행하는 것이 문화적 의미를 만들어내는지가 관건이다. "인간의 행위 방식의 의미생성력"[20]이 새롭게 조명되고 있는 것이다. 의미를 구성하는 것이 수행적 행위 과정과 관계가 있음을 강조하는 것은 물론 널리 퍼져 있다. 그래서 우리는 이를 바탕으로 텍스트의 수행성, 텍스트 독자들의 수용이나 그들의 관습적(제의적) 작업을 좀 더 구체적으로 이해해야 한다. 이런 내용은 이미 미하일 바흐친이 제안한 바 있다. 바흐친은 카니발 이론과 대화론으로 수행적 턴의 선구적 역할을 한 사람이다. 바흐친 역시 오스틴처럼 언어적 턴의 특수한 연구 발전에 기여했는데, 즉 언어를 추상적 체계로서의 언어로부터 역사적 실용성으로서의 언어로 교체시켰다.[21] 바흐친은 이와 관련해 갈등, 즉 타자성 Otherness에 의한 도전과 여기서 비롯되는 비판적 대화 단계를 도입한다. 이미 이 초창기의 제안은 미래를 멀리 내다본 것이어서 나중에는 수행적 턴으로부터 포스트식민주의 턴 postcolonial turn으로 이행할 수 있는 길을 마련해주었다. 이 길들은 호미 바바 Homi Bhabha의 경우에서처럼 수행성을 지향하는데, 그 수행성은 포스트식민주의적 재현과 행위 능력을 그 차이를 인정하면서 창의적으로 구체화한다는 의미를 갖는다. 이로써 수행적 턴을 통해 문화적 저항의 표현과 행동이 더더욱 가능해진다.[22]

이렇게 정치적 관점을 동반한 수행적 작업은 많은 새로운 수행적 이론들이 그런 것처럼 행위를 통해 의미를 끌어내는 것으로 관심을 좁힐

때만 비로소 가능해진다. 수행적 턴의 획기적 전환만이 비로소 훨씬 큰 영향력을 지닌 잠재성을 보여준다. 즉 문화의 변화 과정에서 실질적으로 사회를 움직일 수 있는 추동력을 갖는다. 변화의 순간들은 이미 제의적 공간 현장에서 생겨난다. 이 공간들은 제의를 그 특별한 진행 형식에 따라 분석적으로 분류할 때 드러난다. 그러므로 수행적 턴을 다음처럼 민속학적 제의 분석에 연결시키면 지금까지 언어철학적 화행론[23]에 과도하게 연결시킨 탓에 별로 주목하지 못했던 관점이 부각될 것이다. 문화인류학자인 빅터 터너 Victor Turner는 그의 민속학적 제의 분석에서 수행적 턴을 방법론적으로 특별히 강조했다. 그래서 그는 빌헬름 딜타이에 의거한 "경험의 민속학"[24]에서 퍼포먼스를 경험구조에 대한 하나의 표현 형식과 연결시켰다. 이러한 경험구조에 접근하는 것은 아주 특별한 독자적 프로세스 구조가 전제되어야 비로소 가능하다.[25]

2. 수행적 턴의 동력: 민속학적 제의 분석

터너는 제의의 전형적인 과정의 구조를 분석함으로써 새로운 연구 분야를 개척했다. 이 연구 분야는 전통적인 제의 연구를 넘어 문화혁신의 전환점을 열어주었다. 터너의 정확한 단계적 제의 분석은 제의론뿐만 아니라 문화론적으로도 커다란 영향력을 발휘했다. 우선 그는 개념을 구별해서 쓰는 것부터 시작했다. 제의 개념은 문화 개념과 마찬가지로 이미 오래전에 과도하게 남용되었다. 제의 개념은 개개의 표준화되고 전형적이며 매우 형식화된 행위와 반복될 수 있는 일련의 행위

습관에 적용되었다. 잘 알려진 바와 같이 제의라는 말은 세속적인 환경 속에서의 종교적 차원을 말한다. 그래서 식사, 양치질, 강의, 토론, 취침 등의 의례적 행위에 대해 말할 때 쓰인다.

그런데 이런 것을 과연 제의라 할 수 있을까? 제의는 의례와 어떻게 구별되는가? 고전적인 민속학적 의미에서 제의는 우선적으로 신성한 영역을 상기시킨다. 제의는 신성한 환경에 있는 신성한 차원을 구현한다. 대표적 제의 이론가에 속하는 프랑스 사회학자 에밀 뒤르켐 Emile Durkheim[26]은 일찍이 제의를 "성스러운 것 das Heilige"이라고 표현했다. "퍼포먼스" 관점에서 제의적인 것은 개념적으로 이 신성한 영역을 넘어서까지 확장되었다. 그래서 사람들은 세속적 제의[27]나, 일상적 제의(어핑 고프만), 그리고 "소셜 드라마"로서의 제의(빅터 터너)를 말하기도 한다. 그러나 이런 경우에는 차라리 의례라고 해야 하는 건 아닐까? 아니다. 이들이 제의의 특정한 정의에 부합하는 한 그렇지 않다. 제의를 정의해보자면, 사회생활에서 말하는 유용성의 원칙과는 별개다. 제의는 일련의 상징적 표현인 제식 행위이고 지속적인 일상생활 속에서의 신성한 틈새 순간, 혹은 문화적 상징이 실린 관습화된 상징적 행위 방식이다. 그 반면에 의례에서는 이러한 의미부여나 과도한 문화적 의미 규정 같은 것이 없다. 터너의 또 다른 구별이 이와 관련 있다. "의례는 지시하고, 제의는 변환시킨다".[28] 이것은 독일어 번역에서는 좀 덜 적절하게 표현되고 있기는 하지만 "의례는 지시적이고 제의는 변환적이다"라고 되어 있다.[29] 그러니까 의례는 뭔가를 변환시키는 것이 아니라, 무언가를(예를 들면 사회적 위상을) 보여주는 것이다. 그 반면에 제의는 변환시키고 변화시킨다. 제의는 한 상태에서 다른 상태로의 전이 과정을 정해진 규칙에 따라 수행한다. 그것은 이를테면 마치 계절의 변화처럼 사회 전체가 겪는 상태일 수도 있고, 개인의 사회화 과정인 사춘기나 혼례식 및 장례식 제의처럼 각 주체들이 겪는 생애주기별 위기나 과도기가 될 수도 있다. 그러나 결정적인 것은 제의를 관찰할 때 터너가 말했듯이 항상 입문 현상이나 과도기 현상에 초점이 맞추어진다는 것이다.

터너의 제의 분석은 물론 모든 제의 현상에 해당되는 것은 결코 아니다. 그리고 직접적이고 형식주의적으로 제의와 의례를 구분하는 그의 방식이 항상 적용되는 것도 아니다. 그러나 그의 분석은 다른 학문 분야에서도 수행적 전환의 전개에 대해 방법론적으로 자극이 되는 이정표를 제시하고 있다. 그의 분석으로부터 다양한 집단의 문화적 행위 내지 표현 과정을 '연출의 구조'라는 공통분모로 설명해줄 수 있는 구체적인 방법론적 분석수단이 개발되었다. 이렇게 열리게 된 연구 분야는 모든 형태의 제의에서 시행되는 표준화되고 매우 형식화된, 일상적으로 반복되는 행위절차보다 더 광범위하다. 단순한 연구 대상 영역으로서 협의의 제의는 수행적 관점에서 보면 개방적으로 이해할 수 있다. 이와 같은 수행적 시선에 의해 문화적으로 결정적인 혁신적 잠재성, 즉 제의의 변화의 여지 내지 "제의의 수행성이 갖는 변환적 성격"이 드러난다.[30] 이렇게 "제의적 과정"은, 빅터 터너가 제의와 소셜 드라마의 진행구조에서 연구해냈듯이 처음에는 단순히 경험적 연구 대상이었지만 나중에 훨씬 더 진척된 시도를 위한 도약의 발판으로 나타난다. 그 시도의 목표는 수행성을 개념적으로 강화시켜[31] 다른 연구 영역에도 적용하는 것이다. 그 초점은 이제 문화적 변화와 변형에 분명히 맞춰져 있다. 이런 잠재력은 오늘날까지 연출적 측면에만 연구가 집중되어 있다 보니 아직 별로 인정받지 못한 실정이다. 다가오는 지구촌 사회에서 상징적인 행위의 작용반경을 측정하는 현재의 시도들이 결실을 맺도록 해야 할 것이다. 상징적 행위들을 통해 개인들이 겪는 경계선상의 과도기적 경험과 전체 사회의 변화 과정, 즉 포스트식민주의적 상황의 과도기적 긴장을 형상화할 수 있게 된다.

수행적 턴의 목적은 궁극적으로 상징화 과정이 실질적으로 어떻게 이루어지는가를 파악하는 것이다. 상징 분석은 그와 같은 방향으로 활성화된다. 그래서 해석적 턴의 경우처럼 상징 자체를 의미전달자로 인식하거나 개별 상징의 의미를 해독해내는 것만으로는 충분하지 않다. 이 상징들이 지닌 역사적 맥락, 그리고 제의나 소셜 드라마 같은 형식적 과정과 결합시켜볼 때에야 비로소 상징화 자체의 과정이 드러난다. 그것은 제의가 상징적 행위의 연출 매체이며 이 연출 매체에서 상징이 형성되고 변화되기 때문이다. 그러나 구체적인 제의적 진행 형식을 분석할 때 비로소 "상징의 움직임을 어느 정도 포착"하려는 민속지학과 문학 및 문화학 공동의 노력이 실현될 수 있다.[32]

이러한 역동적 수행성이라는 새로운 지침을 선도하는 학자는 의심할 여지 없이 빅터 터너이다. 아프리카의 잠비아 북서부에 거주하는 부족인 은뎀부 Ndembu족에서 시작한 터너는 구체적인 필드 연구에서 쌓은 경험에 근거해 상징 및 제의 분석을 작업해냈다. 더 나아가 그의 비교상징론은 상징적 형식과 제의적 요소, 그리고 복합적인 현대 산업사회의 연출문화까지를 아우른다. 이 내용은 에디트 터너 Edith Turner가 남편의 전기를 정리한 짧은 에세이에서 묘사하고 있다.[33]

빅터 터너는 1920년 글래스고우에서 태어나 1983년 미국에서 사망했다. 그는 1963년 미국 코넬대학, 시카고대학, 버지니아대학에서 교수로 봉직했다. 어머니가 여배우였던 그는 말년에는 직접 연극적 전환을 수행했다. 뉴욕에서 드라마 워크숍에 참여해 공동작업을 했는데, 뉴욕의 연극 학자이자 극장장이었던 리차드 셰크너 Richard Schechner가 이끄는 작업이었다.[34] 터너는 수행성에 대한 자신의 발상을 문자 그대로 "공연 인간학 Aufführungsanthropologie"으로 더 발전시켰다. 그는 자신의 민속학 세미나에서 타문화 사회에서 관찰한 제의를 완전히 재연하는 방법을 취했다. 필드 연구는 이때 역할놀이로 실현되었는데, 역할을 수행하고 그렇게 모방하면서 체험하는 공연을 통해 낯선 문화의 경험을 어느 정도 공유시킬 목적에서였다. 여기서 바로 민속지학에서의 연극적 턴을 말할 수 있을 것이다.[35]

연극적 턴에서의 이러한 극단적 사례는 터너의 예리한 입단식 분석과도 일치한다. 터너는 사회적 과정에서 상징의 능동적 역할을 구조라는 "죽은 껍데기"[36]에서가 아니라 고조된 인간관계, 감정, 그리고 제의적 경계 상태에서 보이는 "체험구조"[37]에서 도출해낸다. 이때 아프리카 부족 사회의 상태는 단지 그것이 프란치스코 수도회의 입단식이든, 1960년대 히피족 입단식이든 아주 다른 맥락과 비교하거나 그것에 적용하기 위한 시발점에 불과하다. 터너의 상징 및 제의 연구는 모든 사회에서 두드러지는 사회적 연출구조에 대한 단초를 제공한다. 그래서 터너의 연구는 현대 산업 사회에서의 재-제의화, 입단식 및 통과의례의 재활성화나 제의적 잔재들에 대한 징후를 보여주기도 한다. 그러나 이러한 연구 대상 차원을 넘어서 "제의"나 "소셜 드라마"는 퍼포먼스 인간학[38]에 자극받아서 1970년대와 80년대부터 이론 및 개념상 새로운 분석 범주[39]를 만들어냈다. 수행적 턴을 이야기하는 것은 제의 개념이 대상 분야를 넘어서 분석 방법의 차원까지 포괄해야 가능하다.[40]

이러한 전환의 공통점은 행위들의 연출구조이다. 이러한 연출구조는 축제나 카니발, 스포츠, 정치, 종교에서의 퍼포먼스 형태, 그리고 물론 드라마나 연극에서 드러나며 그 연출구조를 "퍼포먼스 접근" 방식을 사용해 해석할 수 있다.

3. 리미널리티와 문화혁신

제의

제의는 실제로 왜 필요한가? 제의는 사회의 변화와 개인의 지위 변동에 따른 혼란과 도전에 대한 요구, 사회 질서에 대한 위협 혹은 위기를 조정한다. 위협 내지 위기를 조정할 수 있는 것은 제의의 진행 절차, 즉 제의 과정의 단계들 때문일 수 있다. 터너의 획기적인 제의 분석이 이를 주장하고 있는데, 그가 말하는 제의 분석은 프랑스의 인류학자 아놀드 반 게넵 Arnold van Gennep의 선행 연구[41]를 재해석한 것으로 세 단계의 도식으로 나뉜다.

1. 분리의 제의: 여기서 의례의 입문자 내지 초심자들은 익숙한 환경에서 벗어나 이전의 상태와 분리된 채 모든 사회적 구속에서 잠시 해방된다.
2. 과도기 내지 전이의 제의: 입문자들은 이 애매한 중간 단계에 머물며 문화의 성역 혹은 중요한 규범 및 상징들과 관계를 맺는다.
3. (재)통합의 제의: 입문자들은 다른 주체들을 안정된 새로운 사회적 지위로 다시 통합시킨다.

이 세 단계가 모든 제의에서 똑같이 실현되지는 않는다. 혼례식에서는 (재)통합의 제의가 지배적이며, 장례식에서는 분리의 제의가 두드러진다. 여기서 눈에 띄게 중요한 경험적 상태로 드러나며 문화적으로 특별한 의미를 갖는 중간 단계인 '리미널리티 liminality'는 상당한 상징성을 지닌 경계선이자 과도기이다. 리미널리티는 수행성의 기본 개념이면서 문화학의 새로운 방향을 제시하는 과정인 포스트식민주의 턴과 공간적 턴에서 특히 중요한 현상이라는 것이 입증된다.

전형적인 리미널리티의 특징들은 특히 성년식에서 나타난다. 즉 리미널리티의 상태에 있는 입문자들은 이름도 성별도 없이 이전의 사회적 구속에서 잠시 벗어나 있다. 그들은 사회구조 밖에서 불안정한 중간 상태에 머무르고 있다. 그러므로 낮은 지위에서 높은 지위로의 이행은 지위를 잃어버림으로써 이루어진다. 개인이나 사회조직에 있어서 중요한 이행 과정의 단계는 복잡한 산업 사회의 모든 문화에서 불안정한 제의의 과도기를 구현하는데, 이 단계에서 "과거는 잠시 부정되거나 제거 내지 삭제되고 미래는 아직 시작되지 않았지만 모든 것이 균일한 상태에서 꿈틀대는 순수한 잠재적 가능성을 보인다."[42] 여기서 문제는 '사이에 끼여 있는' 혼란한 경계 상태 혹은 중간 상태인데, 사춘기, 지위의 변화, 근무처의 변동, 결혼, 임신처럼 개인적, 사회적 이행 상황과 관련되어 있다. 리미널리티의 과도기 상태는 말 그대로 과도기를 넘어서거나 장소의 이동을 통해 실제로 나타나고, 익숙한 일상의 규칙을 잠시 무효화시키며 사회적 규범, 역할 및 상징성의 기능을 정지시키는 특징을 갖는다.

리미널리티는 오늘날 문화 이론에서 높이 평가되는 '사이'에 대한 경험과 행동양식을 의미한다. 다의적 상징들은 삶의 양면을 넘어 과도기에 경험하는 불확실성과 불안감을 표현하는데, 예를 들어 죽음, 어두움, 불명료함 그리고 초인적이고 다의적인 힘을 지닌 신화, 악마, 신들, 마력, 마법, 유령(햄릿 참고)과 마주할 때 확연히 나타난다. 하지만 이러한 대면이 불안감이나 소외감만을 느끼게 하는 것이 아니라 입문자로 하여금 그 문화의 특이한 상징 세계에 몰두하도록 만든다. 지금껏 당연하게 여겨졌던 상징체계와 익숙한 사회적 경계가 허물어지고 '낯설게 하기'와 놀이를 통해 그 자체를 모순되게 만든다. 터너는 여기서 분명한 예를 든다. "사자의 몸에 사람의 머리를 올려놓으면 추상적인 의미로 사람의 머리를 생각할 것이다. 그러나 특정 문화에서 교육받은 사람에게 이것은 부족장의 지위를 상징한다. 몸이 아닌 영혼, 거친 폭력과 반대되는 지성 또는 완전히 다른 것을 대표한다."[43]

이로써 리미널리티의 단계에서 "문화를 여러 요인으로 분석하고 해체해서"[44] 사회적 특징을 창의적, 상징적으로 전환하거나 상징 질서를 해체하기 위한 활발한 활동 영역이 단기간 안에 만들어진다.[45] 이러한 문화적인 활동 영역을 이용하는 것이 중요하기 때문에 실험, 놀이, 직위의 복귀, 반어와 왜곡, 그리고 혁신과 변화된 감성 경험은 실천적인 행동과 상징들의 변화를 통해 표출되어야 한다. "리미널리티의 상태에서 새로운 행동양식과 상징들의 창의적 결합이 우선 시도되고, 그런 다음 비판되거나 수용된다."[46]

터너는 문화적 자기 해석과 혁신의 가능성을 토대로 문화적 상징화 과정에 개입할 수 있다는 것을 특히 복합적 사회에 있는 리미노이드 liminoide 장르의 작품에서 보았다. 이는 연극, 문학, 회화, 음악 또는 반구조주의적 행동의 자유를 표방하는 영역이다. 제의적 리미널리티와 다르게 이 분야는 의무가 아닌 자유분방한 놀이로 특징짓는다. "중권 거래소라는 리미노이드 세계"[47]의 적용 사례처럼 터너의 개념이 수용적 차원에서는 간혹 밋밋하게 사용되지만, 리미노이드 장르의 영역에서 친숙한 상징화 과정들이 도전받거나 파괴될 수 있다는 것은 확실하다.[48] 문화적 성찰을 하기 위한 능력으로 리미널리티의 제의 단계에 힘을 실어줌으로써 문화 창작과 변화를 위한 의미 있는 원동력이 되도록 가치를 드높인 사람은 (게넵이 아니라) 터너이다. 이로써 터너는 구조기능주의적 제의 분석에 반대하는 입장을 밝혔다. 심지어 그는 "구조주의라는 포도나무에서"[49] 말라죽기 전에 사회학을 재편성 할 수 있는 동인을 찾고 있었다. 터너에게 제의는 사회를 안정시키는 힘도 없지만, 그렇다고 수동적인 기능을 갖는 것도 아니다. 그와는 반대로, 제의는 엄청난 문화적 변화의 가능성을 갖고 있다. 기어츠가 의미의 밀도를 중요하게 생각해서 사회적 변화를 분석하기 위한 해석적 턴을 크게 인정하지 않았다면, 터너의 역동적 제의 모델에서는 분명 문화적 의미를 담은 변화의 힘이 작용한다. 그래서 문화 개념 자체가 변한다. 그것은 문화학의 다양한 '컬처럴 턴들'처럼 수행적 턴도 문화에 대한 이해의 변화를 촉발시키기 때문이다. "퍼포먼스로서의 문화 culture as performance"[50]에 대한 연구는 문화적인 퍼포만츠 Performanz/ 수행성 Performativität/ 퍼포먼스 performance의 대상 영역을 넘어 문화 전체로 확장된다. 따라서 연기와 공연의 사교적 차원이 사회적 행동 과정의 역동성과 결합할 때 '문화'에 대한 새로운 접근이 가능해진다. 이러한 교차는 '제의'와 더불어 '소셜 드라마(사회적 드라마)'에서도 볼 수 있다.

소셜 드라마

제의는 소셜 드라마의 구성요소로서 사회적 갈등은 이를 통해 이미 구축된 형식으로 연출되거나 동시에 통제되기도 한다. 소셜 드라마를 보여주는 예시는 친족 간의 갈등, 지배계승자, 직위의 복귀, 반동, 혁명 그리고 전쟁으로 인한 분쟁에서 구체적으로 나타난다. 소셜 드라마의 영향권이나 이에 상응하는 해석적 틀의 활용범위는 일상의 층위까지 넓게 퍼져 있다. "소셜 드라마의 형태는 국가로부터 가정에 이르는 사회조직의 모든 분야에서 나타난다는 것이 나의 입장이다"[51]라고 기술한 글에서 터너는 가설로 내세운 소셜 드라마의 보편타당성을 뚜렷이 강조하고 있다.

터너는 '소셜 드라마'라는 개념을 자연스럽게 만든 것 같다. "새로운 개념이 필요했기"[52] 때문이다. 그는 이 개념을 변용시켜 자신의 확고하고 완전한 논리에 맞춰 발전시켰다. 오늘날 '소셜 드라마'에 대한 관심은 사라졌어도[53], 여전히 고무적인 생각을 보여주고 있다. 말하자면 소셜 드라마가 문화해석학의 조화로운 관점에 치중하기보다는 사회의 갈등 문제를 강조함으로써 다가오는 세계 사회의 긴장 관계를 해석하는 데 잘 적용할 수 있기 때문이다. 어쨌든 소셜 드라마의 구상은 단순한 기술(記述)과 표현의 차원을 넘어 사회적 논의와 위기 극복을 위한 전략으로 발전한다. '소셜 드라마'에서 수행적 턴은 사회적 행위를 분석하기 위한 롤 모델과 연극의 비유를 동원하는 방법론적인 경향에 얼마나 큰 영향을 미치는지 보여준다. 따라서 소셜 드라마의 진행 형식은 여러 학문들 간의 과학적 논쟁에도 적용되는데, 예를 들어 '소비자 연구' 조사에서 해석적이거나 포스트모더니즘적인 새로운 연구 방향에 저항하는 전통적인 연구 방법의 경향을 다룬 논문에 적용될 수 있다.[54] 그러나 다른 영역에서 소셜 드라마라는 은유는 방법론적인 면밀함을 수단으로 사회적 갈등을 그 진행 방식에 맞춰 정확히 주시해야 할 경우라면 언제나 사용될 수 있다. 이것이 "위기 조정"[55]이라는 전략에 맞춰 오늘날 제의에 대한 논의를 활성화시키고 현실화하려는 새로운 시도에 대한 구체적 방법인 것이다.

여러 집단 내의 권력투쟁들로부터 국제적 긴장 관계에 이르기까지 소셜 드라마의 전형적인 전개 과정을 특징짓는 4단계는 다음과 같다:

1. 위반(사회적인 규범 파기, 규칙 위반, 위법)
2. 위기(위반의 증폭과 절정 및 전환)
3. 극복(법 절차, 제의적 행위, 중재 기구 혹은 군대의 강압적 수단을 통한 갈등 해결 전략)
4. 재통합 또는 최종적인 분리(회복되기 어려운 결렬이나 결별을 인정하거나 화해하는 것)

여기서도 핵심축은 극복 단계의 불안정한 리미널리티에 있다. 현실적인 갈등이 생길 경우 실제로 화해를 통해 극복되진 않지만, 모델로서의 소셜 드라마는, 물론 그것이 문제이긴 하지만, 비극 이론에서 유래하여 무대극에 맞게 만들어진 '완결된 사건 진행'이라는 아리스토텔레스의 극 이론을 근거로 하고 있다. 이로써 극적 진행에 합리성, 자기성찰만이 아니라 공동의 지고한 가치와 관련된 이해 갈등의 중재도 들어 있다. "나는 소셜 드라마를 형식상 완전한 전개, 완결된 단계적 구조 안에서 많은 참여자들에게 부여된 특정 가치와 목표를 공동의 일치된 의미 체계로 변화시키는 하나의 과정으로 본다."[56]

그렇다면 한 문화권 내의 갈등 상황을 넘어서 일반화시켜 상호 문화적 관계의 역학 구도로 옮겨 본다면 얼마나 넓은 분야까지 이 모델을 적용할 수 있을까? 2001년의 9.11 사건을 '소셜 드라마'로 분석할 수 있을까? 최소한 일시적으로 허용된 '공동의 의미 체계'와 연결시키는 터너의 기본 입장을 진지하게 받아들인다면 그렇게 보기 어려울 것이다. 글로벌 시대에 일어나는 위기 극복과 관련하여 더 세분화된 모델이 만들어져야 할 것이다. 분화된 제의 과정과 글로벌 시대에 겪는 경계적인 단절 경험은 터너의 제의 단계가 갖는 경직된 구조와 결별할 것을 요구한다. 그것이 아니더라도 어마어마한 수행적 파급력을 지닌 비체계적인 제의의 요소들, 일상에서의 제의들 그리고 정치적인 제의화의 다양성을 파악하고 분석하는 데 터너의 이론은 현재의 연구 방법에 있어 협소해 보이기 때문이다.

4. 수행적 턴과 개별 학문

제의 분석의 연구 방향은 민속학은 물론 다른 개별 분과에서도 수행적 전환을 강조한다. 이와 같은 전환을 통해 텍스트 모델과 달리 사회적 실천 현장의 구성적 성격뿐만 아니라 형상화 능력이 드러난다. 기존에 있던 것을 보여주는 것이 아니라, 수행적 과정을 통해 새로운 것을 만들어 낼 수 있는 것이다. 지식 획득의 차원에서 이러한 수행적 활동은 "자연과학적인 객관성을 담보하는 수행적 토대로서"[57] 자연과학에서, 특히 과학 연구 Science Studies[58] 분야에서 두드러진다. 이때 수행성은 기술에 대한 폭넓은 이해를 통해 사회적인 맥락에 따라 대상과 사실을 다룰 때 나타나는 조형 가능성을 의미한다. 하지만 문화학에서 볼 때 수행적인 열린 시각은 훨씬 더 미래지향적인 기능을 갖고 있다. 이러한 열린 연구 자세는 문화의 자기 생산을 기술하는 것만이 아니라 문화의 자기 생산에 협력한다는 인식을 갖게 한다. 예를 들어 역사학은 "역사 인물들의 행동 방식이 갖는 생산적인 의미를 구성할 수 있는 가능성을 탐색함으로써"[59] '역사 만들기 doing history'의 차원에서 자기 이해를 발전시킨다. 이와 비슷한 예로 양성 연구의 젠더 연구에서 "젠더 수행하기 doing gender"[60]는 생물학적 성 자체를 수행적으로 만들 수 있다고 본다. 신학에서는 터너의 전이 개념이 '변형신학'에서 결실을 맺는데, 예를 들어 "다마스커스에서의 경험"[61]이라는 다양한 시각의 변화를 담고 있는 바울의 서신을 제의 이론과 리미널리티 이론에 따라 해석한 것이다.[62] 결국 문(예)학에서도 "수행적 문학에 대한 개념"[63]이 강조됨으로써 문학 텍스트는 수행적으로 해석된다.

수행적 턴이 문학에 얼마나 영향을 미칠지 언어철학의 관점에서 확인할 수 있다. 예를 들어 문학의 수행성 영역에서 살펴본 카프카에 대한 사례 연구나 오스틴의 화행론에서 데리다를 거쳐 버틀러 Judith Butler의 수행적 젠더 이론 및 퀴어 이론 Queer Theory에[64] 이르는 수행적 턴의 범위를 확장시킨 컬러 Jonathan Culler가 그런 경우다. 행위를 구체화하는 언어의 창의적 기능을 강조한 오스틴의 이론에서 출발한 컬러는 문학을 수행적으로 새로 규정하려는 충동을 반복해서 보여준다. "문학 작품들은 자신들이 표방하는 아이디어와 구상이 존재하도록 만든다."[65] 따라서 문학 작품에서 (낭만적인) 사랑이라는 개념은 구체적인 사건의 맥락에서 형상화된다.

다른 한편 민속학적인 수행성과 제의 분석 방식을 따를 때 우리는 중세와 근세 문학의 의사소통구조를 더 잘 추론할 수 있을 뿐만 아니라 사회 현실과 문학의 관계를 더 확실하게 조명할 수 있다.[66] 이로써 문학 텍스트는 제의적 구성요소에 맞춰 분석될 수 있는데, 때로는 제의의 진행 과정을 허구적으로 낯설게 해서 비판적인 파괴력을 갖도록 만든다. 특히 성장소설과 교양소설이 이러한 제의적 구조에 따라 새롭게 읽힐 수 있다. 하지만 이 소설들에서도 제의의 범주는 상호 문화적 시야를 넓히기 위한 수단일 뿐이다. 괴테의 『빌헬름 마이스터의 수업시대 Wilhelm Meisters Lehrjahre』(1795–96)에 대한 키틀러 Friedrich Kittler의 연구가 보여주는 것처럼 유럽의 개인조차 제의적 구조와 문화적인 코드에 편입되거나 집단적 경험 방식에 영향을 받는다. 사춘기와 성년식을 호피–의례[67]와 비교한 키틀러의 연구는 유럽의 성장소설에서 전개되는 서구 사회의 교육 과정을 고도의 개인적인 교육 방식이 아닌 한 문화의 특징을 지닌 사회화의 과정으로 이해할 것을 제안한다.[68] 이로써 유럽인에게 부여된 특수성은 상대적으로 평가되며, 그런 접근 방식에 근거하여 다른 문화의 개인과 자아에 대한 개념과 비교될 수 있다.

무대극은 제의 분석에 기반을 둔 수행적 연구에 상당히 적합하다. 예를 들어 스트린드베리 August Strindberg의 희곡 작품들은 극 안에서의 성찰과 제의의 변형이 일어나는 사건에서 독특한 입장을 표명한다. 스트린드베리의 희곡 『다마스커스를 향하여 Nach Damaskus』(1900)는 리미널리티의 풍부한 변화와 변형적 제의의 문학화를 특히 잘 보여주는 작품이다.[69] 그의 『꿈의 연극 Traumspiel』(1907)에서 다양한 형태의 제의와 제의의 단면들이 연결되고 대비되는 박사과정생의 실패 장면에서처럼 제의 분석적인 넓은 시각을 통해 새로운 인식을 얻게 된다. 대학을 배경으로 한 희곡작품이 종교적인 의식으로 변하고, 박사과정생이 단과대학 사이에 벌어진 분쟁의 희생자에서 구원자로 변모하면서, 이 구원자는 월계관 대신 가시관을 쓰고 희생과 순교자의 의식 차원 및 예수의 계승이라는 상징성을 얻게 된다. 문학에서 제의를 다룰 때 전형적으로 제의를 훼손시키는데[70], 이처럼 왜곡된 성년식에는 어떤 의미 있는 재통합도 확고한 정체성도 있을 수 없다.

희곡작품에서 변화의 제의를 다루는 방식은 제의절차의 수직적 배열 형식을 깨트리는 것이다. 문학은 제의에 대해 성찰하고 제의적 기준모형의 낯설고 왜곡된 상태를 표시하여 이를 패러디하거나 단순한 구성요소로 기능하도록 만든다. 그래서 문학의 초점은 특정한 제의 단계에 집중적으로 맞춰져 있는데, 주로 리미널한 과도기 단계에 집중하고 있다. 지속되는 기본적 특징은 모든 제의가 리미널리티의 단계에서 안정된 의미를 상실하는 데 있다. 이런 방식으로 문학과 희곡은 제의 비판의 매체가 되고, 거기서 사회적인 공연문화로 나아간다.

하이델베르크 대학의 특별 연구 프로젝트인 "제의의 역동성"[71]은 다양한 분야에서 작업한 수행적 영역과 관계를 맺기 위해 특히 연극학의 관점에 새로운 방향을 제시하였다. 연극학은 수행적 턴을 크게 발전시켰다. 베를린 자유대학의 '수행성의 문화'라는 특별 연구 분야를 담당한 수행적 연극학의 수석학자 피셔-리히테 Erika Fischer-Lichte는 두 가지의 '수행적 턴'을 작업하였다. 첫째는 19세기 말과 20세기 전환기에 연기 및 공연과 관련된 유럽문화의 자기 이해에 관한 것이고, 둘째는 인문학과 사회학에서 이론중심적인 수행적 턴에 관한 것이다. 첫 번째 역사적 턴에 대한 피셔-리히테의 가설은 "20세기에 유럽문화는 텍스트 위주의 문화에서 현격히 수행적 문화로의 전환을 이룩하였다"[72]는 것이다.

전형적인 유럽의 텍스트 문화가 19세기에 광범위하게 형성되었다면, 20세기 초에는 이국적인 문화에 대한 동경, 원시 문화의 발견, 몸과 육체성 문화의 발전, 아트 댄스, 몸과 율동으로 표현되는 연기술, 공적인 삶의 연극화, 노동절, 노동자들의 축제, 스포츠 축제와 같은 수행적인 문화의 흐름이 지배적이었다. 이러한 범위는 사회가 점차적으로 연극화되는 현상에 맞물려 문화에 대한 이해로 흡수되어 스포츠 시합, 정치적인 공연과 같은 양상으로 탈산업화된 사회에서 제의가 재발견되기에 이르렀다고 보고 있다. 피셔-리히테는 90년대부터 문화학에서 나타나는 새로운 방법상의 수행적 턴을 역사적 수행적 전환에 대한 반작용으로 본다.[73] 물질성, 매체성, 그리고 문화의 발전동력이 관심의 대상이 되고 '텍스트로서의 문화'라는 메타포를 해체한다고 보는 것이다.[74]

역사적 수행적 턴을 방법론적 수행적 턴과 병렬하는 것은 문제가 있다. 이는 문화학의 방향 전환이 결코 연극화의 경향을 증폭시키는 역사적 사회적 현실에서만 비롯될 수 없기 때문이다. 오히려 새로운 인식과 분석 태도가 중요하며 이를 통해 대상과 사건 및 문화적 과정이 특히 연출과 공연 차원에서 전혀 연극적이지 않다고 해도 수행적으로 보이게 된다. 그래서 수행성에 대한 터너의 제의 분석적 접근은 적용범위가 너무 넓다. 그 이유는 이러한 접근이 좀 더 체계적이고 내용 면에서도 수행적인 것을 어느 특정 '시대'에 고정시키지 않기 때문이다.

피셔-리히테는 21세기로 나아가는 전환기에 방법론적 수행적 턴을 언급함에 있어 텍스트학 대신 연극학을 강조하였다. 그녀는 "언어학적 턴의 발전 과정에서 특히 텍스트중심적인 새로운 개념들은 문화적 과정과 문화적 현상들이 갖는 특별한 수행성을 조명하는 데 적합하지 않다"[75]고 보았다. 연극학은 특히 1990년대 이후로 새로운 개념을 앞세운 선도 학문으로 등장하여 "주도 학문"[76]의 위치를 선점하였다. 연극학은 자신들의 어휘로 전통적인 연극 개념 뿐만 아니라 관례적, 민속지학적 제의의 개념들도 확장시켰다. 또한 연극학은 텍스트학 개념의 우위에 맞서 퍼포먼스, 공연, 연기, 연출, 표현, 지각, 몸 그리고 매체성과 같은 연출 개념들의 목록을 제시하였다. 이로써 60년대 이후 "사회학적 전환"[77]을 통해 민속학에 접근함으로써 새로운 길을 개척한 것 이상으로 연극학은 문화학과 매체학의 결합을 확실히 구축하였다.

문학, 드라마, 연극 분석에 새로운 개념과 제의 분석적 시각을 적용함으로써, 이것은 또 다른 수행적 턴을 탄생시키는 지렛대 역할을 한다. 이러한 새로운 수행적 턴이 인식 가능해지고 작동을 시작하는 것은 핵심 범주가 대상과 내용 차원에서 (문제의 장들을 가로질러) 문화적인 지각 범주나 (분과 학문들을 가로질러) 문화학적 분석 범주로 이행해 갈 때 비로소, 말하자면 다른 영역으로 이행해 갈 때이다. 문화학과 연극학적 측면에서 볼 때 연극성의 범주가 바로 이 경우다. 그것은 연극성의 범주가 "수행적 게스투스 Gestus"[78]로서 사회적 의사소통과 동일성 형성이라는 연극 외적인 영역을 뛰어넘어 노이만 Gerhard Neuman이 말하듯이 전적으로 텍스트와 관련하여 "실제로 의미를 생산"[79]하는 것으로 해석될 수 있기 때문이다. "의미를 생산하는 생성적 요소인 연극성은 언어성과 텍스트성을 벗어나서는 생각할 수 없다는 것"[80]이 노이만의 가설이다. 그래서 연극성은 텍스트를 함축하는 요소로 이해되고, 언어 내지 텍스트 자체는 의미를 무대화하므로 연극적인 것으로 간주되기 때문에 앞서 언급한 노이만의 가설, 즉 텍스트와 수행성은 문화학에서 엄격하게 양분된 개념으로 간주해서는 안 된다는 것이 입증된다. 노이만은 문예학은 연극학의 도움 없이 스스로의 힘으로 문화학에서 수행적인 전환을 이루어낼 수 있다고 분명한 논조로 강조하였다. 그 이유는 문예학은 이미 문학 텍스트에서 언어의 연극적 함의, 즉 "언어적 수행성의 '무대'로서의 텍스트"[81]를 보여주기 때문이다. 이런 입장에서 노이만은 연극성의 개념을 "인식 전략의 본보기"[82], 즉 사유의 형식 및 학제 간 담론의 기본 원소로 본다. 따라서 이 연극성 개념은 그 자체로 수행적 전환의 새로운 프로필을 형성하는 데 영향을 미친다. 즉 이 수행적 전환의 특징은 생산양식, 모델, 지각 형식 및 텍스트화 행위를 강조한다는 데 있다. 이는 역사학자 알가지 Gadi Algazi가 자신의 비판적인 논문에서 해석적 턴의 텍스트 이해에 반하여 제시하는 '생산적인 레퍼토리'인 것이다.[83]

이런 의미에서 문예학과 연극학의 중간에 "경계 넘기 Transgression"[84]라는 수행적 주도 개념이 두드러지게 나타난다. "지각, 묘사, 이해의 차원"[85]에서도 분명 '경계 넘기'에 대해 말할 수 있고, 위반, 탈경계, 카니발, 코드의 파괴도 경계 넘기이다. 경계 넘기는, 예를 들어 상징적 변형을 통해 "언어와 성별 사이를 부유하는 것으로서 예술, 매체, 담론, 문화적인 영역 또는 시류 사이를 창의적으로 넘나드는 것"[86]만이 아니다. 오히려 '경계 넘기'는 한 사회 안에서 "합법화되고 제의화된 사건을 수행적으로 넘어서는 행위"[87]를 뜻한다. 여기서 수행성은 '경계 넘기'가 의미를 텍스트화한다는 개념을 넘어선다는 점에서 문화학적으로 중요할 뿐만이 아니라, 제의에 대한 반대 개념조차도 끌어들이려고 시도한다는 점에서 보면 혁신적이라고 할 수 있다. 그 이유는 기존의 제의가 대표적인 전이들을 엄격하게 형성하는 데 의미를 둔다면, 경계 넘기는 지배적인 코드를 파괴하여 내면적으로 '변형'을 이루는 데 집중하기 때문이다. 어쨌든 경계 넘기는 "계몽적, 이성적, 대표성을 띄는 규범적인 담론 외부에서 작용하는"[88] 지식을 표현한다. 결국 이러한 경계 넘기는 모방 행위, 은유적인 표현 및 번역을 통해 경계를 긋고 경계를 넘는 문화 이론을 형성하는 데 기여하고, 전통적인 이분법적 지식 체계와 오직 텍스트화를 거쳐 접근할 수 있는 문화 지식과는 반대 방향으로 나아간다.

젠더 연구 분야에서 유명한 버틀러의 수행성 이론은 연극성의 틀에서 시작해서 육체적, 물질적, 파괴적인 수행성 내지 경계 넘기의 영역에 정착할 수 있게 되었다. 버틀러는 생물학적 범주로서의 성을 문제 삼아 몸에 집중하였고, 터너의 제의 연구를 적용하여 성별의 구분을 행위로 파악하였다. 성의 정체성은 몸으로 표현되는 "양식화된 반복적 행위"[89], 즉 "공공연하게 실행되는 제의화된 수행성"[90]을 통해 이루어진다고 보았다. 이로써 몸은 탈생물화를 겪고 성 규범을 반복적이고 무의식적으로 인용하는 수행적 과정의 산물로 규정된다. 1990년대 이후 양성 연구와 "젠더와 성의 수행 이론"[91]에서 시작된 수행성의 관점은 문화학적 비판과 정체성 구상이라는 새 판(版)을 짰다. 그것은 자체적으로 완전하고 뚜렷한 정체성을 본질적으로 규명하는 것이 핵심이 아니라, 정체성 형성의 구조와 수행적 개념과 관련된 것이다. 또한 수행적 젠더 이론은 문화학의 정체성 비판에 큰 힘을 실어 주었다. 행동하기, 반복적인 행위, 역할 맡기, 성 규범의 인용 등에 의해 안정적으로 여겨진 (성)'정체성'이 전복의 흔적들로 인해 어느 범위 내에서 규정될지, 얼마나 다양한 정체성으로 발전할지를 수행적 젠더 이론이 보여주었기 때문이다.

버틀러의 수행성 이론에 대한 콘셉트에서 무심코 스쳐간 내용을 역사학은 예시를 통해서 명시적으로 드러내 보이는데, 여기서 수행성의 관점은 성별 관계에 새로운 시각을 제시한다. 독일의 나체문화 내지는 20세기 초반 독일의 나체문화 운동에서 고대의 조각상을 모범으로 몸에 대한 자기 연출과 "신체의 구조 변화를 수행적 과정"[92]으로 다룬 뫼링 Maren Möhring[93]의 논문이 그 예다. 버틀러의 영향을 받아 '전형적인 신체 도식', 즉 남성에게는 아폴로, 여성에게는 비너스라는 사회화된 신체 유형의 모방을 주제로 하였지만, 그것은 당시에 양극으로 대립된 성별 체계를 위한 연구였다. 버틀러의 이론에서처럼 뫼링의 논문에서도 수행성은 계속되는 규범의 반복을 허용하며, 이로써 성의 특수성이 만들어진다. 그러나 성의 특수성이 고대 조각을 근거로 버틀러가 말하듯이 '자기 이상을 모방하는' 수행성으로 여전히 작동한다는 것이 중요하다. 이러한 미메시스적 모방은 변화의 가능성과 함께 모범적인 규범으로부터의 탈피와 재창조를 동시에 가능하게 한다.

역사학의 다른 사례 연구들도 수행성의 관점이 현상에 대한 새로운 시각과 어떻게 연계되는지 분명히 보여준다. 따라서 중세 역사학과 문예학 분야에서 비롯된 자료 연구가 제의 연구의 확장에 더 많이 활용될 수 있다. 예를 들어 중세 문자화의 한계성, 중세 텍스트의 개방성, 권력의 제의성, 다시 말해 복종 형식, 지배자의 연출 및 신하의 충성을 보여주는 제의적 제스처의 중대한 의미, 그리고 품위로서의 명예의 영향력이 강조된다. 여기서부터 연극성만을 위한 것도 통과의례를 위한 것도 아닌 제의에 대한 구상이 발전하였다. 제의 행위는 오히려 텍스트와 현장 경험을 결합시키는 행동으로 보았으며, 행위, 제스처, 그리고 말[94]의 단순한 반복 내지 기호적, 육체적인 행위 과정[95]을 벗어나 새로운 변화의 가능성을 갖게 되었다. 그래서 '수행적 턴'을 "인지적 경험의 매체중심적 문화사"[96]와 연결시키려는 포괄적인 시도가 특히 중세 연구에서 이루어졌다. 이 지점에서 목소리, 몸의 자세 및 시각효과를 수단으로 이미 아이코닉 턴과의 접점이 보인다. 이런 시도와 지배 세력의 의례에 대한 연구에서 의례적인 요소가 제의의 영역과 관련하여 더 많이 평가된다. 의례는 부수적인 장식물이 아니라 정치적, 사회적 질서를 구성하는 요소로서 평가된다.[97] 뮌스터 대학의 "중세부터 프랑스 혁명까지 상징적 의사소통과 사회적 가치 체계"[98]라는 특수 연구 분야의 연구 결과에서도 상징적 행위, 즉 제의, 의례, 수행성 일반의 구성적 역할을 강조하고 있다.[99] 물론 여기서 수행성 일반은 더 이상 전근대적 연구 대상들이 가졌던 특수한 수행적 특징에 국한하여 말하는 것은 아니다.

현대사에서도 제의 분석적이고 수행적인 시도가 뚜렷하게 나타난다. 예를 들어 1900년경 미국의 사형제도[100]는 한편으로는 문화적 수행성의 현대적인 형식으로 해석되는데, 이 문화는 특수한 규범과 가치, 질서에 대한 이념으로 재현되는 것이다. 다른 한편으로, 사형제도는 현대성이라는 수행성으로 나타난다. 이처럼 "문화적인 살인을 전혀 극적이지 않게 연출함으로써"[101] 사형제도는 현대성과 진보성을 표현하는 것이다. 이러한 연출 경험의 예시에서 확실한 것은 "현대 사회 역시 제의적 행위의 형태로 자기 이해와 세계 이해를 창조해서 전달한다는 것이다. 현대의 수행성 이론과 제의 이론이 확인시켜주듯이 특이하고 제의화된 행동 모델들로 공동체를 만드는 것이 전근대적 문화의 특성은 아니다."[102]

이로써 수행적 턴은 현대 이전과 현대 사회의 이분(二分)을 지양하는 데 총력을 기울인다. 다양하게 적용할 수 있는 수행적 연구 관점을 위해서 민속학적 제의 이론의 기본 개념과 자극이 필요하지만, 다양한 상징적 소통 형식을 제의화된 행위로 파악하려는 경직된 제의 개념으로는 충분치 않다는 것을 수행적 턴이 보여주고 있다.

5. 수행성 이론의 발전전망

연출, 공연, 퍼포먼스, 신체표현 같은 연극학적 분석 개념들은 제의와는 달리 특정한 진행 절차를 따르지 않는다. 그러한 점에서 연극학적 연구 콘셉트가 이 시대를 분석하는 데 적절한 것일까? 터너의 제의론에서 진일보한 새로운 연구에서는 제의의 선형적이고 폐쇄적인 시퀀스구조는 충분한 분석 모델을 제공하지 못함을 강조한다. 매우 다층적이고 비연속적인 제의 과정에서 작용과 반작용으로서의 대조적이고 변별성 있는 행위들을 조명하는 것이 점점 더 강조되고 있다. 무엇보다도 세계의 글로벌화에 따라 제의기능의 변화가 초래되고 있다.[103] 이런 맥락에서 볼 때 리미널리티는 개인뿐 아니라 사회집단 전체가 그들의 변모 과정에서 지극히 불안정한 상황에 처해있음을 입증한다. 이것은 특히 식민주의적 사회에서 포스트식민주의적 사회로 넘어가는 과정과 글로벌화 경험을 처리하는 과정에서 두드러진다. 사회의 변모라는 긴장 상황은 전통적인 제의구조가 해체되고 제의의 삼각구도(분리-위기-재통합)가 불안해지면서 야기되는데, 어떻게 발전될지 그 행보가 열려 있기 때문에 특히 유럽 이외의 나라들에서 문학, 드라마, 그리고 연극에서 폭발력이 있는 주제라고 할 수 있다.[104] 경계선 상황은 파사주(통로) 공간이라는 의미에서 갈등의 소지가 매우 큰 과도 상황으로 간주된다. 예를 들면 살만 루슈디의 소설 『그녀가 딛고 있는 땅 The Ground Beneath Her Feet』에서 "보이지 않는 경계"[105]를 넘어가는 상황이 그것이다. 이 소설에서 주인공인 인도 팝싱어 오르무스 카마 Ormus Cama는 봄베이로부터 영국으로 이민을 떠나는 비행기에서 하늘의 "보이지 않는 경계"를 체험한다. 그는 다른 여행자들과 마찬가지로 "서방으로 들어서며 하늘에 드리워진 변화의 막을 지나게 된다".[106] "두 세계 사이를"[107] 여행하는 이런 사람들, 그러니까 이주민 상황에서 볼 때, 경계 체험과 경계 상황의 단계는 중간에 거쳐 가는 과도기가 아니다. 오히려 갈등의 소지가 많은 지속적 "배척"[108]상황이 될 것이다. 그리고 이것은 사회편입을 통해서만 해소되지는 않을 것이다. 이민자의 왜곡된 리미널리티는 수행적 턴이라는 렌즈로 보아야만 인식될 수 있다. 그것은 "사람들이 어떤 명백한 집단에도 속하지 못하고 비구조적이고 낯선 자유에 노출되어 있는 현대 세계의 리미널리티"이다.[109]

앞으로 지구촌에서는, 어떤 믿을 만한 제의적 과정이나 제의적 완성도 확신하지 못한다는 의미에서 제의적 확실성이 더 이상 존재하지 않을지라도 터너의 체계적 제의 분석은 분명한 자극제가 된다. 즉 수행적 턴은 문화 경계를 확실하게 넘어서 계속 작업해야 할 것이고, 문화 비교 연구에 유용하게 활용될 수 있다는 것이다. 터너에게는 어떤 특정한 제의만이 문제되는 것이 아니었기 때문이다. 그에게는 제의의 보편적인 동시에 전형적인 진행절차가 중요했고, 그리고 무엇보다 제의나 소설 드라마 같은 "변화 중인 단위들의 교차 문화적 유형"[110]을 개발하는 것이 관건이었다. 그는 이런 제의 분석 방식을 사용하여 글로벌한 연출 과정과 맥락을 좀 더 정확하게 파악할 수 있는 분석 수단을 제시했다. 터너는 결국 제의구조가 있다는 가설 아래 이미 "새로운 종합적 트랜스컬처 의사소통 체계"[111]를 만들어내고자 했다. 이 의사소통 체계는 문화 경험을 문화 경계를 넘어 서로 비교하거나 심지어 서로 공유할 수 있게 해준다.

여기에서 결정적인 것은 어떤 전환점을 따르는가이다. 사망 직전 빅터 터너는 또 다른 연구인 신경생물학적 연구를 개척했는데 그것은 민속학자한테서 예기치 못했던 전환점이었다. 그런 만큼 이것은 상당한 논란을 불러일으켰는데, 요즘 다시 그 시의성을 되찾을 수도 있겠지만 제의와 퍼포먼스 연구에서는 더 이상 관심 있게 다뤄지지 않았다. 터너에 따르면 제의는 진화 과정의 기본요소이다. 그리고 여기로부터 수행적 전환이 곧바로 신경학적 담론으로 새롭게 진행되고 있다.

터너는 뇌 연구의 도전에 큰 기대를 갖고 직접 이런 담론의 길을 열었다. 터너는 마지막에 썼던 글에 속하는 "몸, 뇌, 그리고 문화"라는 에세이에서 이렇게 단언한다. "최소한 반은 확신하건대 신경학과 문화신경학 사이에 진정한 담론이 성립될 수 있다. 그것은 이 두 학문에서 적응력, 학습, 상징화 등을 상두부의 능력으로 간주하게 된 이래로 그렇다".[112] 이렇게 볼 때 뇌 연구에서 수행적 전환이 새로운 의미를 획득하게 된다. 이때 뇌를 "리미널 브레인"[113]으로 보고 뇌생리학적 결정론으로부터 해방시키자는 터너의 제안에 주목할 필요가 있다. 어쨌든 최근의 수행적 전환의 뇌 연구에서 신경망을 연극모델과 결부시키는 발상이 이미 나와 있다. "생각의 연극놀이 Schauspiel des Denkens"을 통해 뇌의 기능을 밝혀내려는 것이다.[114]

점점 가시화되고 있는 "신경생물학적 턴"을 보편주의 이론으로 설정하는 것 때문에 터너의 작업도 문제시된 바 있는데, "신경생물학적 턴"을 보편주의 이론으로 설정하다 보면 우리는 한 가지 사실을 쉽게 간과하게 된다. 즉 묘사나 분석 범주는 신경생물학적이지 않으며 문화 특유의 특성을 보이는 동시에 문화적인 것에서만 사용된다는 사실이다. 그럼에도 불구하고 여기서는 터너와 마찬가지로 보편주의적인 가설을 상정하고 있다. 그래서 종교민속학자인 탈랄 아사드 Talal Asad는 종교와 본질적 자신의 구성에 대한 특수한 견해를 가지고 하나의 보편주의적 제의 개념이라는 표현을 비판하였다. 보편주의적 제의 개념은 그래서 이슬람 사회의 제의 형식에 사용될 수 없다는 것이다.[115]

이러한 문제 제기로부터 다른 전환점을 간파하게 된다. 퍼포먼스 범주 자체를 글로벌하게 확장하는 것이다. 수행성 개념의 문화적 특성과 내용상의 제한에도 불구하고 제의가 단계적으로 진행되는 형식은 여기서 자극제가 될 커다란 잠재력을 보여준다. 제의의 형식적 진행절차로부터 수행적 실습 현장을 위기 극복을 위한 문화기술의 힘으로서 포괄적으로 조명하는 게 가능하다. "제의가 항상 잠재적인 차이 경험(균열, 과도기, 위기)을 처리하는 것과 관련된 것이라면, 리미널리티는 경계를 구성하거나 확장 내지 축소하고, 새로 정의하고 정당화시키는 또 다른 중요한 관점이다.[116] 제의, 리미널리티, 경계 유지, 그리고 경계 넘기를 연결시키면 개념과 구상의 영토가 생겨난다.[117] 이때 수행성은 공간적 현상으로도 인식된다. 이러한 차원은 물론 문화학적 토론 자체가 공간적 턴에서처럼 역사적, 사회적, 그리고 정치적 행위의 공간적인 조건을 자각할 때에야 비로소 중요해진다.

수행적 턴의 영역에서 이러한 토론 지평은 제의 범주보다는 연극성, 경계 넘기 Transgression, 그리고 무엇보다 리미널리티의 범주가 장차 폭넓게 활용될 수 있음을 추측하게 한다. 이들은 층층이 쌓인 경험 세계와 단편적인 생활 방식을 문화학적으로 분석하게 해주는 주요 개념이 된다. 이런 경험 세계는 물론 단절 없이 매끈하게 하나의 통합적인 문화집단으로 묶을 수 없다. 그 결과 민속학과 사회학, 그리고 문화학적 분석에 불리하게 작용할 수 있다. 친숙한 내러티브 곡선을 보이는 문화학적인 묘사도 점점 늘어나는 인생과 경험맥락의 파편화 앞에서 와해될 수밖에 없다. 그러므로 이같은 퍼포먼스 양상은 필연적으로 학술적 텍스트의 연출에도 돌입하게 될 것이며[118], 그러고 나면 성찰적 측면을 통해 실제로 연구 실습 정책에도 진입하게 된다. 특히 제임스 클리포드 James Clifford[119]는 여기서 수행적 턴이 학문 연구와 재현에 대한 자기성찰로까지 나아가도록 논의를 확장시키고 있다. "요즘 글을 쓸 때 어느 누구도 수행성 시각을 현장 조사 작업과 학술출판의 정책으로까지 그렇게 깊숙이 적용하지 못하고 있다."[120]

(번역: 장은수, 주미경)

2장 요약

수행적 턴은 1970년대 이후 존 오스틴의 실용주의 언어철학과 화행론의 언어 활용에서 출발하여 다양한 문화적 담론의 사회적 과정으로서의 퍼포먼스 문화에 주목한다. 수행적 턴의 동력이 된 빅터 터너의 상징민속학 혹은 비교상징론의 퍼포먼스 접근 방식은 완결된 의미 체계로서의 전체론적인 문화관을 지양하고 문화의 개방적 수행성에서 비롯된 변화를 지향한다. 수행성의 문화학적 현상은 특히 연극계의 급속한 변화와 많은 관련이 있는데, 1960년대의 행동주의 예술, 해프닝, 실험극 같은 퍼포먼스 예술과 70년대 뉴에이지 운동 그리고 현재 진행 중인 미디어 연출, 비주얼 정보, 인터넷 동영상을 무대에 올리는 연출에 이르기까지 미디어 사회와 연출 사회를 관통하는 연극화 현상에서 주목받고 있다.

수행적 턴의 궁극적인 목표는 상징화의 실용적 과정 자체를 파악하는 것이다. 해석적 턴에서처럼 상징 자체를 의미전달자로 인식하거나 개별적인 상징의 의미를 파악하는 데 그치지 않고, 상징이 지닌 역사적 맥락, 제의 혹은 '소셜 드라마'의 형식 과정과 결합해서 드러나는 상징화 자체의 과정을 주의 깊게 살펴본다. 민속학적 제의 분석에서 수행적 턴을 방법론으로 삼은 터너의 제의 분석(분리→과도기 또는 전이→재통합)은 최고의 상징성을 갖는 과도기이자 경계선인 '리미널리티' 개념에 특별한 의미를 부여한다. 그것은 리미널리티 단계에서 문화를 분석하고 해체하며 사회적 특징을 창의적이고 상징적으로 전환하거나 상징 질서를 해체하는 활동이 약진하고 실험, 놀이, 반어와 왜곡, 혁신과 변화된 감성이 실천적인 행동과 상징들의 변화를 통해 표출되기 때문이다. 또한 터너의 역동적 제의모델은 퍼포먼스로서의 문화의 영역을 넘어 사회 전 분야로 확대 적용될 수 있는 가능성을 보여준다. 연기와 공연의 사교적 성격이 사회적 행동 과정의 역동성과 만나 문화에 대한 새로운 접근을 가능케 한 터너의 소셜 드라마는 기술과 표현의 차원을 넘어 사회적 논의와 위기 조정 전략에 맞춰 세계 사회의 긴장 관계를 해석하는 데 적용된다.

문화학의 측면에서 수행적인 열린 시각은 문화적 자기 생산을 기술하는 것은 물론 미래지향적 인식을 가능케 한다. 민속학적 수행성과 제의 분석 방식에 따른 중세문학과 근세문학의 소통구조, 사회현실 및 문학의 관계는 더욱 확실하게 조명되며 1990년 이후 선도학문으로 등장한 연극학에서는 퍼포먼스, 공연, 연기, 연출, 표현, 지각, 몸, 매체성과 같은 연출 개념을 정립하여 문화학과 매체학의 결합을 구축하였다. 또한 인문학과 연극학의 중간 단계에서 '경계 넘기 Transgression' 라는 수행적 개념은 상징적 전이를 통해 예술, 매체, 담론, 문화 영역 혹은 시류 사이를 창의적으로 넘나들 뿐만 아니라, 모방 행위, 은유적 표현 및 번역을 통해 경계를 긋고 경계를 넘는 문화 이론이 되어 전통적 이분법적 지식 체계와 텍스트를 통해서만 접근할 수 있는 문화 지식과 반대 방향으로 발전하였다. 그리고 1990년대 이후 수행적 젠더 이론은 양성 연구와 젠더, 성의 수행 이론에서 시작해서 문화학적 비교와 정체성 구상이라는 새 틀을 마련하여 정체성의 가능성과 다중 정체성의 방향을 제시하였다.

그러나 터너의 제의 이론에서 발전한 연극학적 성과가 갖는 제의의 선형적이고 폐쇄적인 구조는 글로벌한 세계의 흐름에 맞춰 변화해야 하는 상황에 직면하였다. 퍼포먼스 범주 자체를 글로벌하게 확장한다는 것은 층층이 쌓인 경험 세계와 단편적인 생활 방식을 문화학적으로 분석할 수 있는 핵심 개념인 연극성, 경계 넘기 그리고 리미널리티의 범주가 점차 활용범위를 넓혀야 한다는 것을 의미한다.

(요약: 주미경)

미주

1 Victor Turner: Process, System, and Symbol. Anthropological Synthesis, in: ders.: On the Edge of the Bush. Anthropology as Experience. Hg. Edith L. B. Turner. Tucson 1985, 151–173쪽 참조.

2 Richard Schechner: Victor Turner's Last Adventure, in: Victor Turner. The Anthropology of Performance. New York 1987, 7–20(Vorwort)쪽, 여기서는 8쪽.

3 대표적 연극학자인 에리카 피셔–리히테는 수행적 턴의 전형적인 퍼포먼스화 현상에 대해서 문화학뿐만 아니라, 예술과 사회에까지 적용해 이야기하고 있다. Erika Fischer–Lichte: Vom 'Text' zur 'Performance'. Der 'performative turn' in den Kulturwissenschaften, in: Georg Stanitzek/Wilhelm Voßkamp(Hg.): Schnittstelle. Medien und kuturelle Kommunikation. Köln 2001, 111–115쪽, 여기서는 113쪽 참조.

4 Clifford Geertz: Blurred Genres. The Refiguration of Social Thought, in: ders.: Local Knowledge. New York 1983, 19–35쪽, 여기서는 30쪽.

5 Dwight Conquergood: Rethinking Ethnography. Towards a Critical Cultural Politics, in: Communication Monographs 58,2 (1991), 179–194쪽, 여기서는 189쪽.

6 Jürgen Martschukat/ Steffen Patzold (Hg.): Geschichtswissenschaft und "performative tum". Eine Einführung in Fragestellungen, Konzepte und Literatur, in: dies. (Hg.): Geschichtswissenschaft und "performative tum". Ritual, Inszeniemng und Performanz vom Mittelalter bis zur Neuzeit. Koln, Weimar, Wien 2003, 1–31쪽, 여기서는 2쪽이며 이것은 에리카 피셔–리히테의 책도 언급하고 있다.

7 Erika Fischer–Lichte: Einleitung, in: dies./Christian Hom/Sandra Umathum/ Matthias Warstat (Hg.): Theatralität als Modell in den Kulturwissenschaften. Tübingen 2004, 7–26쪽, 여기서는 7쪽.

8 같은 책 9쪽.

9 같은 책 25쪽.

10 Clifford Geertz: Negara. The Theatre State in Nineteenth–Century Bali. Princeton 1980.

11 Clifford Geertz: 《Aus der Perspektive des Eingeborenen.》 Zum Problem des ethnologischen Verstehens, in: ders.: Dichte Beschreibung. Beiträge zum Verstehen kultureller Systeme. Frankfurt/M. 1983, 289–309쪽, 여기서 299쪽.

12 옮긴이 주 – 전체론적인, 또는 전일론적인. 전체론주의 holism의 형용사형. 남아프리카 연방의 정치가였던 스무츠(J.C. Smuts, 1870~1950)가 만든 말이다. 그에 의하면 '전체'는 부분의 총화라고는 설명할 수 없는 성질을 갖고 부분의 상호 관계에 의존하는 동시에 그러한 것들의 결합 양식으로서 부분을 통제한다. 물은 수소나 산소와는 다른 성질을 갖고, 세포는 물리·화학의 법칙만으로는 설명할 수 없는 성질을 갖는다. 그는 자연의 대상은 각각 이와 같은 '전체'이며 자연은 동질적인 연속체(連續體)가 아니라고 생각하였다. 또한 그는 우주의 진화에 관해서는 창조적 진화를 지지하고, 전체론은 기계론과 생기론의 대립이나 심신(心身) 문제 또는 자유와 필연성의 문제를 해결하고 있다고 주장하였다.

출처 [네이버 지식백과]전체론 [Holism, 全體論] (철학사전, 2009, 중원문화)

13 Ronald L. Grimes: Research in Ritual Studies. Metuchen 1985. 참조.

14 Uwe Wirth (Hg.): Performanz. Zwischen Sprachphilosophie und Kulturwissenschaften. Frankfurt/M. 2002, 9쪽. 참조. 기본이 되는 텍스트들의 상세한 참고문헌이 수록되어 있는 이 논문집에는 수행적 턴의 과정이 기록되어 있다(특히 34쪽 이하). 또한 "수행성 개념의 '문화학적 전환'"이라고 하는 장 전체의 제목이 붙여지기도 했다.

15 같은 책 39쪽.

16 Eckhard Schumacher: Performativität und Performance, in: Uwe Wirth (Hg.): Performanz, 383–402쪽, 여기서는 383쪽.

17 같은 책 383쪽 참조.

18 Della Pollock: Introduction. Making History Go, in: dies (Hg.): Exceptional Spaces. Essays in Performance and History. Chapel Hill, London 1998, 1–45쪽, 여기서는 1쪽.

19 《performativen Wende in den Kulturwissenschaften》에 대해서는 다음 책 참조. Jens Kertscher/Dieter Mersch (Hg.): Performativitat und Praxis. Munchen 2003, Einleitung, 8쪽; 개념적으로 변별성의 문제에 대해서는 Joannes Snoek: Performance, Performativity, and Practice. Against Terminological Confusion in Ritual Studies, in: Christoph Wulf/Jorg Zirfas (Hg.): Rituelle Welten (Paragrana 12, 1/2 (2003), 78–87쪽 참조.

20 Martschukat/Patzold (Hg.): Geschichtswissenschaft und 《performative turn》, 31쪽.

21 Pollock: Exceptional Spaces, 22쪽 참조.

22 같은 책 26쪽 참조; Kapitel 4 《Postcolonial Turn》 참조.

23 Uwe Wirth가 발행한 책 『Performanz』의 서문 참조.

24 Victor W. Turner/Edward M. Bruner (Hg.): The Anthropology of Experience. Urbana, Chicago 1986 참조.

25 Victor Turner: Einführung, in: ders.: Vom Ritual zum Theater. Der Ernst des menschlichen Spiels. Frankfurt/M., New York 1989, 7–27쪽, 여기서는 18쪽.

26 옮긴이 주 – 다비드 에밀 뒤르켐(1858–1917)은 프랑스의 사회학자이며 사회학과 인류학이 형성되는 데 크게 기여했다. 그의 사회학 연보는 사회학이 학계에서 사회과학의 분과로 확립되는 데 일조했다. 뒤르켐은 일생동안 학생들을 가르치고 교육, 범죄, 종교, 자살, 사회주의등 사회의 여러 분야에서 수많은 사회학 연구서를 출간했다. 초기 연대주의와 길드사회주의를 제창한 사람이기도 하다.

27 Sally F. Moore/Barbara G. Myerhoff (Hg.): Secular Rituals. Assen 1977.

28 Victor Turner: Social Dramas and Stories About Them, in: ders.: From Ritual to Theatre. The Human Seriousness of Play. New York 1982, 61–88쪽, 여기서는 80쪽.

29 Victor Turner: Soziale Dramen und Geschichten uber sie, in: ders.: Vom Ritual zum Theater, 95–139쪽, 여기서는 128쪽.

30 Ursula Rao/Klaus-Peter Köpping: Die 《performative Wende》. Leben-Ritual-Theater, in: Köpping/Rao (Hg.): Im Rausch des Rituals. Gestaltung und Transformation der Wirklichkeit in körperlicher Performanz. Münster, Hamburg, London 2000, 1-31쪽, 여기서는 7쪽 이하 참조.

31 Dwight Conquergood: Rethinking Ethnography, 187쪽;《conceptual lens of performance》.

32 Victor Turner: Das Liminale und das Liminoide in Spiel, 《Fluß》 und Ritual. Ein Essay zur vergleichenden Symbologie, in: ders.: Vom Ritual zum Theater, 28-94쪽, 33쪽.

33 Edith Turner: Prologue. From the Ndembu to Broadway, in: Turner: On the Edge of the Bush, 1-15쪽, 특히 10쪽 참조.

34 Richard Schechner: Theater-Anthropologie. Spiel und Ritual im Kulturvergleich. Reinbek 1990쪽 참조.

35 Victor Turner: Dramatisches Ritual - Rituelles Drama. Performative und reflexive Ethnologie, in: ders.: Vom Ritual zum Theater, 140-160쪽 참조.

36 같은 책, 144쪽.

37 Victor Turner: Das Liminale und das Liminoide, 99쪽.

38 Victor Turner: The Anthropology of Performance. New York 1987.

39 Zur neuen theoretisch-konzeptionellen Sicht des Rituals vgl. Belliger/Krieger (Hg.): Ritualtheorien.

40 Catherine Bell: Ritual Theory, Ritual Practice. Oxford 1992, 14쪽 참조.

41 반 게넵이 프랑스어로 출판한 책 『통과의례』 참조. Arnold van Gennep: Übergangsriten (Les rites de passage) (1909). Frankfurt/M., New York, Paris 1986(Nachdruck 2005), zum 3-Phasen-Schema vgl. 21쪽; zur Rezeption bei Turner vgl. ders.: Das Liminale und das Liminoide, 34쪽 이하.

42 Turner: Das Liminale und das Liminoid, 69쪽.

43 Victor Turner: 《Betwixt-and-Between》. The Liminal Period in Rites de Passage, in: ders.; The Forest of Symbols. Aspects of Ndembu Ritual. Ithaca, New York 1967, 93-111에서 106쪽(Übers. D. B.-M.).

44 Turner: Das Liminale und das Liminoide, 42쪽.

45 위의 책 69쪽 참조.

46 Victor Turner: Variations on a Theme of Liminality, in: Moore/Myerhoff(Hg.): Secular Rituals, 36-52에서 40쪽 참조. Zum Aspekt der kulturellen Innovation qua Liminalität vgl. ders.: Das Liminale und das Liminoide, 85쪽.

47 Heiner Goldinger: Rituale und Symbole der Börse. Eine Ethnographie. Münster 2002.

48 Doris Bachmann-Medick: Kulturelle Spielräume. Drama und Theater im Licht ethnologischer Ritualforschung, in: dies. (Hg.): Kultur als Text. Die

anthropologische Wende in der Literaturwissenschaft. 2. Aufl. Tübingen, Basel 2004, 98–121에서 103쪽 이하. 이에 대한 자세한 내용 참조.

49 Eugene Rochberg-Halton: Nachwort, in: Victor Turner: Das Ritual, Struktur und Anti-Struktur. Frankfurt/New York 1989, 198–213쪽에서 209쪽.

50 Conquergood: Poetics, Play, Process, and Power, 82–95쪽 참조.

51 터너의 '소셜 드라마'와 관련하여 Turner: Soziale Dramen und Geschichten über sie, in: ders.: Vom Ritual zum Theater, 95–139쪽. 그리고 위의 책 144쪽 이하 참조. 딜타이와 관련하여 Dilthey: Experience and Performance. Towards a New Processual Anthropology, in: ders.,: On the Edge of the Bush, 205–226쪽에서 214–221쪽 참조.

52 Edith Turner: Prologue, 5쪽.

53 사회학자 Jeffrey C. Alexander 역시 자신의 논문에서 이를 증명한다. Cultural Progmatics. Social Performance Between Ritual and Strategy, in: Sociological Theory 22, 4(2004). 527–573에서 547쪽.

54 John F. Sherry: Postmodern Alternatives. The Interpretative Turn in Consumer Research, in: Thomas S. Robertson/Harold H. Kassarjian (Hg.): Handbook of Consumer Behavior. Englewood Cliffs 1991, 548–591쪽에서 특히 551쪽 이하 참조.

55 Corina Caduff/Joanna Pfaff-Czarnecka (Hg.): Rituale heute. Theorie, Kontroversen, Entwürfe. 2. Aufl. Berlin 2001, Vorwort, 7–16쪽에서 16쪽.

56 Turner: Soziale Dramen, 119쪽.

57 Matthias Kroß: Performarivität in den Naturwissenschaften, in: Jens Kertscher/Dieter Mersch (Hg.): Performativität und Praxis. München 2003, 249–272쪽에서 254쪽 이하 참조.

58 옮긴이 주 - 과학 연구 내지 과학학은 최근 과학사와 과학철학이 급속도로 발전하면서 이를 기반으로 독립된 한 연구 분야이다. 과학 사회학, 과학 윤리학, 과학 정책학 등 과학이 우리 삶에 영향을 미치는 모든 범위를 연구 대상으로 삼는다.

59 Martschukat/Patzold: Geschichtswissenschaft und "performative turn", 11쪽.

60 Hiltrud Bontrup (Hg.): Doing Gender. Das Konzept der sozialen Konstruktion von Geschlecht. Eine Bibliographie mit Einführung. Münster 1999.

61 Christian Strecker: Die liminale Theologie des Paulus. Zugänge zur paulinischen Theologie aus kulturanthropologischer Perspektive. Göttingen 1999, 81쪽 참조. ders.: Performative Welten. Theoretische und analytische Erwägungen zur Bedeutung von Permanzen am Beispiel der Jesusforschung und der Exorzismen Jesu (im Druck) 참조.

62 옮긴이 주 – 사도행전 9장에는 신약성서에서 가장 극적인 이야기 중에 하나가 나온다. 신앙심이 깊은 유대인인 바울이 그리스도교로 개종한 유대인들을 체포하러 다마스커스로 가는 도중에 일어난 사건이다. 하늘에서 빛이 내려와 그의 눈이 멀게 된다. 그때 그에게 예수의 목소리가 들린다. "바울아, 바울아, 네가 어찌하여 나를 박해하느냐?" 그와 함께 여행하던 사람들은 그 빛을 보지만 예수의 말은 듣지 못한다. 바울이 사람들의 인도를 받아 다마스커스에 이르자, 아나니아라는 그리스도교도가 그의 시력을 회복시켜주고

다른 그리스도교도들에게로 안내한다. 다마스커스의 유대인들은 이교도를 색출하는 임무를 맡은 사람이 그리스도교로 개종한 것에 분노해 그를 죽일 계획을 꾸민다. 그리스도교도들은 바울을 광주리에 담아 성벽에서 내려줘 탈출시킨다.

63 문학의 수행적 재해석에서부터 탈구성주의와 젠더 및 퀴어 연구의 수행적 동인에 관해 Jonathan Culler: Philosophy and Literature. The Fortunes of the Performative, in: Poetics Today 21. 3 (2000), 503–519쪽에서 507쪽 참조.

64 옮긴이 주 – 사람의 성적 정체성과 젠더 정체성은 사회적으로 구성됐으며 하나의 개인이 "동성애자", "이성애자", "남성", 또는 "여성"등의 넓은 표현을 이용하여 설명할 수 없다는 퀴어 이론은 사람을 하나의 분류에 넣어 구분하는 관례를 문제로 삼는다.

65 Culler: Philosophy and Literature, 507쪽.

66 Hans Rudolf Velten: Performativität – Ältere deutsche Literatur, in: Benthien/Velten (Hg.): Germanistik als Kulturwissenschaft, 217–242쪽 참조. Cornelia Herberichs/Christian Kiening (Hg.): Literarische Performativität. Lektüren vormoderner Texte. Zürich 2008 참조.

67 옮긴이 주 – 북미에 거주하는 호피족 인디언들의 의례.

68 Friedrich Kittler: Über die Sozialisation Wilhelm Meisters, in: Gerhard Kaiser/Friedrich A. Kittler (Hg.): Dichtung als Sozialisationsspie. Studien zu Goethe und Gottfried Keller. Göttingen 1978, 13–124쪽.

69 이러한 사례에 대한 자세한 내용은 Bachmann–Medick: Kulturelle Spielräume, 107–115쪽 참조.

70 이 부분과 셰익스피어 작품처럼 문학작품에서 제의를 다룬 또 다른 예시에 대해서는 위에서 언급한 페이지의 해당 참고문헌을 참조.

71 옮긴이 주 – 독일 연구 단체의 지원을 받아 2002–2013년까지 하이델베르크 대학에서 실행된 독일 최초의 역사적, 문화학적 제의 연구. Dietrich Harth/Gerrit Jasper Schenk (Hg.): Ritualdynamik. Kulturübergreifende Studien zur Theorie und Geschichte rituellen Handelns. Heidelberg 2004. 참조.

72 Erika Fischer–Lichte: Theater als Modell für eine performative Kultur. Zum performative turn in der europäischen Kultur des 20. Jahrhunderts (Vortrag 28. 1. 2000). Saarbrücken o. J., 3쪽.

73 같은 책 21쪽.

74 같은 책 23쪽.

75 Erika Fischer–Lichte: Performance, Inszenierung, Ritual. Zur Klärung kulturwissenschaftlicher Schlüsselbegriffe, in: Martschukat/Patzold (Hg.): Geschichtswissenschaft und 《performative turn》, 33–54쪽에서 53쪽.

76 Fischer–Lichte: Vom 《Text》 zur 《Performance》, 113쪽 참조.

77 Christopher Balme: Einführung in die Theaterwissenschaft. 2. überarb. Aufl. Berlin 2001, 70쪽 참조.

78 Gerhard Neumann: Einleitung, in: ders./Caroline Pross/Gerald Wildgruber (Hg.): Szenographien. Theatralität als Kategorie der Literaturwissenschaft. Freiburg

2000, 11–32에서 12쪽.

79 같은 책 13쪽.

80 같은 책 13쪽.

81 같은 책 15쪽.

82 같은 책 16쪽.

83 Gadi Algazi: Kulturkult und die Rekonstruktion von Handlungsrepertoires, in: L'Homme II, I(2000), 105–119쪽.

84 Gerhard Neumann/Rainer Warning (Hg.): Transgressionen. Literatur als Ethnographie. Freiburg 2003.

85 같은 책 11쪽.

86 같은 책 10쪽.

87 같은 책 10쪽.

88 같은 책 12쪽.

89 Judith Butler: Performative Akte und Geschlechterkonstitution. Phänomenologie und feministische Theorie, in: Wirth (Hg.): Performanz, 301–320에서 302쪽 참조.

90 같은 책 313쪽.

91 Culler: Philosophy and Literature, 512쪽.

92 Maren Möhring: Performanz und historische Mimesis. Die Nachahmung antiker Statuen in der deutschen Nacktkultur, 1890–1930, in: Martschukat/Patzold (Hg.): Geschichtswissenschaft und "performative turn", 255–285쪽; als Monographie vgl. dies.: Marmorleiber. Körperbildung in der deutschen Nacktkultur (1890–1930). Köln, Weimar, Wien 2004.

93 같은 책 257쪽.

94 Gerd Althoff: Die Macht der Rituale. Symbol und Herrschaft im Mittelalter. Darmstadt 2003, 특히 13쪽 이하, 26쪽 참조.

95 Horst Wenzel/Christian Lechtermann: Repräsentation und Kinästhetik. Teilhabe am Text oder die Verlebendigung der Worte, in: Paragrana. Internationale Zeitschrift für Historische Anthropologie 10 (2001), 191–214쪽 참조.

96 같은 책, 210쪽 참조.

97 예를 들어 Gerrit Jasper Schenk: Zeremoniell und Politik. Herrschereinzüge im spätmittelalterlichen Reich. Köln 2002. 참조. 19세기 외교의 연출측면에 대해서 Johannes Paulmann: Pomp und Politik. Monarchenbegegnungen in Europa zwischen Ancien Régime und Erstem Weltkrieg. Paderborn, Wien 2000 참조.

98 Das Forschungsprogramm unter http://www.uni-muenster.de/SFB496/forschungsprogramm.html. 참조.

99 Barbara Stollberg-Rilinger: Zeremoniell, Ritual, Symbol. Neue Forschungen zur symbolischen Kommunikation in Spätmittelalter und Früher Neuzeit, in: Zeitschrift

für Historische Forschung 27 (2000), 389–405쪽. 서평집 참조

100 Jürgen Martschukat: 《The duty of society》. Todesstrafe als Performance der Modernität in den USA um 1900, in: ders./Patzold (Hg.): Geschichtswissenschaft und 《performative turn》, 229–253쪽 참조. Jürgen Martschukat: Inszeniertes Töten. Eine Geschichte der Todesstrafe vom 17. bis zum 19. Jahrhundert. Köln 2000.

101 Martschukat: 《The duty of society》, 244쪽.

102 같은 책 229쪽.

103 Rainer E. Wiedenmann: Ritual und Sinntransformation. Ein Beitrag zur Semiotik soziokultureller Interpretationsprozesse. Berlin 1991.

104 Langdon Elsbree: Ritual Passages and Narrative Structures. New York, Bern, Frankfurt/M. 1991, 1쪽과 4쪽 참조.

105 Salman Rushdie: Der Boden unter ihren Füssen. Roman. München 1999, 328쪽.

106 같은 책, 539쪽.

107 같은 책, 330쪽.

108 같은 책, 542쪽.

109 Elsbree: Ritual Passages, 136쪽.

110 Turner: Process, System, and Symbol, 172쪽.

111 Turner: Einfuhrung, 26쪽.

112 Victor Turner: Body, Brain, and Culture, in: ders., Anthropology of Performance, 156–178쪽, 여기서는 176쪽 (마찬가지로 in: ders.: On the Edge of the Bush, 249–273쪽 참조; ders.: The New Neurosociology, 275–289쪽 참조).

113 Schechner: Victor Turner's Last Adventure, S. 12.

114 Bernard J. Baars: Das Schauspiel des Denkens. Neurowissenschaftliche Erkundungen. Stuttgart 1998 참조.

115 Talal Asad: Genealogies of Religion. Discipline and Reasons of Power in Christianity and Islam. Baltimore, London 1993 (darin bes. das Kapitel 《Toward a Genealogy of the Concept of Ritual》, 55–79쪽 참조).

116 Christoph Wulf/Jorg Zirfas: Performativität, Ritual und Gemeinschaft. Ein Beitrag aus erziehungswissenschaftlicher Sicht, in: Harth/Schenk (Hg.): Ritualdynamik, 73–93쪽. 여기서는 76쪽.

117 Erika Fischer-Lichte/Christian Hom/Sandra Umathum/Matthias Warstat(Hg.): Ritualität und Grenze. Tubingen, Basel 2003 참조.

118 Edward M. Bruner: Ethnography as Narrative, in: Tumer/Bruner (Hg.): Anthropology of Experience, 139–155쪽, 여기서는 139쪽.

119 Turner가 지적한대로 James Clifford: The Predicament of Culture. Twentieth-Century Ethnography, Literature, and Art. Cambridge/Mass., London 1988, 49쪽 이하 참조.

120 Conquergood: Poetics, Play, Process, and Power, 87쪽.

참고문헌

Alexander, Jeffrey C./Giesen, Bernhard/Mast, Jason L. (Hg.): Social Performance. Symbolic Action, Cultural Pragmatics, and Ritual. Cambridge, New York 2006.

Althoff, Gerd: Die Macht der Rituale. Symbol und Herrschaft im Mittelalter. Darmstadt 2003.

Austin, John L: Zur Theorie der Sprechakte (1955). Stuttgart 1994.

Baars, Bernard J.: Das Schauspiel des Denkens. Stuttgart 1998.

Bachmann-Medick, Doris: Kulturelle Spielräume. Drama und Theater im Licht ethnologischer Ritualforschung, in: dies. (Hg.): Kultur als Text. Die anthropologische Wende in der Literaturwissenschaft 2. Aufl. Tübingen, Basel 2004, S. 98-121.

Balme, Christopher B.: Einführung in die Theaterwissenschaft. 2. überarb. Aufl. Berlin 2001.

Bell, Catherine: Ritual Theory, Ritual Practice. Oxford 2009.

Bell, Catherine: Ritual. Perspectives and Dimensions. New York, Oxford 2009.

Bell, Elizabeth: Theories of Performance. London 2008.

Belliger, Andrea/Krieger, David J. (Hg.): Ritualtheorien. Ein einführendes Handbuch. Opladen, Wiesbaden 1998.

Benamou, Michel (Hg.): Performance in Postmodern Culture. Milwaukee 1977.

Braunlein, Peter J.: Zur Aktualität von Victor W. Turner. Einleitung in sein Werk. Wiesbaden 2012.

Brosius, Christiane/Michaels, Axel/Schrode, Paula (Hg.): Ritual und Ritualdynamik. Schlusselbegriffe, Theorien, Diskussionen. Göttingen 2013.

Butler, Judith: Performative Akte und Geschlechterkonstitution. Phänomenologie und feministische Theorie, in: Uwe Wirth (Hg.): Performanz. Zwischen Sprachphilosophie und Kulturwissenschaften. Frankfurt/M. 2002, S. 301-320.

Butler, Judith: Haß spricht. Zur Politik des Performativen. Berlin 1998.

Caduff, Corinna/Pfaff-Czarnecka, Joanna (Hg.): Rituale heute. Theorie, Kontroversen, Entwürfe. 2. Aufl. Berlin 2001.

Carlson, Marvin: Performance. A Critical Introduction. New York, London 1996.

Conquergood, Dwight: Poetics, Play, Process, and Power. The Performative Turn in Anthropology, in: Text and Performance Quarterly 9,1 (1989), S 82-88.

Culler, Jonathan: Philosophy and Literature. The Fortunes of the Performative, in: Poetics Today 21,3 (2000), S. 503-519.

Elsbree, Langdon: Ritual Passages and Narrative Structures. New York, Bern,

Frankfurt/M. 1991.
Fischer-Lichte, Erika: Theater als Modell fur eine performative Kultur. Zum performative turn in der europaischen Kultur des 20. Jahrhunderts (Vortrag 28.1. 2000). Saarbrücken 0. J.
Fischer-Lichte, Erika: Ästhetik des Performativen. Frankfurt/M. 2004.
Fischer-Lichte, Erika: Performativität. Eine Einführung. Bielefeld 2012.
Fischer-Lichte, Erika/Hom, Christian/Umathum, Sandra/Warstat, Matthias (Hg.): Theatralität als Modell in den Kulturwissenschaften. Tübingen 2004.
Geertz, Clifford: Negara. Theatre State in Nineteenth-Century Bali. Princeton 1980.
Gennep, Arnold van: Übergangsriten (Les rites de passage) (1909). Frankfurt/M., New York, Paris 1986 (Nachdruck 2005).
Grimes, Ronald L.: Ritual Criticism. Case Studies in Its Practice, Essays on Its Theory. Columbia 1990.
Hart, Lynda/Phelan, Peggy (Hg.): Acting Out. Feminist Performances. Ann Arbor 1993.
Harth, Dietrich/Schenk, Gerrit Jasper (Hg.): Ritualdynamik. Kulturubergreifende Studien zur Theorie und Geschichte rituellen Handelns. Heidelberg 2004.
Henn, Alexander/Kopping, Klaus-Peter (Hg.): Rituals in an Unstable World. Embodiment - Hybridity - Identity. Münster, Hamburg u. a. 2005.
Jagger, Gill/Butler, Judith: Sexual Politics, Social Change and the Power of the Performative. London, New York 2005.
Janecke, Christian: Performance und Bild - Performance als Bild. Berlin 2003.
Kertscher, Jens/Mersch, Dieter (Hg.): Performativität und Praxis. München 2003.
Kolesch, Doris: Rollen, Rituale und Inszenierungen, in: Handbuch der Kulturwissenschaften. 3 Bde. Bd. 2: Paradigmen und Disziplinen. Hg. Friedrich Jaeger/Jurgen Straub. Stuttgart, Weimar 2004, S. 277-292.
Kreinath, Jens/Snoek, Jan/Stausberg, Michael (Hg.): Theorizing Rituals. Classical Topics, Theoretical Approaches, Analytical Concepts, Annotated Bibliography. Leiden 2004.
MacAloon, John J. (Hg.): Rite, Drama, Festival, Spectacle. Rehearsals Toward a Theory of Cultural Performance. Philadelphia 1984.
Martschukat, Jurgen/Patzold, Steffen (Hg.): Geschichtswissenschaft und 《performative tum》. Ritual, Inszenierung und Performanz vom Mittelalter bis zur Neuzeit. Köln, Weimar, Wien 2003.
Matussek, Peter: Der Performative Tum. Wissen als Schauspiel, in: Monika Fleischmann/ Ulrike Reinhard (Hg.): Digitale Transformationen. Medienkunst als

Schnittstelle von Kunst, Wissenschaft, Wirtschaft und Gesellschaft. Heidelberg 2004.

Meyer, Thomas/Kampmann, Martina: Politik als Theater. Die neue Macht der Darstellungskunst. Berlin 1998.

Mohring, Maren: Marmorleiber. Körperbildung in der deutschen Nacktkultur (1890-1930). Köln, Weimar, Wien 2004.

Muir, Edward: Ritual in Early Modem Europe. Cambridge 1997 (2003).

Neumann, Gerhard/Pross, Caroline/Wildgruber, Gerald (Hg.): Szenographien. Theatralität als Kategorie der Literaturwissenschaft. Freiburg 2000.

Paragrana. Internationale Zeitschrift fur Historische Anthropologie 7, (1998) 《Kulturen des Performativen》; 10,1 (2001) 《Theorien des Performativen》; 12, 1/2 (2003) 《Rituelle Welten》.

Parker, Andrew/Kosofsky Sedgewick, Eve (Hg.): Performativity and Performance. New York, London 1995.

Parkin, David/Caplan, Lionel/Fisher, Humphrey (Hg.): The Politics of Cultural Performance. Oxford 1996.

Rao, Ursula/Kopping, Klaus-Peter: Die 《performative Wende》. Leben - Ritual - Theater, in: Kopping/Rao (Hg.): Im Rausch des Rituals. Gestaltung und Transformation der Wirklichkeit in körperlicher Performanz. Münster, Hamburg, London 2000,

S. 1-31.

Reinelt, Janelle G./Roach, Joseph R. (Hg.): Critical Theory and Performance. Ann Arbor 1994.

Schechner, Richard: Theater-Anthropologie. Spiel und Ritual im Kulturvergleich. Reinbek 1990.

Seier, Andrea: Remediatisierung. Die performative Konstitution von Gender und Medien. Münster 2007.

Soeffner, Hans-Georg: Die Ordnung der Rituale. Die Auslegung des Alltags 2. Frankfurt/M. 1995.

Soeffner, Hans-Georg/Tanzler, Dirk (Hg.): Figurative Politik. Zur Performanz der Macht in der modernen Gesellschaft. Opladen 2002.

St. John, Graham (Hg.): Victor Turner and Contemporary Cultural Performance. Oxford, New York 2008.

Turner, Victor: Vom Ritual zum Theater. Der Ernst des menschlichen Spiels. Neuausg. Frankfurt/M. 2009.

Turner, Victor: Das Ritual. Struktur und Anti-Struktur. Frankfurt/M., New York

(Nachdruck 2005).
Turner, Victor: The Anthropology of Performance. New York 1987 (mit Vorwort von Richard Schechner).
Villers, Jurgen: Die performative Wende: Austins Philosophie sprachlicher Medialität. Wurzburg 2011.
Willems, Herbert/Jurga, Martin (Hg.): Inszenierungsgesellschaft. Ein einführendes Handbuch. Opladen, Wiesbaden r998.
Wirth, Uwe (Hg.): Performanz. Zwischen Sprachphilosophie und Kulturwissenschaften. Frankfurt/M. 2002.
Wulf, Christoph/Gohlich, Michael/Zirfas, Jorg (Hg.): Grundlagen des Performativen. Eine Einführung in die Zusammenhänge von Sprache, Macht und Handeln. Weinheim, München 2001.

3 성찰적 턴/문학적 턴

Reflexive Turn/Literary Turn

1. 발생 배경과 형성 과정
2. 재현의 위기
3. 성찰적 턴/수사학적 턴/문학적 턴과 개별 학문
4. 비판과 전망

제3장 성찰적 턴/문학적 턴

이미 클리포드 기어츠는 "민속지학자는 무엇을 하는가?"라는 질문을 제기했었다. 그리고 이에 대해 "민속지학자는 쓴다"[1]라는 표면상 단순해 보이는 답변을 했다. 평범한 답변이지만 이 말은 어떤 새로운 느낌을 준다. 왜냐하면 이 질문에 대한 지금까지의 대답은 "민속지학자는 관찰하고, 분명하게 포착하여 분석한다"[2]라는 식이었기 때문이다. 이러한 쓰기나 필사본 제작은 오랫동안 무시되거나, 지극히 과소평가되었다. 그런데 사실 문화기술의 방식, 즉 '무엇을 어떻게 기술하는가' 하는 방법이라든가 텍스트의 형식은 '기술 대상'에 필연적으로 영향을 끼친다. 그 대상들을 기술하는 기존의 방식들은 학문적으로 재현할 때조차 단순한 모사가 아니라 상당한 정도로 배제와 보완, 재해석과 심화를 겪는 것이다. 기어츠는 이러한 문제에서 한 발짝 더 나아간다. 즉 '해석적 턴'의 의미에서 민속지학적 저술들은 두 번째 질서의 해석이라는 지위를 점하는 것만은 아니다. 그 저술들은 만들어진 것이라는 점에서 역시 "허구"[3]이다. 모든 문화적 지각과 묘사는 이미 영향을 받은 것이다. 낯선 문화에 대한 모든 학문적 자화상은 독특한 수사학과 자기 문화 고유의 내러티브 전통에서 유래한다. 하지만 학문적 '서술' 구조에서 나타나는 이러한 자기성찰적 통찰은 '언어적 턴'에서 자동적으로 파생되지는 않는다. 오히려 그 통찰은 문화학 스스로 고유의 관점을 새롭게 취했기에 가능한 것이었다. 물론 그것은 우선 기어츠에 의해서 확장된 거대한 "의미"의 외투가 벗겨진 다음에야 비로소 가능해졌다. 이러한 "성찰적 턴"[4]은 철학의 영역 밖에서 등장하였듯이, 또한 '수사적 턴' 혹은 '문학적 턴'으로서 계속 확장될 수 있었다.

자신의 텍스트를 성찰하는 이러한 회귀적 방식은 필드 연구의 토대인 경험주의로부터 완전히 방향을 전환했음을 의미한다. 그리고 더 광범위한 포스트모던적 전회의 특징이기도 하다. 문화적 생활의 맥락들이 낱낱이 흩어짐으로써 낯선 경험들에 직접적으로 접근하는 것이 더 이상 가능하지 않다는 인식 때문에, 경험을 텍스트라는 형식으로 전환할 수 있다는 가정 역시 의문시되었다. 이러한 인식은 소위 재현의 위기를 표현하는 한 방식이다. 물론 재현의 위기는 기표와 기의의 후기구조주의적 해체뿐만 아니라, '타자' 또는 모든 문화기술의 재현에서 작용하는 권력관계의 불균형에 대한 통찰을 포괄한다는 점에서 훨씬 더 광범위하다.

1. 발생 배경과 형성 과정

재현의 권력관계에 대한 통찰은 후기구조주의와 해체주의, 특히 미셸 푸코의 영향 아래 발전된 일련의 이론에서만 보이는 것은 아니다. 복합적인 학문 정책 및 정치적인 영역에서도 불거져 나온다. 이 통찰은 한편으로, 묘사의 차원에서 나타나는 민속지학의 식민주의적 편향과 관련되어 있다. 즉 문화적 재현의 '제국주의'와 관련되어 있다. 이에 따르면 타자에 대한 기술에는 인류학에 숨겨진 다소간의 폭력성이 드러난다. 다른 한편으로, 민속지학적 재현이 수행하는 비판은 식민주의적 담론에 상응하는 비판 외에도, "1950년 이후 수십 년 동안 지속된 식민지 권력의 붕괴 및 재분배"[5]와 관련되어 있다. 오늘날까지도 세계 도처에서는 탈식민화에 힘입어 지속적으로 권력이 붕괴되고 있다. 포스트식민주의의 관점에서 보자면, 이는 재현이 유럽중심적으로 독점되고 있다는 비판에 힘을 실어 준다. 특히 유럽 바깥 사회에서 증가하는 포스트식민주의의 상황에서 자기 스스로를 재현하는 과감한 시도들이 나타난다. 그러나 유럽에서도 그렇고 미국 내에서도 소수 집단과 민속 집단들의 자기 재현 가능성 및 자기 재현성에 대한 논쟁이 첨예한 정치적 갈등의 장을 형성하였다. 이로써 오늘날까지 '타자화 Othering' 전략, 말하자면 타자를 비역사적 존재로서 구성하는 널리 만연한 전략을 비판적으로 재고하라는 요구가 대두되고 있다.[6]

해석적 턴과 수행적 턴의 더 광범위한 영역에서 1980년대 후반에 형성된 것이 바로 소위 "문화 쓰기-논쟁 Writing Culture-Debatte"[7]이다. 이것은 문화적 재현의 시학과 정치학에 초점을 맞춘다. 출발점은 1984년에 "민속지학 텍스트 만들기"라는 주제로 시행된 뉴멕시코주의 산타페시에서 열린 연구세미나였다. 문예학자이자 문화인류학자 제임스 클리포드 James Clifford와 조지 마커스 George Marcus가 공동집필한 선구적 연구서인 『문화 쓰기. 민속지학의 시학과 정치학』(Writing Culture. The Poetics and Politics of Ethnograph, 1986)[8]을 통해 시작된다. 캘리포니아 대학의 의식사학과 교수인 클리포드는 민속학을 넘어 메타인류학으로의 발판을 마련한 자기성찰적 연구 방식의 대표주자이다. 또한 이 연구 방식은 학문적 텍스트의 문화기술에서 매우 중요한 역할을 수행했던 전통과 인습, 또는 수사학적 전략과 권력관계 등을 비판적으로 교정하고자 하는 다른 문화학 연구들에도 새로운 시각을 열어주었다.

이미 기어츠에게서도 볼 수 있듯이 성찰적 턴에서는 낯선 문화든, 낯선 사람이든 그들에 대한 학문적 설명이 객관적으로 재현가능하다는 신뢰감은 근본적으로 흔들리고 있다. 또한 이러한 이론이 발전하는 데에는 한 가지 이유만이 있는 것은 아니다. 오히려 결정적인 이유는 조망이 불가능한 네트워크와 세계화의 도전들에 직면해 있는 변화된 정치적 상황구조 때문이다. 말하자면 "인류학적 텍스트를 서술할 때, 바로 어제까지도 근거로 했던 주요 가설들 중 하나가 완전히 해체되었기 때문이다. 이른바 연구 대상과 관객은 분리될 수 있을 뿐만 아니라 그 어떤 도의적 연관성마저 없다는 가설 말이다. 즉, 연구 대상을 묘사해야 하지만 말을 건네면 안 되며, 관객에게 정보를 제공해야 하지만 포함시키지는 말아야 한다는 이 가설은 와해되었다. 세계는 여전히 분할되어 있지만, 그 칸막이들 사이에 있는 경계 영역들이 생각했던 것보다 훨씬 많고, 훨씬 덜 견고하다."[9]

'우리 대(對) 타자' 같은 대립 쌍들의 이분법적 원칙과의 결별은, 구조주의적 방법과 이론에 의해 관철된 바 있듯이, 분리 및 이항 대립적 차이와 완전히 결별한 것임을 한눈에 봐도 알 수 있다. 더 자세히 살펴본다면 이러한 결별은 세계 시민 사회적 상황에 근거를 두고 있다 하겠다. 즉 세계 시민 사회에서는 더 이상 서로 다른 차이점들을 모르며, 그 차이점들은 세계화의 그물망 속에서 서로 관련을 맺고 있어서 "차이들이 뒤섞여 구성된 하나의 스펙트럼"[10]만이 존재한다는 것이다. 기어츠의 자기성찰적 텍스트 분석의 시도뿐만 아니라 더 뚜렷해진 민속지학의 자기성찰적이고 문학적 전환이 바로 문화인류학에서 일어나는 이러한 변혁 상황과 관련되어 있다. 이 같은 상황에서 종래의 익숙함은 지양된다. 더불어 학문적 기술 방식을 따르던 민속지학 기술 방식의 인습 역시 지양된다. 다시 말해서, 현실정치가 발전함에 따라 민속지학은 문화 연구 시 중요한 의의를 가질 새로운 길을 정하지 않을 수 없게 되었다. 그 길은 이미 확립된, 문제가 많은 이분법적 차이의 원칙에 대항하는 것이다.

학문적 글쓰기의 (자기)성찰성

물론 이러한 인식론적 비판은 훨씬 더 구체적인 실천을 통해 비로소 전개된다. 즉 학문적 기술의 자기성찰과 비판적 텍스트 분석을 통해서 구현되는 것이다. 전통적인 민속학적 연구는 필드 연구와 참여적 관찰의 토대 위에서 이루어지는 낯선 문화에 대한 글쓰기였다. 이제 그와는 반대로 인식을 얻기 위한 이러한 필드 연구나 관찰이 단지 연구 과정의 한 부분만을 충족시킨다는 사실이 알려졌다. 또한 민속지학적 연구 과정과 기술 방식 그리고 텍스트들은 더욱더 독립적 분석 대상들로서 사용되고 하나의 학문적 활동의 자기비판적인 성찰을 위하여 사용된다. 이러한 자기성찰은 민속지학만이 아니라, 재현을 다루거나, 넓은 의미에서 쓰기나 이야기든 혹은 모사든 문화에 대한 묘사가 나타나는 다른 학문들에서도 적용된다. 민속지학과 문화학은 바로 "쓰기의 그물망으로 얽혀지게"[11]되는 것이다. 제임스 클리포드가 사용한 이와 같은 표현은 인간이 "얽혀있는", "스스로 짜인 의미의 직물"이라는 기어츠의 고전적인 문화 개념을 넌지시 암시하고 있다.[12] 성찰적 턴은 성찰적 전환의 의미에서 민속지학, 문화학 그리고 또한 문학적 텍스트 생산 및 의미 생산 자체와 관련된다. 이러한 성찰적 턴은 이미 모든 다양한 차원들의 연구 활동을 비판적으로 규명하기 때문에 중요하고 흥미롭다. 즉 성찰적 턴은 단지 쓰기에서뿐만 아니라, 소위 연구 "대상들"인 낯선 문화 및 낯선 사람들과의 조우 방법을 비판적으로 규명한다. 대개 위계적이고 일방적인 인식주체와 인식객체 사이의 관계가 어떻게 문화학 속에서 성찰되어야 하는가, 그리고 어떠한 형식으로 어떻게 타문화와 자문화에 대하여 적절하게 기술되어야 하는가? 어떻게 경험 및 경험적 현장 연구에서 마침내 텍스트가 탄생하게 되는가? 이것이 성찰적 턴의 연구 대상이다.

이미 클리포드 기어츠는 "참여적 관찰"의 연구 방법은 문학이라는 함정으로 인해 "참여적인 묘사"라는 딜레마에 빠져 있다고 언급한다.[13] 그렇기 때문에 기어츠는 인류학의 분석에서 더 이상 저자가 지배적이지 않은 성찰적 턴의 방향으로 단호하게 궤도수정을 한 것이다.[14] 여기에서 기어츠는 민속학적 조우를 두 가지로 구분한다. 즉 "타자와의 조우"와 "한 장의 종이와의 조우"이다.[15] 브로니슬라프 말리노프스키, 클로드 레비스트로스, 에드워드 E. 에번스-프리차드, 루스 베네딕트 같은 "고전주의자"들이 저술한 민속학적 저서들의 (내용뿐만 아니라) 텍스트 구조와 텍스트 구성요소가 처음으로 연구되었는데, 이때 이 저작들은 소설 같은 생산물, 아니면 최소한 수사학적이거나 완전히 문학적 전략을 가진 텍스트들이라고 간주되었다. 기어츠는 레비스트로스의 저서 『슬픈 열대』에서 보들레르, 말라르메, 랭보 같은 상징주의적 전통의 잔재 및 프랑스 기행문학의 영향을 감지했다. 그 결과 기어츠 자신도 시적 이미지를 분석하게 된다. 예컨대 레비스트로스의 "그 동안 유명해진 열대우림에 대한 산문"에서 보이는 표현들을 분석한다. 그 산문은 "증기를 뿜어내는 듯한 은유들이 뚝뚝 떨어지는 무성한 이미지들에 의해 뒤덮여 있고 과도한 언어유희의 잎사귀들로 치장된 글"[16]이었다. 학문적 쓰기 방식을 기교의 관점에서 조사하는 것이 여기서만 의미 있는 것은 아니라는 사실은 여행보고문, 민속학적 연구, 철학적 담론, 개혁적 논고, 문학적 산문이 결합된 레비스트로스의 글에서 확인된다. 그러나 기어츠가 주로 민속학적이고 학문적인 텍스트들에서 양식과 문학적 표현의 영향력을 폭로한 반면, 제임스 클리포드는 더 나아가 하나의 체계라는 측면에 초점을 맞추어 주의를 환기시킨다. 클리포드는 학문적인 (그리고 문학적인) 텍스트들을 권위의 형식 측면에서 또는 종종 더 은폐된 권력의 요구라는 측면에서 비판적으로 규명하고, 그것들을 각각의 권위의 위상에 따라서 분류하기 시작한다.

2. 재현의 위기

언어적 턴이 진행되는 가운데 이미 현실에 대한 경험 자체가 항상 텍스트적으로 매개된 것이며, 그 배후에는 텍스트, 언어, 기호가 항상 진실이라는 문화 인식이 작용하고 있다. 이에 더해 기표들이 독립적으로 기호 연쇄의 형태로 존재하며, (기의인) 역사적 경험에 대한 관련성을 상실할 위험이 생겨나고 있다. 이러한 인식은 그간 여러 번 언급되었던 "재현의 위기"[17]와 관련되어 있다. 기호학과 포스트모더니즘 이론이 그러한 위기를 대변하는 한 부류인데, 이들은 기의에 대한 기호들의 자립이 이루어지고 있다고 진단하고 있다. 이 위기는 가상화되어 가는 미디어 세계의 수행적 권력이 발견됨과 더불어 평행하게 진행된다.[18] 이와 달리 재현 비판을 수행하는 다른 한 부류는 방법론에 주목한다. 이 비판론은 보다 역사적이고 정치적인 맥락에서 논증을 펼친다. 이 비판론이 논박하는 쟁점은 재현의 실천 그 자체이다. 즉, 범주, 개념, 언어 그리고 무엇보다 수사적 전제들을 논박한다. 이 전제들이 학문적 서술이나 다른 종류의 문화서술에 유입되거나, 목적에 맞게 전략적으로 투입되기 때문이다. 여기에서 (구성체로서) 기술하는 것 그리고 (현실지시체로서) 기술된 것 간의 분열로 인해 재현의 위기가 나타난다. 또한 재현의 위기는 모든 작가가 기술된 것에 대해서 불가피하게 권력관계 속에 얽히기 때문에 나타난다. 이처럼 성찰적 턴에서 주제화시킨 재현의 위기는 무엇보다도 푸코의 담론 분석을 수용함으로써 문화기술에 있어 권력에의 의존이라는 문제로 성찰되고 있다. 서양 학문의 시선에서 낯선 문화를 기술할 때 식민주의적 또는 포스트식민주의적인 권력의 불평등이 불가피하게 나타나거나, 혹은 자주 의도적으로 표현되기도 한다. 그런데 이 권력관계가 단지 이야기 태도, 논증 구성, 서사의 플롯 등의 묘사 방법만으로 얼마나 조정되고, 심지어 상대화될 수 있는가는 의문스럽다. 이러한 질문은 결국 재현 비판을 촉진시켜서, 사회학과 문화학에서 '재현'에 대한 구상 자체에 대해 의문을 제기하게 된다.

제임스 클리포드는 기어츠가 규명한 바와 연계하여 민속지학(그리고 학문적 기술 전반)이 '만들어진 어떤 것'이라는 의미에서 허구라고 주장한다. 클리포드는 심지어 민속지학은 고안해 낸 것이며, "문화 쓰기"[19]라는 저서에 대한 자신의 서론 제목과 같이 "부분적 진실", 즉 "partial truths"라고 주장한다. 그럼 왜 고작 "부분적 진실"인가? 모든 학문적 표현에는, 예를 들어 문화적 현상에 대한 학문적 기술(쓰기)에는 배제라는 것이 행해진다. 해석적 인류학은 현실을 객관적으로 기술할 수 있다고 주장해왔지만, 현실이 언어로 작성되었다는 사실을 도외시했다. 학문적 기술이 언어로 구성되었다는 것을 무시했음은 두말할 필요도 없다. 이와 마찬가지로 한 문화에 대한 일관된 상을 산출해내기 위하여 그 문화 내에 불일치하고 모순적인 의견들은 배제되어 왔다. 그러나 이러한 와중에도 문화 번역의 불충분함, 그리고 문화기술에서 잉여분의 차이가 남기 마련이며, 그것은 결코 이해되지 않는다. 조지 마커스는 이를 "잉여 차이 surplus difference"[20]라고 부른다. 이는 "차이는 완전히 소비되거나 정복되거나 경험할 수 없는 것"[21]이라는 인식을 따르는 것이다. 이에 의하면 최종적이며 독점적 의미는 없으며, "부분적 진실"인 텍스트만 존재할 뿐이다.[22]

이미 이러한 이유 때문이라도 (민속지학적) 문화 번역의 형식에는 문제가 있다. 재현을 변호를 위한, 즉 "타자"를 위한 변론으로 사용하기 때문이다. 그래서 서사적 전략, 알레고리, 비유, 은유와 같은 문학적 표현수단들이 새롭게 조명 받는다. 이들은 의미를 창출하는 요소인 것처럼 보이는 것이다. 레비스트로스의 예에서 보듯이, 이들은 고유한 의미의 뉘앙스를 문화의 기술에 혼합시킨다. 이러한 연유로 클리포드는 진실한 연관 관계들을 설명하는 모든 기술(記述)들이 "배제와 수사법의 권력을 가진 '거짓말'에 의해서"[23] 성립된다고 주장할 수 있는 것이다. 이는 단지 역사와 권력관계 및 담론이 작가의 텍스트에 영향을 준다는 사실만으로도 성립된다고 할 수 있다. 물론 작가 자신이 그것을 통제할 수는 없다. 따라서 민속지학적 진실은 어쩔 수 없이 불완전한 것이다. 난감한 긴장 영역의 딜레마, 곧 한편으로는 사회의 현실을 객관적 문화 분석들을 통해 접근 가능토록 만들 수 있다는 점에서, 다른 한편으로는 쓰기의 방식 때문에 더 왜곡될 위험이 있다는 점에서 생성된 이 딜레마에서 언젠가 벗어날 수 있을지 의문이다. 결국 어떤 하나의 문제를 체계화시켜 제기한다는 것은 특정한 배제를 동반하는 제한된 시각을 야기하게 된다. 민속지학이 총체적 상을 제공한다는 것은 애초에 불가능하고 오로지 부분적 진실만을 제공할 수 있다는 사실을 의식함으로써만 이 딜레마를 극복할 수 있는 것이다. 이 부분적 진실에는 특히 변화하는 문화의 역동성이 항상 고려되어야 한다. 그러나 이러한 의식은 객관적 문화 쓰기를 자처하며 사실주의적 서술모델을 따르는 민속지학에는 결여되어 있었다.

클리포드가 강조하듯이 "'문화'는 초상화의 모델처럼 가만히 정지해 있는 것이 아니다."[24] 이러한 통찰은 매우 포스트모던적인 것으로 들린다. 이는 전체론 Holismus에 대한 비판에 해당될 뿐만 아니라 "거대 서사", "메타서사" 그리고 총체상에 대한 전면적인 거부이기도 하다. 뿐만 아니라 서사성의 위기를 구체화하는 것이자, 글로벌 세계의 분열된 상황에 직면한 거대 이론들에 대한 신뢰를 상실한 모습의 구현이기도 하다. 그것이 성찰적 턴이 지향하는 하나의 동인인데, 이로부터 학문적 입장들이 스스로를 긍정적으로 자리매김하는 계기가 될 수 있다. 학문의 역사를 연구하는 도나 해러웨이는 페미니즘적인 관점에서 "부분적 시각"을 의도적으로 "상황에 근거한 지식 situated knowledge"[25]과 연관 지었으며, 그럼으로써 하나의 성찰적 특성을 드러내었다. 조지 마커스의 말을 빌린다면, 이를 "현장을 고려한 성찰의 정치 locational politics of reflexivity"[26]라고 부를 수 있다.

국지적이고 불가피한 파편적인 문화 쓰기의 문제와 재현의 위기 문제 자체는 문화 쓰기나 재현이 역사나 인식론의 심층에서 뚜렷이 영향을 끼친다는 점에서 특히 시사하는 바가 많다. 식민지배자와 피지배자의 비대칭적 관계에서 역사적으로 도출될 수 있는 재현의 딜레마는 인식론적 차원에서 관찰자와 관찰되는 대상 사이의 비대칭으로 인해 더 심화된다. 에드워드 사이드는 오리엔탈리즘 비판에서 이를 강한 어조로 주장했다. 유럽은 동방에 대한 이분법적 인식을 수세기 동안 지속하고 있었고, 자기 이해를 분명히 하기 위해 대립상을 확립하였다. 위계적으로 왜곡된 재현이 행해졌으며, 이른바 낯선 문화를 "발명"하게 되었다는 것이다. 사이드의 논제에 의하면, 결국 동양에 대한 이해가 관건이 아니었으며, 실제 관심사는 반대상의 확립을 통한 유럽의 자기 이해였던 것이다. 이런 형성 과정을 거쳐 몇 세기 동안 효과적으로 작용해 온 인식론적 이분법, 즉 자아와 타자, 자신의 것과 낯선 것, 유럽과 동양 간의 엄격한 대립항은 오늘날까지도 거의 모든 재현에서 지속적으로 나타나고 있다. 그럼으로써 양극적 대립은 본질적인 문제가 되고, 본원적으로 내재하는 차이는 간과되며, 인종적인 경계 짓기를 위해 이러한 차이의 설정을 악용할 위험이 높아진다. 다시 말해 동양은 유럽과 너무 다르므로 같은 수위에서 문화교섭을 하기에는 한계가 있다는 것이 오리엔탈리즘 담론의 논리이다. '타인과' 말하지 말고 '타인을 위해' 대변하라는 것이 유럽의 재현 행위에서 행해진 (편파적이고 위계적) 재현의 오래된 원칙이었다.

사이드의 오리엔탈리즘에 대한 클리포드의 비판에 따르면, 사이드는 19세기의 식민주의적 담론의 차원을 인식론적 담론 비판 차원과 "혼동하고", 따라서 자신의 쟁점인 푸코의 권력 분석을 왜곡시킨다.[27] 그러나 클리포드가 성찰적 턴에 있어서 획기적이라고 본 것은 성찰적 턴이 바로 오늘날까지 논쟁의 여지가 많은 이분법화와 본질화 과정을 인식론적으로 역추론한다는 점이다. 학문 및 민속지학적 재현은 사이드의 경우에 이미 뚜렷이 드러났듯이 권력과 관계가 있다. 성찰적 턴에서 권력은 문화인류학과 문화학 전체를 아우르는 하나의 새로운 범주가 된다. 바로 이 지점에서 재현의 비판이 정치적 의미를 가지는 것이다. 이는 문화적 담론 체계의 권력, 그리고 재현을 지배하고 조정하며 조작하는 권력에도 연관된다. 특히 소비 영역과 광고계의 거대한 기호에서 나타나듯이 글로벌하게 유통되는 재현의 세계에서 더욱 그러하다.

자기성찰적인 인류학은 그러한 정치적 조건들뿐만 아니라 서술 차원에서 의식적, 무의식적으로 투입되는 수사적 수단과 전략들에 관련하여 학문적 재현을 분석하는 것을 자신의 책무로 삼았다. 그리하여 "민속지학자는 무엇을 하는 것인가?"라는 기어츠의 첫 질문은 "민속지학자는 쓴다"는 답변만이 아니라, 오히려 "누가 말하는가? 누가 쓰는가? 언제 어디에서? 어떠한 제도적, 역사적인 강제에 의해서?"[28]라는 클리포드의 추가 질문들에 의해 더 구체화되는 것이다. 이러한 일련의 질문들은 무엇을 견본으로 삼아 설명한 것인지, 어떤 담론에 의존한 것인지를 더 정확히 분석하기 위한 것이다. 학문적이며 특히 사회학적인 모든 서술은 텍스트가 생성되는 가운데 사회적으로 편입된 서사적 행위로 이해될 수 있으며, 또 그렇게 되어야 한다는 것이 인식의 출발점이다. 그리고 이러한 인식은 필연적으로 권력 행사의 문제를 반영하는데, 특히 작가성과 서술의 권위라는 매개를 통해서 더욱 두드러진다.

권위 문제

문화 쓰기-논쟁이 진행되면서 타문화에 대한 이해의 문제는 배후로 밀려나게 된다. 대신에 재현 가능성에 대한 문제, 바로 문화적 재현에 대한 의문이 주요한 화두로 대두된다. 여기에서는 결코 재현할 가치가 있는가라는 문화의 진위 문제가 아니라, 상호 문화적 중첩과 얽힘의 징조를 보이는 "교차적인 문화적 재현"의 문제가 중요하다. 말하자면 광범위한 "상호 문화적 재현의 기획"[29]이 주요한 관건이 된다. 이 일은 글로벌 사회에서 전 세계적으로 유통되는 상품, 이미지, 영화의 재현들에 직면하여 특히 중요하지만 여전히 완수하지 못한 기획이라 할 수 있다. 왜냐하면 이 기획에는 항상 재현의 상호성이 결여되어 있기 때문이다. 불균형한 권력관계와 서술권위의 일방적인 행사라는 면에서 볼 때 상호 문화적 재현이 도대체 실현 가능한 일이기는 한 것인가? 상호 문화적 재현은 개념적으로는 최소한 문화기술과 문화전달을 위해 이미 존재하거나 가능한 대안적인 문화 쓰기에 대한 비판적 분석 수단을 제공한다.

제임스 클리포드의 매우 탁월하고 선구적인 논문인 「민속지학적 권위에 대하여」는 학문적 기술의 자기성찰을 위해 이러한 권위 비판을 중심 동력으로 삼을 것을 권유한다. 이 논문에서 클리포드는 오늘날

"권위의 위기"의 전사(前史)를 기술한다. 그는 민속학적 텍스트뿐만 아니라 다른 학문의 텍스트, 심지어는 문학적 텍스트의 "권위"에 대해 검증한다. 여기에서 클리포드는 다양한 기술권위의 유형들을 재구성해낸다. 그는 타문화에 대한 "진실한" 기술은 시각적 증언에 의해서 가능하다는 말리노프스키의 현장 연구 범례에서 시작한다. 현장 연구에서 널리 알려진 "종합적 문화 기술"[30]의 형식이 유래한다. 하지만 이 종합적 문화 기술은 유럽 밖의 문화에 대해서 그 문화 고유의 역사를 인정하지 않고 역사를 고착화하고 "민속지학적 현재"라는 양식을 통해 강화하는 부정적 효과를 낳는다. 이러한 고전적 민속지학적 문화기술은 "관찰의 권위"에 근거하여, "자유간접화법(또는 체험화법)"[31]을 사용하고 이에 따르는 사상, 감정, 모티브들을 전지적 작가 또는 민속지학자나 화자를 통해 표현함으로써 사실주의적 소설의 인습을 벗어나지 못한다.

여기에서 현실에 대한 지각을 객관화하기 위해 사용되는 사실주의적이고 전지적인 묘사에 대한 요구는 '성찰적 턴'에서는 분명하게 거부되며 해체된다. 나아가 현실의 이미지 자체도 묘사 방식에 의해 얼마나 큰 영향을 받는지 명백해졌다. 이러한 특징은 일관성을 요구하는 민속지학적 학술 연구에서 가장 분명하게 드러난다. 해석적 문화인류학 역시도 텍스트를 담론의 영역에서 떼어내어 학자 개인이 독백처럼 단독으로 분석할 수 있도록 권위를 부여한다. 즉 '해석적 턴'은 대화의 배제에 근거하고 있다.[32] 이러한 인식은, 말하자면 '성찰적 턴'을 통해서 문화학적 방향 전환을 그 고유의 (문화적) 권위구조 중심으로 연구하는 것이 가능하듯이, 여기서 다시 한번 강조된다. 이를 위해서, 그리고 '학문적 쓰기'의 갖가지 변형들을 위해서 클리포드가 구분한 다섯 가지 근본적인 권위 양식들을 제시하겠다. 즉 헤게모니적(제국주의적) 권위, 경험적(관찰적) 권위, 해석적 권위, 대화적 권위, 다성적(집단적) 권위들이 그것이다.[33] 이들은 문화학의 중대한 급변화를 나타낸다. 요컨대 경험과 해석이 새로운 주도 사상, 즉 담론, 대화, 다성성 등과 같은 "패러다임들"에 의해 더욱 뚜렷하게 대체되고 있는 것이다.[34]

이제 클리포드에게 그리고 문화학에서 '성찰적 턴'의 진행을 위해 무엇보다도 하나의 문제가 중점적으로 대두되는데, 그것은 에드워드 사이드가 오리엔탈리즘 분석에서 제외시켰던 것이다. 사이드는 그의 탁월한 재현 비판에서 헤게모니적이며 독백적 권위에 대한 어떤 대안이나 가능한 반례를 제시하지 않았다. 하지만 이와 반대로 최근에는 "단성적 권위의 해체"[35] 과정이 어떻게 효과적으로 이뤄질 수 있는가에 대한 문제가 대두된다. 이러한 과정은 새로운 재현의 형식 및 '묘사(쓰기)의 권위에 대한 성찰'로 연결될 수 있다. 그 새로운 재현 형식과 권위에 대한 성찰적 기술이 요즘 새로이 부각되면서 비대칭적 재현과 이분법적 기술을 대신할 수 있는 대안으로 암시되고 있는 것이다. 예를 들어 대화적 민속학은 전혀 재현하고자 하지 않고, 대신 오로지 인터뷰와 해석자의 소극적 태도를 통해 대화적 상황과 콜라주를 만들어 낸다. 그러나 또한 이러한 성찰적 전환의 하위 턴인 '대화적 턴'은 케빈 드와이어, 빈센트 크라판차노, 스티븐 타일러, 데니스 테드럭[36] 등에 의해 주창되었는데, 이것이 불균형한 재현의 딜레마에서 출구를 모색한다고는 말할 수 있지만 착각일 뿐이다. 대화적 턴의 대변자들은 재현에서 가능하면 멀리 벗어나서, 재현의 원칙을 모방의 요구에서 완전히 탈피한 환기 Evokation의 원칙으로 대체한다. 이 원칙은 민속지학적 대화의 기획을 통해 촉진된다. 이 기획은 다성적 소설의 예에서 다룬

미하일 바흐친의 이질언어성(이종어; Heteroglossia)에 기대어 있고, 또한 다성성을 학문적 텍스트 생산의 주된 주제로 고양시키고자 하는 것이다. 이에 대하여 더 많은 인물들에게 쓰기의 권위를 배분하는 예는 바로 케빈 드와이어의 『모로코인의 대화. 질문으로 하는 인류학』[37] 이다. 이 책에서는 정보제공자 Informanten와의 대화가 직접 제시된다. 이는 민속학자와 정보제공자 간의 대화 과정에서 묘사된 현실과 그 의미가 대체 어떻게 형성되었는지를 보여주기 위해서이다. 이때 일방적인 문화 재현 대신에 "합의된 현실들"[38]이 들어선다. 드와이어가 '대화적 턴'의 과정에서 드러낸 것은 현장 연구에서 발생하는 불화와 민속학자들의 불완전한 자기 통제 능력이다.

하지만 대화에서 통제권의 문제는 항상 존재한다. 왜냐하면 고삐를 손에 쥐고 있는 작가들은 끊임없이 지휘를 하고 자신의 주된 연구 분야에 대한 대화를 선택하고 재현할 수 있기 때문이다. 또한 대화의 요소들은 항상 대화의 재현만으로 남게 된다. 말하자면 "재현의 형식이 얼마나 독백적인지, 대화적인지 혹은 다성적인지는 중요하지 않다. 텍스트는 결국 담론의 위계적 배열을 따르게 되는 것이다."[39] 그 텍스트는 종종 다의적이고 교차적인 대화 상황에서 다양한 맥락을 갖는 생생한 다성성을 다 포착하지는 못한다. 칼-하인츠 콜은 '대화적 턴'의 문제와 함정에 대하여 솔직히 밝히고, 오늘날까지 거의 알려지지 않은 다음과 같은 제안을 내놓았다. 그것은 어떤 사안이든 대화적 방식을 어떤 특정한 방향에 이르기까지 끝까지 고수하자는 제안이다. 다시 말해 그것은 다양한 입장들을 구분하는 절차이며, "오해의 인류학으로 나아가는 첫걸음"[40]인 것이다. 그럼에도 '대화적 턴'은 민속지학과 문화학에서 고착된 이해와 고착된 재현의 굴레에서 벗어나는 탈출구 중

하나가 될 수도 있을 것이다.

재현을 위한 대안책과 재현의 위기를 극복하기 위한 탈출구로서는 무엇이 더 있을까? 근본적으로 '문화 쓰기 논쟁'을 통해 하나의 실험적 기술 방식이 제기되었다. 학문적 텍스트들에 일화, 개인적 체험 또는 브리콜라주 bricolage 기법[41] 등을 적절하게 사용하는 것이다. 가장 극단적이고 고무적인 성찰적 턴의 대표자는 미국의 인류학자 스티븐 타일러를 들 수 있을 것이다. 그의 견해는 재현의 원칙을 명확하게 환기의 원칙들로 대체하는 것이다. 재현에서 신뢰의 상실은 타일러에게 "기술(記述)의 종말"[42]을, 즉 객관적 기술이라는 서구 이데올로기의 좌초를 의미했다.[43] 이때 객관적 기술이란 핵심 개념들과 관습적 비유들의 특정 레퍼토리를 불러내어 복잡한 사건의 과정들을 그러한 기술을 통해 부득이하게 왜곡하는 것이다. "사건들이 말이 될 때, 그 말들은 항상 매번 평행적, 동시적, 다중적 관점들을 배제한 내러티브 시퀀스의 형식을 취한다."[44] 이러한 재현의 폭력성은 타일러에 의해 주창된 포스트모던적 민속학이 실험적 서술과 단편적이고 알레고리적인 새로운 서술 형태로 바뀌도록 자극했다. "환기를 통해 이러한 재현을 대체한 본래적 의의는 민속지학을 모든 모방과 대상, 사실, 묘사, 추론, 일반화, 검증, 실험 등등으로 점철된 진부한 학문적 수사학으로부터 해방시키는 데에 있다."[45]

'성찰적 턴'은 종합을 시도하지 않는 환기를 옹호함으로써 곧 극단적인 유토피아라는 막다른 길에 이르게 된다. 왜냐하면 이런 성찰적 턴은 지시 대상에 준거하는 문화학 담론에 대한 회의를 가지고 여전히 연구에 대한 성찰이라는 메타 차원에만 머물러 있기 때문이다. 이와 반대로 그 비판적 관점이 문화적 특수성을 갖는 서구학문의 개념 자산에 대해 자각할 수 있는 길을 열어줄 때 더 개방적인 것으로 증명된다. 클리포드 자신은 유사한 방향성을 가지고 "민속지학적 초현실주의"[46]를 강화시켰다. 이는 문화를 해체함으로써 유희적이고도 낯설게 만드는 실천을 의미한다. 그것은 또한 파편화된 포스트모던적 글로벌 세계[47]의 현실을 기호학적으로 해독한 것임을 의미한다. 그 목적은 문화적 신뢰성에 대한 진위를 증명하는 것에서 벗어나고 익숙한 범주들과 개념들을 비판하고 확장하는 것이다. 유사한 것이 빅터 터너에게서, 그리고 '수행적 턴'이 진행되면서 리미널한 제의 단계에 귀속되어, 그리고 이와 더불어 제의의 도식에 관련되어 실행되고 있다. 반면에 이때 기술의 권위에 대한 실험은 '낯설게 하기'라는 포괄적인 전략을 구사하기에 이른다. '낯설게하기' 전략은 기존의 문화적 맥락보다는 새로운 갈등 상황에 더 적합하게 조율된 새로운 이야기 및 묘사 방식과 변화된 재현 형식들을 가지고 점증하는 문화적 맥락의 해체에 반응하고 있다. 이로써 권위의 문제를 (문화적) 정치적 영역으로 끌어들여 보다 확장된 지평이 열린다. 이러한 확장은 결국 하나의 핵심적 질문, 즉 포스트식민주의 이론의 관점으로 볼 때 그 정점에 이른다. "누가 한 집단의 정체성 및 진위성에 대하여 말할 권위를 가지고 있는가?"[48]

그러나 그 '분리되고' '분산된' 권위는 기술의 문제와 관련하여 어떤 구체적 대안으로 표현될 수 있는가, 그리고 '복수의 권위'에 대한 비판은 유토피아로 남게 되지 않을 것인가에 대해서는 여전히 불분명하다. 하지만 방법론적으로 진행된 연구 관점의 복수화는 텍스트에서의 목소리와 같은 것이며, 이러한 복수화는 문화와 담론의 다성성을 위한 시각, 즉 이종성과 모순성, 사회적 소통 내부의 억압된 '하위문화'의 독립 담론을 위한 시각을 열어준다. 예컨대 그것은 어떤 사회 내에서 젠더 및 여성 담론 또는 '관찰할 수 없는 것 das Nicht-Beobachtbare'을 위한 시각을 열어줄 것이다. 그리고 이러한 담론들은 문화서술의 일관성 요구와 대립하는 자기 고유의 목소리와 불협화음을 위해 존재할 것이다.

3. 성찰적 턴/수사학적 턴/문학적 턴과 개별 학문

여기서 자기성찰적 민속학[49]은 계속해서 저자, 권위, 은유, 내레이션 및 서사 전략과 관련된 문제들을 다룬다. 하지만 그런 문제 영역들은 민속지학 텍스트에서만 중요한 것이 아니라 민속지학적 재현, 예컨대 (민속학) 박물관의 외국 문화 전시회 같은 영역들을 비판적으로 분석할 때도 도움이 된다.[50] 나아가 이런 핵심 의제들은 자기성찰적 민속학의 경계를 뛰어넘어서 다른 학문 영역으로도 확장된다. 말하자면 기록학[51]의 실증주의적 전통을 재현 비판이라는 관점에서 종합적으로 고찰하는 작업은 단지 빙산의 일각일 뿐이다. 이때 흥미로운 현상은 민속학도 처음에 주도적인 학문 분과인 문학적 턴이나 수사학적 턴을 거치면서 자신을 문학에게 양도하는 것처럼 보인다는 것이다. 이처럼 이제는 단지 문학적 표현 수단(아이러니, 은유, 수사법, 알레고리)을 사용하는 수사학적 전략이나 문체 양식(자유간접화법, 민속지학의 무시간적 현재 시제, 오프닝 스토리, 플롯 등)만을 따지는 것이 아니라, 사실주의 소설이든 철학적 성찰이든 무엇을 견본으로 삼든 학문적 텍스트 전반의 표현법이 검토 대상이 되고 있다.[52] 간과할 수 없는 중요한 과제는 학문적 텍스트도 항상 기존의 재현, 서사적 견본, 상호텍스트적 요소, 수사학적 관습이라는 자장 속에서 파악해야 한다는 것이다. 이러한 수사학적, 상호텍스트적 맥락에서 보면 철학과 지식론에서 사용되는 성찰적 턴이 왜 수사학적 턴이라고 불리는지 그 이유를 알게 된다.[53] 따라서 여기서는 다양한 학문 분야에서 사용하는 학문적 탐구의 수사학에 주목하게 된다. 예컨대 성찰적 턴은 이슬람을 묘사하는 민속학 고전들을(클리포드 기어츠, 어니스트 겔너, 파티마 메르니시, 아크바 아흐메드) 재현구조, 권위, 수사학적 설득 전략의 관점에서 탐구할 때 실제로 적용된다.[54]

재현을 비판하는 연구들은 문화학을 넘어 심지어 경제학의 (경험적 차원만이 아니라) 내러티브 차원까지 분석한다.[55] 이와 같은 연구들은 또한 과학 연구에서 자연과학의 논증 구조 역시 새로운 수사학적 표현들과 설득 전략 및 표현 형식과 연결되어 있다는 통찰을 보여주고 있다. 특히 부상하고 있는 "과학 연구에 대한 수사학 연구 운동"[56]은 인식 획득, 서사적 묘사, 수사학적 설득 간의 특수한 관계를 추적하는 것이 그 목적이다. 이 운동은 이미 토마스 쿤 Thomas S. Kuhn의 『과학혁명의 구조』에서 그 단초를 얻었다. "잠재적으로 모든 학술적 담론은 수사학적이다. 왜냐하면 각각의 쟁점들은 명칭과 프레임을 필요로 하고, 사실들은 해석을, 결론들은 정당화를 필요로 하기 때문이다."[57] 이처럼 재현에 대한 반성은 자연과학과 과학사에서 기호의 영역을 넘어 이제는 현장 중심의 재현 분석으로까지 확장되고 있다. 여기서 현장 중심의 재현 분석이란 "학문적 상징 생산이 지닌 실험적이고 도구적인 측면과 실용적이고 담론적인 측면, 즉 문화적 활동으로서의 재현"[58]을 다루는 것이다. 여기서 말하는 것은 더 이상 모사하는 것으로서의 재현이 아니라 "운반 현상 Transportphänomen"[브루노 라투르 Bruno Latour][59], 즉 "저장, 바꿔 쓰기, 번역"으로서의 재현(예컨대 "생명은 텍스트다"라고 할 때 그것은 생명의 유전자 정보를 의미한다)[60]이다. 이때 지식의 매개 공간들이 탐구되는 것이기 때문에, 만일 자연과학에서 시각적 재현 형식들이 주요 탐구 대상이 된다면 그 탐구는 공간적 턴 및 아이코닉 턴과도 무관하지 않다.

그렇지만 수사학적 턴을 통해, 즉 '좋은'과 '덜 좋은' 학문적 서술을 구별함으로써 수사학적 상대주의를 줄이려는 시도는[61] 여전히 불안정하다. 객관주의적 전제를 해체하는 이러한 수사학적 턴의 일반적 출발점이 이미 그러한 불안정을 야기한다.[62] 하지만 성찰적 턴 혹은 수사학적 턴이 그러한 객관주의를 비판한다고 하여 언어적 턴의 전조를 보여주는 언어의 일반적 우위를 확인시켜주는 것만은 아니다. 그보다 오히려 이들 성찰적 혹은 수사학적 턴은 모든 문화적 지각과 문화기술 그리고 모든 학문적 탐구 과정에 전제되어 있는 문학적 전략, 은유, 플롯과 문학적 장르들을 보다 구체적으로 밝혀준다. 이때 성찰적 턴은 바로 문학적 턴이 된다. 왜냐하면 성찰적 턴은 문학 연구 방법들을 자기 것으로 만드는 것은 물론, 동시에 문학적 범주를 적용하려고 하기 때문이다. 그러나 그러한 문학적 턴은 단지 텍스트 구조하고만 관계가 있다. 문학적 턴은 비록 현실의 구성적인 특성을 인식하고 있다고 하더라도 그것이 결코 현실을 구성하는 현실의 문학화를 의미하지는 않기 때문이다. 텍스트 차원에서도 역시 주된 관심은 그 텍스트들이 어떻게 신빙성 있게 형상화되고 있는가에 있다. 따라서 성찰적 턴은 텍스트들을 다음과 같은 것에 유의하여 탐구하도록 설득한다. 즉 성찰적 턴은 텍스트들이 신빙성을 부여하기 위해 역설적으로 얼마나 허구적 요소들과 문학적, 수사학적 전략들을 이용하는지 탐구하도록 한다. 예컨대 미국의 역사 이론가 헤이든 화이트 Hayden White의 작업에서는 언어적 턴이나 역사학에서 말하는 포스트모더니즘적 턴이 항상 별 구분 없이 확인되고 있다. 하지만 화이트에게서 발견되는 것은 언어적 턴에서 발전하여 나온 성찰적 턴이다. 성찰적 턴의 대표자로는 헤이든 화이트뿐만 아니라, 라이오넬 고스맨 Lionel Gossman, 도미닉 라카프라 Dominick LaCapra, 미셸 드 세르토 Michel de Certeau, 폴 리쾨르 Paul Ricoeur가 있다.[63] 헤이든 화이트는 제임스 클리포드와 마찬가지로 산타크루즈 소재 캘리포니아 대학의 '의식의 역사 History of Consciousness'라는 프로그램에서 강의를 하고 있다. 물론 그는 이미 문화 쓰기-논쟁 이전에 수사학과 문학 이론을 연구해온 인물이다.

헤이든 화이트는 역사가는 어떤 방식으로 역사를 문자로 고정시키고 구성하는가라고 묻는다. 여기서 그 물음은 역사의 실제 사건에 의미를 부여하기 위해 사용되는 역사기술의 언어 구성, 즉 서사 구조 및 플롯 구성에 관한 것이다. 왜냐하면 화이트에 따르면 역사기술이란 아무리 사실에 충실하더라도 이미 매우 은유적인 것이나 비유적 표현들로 이루어져 있기 때문이다. 역사기술에서 중요한 것은 "일련의 사건에 플롯 구조를 부여하는 것이다. 그리하여 역사 기술은 그 플롯 구조를 통해 독자가 아주 특별한 종류의 역사로 (...) 인식하도록 하는 것이다." 헤이든 화이트는 자신의 저서 『클리오도 시를 짓는다. 혹은 사실적인 것의 허구』에서 위와 같이 말한다.[64] 하나의 플롯 구조는 예컨대 비극, 희극, 서사시, 로맨스 혹은 풍자의 형식을 가지고 있다. "플롯 구조를 만드는 것은 과거 역사를 해석하는 데 있어 필수적인 것이다.[65] 그것은 과거에 무슨 일이 일어났는가를 이야기 형식으로 묘사할 때 드라마나 소설에서처럼 그 전개 과정을 이해 가능하게 만들어 주기 때문이다."[66] 그런데 그 역사서술은 또한 단순히 사회적, 문화적, 정치적 사태의 순서를 따르지 않는다. 헤이든 화이트의 서문에서 라인하르트 코젤렉 Reinhart Koselleck이 말하듯, 오히려 역사서술은 "은유적 언어를 억지로 논리적 순서로 배열하려고 한다."[67] 즉 역사서술은 모든 학문적 텍스트의 담론을 조직하고 있는 수사법적 도식(혹은 "은유적 언어")에 사로잡혀 있다. 이처럼 사실주의적 역사기술도 은유, 환유, 제유, 반어의 영향을 받는다. 헤이든 화이트는 자신의 저서 『메타 역사. 19세기 유럽의 역사적 상상력 Metahistory. Die historische Einbildungskraft im 19. Jahrhundert in Europa』(1937; 독일어판 1991)에서 특히 전통적인 19세기의 역사기술 방식을 분석할 때 어떻게 당시의 역사기술이 위와 같은 수사법에 근거하여 일련의 사건들을 서사적으로 형상화하는지 설명한다. 민속지학적 재현의 자기 반영이 그렇듯 여기서도 문학과의 경계는 사라진다. 창작과 역사기술의 차이는 사라지고, 학문적 객관성이 해체되며 역사기술에서 시적 요소가 드러남으로써 문학적 턴이 이루어진다.

헤이든 화이트가 『메타 역사』에서 수행한 다양한 역사기술들에 대한 수사학적 분석은 문학적 턴이나 내러티브 턴의 형태로 성찰적 턴을 촉진한다. 왜냐하면 메타적 민속지학에서처럼 수사학적 분석은 학문적 재현들이 어느 정도로 창작, 허구, 부분적 진실을 내포하고 있는지, 그리고 학문적 재현들의 토대를 제공하는 입장이 무엇인지를 드러내기 때문이다. 이미 문화에 대한 재현만이 아니라 역사기술의 구성적 성격이나 의미 부여 방식도 규명되고 있다. 이처럼 이미 구축된 언어의 구조를 해체하는 작업은 특히 고전적 역사기술이 갖는 설득력과 그 파급력이 다름 아닌 함축적인 시적 전략에 따라 만들어진 것이라는 사실을 설명하기 위한 것이다. 나아가 이러한 해체 작업과 더불어 지금까지 지속되어 온 "거대 서사", 즉 포괄적인 문화 서술이나 시대(사조) 구분에 대한 회의감이 확산되었다. 역사기술의 재현 방식에 대한 비판은 더욱이 문학에서조차, 예컨대 줄리언 반스 Julian Barnes의 소설 『10과 1/2 장으로 쓴 세계사 A History of the World in 10 1/2 Chapters』에서도 발견된다.[68] 여기서 반스가 허구의 옷을 입은 역사의 총체적 종합 명제들을 비꼬는 반면, 헤이든 화이트는 그것들을 이론적인 방식으로 해체하고 있다.

다양한 역사기술 양식들에 대한 헤이든 화이트의 발견이 그렇듯이, 현대 문학에 나타난 역사에 대한 허구적 성찰(반영)들을 통해 우리는 허구적 역사기술이 성찰적 턴에 기여한 바들을 다른 형태이긴 하지만 다시 확인하게 된다. 성찰적 턴의 관점에서 현대 문학이나 역사기술 텍스트들을 보면 학문적 텍스트들을 오로지 한 가지 담론 유형으로만 분류하는 것이 얼마나 어불성설인지 알 수 있다.[69] 그리고 바로 이러한 매우 다양한 묘사 방식들에 직면하여 문화학 연구의 본질적 특성이 전적으로 부각된다. 하지만 동시에 역사학에서는 이러한 다양한 표현 방식의 한계들 또한 숙고하고 있다. 왜냐하면 역사기술(인류학도 그런 것처럼)은 수사학적이고 허구적 요소들 외에 장소, 제도, 관행들과도 같은 현실과 관련이 있기 때문이다. 예컨대 미셸 드 세르토와 폴 래비노우 Paul Rabinow가 그와 같은 주장을 한다.[70] 그렇지만 역사 기술의 언어라는 것이 여전히 재현 능력 측면에서, 즉 일반적으로 (전혀 말할 수도 없고 표현도 불가능한) 홀로코스트 경험에 대한 표현 가능성과 언어적 의미 부여라는 측면에서 볼 때 과연 얼마나 충분한가,[71]라는 의문 또한 남는다. 특히 여기서 비록 역사적 주체들의 자기 재현과 증언들이 과거에 대한 학문적 재현이라는 고착된 텍스트를 위태롭게 할 수 있다고 하더라도, 만일 언어적 턴이 그것들을 수용하지 않는다면 역사학에서

의 언어적 턴은 한계에 부딪힐 것이다.[72]

역사학과 마찬가지로 문학도(특히 비교문학) 역시 재현 비판의 득을 보았다. 이는 비교문학이 문학적 턴을 문학 자신에게 적용할 뿐만 아니라 허구적 텍스트의 범위를 확장하여 문화에 대한 다른 유형의 텍스트와 표현물들에 대해서까지도 적용하기 때문이다.[73] 로버트 와이만 Robert Weimann이 현대 초기의 종교 및 문학 담론의 상호작용에 대한 자신의 연구서 『현대 초기 담론에서 권위와 재현 Authority and Representation in Early Modern Discourse』[74] 에서 말하듯이, 문학 분석은 예컨대 권위와 문화 고유의 재현들이 어떤 관계를 갖는가에 중점을 두고 있다. 그의 테제에 따르면 유럽적 세계상들은 광범위하게 (현대 세계의 정복과 지배에 상응하는) 재현의 형식들을 통해 권위를 인정받았다. 그들의 구상은 권위적인 주체 자신에 의해 만들어진 것이며, 그 주체란 권위의 내면화를 통해 자기 확신을 가짐과 동시에 문학적, 허구적 재현에서도 새로운 능력을 획득한 주체이다. 문학 연구는 유럽 주체와 유럽 문화 및 문학의 그러한 권위의 역사화 과정 말고도 앞으로 더 포괄적으로 문학과 문화 권위의 상호 문화적 잠재력 또한 알아낼 수 있을 것이다.[75] 지금까지 권위를 문화적이고 상호 문화적 재현의 주된 범주로서 설명하려는 시도는 없었다. 즉 권위를 문학적 표현을 조직하는 형식으로서, 혹은 재현의 전략으로서 간주하는 연구들이 결여되어 있었다. 사실 문학 텍스트란 재현의 전략을 통해 (식민주의적 이념을 전용하여 권위를 획득한 오리엔탈리즘의 경우처럼) 포괄적인 담론 형성에 참여하게 된다. 이때 비교 문학과 세계 문학 연구에서는 다양한 언어와 문화 사이의 연결 관계와 권력관계가 점점 매우 중요한 문제 영역으로 간주되는데, 이에 따라 "권위의 위기"가 발생한다. 특히 다른 문화에 대한 유럽인들의 우월주의, 즉 실제로 수 세기 동안 문자에 의한 재현 기술에 기반 했던 유럽의 그 우월주의는 도전을 받게 된다.[76]

이 문제와 관련해서 문화 쓰기-논쟁의 다음과 같은 통찰은 유용할 수 있다. 말하자면 "문화들"이란 매우 강력하고 과도하게 영향을 미칠 수 있는 고유한 재현들과 코드들을 만들고 발전시킴으로써 자신들을 표현한다는 것이다. 이러한 사실은 특히 번역학 차원에서는 언어의 전통적 재현 이론을 너무 신뢰하지 말라는 경고로 작용한다. 번역을 외국 문화의 재현으로 간주할 때[77] 우리는 더 이상 번역을 진짜 원본 텍스트를 원본에 충실하게 옮기는 일이라고 억지를 부릴 수 없다. 오늘날 최근의 포스트식민주의적 세계 문학과 관련하여 문제로 대두되는 것은 단순히 정전을 확장해야 한다거나 정전에 대한 가치평가 및 의미 규정에서 지금까지 영향력을 미쳤던 유럽적 권위를 대체해야 한다는 것만이 아니다. 더욱 중요한 것은 오히려 번역이 가진 권력의 문제들이다. 그 이유는 특히 문학이 세계 시장에 진출하고자 할 때 그 진출 기회가 불균등하기 때문이고, 이와 관련하여 재현의 범주와 수단들을 통제할 수 있는 권한도 불균등하게 주어지기 때문이다.[78] 따라서 유럽의 번역 독점이라는 문화-정치적 조건은 새롭게 주목을 받고 있다. "번역은 다양한 담론들의 차이와 무관하게 일관되고 명료한 텍스트와 주체들을 창조하면서 식민화된 문화를 고착화시킴으로써 그 문화들이 역사적으로 구성된 것이라기보다 정적이고 변하지 않는 것처럼 보이도록 만드는 데 기여한다."[79] 이에 대응하여 자기성찰적 턴은 번역 과정에서 발생하는 권력관계, 스테레오타입들, 언어와 의미 규정의 불균형 문제에 초점을 맞춘다. 이때 분명하게 알 수 있는 것은 특히 번역 과정들이 얼마나 많이 타자에 대한 이미지의 권력에 영향을 받는가이다. 그에 대한 고전적 예로는 인도 작가이자 노벨상 수상자인 라빈드라나트 타고르 Rabindranath Tagore의 번역 작업이 있다. 그는 자기 자신의 시를 벵골어에서 영어로 번역해야 하는 압박을 받고 있었다. 결과적으로 그는 자신의 시를 인도 시에 대한 유럽인의 선입견에 따라 "영적인" 시로 읽히도록 번역하였다. 따라서 문학 번역도 재현의 권위, 즉 언어와 문화의 지배 권력에 영향을 받았다고 할 수 있다. 유사한 문제제기가 이제 문학 자체 내의 권위에 대해서도 이루어진다. 여기서 문학 자체 내의 권위란, 예컨대 전지적 화자의 권위와 "자유간접화법"의 통제기능 및 문학의 등장인물, 즉 화자나 작가 자신과 같은 "민속지학적 주체성"[80] 등이라고 할 수 있다. 이에 대해서도 에드워드 사이드는 식민주의와 제국주의 담론의 맥락에서, 예컨대 조셉 콘래드 Joseph Conrad의 소설 『암흑의 핵심 Heart of Darkness』에 나타난 "서사적 권위의 도식"[81]을 분석하기 위한 하나의 개념적 틀을 제공했다. 물론 재현 비판이라는 관점에서 볼 때 그 예들이 전혀 충분한 해명을 제공하지는 않지만 이 외에도 문학에서 많은 전형적인 예들을 볼 수 있다. 예컨대 독일 작가 후베르트 피히테 Hubert Fichte의 민족 문학적 문화 기술[82]과 포스트식민주의 문학, 예를 들어 남아프리카의 노벨문학상 수상자 J. M. 쿳시 J. M. Coetzee의 소설 『크루소 씨, 바톤 양 그리고 푀 씨 Mr. Cruso, Mrs. Barton und Mr. Foe』[83]에서 볼 수 있는 권위 및 재현의 문제에 대한 묘사가 그러하다.

지금까지 성찰적 턴과 문화 쓰기 논쟁의 주된 관심사는 재현 비판이었다. 하지만 재현 비판은 여전히 너무 지나치게 텍스트주의라는 틀에 갇혀 있는 것처럼 보인다. 그렇지만 반대로 시각적 인간학과 미디어 민속학 Medienethnologie의 영역에서는 단연 "문화 그리기-논쟁 Picturing

Culture-Debatte"에 대한 연구들도 대두되고 있다. 그 연구들은 유럽의 시각적 사고가 어떻게 타자의 문화에 대한 사진이나 (다큐멘터리) 영화[84]에서 재현되어 나타났는가를 비판적으로 드러낸다. 어쨌든 다른 문화를 이미지로 구성할 때 유럽의 시각화 작업들은 자주 이미지에 대한 아주 다른 이해 방식, 즉 "감정적"이거나 '접신의식'과 같은 이미지 이해 방식에 의해 도전받고 있다.[85] 여기서 우리는 텍스트주의를 뛰어넘어 여러 시사점을 주는 아이코닉 턴과의 접점들을 발견하게 된다. 그렇지만 타자 묘사에서 텍스트적 문제들을 능가하는 또 다른 중요한 차원이 간과되었다. 그것은 미하일 바흐친이 제기한 다성성을 강조하는 것으로서, 이는 청각적인 것의 영향력에 대해 성찰하도록 만든다. (민속지학적) 지식 획득의 과정에서 청각적인 것에 좀 더 주의를 기울이는 것은 '환기 Evokation'의 지평을 개념적으로 더 확장하는 데 도움이 된다. 이로써 문화 서술의 기본인 관찰된 것과 보이는 것만을 재현하라는 미메시스적 요청을 실행해 왔던 지배적인 재현의 원칙은 도전받고 의문시된다. 사실주의적 재현의 시대는 지나갔을 뿐만 아니라, 그것이 권력의 이데올로기에 봉사한다는 인식 때문에 이제는 새로운 재현 형식에 대한 실험들이 이루어지고 있다. 따라서 앞으로 그 재현 형식들을 불가피하게 텍스트화할 때는 더 이상 관찰에 의한 것만이 아니라 '말해진 것'과 '들리는 것' 역시 고려해야 한다. "눈으로만이 아니라 귀로 읽는 것이 텍스트가 될 것이다(...)"[86] 여기서 다성성과 (청각적) 환기는 이미 성찰적 턴을 일종의 "음향적 턴"로 확장할 수 있는 이행 과정의 개념들이 되고 있다.[87] "문화 듣기 Hearing Culture"에 대한 최초의 연구들은 특히 음악 민속학 Musikethnologie 영역에서 이루어져 왔으며, 이제는 소리 연구 Sound Studies라는 완전히 다른 연구 분야로 확

장되고 있다.[88]

4. 비판과 전망

이미 문화 쓰기-논쟁에서도 청각적 턴의 문제는 단지 언어적인 재현 형식들만이 아니라 광범위한 재현 형식들에까지 어느 정도 확장되기 시작하였다. 이를 계속 추적해 보면 회화적·아이코닉 턴을 비판할 때도 다시 이용할 수 있는 중요한 차원들이 나타난다.[89] 예를 들어 재현 대신 청각적 환기라는 새롭게 추가된 "청각적" 개념들에 의해 지금까지 거의 논의되지 않은 시각주의 Visualismus에 대한 비판이 전개되고 있다. 특히 제임스 클리포드는『절반의 진리 Halbe Wahrheiten』[90] 서문에서, 그리고 스티븐 타일러 Stephen Tyler는 "시각의 헤게모니"에 대한 비판에서 그것을 언급한 바 있다. 시각적 원리는 매우 협소한 지각 형식으로 간주되긴 하나 일찍이 "참여적 관찰"이라는 주된 방법 및 은유로 표현되어 왔다. 물론 매우 완고한 인식 태도인 이 시각적 원리가 오늘날까지 민속지학만을 지배한 것은 아니다. 일찍이 "서양의 문자 문화에서는 시각의 진리가 소리, 대화, 촉각, 후각, 미각의 자명성 위에 군림"[91]해 왔다. 바로 이러한 비시각적인 범주들은 민속학과 여타 문화학에서는 전반적으로 간과되어 왔으며 지금까지 분석 범주로서 충분히 거론되지 않았다.[92] 그렇지만 비시각적 범주들은 모든 새로운 연구 방향에 있어 어떤 포괄적인 축으로 기능할 수 있는 범주들이다. 특히 일련의 문화적 지각 개념들을 중점적으로 다루는 새로운 형식의 문화 분석에 적용될 수 있다. 이런 의미에서 제임스 클리포드의 논평은 특히 시사하는 바가 매우 많고, 성찰적 턴을 훨씬 뛰어넘는 것이다. "문화가 더 이상 물적 대상이나 극장, 혹은 텍스트와 같이 시각적인 것으로 제시되지 않자, 여러 목소리들, 즉 이미 확립된 진술들의 협연에 다름 아닌 하나의 문화적 시학을 생각하는 것이 가능해지고 있다."[93] 우리는 이러한 견해를 또 다른 문화학적 방향 전환들을 위해 기억해 둘 필요가 있다. 왜냐하면 이러한 문화학적 방향 전환들 역시 아주 넓은 의미에서 하나의 "문화적 시학"을 목표로 하긴 하지만, 언제나 텍스트적인 것이나 시각적인 것에 속박을 받기 때문이다. 성찰적 턴 자체에서도 시각화에 대한 비판은 지금까지는 그저 작은 불씨에만 머물렀다. 왜냐하면 그러한 비판은 훨씬 포괄적인 구상을 가지고 이루어진 것이었지만 너무나도 빨리 억압되었기 때문이다. 물론 시각화에 대한 이러한 비판은 우리가 그것을 아이코닉 턴 이후에 다시 사용하게 된다면 전적으로 새로운 "패러다임 전환"을 알리는 잠재력을 가지게 될지 모른다.

개별 학문들이 지금까지 재현을 단편적으로 이해한 상태에서 성찰적 턴을 수용하였고, 더군다나 민속학의 '문화 쓰기 논쟁'이 그사이에 끝난 것으로 간주되고 있지만,[94] 그 학문들의 자기 반영적이고 재현 비판적인 도전들은 계속해서 유효하다. 재현 비판적 주장들이 전반적으로 쉽게 정착할 수 없는 이유는 성찰적 턴이 자신의 메타적 성격 때문에 문화학의 다른 턴들과 비교해볼 때 그렇게 뚜렷하고 분명한 새로운 방향을 제시하지 못했기 때문일 것이다. 오히려 성찰적 턴의 주된 목표는 학문의 자기비판을 요청하는 것이었다. 이러한 학문적 자기비판은 경험적 연구를 외면하는 메타적 성찰에 대한 회의를 불러일으키면서 어떤 불안 요소를 형성하는데, 이것이 성찰적 턴이 다소 소극적으로 적용되고 실행되었던 이유라고 할 수 있을 것이다. 결국 성찰적 턴의 주된 취지는 해체하는 것이었고, 따라서 다른 턴들과 달리 학자들에게 새로운 방법과 주제를 드러낼 수 있다고 설득하는 데 실패했다. 성찰적 턴을 기피하려는 태도는 분명히 존재한다. 하지만 결국 모든 분과 학문 고유의 권위가 실추될 위험은 여전히 존속한다. 집중적인 비판은 바로 이러한 측면을 향해 있다. 그리하여 인류학자 폴 래비노우는 클리포드가 "자기성찰을 거부하는 것"[95]을 "흥미로운 맹점"이라고 강조하여 말한다. 같은 맥락에서 스티븐 생그렌 Steven Sangren도 성찰적 턴조차 스스로 자기성찰적으로 이루어지지 않고 있으며, 이 턴에서 얻은 통찰을 비판적·메타 이론적 텍스트들의 고유 수사학이나 권위 문제에 전혀 적용하지 않는다고 비판한다. 그래서 생그렌 자신이 그 과제를 떠맡는다. 그는 비판적·메타 이론적 텍스트들에 내재하는, 아주 오랫동안 지속되어 온 수사학과 사명감을 밝혀낸다. 즉 그는 "인류학에 내재하는 수사학을 해체하는 수사학을 해체한다."[96] 그는 이러한 메타-메타 차원 외에도 성찰적 턴이 소위 민속학의 정화와 "부활"을 촉진할 수 있다는 확신과 더불어 자기성찰 이론이 가진 성년식 기능을 드러낸다.

하지만 모든 비판에도 불구하고 메타적 턴으로서 성찰적 턴은 다른 턴들, 즉 다른 모든 "턴들"을 문제로 삼을 수 있기 때문에 매우 유용하다. 왜냐하면 메타적 턴은 담론들과 턴들 자체의 권위를 약화시킬 수 있는 어휘와 도구를 제공하기 때문이다.[97] 그러나 그러한 "성찰적 문화비평"[98]도 권위와 재현에 대한 비판을 사회 제도와 학계의 권위 구조 비판에 다시 적용하지 않고 주로 (자율적) 개별 텍스트들에만 적용하는 한 다시금 스스로가 비판의 표적이 될 것이다.[99] 이제는 모든 학문적 담론들(예컨대 자연과학 담론 대 문화학 담론, 혹은 경제학 담론 대 문화 연구 담론)에 내재한 권위를 보다 면밀하고 비판적으로 관찰할 때일지도 모른다. 그렇게 된다면 당연히 자기성찰적 텍스트성은 사라질 수밖에 없을 것이다.

하지만 다른 방향에서 성찰적 턴은 엄청난 영향을 미쳤다. 그것은 새로운 문화를 이해하기 위한 길잡이 역할을 하고 있다. 문화는 더 이상 객관화할 수 있는, 동일한 상징과 의미를 담고 있는 그릇이 아니다. 문화는 그보다는 의사소통의 실제와 재현의 역동적 관계망으로 간주된다. 문화는 우선 그러한 것들을 통해 형태를 얻는다. 이처럼 문화적 객체들도 단순히 주어지는 것이 아니라 (상징적) 상호작용을 통해, 즉 "타자화"를 통해 비로소 성립한다. 여기서 타자화는 바로 그 문제적인 재현의 방식에 영향을 받은 것으로 늘 비판을 받았던 대상이자 주제이다. 지금까지 "타자"는 대체로 객체화되었을 뿐, 자율적으로 자신을 표현하고 단독으로 행동하는 주체로서의 타자 자체는 전혀 논의되지 않았다. 헤게모니를 잡고 있는 유럽 학문의 관점에서 특히 이방의 문화는 통상적으로 역사적 시간의 축 위에서 뒤쳐진 것이었다. 외국 문화는 동시대의 관점에서 인식되는 것이 아니라, 시간과 역사를 초월한 것으로 제시되었다. 이러한 현상은 현재 시제로 이루어진 민속지학의 지배적인 재현 양식에 의해 더 강화되고 있다. 요하네스 파비안 Johannes Fabian은 이것을 자신의 책 『시간과 타자. 인류학은 어떻게 자신의 대상을 만드는가 Time and the Other. How Anthropology Makes its Object』[100]에서 "동시대성의 부정 Denial of coevalness"라고 명명한다. 이 책은 이미 1983년에 나왔으나, 특히 이원론과 이분법을 비판하고 있다는 점에서, 즉 이원론과 이분법이 "타자화"와 어느 정도 결부되어 있는가라는 관점에서 여전히 매우 시사적이다.

턴들은 그러한 이원론과 이분법을 다룰 수 있는 방법을 제공한다. 즉 이원론과 이분법을 먼저 정교하게 만들어내고 그 다음엔 그것을 극복하는 것이다. 해석적 턴에서는 (문화란 그저 단순히 사회적 관계들의 겉모습이라는) 사회 대 문화의 이원론을 극복하려는 시도가 있었다.[101] 이에 따라 문화 개념을 사회적 실천들에 연결시키려는 노력은 자아-타자, 야생-문명과 같은 전통적 이분법에 등을 돌리던 시기에 이루어졌다. 그러나 그와 같은 이원화 원칙은 본질주의 경향 및 원본주의들과 마찬가지로 그때까지만 해도 그렇게 문제시되지 않았다. 성찰적 턴이 비로소 보다 근본적으로 그러한 문제 제기를 시작하였다. 성찰적 턴은 이러한 근본적 변혁의 축을 생산적으로 이용한 것이다. 말하자면 그 변혁이란 전통적 이분법이 사라지고 문화적 차이에 대한 세련된 의식이 출현한 것을 두고 하는 말이다. "'문화적' 차이란 더 이상 안정된, 이국적 타자성이 아니다. 자아-타자의 관계는 본질의 문제라기보다는 권력과 수사학의 문제인 것이다. 문화와 예술에서의 원본성을 기대하는 모든 구조는 의문시되고 있다."[102] 포스트식민주의 턴에서 추구하고 더 급진화한 것이 바로 이러한 이분법 비판과 반-본질주의의 길이었다.

이분법 비판 및 재현 비판이라는 그러한 차원들은 문화학이 그 특수한 인식 방식과 지각 및 재현의 실제를 바탕으로 새롭게 자기 정당화를 구축하는 데 결정적으로 기여한다. 하지만 성찰적 턴이 자신의 연구 입장들을 구체화하기 위해서는 먼저 그러한 자기비판적 관점을 자기 자신의 추상성에 적용해야 한다. 이 점에 있어서 가장 주목할 만한 자극을 주는 것은 메타-인류학이라고 비난 받는 '문화 쓰기'에 대한 비판이다. 그 이유는 메타인류학이 경험적 연구의 (현장 조사)와 같은 기초적 방식을 무시하기 때문이다. 그리고 성찰적 턴의 부정적 결과로서 민속지학(그리고 자기 반영적인 다른 학문도 포함하여)이 점점 더 그 고유의 연구 대상을 박탈당하고 있다는 또 다른 비판도 있다. 즉 민속지학은 문예학으로 전락하고 있다는 것이다. 그러나 이와 반대로 문학은 때로는 문화학으로 전락한다는 비판을 받는다.[103] "장르 간 경계 허물기"라는 이러한 회의적인 부수 현상들에 대해 어쩌면 그렇게 중요한 의미를 부여할 필요는 없을 것이다. 왜냐하면 계속해서 성찰적 턴의 비판적 특성을 보여주는 또 다른 축이 형성되고 있기 때문이다.

그것은 바로 젠더의 축이다. 대개의 다른 방향 전환들도 그런 것처럼, 이 젠더 관점은 흥미롭게도 처음부터 완전히 배제되었다는 규탄이 나오고 나서야 비로소 다시 영향을 미친다. 사실 제임스 클리포드는 『문화 쓰기』의 서문에서 여성 인류학자가 처음에 배제된 이유를 합리화한다. 즉 여성 인류학자들은 페미니스트적 텍스트들의 내용에는 관심이 있지만 그 (글쓰기) 형식에는 관심이 없었다는 것이다. "페미니즘은 민속지학 텍스트에 대한 이론적 분석에는 크게 기여하지 못했다."[104] 여성 인류학자들은 — 이것은 남성 원주민 인류학자들에게도 해당하는데 — 문화 연구에서 민속지학적 테스트의 특성, 민속지학적 범주, 그리고 이론 형성에 대해 그 어떤 개념적 틀도 제공하지 못했다는 것이다. 이러한 주장은 여지없이 강한 반발을 불러일으켰다.[105] 예컨대 릴라 아부루고드 Lila AbuLughod와 매릴린 스트래선 Marilyn Strathern 같은 여성 민속학자들은 특히 페미니스트 이론이 개념적 차원에서도 많은 성과를 냈다고 주장한다. 페미니스트 이론은 소위 (유럽적) 자아와 (비유럽적) 타자의 구분과 그 양극화를 의문시했다는 것이다. 이러한 이분법은 문화 쓰기 논쟁의 재현 비판에서 언제나 기본적인 전제로 받아들여지고 있다. 아부루고드는 여기서 소위 "혼혈들 halfies"(특히 미국에서 가르치는 인도 지식인들)을 언급하는데, 그들은 "타자"를 대부분 그들 자신의 확장으로서 경험한다는 것이다.[106] 루트 비하르 Ruth Behar와 데보라 고든 Deborah Gordon은 좀 더 젠더 관점에 초점을 맞추어 자신들의 저서 『문화를 쓰는 여성들 Women Writing Culture』[107]에서 앞으로는 문화적 재현에 대한 어떤 논쟁도 여성의 역할을 확실히 강조하지 않고는 더 이상 가능하지 않을 것이라는 점을 강조한다.

문화학 이론에서 젠더 담론에 대한 무지와 여성 이론가들을 배제하는 경향은 성찰적 턴에서 가장 잘 나타나지만 다른 턴들에서도 나타난다고 볼 수 있다. "백인 남성 인류학자들"에 대한 민속학의 자기비판이 제한적이기 때문에, 지금까지 담론을 규정했던 집단이 앞으로도 조정의 끈을 쥐게 될 가능성이 매우 높다고 할 수 있다.[108] 더구나 현재는 어차피 민속학이 더 이상 외국 문화의 재현에 대한 완전한 통제권을 쥐고 있지 못한 시대이다. 반면에 그사이 젠더 문제는 자기 반영적 재현과 관련하여 더 이상 문화학적 담론에서 빼놓고 생각할 수 없게 되었다. 여기서 두 가지 갈래의 주장들이 동시에 나타난다. 첫 번째는 문화학에서 근본적인, 소위 성의 중립성 문제와 이론에 능하다는 남자들의 수중에 턴들을 맡기는 일은 전보다 더 많이 의문시되고 있다는 주장이다. 예컨대 레이 초우 Rey Chow는 이것을 인식론 비판에서 조명하고 있다.[109] 두 번째는 이미 재현의 관습적 이원화 구조, 특히 원본과 사본의 구분 그 자체는 남성과 여성의 이원적 구조에 대한 중요한 유비를 제공한다는 것이다. 하지만 이러한 이원적 구조가 위계 관계를 함축하고 있다는 사실은 젠더 관점에서야 비로소 강조된다. 재현에서는 하나가 다른 하나를 대신하고, 타자(예컨대 여성)를 기호로 만든다. 이는 단지 미학적 차원만이 아니라 특히 정치적 차원에서도 해당한다. 젠더 관점에서 재현에 대한 문제 제기는 재현의 권력, 즉 타자를 대신하여 말하기('중재하는' 재현)의 문제를 보다 깊이 인식할 수 있는 기회를 제공한다. 그러나 그러한 문제 제기로 인해 점점 증가 추세인 (자기 역량을 강화하는) 자가권위부여 Selbstermächtigung("에이전시") 및 자기 재현 또한 빠르게 발전하고 있다. 이런 문제는 오늘날 젠더의 영향을 받은 재현 정치의 극단적 예에서, 예컨대 여성을 성적 대상으로 재현하는 포르노그래피의 재현 방식의 경우에 특히 분명하게 논의되고 있다.[110]

양성 관계를 재현하는 문제는 민족성, 인종, 사회적 계층의 문제와 결부시킴으로써 좀 더 깊은 맥락 속에서 다루어지고 있다. 성찰적 턴을 끝까지 추적하고 포스트식민주의 턴과 중첩되는 것들을 드러내 보면, 우리는 권력의 양상 또한 더 깊이 정치화하고 급진화하고 있음을 알게 된다. 왜냐하면 헤이든 화이트가 보여준 것처럼 자기성찰적 턴은 여전히 주로 유럽 내부의 문제로 남아 있으며, 유럽인들로 하여금 자신들 고유의 재현 방식과 텍스트에 대한 자기성찰에만 머물도록 만든다. 이와 반대로 로버트 영 Robert Young은 자신의 저서 『백인 신화. 역사 기록하기와 서양 White Mythologies. Writing History and the West』(1990)에서 보여주듯이, 소위 포스트식민주의 턴으로 이행하는 과정으로서, 유럽 바깥에 있는 망루에서 유럽식의 보편주의적 역사기술을 하려는 이 기획은 매우 모순적인 역사들의 그물망을 만들어낼 수 있는 잠재력을 가지고 있다.[111] 역사는 결코 어느 단일한 서구식 공식을 따르지 않는다. 또한 (유럽 바깥에서 과거 해방 운동의 반식민주의적 담론들을 명백히 싹틔웠던) 마르크스주의 이론이 가진 해석 도식도 따르지 않는다.[112] 어느 하나의 도식을 따르지 않을 때 자기성찰적/수사학적/문학적 턴이 동시에 작동한다. 그리고 이때 역사 텍스트와 특정 담론들이(예컨대 오리엔탈리즘) 지식을 어떻게 생산하는지 뿐만 아니라, 실재를 어떻게 재현으로 구성하는지 드러난다.[113]

스티븐 그린블래트 Stephen Greenblatt와 츠베탕 토도로프는 모든 "재현 기계"[114]가 역사적으로 전쟁, 정복, 무역, 여행 등과 같은 식민주의자들의 활동에 의해 시작되었으며, 담론을 구성하는 문화 특유의 "재현 체계"를 지속적으로 작동시켰다는 사실을 보여주고 있다.[115] 두 사람은 비판적이고 역사적인 방식으로 자신들의 재현 비판을 탐사 과정, 문화 교류, 여행 기록과 같은 연구 대상과 연결시킨다. 그들은 이런 식으로 '추상적 성찰에 불과한 메타적 학문'이라는 막다른 골목에 내몰린 성찰적 턴을 구출해 낸다.[116] 그린블래트는 기행 문학의 담론적 권위를 언급하면서 어떻게 역사적인 유럽의 권위가 특유의 재현 전략에 의해 확립되고 지배하게 되었는지를 밝힌다. 여러 재현들과 포괄적인 유럽적 "재현 기계"의 권력은 대부분 유럽인들과 비유럽 세계의 접촉을 조정하고 매개하는 지각 방식이었고, 아마도 지금도 여전히 그럴 것이다. 하지만 이 재현 기계의 패권주의적 특성은 여전히 우세하여 상호성, 즉 여러 재현들의 상호 교류를 방해하고 있다.[117]

재현의 관점에서 유럽과 비유럽 국가들 사이의 긴장 관계를 추적해 보면, 우리는 불가피하게 어떻게 두 세계가 접촉하게 되고 관계를 맺게 되었는지 구체적으로 알게 된다. 이 문제들은 포스트식민주의 턴과 "얼기설기 얽힌 역사 entangled histories"라는 포스트식민주의적 개념 속에서 중심이 된다. 마르틴 푹스 Martin Fuchs와 에버하르트 베르크 Eberhard Berg는 구상적 성격을 띠고 있는 그들의 저서 『차이의 현상학. 민속지학적 재현의 성찰 단계들 Phänomenologie der Differenz. Reflexionsstufen ethnographischer Repräsentation』에서 요약하고 있듯이, 결론적으로 대안적 재현 양식을 제시하려는 모든 시도는 "우리가 우리의 재현 전통을 다른 재현 전통들과 대면하도록 하지 않는 한"[118] 한계를 가질 수밖에 없다.

(번역: 신혜선, 김형래)

3장 요약

해석적 턴과 수행적 턴을 거치면서 문화 연구는 '재현의 위기'에 대한 자기비판적인 성찰적 턴으로 나아가게 된다. 자기비판의 추동력은 재현의 위기를 단순히 거론하는 것이 아니라, 그것을 극복하려는 시도에서 나오며, 그 해결책은 학문적 기술 과정과 아울러 재현이 처한 환경에 결합되어 있다는 사실을 비판적으로 살펴보는 것이다. 그리하여 민족지학 연구서에서 시작되어 문학적 전범과 플롯 및 메타퍼와 아이러니의 사용 등 모든 문화기술에서 가려낼 수 있는 서술 및 서사 전략이 밝혀진다. 문화를 기술하는 데에는 저자, 학자, 혹은 작가들에게 전권이 맡겨져 있다. 이로써 저자들이 기술 대상들을 조종 혹은 조작하는 것이 드러나게 된다. 그래서 성찰적 턴은 수사적 턴 혹은 문학적 턴으로 확장되기도 한다.

클리포트 기어츠는 민속지학의 문화 쓰기에 대하여 의문을 제기하면서 성찰적 턴을 이끌었다. 이전에 등한시되었던 '무엇을 어떻게 기술하는가'와 그 텍스트의 형식은 기술된 문화에 필연적으로 영향을 끼친다는 사실이다. 기술된 문화의 특징들은 학문적 재현에서조차도 그대로 모사된 것이 아니라, 배제, 추가, 해석, 과장 등의 과정을 겪게 된다는 점이다. 이후 문예학자이자 문화인류학자 제임스 클리포드와 조지 마커스에 의해 이끌어진 "문화 쓰기 논쟁"에 의해 문화적 재현의 시학과 정치학에 초점을 맞춘 자기성찰적 연구 방식이 대두된다. 이 연구 방식은 학문적 텍스트의 문화기술에서 매우 중요한 역할을 수행했던 전통과 인습, 또는 수사학적 전략과 권력 포함 관계 등의 비판적 교정을 위한 다른 문화학 연구들에도 새로운 시각을 열어주었다.

자신의 텍스트를 성찰하는 이러한 역적용은 경험주의적 필드 연구 방식에서의 완전한 방향 전환을 의미한다. 그리고 더 광범위한 포스트모던적 전회의 특성이다. 분화된 문화적 생활환경 때문에 이질적인 경험들에 직접적 접근은 힘들어졌다. 이러한 사실은 경험을 텍스트라는 형식으로 전환할 수 있다는 전제에 대해 의문을 제기한다. 이 인식이 소위 재현의 위기의 한 부분이다. 물론 재현의 위기는 훨씬 더 광범위하다. 재현의 위기는 기표와 기의의 후기 구조주의적 해체뿐만 아니라, '타자' 또는 모든 문화기술의 재현에서 작용하는 권력관계의 불균형에 대한 통찰을 포괄한다.

재현의 권력관계에 대한 통찰은 후기구조주의와 해체주의, 특히 미셸 푸코의 영향 아래 발전된 이론의 형태로만 형성된 것은 아니다. 그것은 복합적인 학문 정책 및 정치적인 영역에서도 발원한다. 한편으로 이 통찰은 기술의 영역에까지 이르는 민속지학의 식민주의적 통합과 관련되어 있다. 즉 문화적 재현의 '제국주의'와 관련되어 있다. 다른 한편으로는 식민주의적 담론에 상응하는 비판 외에도 민속지학적 재현의 비판은 1950년 이후 수십 년 동안 식민지 권력의 붕괴 및 재분배와 관련되어 있다. 오늘날까지도 세계도처에서는 탈식민화에 힘입어 지속적으로 권력이 붕괴되고 있다. 포스트식민주의적 관점에서 보자면, 이것은 재현이 유럽중심적으로 독점되고 있다는 비판에 힘을 실어 준다. 특히 유럽바깥 사회에서 증가하는 포스트식민주의적 상황에서 자기 스스로를 재현하는 도발들이 나타난다. 그러나 또한 유럽과 미국 내에서도 소수자와 민속 집단들의 재현 가능성 및 자기 재현성에 대한 재현 논쟁이 첨예한 정치적 갈등의 장을 형성하였다. 오늘날까지 계속되는 '타자화 Othering' 전략, 이른바 타자의 확장된 구조를 비역사적 존재로 파악하고자 하는 전략을 비판적으로 재고하라는 요구가 대두된다. 따라서 이러한 성찰적 턴은 자연스럽게 포스트식민주의 턴으로 나아가게 된다.

(요약: 신혜선)

미주

1 Clifford Geertz: Dichte Beschreibung. Bemerkungen zu einer deutenden Theorie von Kultur, in: ders.: Dichte Beschreibung. Beiträge zum Verstehen kultureller Systeme. Frankfurt/M. 1983, 7–43쪽, 여기서는 28쪽.

2 같은 책, 29쪽.

3 같은 책, 23쪽.

4 P. Steven Sangren: Rhetoric and the Authority of Ethnography. 《Postmodernism》 and the Social Reproduction of Texts, in: Current Anthropology 29, 3 (1988), S. 405–435쪽, 여기서는 405쪽 이하.(《the 〈reflexive turning? of the anthropological gaze toward anthropology itself》) 참조.

5 James Clifford: Über ethnographische Autorität, in: Eberhard Berg/Martin Fuchs (Kg.): Kultur, soziale Praxis, Text. Die Krise der ethnographischen Repräsentation. Frankfurt/M. 1993, 109–157쪽, 여기서는 110쪽. 성찰적 턴의 학문 정책에 관련하여서는 Lorraine Nencel/Peter Pels (Hg.): Constructing Knowledge. Authority and Critique in Social Science. London, Newbury Park, New Delhi 1991 참조.

6 Hierzu vgl. Karl–Heinz Kohl: Dialogische Anthropologie – eine illusion.' in: ms Därmann/Christoph Jamme (Hg.): Fremderfahrung und Repräsentation. Weilers wist 2002, 209–225쪽, 여기서는 209쪽.

7 이와 관련해서는 Doris Bachmann–Medick: 《Writing Culture》 – ein Diskurs zwischen Ethnologie und Literaturwissenschaft, in: Kea. Zeitschrift für Kulturwissenschaften 4, 1992, 1–20쪽 참조.

8 James Clifford/George Marcus: Writing Culture. The Poetics and Politics of Ethnograph, Berkeley, Los Angeles, London 1986.

9 Clifford Geertz: Die künstlichen Wilden. Der Anthropologe als Schriftsteller (1988). München 1990, 129쪽.

10 같은 책, 142쪽.

11 Clifford: Über ethnographische Autorität, 114쪽.

12 Geertz: Dichte Beschreibung, 9쪽 참조.

13 Geertz: Die künstlichen Wilden, 85쪽 참조.

14 문화 쓰기 논쟁에 대한 클리포드 기어츠의 중요한 역할에 관련하여서는, Volker Gotiowik: Zwischen dichter und dünner Beschreibung Clifford Geertz* Beitrag zur Writing Culture–Debattc. in: Ins Darmann–'Christoph Jamme (Hg.): Kulturwissenschaften. Konzepte. Theorien. Autoren. München 2007. 119–142쪽 참조.

15 Geertz: Die künstliche Wilden, 18쪽.

16 같은 책, 35쪽.

17 그중에서도, das Kapitel 《A Crisis of Representation in the Human Sciences》, in:

George E. Marcus/Michael M. J. Fischer (Hg.): Anthropology as Cultural Critique. An Experimental Moment in the Human Sciences. Chicago, London 1986. 7–16쪽 참조. / 철학적인 면에 관련해서는 Silja Freudenberger/Hans Jörg Sandkühler (Hg.): Re Präsentation. Krise der Repräsentation. Paradigmenwechsel. Ein Forschungsprogramm in Philosophie und Wissenschaften. Frankfurt/M. u.a. 2003 참조.

18 Für diese semiotische Richtung vgl. die Beiträge in: Winfried Noth/Christina Ljung berg (Hg.): The Crisis of Representation: Semiotic Foundations and Manifestations in Culture and the Media (– Special Issue von Semiotica 143. u (2003). 특히 Einleitung, 3쪽).

19 Clifford: Introduction. Partial Truths, in: ders./Marcus (Hg.): Writing Culture, 1–26쪽. 여기서는 6 쪽. (dt.: Halbe Wahrheiten, in: Gabriele Rippl (Hg.): Unbeschreiblich weiblich. Texte zur feministischen Anthropologie. Frankfurt/M. 1993, 104–135쪽).

20 George E. Marcus: On Ideologies of Reflexivity in Contemporary Efforts to Remake the Human Sciences (1994), in: ders.: Ethnography Through Thick and Thin. Princeton 1998, 181–202쪽, 여기서는 186쪽.

21 같은 책, 186쪽.

22 같은 책, 189쪽 참조.

23 Clifford: Halbe Wahrheiten, 7쪽 참조.

24 Clifford: Introduction. Partial Truths, 10쪽.

25 Donna Haraway: Situated Knowledges. The Science Question in Feminism and the Privilege of Partial Perspective, in: Feminist Studies 14,3 (1988), 575–599쪽.

26 Marcus: On Ideologies of Reflexivity, 201쪽.

27 James Clifford: On Orientalism, in: ders.: The Predicament of Culture. Twentieth-Century Ethnography, Literature, and Art. Cambridge/Mass, London 1988, 255–276쪽, 여기서는 268쪽.

28 Clifford: Halbe Wahrheiten, 118쪽 참조.

29 Clifford: Über ethnographische Autorität, 110쪽.

30 같은 책, 120쪽 참조.

31 옮긴이 주 – 직접화법과 간접화법 사이, 독백과 보고 사이의 화법. 그리고 발화자의 담화와 등장인물의 독백이 결합된 그사이의 화법이다. 이를 '체험 화법 Erlebte Rede'라고도 한다. 여기서는 발화자가 지배적이라는 것을 의미함.

32 같은 책, 138쪽 참조.

33 같은 책, 151쪽 참조.

34 같은 책, 135쪽 참조.

35 같은 책, 147쪽.

36 대화적 턴에 대한 주요한 텍스트로서는 Berg/Fuchs (Hg.): Kultur, soziale Praxis, Text; vgl. auch Thomas Reinhardt: Jenseits der Schrift Dialogische Anthropologie

nach der Postmodeme. Frankfurt/M. 2000 참조.

37 Baltimore, London 1982.

38 Clifford: Halbe Wahrheiten, 120쪽.

39 Clifford: Halbe Wahrheiten, 123쪽.

40 Kohl: Dialogische Anthropologie, 225쪽 참조.

41 옮긴이 주 – '손에 닿는 소재를 임기응변으로 사용하여 문화를 만드는 실천'을 뜻함. 인류학자 클로드 레비스트로스는 자신의 저서 『야생의 사고』에서 이 개념을 원시 부족 사회 문화를 설명하면서 사용했다. 간단히 '손재주' 혹은 '손으로 하는 수리'라고도 번역할 수 있다. 이 단어의 사용은 확장되어, 종종 '한정적 자원이나 이념에 대처하기 위해 필요한 창의성 발휘능력' 등으로도 적용되고 있다.

42 Stephen A. Tyler: Das Unaussprechliche. Ethnographie, Diskurs und Rhetorik in der postmodernen Welt. München 1991, 85쪽.

43 같은 책, 86쪽 참조.

44 같은 책, 89쪽. 그리고 James Clifford: Über ethnographische Allegorie, in: Berg/Fuchs (Hg.): Kultur, soziale Praxis, Text, 200–239쪽 참조.

45 Tyler: Das Unaussprechliche, 198쪽.

46 James Clifford: On Ethnographic Surrealism, in: ders.: Predicament of Culture, 117–151쪽.

47 같은 책, 120, 129쪽.

48 Clifford: Introduction: The Pure Products Go Crazy, in: ders.: Predicament of Culture, 1–17쪽, 여기서는 8쪽.

49 옮긴이 주 – 문맥에 따라 문화 인류학으로 번역함.

50 여기에 관한 많은 출판물 중에서 – 제목이 이미 『문화 쓰기』 책과 유사한 – Ivan Karp/Steven D. Lavine(Hg.): Exhibiting Cultures. The Poetics and Politics of Museum Display. Washington 1997. Sharon Macdonald: The Museum as Mirror. Ethnographic Reflections, in: Allison James/Jenny Hockey/Andrew Dawson(Hg.): After Writing Culture. Epistemology and Praxis in Contemporary Anthropology. London, New York 1997, 161–176쪽 참조. James Clifford: Museums as Contact Zones, in: ders.: Routes. Travel and Translation in the late Twentieth Century. Cambridge/Mass., London 1997, 188–219쪽 참조. 독일 맥락에서는 H. Glenn Penny: Objects of Culture. Ethnology and Ethnographic Museums in Imperial Germany. Chapel Hill 2002 참조.

51 Elizabeth Kaplan: 《Many Paths to Partial Truths》. Archives, Anthropology, and the Power of Representation, in: Archival Science 2(2002), 209–220쪽, 16쪽.: "아카이브를 있는 그대로의 문제적 재현으로 이해하기" – 지식 생산과 권력관계의 맥락에서.

52 문화인류학적 텍스트의 문학성에 관해서는 George E. Marcus/Dick Cushman Ethnographies as Texts, in: Annual Review of Anthropology 11(1982), 25–69쪽 참조. 기본적인 탐구 또한 참조. Volker Gottowik: Konstruktionen des Anderen. Clifford Geertz und die Krise der ethnographischen Repräsentation. Berlin 1997,

특히 200쪽 이하. 및 Marc Manganaro의 전집, Marc Manganaro(Hg.): Modernist Anthropology. From Fieldwork to Text. Princeton 1990.

53 "수사학적 턴"에 대해서는 – 또한 사회학과 관련해서도 – Richard Harvey Brown(Hg.): Writing the Social Text. Poetics and Politics in Social Science Discourse. New York 1992, ix쪽 참조. 그리고 Richard Harvey Brown: Poetics, Politics, and Truth. An Invitation to Rhetorical Analysis, in: 같은 책, 3–8쪽 참조. Julie Thompson Klein: Text/Context. The Rhetoric of the Social Sciences, in: 같은 책, 9–27쪽 참조.

54 Daniel Martin Varisco: Islam Obscured. The Rhetoric of Anthropological Representation. New York, Houndmills 2005, 3쪽. "나는 여기서 기어츠, 겔너, 메르니시, 아흐메드의 텍스트에서 이슬람을 재현하는 수사학에 대한 비판을 제공한다."

55 이에 대해서는 Donald M. McCloskey: The Rhetoric of Economics. Madison 1985 참조.

56 다양한 모든 분과 학문에서의 수사학적 턴에 대해서는 Herbert W. Simons(Hg.): The Rhetorical Turn. Invention and Persuasion in the Conduct of Inquiry. Chicago, London 1990, 8쪽 참조. 또한 Brown(Hg.)의 모음집: Writing the Social Text, ix쪽 참조. "우리는 사회를 텍스트로만 보지 않고 과학적 텍스트 그 자체를 수사학적 구성으로 본다."

57 Herbert W. Simons: Introduction. The Rhetoric of Inquiry as an Intellectual Movement. in: ders. (Hg.): Rhetorical Turn, 1–31쪽, 9쪽.

58 Hans-Jörg Rheinberger/Bettina Wahrig-Schmidt/Michael Hagner: Räume des Wissens: Repräsentation, Codierung, Spur, in: dies. (Hg.): Räume des Wissens. Repräsentation, Codierung, Spur. Berlin 1997, 7–21쪽, 11쪽; 여기서 또한 Michael Hagner: Zwei Anmerkungen zur Repräsentation in der Wissenschaftsgeschichte, 340–355쪽.

59 Rheinberger/Wahrig-Schmidt/Hagner: Räume des Wissens, 17쪽.

60 같은 책, 17쪽.

61 이것에 대해서는 Simons: Introduction, 19쪽 참조.

62 같은 책, 1쪽 참조.

63 역사학에서의 "성찰적 턴"에 대해서는 다음 책 안의 논문들을 참조. Keith Jenkins(Hg.): The Postmodern History Reader. London, New York 1997. "언어적 턴"에서의 고정시키기에 대해서는 Elizabeth A. Clark: History, Theory, Text. Historians and Linguistic Turn. Cambridge/Mass, London 2004. 이 책의 서문 35쪽 이하, 39쪽 참조.

64 Hayden White: Auch Klio dichtet oder Die Fiktion des Faktischen. Studien zur Tropologie des historischen Diskurses. Stuttgart 1986.

65 Hayden White: Interpretation und Geschichte, in: 같은 곳, 64–100쪽, 여기서는 81쪽.

66 같은 책, 82쪽.

67 Reinhart Koselleck: Einführung, in: 같은 책, 1–6쪽, 여기서는 6쪽.

68 New York 1990.

69 White: Metahistory, 556쪽.

70 Michel de Certe: Das Schreiben der Geschichte. Frankfurt/M., New York, Paris 1991, bes. 64쪽: "그러므로 역사적 담론에서 현실 탐구가 다시 회귀하고 있다" 유사한 방향에서 래비노우의 성찰적 민속지학 영역에서 과도한 메타 입장에 대한 비판을 참조. Paul Rabinow: Repräsentationen sind soziale Tatsachen. Modernität und Post-Modernität in der Anthropologie. in: Rippl (Hg.): Unbeschreiblich weiblich, 136-173쪽, 여기서는 157쪽. "우리가 사회적 준거성을 배제하려고 시도하면 다른 지시대상들이 그 빈자리를 차지할 것이다."

71 Saul Friedlander (Hg.): Probing the Limits of Representation. Nazism and the "Final Solution". Cambridge 1992.

72 Frank R. Ankersmit: Historical Representation. Stanford 2001, 특히 160쪽 이하 참조.

73 재현 논쟁을 암시하고 성찰적 턴과 관련된 문학 연구의 예는 Michaela Holdenried: Künstliche Horizonte. Alterität in literarische Repräsentationen Südamerikas. Berlin 2004.

74 Baltimore 1996; vgl. Bryan Reynolds/William N. West (Hg.): Rematerializing Shakespeare. Authority and Representation on the Early Modern English Stage. Houndmills 2005.

75 Jürgen Fohrmann/Ingrid Kasten/Eva Neuland (Hg.): Autorität der/in Sprache, Literatur, Neuen Medien. Vorträge des Bonner Germanistentags 1997. 2 Bde. Bielefeld 2000.

76 Tzvetan Todorov: Die Eroberung Amerikas. Das Problem des Anderen. Frankfurt/M. 1985, 참조.

77 Doris Bachmann-Medick (Hg.): Übersetzung als Repräsentation fremder Kulturen. Berlin 1997, 참조.

78 Kapitel 5 "Translatinal Turn" 참조.

79 Tejaswini Niranjana: Siting Translation. History, Post-Structuralism, and the Colonial Context. Berkeley, Los Angeles, Oxford 1992, 3쪽.

80 특히 조셉 콘래드의 『암흑의 핵심』에서 제임스 클리포드를 참조. James Clifford: Über ethnographisiche Selbststilisierung. Conrad und Malinowski, in: Doris Bachmann-Medick (Hg.): Kultur als Text. Die anthropologische Wende in der Literaturwissenschaft. 2. Aufl. Tübingen, Basel 2004, 194-225쪽.

81 Edward W. Said: Kultur und Imperialismus. Einbildungskraft und Politik im Zeitalter der Macht. Frankfurt/M. 1994, 116쪽.

82 Peter Braun/Manfred Weinberg (Hg.): Ethon/Graphie. Reiseformen des Wissens, Tübingen 2002, 참조.

83 München 1986; 재현의 권위에 대해서는 Mattew Greenfield: Coetzee's Foe and Wittgensteins's Philosophical Investigations. Confession, Authority, and Private

Languates, in: The Journal of Narrative Technique 25, 3(1995), 223–237쪽, 참조. 여기서는 225쪽: 쿳시는 "화자가 확신과 권위 그리고 안정된 정체성에 대한 믿음을 가지고 시작하지만 그 다음에 자아와 목소리가 증식하면서 이 모든 것을 잃어버리는 이야기들"을 쓴다.

84 자신의 연구 행위를 검증하기 위한 경험적 연구로서 해석의 전제를 가진 다큐멘터리 영화의 예를 들고 있다. 이는 "경험 연구의 반영성"(98쪽 이하)에 대한 사례 연구로서 자신의 재현 수사학적 전략을 발견하기 위한 것인데 다음 저서에서 볼 수 있다. Elisabeth Mohn: Filming Culture. Spielarten des Dokumentierens nach der Repräsentationskrise. Stuttart 2002.

85 Iris Därmann: Obsessive Bilder in Bewegung oder Pikturale (Fremd-)darstellungen in europäischer, fremd-und interkultureller Sicht, in: Paideuma. Mitteilungen zur Kulturkunde 50 (2004), 59–78쪽, 특히 66쪽 이하.

86 Stephen A. Tyler: Post-Modern Ethnography. From Document of the Occult to Occult Document, in: Clifford/Marcus (Hg.): Writing Culture, 122–140쪽, 여기서는 136쪽.

87 텍스트 대신 음성을 새롭게 평가하는 라인하르트 마이어 칼쿠스 Reinhart Meyer-Kalkus로부터 시작된 이 관점은 다성성에 대한 새로운 해석과 연결된다. Reinhart Meyer-Kalkus: Stimme und Sprechkünste im 20. Jahrhundert. Berlin 2001, 특히 3장: "Theorie der Vielstimmigkeit erzählender Texte(Michail Bachtin)", 135–142쪽.

88 Veit Erlmann (Hg.): Hearing Cultures. Essays on Sound, Listening and Mordernity. Oxford, New York 2004; Michael Bull/Les Back (Hg.): Auditory Culture Reader. Oxford, New York 2003, 참조.

89 Kapitel 7 "Iconic Turn", 364쪽 이하 참조.

90 Clifford: Halbe Wahrheiten.

91 같은 곳, 116쪽, (월터 옹 Walter J. Ong의 시각주의 비판에 대해).

92 다음과 같은 민속학 쪽의 연구들이 있다. Vgl. Regina Bendix: Symbols and Sound, Senses and Sentiment. Notizen zu einer Ethnographie des (Zu-)Hörens, in: Rolf Wilhelm Brednich/Heinz Schmitt (Hg.): Symbole. Zur Bedeutung von Zeichen in der Kultur. Münster, New York 1997, 42–67쪽.

93 Clifford: Halbe Wahrheiten, 117쪽.

94 폴커 고토빅 Volker Gottowik의 『Rückblick 회고』는 성찰적 턴의 관점이 없는, 전반적으로 이미 완결된 민속학의 문학 쓰기 논쟁에서 출발한다(Volker Gottowik: Zwischen dichter und dünner Beschreibung).

95 Rabinow: Repräsentationen sind soziale Tatsachen, 158쪽 이하.

96 Sangren: Rhetoric and the Authority, 409쪽.

97 에드워드 브러너도 성찰적 턴을 문화학적 어휘에 응용하고 새로운 경향의 부침을 설명하는데 응용할 것을 강조하고, 아울러 핵심 개념들의 부침에도 적용할 것을 강조하고 있다. Edward M. Bruner: Ethnography of Narrative, in: Victor W. Turner/Edward M. Brunder(Hg.): The Anthropology of Experience. Urbana, Chicago 1986, 139–155쪽.

여기서는 139쪽 이하.

98 Sangren: Rhetoric and the Authority, 424쪽 참조.

99 같은 곳, 424쪽 참조: "결국, 만일 민속지학이, 내가 그럴 수 있고 그래야 한다고 믿듯이, 일종의 '성찰적' 문화 비판이 되고자 한다면, 진정으로 가차 없이 그 대상을 자신이 생산하는 텍스트만이 아니라 변증법적으로 (인류학적 이력과 텍스트가 생산되고 재생산되는) 사회적 제도 안에서 찾아야 한다."

100 New York 1983 (2002).

101 Marshall Sahlins: Two or Three Things That I Know About Culture, in: Journal of the Royal Anthropological Institute (N.S.) 5, 3 (1999), 399–421쪽 참조. 여기서는 400쪽.

102 Clifford: Introduction: The Pure Products Go Crazy, 14쪽.

103 Wolfgang Barner가 주도하여 3년간 시행된 논쟁인 「Kommt der Literaturwissenschaft ihr Gegenstand abhanden?」을 참조. In: Jahrbuch der deutschen Schillergesellschaft 42쪽 (1998), 43쪽 (1999), 44쪽 (2000).

104 Clifford: Halbe Wahrheiten, 20쪽; 여기에 비판적인 것은 James/Hockey/Dawson(Hg.)의 편저: After Writing Culture 참조.

105 이에 반박하는 다양한 입장들과 "포스트모더니즘을 위한 페미니즘의 평가 절하"(S. 215)와 관련하여서는 Frances E. Mascia-Lees/Patricia Sharpe/Colleen Ballerino Cohen: Die postmoderne Wende in der Anthropologie. Vorbehalte aus feministischer Sicht, in: Rippl (Hg.): Unbeschreiblich weiblich, 209–242쪽 참조.

106 Lila Abu-Lughod: Writing Against Culture, in: Richard G. Fox(Hg.): Recapturing Anthropology. Working in the Present. Santa Fe 1991, 137–162쪽.

107 Ruth, Behar/Deborah, Gordon A. (Hg.): Women Writing Culture. Berkeley 1995, xii쪽.

108 Martin Fuchs: Der Verlust der Totalität. Die Anthropologie der Kultur, in: Heide Appelsmeyer/Elfriede Billmann-Mahecha(Hg.): Kulturwissenschaft. Felder einer prozeßorientierten wissenschaftlichen Praxis. Weilerwist 2001, 18–53쪽. 참조. 여기서는 27쪽.

109 Rey Chow: Gender and Prepresentation, in: Elisabeth Bronfen/Misha Kavka(Hg.): Feminist Consequences. Theory for the New Century. New York 2000, 38–57쪽.

110 Hierzu vgl. 같은 곳, 41쪽.

111 Robert J.C.Young: White Mythologes. Writing History and the West(1990). 2. Aufl. London, New York 2004, 2쪽 이하 참조.

112 같은 곳, 6쪽 이하. Zum politischen Umfeld des Übergangs zum postcolonial turn vgl. die neue Einl. von Young zur 2. Aufl. der White Mytholgies Revisited, 같은 책, 1–31쪽.

113 같은 책, 168쪽 참조.

114 Stephen Greenblatt: Wunderbare Besitztümer, Die Erfindung des Fremden:

Reisende und Entdecker. Berlin 1994, 183쪽.

115 Todorov: Eroberung Amerikas.

116 Robert Weimann(Hg.): Ränder der Moderne. Repräsentation und Alterität im (post) kolonialen Diskurs. Frankfurt/M. 1997. 참조.

117 Greenblatt: Wunderbare Besitztümer, 184쪽 이하 참조.

118 Fuchs/Berg, in: Berg/Fuchs(Hg.): Kultur, soziale Praxis, Text, Einleitung, 11–108쪽, 여기서는 96쪽.

참고문헌

Abu-Lughod, Lila: Writing Against Culture, in: Richard G. Fox (Hg.): Recapturing Anthropology. Working in the Present. Santa Fe 1991, S. 137-162.

Ankersmit, Frank R.: Historical Representation. Stanford 2002.

Bachmann-Medick, Doris: 《Writing Culture》 - ein Diskurs zwischen Ethnologie und Literaturwissenschaft, in: Kea. Zeitschrift fur Kulturwissenschaften 4 (1992). S. 1-20.

Bachmann-Medick, Doris (Hg.): Übersetzung als Repräsentation fremder Kulturen. Berlin 1997.

Behar, Ruth/Gordon, Deborah A. (Hg.): Women Writing Culture. Berkeley 1995.

Berg, Eberhard/Fuchs, Martin (Hg.): Kultur, soziale Praxis, Text. Die Krise der ethnographischen Repräsentation. Frankfurt/M. 1993.

Borso, Vittoria/Kann, Christoph (Hg.): Geschichtsdarstellung. Medien, Methoden, Strategien.

Köln, Wien, Weimar 2005.

Brown, Richard Harvey (Hg.): Writing the Social Text. Poetics and Politics in Social Science Discourse. New York 1992.

Chow, Rey: Gender and Representation, in: Elisabeth Bronfen/Misha Kavka (Hg.): Feminist Consequences. Theory for the New Century. New York 2000, S. 38-57.

Clark, Elizabeth A.: History, Theory, Text. Historians and the Linguistic Turn. Cambridge/ Mass., London 2004.

Clifford, James: The Predicament of Culture. Twentieth-Century Ethnography, Literature, and Art. Cambridge/Mass., London 1988.

Clifford, James: Über ethnographische Autorität, in: Eberhard Berg/Martin Fuchs (Hg.): Kultur, soziale Praxis, Text. Die Krise der ethnographischen Repräsentation. Frankfurt/M. 1993, S. T09-157.

Clifford, James: Routes. Travel and Translation in the Late Twentieth Century. Cambridge/ Mass., London 1997.

Clifford, James/Marcus, George E. (Hg.): Writing Culture. The Poetics and Politics of Ethnography. 2. Aufl. Berkeley, Los Angeles, London 2010.

Crapanzano, Vincent: Hermes' Dilemma and Hamlet's Desire. On the Epistemology of Interpretation. Cambridge/Mass., London 1992.

Darmann, Iris/Jamme, Christoph (Hg.): Fremderfahrung und Repräsentation. Weilerswist 2002.

Dressei, Gert/Rathmayr, Bernhard (Hg.): Mensch - Gesellschaft - Wissenschaft.

Versuche einer Reflexiven Historischen Anthropologie. Innsbruck 1999.
Fabian, Johannes: Time and the Other. How Anthropology Makes Its Object. New York 1983.
Geertz, Clifford: Die kunstlichen Wilden. Der Anthropologe als Schriftsteller. Munchen, Wien 1988.
Gottowik, Volker: Zwischen dichter und dünner Beschreibung. Clifford Geertz' Beitrag zur Writing Culture-Debatte, in: Iris Darmann/Christoph Jamme (Hg.): Theorien, Konzepte und Autoren der Kulturwissenschaften. Munchen 2006.
Hornbacher, Annette: Zuschreibung und Befremden. Postmoderne Repräsentationskrise und verkörpertes Wissen im balinesischen Theater. Berlin 2005.
James, Allison/Hockey, Jenny/Dawson, Andrew (Hg.): After Writing Culture. Epistemology and Praxis in Contemporary Anthropology. London, New York 1997.
Karp, Ivan/Lavine, Steven D. (Hg.): Exhibiting Cultures. The Poetics and Politics of Museum Display. Washington 1997.
Knecht, Michi: Contemporary Uses of Ethnography. Zur Politik, Spezifik und gegenwartskulturellen Relevanz ethnographischer Texte, in: Michael Simon/Thomas Hengartner/Timo Heimerdinger/Anne-Christin Lux (Hg.): Bilder. Bucher. Bytes. Zur Medialität des Alltags. Münster 2009, S. 148-155.
Kumoll, Karsten/Zenker, Olaf (Hg.): Beyond Writing Culture. Current Intersections of Epistemologies and Representational Practices. Oxford, New York 2013.
Manganaro, Marc (Hg.): Modernist Anthropology. From Fieldwork to Text. Princeton 1990.
Marcus, George E./Cushman, Dick: Ethnographies as Texts, in: Annual Review of Anthropology 11 (1982), S. 25-69.
Marcus, George EVFischer, Michael M. J.: Anthropology as Cultural Critique. An Experimental Moment in the Human Sciences. Chicago, London 1986.
Rheinberger, Hans-Jorg/Hagner, Michael/Wahrig-Schmidt, Bettina (Hg.): Raume des Wissens. Repräsentation, Codierung, Spur. Berlin 1997.
Rippl, Gabriele (Hg.): Unbeschreiblich weiblich. Texte zur feministischen Anthropologie. Frankfurt/M. 1993.
Sangren, Steven P.: Rhetoric and the Authority of Ethnography. ⟨Post-Modernism⟩ and the Social Reproduction of Texts, in: Current Anthropology 29, 3 (1988), S. 405-435.
Simons, Herbert W. (Hg.); The Rhetorical Turn. Invention and Persuasion in the Conduct of Inquiry. Chicago, London 1990.
Tyler, Stephen A.: The Unspeakable. Discourse, Dialogue, and Rhetoric in the

Postmodern World. Madison 1987 (dt.: Das Unaussprechliche. Ethnographie, Diskurs und Rhetorik in der postmodernen Welt. Munchen 1991).
Varisco, Daniel Martin: Islam Obscured. The Rhetoric of Anthropological Representation. New York, Houndmills 2005.
White, Hayden: Metahistory. Die historische Einbildungskraft im 19. Jahrhundert in Europa (1973). Frankfurt/M. 1991.
White, Hayden: Auch Klio dichtet oder Die Fiktion des Faktischen. Studien zur Tropologie des historischen Diskurses. Stuttgart 1986.
Young, Robert J. C.: White Mythologies. Writing History and the West (1990)- 2- Aufl. London, New York, 2004.

4

포스트식민주의 턴

Postcolonial Turn

1. 발생 배경과 형성 과정
2. 특징과 핵심 개념
3. 포스트식민주의 턴과 개별 학문
4. 비판과 전망

제4장 포스트식민주의 턴

'포스트식민주의 턴 Postcolonial Turn'이라고 할 때 그 작용 영역이 광범위하다는 사실과 더불어 문제점들 또한 나타나는데, 이는 이미 '포스트식민주의'라는 개념 자체에 내재되어 있다. 이 표현에는 지속적인 긴장 관계를 만들어내는 두 가지 의미가 결합되어 있다. 그 하나는 비판적인 역사적 범주인 '포스트식민주의'로서 전 세계적으로 여전히 지속되고 있는 식민주의 Kolonialismus, 탈식민지화 Dekolonisierung, 신식민주의적 neokolonialistisch 경향 등의 특징을 나타낸다. 다른 하나는 이러한 역사적 차원을 넘어 담론 비판적인 문화 이론으로 나아가는데, 이 이론은 '포스트식민주의 연구 Postcolonial Studies'라는 제목 하에 유럽중심적인 학문 질서와 재현 체계에 주목한다.

포스트식민주의는 우선 1945년 이후의 탈식민지화 국면과 연관된다. 여기서 접두어 'post-'는 여전히 시대를 구분하는 연대기적인 의미를 지니고 있다. 이 의미는 유럽 식민지들의 해체를 나타내며, 독립에 성공한 사회의 변화된 자기 이해 방식을 암시한다. 이 사회들은 식민화에 대한 고찰을 토대로 하거나 식민적 관계에 얽혀 있는 폭력의 경험을 마주하면서 새롭게 편성되었다.[1] 이때 포스트식민주의는 아직은 식민지배에서 독립하기 위한 투쟁과 동일한 의미를 나타낸다(탈식민지화). 그러나 동시에 포스트식민주의는 새로운 신식민주의적 종속의 발생과 연관되어 있기도 하다.[2] 따라서 해방 이후 post라는 의미의 역사적 개념은 단선적인 발전을 가정하고 있기 때문에 포스트식민주의를 제대로 이해하기에는 더 이상 적절하지 않다. 시간이 흐르면서 상황이 더 복잡해졌기 때문이다. 독립한 나라들에서 식민주의적 사고방식 및 행동 방식이 여전히 지속적으로 나타나는 제국주의의 후유증을 간과할 수 없는 것이다. 이와 더불어 포스트식민주의에 대한 좀 더 포괄적인 이해를 유럽의 다문화 사회들 스스로가 요구하고 있다. 그것은 무엇보다도 유럽 사회의 다층적인 이주 상황 때문이다. 그렇기 때문에 '포스트식민주의 연구'는 (이를테면 독일과 같이) 자국의 역사에서 식민주의적 요소들이 존재하는 나라들에게서 더욱 중요해지고 있다.[3]

이 지점에서 1980년대의 '포스트식민주의 연구'의 등장과 함께 '포스트식민주의' 개념에 결정적이고 놀라운 의미변화가 이루어진다. 이때 이 용어는 제국주의에 대한 비판적이고 역사적인 시대 개념에서 정치강령적이고 담론 비판적인 개념으로 변한다. 우리가 '포스트식민주의 턴'이라고 말할 때는 다름 아닌 이러한 첨예화된 개념을 말하는 것이다. 'post'라는 말은 이제 더 이상 식민주의 '~이후' 또는 식민주의의 '끝'이라는 의미와 동일하지 않다. 그보다는 오히려 식민주의 구조가 다른 형식으로 계속 작동하고 있음을 나타낸다. 무엇보다 그것은 문화적, 경제적 외양을 취하고 있다.[4] 이에 상응하여 연구 대상도 달라졌다. 즉, 포스트식민주의 관점은 이른바 제3세계 혹은 식민주의를 직접 경험했던 사회들의 문화를 훨씬 넘어서서 철저히 모순적인 긴장 관계를 보이는 어떤 현상에도 적용되고 있다. 이로써 인해 이전의 식민지 사회에서 나타났던 새로운 민족적 자의식이 강화되기도 하지만, 그와 동시에 이러한 관점은 민족과 국가에만 적용되던 양상을 넘어 광범위한 영향력을 갖는 문화비판적 프로그램에 적용되고 있다.

그도 그럴 것이 포스트식민주의 프로젝트에서 일차적으로 중요한 것은 현재에 이르기까지 비유럽 국가들에게 미치는 식민주의의 영향을 조사하는 것이 아니라, 그보다는 현재뿐만 아니라 앞으로도 문제가 될 "타자 Andere"("타자화 Othering")의 구성이라는 문제를 다룰 수 있는 비판적 분석 범주들을 개발하는 것이 중요하다. 이를 통해 주도문화의 담론을 특징짓는 폭력이 조명될 것이며, 지금까지 주변화된 사회, 인종그룹, 문학이 점점 더 독자적으로 자신을 표현하는 현상 역시 조명될 것이다. 이로써 '포스트식민주의'라는 말은 인종적 정체성, 계급, 젠더 등과 밀접하게 연결되어 사용되고 정치적 에너지를 장전한 체계적 개념이 된다. 그러나 포스트식민주의는 근대의 지식 체계 및 보편화된 서구합리주의의 지배 담론에 대한 근본적인 비판으로 방향을 전회하면서 비로소 문화학의 '포스트식민주의 턴'으로 부상하게 된다.

1. 발생 배경과 형성 과정

포스트식민주의 턴의 전개는 결코 독립적인 이론에서 발전된 것이 아니다. 왜냐하면 냉전이 끝나고 미국을 정점으로 하는 새로운 세계

질서가 나타나면서 반(反)식민주의와 신식민주의가 첨예화되었고, 포스트식민주의 턴은 그 시기의 정치적, 경제적 환경과 명백하게 관련되어 있기 때문이다. 당시의 상황은 식민세력에서 벗어난 국가들에 가해지는 압력, 즉 글로벌 자본주의의 요구에 응하라는 압력을 만들어냈고, 그러한 압력은 결코 만만한 것이 아니었다.[5] 포스트식민주의 턴은 특히 이러한 상황 속에서 확립되는데, 특히 개발과 글로벌화라는 지배담론에서 나타나는 경제중심주의에 맞서 문화에 중점을 두어야 할 필요성을 강조하게 되었다.

그렇다 해도 포스트식민주의 턴이 생성된 역사를 알기 위해서는 과거로 소급하여 더 상세한 설명을 구해야 한다.[6] 포스트식민주의 턴의 역사는 각각 고유의 방향성을 보여주는 두 세대에 의해 규정된다. 첫 번째 세대는 탈식민지화 단계와 개별 국가의 민족독립투쟁과 해방투쟁을 토대로 한 정치적이고 반식민주의적인 저항운동이 발생했던 세대에 속한다. 이처럼 정치적이고 행동주의적인 초기의 양상이 포스트식민주의 운동의 토대가 되었다. 로버트 영 Robert Young이 규정한 '포스트식민주의의 역사'에서[7] 초기 단계의 저항운동은 오늘날에도 여전히 활발히 논의되고 있다. 이러한 시의적인 현상은 지속되고 있는 식민주의 및 신식민주의를 생각해보면 수긍할 만한 현상이다. 하지만 이 운동은 점차 퇴색되어 갔다. 첫 세대에 속하는 포스트식민주의 이론가들의 정치-경제적, 즉 마르크스주의적 해석이 문화주의적이고, 확실히 해체주의적인 자기 지시성의 경향 속에서 점차 사그라지면서 포스트식민주의 운동도 퇴색해 갔던 것이다. 그러자 곧 이에 상응하여 주창자들에 대한 연구도 소홀해졌는데,[8] 이것은 무엇보다도 이들이 드러낸 "반(反)인종주의적 인종주의"[9]에까지 이르는 민족적이고 인종주의적인 색채 때문이었다. 이러한 경향은 특히 1930년대와 1940년대의 네그리튀드 운동 Négritude-Bewegung[10]과 범아프리카주의 Pan-Afrikanismus에서 나타났다. 이러한 포스트식민주의적인 경험 영역 자체와 직접적으로 연결되었던 지도자적 지식인으로는 에메 세제르 Aimé Césaire, 레오폴 세다르 상고르Léopold Sédar Senghor, 알베르 멤미 Albert Memmi, C. L. R. 제임스 C. L. R. James 등이 있다. 마르티니크에서 태어난 프란츠 파농 Frantz Fanon(1925–1961)도 들 수 있는데, 정신과 의사였던 파농은 프랑스 식민지 알제리의 해방투쟁에 가담했다.[11] 그는 마르크스주의 입장에서 출발하여 놀랍게도 포스트식민주의적인 상황에 대한 주관적인 인지에 주목했고, 그로부터 철저한 식민주의 비판을 기획했다.[12] 후에 에드워드 사이드 Edward Said(1935–2003)와 호미 바바 Homi Bhabha는 영향력이 아주 큰 파농의 책 『대지의 저주받은 자들 Die Verdammten dieser Erde』(1961)에 나타나는 정신분석학적 차원을 출발점으로 삼을 수 있었다.

포스트식민주의적 주체가 갖는 새로운 "문화적 정체성"이 어떻게 구성되었는가에 대한 파농의 질문과 "문화"가 생산력이라는 그의 발견은 포스트식민주의 턴 자체 내에서의 "문화적 턴 Cultural Turn"의 시작을 알리는 것이었다. 로버트 영도 〈문화적 턴: 네그리튀드 The Cultural Turn: Négritude〉[13]라는 제목의 장에서 그 점을 언급하고, '문화적 턴'을 출발점으로 하여 포스트식민주의 이론의 두 가지 주요 흐름을 역사적으로 묶는 일을 수행한다. 영은 말하자면 일찍이 이 '문화적 턴'을 결정적인 변화의 중심축으로 삼은 것인데, 이 변화란 역사적, 정치적 접근 방식이 포스트구조주의적인 특징을 지닌 문화적, 인식론적 작업 방식으로 이행된 것을 의미한다. 결과적으로 제3세계의 반식민주의 지식인들은 특히 중개역할을 수행한 인물인 장 폴 사르트르 Jean-Paul Sarte를 통해 포스트식민주의와 포스트구조주의라는 공통계보에 이미 속해 있었던 것이다.[14]

'포스트식민주의 턴'은 이러한 생성 배경 때문에 특별한 흡인력을 갖게 된다. 왜냐하면 포스트식민주의 턴은 바로 이처럼 역사적, 정치적 차원에서 담론 차원으로 바뀌면서 전체적으로 새로운 문화학적 방향으로 전개되어 가기 때문이다. 그리하여 포스트식민주의적인 경험들이 포스트식민주의 턴을 통해 정치화되면서 서구 대학에 영향을 미치게 된다. 그와 동시에 포스트식민주의 턴은 유럽의 이론 담론이 자기비판적으로 "위치 이동"을 하게 만든다. 이러한 전제 아래 비로소 포스트식민주의적인 성찰이 하나의 턴을 만들어낼 수 있었다. 즉 식민주의 권력이 경제적으로뿐만 아니라 담론상으로도 (서구의) 지식 체계를 통해 행사되었으며, 여전히 행사되고 있다는 인식에서 출발함으로써 턴이 이루어진 것이다. 서구의 지식 체계는 결과적으로 식민지 해체 후에도 "유산"으로 남아 작용하고 있었다. 말하자면 서구의 지식 체계는 서구의 이론적 무기들을 배치해둔 것이라고 볼 수 있다. 그런데 그 무기들은 동시에 서구 이론의 주도적 위치에 대항하는 데에도 이용될 수 있었던 것이다. 그 때문에 제1세대의 "토착적인 indigen" 포스트식민주의적 비판과 1970년대와 1980년대 초기의 반식민주의 담론이 쉽게 서구 이론의 자기성찰로 넘어갈 수 있게 되는 역설도 나타난다.

이에 대한 최고의 증거자료는 '포스트식민주의 턴'의 시작에 결정적인 역할을 한 텍스트인 『오리엔탈리즘 Orientalism』(1978)[15]이다. 팔레스타인 출신으로 뉴욕의 컬럼비아 대학에서 비교문학을 강의했던 에드워드 사이드가 쓴 이 책은 오리엔트에 대한 연구, 소개, 글쓰기의 역사를 다룬 것으로 보인다. 하지만 이 책은 이와 더불어 오리엔탈리즘의 예를 분명하게 보여준다. 즉, 어떻게 포스트식민주의적인 비판이 그 자체의 영역에서 문화학적 턴으로 넘어가는지, 그리고 오리엔탈리즘 연구가 어떻게 연구를 주도하는 "개념적 패러다임"으로 전개되는지 등을 보여주는 것이다. "그것은 무엇보다 오리엔탈리즘을 일반적인 의미에서의 담론으로 보는 생각이었는데, 이러한 생각은 포괄적인 개념적 패러다임 생성을 가능하게 했다. 이와 같은 패러다임으로 인해 식민적이고 제국주의적인 이데올로기들의 특수한 문화적 형태를 연구하는 것이 가능해졌다. 결국 이러한 형태를 통해 오리엔탈리즘을 비판적 개념으로 만드는 데에 성공함으로써 사이드는 완전히 새로운 (문화)학문 영역을 만들어냈다."[16] 이와 같은 "패러다임과 관련된" 완전히 새로운 연구 영역의 개발은 오리엔트 연구에만 국한되지 않는다. 오리엔트 연구는 사이드의 주도 관점을 따르는데, 사이드는 자신의 식민주의 담론에 대한 이론에서 미셸 푸코 Michel Foucault와 연관 지어 자신의 관점을 추구한다. 말하자면 지식과 권력을 밀접하게 연결시켜 관찰하도록 자극하는 것이다.

이미 '성찰적 턴'에서처럼 "타자"에 대한 지식이 생산될 때마다 나타나는 복합적인 징후들이 논의의 대상이 된다. 식민주의적이자 포스트식민주의적인 재현의 문제들뿐만 아니라 오리엔탈리즘의 경우에는 오리엔트에 대한 생각에 투영되는 서구적 관점까지도 논의의 대상이 되는 것이다. 이때의 서구적 관점은 유럽의 주도적인 지배 담론을 정착시키려는 목적을 갖기 때문이다. 여기서 지배적인 "패러다임"으로 작용하는 서구의 이분법적인 지식 질서 체계 자체가 비판의 대상이 된다. 이러한 점들이 부각되면서 포스트식민주의적 비판은 포스트식민주의가 생성된 역사적 맥락에서 분리된다. 포스트식민주의적 비판이 일반화되는 것이다. 그럴 수밖에 없는 것이 포스트식민주의적인 비판을 행하는 이유가 불균등한 권력구조를 드러냈거나 드러내고 있는 관계들을 비판적으로 분석하는 것이기 때문이다. 따라서 사이드에게서 이미 '포스트식민주의 턴'이 나타나는 것이다. 그는 근본적으로 재현 비판의 성격을 갖는 문화, 즉 담론적인 방향을 제시함으로써 초기의 마르크스주의적, 경제이론적 접근 방식에서 벗어난다.

포스트식민주의 담론에 토대가 된 텍스트인 사이드의 『오리엔탈리즘』을 기점으로 '포스트식민주의 턴'을 주도하는 인물 "삼인방", 말하자면 "성삼위일체 Holy Trinity"[17]가 등장한다. 에드워드 W. 사이드, 가야트리 차크라보티 스피박 Gayatri Chakravorty Spivak, 호미 K. 바바가 그들이다. 그들의 이론적 발상은 그동안 많은 독자들에게 친숙해지면서[18] 여러 영역으로 확대된 포스트식민주의 토론에 그들 고유의 문화-담론적이며 인식론적인 특징을 부여한다. 첫 세대가 아직은 마르크스주의적인 방향을 따라 무엇보다 발전론적인 관심사를 추구했다면, 이후 두 번째 세대는 주로 포스트모던적인 접근 방식을 통해 이로부터 벗어난다.[19] 해방운동 및 반식민주의 저항에 나타나는 '진보'라는 포스트식민주의적인 어휘는 이제 '차이 Differenz'를 논하는 담론에 뒤처지게 된 것이다. 그러니까 제1세대에서 제2세대로 넘어가면서 포스트식민주의 이론 자체의 내부에서 일종의 '언어적 턴'이 일어난 셈이다. 처음 포스트식민주의적인 해방운동의 맥락에서는 정치적 참여가 결정적인 동력이었다면, 이제 점차적으로 식민주의의 구성 동인으로 인식되는 '담론'이 그것을 대신한다.

해체주의 Dekonstruktivismus로 인해 무엇보다 '언어적 턴'이 계속 진행되는데, 해체주의는 1990년대 이후 포스트식민주의의 두 번째 발전 단계에 날개를 달아주었다. 이와 함께 포스트식민주의적인 성찰은 이미 대도시들에 자리 잡게 되었고, 그곳에서 또한 가장 뚜렷하게 발전하게 된다. 이 때문에 심지어는 '포스트식민주의 턴'의 형태가 서구 사회의 기반 위에서 발전되었다는 주장도 할 수 있을 것이다.[20] 그 결과 특히 차이의 잠재력과 참여의 잠재력을 가진 점점 더 심화되는 서구 사회의 다문화 현상을 숙고하게 되었다. 어쨌든 담론친화적인 '포스트식민주의 턴'은 '성찰적 턴'의 재현비판적인 동인들에 어렵지 않게 연결될 수 있으며, '포스트식민주의 턴' 역시 담론권력의 의미 및 문화적 재현이 권력에 종속되어 있음을 분명히 한다. 이러한 논증의 축은 자크 데리다 Jacques Derrida의 해체주의적 차이의 개념이다.[21] 언어 체계는 차이에 의해 이루어져 있다고 통찰한 페르디낭 드 소쉬르 Ferdinand de Saussure와 마찬가지로 데리다가 보기에도 근원이나 원천적인 진리는 없으며, 차이와 모순의 끝없는 유희가 있을 뿐이다. 여기서 차이가 본질의 차이를 말하는 것이 아님은 서구의 형이상학적 사고에 대한 데리다의 비판에서 도출된다. 서구의 형이상학적 사고는 본질을 상정하며, 이를 위해 이분법적인 대립항들을 이용한다. 그리하여 어떤 하나의 "정체성(동일성)"은 배제된 "타자"를 통해서 비로소 구성된다. 전통적인 서구 형이상학의 이러한 사고 형태를 통해 그야말로 폭력적이고 확고한 위계질서(능동적/수동적, 문화/자연, 남성적/여성적 등)가 구축된다. 하지만 이러한 위계질서는 비판의 여지가 있는 유럽중심적인 구성체로 입증된다. 알제리 유대인으로서 직접 포스트식민주의적인 경험을 한 데리다는 이러한 지식 및 재현 체계를 그것에서 제외된 사람들의 관점을 통해 해체한다. 로버트 영에 의하면 해체 자체가 바로 지적인 포스트식민주의화의 절차임이 밝혀진다. "해체 자체가 문화적이고 지적인 포스트식민주의화의 형식이 되었다. 왜냐하면 해체작업이 복선적인 행위라는 것이 드러났기 때문인데, 해체작업은 합리적인 방법을 보편적 진리와 무관한 것으로 만든다."[22] 양극의 대립이 해체됨으로써 이미 주체 자체 안에 자리 잡고 있는 차이들의 빈틈이 명백해진다(차연 différance). 발화하는 주체와 발화된 주체, 언어에 종속된 또는 심지어 이름 없는 주체 사이의 차이로서 빈틈이 드러나는 것이다.

바로 여기에 서구의 지식 및 재현 체계의 해체라는 점에서 포스트식민주의 이론은 연결된다. 포스트식민주의 이론은 물론 데리다의 철학보다 더 풍성한 경험을 바탕으로 하며, 역사적, 정치적인 것을 더 강하게 강조한다. "해체주의적 포스트식민주의"[23]는 대도시의 학술적 담론에 뿌리를 두고 있음에도 불구하고 포스트식민주의적인 주체를 '관찰'한다. 말하자면 그 주체의 침묵(침묵당함)에서부터 (언어적이자 정치적인) 자기 표현에 이르기까지 관찰하고, 여러 문화 사이에서 이리저리 내몰리는 것은 물론 직접 이동하는 현상을 모두 관찰한다. 이주함으로써 경험하게 되는 다양한 귀속성과 다양한 생활세계의 공통점을 관찰하는 것이다.

데리다의 해체주의를 포스트식민주의식으로 예리하게 만들고 페미니즘식으로 재해석하려는 시도는 무엇보다 '포스트식민주의 턴'을 대표하는 핵심 인물의 공적이다. 인도계 미국 여성 문예학자인 가야트리 스피박은 데리다의 『그라마톨로지 Grammatologie』를 영어로 직접 번역하여 미국에서 데리다가 수용될 수 있는 초석을 마련했다.[24] 가장 잘 알려진 그녀의 논문 「서발턴[25]은 말할 수 있는가? Can the Subaltern Speak?」(1985)[26]에서 그녀는 인도에서 행해지는 과부가 분신(사티 Sati)하는 예를 들어 남아시아 여성에 대한 이중의 억압구조를 조명한다. 이에 따르면 남아시아의 여성은 현지의 가부장제 상황의 희생자이자 서구제국주의의 희생자이기도 하다. 이 논문의 중요한 특징은 포스트식민주의적 주체의 능력에 대해, 즉 발화 능력과 자기 재현 능력에 대해, 말하자면 포스트식민주의적 주체의 행위 능력("agency")에 대해 질문하는 것이다. 왜냐하면 그 주체가 자신의 식민 상태를 수용하고 자신의 '차이'를 구성하는 것을 볼 때, 이 포스트식민주의적 주체는 자주적인 행위 주체로서가 아니라 "타자"로서, 유럽 담론의 객체로서 나타나기 때문이다. 물론 이 논문은 (서발턴으로서 나타내는) 차이로만 존재하는, 말하자면 그 정체성을 다름 아닌 이러한 '차이'에 두고 있는, 그리하여 자신을 위해 말하지 못하는 포스트식민주의적 주체의 스케치에서 끝나지는 않는다. 이 글은 스케치를 넘어 강력하고 줄기찬 질문, 유럽학계의 태도에 대한 도발적인 질문을 하기에 이른다. 어떤 담론이 서발턴의 경험을 재현하여 그들 자신의 것으로 만들고 그들의 말도 청취되도록 할 수 있단 말인가?

재현에 대한 질문은 우연히 나온 것이 아니다. 뭐니 뭐니 해도 '포스트식민주의 턴'을 촉발시킨 것은 문예학이다. 처음부터 문예학에 포스트식민주의 이론 같은 것은 없었다. 이론 형성은 포스트식민주의적 글쓰기 방식에서 출발하는데, 현대 (비유럽권의) 세계문학[27] 및 이와 연결된 문예학[28]에서 시작된다. 그리하여 일련의 '턴' 속에서 주도적인 학문의 인상적인 변화가 눈에 띄는데, 그 변화는 이미 '문학적 턴 literary turn'에서 예고되었다. 여기에서 민속학을 분리시킨 것이 바로 문예학이다. 결과적으로 독립된 민족들이 자기 재현을 새롭게 발전시키는 데 결정적인 역할을 한 것은 무엇보다 문학 텍스트다. 이 점은 희곡, 연극, 영화 및 다른 대중적인 묘사 장르에서도 마찬가지다. 물론 이 장르들은 담론이 진행되면서 이론에 의해 점점 더 주변으로 밀리게 되었다.[29] 그러한 문화재현의 장르들은 식민주의적인 경험을 상징적으로 만드는 방식에 접근할 수 있게 한다. 이러한 매체들, 특히 언어에서 포스트식민주의적인 민족과 주체에게서 나오는 저항성, 자기규정성, "행위능력"이 가장 명확하게 발전해 나왔다.

결과적으로 구체적인 (문예학적) 텍스트 작업은 텍스트와 자기발화를 목표로 하는 문화 이론에 중요한 자극이 된다. 텍스트 개념이 해석학적인 '해석적 턴'에서보다 여기에서 보다 더 강하게 정치화되고, 텍스트 생산과 텍스트성의 정치로 전개된다. 말하자면 포괄적인 담론 형성의 정치로 전개되는 것이다. 식민주의에서 분리되는 과정이 결코 끝나지 않았기 때문에 포스트식민주의 턴은 아직은 회상의 대상이 되지는 않는다. 오히려 포스트식민주의 턴은 새로운 분석 개념들을 도출해내고 있는데, 이 개념들은 내부의 모순, 문화적 중간 영역, 포스트식민주의적 주체의 분열된 경험을 파헤쳐야 할 것이다. 바로 다시-쓰기 Re-writing, 혼종성 Hybridität, 차이, 제3의 공간 Dritter Raum, 정체성 등의 개념을 이용해서 말이다.

2. 특징과 핵심 개념

다른 문화학적 턴의 방향설정과 비슷하게 '포스트식민주의 턴'도 그 발상을 다른 영역으로 확장, 적용시켰을 때 비로소 관철될 수 있었다. 말하자면 '포스트식민주의 턴'이 역사적으로만, 즉 식민주의 비판에만 머무르지 않고 서구의 권력 구조를 보편적인 문제로 다루게 되었을 때 비로소 하나의 '턴'으로 실현되었다는 말이다. 이러한 변화는 문화학의 최근 역사에서 처음으로 나타났으며, 이제는 유럽중심적인 시선의 축에서 뚜렷하게 벗어나는 모습으로 나타나고 있다. 즉, 서구에서 벗어나 비서구의 문화들로 시선의 축이 바뀌고 있는데, 지금까지 주변부에 머물렀던 비서구의 문화들이 중심부로 이동한 것이다. 이것은 두말할 것 없이 학문적인 지형 및 이론 지형의 개념 자체가 재배치되는 결과를 낳았다. 하지만 동시에 그와 같은 리매핑 Re-mapping은 또다시 유럽식으로 각인된 학술어와 유럽식의 학문조직으로 편입되었다. 리매핑이 서구 이론의 권한 범위 안으로 완전히 포섭된 것이다.

이렇게 잠식당하고 있는데도 '포스트식민주의 턴'은 이제까지 충분하게 활용되지 못한 채 새로운 방법론을 개발하지 못했다. '포스트식민주의 턴'은 종종 포스트식민주의적 "상황"에 대해 그저 통상적이고 의무적으로 주목하는 인식 태도만을 고수하곤 했다. 그런데 오늘날 세계가 직면하고 있는 이주, 디아스포라, 망명과 같은 이러한 포스트식민주의적인 상황으로 인해 다름 아닌 정체성, 민족, 사회, 국가 시민과 같은 일찍이 알려진 역사적 범주들은 도전받고 있으며 의문시되고 있다.[30] 따라서 전 지구적인 주체의 다중적인 상태와 상황들을 분석하기 위해서라도 새로운 지평과 핵심 개념들이 요구되는 것이다.[31]

다시 쓰기/리매핑/정전 비판

관례적인 유럽의 분석 범주들은 자율적인 문화 및 문학 생산에 맞추어져 있다. 그러다보니 중심과 주변의 불균형, 식민주의 경험, 주변으로 밀린 문화와 문학의 독자적인 표현 형식들에 연결시켜야 할 경우에는 한계에 부딪히게 된다. 이러한 포스트식민주의적인 핵심 인식은 비유럽 문학 텍스트의 시각에서 나온 것이다. 그런데 이러한 인식은 포스트식민주의 이론 전반에도 해당된다. 유럽식의 장르 경계, 시대 구분, 정전 구축을 보면 이미 유럽식 범주와 이론들이 요구하는 보편적 권위가 의문스러운 것으로 입증된다. 왜냐하면 이러한 범주들은 구술성을 포함하는 서술구조 즉, 살만 루슈디 Salman Rushdie의 소설 『자정의 아이들 Mitternachtskinder』처럼 줄거리와 인물 전개가 선형구조[32]가 아닌 순환구조를 나타내는 작품에는 적용하기 어렵기 때문이다. 미학적 가치를 평가할 때 유럽의 언어표준과 기준은 비유럽권의 알레고리, 아이러니, 즉 불연속성, 융합적인 묘사 형식, 말하자면 소리, 목소리, 잡음, 리듬을 포함하는 묘사 형식들을 마주할 때 한계를 드러낸다. 또한 번역되지 않는 낱말들을 텍스트에 포함시키는 형태를 대할 때도 마찬가지인데, 이러한 텍스트들은 망명과 디아스포라를 주제로 삼으면서 이미 관례적인 유럽의 모티브 스펙트럼에서 벗어나기 때문이다.

물론 다양한 나라의 문학을 포스트식민주의 문학으로 단일화해서 보는 태도 역시 문제가 있다. 인도, 아프리카, 카리브 제도와 같은 나라들의 문학뿐만 아니라 북아메리카와 캐나다, 호주, 뉴질랜드, 아일랜드의 문학 역시 포스트식민주의적인 문학으로 단일화해서 보는 태도에도 문제가 있다는 것이다. 이러한 태도로 인해 온갖 정전 비판에도 불구하고 다시금 포스트식민주의 작가들을 정전으로 내세우는 경향이 나타나는 것이다. 정전작가에는 아프리카의 노벨문학상 수상 작가들인 월레 소잉카 Wole Soyinka, 나기브 마푸즈 Nagib Mahfus, 네이딘

고디머 Nadine Gordimer, J. M. 쿳시 J. M. Coetzee 등이 있으며, 마찬가지로 작가 치누아 아체베 Chinua Achebe, 벤 오크리 Ben Okri, 마거릿 애트우드 Margaret Atwood, 케리 흄 Keri Hulme, 토니 모리슨 Toni Morrison, 살만 루슈디, 아눈다티 로이 Anundhati Roy, 아니타 데사이 Anita Desai, 하니프 쿠레이시 Hanif Kureishi, 마이클 온다체 Michael Ondaatje, 데릭 월컷 Derek Walcott, 자마이카 킨케이드 Jamaica Kincaid 등이 속한다.[33] 여기에서 확인할 수 있는 공통점은 (영어권 문학에서 프랑스어권 문학에 이르는) 이 새로운 문학들이 자신의 위치를 포스트식민주의적인 것으로 규정했다는 사실이다. 이 문학들은 다름 아닌 이른바 "영연방 문학 Commonwealth Literature"의 해체를 통해 문예학에서도 포스트식민주의 턴을 촉진시키고 있다. '영연방 문학'이란 1980년대까지는 문예학에서도 전통적인 발전 이론 및 제3세계 이론들과 마찬가지로 비유럽 또는 과거 식민지에서 생산된 문학 텍스트라는 새로운 범주의 문학이었다. 이에 대해 이제 이 텍스트들을 "포스트식민주의 문학"이라고 명명한다면, 이는 단순히 용어가 바뀐 것이 아니라 태도의 변화를 의미하는 것이다. 즉 '영연방 문학'을 대할 때 분리하고, 배제하고, 주변부로 밀어내는 태도에서 벗어나 확정된 차이를 넘어서 중심부와 주변부 사이에 겹쳐지는 부분을 통찰하는 방향으로 나아가는 것이다.[34] 이에 상응하여 이제 양면적인 두 가지 점이 중요해지는데, 하나는 (식민시대의) 유럽 정전이 제국주의에 연루되어 있다는 것을 발견하는 것이며, 다른 하나는 비유럽의 포스트식민주의적 사회의 문학적 자기 재현을 올바르게 판단하는 것이다.[35]

이러한 관점 아래 오늘날 세계문학의 논의의 중점이 이동하게 되었다.[36] 전통적인 세계문학 논의에서 보이던 유럽중심적인 정전 지향에서 벗어난 것이다. 세계문학을 논의하던 초기에는 논의의 중심이 저마다의 민족해방이라는 맥락에서 나타나는 문학의 "토착적인" 의미에 맞추어져 있었다. 이를테면 많은 논의와 비판을 받는 프레드릭 제임슨 Fredric Jameson의 논문인 「제3세계 문학 Third World Literature」(1986)[37]을 예로 들 수 있겠다. 하지만 그 후 시점은 점차로 주변부에서 출발하여 세계문학을 '재'정의하는 쪽으로 옮겨갔다. 물론 해방을 위해 지속되고 있는 민족적 노력이 과소평가되어서는 안 된다. 하지만 그렇다 해도 논의의 방향은 문학의 다국적인 관계와 문학의 세계 연관성으로 바뀌고 있다.[38] 최근 부상하는 세계문학이 갖는 텍스트 이상의 의미가 처음으로 세 명의 호주 영문학자 빌 애쉬크로프트 Bill Ashcroft, 가레스 그리피스 Gareth Griffiths, 헬렌 티핀 Helen Tiffin에 의해 그들의 선구적 작업인 『되받아 쓰는 제국 The Empire Writes Back』(1989)에서 이론적으로 파악되었다. 여기에서는 제국주의 담론에 대항하는 최근 세계문학의 문학적 전략이 체계적으로 서술되고 있다. 이 전략들은 살만 루슈디의 "중심부에 답하기"라는 명언에서 출발하긴 하지만, 다시-쓰기(되받아쓰기)는 문학의 영역 밖에서도 포스트식민주의 행위자들의 중요한 문화적 표현 형식임이 입증된다.

최근 세계문학에 의한 유럽 고전작품 다시-쓰기 서술 전략은 세계문학에 대해 독점적으로 정의내리는 유럽의 위치를 재조정하고 있다. 다시-쓰기 서술 전략은 유럽 문학의 식민주의 요소들을 발견하고, 첨예화시키고, 다시 쓰기 한다. 그러한 전략은 셰익스피어 희곡들, 특히 『템페스트 Tempest』[39]에 적용되는데, 래밍 George Lamming과 세제르의 셰익스피어 다시 쓰기를 들 수 있다. 이들 뿐만 아니라 잘 알려진 "파트너들"로는 쿳시와 디포 Daniel Defoe, 리스 Jean Rhys와 브론테

Charlotte Brontë, 아체베와 콘래드 Joseph Conrad, 보르헤스 Jorge Luis Borges와 카프카가 있다.[40] 여기에는 카리브 제도의 작가 데릭 월컷이 제국과 엮여 있는 고전문학장르인 고대 서사시를 습득하여 다시-쓰기 하는 것도 속한다. 그의 포스트식민주의적 오디세이인 『오메로스 Omeros』(1990)[41]는 고전의 외양을 한 카리브 제도의 자기성찰적 역사이다. 유럽고전작품의 주요 텍스트들을 역사적이고 포스트식민주의적인 경험들을 실어서 '다시-쓰는' 이와 같은 방식은 서구의 문학정전과 지식정전의 헤게모니를 관철시키는 실천 방식과 그러한 정전에 부여되는 보편적 지위를 해체하고 상대화시킨다. 이러한 방법은 인물들의 위계질서도 전복시켜 포스트식민주의적인 서발턴 주체들이 다시 행위 능력을 갖추고 말할 수 있게 한다.[42] 그리하여 인도 소설에서는 제국의 세계 통용 언어인 영어가 낯설어지며, 민족의 비유, 정체성, 근대화 등이 의문시되며, 인도의 신화, 전통, 구술 방식들이 뒤섞인다. 살해된 나이지리아의 작가 켄 사로-위와 Ken Saro-Wiwa의 "붕괴된 영어"[43]도 언어적인 탈식민화의 한 예이다.[44] 포스트식민주의의 대항 담론이 비교적 포괄적인 담론 실천에 관여하면서 주도 담론의 권위와 진리주장에 틈이 생기고 있긴 하지만, 여기에는 주도 담론의 서술도구와 수사적 도구들이 여전히 사용되고 있다. 이러한 "분열된 수사학"이 전복을 꾀하면서 바뀌어 사용된다고 해도 '되받아쓰기' 전략은 결코 저항의 '되받아쓰기'로서만 나타나는 것이 아니라 초민족적인 상호텍스트성이 보이는 훨씬 더 복잡한 현실로 나타난다.[45]

이러한 문학적, 문화적인 독립 전략은 그에 더해 개념상의 방향 틀기로 나아간다. 말하자면 비판적인 리매핑을 위해, 즉 중심부와 주변부 사이의 지도를 바꾸기 위해 문화들 사이의 위치를 이용하고, 이로써 불균등한 권력 배분으로 인해 양극화된 공간들의 위계질서를 문제시하려는 시도가 이루어진다. 그때에 문학 텍스트의 문화적 "자리 매김"이 계속되면서, "가상의 지리학"이 펼쳐지게 된다. 파트릭 샤무아조 Patrick Chamoiseau의 카리브제도를 배경으로 한 소설 『텍사코 Texaco』가 이 점을 보여주는데, 여기에서 카리브제도의 문화혼합의 혼종화가 고유한 지도 만들기의 연결점이 된다. 이 고유한 지도 만들기는 "서구의 논리"와 "도시의 문법"을 갖춘 프랑스어의 공간적 요구에 대항한다.[46]

이런 방식으로 문학 자체의 '포스트식민주의 턴'은 문학 본래의 텍스트 안에서 문화학적인 이론화를 촉발시켰고, 이와 같은 문학의 문화학적인 이론화는 이어지는 다른 문화학적 턴들에도 생산적으로 작용한다. 살만 루슈디의 포스트식민주의적인 텍스트들에 최근 나타나는 사회참여적인 "윤리적 턴 ethical tun"[47]의 경향에도 불구하고, 확실히 포스트식민주의적인 특징을 보이며 부상하고 있는 소설을 초문화적이고 중심해체적인 "혼종의" 혼합 형태라고 한 그의 말은 여전히 시사하는 바가 많다.[48] 이론적인 정보를 갖춘 루슈디는 자신의 대부분의 텍스트에서 다수의 문화 및 문화 텍스트가 보이는 혼종의 상황이나 혼종화되어가는 과정을 제시한다.[49] 그는 소설 『그녀가 밟은 땅 Boden unter ihren Füßen』에서 다음과 같이 질문한다. 고향, 친척, 온갖 잡동사니, 그 모든 것이 그저 제일 강한, 그야말로 전 지구적으로 행해진 수백 년간의 세뇌의 결과일 뿐이라면 어떻게 하겠는가?[50] 소설의 다른 곳에서 그는 "서쪽은 처음부터 봄베이에 있었다. 깨끗하지 않은 오래된 봄베이에, 서쪽, 동쪽, 북쪽, 남쪽이 스크램블드에그처럼 (...) 조밀하게 혼합되었던 봄베이에 있었다"고 말한다.[51] 그는 『악마의 시』에서 적극적으로 문학적 텍스트와 종교적 텍스트의 혼종화와 혼합을 수행한다. 즉 융합을 통해 종교의 핵심 텍스트 역시 "문화 텍스트"임을 명시하고 종교 텍스트가 갖는 "성스러운 텍스트"로서의 위상을 상대화시킨다. 이러한 비판적 혼종성에 대한 이슬람의 파트와 Fatwa[52]의 반응은 혼종성이 갖는 정치적 폭파력을 보여준다.

혼종성

혼종성은 포스트식민주의의 핵심 개념이지만 그렇게 된 배경은 상당히 모호하다. 원래 이 개념은 19세기의 생물학에서 나온 것이며, 상이한 종의 교배를 통해 제3의 혼합된 종이 생성되는 것을 가리켰다.[53] 이런 연유로 이 개념이 진화론과 문화 이론으로 도입될 때는 인종주의의 싹을 내포하고 있었고, 혼혈인종의 사람들을 따로 구분하기 위한 개념이었다. 이처럼 폄하된 개념이 미하일 바흐친 Michail Bachtin의 다성성과 카니발 개념에서 나타나기 시작했다. 이때 놀랍게도 혼종성은 재평가되면서 긍정적인 의미로 사용되는데, 특히 포스트식민주의 이론에서 이러한 현상이 나타난다.[54] 이후 혼종성은 문화적 순수성 너머에서 문화적 혼합이 보이는 생산성을 나타내게 된다. 문화이해와 자기이해를 위해 결정적인 것은 더 이상 생물학적 정체성과 인종적 태생이 아니며, 그보다는 "장소"와 "배치", 말하자면 "문화의 자리 매김"이 중요하게 된다. 호미 바바는 자신이 쓴 같은 제목의 책에서 혼종성의 범주를 토대로 하여 그와 같은 주장을 하고 있다.[55] 여기에 '공간적 턴'을 연상시키는 부분이 있는데, 이로 인해 다음과 같은 질문이 제시된다. 문화는 각각 어디에서 실행되는가? 이질적인 정황, 내적 모순을 드러내는 전통의 겹침과 다름이 문화적 발화를 위해 어떻게 이용될 수 있는가? 그러한 상황으로부터 어떻게 지역의식, 문화의식, 역사의식의 새로운 형식들이 선형적인 근대화 이론의 도식화에 매몰되지 않으면서 발전할 수 있는가?

그러한 질문들의 지평 속에서 혼종성은 어떤 "주도문화" 상정에 대항하는 개념, 특히 다문화 사회의 주도 개념들, 즉 문화변용, 통합, 동화 등에 대항하는 개념임이 입증된다. 그러한 개념들 대신 상이한 또는 대립적인 문화들과 부분문화들이 뒤섞인 채 서로 영향을 주는 것이 강조된다. 따라서 크레올화 Kreolisierung[56] 및 혼합주의 Synkretismus[57] 방식과 더불어 지금까지 등한시되었던 문화생산의 장소들이 높이 평가된다. 여기에서 중심부-주변부-축의 포스트식민주의적 이동과 결합되어 문화적 동력에 대한 새로운 관점이 옹호된다. 여전히 문화적 합의를 가정하는 '해석적 턴'에서 보듯이 문화동력을 문화적 의미 체계의 중심부에 설정하는 대신, 주변부의 인물이나 경계 구역, 겹치는 구역 및 "사이 공간들 Zwischenräume"이 문화적인 면에서 생산적인 것으로 간주된다. 특히 세계적인 관계망과 상호의존을 통한 이동, 즉 제임스 클리포드 James Clifford가 자신의 책 『경로들 Routes』[58]에서 탁월한 낱말 유희를 통해 표현한 바와 같이 '뿌리 root' 대신 '경로 route'라는 표현이 유용한 것으로 간주된다. 문화는 리미날 liminal하게 생산된다. 즉 문화의 경계나 경계 상황들로부터 문화가 형성된다. 분명 '자리 매김'은 확고한 전통의 노선에 따라 스스로를 확인하는 자칭 진정한 문화의 "보존용기"를 나타내기보다는 경계를 넘어서는 이동의 움직임, 다수의 음성과 연결된다. 하지만 여기에서 무엇이 혼종이라는 말인가? 엘리자베스 브론펜 Elisabeth Bronfen은 이를 명확하고 간략하게 표현했다. "혼종은 모든 것이다. 그것이 전통의 노선들 또는 기표 사슬들의 혼합에 근거한 것이든 혹은 다양한 담론과 기술을 연결한 것이든 혹은 콜라주 기법, 샘플링 기법, 조립기술에 의해 실현된 것이든 모두 다 혼종이다."[59]

혼종성의 개념이 이처럼 평가절상된 원인은 다시금 에드워드 사이드의 중요한 텍스트인『오리엔탈리즘』때문이다. 사이드는 무엇보다 백색인종의 지배 담론에 내재한 양극적인 사고표본에 의한 심리적 결과를 비판하는 프란츠 파농과 연계하여 그러한 사고표본이 미치는 문화적이고 인식론적인 영향을 보여준다. 유럽의 대립형으로 동양을 투영하는 것은 동양문화 자체의 이해를 돕는 것이 아니다. 그보다는 우선적으로 유럽 고유의 문화를 구별 짓는 방법이었다. 나중에 나온 책『문화와 제국주의 Kultur und Imperialismus』[60]에서 사이드는 방법 자체를 혼종화함으로써 이러한 대립의 성격을 무력화시키려는 시도를 한다. 이제 "비동시적인" 전체 상황과 상호 관계들, 즉 모방, 전용, 소외의 문화적 과정들, 이로 인한 유사성, 교체, 갈등이 시야에 들어오게 된다. 그리고 이로써 이미 식민 관계 자체에서 혼종적인 양가성이 확인된다. 그러니까 결코 식민 지배국가와 피식민국가 사이의 일방적인 지배 관계만 보이는 것이 아니다.

극히 추상적이고 접근하기 어렵다 해도, 포스트식민주의의 혼종성 개념은 사이드와 연결되면서 비로소 풍부하게 펼쳐지는데, 이는 현재 시카고에서 강의하고 있는 인도-아메리카 문예학자이자 문화이론가인 호미 바바에 의해 이루어진다.[61] 혼종성 개념은 이제 역사적인 출발 상황의 단계를 벗어난 '포스트식민주의 턴'에 어떤 의미에서는 인식론적인 특성을 부여하는 중요한 연결고리가 된다. 그것은 '포스트식민주의 턴'이 역사를 기술하는 영역에서 강령적이고 체계적인 분석의 영역으로 방향을 트는 과정이다. 혼종성이라는 개념 자체가 경험과 역사에 토대를 둔 기술 개념에서 인식론적인 개념으로 넘어가는 것이다. 혼종성 개념은 문화적 다양성이 아니라 문화적 차이에 맞추어져 있다는 점에서 이를테면 다문화주의 개념과는 구분된다.[62] 혼종성 개념은 다문화주의가 소속 부여와 문화적인 의미 규정들을 토대로 한 단순한 다양성을 주장하는 것과는 달리 행위와 개입을 토대로 한 문화들의 대립 공존 현상을 더 강하게 부각시키는데, 이는 분석에서도 마찬가지다. 그러한 역사적, 사회적 행위 맥락에 의미화 과정과 약호화 과정들을 얹을 때 "문화의 발화 과정"[63]을 분명하게 드러내는 "혼종성"이 만들어진다. 사회적이자 역사적인 실천 방식을 도출하기 위한 토대가 되는 문화의 자기주장과 개념화 과정들은 협의 가능하다. 이것이 의미하는 바는 '해석적 턴'의 확신과는 다르다. 이를테면 이는 정체성을 형성하는 문화적 의미의 합의에 다가간다는 것이 아니라, 그보다는 상이한, 종종 모순되는 담론들이 교차함으로써 협상과 신규 등록 과정이 완결되지 않고 지속됨을 의미한다.

"혼종성"의 징후가 보일 때 중요한 것은 구성의 겹침과 교차 현상들을 식별해내는 것이다. 방법론을 강조하는 이러한 관점과 함께 이제는 거의 자동으로 문화학의 신조가 된 인종, 계급, 젠더 등과 같은 큰 단위의 차이범주들은 다르게 표현될 수 있다. 이 범주들 또한 언제든 다시-쓰기할 준비가 되어 있다. 문화의 자리 매김을 그러한 정체성의 틀이나 확고한 전통 맥락이 아니라 중간 위치들의 변해가는 유희 공간들의 결과라고 간주한다면 말이다. "확고한 식별요소들 가운데서 이러한 사이 공간들이 나타날 때 문화적 혼종성의 가능성이 열리며, 문화적 혼종성 안에 차이를 위한 자리가 있으며, 이 차이에는 넘겨받거나 지명된 위계질서가 없다."[64] 여기서 혼종성은 단순히 혼합 관계를 넘어 교차 상황으로서, 건너가기와 사이-내-공간 In-between-space으로서, 그리고 사이 공간으로서, "이동 활동"[65]으로서 더 엄밀하고, 더 적극적으로 이해된다. 여기서의 목표는 단순한 혼합을 넘어 주체들이 나타내는 변해가는 입장의 자리를 발견하는 것이다. 이 자리는 문화적 차이가 발화되는 가운데 드러나며, 이때 민족성, 계급, 성과 같은 명백한 구별짓기의 장벽들이 파괴된다.[66] 이로써 다름 아닌 호미 바바에 의해 혼종성에 전복의 잠재력이 부여되며, 여기서 중요한 것은 어디에서 그리고 누구에 의해 말과 행위가 이루어지는가이다.

그럴 수밖에 없는 것이 호미 바바의 시각에 의하면 "서발턴은 말할 수" 있기 때문이다! 그러니까 바바는 포스트식민주의적 주체를 서구 담론의 지배와 대치하고 있는 수동적 객체로 확정하여 비판적으로 규정짓는 것에 머물지 않으며, 그러한 양분법을 규명하는 것에 머물지도 않는다. 더 정확하게 말하자면, 이주민, 예술가, 지식인이 바로 그 혼종성을 체현한다. 즉 그들이 문화들 사이에서 세계시민적인 의식으로 이동할 수 있을 때, 그리고 그들의 다중적인 귀속성을 생산적으로 만들어 내거나 창의적으로 발전시킬 수 있을 때 그들은 혼종성을 체현하는 것이다. "중요한 것은 다시금 문화적인 사이 공간들에서 생성되는 개입의 공간이다. 이것이 바로 창의적인 착상을 우리의 삶 속으로 끌어들이는 공간인 것이다."[67] 이로써 문화적인 다중의 귀속성으로부터 아주 다양한 기표 체계들에 접근할 가능성이 도출된다. 이렇게 볼 때 바바의 이론이 서구의 통합력과 자본주의적 다원성에 기여하는 유럽 지식인들의 발명으로 간주된 것은 지극히 당연하다. 왜냐하면 바바의 개념에서는 이주 경험에서 기인하는 간과할 수 없는 고통의 압박에 대해서는 말하고 있지 않기 때문이다. 이 점에서 바바는 응당 여러 비판을 받는데, 그가 혼종성의 생산적인 면만을 유용하게 만들었다는 것이다. 즉 "자아의 새로운 창조"[68]만 가능하게 했을 뿐이라는 것이다.[69] 물론 예술가와 지식인들이 난민이나 노동자, 망명 신청자들보다 훨씬 더 쉽게 그들 존재의 복합적인 경계 상황을 창의적인 교차와 변환을 위해 이용할 수 있다. 이로써 그들은 고정된 선입견을 파괴하는 데에 기여할 수 있으며, 인종적인 또는 민족적인 귀속성이나 계급, 또는 성에 따른 사회적 대립들을 극복하는 데에 기여할 수 있다. 리미널리티 Liminalität[70]의 혁신능력은 그와 같이 하나의 문화적 관계에서 다른 문화적 관계로 옮겨가는 경계 상황에도 개입된다. 하지만 '수행적 턴'에서 만들어졌던 바와 같은 의식적인 도식과 달리 경계성의 형식은 새로운 상황이 되면 재편입될 수 있는, 잠시 지속되는 일시적 과정이 아니다. 그보다는 오히려 포스트식민주의적 상황 및 이주 상황이 보여주는 다층적인 파괴상태가 리미널리티를 만들어 내는데, 지속적으로 생성되는 리미널한 상황에서 대부분의 경우 최종적인 통합이나 귀환은 더 이상 이루어지지 않는다.

이렇게 볼 때, 바바의 혼종성 개념은 어디까지나 논쟁의 여지가 있는 개념이다. 그는 민족주의와 종교적 근본주의에 의해 혼종화라는 발상이 위협당하는 세계적 현상을 너무 소홀히 한다. 더 나아가 현존하는 권력관계와 사회적 불평등 및 경제적 불평등을 너무나 쉽게 간과한다. 하지만 두말할 필요 없이 '포스트식민주의 턴'에서 혼종성의 개념은 중요하다. 이 개념은 새로운 방향설정을 위한 포스트식민주의의 비판적 인식론을 비교적 일반적이고 체계적인 문화 이론으로 이끌어 올리는 데에 기여했다. 이러한 문화 이론은 모든 학문 분야가 정체성 대신 (문화적) 차이들을 분석하지 않을 수 없게 만든다. 이러한 지평은 문화, 민족, 개인, 종교, 인종적 특성 등에 대한 본질 중심의 관념들에 대립되는 개념들을 허용한다. 이 관념들은 인종적으로 "타자"를 경계지어 구분하거나 경계 밖으로 배제시키는 데에 쉽게 오용될 수 있었다. 사무엘 헌팅턴 Samuel Huntington의 "문명 충돌" 모델에 따르거나 문화를 상호 간의 차단벽이라고 보는 생각에 따르면 그러한 관념들은 특히 대외정책적인 적개심 생산에 오용될 수 있다. 이와 달리 혼종화라는 개념은 그와 같은 대립 요소들을 폐기하지 않은 채 용해시키기 위한 접합점들을 표시한다. 차이들의 본질적인 면을 확정하여 기술하는 대신, 그것들을 인정하는 것이 중요하다. 물론 그것들의 불평등한 여건을 인식하는 것, 그러면서도 그것들을 항상 다시 새롭게 조율하는 것이 중요하다. "문화는 차이를 포함한다. 하지만 차이들은, 달리 표현하자면, 더 이상 체계적으로 분류되지 않는다. 차이들은 상호작용하며 서로를 파괴한다."[71] 따라서 포스트식민주의 문화 이론에서는 본질적인 차이들을 전제로 하지 않으며, 그 대신 차이들의 상호작용에 나타나는 개방성을 "협상"으로서, 즉 차이들의 교섭으로 강조한다. 그렇다면 이제부터는 양극의 체계 안으로 밀어 넣으려는 그 어떤 강제성도 피하기 위해 새롭게 만들어진 "차이횡단"[72]이라는 개념을 사용해야 할까? 소수집단 본래의 차이를 고수한다는 관점에 근거해 그 차이에 상징적인 특성을 부여하는 것에 대해 의문이 제기될 때 어떤 경우든 긴장 공간이 만들어지고, 이 공간에서 많은 갈등을 겪으며 낯선 의미에 대한 논구가 이루어질 때 새로운 것이 생성될 수 있다.

혼종성 범주는 대개 강력하게 견지되는 개념이지만, 동시에 바바에게서는 추상적이고 불명확하면서도 보편주의적으로 전개되는 개념이기도 하다. 이러한 혼종성 범주가 단순한 포괄적인 방어적 개념 이상의 것이고자 한다면, 물론 훨씬 더 구체화되어야 할 것이며, 다양한 문화 고유의 특징들을 통해 지역화되어야 할 것이다.[73] 이러한 의미에서도 멕시코에 살고 있는 아르헨티나의 문화이론가 네스토르 가르시아 칸클리니 Néstor García Canclini의 글은 라틴 아메리카의 혼종성 담론을 촉진시켰다.[74] 이 담론은 전통, 현대화, 민주화 사이에서 문화적 "혼종" 상황에 처한 라틴 아메리카에 맞추어져 있으며, 메스티소와 크레올화라는 비교 가능한 개념으로 인해 (카리브해의) 프랑스어 사용자의 자기 기술과 완전히 구분된다.[75] 혼종성이라는 포스트식민주의의 주요 개념은 "혼합된 문화들"의 자기 기술을 넘어 또 다른 영역에 적용될 수 있는 방법론상의 개념이 될 수 있다. 이를 위해 유토피아적인 또는 "낭만화"[76]의 경향까지도 보이는 바바의 혼종성 개념은 행위담지자들, 기능, 제도, 의도 등과 결합되어야 할 것이다. 이를테면 얀 니더반 피터세 Jan Nederveen Pieterse는 사회학적인 적용을 시도하는데, "비동시적인" 행위자와 조직, 경계 공간(예를 들어 경제 특수 구역, 저과세 지역, 연구 단계 등)에서 나타나는 이들의 구체적 행위 방식을 제시함으로써[77] 구체적이고 지역특수적인 혼종성이 형성되고 있음을 충분하게 보여준다. 이는 균질화시키는 대신 "혼종화시키는"[78] 전 지구화에 대한 연구를 가능하게 한다. 그밖에 혼종성의 범주를 미국의 라틴계 사람들의 입장, 그들의 경계 문화와 디아스포라문화에 적용하려는 시도가 주목받을 만하다. 그들은 이를테면 힙합과 같은 혼종의 표현 형태들을 갖고 있는데, 그들의 힙합은 하위문화적이고 지역적인 표현 형태에서 미국 팝뮤직의 지배적인 형태에 이르기까지 변화하는 모습을 보여준다.[79]

제3의 공간

혼종화란 무엇보다 방법상에서 보면 “제3의 공간 third space”, 즉 “정체성을 결정짓는 공간들 사이에 있는 경계 공간”[80]을 잇는 공간이다. “사이-내”의 그러한 제3의 공간에는 두 가지 차원이 있다. 하나는 “제3의 공간이 그 사이로 들어섬”[81]으로써 하나의 해석 방식이 되는 것인데, 이 방법은 이분법, 즉 이분법적인 범주화에 반대하는 단호한 태도를 나타낸다. 이것은 현존하는 확정된 두 개의 공간이나 양극, 또는 입장들을 통합시킨다는 의미가 아니다. 그보다는 어느 경우든 이미 출발 상황이 순수하지 않으며 혼합되어 있다는 것을 전제로 하라는 요구이다. 즉 언제나 이미 존재하는 “제3의 공간”으로서, 비동시적인 것의 동시성을 나타내는 “제3의 공간”으로서의 혼종성을 전제로 하라는 것이다. “그런데 나에게 혼종성의 중요성은 두 개의 원래 시점 가운데 어느 것에서 제3의 것이 나타나는지 추적할 수 있다는 것이 아니다. 그보다는 나에게 있어 혼종성은 다른 입장들이 드러나는 것을 가능하게 하는 ‘제3의 공간’이다.”[82] 이것이 의미하는 바는, 하나의 동일한 기호가 계속 반복하여 새롭게 해석되고, 덧입혀지고, 반대로 습득되고, 다시 해석된다는 것이다. “그래서 예를 들어, 포스트식민주의는 세속적인 것 안의 성스러운 것, 사회적 합리성 내의 초자연적인 환상, 동시대적인 것 내부의 태고성 등의 우연적이자 혼종적인 발화들에 대해 개방적이다.”[83]

이와 같이 행위에 작용하는 ‘역행하기’와 ‘특징 바꾸기’는 실제 연구에서 관습적이고 확고한 연구 단위들에 깊은 충격이 가해진다는 의미이다. 바로 ‘인식론적 턴’을 말할 때도 이러한 맥락과 연결될 수 있다.

'인식론적 턴'에서는 "내부와 외부의 구분, 민족과 세계의 구분, 지역과 전 지구의 구분, 우리와 타자의 구분이 사라지면 각 분야의 연구 단위들의 접합이 일어난다."[84] "제3의 공간"이 개념화되는 지평은 이와 같은 분야들로 확장되고 있다. 더불어 이 지평은 같은 목표를 추구하며, '공간적 턴'의 측면에서 볼 때도 포스트식민주의적 개념들의 실행력과 잠재력을 더욱 촉진시키는 다른 이론들의 개념들과 놀랄 만큼 중첩됨으로써 풍성해진다. 이와 같은 의미에서 미국의 도시설계사이자 지리학자인 에드워드 소자 Edward Soja는 "제3의 공간" 개념을 만들어 냈는데, 물론 이것은 실제와 상상의 공간성이 동시에 존재하는 장소라는 의미이다. 이를테면 로스앤젤레스와 같은 대도시에 있다고 상상하는 밀집 지역 같은 것이다. 앙리 르페브르 Henri Lefebvre의 "다른 공간 other spaces" 이론도 이러한 이론 시너지 효과를 낸다. 이는 벨 훅스 bell hooks의 "주변부 margin" 개념이나 미셸 푸코의 "헤테로토피아" 개념도 마찬가지다. 이처럼 유사한 개념들을 참조하여 포스트식민주의의 주요 개념인 "제3의 공간"도 개념의 필요성에 공감하는 구상의 단계에서 벗어나 훨씬 더 방법론적으로 개념화되고 구체화될 수 있을 것이다. 그럴 때 "제3의 공간" 개념은 구역, 지역, 전 지구로 가는 과정들 사이의 초국가적인 긴장 영역들을 나타내는 주요 범주가 될 것이며, 이 범주는 "사이 공간들의 사회학"[85]에도 필요한 개념이 될 수 있다.

이와 같은 보강이 얼마나 중요한지는 "제3의 공간" 개념에 내재되어 있는 포괄적인 요구가 보여주는데, 이 개념은 문화개념 자체를 지속적으로 변화시킬 것을 요구한다. 문화는 더 이상 의미 체계나 전통에 부여된 특징들의 저장 용기로 간주되지 않는다. 문화는 갈등을 일으키며 서로 영향을 미치는 다양한 요구, 발화, 자기 이해, 밀려난 담론 분야 등이 겹쳐지고 간섭하는, 그 자체로 모순된 현상으로 간주된다. 이와 같은 문화개념은 문화 내부에서 침묵하던 것이나 의식하지 못했던 것만을 드러내는 것이 아니다. 이러한 개념의 가장 큰 잠재력은 상호문화적인 관계 차원에 놓여 있다. 왜냐하면 그것이 혼종의 '중첩공간들', 즉 차이들의 용해를 위한 "접촉구역들"과 연결지점들에 대한 탐색을 시사하기 때문이다. 하지만 여기서 전제로 하는 것은 혼종의 공간들이 단순한 혼합공간들로 간주되는 것이 아니라 차이와 갈등을 참작하는 가운데 구체적인 해석공간들로서 이용되거나 번역 과정을 토대로 하여 이어 붙여진다는 것이다. 특히 이를 강조하는 해석은 이를테면 바바의 "제3의 공간"이라는 포스트식민주의적 개념이 '포스트식민주의 턴'의 방법상의 특징으로 선회하도록 한다. 왜냐하면 문화학에서 중요한 것은 그와 같은 제3의 공간들이 단순한 사고의 비유나 은유적인 사용을 넘어 어느 정도까지 분석 범주로 발전될 수 있는가 하는 점이기 때문이다. 즉 문화들이 접촉할 때 실제로 작용하는 상호 행위 공간이나 갈등 공간들에 대처하는 분석 범주로 발전될 수 있는가 하는 점이 중요하다. 사회학자 피터세는 그것을 다음과 같이 요약한다. "더욱이 혼종 형성은 사회적 공간들을 재구성하는 요소다."[86]

이미 "제3의 공간" 개념의 두 번째 차원이 이 방향을 가리키고 있다. 개념상으로 뿐만 아니라 공간적으로도 토대가 확립된 표상, 즉 접촉 공간의 표상, 혼합 공간의 표상, 경계 구역과 경계 상황들의 사이 공간 및 중첩 공간의 표상이 이 방향이다. 제3의 공간은 (예를 들어 고유의 것과 낯선 것 사이를) 갈랐던 경계가 붕괴될 수 있는 문화들 안에서 그리고 그 사이에서 논쟁이 일어나는 장소를 의미한다. 왜냐하면 그러한 제3의 공간은 혼합되지 않은 두 개의 순수한 구역들 사이에서는 생성되지 않기 때문이다. 그보다는 오히려 제3의 공간은 혼합되지 않은 순수한 구역들을 포함하지 않은 문화적 상태, 서로 모순되고 차이나는 문화층들의 겹침으로 이루어진 문화적 상태를 표시한다. 바바는 여기서 더 나아가 문화는 번역이라고 주장한다. "생존 전략으로서의 문화는 초민족적이기도 하고 번역적이기도 하다."[87] 이로써 '해석적 턴' 이래로 유포되었던 문화를 텍스트로 보는 은유가 탈중심화되는 듯이 보인다. 의미는 더 이상 문화의 중심에서 일차적으로 생성되는 것이 아니며, 주도적인 문화도 전복되어 무력화될 수 있는 '사이-내-공간'에서 생성되는 것으로 보인다.[88]

이러한 인식은 방법론적 개념으로 이용될 수 있는데, 이를 통해 타자성 Alterität 동인들이 정체성 형성의 동인들이나 단순한 혼합물들보다 더 중요한 것으로 평가될 수 있다. 번역 과정으로 간주되는 혼종화는 타자성 동인들을 표면상 확고한 의미 복합체들 속으로 끌어들이라는 요구와 연결되어 있다. 이러한 요구는 억압된 경험 분야들과 담화 분야들이 조명될 수 있도록 하려는 것이다. 이처럼 '포스트식민주의 턴'의 방법상의 추진력은 미리 규정된 정체성이나 문화적 전체성을 토대로 삼기보다는 그것들의 가설적인 성격을 탐색한다는 점에 있다. 즉 문화를 포함하여 확고한 단위들을 해체시키며, 혼합되어 있는 역담론들로 인해 문화들이 내부적으로 얼마나 다층적이고 모순되며 순수하지 않은지 보여준다는 점에서 그 추진력이 나타난다.

정체성

이러한 "번역적인" 문화이해는 또 다른 중심개념으로 확장된다. 이 개념은 '포스트식민주의 턴'에서 비판적인 검열을 받는데, 그것은 정체성이라는 개념이다. 여기서 문제되는 것은 '성찰적 턴'에서처럼 재현의 위기뿐만 아니라 정체성의 위기이기도 하다.[89] 정체성은 오랜 시간 동안 원천, 본질, 통일성과 관련지어 정의되었지만, 이제는 오히려 파열, 이행, 겹침, 변형, 고향 상실 등이 강조된다. 정체성이 차이로 전환됨으로써[90] 문화적인 정체성 형성도 새롭게 차이들의 발화로서 보게 되었다. 문화적이고 정치적인 정체성은 타자화 Alterisierung되는 과정을 거쳐야 비로소 형성된다. 즉 자신을 낯설게 하고 타자로서 인식하는 타자성의 관점을 개입시킴으로써 비로소 형성되는 것이다. 바바에 따르면, 여기서 문제되는 것은 "차이 나는 정체성들의 수행적 본성이다."[91] 다름 아닌 제3의 공간을 표상함으로써 이분법의 딜레마와 정체성을 이분법적으로 확정짓는 방식의 딜레마가 극복될 수 있을 것이다. 이러한 제3의 공간이라는 표상이 분명 적합한 이유는 대량 이주와 전 지구적인 기호 순환으로 인해 현재의 세계에서는 '유럽'과 '비유럽'이라는 이분법적 대립설정이 더 이상 유지될 수 없기 때문이다.[92] 문화적 기호들이 "예전에는 제3세계로 간주하면서 어딘가 다른 곳에 위치시키고, 배제하고, 현실 속에서 도외시할 수 있었던 것을 오늘날엔 그 자신의 중심으로 귀환하게 한다."[93] 하지만 동시에 중요한 것은 자기 자신을 타자로서, 또한 "낯선 것"으로 규정되는 존재로 이해하는 것이다. 이때 새로운 자기 이해가 생겨나는데, 이때의 자기 이해는 자율적이고 유럽적인 개인의 개념보다 더 넓으며, 세계적 차원으로 연결될 수 있는 가능성도 더욱 크다. "주체는 연결점이자 교차점이다. 언어, 질서, 담론, 체계들의 연결점이자 교차점, 또한 주체를 관통하는 인지, 열망, 감정, 의식 과정들의 연결점이자 교차점이다."[94] 따라서 혼종성은 (상이한) 문화들 사이에서 비로소 나타나는 것이 아니라 이미 한 문화의 내적 분화로서, 즉 주체 자체의 분화로서 나타나는 것이다.

그러한 포스트식민주의적인 정체성 비판은 최근의 문화학에서 관철된 바와 같이 정체성 개념에 의문을 제기하는 데에 적극적으로 기여했다. 그러한 비판은 본질 추구 현상에 등을 돌린 포스트구조주의에서 나온 것이다. 물론 부각되고 있는 반-본질주의에도 문제가 있다. 그것이 대학의 포스트식민주의를 정치적 행위 차원에서 분리할 것을 요구한다면 말이다. '포스트식민주의 턴'이 형성되어 갈수록 위험도 커지는데, 그 위험은 전통적인 본질의 범주들이 해체되면서 공동체의 문화적 정체성을 요구하는 데 필요한 공동체가 가진 집단기억의 의미 역시 저평가되어 혼종 속으로 용해되어 버린다는 것이다. 이와 같은 문제 때문에 가야트리 스피박이 제시한 "전략적 본질주의"라는 개념이 나온다. 스피박은 '서발턴 연구'에서 그녀 자신이 행했던 본질주의에 대한 비판을 수정하여 서발턴의 의식을 "전략적 본질주의"의 형태로서 재정의한다. 칼 마르크스 Karl Marx가 계급의식을 전략적으로 설정했던 것과 유사하게 여기서 서발턴의 정체성 의식이 전략적으로 가정되는데, 이는 열등한 존재에서 역사의 주체로 관점을 바꾸도록 하기 위한 것이다. "내가 서발턴 연구의 결과물을 그것에 거스르는 입장에서 읽으면서 제시하는 바는, 서발턴을 위한 '긍정적' 주체-위치를 주장하는 데 있어 서발턴의 종속성을 다시 각인시키는 것이 우리 시대에 맞는 전략이 될 수도 있으리라는 것이다."[95]

3. 포스트식민주의 턴과 개별 학문

이처럼 이론적인 분야와 정치해방적인 행동이 가능한 분야들이 혼합됨으로써 '포스트식민주의 턴'의 확산에 필요한 강력한 에너지가 솟아나기도 하지만, 동시에 문제점도 나타난다. 작가들과 지식인들의 전 지구적 관계망이 형성되고, 그 관계망이 새롭고 초문화적인 "학문 분야"로 진입했다는 점은[96] 분명 '포스트식민주의 턴'의 주요 성과다. 포스트식민주의적인 잡지들인 〈개입 Intervention〉, 〈포스트식민주의 글쓰기 저널 Journal of Postcolonial Writing〉, 〈포스트식민주의 연구 Postcolonial Studies〉 또는 온라인저널인 〈포스트식민주의 텍스트 Postcolonial Text〉 등이 이러한 성과라고 할 수 있다. 이러한 초문화적인 자극들로 인해 문화학은 스스로 당면한 탈식민지화와 신식민주의의 문화적 양상들에 지금까지보다 더 많이 주목하게 되었다. 또한 문화학 자체의 지식 체계 영역에서 보이는 패권적인 보편화 요구와 이분법적인 구조를 문화비판적으로 교정해야 할 필요성에도 주목하게 되었다. 하지만 하나의 '턴'이라고 말할 수 있으려면, 그것이 점차로 개별 학문에서도 호응을 얻어야 한다. 그리고 이 개별 학문들이 포스트식민주의적인 분석틀을 탈식민화의 배경 이상으로 확장시킬 때, 그 틀이 더 넓게 적용될 수 있다.

이를테면 역사 초기에서부터 나타나는 식민지, 제국, 패권 관계들의 여러 형태들에 적용될 수 있다. '신학'이 이 점을 강조하는 것은 우연이 아니다. 포스트식민주의 이론은 신학의 손에, 특히 (페미니즘적) 성서 연구[97]에서 종파를 초월하는 분석 도구를 제공한다.[98] 이로써 초기 기독교의 "원천"에 대한 질문, 종교의 "본질"에 대한 질문, 고유의 해석학적인 방법 절차의 보편주의적 기본가정 등이 비판적으로 조명될 수 있으며, 식민주의적 상상에 기여하는 성서의 역할, (기독교뿐만이 아닌) 종교적 실천 방식들과 로마제국의 구조가 보인 협력 관계도 조명될 수 있다. 더불어 선교역사와 무관한 비유럽 사회 내의 신학 담론에 미치는 영향 및 신학 텍스트의 정전 문제 역시 연구 대상이 된다.[99] 이러한 신학적 발상들 내지는 부분적으로는 비교종교학적인 발상들을 볼 때 포스트식민주의 이론 자체의 영역에서 종교적인 것의 의미와 추진력이 지금까지 눈에 띄게 경시되어 온[100] 경향은 이해하기 어려울 뿐만 아니라 더욱더 문제적이다. 이제는 이러한 경향도 달라질 것이다.

다른 학문 분야들이 갖는 '포스트식민주의 턴'과의 관계도 분명해질 수 있을 것이다. 말하자면 각 학문 분야가 '포스트식민주의 턴'에 어떻게 관심을 갖게 되었는지, 동시에 이 '턴'의 약점에 대해 어떻게 대처하는지가 드러날 수 있을 것이다. '포스트식민주의 턴'이 매우 다양한 학문 분야들로 확장되는 현상은[101] 단순히 "문열기 효과 door-opening effect"[102] 이상의 것을 제공함에는 틀림없다. 정전 해부하기, 인종감수성 높이기, 각 학문 분야들의 전 지구화 등의 효과가 나타나는 것이다. 그러나 단지 "문열기 효과"만으로는 종종 공허한 주문과 같은 개념으로 끝나기도 한다.

여기에서 문예학은 구체적이고 경험적인 연구들이 어떻게 계속 지속될 수 있는지를 보여준다. 문예학이 정전을 해부할 때 비유럽 문학을 끌어들이고, 문학에 대한 다른 표상들을 철저히 논구하는 것을 의무로 삼을 때 그러한 가능성이 나타나는 것이다. 예를 들어, 그러한 문예학은 의례가 진행되는 맥락이나 구술 이야기, 음향적 상연 등에 깃들어 있는 문학적 표상들을 철저히 다루는 작업을 수행한다. 여러 학문 분야에 자리 잡은 포스트식민주의적 발상 가운데 가장 풍성한 효과를 내는 것은 포스트식민주의의 문제 지평과 도구적 성격에서 더 나아가 구체적이고 방법론적인 분석의 추진력을 획득한 것들이다. 이러한 발상을 이용해 이를테면 문학 텍스트를 혼종의 현상과 문학의 타자성 전략이라는 관점 아래 연구할 수 있다.[103] 혼합주의적이고 음성교차적인 하인리히 하이네 Heinrich Heine의 문학을 포스트식민주의적 관점에서 다루고자 시도할 때, 문화적 혼종화가 역사적으로 어떤 모양들이었는지 발견하게 된다.[104] 마찬가지로 그 밖의 다른 사례 연구들에서도 포스트식민주의적인 독서모델들이 (정전화된) 독일 문학에 명시적으로 적용된다.[105] 이때 대상 영역의 확장과 더불어 중요한 것은 무엇보다 새로운 분석 범주와 접근 방법을 얻게 된다는 점인데, 이들을 이용해 문화들 사이의 읽기 전략과 쓰기 전략들이 이어붙여질 수 있다. 예를 들어 아프리카의 관점에서 독일문학을 해석할 때 또는 그 반대의 경우에 "트랜스컬처럴 독서"의 관점 교차가 중요해지는 것이다.[106] 시작 단계에 있는 포스트식민주의적 서사 연구에서도 '포스트식민주의 턴'이 이용되는데, 연구의 형식적 범주들이 확장되고 포스트식민주의적 정체성을 연출하는 서사 전략들이 끌어들여진다. 문화전형적인 토포스들, 개방적이거나 폐쇄적인 관점구조들, 화자의 권력, 다양한 시점의 서사, 인물 관계 구도들, 공간구조, 언어적 탈식민화에 이르는 경계 넘기 등의 전략이 이용되는 것이다.[107]

특별히 자극을 주는 것은 물론 여전히 에드워드 사이드 자신의 시도이다. 그는 문학 텍스트에서 그것이 갖고 있다고 하는 자율성의 위상을 제거하고 그것을 제국주의 기획과 얽혀 있는 것으로 새롭게 규정하려는 시도를 한다. 이를 위해 사이드는 "대위법적 읽기 contrapuntal reading"[108]라는 개념을 강조한다. 이 개념에 따라 이를테면 제인 오스틴 Jane Austen의 『맨스필드 공원 Mansfield Park』, 조셉 콘래드 Joseph Conrad의 『암흑의 핵심』, 또는 러디어드 키플링 Rudyard Kipling의 『킴 Kim』과 같은 영국 소설의 (종종 도외시되는) 배경, 즉 인도와 카리브해의 식민주의와 노예제도 상황을 배경으로 하여 새롭게 읽힌다. 이때 다음과 같은 질문이 제기될 수 있다. "예를 들어 어떤 저자가 영국의 특별한 생활양식을 유지하기 위해 식민지의 설탕 농장이 중요하다고 설명한다면",[109] 그것은 무엇을 의미하는가? 그러한 독서 형태는 동시적인 관찰을 통한 해석을 구현하는데, 이것은 문화들의 혼종성을 파악하기에 적절한 방식이다. 사이드는 마치 지형학을 하는 듯한 주의를 기울이면서 동시적인 관찰 방식을 자신의 "식민주의 비교문예학"[110]의 토대로 삼았다. "이것이 의미하는 바는 우리가 경험을 공동으로 해석할 수 있어야 한다는 것이다. 모순되는 경험들, 제각각 그 고유의 중요성과 발전 속도를 가지고 있는 경험들 (.....), 전부 함께 공존하면서 다른 것들과 상호작용하는 경험들을 서로 함께 해석할 수 있어야 한다는 것이다."[111] 독일 소설들조차 "대위법적으로" 읽힐 수 있다. 이를테면 빌헬름 라베 Wilhelm Raabe의 『슈톱쿠헨 Stopfkuchen』은 지금까지 도외시되던 식민지 경험을 배경으로 삼아 읽을 수 있는데, 여기서 식민지 경험은 텍스트를 구성하는 조건이자 독일 "고향"의 섬뜩함을 돋보이게 하는 장치이기도 하다.[112] 대위법적인 독법이 적용될 수 있는 범위는 아주 넓어서 흥미롭게도 신학을 포함한[113] 지배 담론의 핵심 텍스트들까지도 주변화되고 도외시된 텍스트들과 함께 읽을 수 있다. 사이드의 독서 개념은 이미 얽혀 있는 역사들의 관점을 암시하고 있는데, 이러한 관점은 글로벌 역사에 대한 최근의 발상들에서도 현재진행형으로 중요한 역할을 하고 있다.

이처럼 이질적인 역사들의 동시성은 또한 '번역적 턴'의 도구들을 이용함으로써 밝혀질 수도 있을 것이다. 여하튼 문학 장르가 문화적 정전에서 분리되는 방식이나, 예를 들어 '여행하는 개념들'이 카리브해-영어의 축으로 옮겨지는 방식은 시사하는 바가 크다. 토비아스 되링 Tobias Döring은 영문학의 사례 연구를 하면서 그와 같은 문화상호적이고 포스트식민주의적인 상호텍스트성의 과정을 분석하였다. 고쳐쓰기와 전통짓기가 행해지는 카리브해 소설들을 출발점으로 삼는다는 것은 이와 동시에 이 지역에 대한 상세한 설명을 얻으려는 시도이기도 하다. 문예학 분야에서 풍부하게 이루어지는 이러한 시도, 즉 지역에 대해 상세하게 살펴보려는 시도는 '포스트식민주의 턴'에서는 언제나 필요한 부분이었다.[114] 사이드가 강조하듯이, 상호 문화적인 교차 독서 역시 명시적인 맥락 관계를 가지고 있다. 이로 인해 '성찰적 턴'이 지속될 때 나타나듯이, 재현 비평이 정치적 색조를 갖게 된다. 문화권과 정치권이 밀접하게 상호 연관되는 것이다.[115] 그 결과 문화학은 새로운 방향으로 계속 나아갈 수 있게 된다.

하나의 '턴'에서 으레 그렇듯이, (포스트식민주의적인) 이론에서 방법론적 도구가 만들어지고 그것이 다른 연구 대상에도 탁월하게 적용될 수 있게 되면, 그만큼 좁은 의미의 포스트식민주의적 연구 대상들은 점점 더 시야에서 멀어지게 된다. 그렇듯 포스트식민주의적인 발상들은 '비교문예학'에서도 주목을 받고 있는데, 이때의 비교문예학은 유럽, 특히 독일의 포스트식민주의적 이주 상황에 대해 문학적으로 이루어지는 작업을 다룬다.[116] 이에 대한 최초의 징후라고 할 수 있는 것은 현재 독일어로 글을 쓰는 작가들의 여행기에서 나타나는 "제3세계"에 대한 탐색과 점차 확장되어가는 그들의 "포스트식민주의적인 시선"이 중요시된다는 점이다.[117] 이때 이주 문학의 영역이 훨씬 더 인상적으로 나타난다. 그럴 수밖에 없는 것이 그 영역에서 언어적이고 문화적인 귀속성의 분열, 예를 들어 독일-터키 문학에 나타나는 그러한 분열이 혼종의 상황으로 해석될 수 있기 때문이다.[118] 그 외에 포스트식민주의적인 관점은 이제는 더 이상 '외국 인문학'이라는 말이 사용되지 않게 만들었으며, '이주민 문학'이 독일 문학으로서 인정받고, 그에 따라 독일어로 된 현대 문학의 정전으로 들어오도록 영향을 끼쳤다. 구체적으로 들여다보면 국민문화와 문학이 점점 더 소수민의 시각에 의해 형성된다. 이것은 독일에 있는 제3세대 유대인 작가들의 "혼종적" 아웃사이더 "정체성"에도 적용되는데, 이러한 정체성은 그들이 쓴 소설의 시각 속에서 나타난다.[119]

마찬가지로 포스트식민주의적인 분석 범주들의 방향을 바꾸어 철저히 비관습적으로 유럽의 상황에 적용하면 유럽 내의 또 다른 포스트식민주의적인 관계들이 발견된다. 이러한 관계들은 "발칸주의"를 유럽의 오리엔탈리즘으로 해석할 때 드러나거나 합스부르크 제국을 식민제국으로 해석할 때도 나타난다. 주도적인 지배 관계와 불평등 관계에 의해 생긴 동유럽 국가들의 역사적 주변화 현상에 나타나는 포스트식민주의적인 관계들은 현재진행형인 유럽의 동진에 이르기까지 영향을 미칠 수도 있을 것이다. 이러한 의미에서 논문집 『내 안의 타자와 타인으로서의 타자. 유럽의 맥락에서 나타나는 '포스트식민주의적인' 갈등들 Eigene und andere Fremde. 《Postkoloniale》 Konflikte im europäischen Kontext』[120]이 유럽 내의 연구 전통과 관련하여 현저한 방향 전환을 보여줌으로써 '포스트식민주의 턴'에 새로운 위치를 부여했다. 이와 동시에 구체적인 사례는 권력 차원을 중점적인 분석 범주로 더 확실하게 고려해야 할 필요성을 보여주며, 결과적으로 독일어권 문화학에서도 그러한 작업이 얼마나 필수적인지를 보여준다. 따라서 이러한 중점적인 분석 차원을 '여러 번역학'에만 맡겨 두어서는 안 된다. 그런데 번역학은 '포스트식민주의 턴'을 다름 아닌 번역 상황에서 나타나는 권력의 비대칭에 주목함으로써 수행한다.[121] 흥미롭게도 합스부르크 군주국의 다문화적인, 말하자면 포스트식민주의적인 공간에서 이루어지는 번역 활동의 사례에서도[122] 그러한 시선이 나타난다. 문화를 번역으로 보는 관점에 따라 포스트식민주의 자체를 번역 차원에 연결시킴으로써 번역이 식민주의의 맥락에서 관찰되며, 문화 번역에 대한 생각과 실제가 얼마나 서구적인 사고방식에 의해 지배되고 있는지가 밝혀진다.

마찬가지로 역사학의 '포스트식민주의 턴' 역시 권력의 불균형에 주목함으로써 서구 역사주의에 나타나는 총체화의 성향에[123] 의문을 제기하도록 만든다. 서구 역사주의의 직선적인 진보사와 세계를 포괄하는 유럽 모더니즘의 지배자적인 서사를 의문시하는 것이다. 이 서사는 역사를 서술할 때 무엇보다 지속적으로 비유럽적인 문화들을 역사의 진행에서 제외시켰는데, 이는 그들을 "역사 없는 민족들"[124]로 상정했기 때문이다. 포스트식민주의의 자극과 함께 1970년대에 더 이상 유럽에 지배되지 않는 역사서술이 새롭게 소개되기 시작한다. 남아시아의 역사학을 배경으로 한 서발턴 연구가 있는데, 연구의 내용은 1982년에서 1999년까지의 남아시아 역사를 다룬 10권의 책에 기록되어 있다. (이것은 특히 라나지트 구하 Ranajit Guha에 의해 출판되었다). "유럽의 지방화"를[125] 주장하는 디페시 차크라바르티 Dipesh Chakrabarty도 역사서술과 관련하여 '포스트식민주의 턴'을 간단명료하게 묘사한 가얀 프라카시 Gyan Prakash와 마찬가지로 이러한 노선을 취한다.[126] 주로 오스트레일리아와 미국에 살면서 가르치는 인도 출신 역사가들에 의해 이루어진 이러한 운동은 1980년대부터 자리 잡게 되었다. 이 운동의 목적은 두 가지다. 하나는 유럽 중심의 역사서술이 유럽이 아닌 주변부의 역사와 필연적으로 결합되어 있다는 점을 확인하는 역사를 서술하는 것이고, 다른 하나는 이 주변부 자체에 속하는 사람들 고유의 용어와 관점에 의해 역사를 서술하는 것이다. 즉 신앙심, 저개발, 가난, 민족, 공적인 것/사적인 것 등과 같은 유럽중심적이고 본질 지향적인 범주들을 벗어나서 역사를 서술하는 고유 방식을 취하는 것이다. 중요한 점은 유럽을 중심에 놓는 역사의 지배자적인 서술에 의문을 제기하거나 대안의 역사서술로 그것을 대체한다는 점이다. 물론 이러한 방향에 대해 비판이 제기되는데, 그들에게서 인도 문화의 순수성을 주장하는 경향이 나타나기 때문이다.

유럽의 역사서술에서 포스트식민주의적인 관점들은 다양한 영역에서 풍성한 수확을 얻었다. 포스트식민주의적인 관점은 근대 이전의 식민 상황, 이를테면 로마의 식민주의 탐구에 영향을 주었다.[127] 특히 그것은 최근에 독일의 식민역사를 다루는 작업에 대한 관심에서도 나타난다. 여기서 (독일의) 민족국가 및 황제 제국이 식민주의와 세계역사 속에 얽혀 있는 것으로 서술된다면, 이것은 물론 항상 포스트식민주의적인 시선에 의해서만 이루어지지는 않을 것이다. 초국가적인 관점으로 식민지와 지배도시를 "대위법적으로" 동시에 관찰할 때 비로소 포스트식민주의적인 시선이 개입하게 되며, 민족과 정체성 형성의 문제들을 인종 및 젠더와 관련된 차이의 구성이자 연출과 마찬가지로[128] 다룰 때 그러한 시선이 효과적이다. 그뿐 아니라 식민주의적이고 오리엔탈리즘적인 상상에 의한 경계 넘기와 독일 역사에서 지속되는 이러한 상상의 작용을[129] 다룰 때도 포스트식민주의적인 시선이 효과적이다. 그렇다 해도 역사학의 포스트식민주의적인 관점은 낯선 대상들이나 단순한 타자성의 구성요소들만을 파악하는 것이 아니라 남녀 관련자들의 구체적인 연관 관계와 중개 활동에 대한 질문을 제기한다. 식민지공무원, 기업가, 지방정치인, 학자, 번역가, 기관 등의[130] 활동에 관심을 기울인다.

포스트식민주의 턴은 그것이 역사 연구의 지평 자체를 초민족적으로 개방하고, 바로 그러한 상호작용 관계들을 추적하는 곳에서 특히 폭넓게 작용한다. 세바스찬 콘래드 Sebastian Conrad와 샤리니 란데리아 Shalini Randeria가 편집한, 역사학에서 나타나는 '포스트식민주의 턴'에 관한 한 논문집에서도 이를 다루고 있다. 이 논문집에서 세계역사는 "혼종화된다." 그러니까 세계사를 더 이상 "유럽의 확산 과정"[131]으로만 파악하지 않는다. 사이드의 도그마를 넘어 이 논문집은 비유럽적인 것에 대해 유럽이 인지한 모든 것은 투사 projection라는 점과 지배도구가 된 서구적 지식생산만이 중요하다는 점을 보여준다. 그러나 진즉에 관건은 지식과 권력만의 문제가 아니라는 것이다. 이 문제를 중요시 했던 사이드는 이분법적인 사고에 대해 강력하게 의문을 제기했지만, 이에 대한 대안을 제시할 수는 없었다. 그렇다 해도 그가 "서로 얽혀 있는 역사들"[132]을 언급한 것은 방법 차원에서 지표가 되는 발상이었다. 그 발상이 이제 계속 발전하여 유럽과 유럽 외부 세계 사이의 실제적인 관계망을 만들고 교차시키는 요소들에 대해 질문하는 통찰방식이 된다. "얼기설기 얽힌 역사들", "연결되어 있는 역사들", "얽혀 있는 근대 사조들", 관계의 역사들[133]에 대해 질문하게 되는 통찰 방식인 것이다.

하지만 그처럼 얽혀 있는 역사들이 대체 어떻게 분석적으로 파악될 수 있을까? 시민, 국가, 개인, 주체, 민주주의, 학문적 합리성, 사적인 것과 공적인 것의 구분 등, 근대 유럽의 범주들이 완고하게 유지되고 있어서 포스트식민주의적인 사회학과 문화학도 그러한 범주들을 사용하지 않을 수 없다면 어떻게 해야 할까? 남아시아의 근대를 서술할 때조차 그럴 수밖에 없다면 어떻게 해야 할 것인가? 차크라바르티에 의하면, 유럽의 범주들은 적절하지 않지만 피해갈 수도 없다.[134] 그러한 범주들을 탈중심화시키고 지역화시키는 작업은 예를 들어 서구적 코드로서의 역사와 (서발턴의) 경험이자 기억으로서의 역사가 서로 어긋나는 것이 눈에 들어오는 바로 그곳에서 시작되어야 한다. 이것은 근대적인 개인의 서구적 개념과, 이를테면 사회적 굴종과 가정폭력이라는 구속적인 체제 아래 놓여 있는 벵갈의 과부 같은 근대 인도의 주체 사이에 있는 간극에도 해당된다. 여기서 유럽적인 주체를 구성하는 범주들과 그러한 범주들을 토대로 하는 근대성의 모델이 한계에 부딪히게 된다. 유럽의 패러다임에서 벗어나 얽혀 있는 역사들을 연구하고 서술할 것을 제안할 때마다 그러한 범주상의 불균등이 함께 고려되어야 한다. 이를테면 박물관에 그것들을 재현하거나 대서양 저편의 유럽의 노예제도[135]를 연구할 때 그러한 불균등한 요소들을 함께 숙고해야 한다. 그런데 이때 '포스트식민주의 턴'은 서구의 이론 언어를 비유럽적인 개념들을 통해 깨트릴 수 있을 만큼 큰 영향을 미칠 수 있을까? 동아시아의 유교를 전 지구적인 자본주의에 대한 대안으로서, 즉 더 이상 개인주의적인 경영자 모델로 제한되지 않는 대안으로서 재건하자는 제안들도 이러한 질문을 스스로 던져 보아야 한다.[136]

관계들의 상호연관성에 대해 말하기는 아직 어렵다 할지라도 초민족적인 역사서술을 위한 발상들은 풍성하다. 즉 더 이상 서구의 자율적인 역사에만 매달리지 않고 유럽의 발전을 문화들 사이의 상호영향 관계[137] 안으로, 수많은 기억의 역사들 안으로 편입시키는 발상들이 있다. "보편적 설명자로 작용하는 '역사'가 소멸되고, 지역적이고 경쟁적인 설명자들로서 '역사들'이 출현하거나 '기억문화들'이 출현하는 현상이 포스트식민주의적인 문화에 긍정적인 것으로 간주될 수 있다."[138] 포스트식민주의 턴은 그러한 지역적 역사들을 전 지구적인 역사의 진행에 나타나는 교류 과정의 중요한 구성요소로서 뚜렷이 드러냄으로써 생각의 전환에 영향을 미쳤다.

이런 식의 연결들은 현재 '과학사'에서도 추구되고 있다. 여기서도 '포스트식민주의 턴'이 연구 방향을 바꿔놓았다. 그리하여 이제는 다음과 같은 질문이 명시적으로 제시된다. 유럽의 과학발전이 자체적인 힘에 의해 촉진된 것이 아니라 유럽의 확장 과정에서 독자적이고 비유럽적인 전통의 영향을 받았다고 한다면 과연 그 영향력은 어느 정도인가. 예를 들어 중국의 과학전통 및 기술전통의 영향을 어느 정도나 받았을까.[139] 그렇다면 근대과학이 하필이면 유럽에서 출현할 수 있었던 원인은 무엇인가? 이 질문과 함께 이미 이슬람적인 것이 혼재하던 유럽에서 이루어진 중세 및 근대 초기의 지식 교환과 획득 과정에 대해 더 강력하게 추적해야 할 필요성이 환기된다. 여기에서 첫 단계는 "반-유럽중심적 비교민속학 연구"[140]를 지지하는 것이다. 어쨌든 구체적인 연구들은 과학이해 자체에서 나타나는 차이점들에 대한 성찰을 다시 주목하게 한다. 즉 "다른 문화들의 경험적 지식 체계들"을[141] 주목하게 되며, 이러한 체계들로 인해 널리 퍼져 있는 과학의 통일성이라는 명제에 의문을 제기할 수 있을 것이다.

포스트식민주의적인 과학사 및 기술사는 어쨌든 문화학을 풍부하게 만든다. 한편으로 그것이 재현 영역을 지나치게 강조하는 '포스트식민주의 턴'의 문화주의를 저지하기 때문이고, 다른 한편으로는 포스트식민주의적인 과학사 및 기술사에 의해 초민족적이고 불균등하지만 상호적으로 이루어지는 학문 이동을 강조함으로써[142] 문화 비교의 방법을 새롭게 하기 위한 기초 하나가 마련되기 때문이다. 너무나 쉽게 전지구적 비교에 이르는 하나의 체계에 의한 문화 비교 대신 여기서는 단편적인 비교가 시도된다. 이러한 활동의 특징은 비교적 작은 비교 단위들에서 시작한다는 점인데, 이 비교 단위들은 비교 대상인 문화들 자체의 관계사로부터 획득될 수 있다. 이에 비해 의심의 여지없이 '포스트식민주의 턴'에 의해 자극된 다음의 질문은 여전히 해결되지 않고 있다. "얽혀 있는 역사들"을 단지 유럽중심적인 학술어로만 표현하지 않고도 재현할 수 있게 해주는 초문화적인 개념은 어느 정도나 발견될 수 있을까?

(상호 문화적인) 철학도 이러한 차원에서 보편주의적인 학문 개념에 대해 숙고하는데, 특히 인권과 도덕성의 분야에서 그렇다. 여기에서 이데올로기에 대한 고려나 문화적으로 특수한 학문 개념 및 철학 범주들의 토착화 문제에 대한 고려가 중요한 역할을 한다.[143] 물론 철학적인 면에서 볼 때 초문화적인 관계들과 초문화적인 비교에 대한 성찰이 현재 지극히 개념에 치우쳐 있거나 "범주를 가로지르며"[144] 이루어지고 있음을 알 수 있다. 여기서 포스트식민주의적인 렌즈를 강화하여 문화들 간의 수행적 축들에 적용해 본다면, 서구의 개념들에서 벗어날 수 없다는 딜레마에서 빠져나올 전망이 더 커질 수 있을 것이다.

미술사와 마찬가지로 미술전시회도 포스트식민주의적인 관점을 도입했다는 사실 역시 주목할 만하다. 특히 1984년 뉴욕에서 열린 전시회 〈원시주의와 근대미술 Primitivism and Modern Art〉과 2002년도 도쿠멘타 11(documenta 11)에 이르는 전시회에 대한 비판은 명백하게 포스트식민주의적인 문제 지평을 나타낸다. 이들 전시회에 대한 비판이[145] 이루어질 수 있었던 것은 인종주의 요소가 포함된 예술과 식민주의 확장 간의 상호 얽힘 관계를 연구할 수 있도록 하는 새로운 발상들에 의한 것이었다. 이때 전 지구적 문화의 역방향적인 지형도 그리기가 기획되었는데, 이는 이주와 전 지구화, 포함과 배제 등과 같이 비유럽 예술의 변화된 주제들에 맞게 기획되었다.[146] 유럽 예술정전의 보편화에 대한 비판과 예술정전에 나타나는 예술을 자율적인 것으로 보는 관점에 대한 비판은 어떤 경우든 포스트식민주의적인 미학의 가능성과 이어지는데, 이러한 미학은 "유럽식의 작품 개념이 아니라 대상들의 초문화적인 순환"[147]이라는 생각에서 출발한다.

포스트식민주의 턴을 통해 여기서 암시된 수행 미학 분야에서 새로운 미학적 형식들이 밝혀지고 있으며, 미술, 문학, 연극이 전혀 다르게 이해된다는 사실도 드물지 않게 밝혀지고 있다. 이러한 일은 '연극학'의 포스트식민주의적인 전회에서 계속된다. 여기서 언뜻 볼 때는 단지 비유럽 연극의 새로운 혼합주의적 형식들만이 시선에 들어오는 듯하다. 말하자면 유럽 연극을 보충하는 확장된 대상 영역만이 눈에 들어오는 것이다. 하지만 다시 보면 이 영역에서도 방법상의 도전이 나타난다. 우선 미학적 기준들이 문화적 수행의 상호작용적이고 의례적이기도 한 실천 방식들로부터 획득되어야 한다. 그리하여 이를테면 크리스토퍼 발름 Christopher Balme은 인도연극에서부터 카리브해, 남아프리카, 호주의 연극에 이르기까지 연극의 혼합주의적이고 "토착적인" 이론들을 많이 다룬다. 요루바족의 신화와 나이지리아의 다른 의례적인 구조들을 연관 짓는 월레 소잉카의 연극에세이 『제4의 무대 The Fourth Stage』는 많은 예들 가운데 하나일 뿐이다.[148] 포스트식민주의 턴은 이 경우에 낯선 연극 형태들을 그 고유의 기본 개념들(혼합주의, 구술성, 리미널리티)을 이용해 정확하게 다루도록 자극하고, 이로써 '수행적 턴'에서도 상호 문화적인 개방이 이루어지도록 자극하게 된다. 이러한 사실은 포스트식민주의적인 영화나[149] 식민주의적이자 포스트식민주의적인 스포츠에도 해당되는데, 스포츠는 포스트식민주의적인 전환의 매우 중요한 연구 영역이 되었다. "제국의 게임"인[150] 크리켓의 예는 영국의 지배 도구가 어떻게 반식민주의적이자 해방적인 전용의 매체가 될 수 있었는지를 보여주었다.[151]

'포스트식민주의 연구'에서 이처럼 넓게 파악된 수행적 문화이해는 무엇보다 포스트식민주의에 개방적인 '민속학' 덕분이다. 이 점은 이미 민속학 박물관들에서 개최된 이방 문화 전시회를 둘러싼 논쟁이 보여주고 있다.[152] 하지만 처음에는 민속학의 포스트식민주의적인 전환이 그 분야 자체에 대한 포스트식민주의적인 비판보다 적었다. 민속학이 식민주의와 연루된다는 점과 민속학에 의해 낯선 문화가 기술될 때 지속되는 식민주의적인 구조에 대한 비판이 더 많았던 것이다. 그러나 시간이 흐르면서 여기서도 '포스트식민주의 턴'이 이루어졌고 "다면적인 민속학"[153]이 나타났으며, 이러한 민속학의 새로운 주제 영역들은 명백히 "포스트식민주의적인 변환"[154]의 맥락 안에 자리 잡게 되었다. 여기서 전 지구화와 이주[155], 디아스포라와[156] 혼종의 공간들이[157] 규명되는데, 이는 행위자 관점에 근거하여, 즉 이주민 그룹들의 탈지역화된 경험 및 초민족적인 관계망의 새로운 공간 관계들을 넘어서는 경험에 근거하여 이루어진다. '포스트식민주의 연구'에서 민속학적인 글들이 다시금 중요해진다. 이는 이 글들이 이 분야의 전문지식을 통해 포스트식민주의적이고 전 지구적인 발전에서 나타나는 인종적 차이점 및 각 나라의 특징적인 문화적 차이점들을 제시하기 때문이다. 이로써 '포스트식민주의 턴'의 비교적 정확한 지역화가 가능해지는데, 이것은 이를테면 아시아에 있는 포스트식민주의적인 도시발전을 다루는 구체적이고 지역적인 사례 연구들을 통해 지역화가 수행될 때와 유사하다.[158]

'지리학'[159]에서도 먼저 지리학과 식민주의와의 "공범 관계"가 발견된 점이 포스트식민주의적인 연구 관점을 전용하는 데에 비판적 자극이 되었다. "'포스트식민주의 턴'은 (....) 가장 최근에 일어난 인식론적 변화다 (.....)."[160] 실제로 가장 최근에 일어난 '턴'이든 아니든 포스트식민주의 이론의 개념 렌즈를 넘겨받아 그 렌즈를 통해 정신적인 식민화를 의문시하고 양극화되지 않는 제3의 공간을 기획하고, 더 나아가 경험을 통해서도 그 근거를 마련하려는 시도가 이루어지고 있다. 왜냐하면 전 지구적 경험들이 개념의 차원에서만 제3의 공간에서 파악되는 것은 아니기 때문이다. 식민지의 특성을 나타내는 구체적인 경험의 장소와 지역들에서도 그 경험들은 특별한 물질적인 실천 방식과 공간 관계들을 통해 가공되고 변화되기 때문이다.[161] 이러한 상황으로부터 출발할 때 포스트식민주의 턴의 텍스트 중심주의를 극복할 방법들이 감지된다.

그러나 포스트식민주의 턴에 합류한 모든 학문 분야에서 나타나는 젠더에 대한 우려스런 무관심은 지금까지 극복되지 못했다. 이 점에 있어서 포스트식민주의 턴은 '젠더 연구'로부터 직접적인 이득을 톡톡히 보았다. 그것은 무엇보다도 양편이 같은 목표를 추구하기 때문이다. 역사적으로 보아 "타자"[162]의 주변화와 관련해서 젠더와 제국주의 사이의 중요한 제휴 관계를 확인한다는 점에서, 그리고 인식론 차원에서는 은연중에 위계질서를 나타내는 남녀의 양극성과 같은 이분법과 이원적인 체계들을 지양하려고 노력한다는 점에서 양편이 같은 목표를 추구하는 것이다. 또 다른 한편 포스트식민주의 턴은 젠더 연구에도 절대적으로 비판적인 자극을 주고 있다. 바로 젠더 연구에서 나타나는 서구의 보편화 현상이 비판의 대상이 되는데, 젠더 연구는 세계의 여성들을 동질적인 (억압당하는) 그룹으로 일반화하는 결과를 도출했다는 것이다.[163] 찬드라 모한티 Chandra Mohanty, 레이 초우 Rey Chow, 트린 민하 Trinh Mihn-ha, 벨 훅스 등의 비판에 의하면, 서구의 페미니즘과 젠더 연구는 제3세계 여성들을 무력한 동질의 그룹으로 짜 맞춤으로 그녀들에 대해 지배적인 위상을 차지한다. 즉, 제3세계 여성들을 객체적인 위치에 처해 있는 단일한 성격의 그룹으로, 대부분 희생자로 확정한다는 것이다. 이러한 규정에 대해 비유럽의 페미니즘은 다음과 같은 논거로 맞선다. 서구 페미니즘에서는 "여성"과 "성"이라는 담론의 범주가 그들 문화의 특수한 차이점들을 내포한 역사적, 정치적 개념의 의미와 혼동되고 있다는 것이다. 이로 인해 여성들은 역사적이고 정치적인 "행위 능력"[164]이 없는 것으로 규정되며, 스스로를 정의하고 재현하기 위한 자기 고유의 (지역적인) 자리 매김 방식을 이용하는 능력도 없다고 본다는 것이다. 심지어 서구 페미니즘은 고의로 제3세계 여성을 무력한 존재로 (그리고 객체의 위치에 있는 존재로) 규정하는데, 그 이유는 스스로 자율적 주체라는 그 여성들 자신의 자기 이해를 부각시키기 위한 것이라는 비방까지 받는다. 마치 오리엔탈리즘의 경우와 유사하게 말이다. 형성 단계에 있는 초국가적 젠더 연구는 이러한 포스트식민주의적인 자극을 통해 연결지점들을[165] 찾으라는 요구, 즉 탈중심화된 인식 관점들을[166] 찾으라는 요구를 받고 있다. 또한 이와 더불어 핵심적인 "여행하는 이론들" 내지 "여성 및 젠더 연구의 인종계급젠더 raceclassgender 등"[167]과 같은 분석 범주들의 유통 속도가 빨라지는 현상에 대해서도 숙고해야 할 것이다. 이에 더해 초국가적인 젠더 연구는 비판적인 문제 영역에 대한 주의를 환기시키는데, 이 영역은 백인의 남성성 및 다른 남성성의 구성에 이르기까지 "타자"를 구성할 때,[168] 성별에 따른 특수한 차원에 주목할 것을 요구한다. 이러한 구성은 다시금 이론을 갖춘 포스트식민주의적 문학 텍스트의 시각을 토대로 할 때 특히 더 풍부해질 것이다.[169]

4. 비판과 전망

특히 부상하고 있는 초국가적 젠더 연구 프로젝트에 나타나는 모순들로 인해 다음과 같은 질문들이 제기된다. 실제로 누가 포스트식민주의 이론의 담지자인가? 그것은 문화 엘리트의 프로젝트인가? 어쨌든 서구의 대학에 취직하여 성공한 이주민 지식인들이 있다. 이들은 "복수 정체성", 이른바 절반의 정체성들을[170] 가진 사람들이다. 가야트리 스피박, 호미 바바, 애쉬 난디 Ashis Nandy, 디페시 차크라바르티, 비나 다스 Veena Das, 살만 루슈디 등과 같은 인도계 미국인이 있고, 응구기 와 티옹오 Ngugi wa Thiong'o, 콰메 앤터니 애피아 Kwame A. Appiah, 아킬

레 음벰베 Achille Mbembe 등과 같은 아프리카계 미국인이 있으며, 스튜어트 홀 Stuart Hall과 같은 카리브-영국인이 있다. 이들을 통해 포스트식민주의는 학문의 스타 시스템 분야로 부상했다. 그러나 바로 이 지점에서 포스트식민주의 턴이 전문용어의 난무와 함께 그 의미가 퇴색되고 자기 폐쇄성에 빠져 허황된 말로 끝난다면, 그것은 바로 막다른 길로 접어드는 현상이 될 것이다.[171] '포스트식민주의 턴'은 분명 문화학적으로 다른 방향을 설정하는 경우보다 이러한 위험이 더 크다. 이는 포스트식민주의 턴의 초점이 극히 다의적이기 때문인데, 특히 포스트식민주의 턴이 문화학 이론의 발상과 문화정치적 발화의 실천 사이를 성공적으로 연결해야 하기 때문이다. 그 때문에 포스트식민주의 턴은 한편으로는 자신의 연구 입장을 규범으로 채우고 과도하게 강조하려는 경향을 보인다. 다른 한편으로는 사고의 내용을 경험적인 사례 연구를 통해 지역적이며 정치적이고 경제적이며 문화적인 실상과 연결시키는 대신 "메타비판적인 사변"으로 흐르는 경향을 보인다.[172] 베니타 패리 Benita Parry와 특히 에이자스 아마드 Aijaz Ahmad[173]는 전형적으로 마르크스주의와 정치경제적인 시각에 근거해 이를 비판하는데, 이에 따르면 포스트식민주의 턴에서 저항과 억압은 담론의 차원에서만 인지된다는 것이다.

다양한 문화학 전반에 걸쳐 제기되는 이러한 문화주의 비판은 포스트식민주의 턴에는 특히 더 해당된다. 왜냐하면 포스트식민주의 턴이 담론 체계에 집중함으로써 장기적으로는 경제적 조건들을 도외시하게 되고, 인식론적인 폭력을 강조하기 위해[174] 사회적인 폭력을 도외시하는 결과에 이르기도 하기 때문이다. 이처럼 포스트식민주의 턴에서 문화 이론이 과한 비중을 차지함으로써 분석이 어긋난 방향으로 가게 되어, 비판 프로젝트인 포스트식민주의의 예리함을 무디게 만들거나,[175] 베니타 패리의 표현대로, "사회적 설명에 대한 무관심"[176]을 낳을 수 있는 것이다. 식민주의의 담론 분석이 문화주의적으로 제한되는 것을 막기 위해 패리와 다른 사람들은 지배와 착취의 관계, 사회적 저항의 실천 방식 등에[177] 새롭게 주목할 것을 요구한다. 특히 공간적인 물질성의 발견에 대해서도[178] 새롭게 주목할 것을 요구하는데, 여하간 그러한 발견은 '공간적 턴'의 형성을 촉진시켰다.

역사성과 물질성의 상실 때문에만 포스트식민주의를 비판하는 것은 아니다. 포스트식민주의가 전 지구화의 지평 안에 자리 잡는 것에 대해서도 비판은 이어진다. 이러한 입장에서 현재 제기되는 질문은 비판적 포스트식민주의가 새로운 지성적 신식민주의로 넘어가려는 것은 아닌지에 대한 우려다. 포스트식민주의가 전 지구적인 자본주의의 움직임에 지나치게 매끄럽게 순응하면서 원래 비판적인 포스트식민주의의 격정을 중화시킬 수 있기 때문이다. 문화적 차이가 점차적으로 쉽게 소비의 대상이 된 상태 역시 이 점을 시사한다. 그레이엄 휴간 Graham Huggan의 테제에 의하면, 문화적 차이가 상품과 이념의 전 지구적인 순환 속으로 통합됨에 따라 그러한 상태에 이르게 된다. "문화적 타자"가 여기에서 계속 인정되기는 하지만, 타자의 인정이 "전 지구적 타자성 산업의 상표가 된다. 이 산업에서 상품화된 문화적 다름의 기호들이 대도시의 이해 집단들에 의해 협상되고 거래되는 통화가 된다."[179] 특히 아리프 딜릭 Arif Dirlik은 바로 이러한 전 지구적인 시나리오 안에 포스트식민주의적인 담론의 위치를 설정한다. 그의 중요한 책 『포스트식민주의의 아우라. 전 지구적 자본주의 시대의 제3세계비평』(1994)은[180] 이 점에서 시사하는 바가 많다. 그에 따르면 포스트식민주의 턴도 포스트식민주의적인 인식론이 전 지구적으로 확산된 효과라는 것을 입증한다는 것이다. 다름 아닌 이를 통해 포스트식민주의에서 매우 중요한, 모든 포스트식민주의적인 관계들 사이의 지역적이고 역사적인 차이점들이 희미해진다.[181] 딜릭의 주장에 의하면, 포스트식민주의 턴은 초국가적인 자본주의와 전적으로 동일한 궤도로 진행된다. 이를 말해주는 것은 분명 포스트식민주의 턴이 처음부터 학제적으로뿐만 아니라 국제적으로, 정말이지 전 지구적으로 확산되는, 문화학적으로는 최초의 새로운 실행이라는 것이며, 그러한 확산에 의해 비로소 '턴'이 된다는 사실은 확실히 초국가적인 자본주의와 동일한 궤도를 나타낸다. 본질적으로 포스트식민주의 턴은 문화학이 지속적으로 국제화되고 지적 운동으로서 전 지구화되는 것에 기여했다. 그렇다면 이로써 포스트식민주의 턴은 경제적인 전 지구화 과정에서 새롭게 제기되는 요구들에 대한 비판적인 답이 될 수 있을까? 어쨌든 포스트식민주의 턴은 실천에 대한 그 모든 비판에도 불구하고, 이를테면 중심부와 주변부의 리매핑과 같은 실천에도 불구하고, 여전히 유럽이론 중심부의 지배를 확실히 받고 있는 듯이 보인다.[182] 그러한 평행발전론을 강조하고 비판하는 소수의 사람들 가운데 한 명인 딜릭에 의하면, 이러한 현상은 탈-민족국가적인 전 지구적 자본주의의 변신과 완벽히 일치한다. "포스트식민주의"는 전 지구적인 자본주의와 공범 관계에 있는 지식인계층의 상태를 나타내는 표시가 된다는 것이다.[183]

그러나 아무리 포스트식민주의 턴의 피로 현상에 대해 말하고, 그 때문에 이제는 "포스트식민주의를 넘어서서 움직일"[184] 시점이라고 말하는 사람이 많다 할지라도 한 가지는 분명히 짚고 넘어가야 하다. 포스트식민주의적인 발상들이 커다란 위험에 직면하고 있다는 점이다.

그것은 전 지구화 연구에 의해 흡수될 위험이 있으며, 이와 함께 세계를 포괄하는 전 지구화의 역동성을 수용하기 위해 포스트식민주의적인 불균등에 대한 분석이 희생될 위험도 크다는 점이다. 따라서 포스트식민주의 턴을 전 지구화 현상에 비판적으로 개방하고, 전 지구화 과정에 대한 비판적 참여를 토대로 포스트식민주의 턴의 특성을 규정하자는 제안을 진지하게 고려해 볼 필요가 있다.[185] 그럴 경우 아마도 (이를테면 이라크 전쟁이나 테러에 맞선 전쟁 결정 같은) (세계)정치적인 결정과 포스트식민주의적인 타자성 및 차이 연구 사이의 까다로운 간극조차도 줄어들 수 있을 것이다.

여하튼 전 지구화에 대한 논쟁에 인접해 있는 '포스트식민주의 턴'은 문화적 전 지구화를 비판적으로 분석하는 탁월한 방법으로 문제없이 연결되거나 계속 사용될 수 있을 것이다. 문화학적으로 다른 새로운 방향설정과 새로운 이론적 좌표들이 이를 위해 고려될 수 있을 것이다. 여기서 숙고될 만한 것으로는 마이클 하트 Michael Hardt와 안토니오 네그리 Antonio Negri의 "제국" 개념인데, 이 개념은 제국주의 패러다임을 벗어나 더 이상 중심주의에 갇혀 있지 않는 것이다.[186] 이 개념뿐만 아니라 포스트식민주의 턴의 위치를 "글로컬하게 glocal" 설정하는 해석(문학 텍스트의 해석 또한 이러하다)의 방향으로 추진하는 발상들 역시 고려해 볼 만하다. 예를 들어, 전 지구적 특성과 지역성을 축으로 삼고, 이 축을 식민적-포스트식민주의적 관계로 끌어들임으로써 "글로컬하게" 자리 매김을 하는 것이다.[187] 나아가 울리히 벡 Ulrich Beck의 제안인 "방법론으로서의 세계주의"도 언급될 만하다. 이 세계주의는 명백하게 "포스트-식민주의적인 것"[188]을 포함하고 있는데, 그것은 세계주의가 배제된 타자를 고유한 자기 이해 안으로 끌어들이는 것을 성찰의 지평으로서 요구하기 때문이다.[189] 이러한 성찰의 지평은 전 지구화 연구에서 포기될 수 없는 것으로 간주된다. “새로운 제국의 역사”[190]에 대한 이론들은 또 다른 좌표들을 제공한다. 그 이론들은 “제국적 턴” 후에도 여전히 존속하는 민족국가의 의미에 대해 질문하며, 이러한 현상을 토대로 지역 연구 Area Studies와 “문화적 전 지구화를 새롭게 개념화”할 것을 제안하기 때문이다. 마지막으로 포스트식민주의 턴 자체의 전 지구적 변형은, 예를 들어 소비 영역과 같이 변화된 맥락에 적용되는 포스트식민주의적 행동 전략에서도 드러난다.[191]

‘포스트식민주의 턴’ 자체의 이러한 변화와 또 다른 변화 가능성은 혼종성이라는 주요 개념을 체계적으로 계속 전개시킬 것을 시사하고 있다. 그럼으로써 포스트식민주의 턴은 초문화적이고 매체적인 관계들뿐만 아니라 전 지구화 자체에 동반되는 혼종화의 과정을 포괄하게 된다.[192] 포스트식민주의 턴이 자체 이론의 메타언어에 사로잡힐 위험을 저지하려면, 불균형적인 전 지구적 특성과 지역성이라는 분석축을 끌어들임으로써 다시금 구체적인 중개 과정과 협상 과정이 드러나도록 해야 한다. 이를 위한 탐구 방식은 문화학 및 사회학의 기본 개념으로 부상하고 있는 번역 범주를 새롭게 주목하면서 만들어질 것이다.

(번역: 김혜숙)

4장 요약

포스트식민주의 턴은 기본적으로 포스트식민주의에 획기적인 변화가 일어난 현상을 일컫는다. 그러한 변화에도 불구하고 포스트식민주의라는 용어가 계속 쓰인다는 것은 그 핵심을 이루는 관점이 유지된다는 것을 시사한다. 핵심을 이루는 관점은 세계에 나타나는 불균등 관계를 비판적으로 본다는 것과 그러한 관계가 해체되어야 한다는 것이다.

포스트식민주의는 우선 1945년 이후 유럽 식민지들이 해체되는 국면과 연결되는 비판적 역사적 범주에 속하는 개념이다. 이때 포스트식민주의는 식민지배에서 독립하기 위한 투쟁을 나타내는 동시에 해방 후에도 지속되는 식민지 본국과 식민지 사이의 정치적이자 사회적인 불균등 상태를 해소하려는 시도를 나타낸다.

이처럼 제국주의에 대한 비판적이고 역사적인 시대 개념이었던 포스트식민주의는 담론 비판적인 개념으로 변화하여 문화 이론으로서의 성격을 갖게 된다. 포스트식민주의 턴은 이와 같은 개념의 변화 현상을 나타내는 말이다. 하지만 그 중심에는 다양한 불균등 관계를 해체하려는 시도가 자리 잡고 있다. 역사적인 제한에서 벗어난 이러한 시도가 문화-담론적으로 이루어질 때 포스트식민주의 이론은 유럽중심적인 시선축에 변화를 일으키고, 주변부에 머물렀던 비서구의 문화들을 중심으로 끌어들이는 방법론적인 분석 개념들을 제공한다. 포스트식민주의 턴을 통해 새롭게 분석 개념들로 도입된 것들로는 다시-쓰기, 지형도 재구성, 정전 비판, 혼종성, 차이, 제3의 공간, 정체성 등의 개념이 있다.

문학 영역에서 확인되는 포스트식민주의적 작업은 유럽의 분석 범주와 이론들이 갖는 보편적 권위를 의심하고, 그 한계를 드러내는 것이다. 나아가 식민시대의 유럽 정전이 제국주의에 연루되어 있음을 밝히고, 유럽 외부의 포스트식민주의적인 사회의 문학적 자기 재현을 올바르게 판단하고자 한다. 이를 위한 전략 가운데 하나가 유럽 고전작품 다시-쓰기이다. 이 전략은 유럽 문학에 나타나는 식민주의 요소들을 발견하고, 주변부의 시점에서 다시 쓰기를 함으로써 독점적인 유럽의 위치를 재조정한다. 또 하나의 핵심 개념인 혼종성은 특정한 주도문화의 상정에 대항하는 개념으로서 상이하거나 대립적인 문화들이 뒤섞인 채 서로 영향을 주는 것을 강조하는 개념이기도 하다. 이는 문화적 동력에 대한 새로운 관점을 나타내는데, 이 관점에 의하면 문화 동력은 문화적 의미 체계의 중심부에 있는 것이 아니라, 주변부 사람이나 경계 구역, 사이 공간들에 있다. 문화의 경계나 경계 상황들로부터 문화가 형성된다고 보는 것이다.

포스트식민주의가 제공하는 다양한 분석 개념들로 인해 여러 개별 분야로 포스트식민주의 턴이 확산된다. 신학에서는 특히 페미니스트적인 성서 연구에 포스트식민주의 이론이 분석 도구로 이용된다. 문예학에서는 문학 텍스트를 혼종의 현상과 문학의 타자성 전략이라는 관점 아래 연구하며, 역사학에서는 권력의 불균형에 주목함으로써 서구 역사주의에 나타나는 총체화, 직선적인 진보사 등에 의문을 제기하고, 역사서술에서 제외했던 비유럽적인 문화들을 새롭게 주목하고 서술한다. 이외에도 과학사 및 기술사, 철학, 미술사, 미술전람회, 지리학 등에서도 식민주의적인 잔재를 발견하고 포스트식민주의적인 관점을 도입하여 연구하는 현상이 나타난다.

이러한 확산에도 불구하고 문화-담론적인 포스트식민주의에 대한 비판도 제기된다. 포스트식민주의 턴이 담론 체계에 집중함으로써 경제적인 조건들이나 사회적인 폭력을 도외시할 수 있다는 것이다. 또한 비판적 포스트식민주의가 새로운 지성적 신식민주의로 넘어가는 것은 아닌가 하는 질문도 제기된다. 예를 들어 포스트식민주의적 관점에 따라 중심부와 주변부의 지형도를 재구성하는 작업에도 불구하고 그것이 유럽이라는 이론 중심부에서 이루어지는 현상을 외면할 수 없기 때문이다.

(요약: 김혜숙)

미주

1 Achille Mbembe: On the Postcolony. Berkeley, Los Angeles, London 2001, 102쪽 참조.

2 다의적인 개념의 지평에 대해서는 다음의 책을 참조할 것. Eberhard Kreutzer: Theoretische Grundlagen postkolonialer Literaturkritik, in: Ansgar Nünning(Hg.): Literaturwissenschaftliche Theorien, Modelle und Methoden. Eine Einfühung. Trier 1995, 199–213쪽, 특히 200쪽 이하.

3 다음의 책은 이러한 맥락에 대해 간단명료하고 이해하기 쉽게 썼을 뿐만 아니라 비판적인 평가도 감행한 최초의 개론서이다. María do Mar Castro Varela/Nikita Dhawan: Postkoloniale Theorie. Eine kritische Einführung. Bielefeld 2005.

4 Kwame Anthony Appiah: Is the Post– in Postmodernism the Post– in Postcolonial? In: Critical Inquiry 17, 2 (1991), 336–357쪽 참조.

5 '포스트식민주의 턴'의 정치적–경제적 생성 토대에 대해서는 Neil Lazarus: The Global Dispensation Since 1949, in: Neil Lazarus(Hg.): The Cambridge Companion to Postcolonial Literary Studies. Cambridge 2004, 19–39쪽, 여기에서는 37쪽을 참조할 것.

6 알파벳 순서는 아니지만 연대순에 따라 주석을 단 다음의 도서목록은 포스트식민주의 담론의 역사적 발전에 대해서 시사해주는 바가 많다. Dieter Riemenschneider(Hg.): Postcolonial Theory: The Emergence of a Critical Discourse. A Selected and Annotated Bibliography. Tübingen 2004.

7 Robert J. C. Young: Postcolonialism. An Historical Introduction. Oxford 2001 참조. 1960년대 이후의 상세한 정치적 생성사는 그의 책 White Mythologies. Writing History and the West (1990). London, New York 2004, 제2판에서 새로 쓴 서문에서도 볼 수 있다.

8 이에 대해서는 Patrick Williams/Laura Chrisman(Hg.): Colonial Discourse and Post–Colonial Theory. A Reader. Hemel Hempstead 1993, Introduction, 14쪽 참조.

9 Young: Postcolonialism, 266쪽 참조.

10 옮긴이 주 – 네그리튀드란 L. S. 상고르, A. 세제르 등 파리에 거주하는 아프리카계 지식인들이 1930년대 이래 주장한 '아프리카의 문화적 주체성'의 개념이다. 상고르는 네그리튀드를 정의하여 '아프리카 흑인문명의 문화적 유산 및 가치관, 특히 정신'이라고 하였다. 이 개념은 프랑스의 식민지 정책의 지도원리 중 하나인 동화주의에 대한 반작용으로 생겨난 것으로서, 프랑스 문화 또는 유럽 문화의 본질적 우위성을 부정하고, 동시에 아프리카 문화의 전통적 풍요를 주장한다. [네이버 지식백과] 네그리튀드 (두산백과) 참조.

11 프란츠 파농에 대한 자세한 사항은 Young: Postcolonialism, 274–299쪽 참조.

12 Kreutzer: Theoretische Grundlagen postkolonialer Literaturkritik, 202쪽 참조.

13 Young: Postcolonialism, 265쪽 이하 참조.

14 특히 사르트르의 역할에 대해서는 Simon Gikandi: Postsructuralism and Postcolonial Discourse, in: Lazarus(Hg.): Cambridge Companion to Postcolonial

Literary Studies, 97–119쪽, 여기에서는 100쪽을 참조할 것.

15 Edward W. Said: Orientalism. Western Conceptions of the Orient (1978). Reprint, mit neuem Nachwort. London 1995.

16 Young: Postcolonialism, 384쪽. (번역: 도리스 바흐만-메딕)

17 Robert Young: Colonial Desire. Hybridity in Theory, Culture and Race. London, New York 1995, 163쪽 참조.

18 특히 Gregory Castle(Hg.): Postcolonial Discourses. A Reader. Oxford 2001. Diana Brydon(Hg.): Postcolonialism. Critical Concepts in Literary and Cultural Studies. 5 Bed. London, New York 2000. Henry Schwarz/Sangeeta Ray(Hg.): A Companion to Postcolonial Studies. Oxford 2000. Bill Ashcroft/Gareth Griffiths/Helen Tiffin(Hg.): The Post-Colonial Studies Reader. London, New York 1995. Padmini Mongia(Hg.): Contemporary Postcolonial Theory. A Reader. London, New York 1996 참조.

19 포스트식민주의와 포스트모던의 공통점과 차이점에 대해서는 Ian Adam/Helen Tiffin(Hg.): Past the Last Post. Theorizing Post-Colonialism and Post-Modernism. Calgary 1990을 참조.

20 대도시와 서구 학계를 중심으로 형성된 포스트식민주의 이론에 대해서는 Leela Gandhi: Postcolonial Theory. A Critical Introduction. Edinburgh 1998, 23쪽 이하 참조.

21 포스트식민주의와 해체주의의 관계에 대해서는 Erhard Reckwitz: Postcolonially Ever After. Bemerkungen zum Stand der Postkolonialismustheorie, in: Anglia 118, 1 (2000), 1–41쪽, 여기에서는 25쪽 이하 참조.

22 Young: Postcolonialism, 421쪽. (번역: 도리스 바흐만-메딕)

23 Reckwitz: Postcolonially Ever After, 29쪽 참조.

24 스피박의 기본 입장에 대한 입문서로는 Castro Varela/Dhawan: Postkoloniale Theorie, 55–81쪽 참조.

25 옮긴이 주 – 서발턴이란 지배계층의 헤게모니에 종속되거나 접근을 부인당한 그룹을 의미한다. 여기에는 노동자, 농민, 여성, 피식민지인 등 주변부적 부류가 속한다.[네이버 지식백과] (박종성, 『탈식민주의에 대한 성찰-푸코, 파농, 사이드, 바바, 스피박』, 살림 2006.)

26 Gayatri Chakravorty Spivak: Can the Subaltern Speak? Zuerst in: Wedge 7/8 (1985), repr. in: Cary Nelson/Lawrence Grossberg(Hg.): Marxism and the Interpretation of Culture. London 1988, 271–315쪽, 그리고 in: Williams/Chrisman(Hg.): Colonial Discourse, dt. Übers. Wien 2007 참조. 이 핵심적인 논문에 대한 자세한 사항은 Castro Varela/Dhawan: Postkoloniale Theorie, 68쪽 이하 참조.

27 Bruce King (Hg.): Literatures of the World in English. London 1974 참조. 현대 세계문학을 통한 영연방-문학의 분리에 대해서는 Dennis Walder: Post-Colonial Literatures in English. History, Language, Theory. Oxford 1998, 64쪽 이하; Eugene Benson/L. W. Conolly (Hg.): Encyclopedia of Post-Colonial Literatures in English. 세 권. 제 2판. London, New Youk 2005 참조.

28 포스트식민주의 프로젝트에 대한 탁월한 요약은 Bill Ashcroft/Gareth Griffiths/Helen Tiffin: The Empire Writes Back. Theory and Practice in Post-Colonial Literatures. London 1989 참조.

29 포스트식민주의적 장르를 읽기 교재에서 배제하는 것에 대한 비판적인 입장은 Simon Featherstone: Postcolonial Cultures. Edinburgh 2005, 29쪽 이하 참조. 피더스톤은 배제하는 입장과는 달리 포스트식민주의적 표현 형태들(음악, 춤, 스포츠, 크리켓, 축구)에 여러 장을 할애한다. 68쪽 이하 참조.

30 '포스트식민주의 턴'의 핵심 개념과 대표학자들에 대해서는 John C. Hawley (Hg.): Encyclopedia of Postcolonial Studies. Westport, London 2001를 참조할 것.

31 이에 대해서는 Alfred J. López: Posts and Pasts. A Theory of Postcolonialism. Albany 2001, 7쪽 참조.

32 Ashcroft/Griffiths/Tiffin: Empire Writes Back, 183쪽 참조.

33 Bruce King (Hg.): New National and Post-Colonial Literatures. An Introduction. Oxford 1996 참조.

34 이러한 변화에 대해서는 Graham Huggan: Conclusion. Thinking at the Margins. Postcolonial Studies at the Millennium, in: Graham Huggan: The Postcolonial Exotic. Marketing the Margins. London, New York 2001, 228-264쪽, 여기에서는 231쪽 이하 참조.

35 이러한 구분에 대해서는 Kreutzer: Theoretische Grundlagen postkolonialer Literaturkritik, 201쪽 참조.

36 Doris Bachmann-Medick: Multikultur oder kulturelle Differenzen? Neue Konzepte von Weltliteratur und Übersetzung in postkolonialer Perspektive, in: Doris Bachmann-Medick. (Hg.): Kultur als Text. Die anthropologische Wende in der Literaturwissenschaft. 2. Aufl. Tübingen, Basel 2004, 262-296쪽; Doris Bachmann-Medick: Weltsprache der Literatur, in: Jahrbuch der deutschen Schillergesellschaft 42 (1998), 463-469쪽 참조.

37 Fredric Jameson: Third-World Literature in the Era of Multinational Capitalism, in: Social Text 15 (1986), 65-88쪽. 가장 날카로운 비판은 Aijaz Ahmad: In Theory. Classes, Nations, Literatures. London, NewYork 1992, 95-122쪽에서 나타난다.

38 이러한 변화에 대한 연구의 예는 Hans-Jürgen Lüsebrink: Zentrum und Perpherie. Kulturhegemonie und Kanonwandel in (post-)kolonialen frankophonen Kulturen Afrikas und Amerikas, in: Renate von Heydebrand (Hg.): Kanon, Macht, Kultur. Theoretische, historische und soziale Aspekte ästhetischer Kononbildungen. Stuttgart, Weimar 1998, 230-245쪽에서 확인할 수 있다.

39 Ania Loomba/Martin Orkin (Hg.): Postcolonial Shakespeares. London 1998 참조.

40 옮긴이 주 - 세제르가 셰익스피어의 『템페스트』를 패러디하여 원작의 메시지 전복을 시도하듯이, 쿳시는 『포 Poe』(1986))를 통해 디포의 『로빈슨 크루소』(1719)를 패러디한다. 리스는 『드넓은 사가소 바다 Wide Sargasso Sea』(1966)로 브론테의 『제인 에어』를 '다시 쓰기'하면서 영국 빅토리아 시대의 담론에 의문을 제기한다.

41 Tobias Döring: Carribean-English Passages. Intertextuality in a Postcolonial

Tradition. London, New York 2002, 169쪽 이하 참조.

42 Ashcroft/Griffiths/Tiffin: Empire Writes Back, 189쪽 참조.

43 Michael North: Ken Saro-Wiwa's Sozaboy. The Politics of 《Rotten English》, in Public Culture 13, 1 (2001), 97-112쪽 참조.

44 언어 차원에까지 이르는 탈식민화에 대하여는 나이지리아 사람인 응구기와 티옹오의 선언문 Ngugi wa Thiong'o: Decolonizing the Mind. The Politics of Language in African Literature (1986). Repr. Oxford 2005를 참조.

45 Döring: Caribbean-English Passages, 13쪽 이하 참조.

46 이에 대해 더 자세한 것은 Doris Bachmann-Medick: Texte zwischen den Kulturen. Ein Ausflug in 《postkolonlale Landkarten》, in: Hartmut Böhme/Klaus R. Scherpe(Hg.): Literatur und Kulturwissenschaften. Positionen, Theorien, Modelle. Reinbek 1996, 60-77쪽 참조.

47 Doris Feldmann: Beyond Difference? Recent Developments in Postcolonial and Gender Studies, in: Ansgar Nünning/Jürgen Schlaeger(Hg.): Anglistik heute. Trier 2006, 7-27쪽, 특히 13쪽 이하 참조.

48 Salman Rushdie: Zur Verteidigung des Romans, in: Neue Rundschau 108, 2 (1997), 115-125쪽

49 루슈디의 혼종성에 대한 설명, 특히 양피지의 재사용과 같은 겹쳐쓰기식의 역사원칙으로 혼종성을 설명하는 것은 Sabine Schülting: Peeling Off History in Salman Rushdie's The Moor's Last Sigh, in: Monika Fludernik(Hg.): Hybridity and Postcolonialism. Twentieth-Century Indian Literature. Tübingen 1998, 239-260쪽 참조.

50 Salman Rushdie: Der Boden unter ihren Füßen. Roman. München 1999, 230쪽.

51 같은 책, 126쪽.

52 옮긴이 주 - 파트와는 어떤 사안이 이슬람법에 저촉되는지를 해석하는 권위 있는 이슬람 판결, 즉 종교적 유권해석에 의한 칙령으로서, 파트와의 내용은 코란과 무함마드의 가르침에 기초한 이슬람의 법률인 샤리아 Sharia에 기초하여 결정된다.

53 혼종성 개념의 역사적 발전과 이력에 대해서는 Young: Colonial Desire 참조.

54 개념의 역사에 대해서는 Paul Goetsch: Funktionen von 《Hybridität》 in der postkolonialen Theorie, in: Literatur in Wissenschaft und Unterricht 30, 2 (1997), 135-145쪽 참조.

55 Homi K. Bhabha: Die Verortung der Kultur. Tübingen 2000.

56 옮긴이 주 - 식민지 본국과 피식민 사회의 관계 안에서 장기간에 걸쳐 서로 영향을 주고받았을 때 두 언어나 그 이상의 언어가 합쳐져서 새로운 언어를 형성하는 과정 또는 두 집단이나 그 이상의 집단이 오랫동안 접촉할 때 다양하게 일어나는 문화 변화를 말한다.

57 옮긴이 주 - 서로 다른 원리 위에 서 있는 사상을 무비판적으로 혼합하는 것을 뜻한다. 역사적으로는 헬레니즘 시대에 발생한 여러 가지 종교상의 관념이나 의식의 혼합을 말한다. [네이버 지식백과] 네그리튀드 (철학사전) 참조.

58 James Clifford: Routes. Travel and Translation in the Late Twentieth Century. Cambridge/Mass., London 1997.

59 Elisabeth Bronfen/Benjamin Marius: Hybride Kulturen. Einleitung zur anglo-amerikanischen Multikulturalismusdebatte, in: Elisabeth Bronfen/Benjamin Marius(Hg.): Hybride Kulturen. Tübingen 1997, 1–29쪽, 여기에서는 14쪽.

60 Edward W. Said: Kultur und Imperialismus. Einbildungkraft und Politik im Zeitalter der Macht. Frankfurt/M. 1994.

61 바바의 혼종성 개념 분석은 Monika Fludernik: The Constitution of Hybridity. Postcolonial Interventions, in: Monika Fludernik(Hg.): Hybridity and Postcolonialism, 19–53쪽; 그 밖의 맥락에 개념을 적용하는 것에 대해서는 Kien Nghi Ha: Kolonial – rassistisch – subversiv – postmodern. Hybridität bei Homi Bhabha und in der deutschsprachigen Rezeption, in: Rebekka Habermas/Rebekka von Mallinckrodt(Hg.): Interkultureller Transfer und nationaler Eigensinn. Europäische und anglo-amerikanische Positionen der Kulturwissenschaften. Göttingen 2004, 53–69쪽 참조.

62 이러한 구분에 대해서는 Bhabha: Verortung der Kultur, 51쪽 이하 참조.

63 같은 책, 51쪽.

64 같은 책, 5쪽.

65 Jonathan Rutherford: The Third Space. Interview with Homi Bhabha, in: Jonathan Rutherford(Hg.): Identity. Community, Culture, Difference. London 1990, 207–221쪽, 여기에서는 210쪽.

66 Pnina Werbner/Tariq Modood(Hg.): Debating Cultural Hybridity. Multi-Cultural Identities and the Politics of Anti-Racism. London, New Jersey 1997 참조.

67 Bhabha: Verortung der Kultur, 12쪽.

68 같은 책, 13쪽.

69 바바에 대한 아주 다양한 입장의 비판들을 자세히 설명하고 있는 것으로 다음의 책이 있다. Castro Varela/Dhawan: Postkoloniale Theorie, 100–109쪽. (《Bhabha im Kreuzfeuer der Kritik》).

70 옮긴이 주 – 사회인류학자이자 상징인류학자였던 빅터 터너가 제시한 개념. 그는 신성하고 종교적인 순간을 '리미널리티 단계'라 칭하고, 이러한 단계에 머물러 있는 사람들이나 그들이 모여 있는 상황이나 공간을 '코뮤니타스'라고 불렀다. 터너가 집중해 설명하는 '리미날'한 단계는 의례를 통해 변화가 일어나는 전 과정에서 모호한 행동을 특징으로 하는 잠정적 단계, 즉 이전의 상태는 더 이상 작동하지 않는데 새로운 단계는 아직 오지 않아 재분류가 일어나는 단계다.[네이버 지식백과] 빅터 터너 : '리미널리티'와 '코뮤니타스'의 창조성 (축제 이론, 2013. 2. 25., 류정아) 참조.

71 Arjun Appadurai: Global Ethnoscapes. Notes and Queries for a Transnational Anthropology, in: Richard G. Fox(Hg.): Recapturing Anthropology. Working in the Present. Santa Fe 1991, 191–210쪽, 여기에서는 205쪽 (번역: 도리스 바흐만-메딕).

72 Helmbrecht Breinig/Jürgen Gebhardt/Klaus Lösch(Hg.): Multiculturalism in

Contemporary Societies. Perspectives on Difference and Transdifference. Erlangen 2002, 특히 서문, 22쪽 이하 참조.; Lars Allolio-Näcke/Britta Kalscheuer/ Arne Manzeschke(Hg.): Differenzen anders denken. Bausteine zu einer Kulturtheorie der Transdifferenz. Frankfurt/M., New York 2005 참조.

73 독일에 있는 독일-터키 이주민들의 활동 영역에서 나타나는 혼종성 개념과 차이 개념을 구체적인 경험으로 만듦으로써 포스트식민주의 이론과 일상현실을 연결시키려는 시도는 Kien Nghi Ha: Ethnizität und Migration. Münster 1999 참조. 포스트식민주의 담론을 독일 상황에 적용하는 것에 대해서는 Hito Steyerl/Encarnación Gutiérrez Rodriguez(Hg.): Spricht die Subalterne deutsch? Migration und postkoloniale Kritik. Münster 2003도 참조.

74 Néstor García Canclini: Hybrid Cultures. Strategies for Entering and Leaving Modernity. Minneapolis, London 1995.

75 Edouard Glissant: Poétique de la relation. Paris 1990 참조. 특히 라틴아메리카의 혼합주의를 배경으로 한 다양한 "혼종" 개념의 개념사(포스트식민주의와 혼종성에 대한 토론에서 영어사용자가 우세한 현상을 이해하는 데에 필요한 보충설명)에 대해 정보 차원의 조망은 Natascha Ueckmann: Mestizaje, Hibridación, Créolisation, Transculturación. Kontroversen zur Kulturmoderne, in: Christiane Solte-Gresser/Karen Struve/Natascha Ueckmann(Hg.): Von der Wirklichket zur Wissenschaft. Aktuelle Forschungsmethoden in den Sprach-, Literatur- und Kulturwissenschaften. Münster u.a. 2005, 227-252쪽 참조.

76 David Theo Goldberg: Heterogeneity and Hybridity. Colonial Legacy, Postcolonial Heresy, in: Schwarz/Ray(Hg.): Companion to Postcolonial Studies, 72-86쪽, 여기에서는 80쪽.

77 Jan Nederveen Pieterse: Der Melange-Effekt. Globalisierung im Plural, in: Ulrich Beck(Hg.): Perspektiven der Weltgesellschaft. Frankfurt/M. 1998, 87-124쪽, 117쪽.

78 같은 책, 특히 94쪽 이하.

79 Harald Zapf: The Theoretical Discourse of Hybridity and the Postcolonial Time-Space of the Americas, in: Zeitschrift für Anglistik und Amerikanistik 47, 4 (1999), 302-310쪽 참조.

80 Bhabha: Verortung der Kultur, 5쪽 참조. 본서 제6장 「공간적 턴」 404쪽 이하 참조.

81 같은 책, 56쪽.

82 Bhabha, in: Rutherford: Third Space, 211쪽.

83 Homi Bhabha und John Comaroff: Speaking of Postcoloniality, in the Continous Present. A Conversation, in: David Theo Goldberg/Ato Quayson(Hg.): Relocating Postcolonialism. Oxford 2002, 15-46쪽, 여기에서는 24쪽.

84 Ulrich Beck: Der kosmopolitische Blick oder: Krieg ist Frieden. Frankfurt/M. 2004, 29쪽 참조.

85 Pieterse: Melange-Effekt, 120쪽.

86 같은 책, 120쪽.

87 Bhabha: Verortung der Kultur, 257쪽.

88 '제3의 공간'의 번역 잠재성에 대해서는 Doris Bachmann-Medick: Dritter Raum. Annäherungen an ein Medium kultureller Übersetzung und Kartierung, in: Claudia Berger/Tobias Döring(Hg.): Figuren der/des Dritten. Erkundungen kultureller Zwischenräume. Amsterdam, Atlanta 1998, 19-36쪽 참조. Michaela Wolf: The Third Space in Postcolonial Representation, in: Sherry Simon/Paul St-Pierre(Hg.): Changing the Terms. Translating in the Postcolonial Era. Ottawa 2000, 127-145쪽, 여기에서는 137쪽 이하, 142쪽: "번역가는 더 이상 두 개의 다른 극점 사이의 매개자가 아니다. 그녀의/그의 행위는 차이를 시사하는 문화적 중첩 속에 새겨져 있다." Sherry Simon: Translation, Postcolonialism and Cultural Studies, in: Meta 42, 2 (1997), 462-477쪽.

89 López: Posts and Pasts, 12쪽 참조.

90 Bronfen/Marius: Hybride Kulturen, 8쪽.

91 Bhabha: Verortung der Kultur, 327쪽.

92 Bronfen/Marius: Hybride Kulturen, 6쪽.

93 같은 책, 6쪽.

94 같은 책, 4쪽.

95 Gayatri C. Spivak: Subaltern Studies. Deconstructing Historiography (1985), in: Donna Landry/Gerald MacLean(Hg.): The Spivak Reader. Selected Works of Gayatri Chakravorty Spivak. New York, London 1999, 204-235쪽, 217쪽. "전략적 본질주의"의 개념에 대해서는 같은 책, 특히 204쪽과 214쪽 참조. Spivak: In Other Worlds. Essays in Cultural Politics. New York, London 1987, 46-76쪽, 197-221쪽. Spivak: The Post-Colonial Critic. Interviews, Strategies, Dialogues. New York 1990, 25-49쪽도 참조할 것.

96 "포스트식민주의 이론시장"(228쪽)의 양상 아래 '포스트식민주의 턴'이 다양한 분야들로 퍼져나간 것에 대해서는 Huggan: Postcolonial Exotic, 250쪽 참조. 또한 Frank Schulze-Engler: Exceptionalist Temptations - Disciplinary Constraints. Postcolonial Theory and Criticism, in: European Journal of English Studies 6, 3 (2002), 289-305쪽, 여기에서는 299쪽 이하도 참조.

97 Caroline Vander Stichele/Todd Penner (Hg.): Her Master's Tools? Feminist and Postcolonial Engagements of Historical-Critical Discourse. Atlanta 2005; Musa W. Dube: Postcolonial Feminist Interpretation of the Bible. St. Louis 2000 참조.

98 Andreas Nehring/Simon Tielesch (Hg.): Postkoloniale Theologie. Bibelhermeneutische und kulturwissenschaftliche Beiträge. Stuttgart 2013 sowie R. S. Sugiertharajah: Postcolonial Reconfigurations. An Alternative Way of Reading the Bible and Doing Theology. London 2003; Segovia, Fernando F./ Sugirtharajah, R. S. (Hg.): A Postcolonial Commentary on the New Testament Writings. London 2007 참조.

99 예를 들어, John W. Marshall: Postcolonialism and the Practice of History, in: Vander Stichele/Penner (Hg.): Her Master's Tools, 93-108쪽, 여기에서는 98쪽;

Sugirtharajah: Postcolonial Reconfigurations, 3쪽.

100 Sugirtharajah: Postcolonial Reconfigurations, 157쪽 이하.

101 개별 분야들에 나타나는 '포스트식민주의 턴'에 대한 다양한 글들이 Brydon (Hg.): Postcolonialism, 제5권, 1902–2056쪽에 실려 있다.

102 Schulze–Engler: Exceptionalist Temptations, 303쪽.

103 Christof Hamann/Cornelia Sieber(Hg.): Räume der Hybridität. Postkoloniale Konzepte in Theorie und Literatur. Hildesheim, Zürich, New York 2002. Fludernik(Hg.): Hybridity and Postcolonialism; Oliver Lubrich: Das Schwinden der Differenz. Postkoloniale Poetiken. Bielefeld 2004 참조.

104 Ute Gerhard: Multikulturelle Polyphonie bei Heinrich Heine - Der Romanzero gelesen im Archiv kultureller Hybridisierung, in: Hamann/Sieber(Hg.): Räume der Hybridität, 199–211쪽 참조.

105 Axel Dunker(Hg.): (Post–)Kolonialismus und Deutsche Literatur. Impulse der angloamerikanischen Literatur– und Kulturtheorie. Bielefeld 2005 참조.

106 M. Moustapha Diallo/Dirk Göttsche(Hg.): Interkulterelle Texturen. Afrika und Deutschland im Reflexionsmedium der Literatur. Bielefeld 2003, 14쪽.

107 Hanne Birk/Birgit Neumann: Go–between. Postkoloniale Erzähltheorie, in: Ansgar Nünning/Vera Nünning(Hg.): Neue Ansätze in der Erzähltheorie. Trier 2002, 115–152쪽 참조.

108 Said: Kultur und Imperialismus, 112쪽 참조, 특히 92쪽도 참조.

109 같은 책, 112쪽.

110 같은 책, 55쪽. 지형학적인 양상에 대해서는 본서 제6장 「공간적 턴」, 399쪽 이하 참조.

111 같은 책, 71쪽.

112 Axel Dunker: 《Gehe aus dem Kasten》. Modell einer postkolonialen Lektüre kanonischer deutschsprchiger Texte des 19. Jahrhunderts am Beispiel von Wilhelm Raabes Stopfkuchen, in Axel Dunker(Hg.): (Post–)Kolonialismus und Deutsche Literatur, 147–160쪽 참조.

113 신학에서의 "대위법적인" 독법에 대해서는 Sugirtharajah: Postcolonial Reconfigurations, 16쪽 참조.

114 "대위법적 독법"의 명시적인 적용에 대해서는 Döring: Caribean–English Passages, 13쪽 참조.

115 Said: Kultur und Imperialismus, 99쪽 참조.

116 예를 들면, Gisela Brinker–Gabler/Sidonie Smith(Hg.): Writing New Identities. Gender, Nation, and Immigration in Contemporary Europe. Minneapolis, London 1997.

117 이에 대해서는 파울 미하엘 뤼첼러(Paul Michael Lützeler)의 연구 참조. 예를 들어 Lützeler: Der postkoloniale Blick. Deutschsprachige Autoren berichten aus der Dritten Welt, in: Neue Rundschau, 54–69쪽; Lützeler: Schriftsteller und 《Dritte

Welt》. Studien zum postkolonialen Blick. Tübingen 1998. 뤼첼러는 흥미롭게도 이와 같은 포스트식민주의적인 발상을 가지고 "제3세계"의 구체적인 문화 정치적인 공간으로 들어가는 것을 일종의 "공간적 턴"의 표현으로 해석한다. in: Lützeler: Erfahrung und postkolonialer Blick. Zu Romanen von Timm, Born und Grass, in: Dunker(Hg.): (Post-)Kolonialismus und Deutsche Literatur, 219-250쪽, 특히 219쪽 이하.

118 Leslie A. Adelson: The Turkish Turn in Contemporary German Literature. Towards a New Critical Grammar of Migration. New York, Basingstoke 2005. Thomas Wägenbaur: Kulturelle Identität oder Hybridität? Aysel Özakins Die blaue Maske und das Projekt interkultureller Dynamik, in: Maria Moog-Grünewald(Hg.): Kanon und Theorie. Heidelberg 1997, 22-47쪽 참조.

119 Todd Herzog: Hybrids and Mischlinge. Translating Anglo-American Cultural Theory into German, in: The German Quarterly 70, 1 (1997), 1-17쪽.

120 Wolfgang Müller-Funk/Birgit Wagner(Hg.): Eigene und andere Fremde. 《Postkoloniale》 Konflikte im europäischen Kontext. Wien 2005.

121 Maria Tymoczko/Edwin Gentzler(Hg.): Translation and Power. Amherst, Boston 2002. Tejaswini Niranjana: Siting Translation. History, Post-Structuralism, and the Colonial Context. Berkeley, Los Angeles, Oxford 1992. Susan Bassnett/Harish Trivedi(Hg.): Post-Colonial Translation. Theory and Practice. London, New York 1999; Douglas Robinson: Translation and Empire. Postcolonial Theories Explained. Manchester 1998. Bo Pettersson: The Postcolonial Turn in Literary Translation Studies. Theoretical Frameworks Reviewed (인터넷 주소: http://uqtr.ca/AE/vol_4/petter.htm) 참조.

122 Michaela Wolf: Die vielsprachige Seele Kakaniens. Übersetzen und Dolmetschen in der Habsburgermonarchie 1848 bis 1918. Wien, Köln, Weimar 2012 참조.

123 Elizabeth A. Clark: History, Theory, Text. Historians and the Linguistic Turn. Cambridge/Mass., London 2004, 181쪽 참조.

124 Eric R. Wolf: Die Völker ohne Geschichte. Europa und die andere Welt seit 1400. Frankfurt/M., New York 1986 참조.

125 Dipesh Chakrabarty: Provincializing Europe. Postcolonial Thought and Historical Difference. Princeton, Oxford 2000. 이와 관련하여 Carola Dietze und Chakrabartys Replik, in: History and Theory 47 (2008, 2월), 69-84쪽, 85-96쪽 참조.

126 Gyan Prakash: Postcolonial Criticism and Indian Historiography, in: Social Text 31/31 (1992), 8-19쪽. Prakash: Subaltern Studies as Postcolonial Criticism, in: The American Historical Review 99,5 (1994), 1475-1490쪽 참조.

127 Jane Webster: Roman Imperialism and the〈Post Imperial Age〉, in: Jane Webster/Nicholas J. Cooper(Hg.): Roman Imperialism. Post-Colonial Perspectives. Leicester 1991 참조.

128 Birte Kundrus(Hg.): Phantasiereiche. Zur Kulturgeschichte des deutschen Kolonialismus. Frankfurt/M., New York 2003, Einleitung von Birte Kundrus: Die Kolonien – 《Kinder des Gefühls und der Phantasie》, 7-18쪽, 여기에서는 8쪽 이하

참조.

129 이러한 질문에 대한 동인을 제공하는 책들로는 다음과 같은 것이 있다. Sara Friedrichsmeyer/Sara Lennox/Susanne Zantop(Hg.): The Imperialist Imagination. German Colonialism and Its Legacy. Ann Arbor 1998. Susanne Zantop: Kolonialphantasien im vorkolonialen Deutschland, 1770–1870. Berlin 1998.

130 Sebastian Conrad/Jürgen Osterhammel (Hg.): Das Kaiserreich transnational. Deutschland in der Welt 1871–1914. Göttingen 2004. '포스트식민주의 연구'가 끼치는 영향력에 대해서는 16쪽 이후 참조.

131 Sebastian Conrad/Shalini Randeria (Hg.): Jenseits des Eurozentrismus. Postkoloniale Perspektiven in den Geschichts- und Kulturwissenschaften. Frankfurt/M. 2002, 25쪽 참조.

132 Said: Kultur und Imperialismus, 104쪽.

133 이러한 개념들에 대한 선구적인 작업은 샤리니 란데리아에 의해 이루어졌다. 예를 들어, Shalini Randeria: Geteilte Geschichten und verwobene Moderne, in: Jörn Rüsen u.a. (Hg.): Zukunftsentwürfe. Ideen für eine Kultur der Veränderung. Frankfurt/M., New York 1999, 87–96쪽.

134 Chakrabarty: Provincializing Europe, 6쪽.

135 Featherstone: Postcolonial Cultures, 176쪽 이하 참조.

136 Arif Dirlik: The Postcolonial Aura. Boulder 1998 참조.

137 Monica Juneja: Debatte zum 《Postkolonialismus》 (세바스찬 콘래드와 샤리니 란데리아의 논문집 『유럽중심주의를 넘어서 Jenseits des Eurozentrismus』로 인해 촉발된 논쟁), in: Werkstatt Geschichte 34 (2003), 88–96쪽 참조.

138 Featherstone: Postcolonial Cultures, 169쪽.

139 Sandra Harding: Postcolonial Science and Technology Studies. A Space for New Questions, in: Brydon (Hg.): Postcolonialism, 제 5권, 2041–2056쪽; in: Sandra Harding: Is Science Multicultural? Postcolonialism, Feminism, and Epistemologies. Indiana 1998, 23–38쪽; Sandra Harding: Sciences from Below. Feminisms, Postcolonialities, and Modernities. New Haven 2008 참조.

140 Harding: Postcolonial Science, 2051쪽.

141 "다문화적이고 포스트식민주의적인 과학과 기술 연구"(50쪽)의 문제점에 대해서는 Sandra Harding: A World of Sciences, in: Robert Figueroa/dies. (Hg.): Science and Other Cultures. Issues in Philosophies of Science and Technology. New York, London 2003, 49–69쪽, 여기에서는 63쪽 참조.

142 Itty Abraham: The Contradictory Spaces of Postcolonial Techno-Science, in: Economic and Political Weekly, 21. Januar 2006, 210–217쪽 참조.

143 Herta Nagl-Docekal/Franz M. Wimmer (Hg.): Postkoloniales Philosophieren: Afrika. Wien, München 1992, 특히 서문, 7쪽, 12쪽 이하 참조.

144 Chakrabarty: Provincializing Europe, 83쪽.

145 Okwui Enwezor: Die Black Box, in: Documenta II_Plattform 5: Ausstellungskatalog. Kassel 8. Juni - 15. September 2002. Ostfildern-Rult 2002, 42쪽 이하 참조.

146 Peter Weibel (Hg.): Inklusion/Exklusion. Versuch einer neuen Kartographie der Kunst im Zeitalter von Postkolonialismus und globaler Migration. Ausstellungskatalog. Graz 1997.

147 Viktoria Schmidt-Linsenhoff: Postkolonialismus, in: Ulrich Pfisterer (Hg.): Metzler Lexikon Kunstwissenschaft. Ideen, Methoden, Begriffe. Stuttgart, Weimar 2003, 278-282쪽, 여기에서는 281쪽.

148 Christopher B. Balme: Decolonizing the Stage. Theatrical Syncretism and Post-Colonial Drama. Oxford 1999, 42쪽 참조.

149 Guido Rings/Rikki Morgan-Tamosunas (Hg.): European Cinema: Inside Out. Images of the Self and the Other in Postcolonial European Film. Heidelberg 2003; Niti Sampat-Patel: Postcolonial Masquerades. Culture and Politics in Literature, Film, Video, and Photography. New York 2001; Dina Shezer (Hg.): Cinema, Colonialism, Postcolonialism. Perspectives from the Franch and Francophone Worlds. Austin 1996.

150 Brian Stoddart/Keith A. P. Sandiford (Hg.): The Imperial Game. Cricket, Culture and Society. Manchester, New York 1998.

151 여기에 대해서 Ramachandra Guha: Politik im Spiel. Cricket und Kolonialismus in Indien, in: Historische Anthropologie 4, 2 (1996), 157-173쪽 참조. Featherstone: Postcolonial Cultures, 76쪽 참조. Jennifer Hargreaves: Heroines of Sport. The Politics of Difference and Identity. London, New York 2000 참조. 또한 카리브 지역의 포스트식민주의의 초기 이론가 C. L. R. 제임스의 자서전 형식의 크리켓 연구인 C. L. R. James: Beyond a Boundary. New York 1963도 참조.

152 논쟁의 출발점 Ivan Karp/Steven D. Laving (Hg.): Exhibiting Cultures. The Poetics and Politics of Museum Displaz. Washington, London 1991.

153 George E. Marcus: Ethnography in/of the World System. The Emergence of Multi-Sited Ethnography, in: Annual Review of Anthropology 24 (1995), 95-117쪽 참조.

154 Anna-Maria Brandstetter/Dieter Neubert (Hg.): Postkoloniale Transformation in Afrika. Zur Neubestimmung der Soziologie der Dekolonisation. Münster 2002.

155 Arjun Appadurai: Modernity at Large. Cultural Dimensions of Globalization. Minneapolis, London 1996 참조. Brigitta Hauser-Schäublin/Ulrich Braukämper (Hg.): Ethnologie der Globalisierung. Perspektiven kultureller Verflechtungen. Berlin 2002 참조.

156 James Clifford: Diaspora, in: Current Anthropology 9,3 (1994), 302-338쪽.

157 Ulf Hannerz: Transnational Connections. Culture, People, Places. New York 1996.

158 John Phillips/Wei-Wei Yeo/Ryan Bishop (Hg.): Postcolonial Urbanism. Southeast Asian Cities and Global Processes. New York, London 2003 참조.

159 Alison Blunt/Chery1 McEwan (Hg.): Postcolonial Geographies. New York, London 2002.

160 Lindsay J. Proudfoot/Michael M. Roche (Hg.): (Dis)Placing Empire. Renegotiating Britisch Colonial Geographies. Hampshire 2005, 1쪽. 그 밖에 다음을 참조할 것. Julia Lossau: Die Politik der Verortung. Eine postkoloniale Reise zu einer anderen Geographie der Welt. Bielefeld 2002, Alison Blunt/Gilian Rose (Hg.): Writing Women and Space. Colonial and Postcolonial Geographies. New Youk 1994. James R. Ryan: Postcolonial Geographies, in: James S. Duncan/Nuala C. Johnson/Richard H. Schein (Hg.): A Companion to Cultural Geography. Oxford 2004, 469–484쪽. 비교적 일반적인 논의로는 Simon Naylor/James Ryan/Ian Cook/David Crouch (Hg.): Cultural Turns/Geographical Turns. Perspectives of Cultural Geography. Essex 2000도 참조.

161 Proudfoot/Roche (Hg.): (Dis)Placing Empire, 3쪽 이하 참조. Blunt/McEwan (Hg.): Postcolonial Geographies 참조.

162 Anne McClintock: Imperial Leather. Race, Gender and Sexuality in the Colonial Contest. New York, London 1995 참조. dies./Aamir Mufti/Ella Shohat (Hg.): Dangerous Liaisons. Gender, Nation, and Postcolonial Perspectives. Minneapolis, London 1997. Sara Mills: Gender and Colonial Space. Manchester 2005 참조.

163 '포스트식민주의 턴'의 젠더적 관점과 젠더 연구에 던지는 포스트식민주의의 도전에 대해 광범위하게 살펴볼 수 있는 자료는 다음과 같다. Gaby Dietze: Postcolonial Theory, in: Christina von Braun/Inge Stephan (Hg.): Gender@Wissen. Ein Handbuch der Gender-Theorien. Köln, Weimar, Wien 2005, 304–324쪽.

164 이 질문에 대한 "고전적" 논문인 Chandra Talpade Mohanty: Under Western Eyes. Feminist Scholarship and Colonial Discourses, in: McClintock/Mufti/Shohat (Hg.): Dangerous Liaisons, 255–277쪽 (독일어 제목: Aus westlicher Sicht. Feministische Theorie und koloniale Diskurse, in: Beiträge zur feministischen Theorie und Praxis 23 (1988), 149–162쪽) 참조.

165 Inderpal Grewal/Caren Kaplan (Hg.): Scattered Hegemonies. Postmodernity and Transnational Feminist Practices. Minneapolis 1997 참조.

166 Dietze: Postcolonial Theory, 320쪽 참조.

167 Gudrun-Axeli Knapp: Traveling Theories. Anmerkungen zur neueren Diskussion über 《Race, Class, and Gender》, in: Österreichische Zeitschrift für Geschichtswissenschaften 16, 1 (2005), 88–110쪽, 여기에서는 95쪽 참조.

168 Graduiertenkolleg 《Identität und Differenz》 der Universität Trier (Hg.): Ethnizität und Geschlecht. (Post-)koloniale Verhandlungen in Geschichte, Kunst und Medien. Köln, Weimar, Wien 2005 참조. 이 주제를 다룬 소책자 《Whiteness》 von L'Homme 16, 2 (2005)도 참조.

169 문학에 나타나는 "백색"의 구성에 대해서는 호주에 거주하는 백인 이주민의 포스트식민주의적 자기 묘사를 예로 한 소설 David Malouf: Remembering Babylon. London 1993. (독일어 제목: Jenseits von Babylon. Wien 1996)이 특히 시사하는 바가 크다.

170 Abu-Lughod: Writing Against Culture, 141쪽.

171 이러한 비판에 대해서는 Huggan: Postcolonial Exotic, 258쪽 참조.

172 베니타 패리는 이것을 포스트식민주의 연구의 과제로 간주한다. Benita Parry: The Institutionalization of Postcolonial Studies, in: Lazarus (Hg.): Cambridge Companion to Postcolonial Literary Studies, 66–80쪽, 여기에서는 80쪽.

173 Aijaz Ahmad: In Theory. Classes, Nations, Literatures. London, New York 1992.

174 이와 관련하여 같은 책, 74쪽 이하 참조.

175 같은 책, 20쪽 참조.

176 Parry: Institutionalization of Postcolonial Studies, 74쪽 참조.

177 베니타 패리의 논문 모음집 참조. Benita Parry: Postcolonial Studies. A Materialist Critique. London, New York 2004, 6쪽. 물질성을 다시 끌어들여야 할 필요성은 문화주의 비판의 개론서에서도 강조된다. Laura Chrisman/Benita Parry (Hg.): Postcolonial Theory and Criticism. Cambridge 2000.

178 예를 들어, E. San Juan, Jr.: Beyond Postcolonial Theory. Houndmills, London 1998, 16쪽 이하 참조.

179 Huggan: Conclusion, in: ders.: Postcolonial Exotic, 259쪽.

180 In: Dirlik: The Postcolonial Aura. Third World Criticism in the Age of Global Capitalism. Boulder 1998, 52–83쪽.

181 Featherstone: Postcolonial Cultures, 10쪽 참조.

182 Dirlik: Postcolonial Aura, 52쪽 참조.

183 같은 책, 54쪽 참조. Featherstone: Postcolonial Cultures, 13쪽 참조.

184 David Jefferess/Julie McGenogal/Sabine Milz: Introduction: The Politics of Postcoloniality, in: Postcolonial Text 2, 1 (2006), 1–8쪽, 여기에서 특히 1쪽은 그러한 목소리와 거리를 둔다.

185 같은 책.

186 이와 관련하여 Parry: Postcolonial Studies, 93쪽 참조.

187 디터 리만슈나이더(Dieter Riemenschneider)는 인도사람 샤시 타루어가 쓴 소설 『폭동』(Riot) 의 해석에서 이것을 보여준다. in: Dieter Riemenschneider: Glocality and Its (Dis)contents. The Future of English Language and Literatures Studies, in: Zeitschrift für Anglistik und Amerikanistik 53, 4 (2005), 385–396쪽.

188 Beck: Der kosmopolitische Blick, 108쪽. "방법론적인 세계주의"에 대해서는 특히 30쪽 참조.

189 같은 책, 109쪽.

190 Antoinette Burton (Hg.): After the Imperial Turn. Thinking with and through the Nation. Durham, London 2003, 14쪽.

191 이에 대한 시사점들이 Bill Ashcroft: Post-Colonial Transformation. London, New York 2001, 213쪽에서 나타난다.

192 이에 대한 스케치는 Alfonso de Toro: Jenseits von Postmoderne und Postkolonialität. Materialien zu einem Modell der Hybridität und des Körpers als transrelationalem, transversalem und transmedialem Wissenschaftskonzept, in: Hamann/Sieber (Hg.): Räume der Hybridität, 15–52쪽에서 볼 수 있다.

참고문헌

Adelson, Leslie A.: The Turkish Turn in Contemporary German Literature. Towards a New Critical Grammar of Migration. New York, Basingstoke 2005.

Ashcroft, Bill/Griffiths, Gareth/Tiffin, Helen (Hg.): The Empire Writes Back. Theory and Practice in Post-Colonial Literatures. London, New York 1989.

Dies.: The Post-Colonial Studies Reader. London, New York 1995.

Dies.: Key Concepts in Post-Colonial Studies. London, New York 1998.

Bhabha, Homi K.: Die Verortung der Kultur. Tubingen 2000.

Bronfen, Elisabeth/Marius, Benjamin (Hg.): Hybride Kulturen. Beitrage zur anglo-amerikanischen Multikulturalismusdebatte. Tubingen 1997.

Brydon, Diana (Hg.): Postcolonialism. Critical Concepts in Literary and Cultural Studies. 5 Bde. London, New York 2000.

Castle, Gregory (Hg.): Postcolonial Discourses. A Reader. Oxford 2001.

Castro Varela, Maria do Mar/Dhawan, Nikita: Postkoloniale Theorie. Eine kritische Einfuhrung. 2., neu bearb. Aufl. Bielefeld 2014.

Chakrabarty, Dipesh: Provincializing Europe. Postcolonial Thought and Historical Difference. Princeton, Oxford 2000.

Childs, Peter/Williams, Patrick: An Introduction to Post-Colonial Theory. London u. a. 1997-

Chrisman, Laura/Parry, Benita (Hg.): Postcolonial Theory and Criticism. Cambridge 2000.

Conrad, Sebastian/Randeria, Shalini/Romhild, Regina (Hg.): Jenseits des Eurozentrismus. Postkoloniale Perspektiven in den Geschichts- und Kulturwissenschaften. 2., erw. Aufl. Frankfurt/M. 2013.

Dietze, Gaby: Postcolonial Theory, in: Christina von Braun/Inge Stephan (Hg.): Gender@Wissen. Ein Handbuch der Gender-Theorien. Koln, Weimar, Wien 2005, S. 304-324.

Dirlik, Arif: The Postcolonial Aura. Third World Criticism in the Age of Global Capitalism. Boulder 1997.

Dunker, Axel (Hg.): (Post-)Kolonialismus und Deutsche Literatur. Impulse der angloamerikanischen Literatur- und Kulturtheorie. Bielefeld 2005.

Featherstone, Simon: Postcolonial Cultures. Edinburgh 2005.

Gandhi, Leela: Postcolonial Theory. A Critical Introduction. Edinburgh 1998.

Goldberg, David Theo/Quayson, Ato (Hg.): Relocating Postcolonialism. Oxford 2002.

Hamann, Christof (Hg.): Raume der Hybriditat. Postkoloniale Konzepte in Theorie und

Literatur. Hildesheim 2002.
Harding, Sandra: Sciences from Below. Feminisms, Postcolonialities, and Modernities.
New Haven 2008. 236
Huggan, Graham: Interdisciplinary Measures. Literature and the Future of Postcolonial Studies. Liverpool 2008.
King, Bruce (Hg.): New National and Post-Colonial Literatures. An Introduction. Oxford 1996.
Lindner, Ulrike: Neuere Kolonialgeschichte und Postcolonial Studies, Version: 1.0, in: Docupedia-Zeitgeschichte, 15.4.2011,http://docupedia.de/zg/Neuere_Kolonialgeschichte_und_Postcolonial_Studies?oldid=84642
Lopez, Alfred J.: Posts and Pasts. A Theory of Postcolonialism. Albany 2001.
McClintock, Anne: Imperial Leather. Race, Gender and Sexuality in the Colonial Contest. New York, London 1995.
Muller-Funk, Wolfgang/Wagner, Birgit (Hg.): Eigene und andere Fremde. 《Postkoloniale》 Konflikte im europaischen Kontext. Wien 2005.
Parry, Benita: Postcolonial Studies. A Materialist Critique. London 2004.
Reckwitz, Erhard: Postcolonially Ever After. Bemerkungen zum Stand der Postkolonialismustheorie, in: Anglia 118,1 (2000), S. 1-41.
Reuter, Julia/Villa, Paula-Irene (Hg.): Postkoloniale Soziologie. Empirische Befunde, theoretische Anschlusse, politische Intervention. Bielefeld 2010.
Riemenschneider, Dieter (Hg.): Postcolonial Theory: The Emergence of a Critical Discourse. A Selected and Annotated Bibliography. Tubingen 2004.
Said, Edward W: Kultur und Imperialismus. Einbildungskraft und Politik im Zeitalter der Macht. Frankfurt/M. 1994.
Said, Edward W: Orientalism. Western Conceptions of the Orient (1978). Reprint mit neuem Nachwort. London 1995.
Schwarz, Henry/Ray, Sangeeta (Hg.): A Companion to Postcolonial Studies. Oxford 2000.
Spivak, Gayatri Chakravorty: Can the Subaltern Speak? In: Cary Nelson/Lawrence Grossberg(Hg.): Marxism and the Interpretation of Culture. London 1988, S. 271-315 (dt. Can the Subaltern Speak? Postkolonialitat und subalterne Artikulation. Wien 2007).
Thieme, John: Post-Colonial Studies. The Essential Glossary. London 2003.
Williams, Patrick/Chrisman, Laura (Hg.): Colonial Discourse and Post-Colonial Theory. A Reader. Hemel Hempstead 1993.

Young, Robert J. C.: Postcolonialism. A Historical Introduction. Oxford 2001.

포스트식민주의 턴에 관한 인터넷 문헌 및 웹사이트(최종접속: 2013년 11월):

Postcolonial (and Colonial) Studies (http://vos.ucsb,edu/browse,asp?id=2o89) (Unterseite der ausfuhrlichen Datenbank zu 《Cultural Studies》 des Projekts 《Voice of the Shuttle》 - reichhaltig verlinkte Seite u. a. zu Minority Studies, Disability Studies usw.; enthalt auch Links zu Volltexten)

Postcolonial Literature (http://www.literaryhistory.com/20thC/Groups/postcolonial.htm)

Postcolonial Space: http://postcolonial.net/postcolonialresources/?x=B;c=iFreiburg-postkolonial (http://www.freiburg-postkolonial.de) (kolonialkritische, lokalpolitische Initiative)

5 번역적 턴

Translational Turn

제5장 번역적 턴

최근 문화접촉, 여러 종교 간의 관계와 분쟁, 다문화 사회의 통합전략 및 문화학과 자연과학 사이의 인터페이스 조사 등과 관련해서도 문화 번역 과정과 이를 분석할 필요성이 더 이상 간과될 수 없게 되었다. 특히나 신흥 세계 사회가 전 지구화된 상황은 문화적 차이를 다루는 데 있어서 문화 간의 접촉 문제, 장애물 및 활동공간에 대한 더 많은 주의력을 요한다. 문화 간의 불평등한 권력관계 앞에서 비유럽 사회가 자기주장을 펼칠 수 있도록 여지를 마련해주었던 문화 번역 과정의 필요성은 이미 포스트식민주의적 관점에서 조명되었다. 여기서 문화 간 접촉이라는 다른 역사적 상황에 초점을 맞추려면, 상호 문화성 현상 자체가 문화 번역의 복잡한 과정으로 탐구되어야 한다. 실제로 번역은 점차 언어학적-텍스트적 패러다임으로부터 벗어나 서로 의존적으로 얽혀있는 세계에서 필수적으로 실행되어야 하는 것으로 인식되고 있다. 번역은 사회과학과 문화학에서 새로운 기본 개념으로 부상하고 있으며, 심지어 초기 연구들에서는 "번역 턴 translation turn"[1]이나 "번역적 턴 translative turn"[2]이라는 말이 언급되고 있다. 그러나 포스트식민주의 턴 postcolonial turn의 영역에서 이미 번역적 턴이 싹트기 시작했음에도 불구하고, 아직은 초보 단계에 머물러 있다고 할 수 있다. 번역 연구의 입장이 이미 사회 연구 및 문화 연구에서 관철되긴 했지만, 진정한 "턴"으로 돌파구를 마련하기 위한 이론 체계의 확립은 이제야 비로소 시작되고 있다. 따라서 아래 문단에서 요약하고 있는 번역적 턴의 개념은 번역을 강조하는 새로운 방향설정을 더욱 촉진시키는 데 기여할 수 있을 것이다.[3]

문화학의 번역적 턴은 번역학에서의 문화적 턴을 전제로 한다. 1980년대 이후 언어와 텍스트에 초점을 맞춘 어문학 및 언어학적 번역학은 문화 번역, 즉 문화에 관한 번역과 문화 간의 번역에 중점을 두는 문화학적 번역 연구로 뚜렷하게 변화했다. 문화학적으로 재설정된 번역학과 처음부터 문화학에 초점을 맞춘 국제적인 '번역 연구 Translation Studies'[4]는 새로운 주도 학문으로 자리매김하고 있다. 확장된 번역 개념을 전제로 하여 학제 간 층위와 방법론적 층위뿐만 아니라 생활세계의 층위에서도 포괄적인 번역적 턴이 시행되고 있다. 번역은 영역을 확장하여 복잡한 생활세계에서 행동을 위한 주된 관점을 제공하거나, 모든 형태의 문화 간 접촉, 학제 간 연계 및 비교문학에서 문화 비교를 위한 새로운 관점과 예리한 방법론을 제공한다.

1. 발생 배경과 형성 과정

번역의 개념은 특히나 1980년대 후반 이후 번역 연구가 문화학과 사회학에서 재설정되면서 문화학과 사회학으로 그 영역을 넓히기 시작했다.[5] 번역의 개념은 더 이상 언어와 텍스트를 옮기는 것에만 국한되지 않고, 오히려 문화 번역의 문제와 심지어 여러 층위의 긴장 관계로 이루어진 문화적 생활세계 자체의 분석까지도 포함하여 점차 확대되어 갔다. 원작, 등가성, 원본에 "충실함"과 같은 문학 번역의 친숙한 텍스트 중심의 범주는 문화적 재현과 변형, 낯설음과 타자성[6], 위치변경 Deplatzierung, 문화적 차이 및 권력과 같은 문화 번역의 새로운 중심 범주로 점차적으로 보완되거나 대체되었다. 이러한 범주 덕분에 문화학적으로 확장된 번역 연구는 전통적인 번역학의 어문학적 제약으로부터 해방된다. 번역 연구는 포괄적인 문화 번역으로 관점을 넓히지만 텍스트, 언어 및 재현의 차원을 무시하지 않는 번역의 이해를 채택한다.[7] 이것은 1990년대 말 번역학자인 로렌스 베누티 Lawrence Venuti가 이미 오랫동안 고심하면서 했던 노력, 즉 문화학적 잠재력 속에서 번역 개념을 더욱 발전시키려는 노력이 최근에 들어서야 비로소 영향력을 갖기 시작한 것이라 할 수 있다. 그러니까 "번역"의 개념은 주변부의 위치를 극복하고 현재는 문화 연구의 중심이 된 것으로 보인다.[8]

이러한 번역 개념의 확장이 포스트모던 경향과 포스트식민주의 경향에 국한된 것이라고만 보는 것은 지나치게 단순한 시각인 것 같다. 포스트식민주의 논쟁은 확고한 정체성을 깨고, 혼종의 혼합을 위하여 이분법적 원리를 비판하며, 중심부와 주변부의 리매핑 및 비판적인 지형도 변경을 통해서 분명하게 번역 과정의 재평가를 위한 토대를 마련해주었다. 이는 유럽중심주의적 번역관행을 크게 흔들어 놓았으며, 심지어 번역에 대한 유럽의 독점도 마찬가지로 흔들어 놓았다.[9] 하지만 그밖에도 국제적인 소통 과정에서 번역 과정을 가능한 한 불투명하게 만드는 경향이 있음에도 불구하고 또는 바로 그러한 경향 때문에 세계화 과정에서 번역에 대한 필요성이 다시금 생겨난다. 때로 번역 과정은 항상 동일한 기호의 세계적인 순환, 즉 글로벌한 도상들 global icons로 각인된 소비와 미디어 세계 및 국제 무역에서 불필요한 것처럼 보인다. 그러나 여기서도 번역 과정을 고려하는 것이 중요하다. 글로벌 지역과 로컬 지역 간의 단절, 습득, 저항 및 창조적인 재구성을 이해하는 것이 목적인 경우 특히 그렇다. 그러나 우선적으로 번역 개념에 대한 새로운 시각을 불러 일으켰던 것은 정치적 좌표들이다. 고정된 국경의 해체, 동·서 대립의 극복 그리고 언어 충돌의 내재적 위험을 지님과 동시에 소수 언어 및 문화를 배제하는 이른바 다문화 사회의 출현은 결정적인 동인을 제공한다. 한편에서는 차이 정책, 정체성 정책, 배제 정책이, 다른 한편에서는 중첩과 접촉구역이 갈등 해소 전략을 수립하거나 번역을 통한 통합을 촉진시킬 수 있는 조정 과정을 찾도록 그 어느 때보다도 절실히 요구하고 있다.[10] 그러나 보리스 부덴 Boris Buden이 주장하는 것처럼, 전 세계적으로 강화되고 있는 다양한 "분파주의 Partikularismus"가 문화 번역을 통해 "새로운 보편주의적 관점"을 갖게 해주는 것일까?[11] 오히려 유럽중심주의적 표상, 개념, 모델 및 이론으로 인해 증가하고 있는 위험에서 보편주의 관점이 나왔다고 보는 것이 더 정확할 것이다. 그렇다 할지라도 보편화의 주장에 대해서는 비유럽권에서 더욱 강한 회의를 품고 있다. 번역을 통해 유럽중심주의적 보편주의가 세계적으로 확산되었다는 주장은 논란의 여지가 있다. 세계적 확산은 일방적인 번역뿐만 아니라 상호번역을 통해서 조정되어야 한다.

전 지구적인 번역의 과제와 그에 수반되는 표준화 압력과 함께 세계 언어로서 주도권을 가진 영어의 영향력, 세계 사회에서 차이를 명확히 주장하고 드러내려는 지속적인 시도 등은 번역적 턴을 탄생시키는 데 결정적인 도움을 주었다. 이러한 요소들은 번역을 민족지학적으로 풍요로운 사회과학의 범주와 중요한 문화적 기술로 바꾸고 있다. 이러한 의미의 번역은 긴장감 넘치는 문명의 충돌[12]을 기술한 새뮤얼 헌팅턴의 분쟁시나리오와는 상반되는 문화접촉의 형태를 주도한다. 헌팅턴[13]의 번역불가능성 가정에 대한 (상반되는) 관점이라는 점에서 번역은 최근 두 가지 측면에서 문화 정책 분야와 국제 관계 분야에서 더욱 중요해지고 있다. 한 가지는 개념적 차원의 문화 번역 가능성의 원칙이다. 한 예로 볼프강 이저 Wolfgang Iser의 논문 「번역 가능성에 대해서 On Translatability」(1994)를 들 수 있는데, 그는 이 논문에서 "재귀적 고리 recursive loopings"를 기반으로 한 상호 문화성의 개념을 준-인공 두뇌학 Kybernetik과 같은 교환 과정으로 소개하면서 이에 관한 흥미로운 토론을 촉발시켰다.[14] 또 다른 측면은 실용주의 차원인데, 문화들은 중첩되어 있으며 문화적 차이는 협상될 수 있다는 생각을 의도적으로 강조하는 타협의 기술이 번역을 통해 활성화되고 있다는 것이다.

결과적으로 번역의 확장된 개념은 문화이론 분야에 깊숙이 침투한다. 비로소 번역적 턴을 가능케 한 학문들 간의 잠재력이 바로 이 부분에서 가장 뚜렷하게 나타난다. 그런데 번역적 턴은 궁극적으로 문화 간의 이동뿐만 아니라 개별 분과 학문 간의 이동과 교환 과정들을 아우를 수 있을까? 번역은 분과 학문들을 연결하는 구체적인 모델이 될 수 있을까? 번역의 개념은 학제 간 접근법을 수립하거나 번역 과정에 비추어 문화 비교의 과정을 고찰하는 비교문학을 새로이 개념화하는 것과 관련하여 방법상으로 광범위한 결과를 가져올 수 있을 것이다. 그러나 이러한 광범위한 번역적 턴이 되기 위해서는 먼저 문화학적으로 확장된 번역 개념의 다양한 작동 방식과 그와 관련한 문제들이 검토되어야 한다.

2. 문화적 턴과 번역 연구

번역학자로서 이미 텍스트와 언어적 표현들을 다루고 있다면 관행, 상호작용 및 문화적 재현에 번역을 연관시키는 일은 매우 중요하다. 그들은 텍스트가 문화 특유의 행동 방식, 의미 및 세계상을 어떻게 재현하는지 의문을 가져야 한다. 민속지학과 해석적 문화인류학은 텍스트의 개별 요소, 핵심 개념 및 상징기호만으로는 문화적 의미를 결코 이해할 수 없으며, 그것들이 사회에서 어떻게 사용되는지, 문화적으로 어떻게 해석되는지, 문화적 자기 해석에 대해 포괄적으로 알아야 비로소 이해할 수 있다는 인식에 도달하게 된다.[15] 또한 언어와 텍스트 번역은 낱말과 개념의 번역에 머물지 않으며, 그 낱말과 개념들을 낯선 사고방식, 문화적 상징화 방식 및 다른 형태의 사회적 "개념들"과 결합시킴으로써 문화적 번역 맥락들의 복잡성을 분명하게 보여준다.[16]

특유의 번역지평을 구체화시키려면 이미 '해석적 턴'과 '수행적 턴'에서 분명해졌듯이 민속지학과 문화인류학의 연구 방법인 '문맥화 Kontextualisierung'(기어츠, 터너)를 참고하는 것이 중요하다. 이 방법들은 명시적으로 타문화의 제의에 대한 해석, 감정 개념 및 행동 전형을 문화적 의미 맥락과 사회조직 전반의 구조에 연결시킨다. 그와 함께 번역은 사고방식, 세계상 및 다른 책략을 포괄적으로 이전하는 것이 된다. 기어츠의 "중층기술 thick description"을 차용하여 콰메 앤터니 애피아 Kwame Anthony Appiah는 완전히 다른 번역 개념을 포함하는 풍부한 문맥화 과정을 특징 짓기 위해 "중층번역 thick translation"[17]이라는 용어를 만들어 낸다. 그는 아프리카의 텍스트, 구술 문학 및 속담의 영어 번역을 예시로 들어 "중층번역"이 어떻게 낯설음을 유지할 수 있는지를 잘 보여주고 있다. 제유법적 방식을 통해 의미전달 부분을 포괄적인 문화적 의미맥락으로 해석하고, 해석적 문화인류학은 넓은 문화적 맥락을 조명함으로써 전체 문화를 이해하려는 시도를 계속하고 있다. 그러나 텍스트 번역과 그 분석은 맥락화 방식을 보다 차별화된 방식으로 고수할 수 있다.[18] 말하자면 한편으로는 더 작은 단위들인 상징, 호칭 형식, 이야기 패턴을 더 큰 역사적 맥락인 관습과 사고 방식과 관련지을 수 있다. 그 결과 어떤 한 가지 고정적인 의미에 예속될 위험이 있긴 하지만 문화적 의미에 대한 접근은 가능해진다. 다른 한편으로 그 단위들과 연결 관계들에 대해 다음과 같이 명시적으로 질문함으로써 문화 번역의 개념을 보다 정확하게 정의할 수 있다. 정말로 전체 문화를 번역하는 것이 목표인가, 아니면 특정한 단면 내지 개별적인 핵심 개념만을 번역하는 것이 목표인가? 핵심적인 실천 영역들이 번역되는 것인가, 아니면 중요한 사건과 시나리오들이 번역되는 것인가? 낯선 것의 생성, 고정관념 및 이국화의 형태로 표현되는 문화 번역에 대한 기대가 하는 역할은 무엇인가?[19]

이와 같은 맥락에서 텍스트 번역은 문화 번역뿐만 아니라 "텍스트에서 담론으로의 방향 전환"[20]에 대한 맥락화 지평을 위해서도 중요한 중재자 역할을 수행한다. 즉, 이는 담론적 실천과 역사적 담론 형성에 기여하는 것을 의미한다. 또한 이에 따라 (문학)번역의 역사를 비판적으로 다시 읽을 수 있다. 여기에서 번역은 그 자체가 권력과 의존의 관계뿐만 아니라 담론적인 환경(예를 들어, 오리엔탈리즘, 식민주의)에 내재되어 있는 하나의 문화기법임을 보여준다.[21]

문학 텍스트가 식민주의와 연루되어 있음을 제시하면서 에드워드 사이드는 "제국주의의 비교문학"[22]뿐만 아니라 문학사의 수정을 제안했다. 또한 번역적 턴에서 번역의 역사는 다음과 같은 비판적인 주요 질문에 답하면서 수정되어야 할 것이다. 즉 어떠한 조건과 권력관계 속에서 유럽의 번역은 권위를 얻어 "유럽의 번역에 대한 특권"[23], 심지어는 번역의 독점권까지도 가질 수 있게 되었는가? 이 점에서는 성찰적 턴 reflexive turn의 영향을 받았다고 할 수 있다. 왜냐하면 식민지 과정에서 낯선 문화에 대한 고착된 이미지를 고수하려는 전략으로서 번역은 계속해서 유럽중심주의적 재현을 위해 남용되었기 때문이다. 그와 같은 번역은 문화기술의 특징인 여과, 장악 및 고착화 기능을 통해 비유럽 사회들을 역사적 활동의 원동력 바깥에 있도록 만들었다.[24] 그러므로 번역의 역사는 식민지 역사의 일부로 파악될 수 있으며, "불평등한 권력 관계에서의 문화정책적 번역의 역사에서 다름 아닌 식민지 문화사"[25]로 이해될 수 있다. 현재 이루어지고 있는 번역이 이와 같은 헤게모니 역사에 얼마나 깊이 관여되어 있는지를 명확히 보여주는 것이 언어정책 분야이다. 세계 주요 언어의 지배에 대항하는 소수 언어들의 투쟁은 번역 문제에 있어서 특별한 경각심을 일깨운다. 여기서도 번역의 개념을 재정립하는 일이 점점 더 시급해지고 있다. 문화적 헤게모니와 언어적 불평등이 존재하는 상황에서 번역에 대한 새로운 시각은 민족과 민족을 연결하는 가교역할을 담당한다는 번역에 대한 조화주의적인 사고방식이 여전히 적절한지에 대한 비판적 질문을 더 많이 던지게 할 것이다.

따라서 언어학의 영역을 넘어 담론 및 문화정책과 연관되는 번역 개념의 확장은 번역 연구에서 문화 번역이라는 완전히 새로운 분야를 발굴한 "문화적 턴 cultural turn" 이상의 의미를 갖는다. 왜냐하면 그러한 확장은 문화학이라는 현상 자체에 대한 변화된 시각으로 도약했기 때문이다. 더 나아가 은유적 차원에서 문화학의 "대상들"은 번역적 성격을 갖는다(번역으로서의 문화 Kultur als Übersetzung)고 주장한다면, 이는 전적으로 좀 더 구체적인 행동분석적 접근방법(문화실천으로서의 번역 Übersetzung als kulturelle Praxis)과 연결되는 것이다. 다른 모든 턴에서도 관찰되듯이 번역적 턴 역시 대상 영역의 확장, 은유화, 방법론의 수립이라는 세 단계를 거친다. 국제적인 "번역 연구"[26]의 창시자인 수잔 바스넷 Susan Bassnett과 앙드레 르페브르 André Lefevere는 이와 같은 방향성을 가지고 번역학이 갖는 단순한 문화적 턴 이상의 의미를 궤도에 올려놓은 선구자들이었다.[27] 그들은 또한 문화 연구에서 보완적인 '번역적 턴'의 가능성을 지적했다.[28] 그러나 그것은 오늘날까지 암시적인 초기 단계에 머물러 있는데, 이는 러셀 웨스트 Rusell West의 "문화 연구에서의 '번역적 턴'"[29]이라는 말에서도 언급되고 있다. 그럼에도 불구하고 번역 개념의 은유화가 확산되고 있다는 것은 새로운 방향설정이라는 중요한 단계가 이미 분명하게 시작되었음을 의미하는 것이다. 이것은 "번역으로서의 문화"라는 새로운 개념에서 가장 분명해진다.

3. 문화의 개념: 번역으로서의 문화

번역 개념이 갖는 문화학적 중요성은 결코 '문화의 번역'과 '문화 간 번역'을 포함하는 연구 대상의 확장에만 국한되지 않는다. 오히려 번역에 있어서 문화적 대상 자체가 갖는 특성, 비전체론적 구조 및 혼종성과 다층성을 새롭게 조명해주는 데 그 중요성이 있다. 이러한 관점에서 번역은 어느덧 위치변경 및 낯설게하기 Verfremdung 그리고 차이 형성 및 차이의 중재라는 중요한 방법론으로 발전해가고 있다. 왜냐하면 이러한 번역에 대한 이해는 본질 규정 및 자아와 타자의 대립이라는 수백 년간 이어져 온 유럽의 실천 방식에 대한 광범위한 비판에 더욱 힘을 실어주기 때문이다. 적어도 문화 연구는 이분법적 인식태도와 이항대립적 경계 짓기가 아닌 "사이 공간"에 대한 새로운 방법론적 접근 방식을 모색한다는 공동의 목표를 추구한다. 그러나 이러한 사이 공간에 대한 연구는 사이 공간을 "번역공간 Übersetzungsräume"으로, 즉 관계를 형성하는 공간, 구체적인 문화 번역 과정을 통해 상황, "정체성", 상호작용이 형성되는 공간으로 간주하는 경우에만 풍부해질 수 있다.

이와 같은 경계 및 차이를 다루는 일은 중요한 연결점이 될 수 있는데, 그러기 위해서는 바로 지금 상이한 분과 학문들에서 비이분법적 번역모델을 개발하기 위한 노력이 직접적이든 간접적이든 이루어져야 한다. 비이분법적 번역모델은 더 이상 고정된 양극을 채택하지 않고 변환 Transfer(번역)의 상호성과 '항상 이미 번역되어있음'의 상태를 강조하는 것이다. "번역은 (...) 차이의 중재자이다"[30]. 번역은 문화, 정체성, 전통, 종교 등과 같은 개념들이 자칭 순수하다는 생각에 저항한다. 이러한 의미에서 번역은 정체성(혹은 동일성)을 주장하는 모든 것을 거짓이라고 폭로한다. 왜냐하면 정체성은 항상 낯선 것과 섞여 있기 때문이다. 이러한 인식은 구체화될 필요가 있다. 번역을 해체주의적 관점에서 언어차이의 범주라거나 혹은 일반적으로 언어의 특징인 차이에 기초하여 언어 비판이라는 거대한 빙산의 일부로 높이 평가하는 것만으로는 충분치 않다.[31] 개념화된, 행동분석적인 번역적 턴의 차원에서 "차이"는 이제 오히려 공간에 토대를 둔 '사이 공간'과 중간지점이라는 상호작용의 차원에서 연구될 수 있을 것이다.[32]

그렇다면 이에 맞게 주목할 만한 것은 바로 특히 여러 문화가 중첩된 탈국가적 사회 형태에서 상호의존과 상호영향에 관한 논쟁이 실제로 어떻게 이루어지는가이다.[33] 여기에서도 번역적 사고는 정체성 사고 대신 "경계적 사고 border-thinking"[34]라는 경계 현상을 구현한다. 이러한 의미에서 번역적 턴은 너무 매끄럽게 진행되는 번역 과정을 파헤치고 (문화적) 차이의 영역으로 나아가기 위하여 모든 접촉, 이동, 혼합, 번역에 있어서 특별히 중재의 순간들을 찾을 것을 요구함으로써 문화학의 다양화에 대한 관심을 촉진한다.

이러한 새로운 방향의 번역은 아마도 문화 개념이 갖고 있는 번역 개념에서 가장 분명하게 드러날 것이다. 문화 자체가 번역 과정으로 이해되고, '고정된 자리를 넘어서 Über-Setzung'라는 새로운 공간적인 개념으로도 번역은 어떤 과정으로 이해되고 있다. 이러한 변화는 정치적 지형도를 문화적으로 리매핑(문화매핑 cultural mapping)하는 기획이나 번역 과정이라는 특수한 행위 "공간"인 "제3의 공간"[35] 구성에서 볼 수 있는 것처럼 "여행으로서의 문화 culture as travel"[36]라는 표상에서도 잘 나타난다. 한 발은 공간적 턴 spatial turn에 완전히 들여놓은 채 번역적 턴은 문화이해에 근본적인 수정을 가하게 된다. 즉, 통합적인 전체론적인 문화이해가 문화적 의미맥락을 이해하고 번역하려는 해석학적 마력에 여전히 강한 지배를 받았다면, 이와 반대로 역동적인 문화이해는 실천과 협상 과정, 문화적 번역 상황에 훨씬 더 많이 관심을 갖는다. 번역에 강조점을 두는 이러한 문화이해는 경계선을 둘러싼 협상, 외부로 시선을 던질 때 얻는 생산성 및 고착화된 변환(번역) 방향의 리매핑에 관심을 돌리게 된다. 여기에서 유럽과 미국 중심의 독점적인 정의 및 이론 형성을 문제 삼는 포스트식민주의적 동인들은 중요한 자극이 된다. 유럽 문화와 학문 역시 자신들이 갖고 있는 번역과의 연관성으로부터 스스로 무관할 수는 없다. 그들은 자신의 문화와 학문들이 본래 번역된 것임을 인정해야만 한다. 이를 위해서는 문화구성체에 대한 새로운 이해가 도움이 될 수 있다.

문화는 (대상의 경우처럼) 번역될 수 있는 실체가 아니다. 오히려 문화는 세계 사회의 불평등한 권력 상황에서 번역을 통해 그리고 서로 얽혀있는 역사들의 다층적인 교차 현상과 이동 현상을 통해 구성된다. 이러한 의미에서 포스트식민주의 이론가인 호미 바바는 "번역적 문화 translationaler Kultur"[37]에 관해 강조한다. 문화 자체가 근본적으로 번역 과정을 내포하고 있다는 말이다. '항상-이미-번역되어 있다는 것' 또한 매체문화의 글로벌 네트워크의 결과이자 민족국가의 주권요구에 대한 비판적인 상대화의 결과이다. 특히 탈중심화된 문화이해를 기반으로 하는 문화이론 개념이 중요해진다. 어찌됐든 문화는 "고유의" 독특한 세계로 나타나기보다는 "혼종의 hybrid" 불순하고 혼합된 경험층위와 의미층위로 나타난다. 특히 초국가적인 이주와 망명과 같은 분쟁 영역은 전통과 정체성을 보호하는 닫힌 영역이라는 문화적 표상에 의문을 제기해왔다. 문화는 여기서 각각의 번역 과정의 표현과 결과로 나타난다. "문화(...)는 초국가적이고 번역적인 것이다"[38]. 이 번역적 문화의 개념에 의지하여 주디스 버틀러 Judith Butler는 문화 번역의 개념을 세계시민주의 Kosmopolitismus의 초국가적인 핵심 범주라고 주장하며, 세계문화의 형성을 "문화-횡단 번역 cross-cultural translation"의 끝없는 과정으로 간주한다.[39]

그러나 우리는 글로벌한 언어 및 번역정책을 계몽된 세계시민주의로 들어가는 문으로 구축하기 위해 글로벌 관계의 차원에서와 마찬가지로 "번역적인 초국가주의 translational transnationalism"[40]의 공식을 받아들이기에 앞서, 바바에 따른 초국가적인 것과 번역적인 것을 문자 그대로 철저하게 짚고 넘어가야 한다. 그것은 단순한 언어유희를 넘어 초국가적 문화학에서 구체화시켜야 할 과제를 지적하고 있기 때문이다. "모든 초국가적 문화 연구는 항상 지역적 특수성을 새롭게 살려 글로벌한 새로운 문화소비기술과 이데올로기 확산에 점령당하지 않기 위해 초국가적 세계화 개념을 분산시키고 파괴하려는 모든 요소들을 '번역'해야 한다."[41] 이러한 의미에서 번역의 개념은 문화뿐만 아니라 세계화를 번역을 통해 다시 고려하는 것이다. 마이클 크로닌 Michael Cronin의 "번역으로서의 세계화 globalization as translation"[42]라는 말은 글로벌화 과정의 탈중심화를 암시한다. 세계화는 지구의 모든 지역에서 같은 방식으로 동시에 경험되지 않는다. 그보다는 세계 경제의 특정 요소들은 여러 지역적 상황에 따라 상이한 맥락에서 다르게 적용되고 재해석되며 번역된다.

이러한 이유로 텍스트와 함께 번역의 관점은 상이한 문화적 실천, 사회 제도, 법과 행정 체계의 다양한 스펙트럼을 보다 포괄적으로 다루어야 하며, 이를 문화–번역의 대상, 단위, 행위자로 보아야 한다. "우리는 법, 은행, 공공 행정, 교육, 보건, 회계, 보험, 치안, 전쟁, 대중매체, 자연과학 등 다양한 사회 실천에 대한 서구 담론을 번역할 때 사회적 전제 조건과 결과에 대해 보다 체계적으로 고려해야 한다."[43] 번역은 문자 및 기호 순환의 재현 영역에만 해당되는 것이 아니라 다른 제도적 체제를 탐색하고 교환 관계의 물질적 측면을 고려하는 시도이다.[44] 이러한 측면에서 번역가능성은 현대 세계의 보편화 경향의 특징으로 볼 수 있다. "현대 세계를 형성해 온 다른 많은 사건들과 마찬가지로 글로벌한 번역가능성은 미터법 체계의 발명, 현대 우편서비스, 국제법, 금본위제, 전기통신 등과 일종의 보편주의적 열망을 보여주는 것이었다.[45] 번역적 턴은 (상호)문화적 과정들의 "심층구조"로 간주되는 물질적, 정치경제적 및 미디어적 중계 조건들은 물론 사회적 상호작용, 제도적 기반을 조명함으로써 문화학에 문화주의의 함정으로부터 벗어날 수 있는 탈출구를 제공한다.

만일 문화를 번역으로 이해한다면 그것은 단지 은유적인 의미에서만이 아니다. 그 이유는 표준화 경향, 정체성 주장 및 본질주의적 규정과는 대조적으로 번역의 관점은 구체적인 차이구조를 드러내기 때문이다. 한 사회 안에서의 이질적인 담론공간, 문화 자체 내의 반대 담론, 저항 행위의 담론 형식까지도 드러낸다. 문화인류학과 포스트식민주의는 마침내 문화들 사이의 차이와 번역뿐만 아니라 문화 내에서 그리고 문화적 경계를 횡단하는 차이와 번역에도 초점을 맞추었다. 이렇게 문화가 번역된다는 것 내지 문화의 다층성은 혼종성으로도 설명할 수 있을 것이다.[46] 그러나 또한 혼종성은 문화를 단순히 혼합시키는 것 이상의 가치를 갖는다. 즉, 혼종성은 단순한 혼합공간이 아닌 번역 과정의 활동공간으로 간주되어야 한다. 따라서 각각의 차이가 형성되는 과정을 명확하게 이해하기 위해서는 번역의 개념을 혼종성의 개념으로 생각하는 것이 더 효과적일 것이다. 이러한 점에서 문화의 관점은 상호 문화성 분석에서 중요한 차원들을 되찾기 위한 필수적인 관점이다. 구별하기, 차이를 과장하기, 낯설게하기 및 가까이 다가가기, 중재하기와 같은, 너무 쉽게 간과되거나 사라져버린 계기들이 바로 그 차원들이다. 이와 같이 다양한 상호 문화적 해석공간과 번역공간을 고려할 때 비로소 국가와 문화를 초월한 새로운 번역단위들이 발견된다. 문화는 이제 더 이상 번역의 대상이 아닌 분쟁, 차이, 중첩 및 혼합을 보여주는 좌표에 다름 아니다. 이 과정에서 각각의 번역 상황들에 보다 정확하게 접근할 필요성이 생겨난다. 특히 각각의 번역 단계, 번역 거부, 단절, 번역의 성공 조건은 물론 문화 번역 과정의 실패와 좌초의 근거와 이유에 주의를 기울여야 한다. 그러므로 그러한 번역의 관점이 문화 개념 자체를 바꾸어 문화를 심지어 문화적 차이들 간의 협상이 이루어지는 장으로 만들고 있다면, 그것은 그저 개념의 문제만은 아니다. 그 배경에는 번역이 더욱 더 문화적 행위의 한 형식으로서 인식되어야 한다는 통찰이 자리하고 있다. 번역이라는 그 문화적 행위의 형식은 생존을 위해 소속과 의미와 요구사항이 전혀 다른 문화들 간의 모순된 문화적 귀속성, 의미 및 요구 사이의 자기모순과 불가피하게 대결하기 위해 필요한 것이다. 어쨌든 여기서 중요한 것은 이질적인 생활환경에 직면하여 스스로 번역되는 것 또는 스스로 번역될 수 있도록 만드는 것이 중요하다.

4. 사회적, 문화적 실천으로서의 번역

탈국가적 세계 상황에서는 특히 생활세계와 텍스트의 진정성의 근거인 지역적 토대는 점점 사라지기 때문에 화용론적인 번역 관점을 취하는 것이 불가피해진다. 그대신에 더 자주 집단적인 상상력을 규정하는 것은 바로 "상상의 고향"(살만 루슈디)[47]이다. V. S. 네이폴 Naipaul의 소설 『강의 협곡 A Bend in the River』에서 이에 대한 예들을 찾아볼 수 있다. 아프리카에 살고 있는 인도인들은 아프리카의 강을 갠지스강의 이미지로 "번역"하면서 바로 이 강을 인도에서 아프리카로의 영토 이주 경험을 나타내는 부적절한 기준점으로 만든다.[48] 이와 같은 방식의 "혼종적" 전이는 민속지학에 뿌리를 둔 영토 중심의 문화이해와는 거리가 멀다. 이와 같은 과정 중심의 초지역적인 문화이해는 '번역하기'와 '번역되기'를 일상 생활 속에 존재하는 행위 형식으로 파악함으로써 특히 화용론적 번역 관점을 가질 수 있다. 즉 "번역은 직접적으로 삶의 관점과 의사결정 수준에 관계되는 '실존적' 과정으로 드러난다. 말하자면 그러한 '혼종성'은 살기 위해 번역되어야 한다. (...) 번역 연구의 미래 과제는 번역을 상호작용이 이루어지는 사회적 사건으로 구체화시키는, 폭넓은 번역 상황들('목록')을 사례 연구 형식으로 고찰하는 것이다."[49]

문화 번역과 번역으로서의 문화를 구체적으로 작동시키려는 초기의 접근법은 번역적 턴의 방법론적 발전을 위한 비옥한 토대를 마련해주고 있다. 이러한 접근법은 번역자 혹은 문화중개자, 또는 바로 번역되고 있는 그 사람들의 구체적인 활동에 기초한다. 이러한 구체적인 번역 행위를 보면 문화들 간의 접촉 과정에서 뒤엉킴과 협상, 불안정, 오해 및 번역 거부까지도 나타남을 보다 분명하게 알 수 있다. 문화학의 다른 대상 영역들 역시 더 이상 기존의 단위가 아니라 상호작용이 필요한 상호관계 및 중첩 영역으로서 간주되어야 하며, 중재를 필요로 하는 (예를 들어, 자아와 인격적인 정체성이라는 관념은 관계 개념이며, 개념의 이동은 번역 과정과 협상 과정이다 등등) 다층적이고 복합적인 것으로 취급되어야 한다. 상호 문화적인 번역 행위의 경험에서 출발하여 '번역적 턴'을 지나 일반 문화학 연구에 도입되고 있는 것은 바로 이와 같이 행위를 바라보는 다각화된 관점이다. 수잔 바스넷 Susan Bassnett은 일찌감치 일반적인 상호관계이론의 의미에서 그러한 번역이론의 필요성을 강조했다. "오늘날 전 세계 인구의 이동은 번역 과정 자체를 반영하는 것이라 할 수 있다. 번역은 단지 한 언어에서 다른 언어로 텍스트를 옮기는 것이 아니라 이제는 텍스트 간, 문화 간의 협상 과정, 번역가라는 인물의 중재를 통해 이루어지는 온갖 종류의 거래 과정처럼 보이기 때문이다."[50]

지금까지 사회적 상호작용의 영향을 구체적으로 정의하기 위한 문화학과 사회학의 시도는 충분한 결과를 내지 못했다.[51] 그러나 개념으로서의 번역은 적어도 이미 전 세계적인 이동의 움직임을 분석하는 데에는 유의미하다. 번역 개념을 다루는 사회학적 연구의 첫 번째 선구적인 접근은 특히 이주를 새로이 정의하려는 시도에서 발견된다. 이에 따르면 이주란 경험적 맥락, 개인적인 입장과 지각 및 요구 내용에 근거해 이주민들의 정체성 형성의 다층성을 구체화하고 그와 함께 번역 및 활동공간을 드러내는 지속적인 변형 과정이다.[52] 그 결과 이주 과정의 복잡성은 더 정확하게 기술할 수 있게 된다. 이는 소위 다문화 사회의 통합구조의 측면에서만 그런 것은 아니다. 이러한 맥락에서 "문화적 조우 Cultural encounter"와 상호 문화적 의사소통이라는 개념 안에 너무 쉽게 "몰아 넣어" 불투명한 상태로 남아 있는 전제조건, 실천, 단계, 결과, 감정의 흐름 등이 조명된다. 번역은 상호 문화적 교환 및 협상 과정과 같은[53] 구체적인 "방법"으로 가는 통로를 마련해주는 개념으로서 여전히 언어적 소통의 시도, 언어적 혼란, 언어의 중첩 및 다언어성에 기초하여 진행되고 있다. "번역"은 문화학 분석에 새로운 어휘와 주요 개념을 제공하고 있다. 문화학적인 분석어휘는 전 지구적 세계에서 이동 중인 인간, 사물, 이념 및 다른 교환 형식의 "난류"[54]를 개념화하는 데 대안을 제시한다.[55] "전 지구적 이주 시대에 우리는 또한 흐름과 저항을 개념화하는 새로운 사회이론과 차이와 번역을 표현하는 문화이론이 필요하다."[56]

이로써 비교 불가능한 주제를 다룰 수 있고[57] 불협화음을 만들어낼 수 있는 번역정책의 가능성이 열리게 된다. 절실히 필요한 것은 유연하게 "변하는 번역이론"[58]인데, 이것은 "충실하지 않은 번역"[59]을 통해서 번역의 해방적 기능을 끌어들임으로써 또한 번역에 대한 저항과 의미변화의 잠재적 생산성을 노출시킨다. 이러한 번역 기능은 등가성을 요구하는 전통적인 번역에 의해 차단되어 있었다.[60] 따라서 번역적 턴에 이르러 번역은 기존의 위치 또는 영역들 사이의 (등가성) 관계를 넘어서는 매체라는 개념을 명시적으로 갖게 된다. 이를 통해 비로소 다양한 영역들이 형성되기 때문이다. 예를 들면 전 세계적으로 이루어진 환경정책에 관한 담론이 얼마나 긴장감 넘치게 발전했는지를 보면 알 수 있다.[61] 지그문트 바우만 Zygmunt Bauman에 따르면 등가성이 아니라 변형성이 세계 사회에서 문화적인 번역 과정이 필요한 주요 기준이 된다. 번역적 턴의 잠재력은 무엇인가? 문화학에서 변형의 원리로서 번역은 행동에 영향을 미치기 위해 활용된다. 그와 동시에 경계 영역과 사이 공간은 재차 전형적인 번역공간으로서 평가된다. "문화가 만나는 지역과 경계지역의 경계선은 지속적으로 침해되고 다시 그려지는 영역이다. 물론 두 상대가 지속적인 번역 시도로 변하기 때문은 아니다. 비교문화적 번역은 같은 공간도 차지할 수 없고 공통 공간을 자기 마음대로 표현할 수도 없는 사람들에게 동거 장소를 제공하는 지속적인 과정이다. 번역 행위는 상대에게 손상을 입히지 않는다. 둘 다 그 만남에서 변화가 생기고, 처음의 행동은 마지막에 달라진다 (...)."[62] "상호 변화"와 변형이 전통, 출신 또는 정체성의 "원본"에 대한 재생산 또는 원본에 대한 "충실함"이 아닌 번역의 결과물이 된다. 또한 구체적인 실천 영역에서도 문화는 번역으로 이해될 수 있을 것이다. 왜냐하면 번역은 복잡한 상황에 대처하기 위한 전략을 시사하기 때문이다. 즉 한편으로는 다양한 문화적 계층과 소속 사이를 '이리저리 오가는-번역'과 다른 한편으로는 번역되어야 할 것의 변화를 목표로 하는 매우 상호적인 번역실천을 제시하기 때문이다.

5. 번역정치: 번역 과정에서의 쟁점들

'번역적 턴'에 의해 번역의 개념은 변화되고 또한 확대될 수 있다. 그도 그럴 것이, 문화학에서부터 문화정책에 이르기까지 '번역이란 다리를 놓는 것'이라는 문화 번역 과정에 대한 기존의 지배적인 생각에 논란의 여지가 생기기 때문이다. 최근 『미래로 가는 다리 Brücken in die Zukunft. Eine Initiative von Kofi Annan』[63]라는 문화정책선언에서 또다시 "국제 관계의 새로운 패러다임"[64]으로서 문화 간 대화를 강조한 것 역시 번역 개념에 대한 새로운 인식을 드러낸다. "'나뉜 것을 연결하기'는 '나뉜 것'이 무엇이 됐든 간에 궁극적으로 다양성을 이해하고 존중하는 법을 배우는 첫걸음이다."[65] 물론 이와 같은 방식으로 번역 연구나 문화이론 혹은 문화정책에서도 성공적인 번역 과정과 번역의 통합적 기능에 대해서는 오랫동안 충분히 강조해왔다. 그러나 이보다 더욱 고무적이고 현실적인 것은 번역 과정에서 드러나는 단절과 차이가 그 어느 때보다도 더욱 분명하게 조명되는 일이다. 이를 위해서는 초벌 번역을 살펴보는 것이 바람직한 방식이다. 왜냐하면 처음부터 단번에 깔끔한 번역이 되지는 않기 때문이다. 초벌 번역에서는 단절된 번역, 오역, 실패한 번역 등이 그대로 드러나는데, 이는 오히려 이해를 위해 필수적인 출발점으로서 유용한 것이다. 다양한 층위의 번역을 중요시하는 상호 문화적 해석학의 관점에서 보면 오해된 번역들을 반드시 포함시키는 것이 중요하다. 더구나 문화의 다중적 소속성 및 중첩성이 일방적인 번역과 선형적인 번역 방향을 더 이상 용납하지 않기 때문이다. 그러나 지금까지의 문화 번역 연구는 아직은 여기까지 이르지 못하고 있다.[66]

이와 달리, 문화인류학적 번역 연구는 이질적인 의미구조와 생활세계가 엿보이는 비유럽의 주요 문화 텍스트를 유럽의 텍스트 형식으로 옮길 때의 문제점을 예로 들어 번역가능성의 한계 경험을 분명하게 보여준다.[67]

한편, 번역을 방해하는 심각한 장애물은 권력에 내재된 간과할 수 없는 번역정치적 측면이다. 따라서 포스트식민주의적 관점에서 번역은 갈수록 절박한 문화정치적 프로젝트가 되고 있다. 문화 및 텍스트 번역의 토대가 되는 권력에 대해 문화인류학과 포스트식민주의 이론은 똑같이 비판적인 시각을 견지한다. 여기에서 "(제3세계)문화의 번역정치"[68]에 주목하게 되면서 민족지학적 번역 문제와 재현 문제는 정치적 성격을 띠게 된다.

이와 같은 번역정치의 축에서 차이의 번역에 대한 중요한 변형이 이목을 끈다. 이 번역 형태는 "번역은 단지 언어와 문화의 경계를 가로지르는 것이 아니라, 지역이든 국가든 혹은 초국가든 사회라는 무대 안에서 패권을 잡기 위해 각축전을 벌이는 이익집단과 담화들을 가로지는 것"[69]으로서 살만 루슈디 Salman Rushdie의 소설들이 수용될 때 적잖은 갈등을 낳았던 예를 통해 알 수 있다. 문화와 문화적 차이 내에서 그리고 그 사이에서 일어나는 생활세계의 갈등과 정치적 갈등을 위해 번역 개념이 필요한 곳은 무엇보다도 사회적 불협화음이 녹아있는 바로 이 '무대'인 것이다.

이러한 예들은 상호 문화성이 "의사소통의 보편적 토대 찾기"를 요구하는 동시에 "각자만의 특이한 문화적 근원 찾기"[70]를 요구하는 바로 이 점 때문에 얼마나 걸림돌이 되는지를 보여준다. 하지만 이러한 문화 간 접촉의 딜레마로 번역 문제를 위한 생산적인 논의의 장이 열린다. 이러한 연구지평은 낯선 문화와 언어를 항상 유럽적 맥락으로 번역하는 유럽적 특권과 오랜 전통에 맞선다. 어쨌든 향후 유럽의 번역연구는 "번역 과정은 오로지 모든 비유럽 문화의 자기 이해를 위해서만 중요한 역할을 한다"[71]는 관점에 제대로 부응하려고 하면 할수록 더욱 새로운 도전에 직면하게 될 것이다. 여기에는 특히 아프리카, 아시아, 카리브 제도와 같은 다중언어 사회에서 혼종성을 살리는 번역을 통한 정체성 형성의 과정들이 포함된다.[72] 또한 세계어인 영어의 패권적 지위와 영어로 각인된 세계시장에 개입하고 이에 대해 문제를 제기하는 것도 포함된다. 글로벌 경제에서 영어가 지배하는 세계시장의 불균형적 번역조건 역시 번역의 범주를 통해 전면에 드러나게 된다.[73]

6. 번역적 턴의 인식지평과 방법

하나의 턴이 형성되는 마지막 단계는 인식론적 차원에서의 도약이다. 번역적 턴의 경우, 인식론적 차원의 도약은 번역의 개념이 대상 차원에서 분석 차원으로 변할 때 이루어진다. 이러한 인식론적 차원에서 번역의 개념은 이분법을 비판하는 문화학들의 최근 경향에 힘을 실어준다. 왜냐하면, '사이 공간'으로서 번역은 이분법적 사고와 본질을 추구하는 동일성에 반대하기 때문이다. 반면에, 방법론적 차원에서 번역은 학문과 학문을 연결하고 합치며, 개별 학문과 그 고유의 개념체계 자체를 변화시킬 수도 있는, 아직 더 연구가 이뤄져야 하는 모델로서 논의되어야 할 것이다. "개념들은 다른 장르에 들어가면 변한다."[74]

따라서 번역은 기존의 지식 및 세계 사회에서 단순히 문화 간 접촉의 매개체 또는 문화 간 갈등 과정 그 이상이다. 번역은 개별 학문이 다른 학문에 최대한 가까이 연결되어 '접촉 구역 Kontaktzonen'을 형성하는 학제 간 연결 모델이 될 수도 있다.[75] '순조롭고 원활한' 학제 간 연구와 달리 번역은 여러 학문, 여러 연구 방향 사이의 차이와 긴장, 갈등과 연결되어 있다. 이처럼 긴장으로 가득한 접촉 구역들은 특히 이쪽저쪽으로 옮겨감으로써 다른 장르와 맥락에서 다시 표현되며, 이를 통해 학문적 개념들을 변화시킨다는 점에서 생산적이다. 이를테면, 자연과학적 개념을 문학에서 소개하거나 감정을 신경생물학적으로 분석하는 것이 그러하다. 최근에는 특히 뇌과학과 정신과학 사이에 '자유의지'를 둘러싸고 학제 간에 고유의 개념을 번역하는 문제로 논쟁이 일고 있다. 이 같은 학문 간 접촉 및 겹침, 갈등 구역은 문화 간 대조 관점에서 발전을 자극한다.[76]

그러나 가장 생산적인 것은 학제 간 교차가 번역의 방법적 잠재력을 활용할 때다. 이는 굳어진 일반 개념을 규범적, 조작적 개념으로 번역하거나 문화 간 상황에서 매개요소들을 드러내는 것뿐만 아니라, 단절, 방해요소 또는 번역불가능성을 허용하는 것을 의미한다. 이는 비교문학 연구를 위한 새롭고 구체적인 자극으로서 단순한 비유를 넘어 개별 학문을 문화 간 주요 연결점에 연결하는 '번역'의 자산을 의미하기도 한다. 비교문학의 개념들은 '번역용어'[77]로 이해해야 한다는 제임스 클리포드의 제안은 중요한 동인이 된다. 이 말의 의미는 무엇인가? 클리포드는 문화적 의미와 의미의 차이들을 번역하고 비교하는 것은 그리 간단하지 않다는 견해에서 출발한다. 소위 '여행하는 개념들 traveling concepts'에서와 유사하게 여기에서도 '위치변경 practices of displacement'[78]이 작동하는데, 바로 전달, 변환, 번역이 그것이다. 이 점은 한편으로는 문화학 내지는 문화 연구의 세계화를 위해 중요하다. 왜냐하면, 문화학의 세계화가 일방적이지 않고 (유럽)주변부에 의해 변형되어야 한다면, 스튜어트 홀의 말대로 번역 과정을 요구하기 때문이다.[79] 다른 한편으로, 세계 사회에서는 도처에 불완전한 번역의 등가들이 생겨나는데, 이는 위의 번역 개념을 가지고 처리될 수 있다. 여기에 클리포드는 디아스포라, 이주, 관광, 망명, 그리고 무엇보다 '여행'을 비교문학적 '번역 개념'으로 이용할 것을 제안한다. 이로써 추상적인 비교단위가 아닌, 구체적인 문제 영역과 실천들을 다루는 기준들이 마련되었다. 이 기준들은 유럽 개념사의 한계를 뛰어넘는 것인데, 이는 비유럽 사회의 근대화 과정에서 서구적 개념들이 단순히 습득될 뿐만 아니라 변형된 것에서도 마찬가지로 볼 수 있는 점이다. 이로써 문화학은 더 이상 문화의 진정한 '뿌리 root'가 어디인지를 찾기보다는 초문화적 이동(루트 routes)을 통해 문화가 형성된다는 점에서 출발하는 여행학 Reisewissenschaft 또는 이동학 Verkehrswissenschaft이 되어간다. '번역으로서의 문화'는 이 점에서 국경을 초월하는 새로운 행위자(문화중개자, 중개인, 번역가, 여행자)를 통해 초국가적인 문제 영역이 생겨나는 것을 구체적으로 보여준다.

비록 아직까지는 대략적인 윤곽만 제시될 수 있지만, 바로 여기에서 번역적 턴을 위한 넓은 지평이 열린다. 어쨌든 문화를 비교할 때에 번역이 어디까지 도움이 되고, 되지 않는지를 검토하는 것이 필요하다. 예를 들면, 비유럽권에서 주도하고 있는 초국가적 역사서술이라는 최근의 시도들은 유럽과 비유럽 간에 얽힌 관계들을 다룬다. 이들은 '서로 뒤엉킨 역사들 entangled histories'[80], '서로 연결된 역사들 connected histories', 관계사, 그 밖에 조지 마커스가 민속학의 초국가적 형태로 제안하는 '다현지 인류학 multi-sited anthropology'[81]을 살펴본다. 그러나 더 이상 유럽적이지만은 않은 이러한 (비유럽적) 연구들은 자신의 개념들과 그것의 보편화를 위해서는 더욱 철저한 문제 제기를 필요로 한다. 왜냐하면, 문화 간 비교를 위해 사용되는 시간, 역사, 사회, 권력, 노동, 근대화, 자본주의, 발전 등의 개념들 자체가 고정된 것도, 문화를 포괄하는 것도 아니기 때문이다. 반면에, 비판적인 시각에서 번역을 살핀다면 이러한 개념들의 가변성은 생산적인 것이 된다. 이들 개념을 번역의 능동적 역할(상호작용, 교환, 상호성, 그 밖에도 번역 거부 또는 번역 불가)로 조명한다면 위르겐 오스터함멜 Jürgen Osterhammel이 말한 "문화 간 관계 및 접촉 역사"에 더 가까이 다가갈 수 있다.[82] 이로써 최근 세계역사 논의에서 여전히 존재하는 유럽중심적 비교주의를 피할 수 있다. 어쨌든 위르겐 오스터함멜은 문화 간 비교를 위해 서양의 기준들을 전제로 한다. "문화 간 비교 가능성은 근대 역사학의 보편적 단위에 근거한다. 그것의 사고방식 및 과정의 방식은 (...) 유럽이라는 개별적 기원을 가지지만 이는 보편적인 것이다 (...) 근대 역사학의 방법론적 보편성은 시대와 문화를 초월하는 동질적 공간에 상응한다."[83] 이처럼 자기비판이 이뤄지지 않은 불완전한 상태에 머물고 있는 개념들로 인해 세계역사 서술에 여전히 유럽중심적 증후들이 재생산되고 있다.

이와 달리, 인도 출신의 역사학자인 디페시 차크라바르티 Dipesh Chakrabarty는 번역의 시각이 얼마나 포괄적으로 확장되어야 하는지를 제시하고 있다. 그에 따르면, 번역은 문화적 교차일 뿐만 아니라, '범주적 교차 cross-categorical'이기도 해야 하며, 유럽 중심의 보편적 비교기준 대신에 비유럽적 개념에 문을 개방해야 한다. 이처럼 '범주교차적 번역 cross-categorical translation'을 이용하면 힌디어 개념인 'pani'를 기존의 서양 지식체계 범주에 따른 H2O라는 표현을 거치지 않고도 영어의 '물'로 번역하는 것이 가능할 것이다.[84] 성급하게 일반 번역 개념을 채택하면서 숙고하지 않고 비교점 tertium comparationis을 허용하는 그런 태도를 취하지 않는 비교야말로 상호 문화 번역을 위한 공동의 장을 마련하는 태도다. 이를 위해 초문화적 역사서술은 번역적 턴이라는 새로운 지평을 이용할 수 있었을 텐데, 아직까지 그렇게 하지 못하고 있다. 이때 번역의 범주는 바로 문화 비교에 대한 등가 개념이 된다.

왜냐하면, 번역의 범주는 비교의 심층구조에 주목하기 때문이다. 이로써 번역의 범주는 상호 문화적 비교문학을 장려한다. 상호 문화적 비교문학을 통해 서구 본래의 분석 및 비교 범주에 질문을 던지는 차원에까지 이르게 되고, 바로 거기에서부터 보편화 가능성의 한계를 비판적으로 드러낼 수 있게 된다.

7. 번역적 턴과 개별 학문

민속지학은 (이문화들을) 번역하는 학문으로 간주될 수 있다. "번역은 민속지학자들이 독자들을 위해 이문화권 사람들의 신념과 행위를 이해할 수 있도록 분석하고 기술하는 것이다."[85] 그러나 민속지학적 번역학의 잠재력은 지금까지 충분히 연구되지 못했을 뿐만 아니라, 민속지학을 번역적 턴의 선구자로 간주하는 것 역시 무리가 있다. 하지만 번역을 단순한 언어 번역을 넘어 문화 전달의 차원으로까지 확장한 것 또한 민속지학이다.[86] 민속지학은 낯선 문화의 경험과 개념, 관습의 맥락화 뿐만 아니라, (현장 연구) 경험을 민속지학적 텍스트로 번역하거나, 문화적 경험을 문화서술로 번역하는 문제도 강조한다. 문화서술 논쟁에서는 이러한 현장 연구 관찰을 텍스트로 번역하는 것에 의문을 제기한다. 한편, 성찰적 턴은 번역적 관점의 가치를 격상시켰다. 이는 문화 또는 텍스트 원본의 등가를 논하는 대신에, 번역수사학, 표현관습, 서사적 표현수단(은유법, 비유법, 제유법)을 비롯하여, 역사적, 사회적 담론의 조건, 그 가운데 전달 과정에서 생겨나는 구성물, 즉 타자의 '고안'에 더욱 관심을 가진다.[87] 연구 및 기록 과정 그 자체가 연구 대상이 되고 민속지학적 표현의 수사학이 핵심 문제가 되면서 번역에 대한 요구도 흔들리기 시작했다. 민속지학적 번역을 통해 낯선 문화에 접근하는 것이 실제에 가깝게 가능할 것이라는 추측은 근본적으로 오판임이 드러났다. 문화와 텍스트 '원본 Original'에 대한 생각 자체에 의문이 제기된 것이다. 문화 번역은 결국 재현된 것들의 재현인 것이다.

각각의 독립적인 문화를 한데 묶어 일괄 번역할 수 있을 것이라는 생각 또한 환상인 것으로 드러났다. 제임스 클리포드에 따르면, "문화는 자신을 묘사하도록 가만히 있지 않는다"[88]. 그리고 번역하도록 놔두지도 않는다. 낯선 재현이라는 의미의 비판적 번역은 항상 부분적인 번역이 될 수밖에 없다. 이러한 번역은 제유법을 이용하여 문화 전체를 표현하지 않는 한, '부분적 진실'[89]만 제공할 뿐이다. 어쨌든 클리포드가 자신의 선구적 논문인 「민속지학의 권위에 대하여」(2008)[90]에서 상술하고 있듯이, 자기들 고유의 권위인 단성적인 재현으로 여러 문화와 텍스트를 고정시키고 규정지어 버린 것 또한 민속학자들이다. 이문화에 대한 지식을 인류학 차원에서 전달하는 번역은 자연과 문화, 원시성과 근대성 등과 같은 언어 대립쌍에서 암시적인 진화주의를 주장하는 관습적 표현들(예를 들면, 시간을 초월한 '민속지학적 현재형 ethnographisches Präsens'과 '체험화법 Erlebte Rede')에 의해서만 확고한 위치를 차지하게 된 것은 아니라고 한다.[91] 수사학적 전략 또한 문화전달이 민속지학자들의 표현권위에 상당히 의존하고 있다는 것을 보여준다. 재현에 대한 이러한 비판과 정치로 인해 민속지학적 텍스트뿐만 아니라 새로운 방식의 전시나 박물관과 같은 이문화 서술의 또 다른 민속지학적 형식들 또한 '문화 번역'으로 읽을 수 있다.[92] 하지만 여기서 번역적 턴이라고 말할 수 있으려면, 민속학의 방향 전환이 전반적으로 더욱 분명하게 일어나야 하며, 여러 문화 사이에서 직접 행동하고, 더 이상 문화 번역을 지향하지 않고 문화들 사이의 '경계를 넘어'[93] 다른 것/낯선 것과 같은 핵심 개념들과 참여하는 관찰 그리고 문화적 번역을 다시 정의하는 이런 민속지학의 모습이 두드러져야 한다.

이러한 번역 연구의 관점은 한편으로는 번역학과 성찰적 턴이 만나는 지점이다. 왜냐하면, (문학)번역의 역사 역시 텍스트 번역 차원에서 어떻게 권위를 주장하고 또 행사해왔는지를 자문하고 있기 때문이다.[94] 다른 한편으로는, 이러한 번역 연구는 번역학에서의 포스트식민주의 턴과, 그리고 '타자화'[95]에 대한 비판을 선두로 하는 비유럽적 시각의 문화 간 교차번역으로 전통적인 번역의 방향을 바꾸려는 포스트식민주의 턴의 시도와 맞닿아 있다. 이러한 발상이 가능한 것은 비유럽권에서 이루어지는 번역에 대한 성찰 때문이다. 이리하여 말하자면 완전히 다른 비서구적인 번역 개념을 가진 아시아권의 번역전통이 더욱더 강하게 유입되고 있는데, 이는 그야말로 번역적 턴의 관점에서 유럽 중심을 비판하는 교차번역 및 이론교환의 방향을 뚜렷하게 드러내고 있다.[96]

이와 같은 번역학의 글로벌한 현장은 최근에는 심지어 비교문학 Vergleichende Literaturwissenschaft과 같은 학문 전체의 구조조정을 위해서도 중요하게 다루어진다. 특히 2001년 9월 11일 이래 번역과 번역가에 대한 글로벌정치적인 수요의 급증은 글로벌을 지향하는 비교문학을 위해서도 번역적 관점을 포기할 수 없게 만들었다. 아니, 본질적이 되었다고 말할 수 있다. "글로벌 번역은 비교문학의 또 다른 이름이다."[97] 에밀리 엡터 Emily Apter에 따르면, 새로운 비교문학은 '번역구역 translation zones'이라는 정치적 맥락 안에서 자리를 잡아야 하며, 번역적 초국가주의의 지적인 지형을 위한 구체적인 기준점이 되어야 한다.[98] 여기에서 매체를 통한 혼성적 말하기로서의 크레올화, 오역, 이질적인 평행세계 내지는 언어적 분리주의로 인한 번역불가능성은 세계 번역시장에서 텍스트 전략으로서 전면에 드러나게 된다.

이처럼 번역으로 특징지어지는 국가별 역사의 패러다임 전환은 마찬가지로 점차 초국가적으로 변화하는 역사학을 예고한다. 최근 역사학은 특수한 역사적 과정으로서 번역의 새로운 발견을 주장하고 있다.[99] 특히 아시아학이 이 부분에서 선도적이다. 아시아학은 역사적 과정을 번역 과정으로 이해하면 역사를 새로이 발견할 수 있다는 것을 보여주기 위해 '외부 관점 Außenperspektive'을 이용한다. 무엇보다 식민주의와 탈식민화, 선교의 역사, 특히 서구적 개념들(예를 들면, 자유, 민주주의와 같은 정치적 원리 등)의 수용과 새로운 해석을 통한 개념 및 이론의 이동이 그 예이다. 하지만 이 밖에도 중국 사회의 근대화 과정에서 이용된 서구의 사회사를 '중국적 사회사'로 현지화하는 등 비대칭적 전환으로 인한 이론의 이동은 번역 과정과 중개 활동의 구체적인 무대가 된다.[100] 이러한 예들로부터 번역은 상호 문화 관계 및 '얽힌 역사들'에 대한 새로운 시각을 열어준다. 이는 일방적이거나 패권적인 움직임이 아니라, 복잡한 '문화 간 코딩(약호화) 과정'이다.[101]

현재 이러한 관점으로 시각이 바뀌고 있다. 번역을 단순히 수용하거나 저항해야 하는 것으로 인식[102]하는 문화적 헤게모니의 실천과 식민주의적 승복 전략[103]은 번역을 문화 간 의사소통의 다층적 과정으로 보는 관점으로 인해 뒤로 밀려나고 있다. 여기서 더욱 창의적인 재해석, 서구가 제공한 변환[104]에 직면하여 능동적이며 자체적인 역사 정치적 개념의 발전, 즉 명시적 비등가의 실천에 대한 기대가 커진다. 이러한 번역 과정에 대한 인식 변화로 (유럽적) 개념 및 사상사의 한계를 뛰어넘을 수 있다. 여전히 지배적인 번역 개념의 은유적 사용을 넘어, 번역은 이미 어느 정도 '역사상의 특수하고 물질적인 사건 a specific and material event in history'[105]으로 인정되고 있다. 이는, 추후에 묘사하는 '번역 행위 Übersetzungsleistungen'가 아니라, 원주민, 여행자, 화자, 작가, 후대의 역사가 사이의 다양하고 다극적인 상호작용 및 번역 상황을 포함하고 있는 초기의 여행기 시각의 번역 방식에서 구체적으로 드러난다. 즉 그것은 '본 것을 장면으로 번역하기 Translating Seen into Scene'[106]이다.

역사학과 민속학[107] 외에도 종교학, 무엇보다 비유럽 기독교의 역사 (선교의 역사)에서 번역적 턴을 위한 요소들을 찾아볼 수 있다. 여기서 비유럽 문화권에 기독교를 전파하는 선교 활동은 번역의 한 과정으로서 새로운 의미를 가진다. 이때 텍스트 뿐 아니라 이미지와 그림도 번역 대상에 포함된다. 이로써 종교학은 지금까지의 텍스트중심주의에 작별을 고하고, (필리핀처럼) 사실적 묘사에 대한 고유한 전통이 전무한 문화에서 예배, 그리스도의 수난사를 그림을 통해 동화시키는 등 종교적 전달 수단으로서의 수행적, 종교적 표현양식을 받아들인다. "기독교의 세계전파의 역사는 단순히 정신과 교리의 역사가 아니다. 그것은 이미지 전환, 시각적 커뮤니케이션, 미디어의 역사와 밀접하게 연결돼 있다."[108] 문화 번역의 개념은 여기에서 '이미지 전파와 종교적 개종을 위한 분석 도구'[109]로서 고려될 수 있다. 이 같은 새로운 관점은 번역의 수요자를 더 이상 유럽의 번역을 그대로 받아들이는 수동적 수신자가 아니라, 번역 과정을 함께 만들어가는 능동적 창조자로 간주한다. 여기에서 개종이란 번역으로서, 즉 변형과 새로운 해석, 능동적 동화와

'이미지 행위'의 수행적 실천으로서의 의미를 갖게 된다. 이로써 번역적 턴은 오스틴 John Austin의 화행이론 Speech Act Theory에 기반한 수행적 턴, 아이코닉 턴과 서로 겹치게 된다. 마찬가지로 이 영역에서 '번역 연구로서의 문화이미지학'[110]이라는 관점으로 번역 개념에 대한 흥미로운 응용 분야가 생겨나게 된다.

하지만 역사학에서 일어난 가장 광범위한 번역적 턴은 세계사의 명백한 비유럽중심적 구성을 '옮길' 지점들을 숙고하기 위해 인식론적 연구 매체로서의 번역에 눈을 돌릴 때 일어난다. 이러한 맥락에서 디페시 차크라바르티는 '유럽의 지방화하기 Provincializing Europe'를 시도함으로써 문화전환 연구, '교차된 역사 histoire croisée'[111] 연구와 같은 '서로 뒤엉킨 역사들'을 도발하고 새로운 기초를 세우는 번역을 강조하였다. 이와 유사한 인식론적 차원에서 번역 개념은 젠더 연구에 큰 자극을 주었다. 젠더 연구는 (가부장적) 지배 도구인 언어를 통해 성역할을 모형화하여 보여준다. 이 점을 가장 강력하게 보여준 것이 포스트구조주의의 페미니스트적 번역이론(가야트리 스피박)이었다. 다른 한편으로는, 젠더 연구는 언어 및 텍스트 차원을 실천적 영역으로 옮기고 포스트식민주의 턴으로 이어지는 다리를 놓는 번역적 관점을 다룬다. 권력의 언어 속에서 느껴지는 낯섦과 불편함이 여성과 이민자를 '번역된 존재들 translated beings'로 만들었다.[112] 이러한 맥락에서 번역적 턴은 고정된 문화적 정체성과 성역할의 기반을 흔든다. 이처럼 문제를 제기하는 번역은 새로운 문화 창조를 위한 초석을 마련한다. "이로써 번역을 문화적 정체성을 흔들고, 새로운 문화 창조를 위한 기반을 마련하는 행위로서 새로이 이해하게 되는 것은 현대적 사고에 중요하다."[113] 그러나 '문화적 정체성'이 점점 혼란스러워진다는 주장은 문화 전달,

동화, 변형 과정에서 적극적 번역하기와 번역되기의 비율을 개별적으로 따져봤을 때 비로소 구체적으로 드러난다. 번역은 지금까지 (페미니스트적) 번역학에서 강조해온 것처럼 단순히 언어 헤게모니와 여성 경시 사이의 언어적 관계를 넘어 더 많은 것을 포함한다.[114] 이로써 젠더 연구도 문화 번역 과정으로서 새로운 방법론적 자극을 받을 수 있다. '성'을 번역으로 이해한다는 것은, 성적 차이의 복잡한 구성 과정을 이해한다는 것이며, 이는 서구의 각인된 젠더 담론이 세계로 확대되는 문제를 극복하는, 새로운 아이디어를 주는 것이다. 따라서 번역의 관점은 아직까지는 여전히 부족한 젠더 연구의 초국가화에 있어 핵심적이다[115]. 왜냐하면, 이로써 성급한 보편화에서 출발하지 않고 호혜적인 번역 과정으로, 그리고 연구 개념의 차원으로 본다면, 비유럽 사회의 성별 간 관계를 유럽 중심주의 사례에서 벗어나 연구할 수 있기 때문이다.[116]

번역적 턴은 그러나 문화간의 과정뿐 아니라, 문화 내에서의 과정에도 관심을 가진다. 그러한 맥락에서 '번역의 메타포를 사회이론적 개념으로 체계적으로 변환시키려는'[117] 사회과학 내의 시도들에 주목할 만하다. 세계 사회의 분열과 현대 사회의 통합 문제는 '번역 관계'를 사회의 기본적인 특징으로 만든다. 이는 사회에 대한 논의에서 통합(일치) 대 분열(차이)이라는 이분법을 우회할 수 있는 해석의 틀이 된다. 사회적 체계의 분열을 흩어진 조각들로 치부하기보다는 집단, 사회적 환경, 하위체계 간의 번역 관계로 보는 것이 더 현실적이다. 번역적 턴은 단지 내용적인 면에서만 "고도의 차이화에 따른 사회통합 문제를 '번역'의 문제로 이해하지는 않는다"는 점을 통해 입증된다.[118] 오히려 사회학 분야 자체를 사회적 대상과 현상의 번역적 특징에 끌어들인다.

이로써 '번역으로서의 사회학'은 어떤 사회를 고정하여 대변하는 것이 아니라, '서로 다른 것들 간의 교류 관계'에 직접 관여하면서 차이를 만들어내는 사회분석과 사회이론을 위한 공식이 된다.

이러한 사회학적 번역이론은 실천적 해석학의 기초가 되는 사회적 '언어유희들' 사이의 현실적 갈등들을 수용하는 것을 전제로 한다. 번역을 상호작용적인 사회적 실천으로 이해한다는 것은 삶의 형태, 사람, 생각, 그리고 행위를 한쪽에서 다른 쪽으로 전달하는 것이다. 이 경우, 번역 개념은 너무 넓은 의미로, 지나치게 사용되거나 은유적으로만 사용될 위험이 크다. 따라서 사회적 행위로서, '경계 넘나들기'로서, 그리고 담론들에 대한 협의로서의 번역이 발을 들여놓은 연구 분야들을 더욱 구체화하는 것이 필요하다.[119]

사회학자이자 인류학자인 마르틴 푹스 Martin Fuchs는 이러한 방향을 추구하는 선구적 학자 가운데 한 사람이다. 그는 인도에서 현장 연구를 통해 다문화 사회 내에서 사회적 번역 갈등과 종교 간 긴장으로 가득 찬 번역의 공간이 어떻게 드러나는지를 보여주었다. 그는 자신의 저서 『다름을 위한 투쟁 Kampf um Differenz』(2009)[120]에서 번역 과정으로서 불가촉천민[121]의 자기표현을 연구 대상으로 삼았다. 푹스에 따르면, 불가촉천민 혹은 이른바 달리트 Dalit 운동의 저항 담론에서 번역 시도는 매우 중요하다. 즉, 자신들의 사회적 관심사와 요구를 보편종교의 사회적 윤리로 번역하였을 뿐만 아니라, 사회적 평등에 대한 요구를 사회적으로 용인되고 협의되며, 이해될 수 있는, 저항 행위가 정치적인 표현 형식을 갖는 세속적인 법의 언어로 번역하였다. 이처럼 번역에 민감한 사회학은 '위로부터'[122]의 분석적 관점으로만 문화 내 반대 담론의 존재를 주장하지는 않는다. 그보다는 구체적인 행위 분석 연구를 통해 서로 다른(이 경우에는 종교적으로 다른) 집단 담론, 운동, 그리고 사람 사이에 교류 및 협상 관계를 만들어낸다. 이러한 예는, 번역 연구가 행위들의 담론 측면을 밝히고 사회적 생활세계를 분석하기 위해 표현 문제(특히 "고유의 관점과 삶의 방식을 지배적인 어법으로 '번역'해야 한다는 강박"[123])를 강조하는 사회과학에서의 텍스트 전환에만 시사하는 바가 큰 것은 아니다. 이 예는 또한 문화인류학과 포스트식민주의의 중심적 견해에도 시사하는 바가 크다. 번역은 처음부터 문화이해를 위한 (조화의) 다리에 의지할 때보다 차이와 의미를 둘러싼 투쟁, 번역에 대한 저항에 직면할 때 비로소 문화 간 역동성에 활력을 불어넣는다. 이러한 견해는 '전쟁과 번역'[124], '폭력과 번역'[125], '번역에서의 동성애자'[126] 등의 새로운 적용 분야에서도 찾아볼 수 있다. 그러나 이러한 견해는 모든 형태의 꺼림칙한 폭력, 체계에 적대적인 것으로 여겨지는 폭력을 '테러'로 번역하는 등 번역 행위를 통해 직접 폭력을 행사한다는("테러와 번역"[127]) 문제점을 지닌다.

최근에 사회과학과 특히 이민 연구는 여전히 비유적인 번역 개념을 검토하여, 그것을 문화 간 접촉 문제와 문화 간의 차이를 극복하기 위한 해결책으로서 제시를 하고 있다. 하지만 이러한 접근은 최신 번역 관점의 핵심적인 비판을 논박할 준비가 아직 되어 있지 않다. 위르겐 슈트라우프 Jürgen Straub는 경험에 근거하여 "넓게 펼쳐진 번역 개념을 사회 및 문화심리학을 위해 생산적으로 만듦으로써"[128] 이러한 비판에 건설적인 방향 전환을 준다. 그는 홀로코스트의 경험이 번역으로 가공되는 과정을 사례로 들고 있는데, 문제는 제2차 세계대전 이후 가해자와 피해자 세대 사이에 낀 2세대 구성원들의 고통 경험을 전달하는 것이 어렵다는 점이다. 두 집단 사이의 경험 차이는 근본적으로 다른 경험의 공간을 성급하게 동화시키는 번역이 불가능하다는 것을 보여준다. 이와 달리, 낯선 것과 불쾌한 것에 노출시키는 것이 오히려 또 하나의 번역 모델이 될 수도 있다.[129] 이러한 비판적이면서 실용적인, 사회과학적 번역은 전적으로 번역성찰이라는 또 다른 최신 장르의 혜택을 받을 수 있다.

마찬가지로 비판적이면서 낯선 문화를 담지하는 번역관점은 현재 미학적 재현 형식이라는 측면에 의해 조명을 받고 있다. 이로써 특히 최신 문학계와 포스트식민주의적 현대예술에서는 문화 간 접촉이 번역 시나리오로서, 행위 상황으로서 집중적으로 나타난다. 이론, 연구, 문학과 예술 사이에 눈에 띄는 유사성(기어츠가 말하는 '장르의 불분명함 genre-blurring')은 다른 새로운 문화학적 경험에 근거하여 번역적 턴이 나타나는 명확한 징조로 평가된다. 문학에서는 살만 루슈디의 소설 『그녀가 밟은 땅 The Ground Beneath Her Feet』(1999)[130]이 오늘날 세계 사회에서(특히 이민자에게) 가장 실질적인 번역의 과제가 된 과도기적 이행 공간 Uebergangszone에 대해 다루고 있다. 루슈디는 '이주자들의 세기 Migrantenjahrhundert'를 언급하며, "우리는 이 이행 공간에, 즉 변신 과정에 들어와 있다"[131]고 말한다. 소설에서는 인도 출신의 록 가수인 오르무스 카마와 비나 압사라가 자신들의 이주를 하나의 복잡한 번역 과정으로, 전적으로 리미널한 활동공간과 통과지점 Durchgangsstadien 그리고 혼란으로 점철된 끊임없이 계속되는 변화로 경험한다. 이 두 사람은 인도를 떠나 영국을 거쳐 미국으로 이주한다. 봄베이에서 출발, 영국으로 가는 비행기 안에서 오르무스는 "하늘에 있는 변신의 막"[132], 공기저항의 막, 즉 문화 간의 막을 통과한다. 이로써 번역은 단순한 이동이 아닌 저항의 극복이자 중첩을 통한 지속적인 변형이다.

이러한 변형이 일어나는 '과도기적 이행 공간'에서 번역은 서로 적대적인 문화 소속과 의미 그리고 요구 간의 분열에 맞서 생존을 위해 어쩔 수 없이 투쟁해야 한다. 루슈디가 말하는 이 '옮겨진 사람들'[133]은 하나의 문화에서 다른 문화로 번역된 사람들이지만, 자기번역 Sich-selbst-Übersetzen이라는 행위 형태를 스스로 개발하기도 한 이들이다.

이로써 이 소설은 번역 과정의 다극성을 강조하면서 번역의 문화인류학에 박차를 가한다. 오르무스는 '이동'을 통해 자신의 음악과 마찬가지로 양가감정의 변형을 구현한다. 어쨌든 동양의 전통 음악이 전 세계를 휩쓰는 미국의 팝 음악으로 번역되고, 또 그 반대로도 번역되면서 "서양은 처음부터 봄베이에 있었다"[134]는 놀라운 통찰을 보여주고 있다. 여기서 번역의 다극성은 갈등을 야기하는 다양한 해석과 번역 가능성을 보여주는데, 이에 따르면, "이젠 더 이상 미국에만 로큰롤이 있는 것이 아니다"[135]. 그것이 강제적 문화수용이든 파편화된 생활세계 경험이든, 상호번역의 다성성과 이주를 통한 정체성의 거부는 이 소설에서 지진이라는 메타포를 통해, 즉 가교를 놓는 것이 아닌 충격과 혼란을 통해 표현된다.

루슈디의 소설은 이민 상황으로 인한 세계의 파편화 조짐을 보여주는 문학적 번역구상의 한 예다. 다른 문학적 번역구상들은 내용에서 기획된 모습으로 드러날 뿐만 아니라, 현대 세계문학의 자기 이해에서, 그러니까 바로 쓰기전략에서 그 모습을 드러내기도 한다. (반어적 표현, 계산된 오역, 식민적 토포스의 재해석 등을 이용한[136]) 쓰기전략으로서의 번역은 널리 행해지고 있는 셰익스피어나 디포의 유럽 고전 다시쓰기 Re-writing라든가 포스트식민주의적 관점[137]에서 유럽 고전의 권위적 입장을 재해석하는 작업 등을 재조명한다. 여기에서 번역의 틀을 형성하는 것은 중심부와 주변부 간의 근본적인 리매핑인데, 이는 문학에서뿐만 아니라 오늘날 예술적인 그림번역 Bildübersetzung에서도 시도되고 있다. 또한 이미지-번역, 이미지의 해체와 변형을 통한 (국가의 유럽적) 이미지와 전통, 핵심메타포의 다시쓰기 역시 번역 행위로서 문화성찰의 방법적 전략으로 해석할 수 있다. 이와 관련하여 주목할 만한 예는 나이지리아계 영국인 설치예술가인 잉카 쇼니바레 Yinka Shonibare가 유럽의 문화 아이콘을 다시쓰기 한 것이다. 그는 영국 국립미술관에 소장되어 있는 1750년에 그려진 회화작품을 1998년에 혼종적인 설치예술로 번역하였다. 이는 토머스 게인스버러 Thomas Gainsborough가 그린 시골에서 전원생활을 하는 귀족 부부의 그림 〈앤드류 부부 Mr. and Mrs. Andrews〉을 쇼니바레가 〈머리가 없는 앤드류 부부 Mr. and Mrs. Andrews without Their Heads〉(1998)로 만든 것이다. 포스트식민주의 예술가인 쇼니바레는 프랑스혁명의 기요틴과 유사하게 영국 식민주의의 상징적 인물들의 목을 베고 전원생활로부터 끄집어내어 아프리카 의상을 입힘으로써 유럽과 아프리카 사이에 얽힌 식민의 역사를 강하게 각인시키고 있다. 다시쓰기는 유럽적 문화 전통에 새로운 의상을 입히고 식민주의적 폭력의 심층구조를 혁명적인 번역으로 보여준다.[138]

번역적 턴은 무엇보다 포스트식민주의 턴과의 상호작용 속에서 번역 행위를 통해 스스로에게 권한을 위임하고자 한다. 흥미롭게도 이러한 관점은 헤이든 화이트의 광범위한 번역성찰과 만나는데, 이는 텍스트주의, 구성주의, 담론화의 스펙트럼으로 포스트모던적 문화주의를 다시 '역사'로 환원시키는 경향 때문이다. "다양한 자기구성 과정 속에서 코드 변환을 하는(원한다면 '자기 생산 autopoiesis'이라고 칭할 수 있다) 번역 기획을 권장한다. 이때 인간은 자신과 타인, 사회와 반사회, 가치와 무가치, 주체와 객체, 창조와 파괴로서 자신의 본성을 끊임없이 수정하면서 단번에 그리고 항상 새롭게 스스로를 만들어간다. 단언컨대, 이는 지금까지 그 어떤 것, 그 어떤 '역사'가 상상했던 것보다도 인간의 본성과 사회, 문화에 대해 훨씬 더 역사적인 개념이다."[139] 화이트가 잠깐 암시적으로만 언급했지만, 이처럼 문화적인 '자기 정의'를 위해, 기어츠의 표현으로는 '자기 해석'을 위해 "코드 변환"을 한다는 의미로 번역을 보는 관점은 어쩌면 현대의 뇌 연구에서 '자기 생산'[140]이라고 명명하는 현상에 대한 문화학적인 해석일지도 모른다. 그러나 이러한 관점은 뉴런시스템의 자기조직성에만 국한되지는 않는다. 문화학의 개념 및 기술체계로 표현하자면, 오히려 이 관점은 문화적 코드화와 상징작업을 통해 스스로에게 권한을 위임하는 하나의 적극적인 방식을 보여준다. 바로 이러한 문화 코드화와 상징작업으로 인류의 기본조건이 역사에서 태동된 것이다. 바로 이 지점에서 지금까지 인식하지 못했던 번역적 턴과 '(신경)생물학적 턴 (neuro)-biological turn' 간의 연결고리가 드러난다.

더 나아가 번역적 턴은 이에 그치지 않고 다른 턴들과의 다양한 중첩 가능성을 갖는데, 이는 분명 번역 범주가 갖고 있는 특별한 연결가능성 때문일 것이다. 번역 범주는 공간이나 이미지와 같은 문화학의 주도 범주들과는 달리 자기성찰적이다. 즉, 이는 번역 행위라는 자체적인 문화학적 활동에 관한 것이다.[141] 그러므로 번역 범주는 단순하게 확장되고 일반화되어 아무 연구 분야에나 무제한적으로 적용될 수 없다. 오히려 문제가 되는 것은 무엇보다도 은유화, 은유의 지나친 사용으로 이 범주의 윤곽이 흐려진다는 것이다. 번역이라고 불리는 것 모두가 번역적 턴을 생성하는 것은 아니다. 번역 범주를 가지고 한 작업이 인식획득에 실제로 어떤 영향을 주는지, 혹은 새로운 은유의 개선 행렬만 강조되는 것은 아닌지, 개개의 사례를 통해 비판적으로 따져봐야 할 것이다. 이쪽에서 저쪽으로 옮긴다는 '번역'을 공간적으로 이해하는 것, 즉 공간적 턴 spatial turn을 지나가는 것은 번역의 은유를 실증적 연구의 주도 범주로 안착시키려는 시도일 것이다.

(번역: 이도영, 이정현)

5장 요약

문화학에서의 번역적 턴은 번역학의 문화적 전환을 전제로 한다. 1980년대 이후 언어와 텍스트에 초점을 맞춘 어문학-언어학적 번역학은 문화적 번역, 즉 문화에 관한 번역과 문화 간 번역에 중점을 둔 문화학적 번역 연구로 발전한다.

1980년대 후반 이후 번역 연구가 문화학과 사회학에서 재설정되고, 번역 개념이 이 두 학문으로 영역을 넓히기 시작하면서 번역적 턴이 등장한다. 번역적 턴에서 언어와 텍스트의 번역은 더 이상 낱말과 개념의 번역에만 머물지 않고, 낯선 사고방식과 문화적 상징화 방식 및 다른 형태의 사회적 "개념들"을 함께 결합시키는 번역 연구로 나아간다. 이러한 문화적 번역의 확장은 문화학적 현상 자체에 대한 시각의 변화를 가져오고, 번역에 있어서 문화적 대상 자체가 갖는 특성, 비통일적 구조 및 혼종성과 다층성을 새롭게 조명하는 "번역으로서의 문화"라는 새로운 문화 개념이 나타난다. 이를 통해 세계와 텍스트에 관한 실용적인 번역 관점, 즉 사회·문화적 관행으로서의 번역이 요구된다.

'번역'을 흔히 두 언어권 사이의 문화와 문화를 이어주는 다리에 비유하곤 한다. 달리 말하면, 번역은 한 언어의 문화를 다른 언어의 문화로 옮기는 일이다. 지금까지 언어·문화적 차이를 드러내기보다는 의미를 전달하는 '자연스러운' 번역이 일반적으로 받아들여졌으나, 번역적 턴으로 인하여 문화 번역 정책에 변화가 일어났다. 번역에는 정답이 있을 수 없기에 다양한 관점, 다양한 층위의 번역, 다름이 드러나는 번역을 추구하게 되고, 유럽 및 영미권 번역 전통에 맞서 비유럽권 문화들을 살리는 번역에 도전하게 된다. 또한 번역은 단순히 문화와 문화를 이어주는 매개체 또는 문화 간 갈등 과정 그 이상이다. 일례로 번역은 학문과 학문을 연결하고 합치며, 고유 개념들은 번역을 통해 기존의 한계를 극복하고 새로운 개념으로 변한다. 이는 번역의 큰 자산이다. 이러한 번역적 시각을 이용하면 다양한 문화 연구가 가능해진다. 이와 같은 발전 속에서 번역적 시각은 민족지학, 민족학, 비교문학, 역사학, 종교학, 젠더 연구, 사회학 등 개별 학문들에서 다양하게 확장되고 또 실현된다. 번역은 더 이상 어느 한쪽이 다른 한쪽으로 수용되는 게 아니라, 새로운 시각을 열어주고 새로운 것을 발견하도록 해주는 의사소통 과정이며, 새로운 문화 창조를 위한 기반을 마련한다.

(요약: 이도영, 이정현)

미주

1 Susan Bassnett: The Translation Turn in Cultural Studies, in: Susan Bassnett/Andre Lefevere (Hg.): Translation, History, and Culture. London 1990, 123–140쪽 참조.

2 Russell West: Teaching Nomadism. Inter/Cultural Studies in the Context of Translation Studies, in: Stefan Herbrechter (Hg.): Cultural Studies. Interdisciplinarity and Translation. Amsterdam, New York 2002, 161–176쪽. 여기서는 162쪽 참조.

3 이미 번역적 턴의 요소들을 조망하고 있는 논문들로 다음과 같은 논문들이 있다. Doris Bachmann-Medick: Übersetzung als Medium interkultureller Kommunikation und Auseinandersetzung, in: Handbuch der Kulturwissenschaften. 1, 2, 3권. 제2권: Paradigmen und Disziplinen. Hg. Friedrich Jaeger/Jürgen Straub. Stuttgart, Weimar 2004, 449–465쪽; Doris Bachmann-Medick: Übersetzung in der Weltgesellschaft. Impulse eines translational tum, in: Andreas Gipper/Susanne Klengel (Hg.): Kultur, Übersetzung, Lebenswelten. Beiträge zu aktuellen Paradigmen der Kulturwissenschaften. Würzburg 2008, 241–260쪽.

4 테오 헤르만스의 논문집은 가장 진보적인 연구 결과를 제공하고 있다. Theo Hermans (Hg.): Translating Others. 2 Bde. Manchester 2006.

5 Susan Bassnett/Andre Lefevere (Hg.): Translation, History, and Culture. London 1990 참조. Lawrence Venuti (Hg.): The Translation Studies Reader. London, New York 2000, 참조.

6 근본적으로 이것에 관해서는 Horst Turk: Alienität und Alterität als Schlüsselbegriffe einer Kultursemantik. Zum Fremdheitsbegriff der Übersetzungsforschung, in: Alois Wierlacher (Hg.): Kulturthema Fremdheit. Leitbegriffe und Problemfelder kulturwissenschaftlicher Fremdheitsforschung. München 1993, 173–197쪽 참조.

7 루트리지 출판사의 신간 잡지인 『번역 연구 Translation Studies』 참조. Doris Bachmann-Medick (Hg.): Übersetzung als Repräsentation fremder Kulturen. Berlin 1997; Michaela Wolf: Übersetzen als textuelle Repräsentation. Dialogischer Diskurs und Polyphonie im Übersetzen zwischen den Kulturen, in: Text – Kultur – Kommunikation. Translation als Forschungsaufgabe. Hg. N. Grbic/Michaela Wolf. Tübingen 1997 참조.

8 Lawrence Venuti: The Scandals of Translation. Towards an Ethics of Difference. London, New York 1998, 9쪽 참조. Antonio Sousa Ribeiro: The Reason of Borders or a Border Reason? Translation as a Metaphor for our Times, in: Eurozine (인터넷 잡지), 1.8. 2004, 1–8쪽, 여기서는 8쪽 참조, "the centrality of the concept of translation as a vital meeting point in the present state of knowledge for the humanities and the social sciences." (http://www.eurozine.com/articles/2004-01-08-ribeiro-en.html).

9 이에 대한 상세한 정보는 Tejaswini Niranjana: Siting Translation. History, Post-

Structuralism, and the Colonial Context. Berkeley, Los Angeles, Oxford 1992 참조.

10 Joachim Renn/Jürgen Straub/Shingo Shimada (Hg.): Übersetzung als Medium des Kulturverstehens und sozialer Integration. Frankfurt/M., New York 2002, 참조.

11 Boris Buden: Der Schacht von Babel. Ist Kultur übersetzbar? Berlin 2005, 17쪽.

12 Samuel P. Huntington: Der Kampf der Kulturen. Die Neugestaltung der Weltpolitik im 21. Jahrhundert. 제6판. München 1999 참조.

13 안토니오 수사 리베이로 Antonio Sousa Ribeiro 또한 이러한 의미에서 헌팅턴의 "문화에 대한 본질적인 번역불가능성 가정"에 반대하는 번역 개념을 지지한다. in: Antonio Sousa Ribeiro: Reason of Borders, 3쪽.

14 Wolfgang Iser: On Translatability, in: Surfaces 4 (1994), 5–13쪽 참조. 특히 자크 데리다, 힐리스 밀러 Hillis Miller, 머레이 크리거 Murray Krieger의 토론기고문이 동일한 잡지의 인터넷판 제 6호(1996년)에 실렸다. (이에 대한 정보를 제공해준 필립 슈바이크하우저 Philipp Schweighauser에게 감사를 전한다).

15 이를 위한 유용한 사례가 비르기트 뢰트거–뢰슬러 Birgitt Röttger–Rössler의 연구에서 언급된다. Die Wortlosigkeil des Ethnologen. Zum Problem der Übersetzung zwischen den Kulturen am Beispiel indonesischer Gefühlstermini, in: Bachmann–Medick(Hg.): Übersetzung als Repräsentation fremder Kulturen, 199–213쪽.

16 Beata Hammerschmid/Hermann Krapoth(Hg.): Übersetzung als kultureller Prozeß. Rezeption, Projektion und Konstruktion des Fremden. Berlin 1998 참조. Vera Elisabeth Gerling: Lateinamerika: So fern und doch so nah? Übersetzungsanthologien und Kulturvermittlung. Tübingen 2004 참조.

17 Kwame Anthony Appiah: Thick Translation, in: Venuti(Hg.): Translation Studies Reader, 417–429쪽.

18 문학번역 분야의 사례 연구를 통한 문화 관련 맥락화 분석에 대해서는 우테 바바라 쉴리 Ute Barbara Schilly의 정확한 연구 참조. Ute Barbara Schilly: Carmen spricht deutsch. Literarische Übersetzung als interkulturelle Kommunikation am Beispiel des Werkes von Miguel Delibes. Würzburg 2003.

19 일본의 이미지에 영향을 준 일본문학 번역의 예시를 가지고 번역에 대한 문화적 기대에 대해 연구한 것으로는 Irmela Hijiya–Kirschnereit: Von der Übersetzbarkeit japanischer Literatur, in: Irmela Hijiya–Kirschnereit(Hg.): Traumbrücke ins ausgekochte Wunderland. Ein japanisches Lesebuch. Frankfurt/M. 1993, 71–83쪽 참조.

20 Michaela Wolf: "《'〈Cultures〉' do not hold still for their portraits.》" Kultureller Transfer als "《Übersetzen zwischen Kulturen》", in: Federico Celestini/Helga Mitterbauer(Hg.): Ver–rückte Kulturen. Zur Dynamik kulturellen Transfers. Tübingen 2003, 85–98쪽, 여기서는 87쪽 참조.

21 Talal Asad/John Dixon (Hg.): Translating Europe's Others, in: Francis Barker u.a.(Hg.): Europe and Its Others. 1, 2권, Colchester 1985, 제1권, 170–177쪽, 177쪽 참조. Venuti: Scandals of Translation, 158쪽.

22 Edward W. Said: Culture and Imperialism. New York 1993 (독일어 제목: Kultur

und Imperialismus. Einbildungskraft und Politik im Zeitalter der Macht. Frankfurt/M. 1994, 55쪽).

23 Wolf Lepenies: Die Übersetzbarkeit der Kulturen. Ein europäisches Problem, eine Chance für Europa, in: Anselm Haverkamp(Hg.): Die Sprache der Anderen. Übersetzungspolitik zwischen den Kulturen. Frankfurt/M. 1997, 95–117쪽, 여기서는 102쪽.

24 에릭 R. 볼프는 다양한 영향 속에서 이와 같은 관계를 제시하고 있다. Eric R. Wolf: Die Völker ohne Geschichte. Europa und die andere Welt seit 1400. Frankfurt/M., New York 1986.

25 Anil Bhatti: Zum Verhältnis von Sprache, Übersetzung und Kolonialismus am Beispiel Indiens, in: Horst Turk/Anil Bhatti(Hg.): Kulturelle Identität– Deutsch–indische Kulturkontakte in Literatur, Religion und Politik. Berlin 1997, 3–19쪽, 여기서는 5쪽. (타갈로그어의 예에서) 선교를 통한 개종과 식민화의 수단으로서의 번역에 대해서는 Vicente L Rafael: Contracting Colonialism. Translation and Christian Conversion in Tagalog Society under Early Spanish Rule. Ithaca, London 1988, 참조.

26 Bassnett/Lefevere(Hg.): Translation, History, and Culture.

27 Venuti(Hg.): Translation Studies Reader; Mona Baker(Hg.): Routledge Encyclopedia of Translation Studies. London 1998, 참조.

28 Bassnett: Translation Tum in Cultural Studies.

29 West: Teaching Nomadism, 162쪽.

30 Anselm Haverkamp: Zwischen den Sprachen. Einleitung, in: Anselm Haverkamp(Hg.): Sprache der Anderen, 7–12쪽, 여기서는 7쪽.

31 해체주의적 번역 이론에 대해서는 Alfred Hirsch(Hg.): Übersetzung und Dekonstruktion. Frankfurt/M. 1997 참조.

32 Anuradha Dingwaney/Carol Maier(Hg.): Between Languages and Cultures. Translation and Cross–Cultural Texts. Pittsburgh, London 1995, 7쪽 참조.

33 Arjun Appadurai: Modernity at Large. Cultural Dimensions of Globalization. Minneapolis, London 1996, 167쪽 참조.

34 Tullio Maranhão/Bernhard Streck(Hg.): Translation and Ethnography. The Anthropological Challenge of Intercultural Understanding. Tucson 2003, 서문, 17쪽 참조.

35 Homi K. Bhabha: The Location of Culture. London, New York 1994, 36쪽 이하 참조. (독일어 제목: Die Verortung der Kultur. Tübingen 2000, 55쪽 이하). Doris Bachmann–Medick: Dritter Raum. Annäherungen an ein Medium kultureller Übersetzung und Kartierung, in: Claudia Breger/Tobias Döring(Hg.): Figuren der/des Dritten. Erkundungen kultureller Zwischenräume. Amsterdam, Atlanta 1998, 19–36쪽. 본서 제6장 "공간적 턴" 참조.

36 "여행 관계들이라는 관점에서 문화(전통과 정체성)를 보는 방식"에 관해서는 James

Clifford: Routes. Travel and Translation in the Late Twentieth Century. Cambridge/Mass., London 1997, 25쪽, 《Traveling Cultures》장(독일어 제목: Kulturen auf der Reise, in: Karl H. Höming/Rainer Winter(Hg.): Widerspenstige Kulturen. Cultural Studies als Herausforderung. Frankfurt/M. 1999, 476–513쪽) 참조.

37 Bhabha: Verortung der Kultur, 257쪽 참조.

38 위의 책, 257쪽.

39 Judith Butler: Universality in Culture, in: Martha C. Nussbaum: For Love of Country? Hg. Joshua Cohen. Boston 2002, 45–52쪽, 특히 49쪽 이하 참조.

40 Emily Apter: On Translation in a Global Market, in: Public Culture 13,1 (2001), 1–12쪽, 여기서는 5쪽 참조.

41 Bhabha: Verortung der Kultur, 362쪽.

42 Michael Cronin: Translation and Globalization. London, New York 2003, 34쪽.

43 Talal Asad: A Comment on Translation, Critique, and Subversion, in: Dingwaney/Maier(Hg.): Between Languages and Cultures, 325–332쪽, 여기서는 329쪽.

44 Lydia H. Liu(Hg.): Tokens of Exchange. The Problem of Translation in Global Circulations. Durham, London 1999, 여기서는 4쪽.

45 같은 책, 15쪽.

46 혼종성 개념에 관해서는 Bhabha: Verortung der Kultur. 이에 대해서는 본서 제4장 〈포스트식민주의 턴〉에서 상세히 설명하고 있음. 본서 197쪽 이하 참조.

47 살만 루슈디의 에세이집 Salman Rushdie: Heimatländer der Phantasie. Essays und Kritiken 1981–1991. München 1992, 참조.

48 독일어 제목: V. S. Naipaul: An der Biegung des großen Flusses. Roman. München 1993, 33쪽.

49 Martin Fuchs: Übersetzen und Übersetzt-Werden. Plädoyer für eine interaktionsanalytische Reflexion, in: Bachmann-Medick(Hg.): Übersetzung als Repräsentation fremder Kulturen, 308–328쪽, 여기서는 315쪽과 319쪽. 학술대회 논문집인 Joachim Renn/Jürgen Straub/Shingo Shimada(Hg.): Übersetzung als Medium des Kulturverstehens und sozialer Integration. Frankfurt/M., New York 2002 참조.

50 Susan Bassnett: Translation Studies. London, New York 제3판, 2002, 5쪽 이하.

51 문학 번역과 사회학 간의 훨씬 더 밀접한 관계 속에서 "번역적 행위 구조"에서 번역가, 출판사, 편집자 및 에이전시의 활동을 연구하는 첫 번째 접근법이 이루어졌다. Norbert Bachleitner/Michaela Wolf: Auf dem Weg zu einer Soziologie der literarischen Übersetzung im deutschsprachigen Raum, in: Internationales Archiv für Sozialgeschichte der deutschen Literatur 29, 2 (2004), 1–25쪽 참조. Michaela Wolf(Hg.): Übersetzen – Translating – Traduire. Towards a "Social Turn"? Münster u. a. 2006, 참조.

52 Nikos Papastergiadis: The Turbulence of Migration. Globalization, Deterritorialization and Hybridity. Cambridge 2000, 특히 《The Limits of Cultural Translation》

장, 122–145쪽, 여기서는 126쪽 참조.

53 같은 책, 125쪽 이하.

54 같은 책, 22쪽.

55 같은 책, 18쪽 참조: "《One of the crucial aims of this book is to present alternative models for conceptualizing cultural exchange.》"

56 같은 책, 20쪽.

57 같은 책, 99쪽 참조.

58 Sarat Maharaj: Perfidious Fidelity. The Untranslatability of the Other, in: Jean Fisher(Hg.): Global Visions. Towards a New Internationalism in the Visual Arts. London 1995, 131쪽

59 Anna Lowenhaupt Tsing: Transitions as Translations, in: Joan W. Scott/Cora Kaplan/Debra Keates (Hg.): Transitions, Environments, Translations. Feminism in International Politics. New York, London 1997, 253–272쪽. 여기서는 253쪽 참조.

60 Papastergiadis: Turbulence of Migration, 110쪽 참조.

61 Tsing: Transitions as Translations, 참조.

62 Zygmunt Bauman: Culture as Praxis. London et al. 1999, xiviii쪽.

63 Brücken in die Zukunft. Eine Initiative von Kofi Annan. Frankfurt/M. 2001.

64 같은 책, 36쪽 이하.

65 같은 책, 23쪽.

66 이를테면 Sanford Budick/Wolfgang Iser(Hg.): The Translatability of Cultures. Figurations of the Space Between. Stanford 1996 참조.

67 Birgitt Röttger-Rössler: Die Malaiische Chronik in Deutscher Übersetzung. Zum Problem des Transfers kulturspezifischer Bedeutungsstrukturen, in: Hammerschmid/Krapoth(Hg.): Übersetzung als kultureller Prozeß, 255–315쪽.

68 Dingwaney/Maier(Hg.): Between Languages and Cultures, 3쪽. 페미니스트적 주장으로는 Gayatri Spivak: Die Politik der Übersetzung, in: Haverkamp(Hg.): Sprache der Anderen, 65–93쪽도 참조.

69 Michael M. J. Fischer/Mehdi Abedi: Debating Muslims. Cultural Dialogues in Postmodernity and Tradition. Madison 1990, 108쪽.

70 Shingo Shimada: Zur Asymmetrie in der Übersetzung von Kulturen: das Beispiel des Minakata-Schlegel-Übersetzungsdisputs 1897, in: Bachmann-Medick(Hg.): Übersetzung als Repräsentation fremder Kulturen, 260–274쪽, 여기에서는 260쪽 참조.

71 같은 책, 261쪽. 마찬가지로 Die Erfindung Japans. Kulturelle Wechselwirkung und nationale Identitätskonstruktion. Frankfurt/M. 2000 참조.

72 Venuti: Scandals of Translation, 159쪽 참조.

73 같은 책, 160쪽.

74 Gillian Beer: Translation or Transformation? The Relation of Literature and Science, in: Gillian Beer: Open Fields. Science in Cultural Encounter. Oxford 1999, 186쪽.

75 보다 자세한 것은 Doris Bachmann-Medick: Übersetzung im Spannungsfeld von Dialog und Erschütterung. Ein Modell der Auseinandersetzung zwischen Kulturen und Disziplinen, in: Renn/Straub/Shimada(Hg.): Übersetzung als Medium des Kulturverstehens, 275–291쪽 참조. 그 밖에도 본서 「전망」, 520쪽 이하의 관점을 참조.

76 Jürgen Osterhammel: Transkulturell vergleichende Geschichtswissenschaft, in: Jürgen Osterhammel: Geschichtswissenschaft jenseits des Nationalstaats. Studien zu Beziehungsgeschichte und Zivilisationsvergleich. Göttingen 2001, 11–45쪽, 여기에서는 20쪽.

77 James Clifford: Routes. Travel and Translation in the Late Twentieth Century. Cambridge/Mass., London 1997, 11쪽.

78 같은 책, 3쪽.

79 Cultural Studies und die Politik der Internationalisierung. Kuan-Hing Chen interviewt Stuart Hall, in: Stuart Hall: Cultural Studies. Ein politisches Theorieprojekt. Ausgewählte Schriften 3. Hamburg 2000 참조.

80 Sebastian Conrad/Shalini Randeria(Hg.): Jenseits des Eurozentrismus. Postkoloniale Perspektiven in den Geschichts- und Kulturwissenschaften. Frankfurt/M. 2002 참조. 본서 제4장 「포스트식민주의 턴」 참조.

81 George E. Marcus: Ethnography in/of the World System. The Emergence of Multi-Sited Ethnography (1995), in: George E. Marcus: Ethnography through Thick and Thin. Princeton 1998, 79–104쪽.

82 이와 관련해서 자세한 것은 Bachmann-Medick: Übersetzung als Medium interkultureller Kommunikation, 461쪽 이하 참조.

83 Osterhammel: Transkulturell vergleichende Geschichtswissenschaft, 41쪽.

84 Dipesh Chakrabarty: Two Models of Translation, in: Dipesh Chakrabarty: Provincializing Europe. Postcolonial Thought and Historical Difference. Princeton 2000, 83–86쪽, 여기에서는 83쪽의 다음의 내용을 참고할 것: "힌디어 pani는 H2O라는 분자식을 거치지 않고 바로 영어의 water로 번역할 수 있다" 본서 제4장 「포스트식민주의 턴」 291쪽 이하 참조.

85 Talal Asad: A Comment on Translation, Critique, and Subversion, in: Dingwaney/Maier(Hg.): Between Languages and Cultures, 325–332쪽, 여기에서는 326쪽 참조. Talal Asad의 해당 논문 Übersetzen zwischen Kulturen. Ein Konzept der britischen Sozialanthropologie, in: Eberhard Berg/Martin Fuchs(Hg.): Kultur, soziale Praxis, Text. Die Krise der ethnographischen Repräsentation. Frankfurt/M. 1993, 300–334쪽 참조. 문화인류학과 번역 개념의 의미와 관련해서는 Doris Bachmann-Medick: Kulturanthropologie und Übersetzung, in: Übersetzung - Translation - Traduction. Ein internationales Handbuch zur Übersetzungsforschung. An International Encyclopedia of Translation Studies. Encyclopédie internationale de la recherche

sur la traduction. Hg. Harald Kittel u.a. Bd. I. Berlin, New York 2005, 155–165쪽 참조. Doris Bachmann-Medick: Meanings of Translation in Cultural Anthropology, in: Theo Hermans(Hg.): Translating Others. Bd. I. Manchester 2006, 33–42쪽. 사례 연구와 관련해서는 Paula G. Rubel/Abraham Rosman이 출판한 논문집 Translating Cultures. Perspectives on Translation and Anthropology. Oxford, New York 2003도 참조.

86 Maranhão/Streck(Hg.): Translation and Ethnography; Bernhard Streck: Vom Grund der Ethnologie als Übersetzungswissenschaft, in: Paideuma 50 (2004), 39–58쪽 참조.

87 Volker Gottowik: Konstruktionen des Anderen. Clifford Geertz und die Krise der ethnographischen Repräsentation. Berlin 1997.

88 James Clifford: Introduction. Partial Truths, in: Clifford/Marcus(Hg.): Writing Culture, 1–26쪽, 여기에서는 10쪽 참조.

89 같은 책, 1쪽 이하.

90 James Clifford: Über ethnographische Autorität, in: Berg/Fuchs(Hg.): Repräsentation, soziale Praxis, Text, 109–157쪽.

91 Niranjana: Siting Translation, 78쪽 참조.

92 Kate Sturge: The Other on Display. Translation in the Ethnographic Museum, in: Theo Hermans(Hg.): Translating Others. Bd. 2. Manchester 2006. Kate Sturge: Representing Others. Translation, Ethnography and the Museum. Manchester 2007.

93 이와 관련한 접근으로는 Gisli Pálsson(Hg.): Beyond Boundaries. Understanding, Translation and Anthropological Discourse. Oxford, Providence 1993 참조.

94 Bachmann-Medick(Hg.): Übersetzung als Repräsentation fremder Kulturen 참조.

95 Theo Hermans(Hg.): Translating Others. 2 Bde. Manchester 2006 참조. Theo Hermans(Hg.): Crosscultural Transgressions. Research Models in Translation Studies II: Historical and Ideological Issues. Manchester 2002 참조.

96 Eva Hung/Judy Wakabayashi(Hg.): Asian Translation Traditions. Manchester 2005. Michael Dutton: Lead Us Not into Translation. Notes toward a Theoretical Foundation for Asian Studies, in: Nepantla 3, 3 (2002), 459–537쪽 참조.

97 이와 관련해서는 Emily Apter: The Translation Zone. A New Comparative Literature. Princeton, Oxford 2006, xi쪽 참조.

98 같은 책, 5쪽 참조.

99 Simone Lässig: Übersetzungen in der Geschichte - Geschichte als Übersetzung? Überlegungen zu einem analytischen Konzept und Forschungsgegenstand für die Geschichtswissenschaft, in: Geschichte und Gesellschaft (Themenheft: Übersetzungen) 38, 2 (2012), 189–216쪽 참조. Douglas Howland의 논평인 The Predicament of Ideas in Culture. Translation and Historiography, in: History and Theory 42, 1 (2003), 45–60쪽 참조. 그 밖에 다음 간행물 WerkstattGeschichte 48

(2008): Über-Setzen 참조.

100 Mechthild Leutner: Die 《sozialgeschichtliche Wende》 in China seit den 1980ern. Chinesische und westliche/deutsche Historiographie: ein Dialog? In: Zeitschrift für Weltgeschichte 4, 2 (2003), 103–119쪽, 여기에서는 115쪽 참조.

101 Howland: Predicament, 45쪽 참조.

102 포스트식민주의적 번역 비판과 관련해서는 Niranjana: Siting Translation 참조.

103 이러한 관점은 Rafael: Contracting Colonialism과 Eric Cheyfitz: The Poetics of Imperialism. Translation and Colonization from The Tempest to Tarzan. New York 1991에서 강조되고 있다.

104 이러한 관점은 Lydia Liu: Translingual Practice. Literature, National Character, and Translated Modernity - China 1900–1937. Standford 1995 그리고 Naoki Sakai: Translation and Subjectivity. On 《Japan》 and Cultural Nationalism. Minneapolis 1997에서 찾아볼 수 있다.

105 Howland: Predicament, 60쪽.

106 Susanna Burghartz: 《Translating Seen into Scene?》 Wahrnehmung und Repräsentation in der frühen Kolonialgeschichte Europas, in: dies./Maike Christadler/Dorothea Nolde(Hg.): Berichten, Erzählen, Beherrschen. Wahrnehmung und Repräsentation in der frühen Kolonialgeschichte Europas. Frankfurt/M. 2003, 161–175쪽.

107 James Clifford: The Translation of Cultures. Maurice Leenhardt's Evangelism, New Caledonia 1902–1926, in: Robert Con Davis/Ronald Schleifer(Hg.): Contemporary Literary Criticism: Literary and Cultural Studies. New York 1994, 626–641쪽 참조.

108 Peter J. Bräunlein: Image Transmission as Image Act. Christian Images, Emotions and Religious Conversion in the Philippines, in: Birgit Mersmann/Alexandra Schneider(Hg.): Transmission Image. Cambridge 2009, 18쪽 참조.

109 같은 책, 29쪽.

110 Birgit Mersmann: Bildkulturwissenschaft als Kulturbildwissenschaft? Von der Notwendigkeit eines inter- und transkulturellen Iconic Turn, in Zeitschrift für Ästhetik und allgemeine Kunstwissenschaft 49, 1 (2004), 91–109쪽, 여기에서는 107쪽 이하 참조. 본서 제7장 「아이코닉 턴」 참조.

111 Michael Werner/Bénédicte Zimmermann: Vergleich, Transfer, Verflechtung. Der Ansatz der Histoire croisée und die Herausforderung des Transnationalen, in: Geschichte und Gesellschaft 28 (2002), 607–636쪽 참조. Johannes Paulmann: Internationaler Vergleich und interkultureller Transfer, in: Historische Zeitschrift 267 (1998), 469–485쪽.

112 Sherry Simon: Gender in Translation. Cultural Identity and the Politics of Transmission. London, New York 1996, 135쪽 참조.

113 같은 책, 135쪽.

114 Luise von Flotow: Translation and Gender. Translating in the 〈Era of Feminism〉.

Manchester, Ottawa 1997 참조.

115 Ella Shohat(Hg.): Talking Visions. Multicultural Feminism in a Transnational Age. Cambridge/Mass. 1998 참조. Chandra T. Mohanty: Aus westlicher Sicht. Feministische Theorie und koloniale Diskurse, in: Beiträge zur feministischen Theorie und Praxis 23 (1988), 149–162쪽. 본서 제4장 「포스트식민주의 턴」, ...쪽 이하 참조.

116 Joan W. Scott/Cora Kaplan/Debra Keates(Hg.): Transitions, Environments, Translations. Feminism in International Politics. New York, London 1997로 연결 가능. Jose Santaemilia(Hg.): Gender, Sex and Translation. Manchester 2005.

117 Joachim Renn: Übersetzungsverhältnisse. Perspektiven einer pragmatistischen Gesellschaftstheorie. Weilerswist 2006 참조. 이탈리아어와 독일어 양쪽 언어에 중점을 둔 사회과학적 학문적 의사소통의 번역과 관련해서는 Arnold Zingerle/Gabriele Cappai(Hg.): Sozialwissenschaftliches Übersetzen als interkulturelle Hermeneutik. Il tradurre nelle scienze sociali come ermeneutica interculturale. Milano, Berlin 2003 참조.

118 Renn: Übersetzungsverhältnisse, Einleitung.

119 예로는 Martin Fuchs: Kampf um Differenz. Repräsentation, Subjektivität und soziale Bewegungen. Das Beispiel Indien. Frankfurt/M. 1999를 들 수 있으며, 민속학적 관점의 논문집인 Maranhão/Streck(Hg.): Translation and Ethnography를 참조. 마찬가지로 Michaela Wolf: Zur Übersetzbarkeit kultureller Prozesse. Grenzwanderung, in: Irmgard Bohunovsky-Bärnthaler(Hg.): Künstler, Kritiker, Vermittler, Rezipient. Über Abgründe an Grenzen. Klagenfurt, Wien 2004, 31–53쪽도 참조.

120 Fuchs: Kampf um Differenz. Martin Fuchs: Reaching Out; or, Nobody Exists in One Context Only: Society as Translation, in: Translation Studies 2,1 (2009), 21–40쪽.

121 옮긴이 주 – 인도의 카스트 제도에 따른 최하층의 신분으로 달리트 Dalit 혹은 하리잔 Harijan이라고도 한다.

122 같은 책, 303쪽 참조.

123 같은 책, 316쪽.

124 Apter: Translation Zone, 12–22쪽: 《Translation after 9/11: Mistranslating the Art of War》장을 참조.

125 Veena Das: Violence and Translation, in: Anthropological Quarterly 75, 1 (2002), 105–112쪽 참조. Mona Baker: Translation and Conflict. A Narrative Account. London, New York 2006.

126 Keith Harvey: Intercultural Movements. American Gay in French Translation. Manchester 2003.

127 Centre for Translation and Contemporary Cultural Studies, University of Warwick, UK: 《Translating Terror: Globalisation and the New Planetary Wars》 (November 2005)의 국제회의 참조.

128 Jürgen Straub: Differenz und prekäre Äquivalenz in einer Übersetzungskultur. Ein hermeneutischer Rahmen für die exemplarische psychologische Analyse eines 《Übersetzungsfehlers》, in: Renn/Straub/Shimada(Hg.): Übersetzung als Medium des Kulturverstehens, 346–389쪽, 여기에서는 373쪽.

129 같은 책, 383쪽 이하.

130 Salman Rushdie: Der Boden unter ihren Füßen. Roman. München 1999(독일어판).

131 같은 책, 595쪽.

132 같은 책, 539쪽.

133 Salman Rushdie: Heimatländer der Phantasie, in: Salman Rushdie: Heimatländer der Phantasie. Essays und Kritiken 1981–1991. München 1992, 21–35쪽, 여기에서는 31쪽 참조. "우리는 세계를 가로질러 이동하였기 때문에, 우리 스스로가 번역되고 옮겨진 사람들이다."

134 Rushdie: Boden unter ihren Füßen, 126쪽.

135 같은 책, 487쪽.

136 이와 관련하여, 그리고 번역적 관점에서의 다시쓰기와 관련해서는 Tobias Döring: Translating Cultures? Toward a Rhetoric of Cross-Cultural Communication, in: Erfurt Electronic Studies in English 1 (1995), 1–6쪽을 참조(http://webdoc. gwdg. de/edoc/ia/eese/articles/doe ring/r _g 5 .html).

137 Bill Ashcroft/Gareth Griffiths/Helen Tiffin(Hg.): The Empire Writes Back. Theory and Practice in Post-Colonial Literatures. London, New York 1989 참조. 본서 제4장 「포스트식민주의 턴」, 263쪽 이하 참조.

138 Nancy Hynes: Yinka Shonibare. Re-dressing History, in: African Arts 34, 3 (2001), 60–65쪽 참조. John Picton: Undressing Ethnicity – Yinka Shonibare, in: 같은 책, 65–73쪽.

139 Hayden White: Afterword, in: Victoria E. Bonnell/Lynn Hunt(Hg.): Beyond the Cultural Turn. Berkeley 1999, 315–324쪽, 여기에서는 321쪽 이하.

140 해당 뇌 연구 개념과 관련해서는 Wolf Singer: Conditio Humana aus neurobiologischer Perspektive, in: Norbert Elsner/Hans-Ludwig Schreiber(Hg.): Was ist der Mensch? Göttingen 2002, 14–167쪽 참조.

141 본서의 「전망」, 520쪽 이하 참조.

참고문헌

Apel, Friedmar/Kopetzki, Annette: Literarische Übersetzung. 2. Aufl. Stuttgart, Weimar 2004.

Apter, Emily: The Translation Zone. A New Comparative Literature. Princeton, Oxford 2006.

Bachmann-Medick, Doris: Übersetzung als Medium interkultureller Kommunikation und Auseinandersetzung, in: Handbuch der Kulturwissenschaften. 3 Bde. Bd. 2: Disziplinen und Paradigmen. Hg. Friedrich Jaeger/Jürgen Straub. Stuttgart, Weimar 2004, S. 449-465.

Bachmann-Medick, Doris (Hg.): Übersetzung als Repräsentation fremder Kulturen. Berlin 1997.

Baker, Mona (Hg.): Routledge Encyclopedia of Translation Studies. London 1998.

Bassnett, Susan: The Translation Turn in Cultural Studies, in: dies./Lefevere, André (Hg.): Constructing Cultures. Clevedon et al. 1998, S. 123-140.

Bassnett, Susan/Trivedi, Harish (Hg.): Post-Colonial Translation. Theory and Practice. London 1999.

Borsò, Vittoria/Schwarzer, Christine (Hg.): Übersetzung als Paradigma der Geistes- und Sozialwissenschaften. Oberhausen 2006.

Buden, Boris: Der Schacht von Babel. Ist Kultur übersetzbar? Berlin 2005.

Budick, Sanford/Iser, Wolfgang (Hg.): The Translatability of Cultures. Figurations of the Space Between. Stanford 1996.

Clifford, James: Routes. Travel and Translation in the Late Twentieth Century. Cambridge/Mass., London 1997.

Cronin, Michael: Translation and Globalization. London, New York 2003.

Dingwaney, Anuradha/Maier, Carol (Hg.): Between Languages and Cultures. Translation and Cross-Cultural Texts. Pittsburgh, London 1995.

Flotow, Luise von: Translation and Gender. Translating in the 《Era of Feminism》. Manchester, Ottawa 1997.

Fuchs, Martin: Kampf um Differenz. Repräsentation, Subjektivität und soziale Bewegungen – Das Beispiel Indien. Frankfurt/M. 1999.

Fuchs, Martin: Übersetzen und Übersetzt-Werden. Plädoyer für eine interaktionsanalytische Reflexion, in: Doris Bachmann-Medick (Hg.): Übersetzung als Repräsentation fremder Kulturen. Berlin 1997, S. 308-328.

Hammerschmid, Beata/Krapoth, Hermann (Hg.): Übersetzung als kultureller Prozeß. Rezeption, Projektion und Konstruktion des Fremden. Berlin 1998.

Haverkamp, Anselm (Hg.): Die Sprache der Anderen. Übersetzungspolitik zwischen den Kulturen. Frankfurt/M. 1997.

Herbrechter, Stefan (Hg.): Cultural Studies, Interdisciplinarity and Translation. Amsterdam, New York 2002.

Hermans, Theo (Hg.): Translating Others. 2 Bde. Manchester 2006.

Howland, Douglas: The Predicament of Ideas in Culture. Translation and Historiography, in: History and Theory 42, 1 (2003), S. 45-60.

Liu, Lydia: Tokens of Exchange. The Problem of Translation in Global Circulations. Durham, London 1999.

Maranhão, Tullio/Streck, Bernhard (Hg.): Translation and Ethnography. The Anthropological Challenge of Intercultural Understanding. Tucson 2003.

Niranjana, Tejaswini: Siting Translation. History, Post-Structuralism, and the Colonial Context. Berkeley, Los Angeles, Oxford 1992.

Papastergiadis, Nikos: The Turbulence of Migration. Globalization, Deterritorialization and Hybridity. Cambridge 2000.

Petrilli, Susan (Hg.): Translation Translation. Amsterdam, New York 2003.

Renn, Joachim: Übersetzungsverhältnisse. Perspektiven einer pragmatischen Gesellschaftstheorie. Weilerswist 2006.

Renn, Joachim/Straub, Jürgen/Shimada, Shingo (Hg.): Übersetzung als Medium des Kulturverstehens und sozialer Integration. Frankfurt/M., New York 2002.

Santaemilia, Jose (Hg.): Gender, Sex and Translation. The Manipulation of Identities. Manchester 2005.

Scott, Joan W./Kaplan, Cora/Keates, Debra (Hg.): Transitions, Environments, Translations. Feminism in International Politics. New York, London 1997.

Shimada, Shingo: Die Erfindung Japans. Kulturelle Wechselwirkung und nationale Identitätskonstruktion. Frankfurt/M., New York 2000.

Simon, Sherry: Gender in Translation. Cultural Identity and the Politics of Transmission. London, New York 1996.

Sturge, Kate: 《The Alien Within》. Translation into German during the Nazi Regime. München 2004.

Turk, Horst/Bhatti, Anil (Hg.): Kulturelle Identität. Deutsch-indische Kulturkontakte in Literatur, Religion und Politik. Berlin 1997.

Tymoczko, Maria/Gentzler, Edwin (Hg.): Translation and Power. Amherst 2002.

Venuti, Lawrence: The Scandals of Translation. Toward an Ethics of Difference. London 1998.

Venuti, Lawrence (Hg.): The Translation Studies Reader. London, New York 2000.

Wolf, Michaela (Hg.): Übersetzen als textuelle Repräsentation. Dialogischer Diskurs und Polyphonie im Übersetzen zwischen den Kulturen, in: Nadja Grbić/Michaela Wolf (Hg.): Text – Kultur – Kommunikation. Translation als Forschungsaufgabe. Tübingen 1997, S. 137-151.

6

공간적 턴

Spatial Turn

1. 발생 배경과 형성 과정
2. 공간개념에서 공간적 사유로
3. 분석 범주로서의 '공간'
4. 공간적 턴과 개별 학문

제6장 공간적 턴

공간적 턴[1]은 포스트모던의 산물이다. 포스트모던의 대표적이며 탁월한 문화 이론가인 미국의 프레드릭 제임슨 Fredric Jameson은 1980년대 말 "늘 공간화하라!"[2]는 슬로건을 들고나왔다. 공간화를 이렇게 하나의 인식 방법으로 주창하는 것은 공간을 중시하는 포스트모던의 자기 이해로서 모더니즘의 시간 지향성을 대체하고 있는 듯하다. "우리는 통시성이 아니라 공시성의 시대에 살고 있다는 이야기를 자주 듣는데, 실제 오늘날 우리의 일상은, 즉 우리의 심적 경험이나 문화적 언어들은 과거 〈모더니즘의 절정기〉와는 반대로 시간보다는 공간 범주에 의해 지배되고 있음을 경험적으로 입증할 수 있는 것 같다."[3] 일상의 삶을 이러한 범주를 사용해서 바라보는 방식은 주목할 만하다. 그러나 이는 현대적 생활세계가 더 이상 시간과 역사, 진화의 시대가 아닌, 공간과 동시성 및 배열의 시대로 돌입했다는 사실만을 주장하는 것은 아니다.[4] 오히려 여기서 실증적으로 이끌어낼 수 있는 결론은, 최근 "공간"이라는 개념이 새롭고 중요한 인식의 척도로, 나아가 하나의 이론적 구상으로 발전되었다는 것이다. 지난 수백 년간 공간은 시간의 하위에 놓여있었지만, 이제 그러한 시대는 지나간 듯하다. 무엇보다도 '공간적 턴'이야말로 실제로 이러한 시간과 공간의 이분법을 얼마나 극복할 수 있는지, 즉 어느 만큼이나 강도 높게 문화학 이론 발전의 최전선에서 제 몫을 다해낼지 여실히 보여줄 것이다. 그런데 과연 공간적 턴은 그 어떤 턴들보다도 철저하게 그리고 최종적으로 '언어적 턴'의 답답한 언어적 구속에서 마침내 벗어날 수 있을까? 정말이지 언뜻 보면 공간의 관점은 마침내 물질성과 행위, 변화에 대한 학술적 접근을 다시금 가능케 하는 새로운 길을 열어놓은 것처럼 보인다. 여기서 말하는 공간이란 일차적으로 담론의 문제가 아니라 사회적 구성물로 파악되기 때문이다. 그러나 공간에 대한 사유를 담고 있는 공간적 턴은 통시성보다는 공시성을, 역사성보다는 시스템을, 또한 순차적으로 발생하는 구술담화보다는 언어 체계 자체를 우위에 놓는다는 점에서 다시금 언어적 턴의 후신임이 드러난다. 뿐만 아니라 공간적 턴에서는 동시성과 공간적 배열이 강조되면서, 시간과 연관된, 혹은 더 나아가 진화론적인 발전 개념은 배척된다.

공간적 턴의 공간 관점은 이처럼 담론과 사회적 생산 과정이 긴장관계를 이루는 지점에 위치한다. 그것은 하나의 문화학적, 사회과학적 범주를 개념적으로 새롭게 규정하는 것을 넘어서 공간 재현의 차원으로까지 확장된다. 또한 공간의 재물질화가 이루어지는 것도 분명하다. 물론 이는 공간의 자연화와 실증화[5]의 위험을 내포하고 있다. 공간적 턴이 가지고 있는 이와 같은 갈등 요소는 분과 학문들에서 더욱 뚜렷해진다. 처음으로 공간을 다루었던 학문인 (문화)지리학이 주도적 분과 학문으로 제자리를 잡기는 했지만, 그것이 타 인문학 분과 학문으로부터 충분히 수용되어 공간이라는 개념의 구체화 작업, 그리고 더 나아가 공동 연구에 활용되지는 못하고 있다. 하지만 가장 극명한 긴장 관계를 보이는 것은 포스트식민주의 공간 관점과 독일어권의 연구 관점이다. 전자는 공간을 지배와 권력이 관철된 것으로 인식하고 유럽중심주의에 대한 비판적 입장에서 중심과 주변을 재배열하려는 반면, 후자의 입장은 간명하다. "공간적 턴, 그것은 역사적 세계의 공간적 측면에 대한 높아진 관심일 뿐, 그 이상도 이하도 아니다."[6]

1. 발생 배경과 형성 과정

최근 여기저기서 사회과학과 문화학의 주도적 범주로서 공간의 재발견이라는 이야기를 할 때 전제가 되는 것은 과거의 공간개념은 이미 사라져 버렸다는 것이다. 사실 공간적 관점의 주도권은 늦어도 18세기 계몽주의의 발전 및 진보 패러다임 이후 시간적 관점에 의해 점차 밀려났으며, 이는 19세기의 진보적 역사관과 합세한 식민주의적 발전 이념을 통해 더욱 심화되었다. 1980년대 이후 공간 및 공간성으로의 뚜렷한 전환은 시간, 연대기, 역사 그리고 진보라는 진화론적 관점이 지배적인 역사주의의 승승장구를 타개함을 목표로 한다.[7] 그리하여 동시성과 병렬성이 발전과 진보의 범주를 능가한 듯하다. 이미 19세기에 지리와 역사가 분리된 채 각기 제 영역의 길을 가지만 그 이전에 이 방향을 제시한 선구자들이 있었다. 그것은 역사주의의 외연을 띤 지정학적 연구 방법들로서, 카를 리터 Carl Ritter에 이어 프리드리히 라첼 Friedrich Ratzel, 카를 하우스호퍼 Karl Haushofer의 연구가 이에 속하였다. 하지만 이들 연구는 이후 나치의 지정학을 위한 도구로 이용되었다.[8]

공간에 대한 집중이 바로 이 같은 지정학적인 관점과 결합되어 있다는 이유로 최근 공간 범주의 "귀환"이나 이제 막 부상하고 있는 공간적 턴은 여타의 새로운 문화학적 경향들과는 비교할 수 없을 정도로, 특히 독일어권 연구에서 극심한 의혹을 사고 있다. 지정학적 연구 방향에 대한 이 같은 전면적 거부 현상은 2차 세계대전의 선전 책략과 전시 정책에 맞추어 공간 개념이 나치에 의해 이데올로기화, 기능화된 것에 연유하며, 이러한 나치 정책은 인종주의적 '피와 땅'의 이데올로기에, 그리고 "공간 없는 민족 Volk ohne Raum"을 위해 무력으로 동유럽에 주거 영역을 확장하려 했던 발상에 모두 끔찍스럽게 나타나 있다.[9] 이에 따라 2차 세계대전 이후 독일의 사회과학은 비록 게오르그 짐멜[10]과 발터 벤야민[11] 같은 중요한 사회학적 "공간 사상가"를 다시 다룰 수 있었음에도 불구하고 시간 범주에 매달리며 공간 범주를 등한시하였다. 바로 나치즘이 오랜 시간 동안 공간에 대한 사유를, 나아가 역사와 지리의 결합을 결정적으로 중단시켰던 것이다.

1980년대 중반 이후 우리는 국제적 연구에 의거하여 문화학과 사회과학에서 공간 개념이 새로운 전성기를 맞이했다고 이야기한다. 이러한 새로운 연구 방향을 가능케 한 것은 1980년대 후반의 정치, 사회적 변혁이다. 즉 정치적 블록체제의 해체는 공간으로의 전환을 이끄는 결정적 동력이 되었다. 공간적, 정치적 양극화의 해체는 세계의 전체적 공간 배열과 매핑을 바꾸어 놓았는데, 그렇다고 열강 국가들의 안보 정책 전략들이 펼쳐지는 장에서 공간을 처음으로 새롭게 주목하게 된 것은 아니다. 이미 1980년대 중반에 중부유럽에 대한 비판적인 담론에서는[12] 중부유럽의 위치를 동쪽으로 이동시키는 구상이 추진되었으며, 이는 자본시장의 실질적 돌파구가 된 국경의 개방으로 이어졌다. 그에 따라 새롭게 개척된 공간으로 자본시장이 확대되어 경제적 글로벌화가 가속화되었으며, 글로벌화는 점점 더 뚜렷하게 공간의 새로운 구축으로 인식되었다. 그리고 그 출발점은 글로벌화의 발전은 더 이상 개별적인 민족국가의 실세들에 의해 조정되는 것이 아니라, 상호적 의존과 관계망의 구도에 따라 결정된다는 인식이었다. 글로벌화의 특성인 네트워크화는 공간적 관점을 불가피하게 만들었다. 어쨌든 유럽의 진화적 발전 이념 및 진보적 역사관과 결합되어 있는 시간 범주로는 이 같은 전 지구적 동시성을, 이른바 제1세계와 제3세계의 지정학적 결합을 더 이상 포착할 수 없었다. 그런데 냉전의 종식 이후 장벽의 붕괴와 국경 개방에 의해 야기된 이러한 "공간 혁명 Raumrevolution"[13]은 그 이면 역시 혁명적이다. 즉 이를 통해 새로운 경계가 설정되고 지리적 오차가 발생하며 공간에 대한 새로운 소유권이 제기되고, 공간이 제한되기도 하는 것이다. 그리하여 이제 공간과 경계를 다시 면밀하게 연구하는 일이 더욱더 시급해진다. "우리의 주변을 한번 주의 깊게 살펴보면 그야말로 다양한 경계와 장벽, 울타리, 문턱, 표지판 구역, 보안 기지와 검문소, 가상의 국경, 특화 지역, 보호 구역 및 감시 지역 등이 그대로 드러난다."[14] 공간이 복귀하고 있다!

하지만 마찬가지로 다음과 같이 선언할 수도 있다. 공간이 사라진다! 전 세계의 탈영토화와 탈지역화 현상 역시 간과할 수 없기 때문이다. 인터넷과 이메일처럼 초지역적으로 확산되는 텔레커뮤니케이션 및 여타 정보 미디어들이 우위를 점하고, 속도, 거리의 극복으로 공간이 밀착되어 세계는 하나의 "지구촌"으로 인식되기에 이르렀다. "www" 세계에서는 "유저"가 어디서 로그인하느냐는 중요하지 않다. 지역, 고향, 장소 등과 무관하게 정보들이 흘러가는 이러한 상황에서 공간의 역할은 오히려 부차적인 것으로 보인다. 경제, 정치 그리고 대중 미디어는 여기에서 인종적, 공간적, 영토적 경계들이나 민족국가의 경계에 따라 작동하는 것이 아니라, 점점 더 커뮤니케이션의 흐름을 따라 작동하고 있다.[15] 글로벌 시대에 나타나는 이러한 장소적 초월성 Ortlosigkeit을 고려하여 프랑스 인류학자 마르크 오제 Marc Augé는 영토화에 반대되는 '일시적으로 거쳐 가는 트랜싯 공간 Transiträumen'이라는 개념으로 논지를 펼쳐 가는데, 이 공간의 특징은 정체성의 부재와 피상성, 그리고 일시적 상황이라고 할 수 있다.[16] "오제가 보기에, 교통로와 교통수단, 고속도로 휴게소, 공항과 역, 슈퍼마켓 혹은 놀이공원 등은 현대에 늘어나고 있는 '비본래적' 공간으로서, 정체성을 더 이상 〈고유한 것 Eigentliches〉으로 전달할 수 없다."[17] 하지만 이러한 일시적으로 스쳐 가는 피상적인 "정체성"과 관련해서도 상반된 답변이 나올 수 있다. 즉 지역연관물이나 '고향'과 같은 지역적인 것의 재발견이 그것이다. 이것은 정체성이 확고해지는 경향으로서 문화 분리주의로까지 나아가기도 하고, 분쟁의 과정 속에서 지역적, 지방적 차이를 과장하기도 한다.

공간적 턴에서 새로이 발생하는 공간적 관점에 있어 공간의 해체와 복귀의 이러한 긴장 관계는 비판적 공간 성찰이 극복해야 할 문제이다. 그렇다면 비판적 성찰은 어떠한 진단에서 출발하는가? 공간은 공공의 의식이나 사회과학 및 문화학에서 사라지지도 않았고, 그렇다고 완전히 새롭게 돌아오지도 않았다. 반면 상이한 공간 관점에 대한 관심은, 그리고 이러한 공간 관점의 사회 분석적 잠재력을 개발하기 위해 새로운 공간 개념이 필요하다는 인식은 아주 뚜렷이 나타난다. 또한 지역적인 것의 재발견이란 전 지구화라는 요구에 맞서 후퇴할 공간을 확보한다는 뜻이 아니다. 마찬가지로 롤랜드 로버트슨 Roland Robertson의 "글로컬리제이션 Glocalization" 이론에서도 극복의 대상으로 문제시된 "서구 사회과학의 향수 어린 패러다임"을[18] 다시 반복하자는 말도 아니다. 새로운 개념화 작업에서 공간이 의미하는 바는, 예컨대 민속학에서 지금까지 통용된 공간 및 장소 인식과는 달리 영토성을 벗어나 있으며, 전통이나 고향의 보존(물)과도 무관하다.[19] 공간은 다층적이며, 빈번히 모순적 양상을 띠는 하나의 사회적 과정으로서 일정 공간의 사회적 생산을 의미하며, 그것은 문화적 실천에 대한 일종의 특수한 자리 매김이며, 공간의 변화 가능성을 예시하는 사회관계들에 나타나는 하나의 역동성을 함축한다. 특히 공간 분업에 토대하여 전 세계적으로 불균등한 발전의 양상을 보이는 도시와 농촌의 변화는 자본, 노동, 경제적 재구성 및 사회적 관계와 갈등을 통해 공간이 새로운 모습으로 형성될 수 있다는 인식을 강화시켰다.

물론 공간적 턴은 단순히 현재의 공간 상황에 대한 단순한 진단과 "새로운 공간적 차이들의 생산" 이상의 것들을 이루어 내면서 오히려 비판적 공간인식의 형성을 의미한다.[20] 우리는 지금까지 지구화된 세계의 이른바 장소적 초월성에 대해, 중심과 주변의 변화된 구도와 변위에 대해서 이야기했는데, 이제 마지막으로 2001년 9월 11일의 결정적인 사건에 대해서도 이야기한다면 그것으로 공간적 턴의 파급력이 정말 충분히 이해될 수 있을 것이다. 루돌프 마레쉬 Rudolf Maresch의 분석에 따르면[21], 9.11사건은 장소를 초월한 세계상을 붕괴시켰으며 여러 문화를 포괄하는 공간적 연계에 대한 모든 환상을 파괴시켰다. 그것은 과거의 심층구조를 다시 파헤쳐냄으로써 "공간의 영구성"[22]을 입증했다. 다시 말해 북반구 대 남반구, 중심 대 주변, 쇼비니즘, 민족주의, 근본주의 등과 같은 영토적 귀속성과 차이들이 여전히 타당성을 확보했으며, 이는 무엇보다 미국에 의해 이전보다 뚜렷하게 "제 자리를 잡은" 것으로 나타났다. 그것은 공간의 전 지구적인 패권적 지배라는 특정한 지정학적, 안보 정책상의 공간 전략을 목적으로 한 것이며 동시에 천연자원 공급처의 확보와 테러리즘에 대비해 국경을 넘나드는 전쟁을 위한 것이었다. 물론 그렇게 함으로써 오히려 전통적인 공간개념으로 복귀하게 되는데, 이러한 공간 개념은 멀리 거슬러 올라가 식민주의적 세계 분할에, 즉 19세기에 발생한 세계열강의 지정학에 매여 있던 것이다.

반면에 비판적, 학술적 공간 개념의 탄생은 완전히 다른 경로를 통해서야 비로소 이해될 수 있다. 그 경로란 비판적 지정학을 추구하였고 그로부터 공간적 턴을 야기하는 포스트모던 및 포스트식민주의의 지리학을 의미한다. 공간 논의의 이러한 결정적인 흐름은 일차적으로 9.11 사태와는 전혀 관련이 없으며, 오히려 주변 공간에 대한 현실비판적인 포스트식민주의의 숙고와 관련이 있다. 전적으로 식민주의에 이끌려 세계를 중심과 주변으로 이분하는 유럽중심적인 지도 제작을 비판적으로 점검하려는 목적이 바로 그것이다. 그 목표는 제국주의적 공간 지배에 맞서 지역의 문화적 실천의 정치와 행위를 중시하는 정치를 작동시키는 것이다. 즉 "주변부는 '타자'라는 자신의 자리를 거부한다."[23] 따라서 공간적 턴의 시작은 공간의 정치이다. 그것의 주요 관심사는 새로운 행위의 작동공간을 이용하는 것이며, 이는 차이와 '타자화'에 대한 문화학적인 논의를 단순히 담론적 차원에서 벗어나 실용적이며 정치적인 차원으로 옮겨 놓았고, 여기서도 논의는 여전히 지리적인 것을 토대로 하고 있다.

우선 그들은 포스트모던 지리학자들이었으며, 그중에서도 공간적 턴을 밀고 나간 이들은 도시지리학자와 도시계획가들이었다. 데이비드 하비 David Harvey, 에드워드 소자 Edward Soja, 더크 그레고리 Derk Gregory, 스티브 파일 Steve Pile, 도린 매시 Doreen Massey가 그들이다.[24] 따라서 이것은 "지리학적 전회 Geographische Wende"[25]라고도 할 수 있다. 어쨌든 늦어도 이러한 턴들을 통해 문화인류학은 문화학의 주도학문이라는 자리에서 물러난다. 포스트식민주의적 연구와 긴밀한 협력 관계 속에 부상하고 있는 비판적 문화지리학은 더 이상 영토에 뿌리를 내리지 않는 새로운 공간 인식의 기초를 마련한 것이다.[26] 이와 동시에 "급진적 포스트모더니즘"[27]의 지평에서 볼 때 문화지리학은 세계화된 사회의 공간적 재구조화를 목표로 하는 새로운 비판적 지정학을 지향한다.[28]

2. 공간개념에서 공간적 사유로

공간적 턴은 극히 다양한, 때로는 아주 모호한 공간개념들을 다루고 있다. 공간개념의 다양한 변종과 정의 및 학문사적 정립에 대해서는 다른 글들을 참고하면 될 것이다.[29] 다만 예컨대, 마티나 뢰브 Martina Löw의 『공간사회학 Raumsoziologie』[30]에서처럼, 독일에서 매우 현상학적인 특징을 지닌 공간 개념이 주로 이론 그 자체로 정교화되어 확산되는 경우, 이는 여전히 공간적 전회를 구성해내지 못한다. 공간적 턴의 장에 안착하기 위해 필요한 것은 공간개념의 개수나, 단순한 개념적 성찰이 아니다. 중요한 것은 공간의 관점 자체를 명확히 분과학문을 포괄하는 학제적 방식으로 사용하는 것이다. 결정적인 것은 문화학적, 사회과학적 분석에서 공간적 사유로 전환하는 것이다. 하지만 이러한 공간적 사유의 정치화 혹은 탈정치화, 자연화 혹은 상징화의 가능성에 대해서는 면밀히 살펴보아야 한다. "공간"으로 전환한다고 해서 그것이 모두 바로 공간적 턴을 위한 추동력이 되는 것은 아니다. 그럼에도 불구하고 초문화적으로 적용할 수 있는 특정한 공간에 대한 이해가 핵심적인 것이 사실이다. 다시 말해 공간적 턴의 거의 모든 단초들은 하나의 공통분모와 연관되어 있는데, 마르크스주의적 공간 이론의 대표적 이론가인 앙리 르페브르 Henri Lefebvre[31]의 공간 개념이 그것이다. 그는 사회적 실천과 불가피하게 결합되어 있는 공간의 생산에 주목하였고, 이 점에서 공간성의 사회적 구성만큼이나 사회적 관계 형성에 공간이 차지하는 역할을 강조한다. 즉 공간적 전회의 양상을 띤 대부분의 공간 관련 연구 경향들이 지향하고 있는 점은 바로 공간을 구성하는 동시에 통합 혹은 배제시키는 체험적인 사회의 실증들이다. 이 때문에 사회지리학의 마르크스주의적 입장에 기댄 비판적 공간인식의 대표자인 도시 및 환경 계획가 에드워드 소자 또한 이미 르페브르에게서 "공간적 턴"[32]의 싹을 보았던 것이다.

사회적 공간과 상상의 지리학

공간은 더 이상 물리적 영토의 개념이 아니라 관계의 개념으로 간주된다. 공간적 턴에서 중요한 것은 일종의 컨테이너나 저장소와 같은 영토적 공간이 아니라, – (이를테면 코드, 기호, 지도 등을 통한) 상징적 공간 재현의 영역과 밀접하게 관련된 – 감각적 인지, 이용과 획득의 사회적 생산 과정으로 정의되는 공간이다. 그러나 무엇보다 공간과 권력의 결합이라는 주제가 연구의 중심축을 이루는데, 불명확한 경계에 위치한 위기와 일탈, 그리고 환상의 지점을 가리키는 미셸 푸코의 "헤테로토피아 Heterotopia"[33]라는 공간 개념은 물론 아비투스화된 하나의 실천 형식으로 간주되는 사회적 공간의 생산에 대한 피에르 부르디외의 사유[34], 그리고 "공간의 권력 기하학"[35]으로 과격하게 치닫는 도린 매시의 페미니즘이 그 준거점이다. 이러한 이론적 지평들로 볼 때, 사회계층과 인종성 그리고 양성 관계가 공간에 미치는 영향을 이들의 통합적 및 배제적 요소에서, 또한 "또 다른" 은폐된 공간들을 드러내는 점에서 연구하는 것은 당연해 보인다. 이에 상응하는 공간 개념은 바로 '도시 연구 Urban Studies'의 관점에서 발전되며, 도시 내부의 대립과 힘의 전략 및 담론을 통해 그 동력을 얻는다.[36] 그리하여 공간적 턴의 발전에 그 자양분을 주었던 것 역시 이 공간 개념이다.

이 같은 배경에서 지리학은 공간적 턴을 주도하는 학문이 되었다. 이것은 물론 그 전에 지리학 자체가 분과 학문 간의 (소통과) 개방을 받아들일 수밖에 없었던 사정이 있었기에 비로소 가능했다.[37] 다시 말해, 공간에 초점을 맞추는 턴의 잠재력에 결정적인 것은 전통적인 문화지리학이 보다 의도적으로 인식론에 맞추어진 문화학적 공간 성찰에 비추어 그 스스로 재개념화된다는 점이다.[38] 이미 오래전부터 친숙하고, 지나치게 본질주의적인 과거 문화지리학의 공간 개념은 그것의 거시적 관점과 마찬가지로 더 이상 중요하지 않으며, 오히려 공간 개념을 이데올로기의 경관으로, 권력관계로 점철된 공간의 전시물로, 또한 흔히 주체와 육체, 상호작용과 사회적 관계가 각기 공간에 미치는 영향에 대한 미시적 관점으로 첨예화시킨다. 공간 범주를 통해 권력관계를 보다 예리하게 바라보는 새로운 문화지리학이 형성되는 것이다.[39] 이러한 경우에 특히 뚜렷하게 나타나듯이, 특정한 문화학 분과들은 그것이 스스로 개념적 틀을 개선해 나갈 때에야 비로소 문화학적 턴의 주도 학문이 된다.

물론 이 과정 역시 논쟁으로 흐를 여지가 다분하다. 어떤 하나의 턴을 지지하는 사람들이 하나같이 동일한 노선을 취하는 것은 아니기 때문이다. 전회 과정에서 노선 투쟁은 일상적으로 일어나기 마련이다. 예를 들어, 뚜렷하게 포스트식민주의 관점에서 논지를 펼치는 에드워드 소자는 특별한 쟁점을 꺼내 든다.[40] 왜냐하면 소자는 전통적인 지리학의 공간 연구에는 더 이상 부합하지 않는 공간의 지리학을 요구하고 있기 때문이다. 소자가 볼 때 공간을 사유한다는 것은, 한편으로는 다른 문화와 사회들을 변방으로 쫓아내는 유럽중심적인 지리학에 대한 비판을, 다른 한편으로는 수백 년간 지속되어 왔으며, 에드워드 사이드의 오리엔탈리즘 비판에서 이미 혹독한 평을 받은 바 있는 이분법적인 공간 구성으로부터 벗어난다는 의미를 갖는다. 물론 이분법에 따른 공간 이해는 본질주의적인 양극성에 기반을 두고 있고, 또 중심과 주변이라는 축을 따라 형성된 아파르트헤이트 Apartheid, 게토, 정부 지정 원주민 거주 지역, 이주민 집단 정착지와 그 밖에 여러 경계지역

들에서 오늘날까지도 여전히 확인되고 있는 이상 마냥 과소평가될 수는 없다.[41]

새로운 방식의 경계 설정 및 공간에 대한 권리를 거세게 요구하는 경향들이 엄청나게 증가하면서, 여기에 걸맞게 갈등을 의식하는 하나의 공간 성찰 방식은 공간적 턴의 유일한 축은 아니더라도 중요한 축으로 자리를 잡는다. 하지만 포스트모던의 공간 이해, 즉 공간들의 중첩, 경계 넘기, 그리고 공간들이 유동적으로 서로를 넘어서는 공간의 역동성을 이 같은 공간 성찰의 근거로 가져오기는 어렵다. 오히려 기득권을 내세운 공간 정치학에 의존하고 있는 포스트식민주의 관점이야말로 긴장으로 들어차 있는 갈등 공간들을 살필 수 있는 여건을 마련한다. 포스트식민주의가 제기하는 식민주의 및 제국주의 지리학에 대한 비판은 무엇보다도, 여러 문학 텍스트들도 다룬 바 있는 "제국의 매핑"을 겨냥한다.[42] 이러한 비판은 특히 포스트식민주의 주체들에 의한 리매핑 Re-mapping과 다시-쓰기 Re-writing 방법을 통해서 그 윤곽을 드러내고 있으며, 중심 국가들과 주변 국가들 내지 유럽 바깥의 사회들을 구분하는 비대칭적 위계 구도가 뚜렷한 세계지도를 버리고, 비판적인 기초 위에 선 새로운 지도 작성을 목표로 삼는다. 이렇게 공간은 포스트식민주의의 관점을 통해서 비로소 정치화되었고, 결과적으로는 권력의 기초적인 범주로서 전면에 나서게 된 것이다.

에드워드 사이드는 (제국주의를) 비판하는 "문화지리학"[43]의 공간-지리학 분야로 새롭게 초점을 맞추기 위한 발판을 마련함으로써 이미 포스트식민주의 턴의 특성을 드러내었다. "내가 말하려는 것은 장소의 구조들, 그리고 지리학적인 대상들이 어떻게 문학, 역사 또는 민속학의 언어로 나타나는지에 관한 것이다, 다시 말해, 장소의 의미들을 어떻게, 때로는 암시를 통해, 또 때로는 애초에 서로 관련이 없거나 아니면 '제국'의 공식적인 이데올로기와 결부되어 있는 다수의 개별 작품들을 묶음으로써 주도면밀하게 형성할 수 있는지에 대한 해명이다."[44] 사이드는 제국주의적인 맥락에서 권력, 지식 그리고 지리학 사이의 공간적 형세를 매핑한다. 여기서, 지배하는 유럽의 공간들과 멀찍이 떨어져 있는 변방, 즉 식민지 영토 사이의 긴장 관계가 드러나며, 이러한 긴장 관계가 자아내는 특성들은 문학을 비롯한 문화의 자기 이해 속에 새겨져 있다. 이 같은 공간적 턴의 시각으로 보면, 세계 문학의 최근 경향에서도 나타나듯이 포스트식민주의적인 리매핑-방식 역시 지정학적으로 다시 지도 그리기(리매핑)라는 전략으로 이해할 수 있다. "한때 식민지였던 곳에서 출생한 작가들과 학자들은 오늘날, 유럽중심의 거대 정전 텍스트들 위에다 자신들의 다양한 역사를 얹어 놓았으며, 그 텍스트들에 그들 지역의 지리학을 접목시켜 기술하였다."[45]

이로써 공간적 턴은 애초부터 정치적으로 축적된 내용을 담고 있다고 볼 수 있다. 다시 말해, 공간적 턴에서 기술하는 새로운 문화학 범주로서의 공간이란 텅 빈 공간이 아니다. 반대로 여기서 공간이란 서로 다른 공간들과 영토들의 동시성이 불러일으키는 중첩된 세계이며, 사이드의 "상상의 지리학"이라는 아이디어로 적절히 파악될 수 있는 바와 같이, 공간은 제국주의의 기록들, 은폐된 위계 구조, 장소를 빼앗긴 경험들, (예컨대, 사이드의 고국인 팔레스타인의 경우처럼) 연속성의 단절뿐만 아니라 (오리엔탈리즘의 경우에서처럼)[46] 타자들이 구성해 놓은 것들, 그리고 상반되는 이미지들의 투영물로 축적되어 있는 것이다. 그와 같은 공간의 기록들과 축적물을 지도에서 다 확인할 수 있는 것은 아니다. 소자도 명시한 바와 같이, "물질적 환경을 그려 넣은 지도에서 제국주의 역사가 남긴 자취를 발견하는 작업이 항상 쉬운 일은 아니다."[47] 그러므로 이처럼 복잡한 상상 속의 공간들을 분석할 수 있기 위해서는 전략과 방법론이 요구되는데, 사이드가 취했던 "대위법적인" 읽기 방식이 여기에 적용될 만하다.[48] 왜냐하면 대위법적인 독법은, 예컨대 소설과 같은 장르에서 겉보기에는 대조적인 현상들을 하나의 공간적 연관 관계 속으로, 즉 상반된 현상들을 나란히 배치하여 어떤 뚜렷한 형세가 드러나도록 하는 것처럼, 제국주의의 권력으로 향하는 숨겨진 연결 고리들을 간파하기 때문이다. 이로써 공간들의 위계 구조뿐만 아니라, 문학 텍스트들에서도 여실히 드러나듯, 유럽과 비유럽 사회의 불평등한 노동 분배가 수면 위로 떠오른다. 이처럼 위계 구조와 불평등을 비판적으로 겨냥한 공간 관점은 (하나의 통합적인 전체로서의 공간이 아닌) 단절과 모순들로 점철된 "복잡하고 균일하지 않은 지형학"[49]을 분석적으로 파악할 수 있게 한다. 바로 공간을 이렇게 이해함으로써 구세계질서가 내세워 왔던 뚜렷한 경계 짓기가 종말을 고한 이후, 우리는 전 세계를 망라하며 서로를 넘나드는 상호작용과 문화 간 접촉의 출발점에 들어서게 된다.

초국가적 공간

포스트식민주의의 맥락에서 공간 개념을 새롭게 전환시킨다면, 그 개념은 이제 트랜스내셔널리즘의 현상들과 뚜렷한 연관을 맺을 수밖에 없거나, 아니면 그 반대가 될 수도 있다.[50] 이 새로운 공간 사유에서 영토적 공간 개념은 이미 쓸모가 없어져 버린 것처럼 보인다. 공간을 영토의 관점으로 이해한다면, 이는 민족국가의 특성을 드러내는 일과 다름없다. 다시 말해, 문화적 전통을 오래도록 보존하는 "저장소"로서의 공간 및 장소성 Örtlichkeit 개념과 결부되는 바, 이때 문화는 민족국가의 형성 과정에서 영토상의 경계와 더불어, 하나의 민족적인 지형을 구축해야 한다는 의무를 부여받는다. 이처럼 공간을 영토로 생각한다면, 여기에는 식민주의의 배경이 깔려 있다고 볼 수 있는데, 이는 여러 문제점을 낳는다. 영토에 기반을 둔 공간 표상은 타자를 식민지의 자리에 앉히려는 사고와 연관되어 있는 것이다. 하지만 공간과 관련된 맥락들이 점점 더 탈영토주의를 표방함에 따라 앞서 언급한 공간 개념 역시 트랜스내셔널의 관점으로 전환하게 되었다. 공간을 트랜스내셔널의 시각으로 들여다보게 되면서 비로소 디아스포라 집단들이 전 세계에 걸쳐 네트워크로 연결되어 있으며 공동의 문화적 표상들을 공유하고 있기는 하지만, 그럼에도 다양한 지역성을 보유하면서 제각각 흩어져 살고 있는 현상을 파악할 수 있게 된다.

공간적 턴을 트랜스내셔널의 공간과 가장 폭넓게 연관시킨 사람은 문화인류학자이자 글로벌리제이션 이론가인 아르준 아파두라이 Arjun Appadurai이다. 비록 민족국가적인 영토의 경계는 허물어졌지만, 이내 또 다른, 트랜스내셔널의 특성과 지역적 특성을 동시에 지닌 영토의 맥락들이 형성될 수 있었다. 간략히 말하면, 아파두라이가 "글로벌화된 민족 공간 global ethnoscapes"[51]이라고 칭한, 제도화된 네트워크, 전 지구를 누비고 다니는 행동가들, 금융시장, 심지어는 국제적인 테러리즘을 떠올려 볼 수 있다. 이러한 공간은 집단의 특정한 정체성에 따라 그 특징이 드러나는 경험공간으로서, 탈영토화와 "장소의 박탈"에도 불구하고 사방으로 흩어진 이주민집단이 하나로 결속되어 있는 디아스포라에서 나타난다. 다시 말해, 경험의 공간이란, 트랜스로컬 및 복합지역의 특성을 갖는 시민 사회의 다층적이면서도 복잡다단한 공간이라고 할 수 있는 것이다. 이로써 아파두라이는, 민속지학 연구를 위해서도 그렇듯이, 어떤 변화된 상황을 논의의 출발점으로 삼는다. "이러한 집단들은 (즉 망명자들, 이주자들, 관광객들도 포함하여 - 저자 주) 더 이상 어떤 특정한 영토에 매여 있거나 특정한 공간에 묶여 있지 않다. 그 집단들은 그들 고유의 역사의식을 소유하고 있지만, 결코 동질의 문화를 공유하고 있지는 않다."[52]

이처럼 실제 경험으로 확인할 수 있는 공간의 흩어짐은 오늘날 공간 개념에 대한 새로운 발견으로 귀결되는 바, 아파두라이의 다음과 같은 질문에서 이 공간의 재발견을 유추해 볼 수 있다. "세계가 글로벌화되고 탈공간화되는 가운데에서도 생생하게 경험할 수 있는 장소성이란 무엇을 의미할까?"[53] 글로벌화되고 탈공간화된 세계에서 지역은 결코 확고부동한 물리적 공간으로 제한되어 있지 않다. 왜냐하면 지역성이라는 것은 바로 "어딘가 다른 곳에서부터 유래"되었거나, 아니면 대중 매체와 영화 등을 통해서 마련되는, 실현 가능할 수도 있는 인생의 계획들을 상상함으로써 구체화되기 때문이다.[54] "환상 속의 고향"이라는 살만 루슈디의 에세이 모음집 제목처럼 문학에서도 그렇고, 여기에서도 상상으로 빚어진 허구의 공간, 즉 저마다 다른 "완전히 각자 자기만의 환상 속에 있는 인도"[55]가 창조된다. 그럼에도 불구하고 바로 이러한 (완전히 지구 전체로 확장된) 상상력과 그 재현의 결과들이 지역의 특수성들을 각인시킨다. 따라서 "일상의 실재"[56]는 지역에 한정된 삶의 환경 속에 놓여 있더라도 바로 그 지역의 경계를 넘어서는 허구성을 기반으로 탐구할 수 있는 것이다. 더군다나 글로벌화된 연결망조차 어느 정도까지는 지역 공간으로 모여든다. 그러므로 장소의 부재를 거론할 여지는 더 이상 없을 듯 하다. 왜냐하면 "계층, 인종 또는 젠더 사이에서 불거져 나오는 반목들이 해소되는 방식은, 종종 지역에 따라 미묘하게 서로 다른 결과들을 낳기는 하지만, 바로 이 지역성에 있다는 사실이 중요하기 때문이다."[57]

공간과 공간을 가르는 경계에 대한 생각들은 분화되고 있으며, 따라서 계속 뒤바뀌고 있다. 공간을 사회적, 집단적, 민족적 정체성 및 전통과 결부시키려는 관습은 오래전부터 낯익은 경계 짓기만큼이나 의구심을 낳는다. 경계 짓기와 경계 넘기는 전체적으로 공간적 턴의 두드러지는 연구 분야로 발전하고 있으며[58], 이러한 사실은 네트워크 범주에도 해당된다.[59] 그러나 네트워킹이 활발히 촉진되고는 있지만, 후기모더니즘의 "공간 형성"에서부터 보다 최근의 네트워크 테크놀로지에 이르는 인식론적인 역사와 더불어[60], 특히 트랜스내셔널의 네트워크 구축 문제로 연결된다. 이러한 네트워크 범주로 인해, 특히나 (국제적이며 앵글로아메리카) 문화 이론의 측면에서 보면, 공간에 대한 이해의 변화가 초래된다는 점을 알 수 있다. 공간은 다름 아닌 문화의 역동성을 뒷받침하는 하나의 메타포, 즉 경계 넘기와 경계 옮기기, 절충, 이주와 중첩을 통해, 또한 네트워크를 동반한 트랜스내셔널의 "상상의 커뮤니티들"을 통해서 메타포로 자리 잡는 것이다. 이와 같은 공간의 새로운 범주는 전 지구적이며 동시에 지역적인 현상들의 긴장 영역과 상호 의존 관계들을 주의 깊게 살핀다.

제3의 공간

(경계가 사라진) 공간, 문화의 공간화 및 문화의 장소성과 같은 새로운 개념들은 오늘날 유독 광범위하게 두드러져 보인다. 이 아이디어들

은 공간의 복잡성, 공간의 중첩과 겹쳐 쌓기, 동시적인 것들의 비동시성을 비롯해 무엇보다도 중심-주변의 위계구도를 비판적으로 관통하는 반(反) 공간 구성을 보다 명확하게 가시화한다. 이 같은 지평에 놓인 공간적 턴은 개념 형성의 소용돌이에 휘말려 드는데, 이는 고무적이기도 하지만 동시에 쉽게 현실적 토대를 잃어버릴 수도 있다. 왜냐하면 공간에 대한 이러한 시각은 더 이상 단지 실재적이고 영토적, 물리적으로만 규정되지 않으며, 그렇다고 단순히 상징적으로만 확정되지도 않는, 오히려 실재와 상징의 두 경우가 동시에 공존함으로 새로운 특질을 갖게될 수 있는 공간들을 향해 나아가기 때문이다. 푸코는 이를 "헤테로토피아"라고 불렀고, 사이드는 "상상의 지리학"으로 파악했으며, 아파두라이는 "글로벌화된 민족 공간"으로, 소자는 "제3의 공간" 내지 "실재와 상상의 공간"이라고 부른다.

글로벌리제이션과 연결되어 있는 비동시성의 동시성, 그리고 이주에서 볼 수 있듯이 서로 다른 문화에 중첩적으로 귀속되는 상황을 분석하기 위해서는, 바로 앞서 언급한 공간 개념을 활용할 수 있는데, 이 개념은 어쨌든 지금까지 지배적 위치를 점했던 시간-역사 모델을 점차적으로 대체하고 있다. 로스앤젤레스는 바로 그와 같은 생활세계의 동시성, 권력과 노동의 공간적 분리를 특징으로 삼는 도시화의 전형적인 예시로 간주된다.[61] 여기서 권력은 사회적 관계들을 중심화하거나 아니면 탈중심화하면서 공간적으로도 구조를 형성하는데,[62] 이것은 "상상의 지리학"을 통해 식별할 수 있다. 말하자면, "상상의 지리학" 또는 상투적 표현이라는 혐의를 받고 있는 포스트모던 지리학의 "헤테로토피아"는 예컨대, 도시적인 공간 효과가 뚜렷이 남아 있다는 점으로부터 이주민들이 대거 모여 있는 로스앤젤레스에 남아있는 식민지의 흔적을 추론한다. “실재와 상상의 공간”[63]으로 간주되는 로스앤젤레스의 경우처럼, 소자는 포스트식민주의 턴에 이미 길숙이 도달한 “제3의 공간”이라는 개념을 설명한다. 제3의 공간은 애초부터 공간성을 학제적으로 연구하기 위한 아이디어이다. 여기서 공간은 우리에게 친숙한 경계 짓기를 뛰어넘어, 그 개념상 매우 특이한 개방성[64]을 갖고 있으며 “삶은 있으나” 지도상으로는 완벽히 그려낼 수 없는 운동과 공동체의 장소로서, 정치적 행동 및 공간과 연관된 정치가 펼쳐지는 새로운 무대이다. 이 같은 공간 개념은 마땅히 영토에 고착된 채 전통의 짐이 되어 버린 현실의 물리적 공간 규정을 벗어날 수밖에 없다. “실재와 상상의 공간”은 물질적이면서도 상징적이고, 실재하면서도 구성되어 있으며, 공간과 관련된 구체적인 실천 행위들에서뿐만 아니라 이미지들 안에서도 재현된다.[65] 이러한 공간 개념이 포스트식민주의의 출발 지점이라는 사실 역시 염두에 둔다면, 공간적 턴이 여기서 강조하고 있는 공간 개념을 통해 그 추진력을 이어왔다는 주장은 타당성을 얻는다. 왜냐하면 이 개념은 지금까지 존속해 오고 있는 민족정치학의 본질주의 경향을 극복할 수밖에 없기 때문이다. 다음 인용은, 여러 다른 턴에서도 마찬가지겠지만, 공간적 턴도 은유적 설명과 더불어 강조점이 크게 부각된 단계에까지 이르렀음을 보여준다. “어떤 일이 발생한다면, 그것은 전적으로 개방된 공간에서이며, 저항과 투쟁의 공간, 그야말로 가지각색의 재현들이 가능한 공간에서이다.”[66] 공간을 이처럼 개념화하면, 호미 바바의 “제3의 공간”이라는 아이디어와 유사하지만, 물론 그렇다고 해서 그것은 단순한 생각에만 머물러 있는 것이 아니라 물리적인 공간 측면과 다시 연결된다. 이는 로스앤젤레스의 복합적인 대도시 효과, 그리고 서로 상반되는 사회 계층들이 겹겹이 공존하며 살고 있는 곳이 있다는 사실로부터 알 수 있는데, 이러한 곳은 공간에 대한 환상과도 연결되어 있지만, 동시에 "실재와 상상의 공간"으로 감지될 수도 있는 것이다. 지금까지 언급한 공간 개념에 힘을 실어 준다면, 행동을 유발하는 '사이 공간'으로서 "제3의 공간"을 구체화하는 작업이 가능해질 것이다. 왜냐하면 사이 공간은 문화들 사이에서, 그리고 이주 상황 속에서, 또한 차이들을 완화시키려는 협상을 위한 젠더 역할들 사이에서 바로 다양한 중간 과정들을 생산하는데 이용될 수 있기 때문이다.[67]

공간 재현과 "매핑" 방식

공간적 턴은 공간을 규명하고 공간을 완벽히 파악하기 위한 실행들뿐만 아니라 공간들의 재현 형식에도 초점을 맞추고 있다. 공간적 턴의 하부를 흐르는 지형학적 턴 Topographical Turn의 경우라면, 공간 재현의 강조가 두드러지게 나타날 것이다. 다시 말해, "다른 무엇보다도 공간 구성에 관심을 갖고 있는 공간적 턴과는 달리, (지형학적 턴 - 저자)의 문화학적 접근은 재현 기술과 재현 형식들에 중점을 두고 있는 것이다."[68] 이때 지도가 공간적 턴과 지형학적 턴의 주목할 만한 대상이 되기 위해서는, 지도 그리기 즉 "매핑"을 실행에 옮기는 데 있어서 두 방향의 턴에 적합한 방법론적인 전환을 이루고, 나아가 전략적으로 사용해야 한다는 사실을 염두에 두어야 한다. 물론 매핑이라는 것은 더 이상 좁은 의미의 지도만 관련을 맺는 것이 아니라, 하나의 일반화된 (은유적으로는) 유형, 지식 조성의 모델이 된다. 이 밖에도 육체와 공간의 매핑[69], 미래의 매핑[70], 포스트모던의 매핑[71] 등을 예로 들 수 있다. 이와 같은 매핑 영역들은 물리적인 지도를 "멘탈 맵 mental maps"으로까지 확장시키는 것을 전제로 하는 바, 멘탈 맵은 지도 제작 방식에 따라, 매 상황마다 다른 의미들의 연관점들을 모아서 이들을 상징적으로, 무엇보다도 주관적으로 축적시켜 놓은 지도라고 할 수 있다. 멘탈 맵은 공간에 대한 관점이 복잡하다는 사실, 그리고 공간과 시간 사이의 접점을 거론하는데, 이때 (주관적인) 기억 행위에 의한 물리적 공간 구조들의 중첩이 그 기반이 된다.[72] 맨탈 맵을 통해 지도 그리기가 하나의 정신 작용이 되는 것이다.

하지만 멘탈 맵의 분석이 공간적 턴에서 처음으로 나타난 것은 아니다.[73] 또다시 맨탈 맵과 인지 매핑(프레드릭 제임슨)을 개념화하기 위해 중요한 토대를 구축한 것은 바로 포스트모던 담론이다.[74] 그것은 공간을 교환 매체, 언어 매체 및 (기억 내용, 제국주의적인 속성 등을 통한) 상징적인 축적 매체로 이해하는 데에도 마찬가지로 중요한 토대가 되었다. 이와 같은 사정에도 불구하고 상징화에 의존하는 공간 구성은 공간적 턴에 하나의 결정적인 전환을 가져다준다. 왜냐하면 이러한 공간 구성은, 지도가 어떻게 단순히 자연 그대로의 관련 맥락들을 모사하는지에 대한 문제가 아니라, 어떤 방식으로 측정한 결과들과 상징적인 암호들을 표시하면서 다른 무엇보다도 정치적 지배의 도구로 이용할 수 있을 만큼 교묘한 수단이 되었는지 주목하도록 만들기 때문이다.

이와 같은 매핑 방식으로 비판적이면서도 특히 정치적인 공간 관점을 보다 명확히 측정해 보는 작업은 역사학자인 칼 슐뢰겔 Karl Schlögel의 논문에서 알 수 있듯이, 공간적 턴에 관한 언급할 만한 독일의 주요 연구 자료에서는 상당한 정도로 도외시되고 있다. 슐뢰겔의 공간은 지도에 초점이 맞추어져 있기는 하지만, 이 지도들은 다름 아닌 지형학적 의미에서 공간 관계들의 동시성을 드러내 보이며, 지도 읽기를 "시각화"[75]로 간주하고, 이를 통해 공간의 상황 맥락들을 파악하도록 한다. 여기서 아이코닉 턴과의 관련성을 쉽게 파악할 수 있다. 즉 "역사는 자신의 시각적, 도상학적 측면을 보여준다"[76]는 것이다. 또한 시각적 관점과 결부되어 있는 탈정치화도 부인하기 어렵다. 다시 말해, 지도를 통해서 재현되는 것은 동시성과 "시간, 장소, 행위의 통일"[77]이다. 권력 분석과 정치적 행위관점은, "제3의 공간"이 포스트식민주의적 공간이 될 때에 여전히 중요했던 만큼의 효력을 상실하게 된다. 그 대신 두 가지 다른 관점이 부각되는데, 하나는 공간적 턴의 이러한 평가가 새로운 초점을 지향한다는 점이다. 이는 이제까지 서로 별개로 나누어져 연구되었던 다양한 공간 차원들의 동시성과 혼합 상태를 발판으로 역사적 과정들의 복잡성을, 더구나 어떤 다른 턴에서도 볼 수 없을 만큼 광범위하게 묘사할 수 있다는 점을 겨냥하고 있다. "장소와의 연관성은 겉으로는 드러나지 않지만 언제나 하나의 총체적 역사를 위한 변론을 담고 있다(...)."[78] 두 번째 관점은 공간적 턴으로 인해 공간 표상의 저항적 성격이 언어적 턴의 탈물질화에 맞서기 위한 효력을 불러일으킨다는 것이다. 슐뢰겔에 따르면 2001년 9.11 사건이 바로 "장소들, 그러니까 단순히 어떤 것에 대한 상징, 기호, 재현물이 아닌 (...) 폭력의 표적이 될 수도 있는 도시들, 그리고 허물어질 수도 있는 빌딩들이 (...) 있다"[79]는 사실을 기억하게 한다.

그러한 점에서 슐뢰겔의 공간적 턴은 분명 텍스트 중심주의와 문화중심주의 때문에 뒷전으로 밀려나 오래전부터 시효성을 잃은 장소의 물질화를 의미한다. 즉, 발굴하기, 흔적들 및 흔적들의 연관성 찾아내기 - 장소를 낱낱이 이해하고 눈으로 직접 보며 확인하기, 뿐만 아니라 역사학에서도 수행되는 현장 탐사를 옹호하는 것이다. 성찰적 턴의 시각으로 보면, 이러한 태도는 특히 역사 기술을 위해서 주목할 만한 결과를 가져온다. 왜냐하면 향후 사료 편찬을 포함하는 문화기술에서도 장소들이 그려 넣어질 것이고 네트워크의 접점들과 연결 라인들이 표시될 것이기 때문이다.[80] 그렇게 함으로써 "진화의 서사"[81] 대신에 모순적이고 갈등으로 점철된, 또한 서로 다른 다양한 세계들이 나란히 공존한다는 점에 정당성을 부여할 수 있는 표현 형식들이 강화될 수 있다는 것인데, 슐뢰겔은 이를 종류가 뒤섞여 있는 "동시성의 서사"[82] 라고 칭한다.

하지만 더 나아가 여기에 (유럽중심적인) 정치적 목표가 뚜렷이 드러난다는 것 또한 언급할 만한 가치가 있다. 즉 유럽을 새롭게 측량한다는 것이다. 그러나 이와 같은 공간 측량은 인간이 부재하는 지도 그리기에 불과할 뿐 놀랍게도 사회적 행위와 그 관계들을 염두에 둔 것이 아니다. 더욱이 유럽의 동방 및 서방 확장 정책 이후에도 "새로운 유럽 공간을 창출"[83]하는 일에 집중한다면, 이는 공간적 턴의 두 가지 버전을 구별할 수밖에 없게 만든다.

말하자면, 영미권 및 국제적 맥락의 공간적 턴은 명백히 글로벌리제이션, 곧 전 세계의 공간 관계와 공간 정치라는 큰 공간들을 겨냥하고 있다. 이에 반하여 독일어권에서의 공간 연구는, 물론 정치적 방향성을 갖는 문화지리학의 몇몇 사례들은 예외적이지만,[84] 주로 유럽화라는 지평을 따라 설계되어 있거나, 아니면 일상사 Alltagsgeschichte와 역사인류학 Historische Anthropologie을 통해 자양분을 얻으면서 지역적이면서도 국지적인 경험공간들을 더 높이 평가하는 것으로 보인다. 이와 같이 진단하는 이유는, 공간적 턴 또는 지형학적 턴이 공간적 전회에 대해서 자기식으로 기술하기 때문에, 다시 말하면, 다양한 공간 이론들이 미국이든 독일이든 각자의 생성된 장소에 따라 "자리매김"되고 있기 때문이다. 이와 같이 공간과 연관된 문화학 이론들을 매핑하는 것은 지그리트 바이겔 Sigrid Weigel이 단초가 되었는데, 바이겔은 영미권에서 주도하는 문화 연구 Cultural Studies의 공간적 턴과 독일어권 문화학의 공간적 턴을 구분하였다.[85] 바이겔은 영미권의 문화 연구는 식민사에 대한 비판과 더불어 시작하여, 문화들의 "사이 공간들"에 있는 소수 인종 집단이 반대 담론들을 펼쳐나가면서 함께 발전한 반면, 독일어권의 (문예학에서의) '지형학적 턴'은 오히려 역사화되어 있고 구체적인 장소에 초점을 맞추고는 있지만, 기호학적으로 논증되어 있고 철학사 안에 안착되어 있기도 하다는 점을 밝혀냈다. 하지만 그녀의 시선은 문화 연구에 고정되어 있기 때문에 공간적 턴이 "민속지학의 영향을 받은 문화 이론"[86]에 근거하고 있다고 잘못 판단한다. 민속지학은 공간적 턴에는 아주 미미한 역할만 했을 뿐인데 말이다. 정치적으로 중요한 동력을 제공하는 문화지리학이 설 자리가 사라졌기 때문에 '공간'을 의도적으로 분석 범주로 삼을 수 있는 개념 형성을 위한 출발 구도는 왜곡되어 버린다.

3. 분석 범주로서의 '공간'

공간적 턴을 공론화하기 위해서는 공간을 '주제'나 '연구 대상'으로 하는 연구의 양적 팽창만으로는 충분치 않다는 사실을 매우 강조할 필요가 있다. 마찬가지로 뚜렷한 윤곽이 없는 (공간적 턴이라는) "은유적인 보편적 개념"을 향해 확산되는 광범위한 학제적 연구들도 아직 뚜렷한 윤곽을 정립하지 못하고 있다.[87] 공간적 턴에는 다른 문화적 턴들과 마찬가지로 방법론 및 개념적 정립을 수반하는 질적 도약이 요구된다. 이는 학제적 협력을 통해 공간과 공간성이 좁은 의미의 공간에서 벗어나 새로이 조명될 때 비로소 이루어질 수 있다. 즉 사고 자체가 공간에 맞춰지고, 공간화라는 방법적 과정을 거쳐 "지리적으로 사고하기"[88]를 요청받아야 한다. 결국 공간은 그 자체가 중요한 것이 아니며, 더더구나 시간을 대체하는 것도 아니다. 결정적인 것은 오히려 공간화에 대한 관점으로, 특히 시간과 역사 자체, 즉 연구 방법론의 의미에서 "시간과 역사의 공간화"[89]인 것이다. 이 공간적 턴의 최종적 전환은 물론 공간에 초점을 맞추는 인식론적 접근 가능성이 열릴 때 달성될 수 있다. 예컨대 에드워드 소자의 "공간적 해석학"[90]으로의 이행에서처럼 말이다. 소자의 제안은 공간적으로 이해 영역을 열어둠으로써 동일하지 않은 삶의 영역의 동시성, 즉 병존과 분리를 비대칭적 권력분배처럼 파악할 수 있도록 하는 것이다. 시간 순으로 나열하는 연속적 역사서술을 약화시키는 그러한 제안은 "매핑" 인식 방식에서처럼 사이드의 "대위법적 읽기"에 그 방법론적 토대를 두고 있다.

공간과 공간성에 대한 이러한 비판적 관점은 여러 분야를 포괄하는 학제적 공간적 턴에서 어떻게 반영되고 있을까? 지난 수년간 측량 및 매핑에 대해 거의 인플레이션에 가깝게 넘쳐나는 담론들을 볼 때 특히 공간 범주에 대한 포스트식민주의 관점이 새로운 인식 형태와 분석 범주를 획득했다는 것을 확인시켜준다. 그리고 포스트식민주의적 관점으로 변화된 공간 이해뿐만 아니라, 사적인 공간과 공적인 공간의 구분, 성별에 따라 특화된 공간 및 몸의 공간에 이르기까지 문화학의 중요한 "대상"으로서의 공간의 재인식이 어디에서 표현되고 있는가라는 질문에 가장 잘 답변할 수 있을 것이다. 특히 성별에 따라 특화된 공간과 몸의 공간은 1980년대부터 페미니즘 연구에서 그 관심이 집중된 바 있다. 그렇다면 더 나아가서 공간적 턴에 대해 과연 어디까지 말할 수 있을까? 여기서 결정적인 것은 공간 자체가 중심적인 분석 범주, 사회적 태도의 구성 원리, 물질성과 경험 가능성의 영역, 재현 전략이 된다는 것이다. 이 재현 전략은 더 이상 서사적이거나 시간적이지 않으며, 그로써 진화론과 발전론의 함정에 빠지지 않게 된다.[91] 공간적 턴 담론의 실제 성공 여부는 연구 방향상 공간성이 제대로 된 가치평가를 받지 못하는 학문 분야에 공간적 턴이라는 담론 자체가 얼마만큼 받아들여졌는지에 따라 입증될 것이다. 무엇보다도 공간 범주와 더불어 문화적 개념을 공간적으로 다시 생각하게 되는 "전환"이 얼마나 이루어졌는지에 따라 입증될 것이다.

이미 주변인, 변두리, 경계, 지역, 탈영토화, 중심-주변, 매핑과 같이 공간적으로 강조된 메타포처럼 문화 분석과 관련된 새롭게 확장된 어휘들에서 "문화"가 새롭게 개념화되고 있음을 읽어낼 수 있다. 이러한 어휘는 "상이한 영역과 차원을 함께 사고하는 문화학적 표상 모델"로 압축된다. "개인적인 것과 사회적인 것, 소속된 것과 소속되지 않은 것, 지역적인 것과 세계적인 것, 구체적인 것과 상상된 것, 실천과 재현처럼 상이한 영역과 차원을 아울러 사고하는 문화학적 표상 모델은 서로 맞물려 있는 상호 관계 속에서 생각될 수 있고 서술될 수 있다."[92] 즉 공간에 대한 관점은 지금껏 오히려 별개로 탐구되었던 일상생활의 비대칭적 병존이나 구조와 개인의 결정들 간의 상호 작용과 같은 것을 이제는 함께 바라보며 분석할 수 있게 해준다. 이는 심지어는 〈공간과 문화〉[93]라는 저널이 창간되게끔 한 새로운 단초가 되었다. 이런 방식으로 복합적으로 작동하는 공간 개념은 한편으로는 글로벌 세계의 우발성에 직면하여 질서를 확립하기 위한 필수 불가결한 개념으로 적합하기에 '공간적 턴'을 개별 학문 분야로부터 공간에 대한 정치적 관점과 정치학 방향으로 나아가게 한다. 다른 한편으로 공간적 턴 담론은 구체적인 공간 관계에 대해 다시금 관심을 돌리게끔 하는데, 이때에는 공간적 턴이 지닌 정치적 대항력 혹은 정치적 잠재력을 상실할 위험이 있다.

4. 공간적 턴과 개별 학문

다양한 학문에 걸쳐 일어난 공간에 대한 재개념화는 공간을 사회·문화 이론의 기본요소로 간주하고 문화 개념 자체를 공간적 징후 속에서 거듭 숙고하기 위해 개별 학문에서 공간에 대한 성찰을 사용하는 데까지 이르렀다. 특히 국제적 논의에서 간과할 수 없는 것은 이동성, 경계 문제, 이주, 성별 및 민족적 특성, 관광, 국제적 도시의 변화, 공간의 통제 현상 등에 대해 세계적, 사회적 발전과 관련하여 공간적 성찰을 연결시키는 것이다. 이 지점에서 공간의 정치적 경제성은 결코 공간적 턴의 먼 목표가 아니다. 이때 지리학은 선도적 역할을 하는데, 무엇보다도 공간적 턴과 관련하여 재개념화된 정치적 문화지리학이 그러하다. 정치적 문화지리학에서 다루는 것은 지역적 차이에 대해 탐구하거나 정치적인 것의 지역화 현상을 탐구하는 것이다. 그리고 "어떻게 정치적 행위자들이 지정학적인 '지리적 상상력'이나 '전략적인 공간 이미지'의 도움을 받아 지정학적 정책을 만드는가"[94]를 탐구하는 것이다. 지리학적 공간구조를 "만든다"는 것은 문화지리학을 행동이론적으로 수정하고 "기존의" 공간 개념으로부터 전향하는 데에 중요한 역할을 한다.

특히 이때 권력의 지형학에서 코드, 기호, 상징은 언어적 턴과 관련하여 눈에 띈다. 여기서는 공간 통제, 기차역 접근 통제, 쇼핑 공간과 체험 세계, 치열한 도시공간과 같은 대상이 주목을 받는다. 또 국경분쟁, 국경설정과 국경침범에도 코드, 기호, 상징은 중요한 역할을 한다. 뿐만 아니라 이런 지평에서 공간에 대한 현 논의의 일반론을 비판적 관점에서 다시 살펴보는 것도 의미 있을 것이다. 그렇게 일상에서의 공간을 격리된 공간을 뜻하는 "컨테이너 Container"로 생각하려는 입장이 끈질기게 계속 작용한다면 이를 간단히 무시해버리거나 개념적으로 간과할 수 없으며, 일단은 인정할 필요가 있을지도 모른다. 물론 포스트모더니즘 관점의 새로운 개념 정의가 만들어낸 성과 이전으로 원상 복귀해서도 안 된다. 어쨌든 일상에서 본질주의는 간단히 없애버릴 수 있는 문제가 아니다. 예를 들면 동독과 서독이 여전히 각각 존재하고 있는 경우를 들 수 있는데, 이 경우 공간 담론은 실로 일상적 본질주의에서 벗어날 수 없다.[95]

이처럼 문화학의 주류 담론에 매끄럽게 편입되기 어려운 일상의 공간 구성을 돌아봄으로써 그만큼 공간성을 새롭게 규정할 수 있는 보다 정밀한 렌즈를 만들 수 있을 것이다. 이는 마찬가지로 "시공간의 권력–기하학"을 관찰하는 특정한 렌즈에도 해당되는데, 이에 대해서는 영국의 페미니즘 지리학자인 도린 매시의 연구가 있다. 매시는 공간이 어떻게 조직되는지, 성별에 따라 어떻게 특수하게 구조화되고 상상되며 이미지화되는지, 또 동시에 공간이 어떻게 개념적으로 파악되고 재현될 수 있는지에 대해 질문한다. 이러한 논의를 "발판" 삼아 비로소 공간적 턴 담론에 근접하는 포괄적이고 새로운 관심의 방향이 생겨난다.

이는 공간적 관점에서 현대와 세계화의 역사를 새롭게 쓰는 계기가 된다. 이때 오늘날까지도 계속 영향을 미치는 남반구와 북반구 간의 구조적, 헤게모니적 공간의 단절은 결정적인 중심축이다. 그럼에도 동시에 공간의 구성은 그런 공간의 위계와는 뚜렷이 대조되고 있다. 그러한 공간의 위계는 계속 확산되고 있는 경향과는 완전히 다르기 때문이다. 새로운 경향에 따르면 (동일하지 않은) 사회들 간에 평행하게 병립하는 차이들은 빈번히 "동시대성을 부정 denial of coevalness"(요하네스 파비안 Johannes Fabian)[96]함으로써 진보와 퇴보를 병존하도록 만든다. 특히 공간에 초점을 둔다는 것은 위와 같이 "시간을 억압하는 것"[97]을 거부하면서 차이들의 장 안에 있는 동시성과 동시대성을 인정할 것과 그 차이들이 상호 얽혀있다는 것을 인정할 것을 요구한다.[98] 독일어권의 한 논문집은 분명한 노선을 제시하지는 않지만 세계화와 공간, 세계 질서와 공간 질서 사이에서 생겨난 그런 관계에 대해 경험적 사례 연구를 통해 접근하려고 시도한다.[99]

민속학 또는 민속학적 문화학은 독자적인 방식이기는 하지만 긴장 관계가 높아지는 지리학의 정치적 지평에 부합한다.[100] 민속학적 문화학은 특정한 사회적 실천을 통해 만들어지는 상호 문화적 "접촉지대 Kontaktzone"에 대한 연구를 수행함으로써 정치적 지평으로 나아갈 준비가 되어 있는 상태다.[101] 생산적인 "접촉지대"인 바다에 대한 연구처럼 학제적 사례 연구들은 이러한 배경에서 기인한 것이다.[102] 이

때 공간적 턴과 연계하여[103] 다시금 사회적, 정치적 공간의 구조적 특성이 대두된다. 뿐만 아니라 여기서 공간은 저장 공간도 아니며, 인식적 특성을 지닌 의식 범주로 볼 수도 없다. 오히려 이는 건축, 토목 등과 같은 물질성을 지닌 "사회 및 정치적 행동의 산물"[104]로 볼 수 있다. 이런 관점에서 선박은 문화적 만남이 이루어지는 "혼종적 공간"으로 이해된다. 이로써 공간적 턴은, 바다처럼 흔히 역사가 없는 공간이 역사화되는 결과를 낳는다. 아울러 민속학 역시 "접촉지대", 즉 중첩 및 사이 공간에 직면하면서 전체론적인 문화이해의 틀에서 벗어나게 된다. 따라서 민속학은 다른 학문분과들처럼 사이 공간을 높게 평가하게 된다. 이는 특히 번역을 과정이나 통로로 해석하는 변환 연구 Transferforschung나 문예학 및 번역학에서도 나타나는 현상이다.[105] 번역적 턴과도 관계가 있는 "접촉지대"는 공간 구성을 번역의 과정으로 접근할 수 있도록 하지만, 동시에 그 역이 성립하기도 한다.

그와 같은 사례 연구에서 확인할 수 있는 점은, 이미 민속학도 그렇고 다른 학문분과도 마찬가지로 공간 범주를 개념적으로만 다루려 하지 않음으로써 어떤 구체화와 경험적 근거를 마련하는데 반드시 필요한 계기를 제공한다는 사실이다. 따라서 거의 상투어와 다름이 없는 탈공간화에 대한 주장들은 이주, 가상의 이동성과 현대 미디어기술에 근거하여 검토해야 하며, 또한 "뿌리가 뽑힌" 인간이 이후 자신의 삶을 어떻게 다시 공간적으로 새롭게 조직하는지에 대해 구체적이며 경험적인 탐구를 통해 검토해야 한다.[106] 이로써 공간의 다성성 Vielstimmigkeit은 더욱 강화되어 나타난다. 지역 단위의 활동들과 사회적 관계들은 감정, 기억, 역사, 육체적·정신적 습득 내용, 멘탈 맵[107], 의미 투쟁 Bedeutungskämpfen에 의해 서로 연결된다. 이는 단순한 행동의 틀을 훨씬 뛰어넘는 것이다.[108] 그 목표는 경험적 현장 조사에 필요한 특별한 전문 능력, 또한 지역적이면서도 개별사례에 기초를 둔 문화 비교의 민속학적 방법론을 통해 다시 공간 형성의 실제를 정확히 탐구할 수 있도록 하는 것이다.[109] 브리기타 하우저-쇼이블린 Brigitta Hauser-Schäublin과 미하엘 디르크하르트 Michael Dirkhardt가 민속학 입장에서 제안한 것처럼 "문화적 공간성에 대한 이론을 구상하기"[110]위해서는 더 흥미로운 학제적 지평이 필요할 것이다. 이 경우 공간에 대한 넘쳐나는 주장들을 경험적으로 정초하고 공간의 물질성을 명확히 밝혀내며, 체계적, 개념적 차원의 공간 영역을 새롭게 탐구하는 것이 바람직한 시도일 것이다. 왜냐하면 마르티나 뢰브가 사회학의 관점에서 연구한 바 있듯이, 그와 같은 방향 전환이 없다면 그저 엇비슷한 행동분석적인 공간 개념을 덧붙이는 것에 불과한 일이 되기 때문이다.[111] 이러한 새로운 공간 개념은 최근 거의 모든 사회학과 문화학 분야에서 사용되고 있다. 제의와 공간을 연결하는 마인츠 대학의 박사 과정 세미나[112]도 마찬가지로 같은 공간 개념을 사용하고 있다. 예컨대, 이 세미나에서는 성스러운 공간들처럼 각 사회는 제의적 공간을 어떻게 창안해내며, 제의는 실재하는 공간을 통해 어떻게 형성되고 또 변형될 수 있는지에 대해 질문한다. 이 지점에서 수행적 턴과 중첩되는 부분이 있음을 간과해서는 안 될 것이다.

문학에서 "이야기된 공간"은 현상학부터 문학적 공간에 대한 기호학에 이르기까지 공간적 턴이 나타나기 훨씬 오래전부터 이미 다루어졌다.[113] 말하자면 공간에서의 움직임에 대한 문학 특유의 묘사는 물론, 특히 공간의 코드화, 공간의 재현 형식, 습관, 실행, 서사적 개방성, 상징과 상상으로 가득 찬 공간, 그리고 마침내는 상징적 내지 "상상적 장소"로의 변환까지 다루어졌다. 그렇지만 여기서는 문학 텍스트 내에서나 혹은 그 문학 텍스트의 생성 배경으로 제시되는 지리적으로 확인 가능한 장소와 공간에 대한 "지형적" 시선은 대부분 테마로 다루어지지 않는다. 공간의 문화사에 연루된 중심 테마로는 기억과 회상의 자취로 공간을 특징짓는 잉게보르크 바흐만 Ingeborg Bachmann의 "지형학적 시학"도 포함된다.[114] 물론 문학의 주제로서 장소만 눈에 띄게 나타나는 것은 아니다. 오히려 문학 텍스트가 어떻게 그 장소화를 성찰하며 형상화시키는지에 대한 물음이 중요한데, 이는 상호 문화적 문제이거나 더 나아가 문화학적 문제이기도 하면서, 세계문학이 현대에 이를수록 (포스트식민주의적인) 장소화에 대한 성찰에까지 이른다. 예를 들면 언어와 문화의 사이 공간에서 이민자 문학을 위치시키는 것을 들 수 있다. 다시 쓰기와 같은 전략뿐 아니라 포스트식민주의 문학 자체[115] 내에서나 또는 현시대 다른 예술 속에 들어 있는 "영토 분쟁 territorial disputes"이 이에 속한다.[116]

로만어 문예학자인 오트마르 에테 Ottmar Ette는 이와 같은 공간에 대한 문학적 성찰, 특히 유럽과 비유럽 (카리브해 지역) 간의 긴장 영역 속에서 "움직이는" 문학의 공간 성찰에 대해 독창적이면서도 폭넓은 연구를 진행해 왔다. 그는 유럽 및 라틴 아메리카 문학을 살피면서 거기에 나타나는 "공간에 대한 구상들의 전개 과정"[117]과 경계 넘기를 탐구하고, 나아가 탈영토화된 글로벌 세계에서 작용하는 새로운 복합적 공간의 역동성에 문학이 어떻게 참여하는지를 묻는다. 여기서 공간의 문제는 시학과 문화 이론에까지 이르는데, 말하자면 "소설의 여행 구조"[118]이든, "일종의 여행"으로서의 독서하는 동작이든, 혹은 이해 과정 자체를 공간 안에서의 움직임으로 펼쳐내는 "해석학적 과정의 공간화”[119]이든 모두 여기에 해당된다. 하지만 이때 문화학의 주요 표상인 공간의 문제는 이론의 정점으로 제시되지 않는다. 반대로 이론 역시 자신이 다루는 대상의 바닥으로 내려간다. 예컨대 문학의 공간 속으로 들어간다. 또한 이론으로 충만하고 공간과 뚜렷하게 관련된 글쓰기 및 다시 쓰기 전략을 구사하는 현대세계문학에서 주변화된 “풍경” 속으로 내려간다.

이와 같은 세계문학 및 세계문학논의의 지평을 따라 적어도 문예학에서는 독일도 예외 없이 공간에 대한 정치적 관점이 확고한 기반을 잡고 있는 것처럼 보인다. 이러한 조건에서 바로 ‘세계의 많은 문학들’은 다시 쓰기와 리매핑 방식을 통해 유럽중심적인 지도를 밀어내고 있다.[120] 확실히 사실주의의 지형학, 그리고 문화학에서 오래 견지된 기술 방식인 연속적인 공간의 지형학은 점점 더 사라지고 있다.[121] 이런 식으로 텍스트는 “상상적 지리”의 매체로서 작용한다. 살만 루슈디는 소설 『악의 시』에서 “런던이 열대의 도시로 변형되는” 혼종적 공간을 묘사함으로써 이러한 상충 관계를 보여주었다.[122] 소말리아에서 태어난 누루딘 파라 Nuruddin Farah[123]의 소설 『지도』 또한 지형학적 서술에 대한 사례를 제시하는 텍스트인데, 그밖에 특히 파트릭 샤무아조 Patrick Chamoiseau[124]의 카리브 지역 소설 『텍사코 Texaco』도 들 수 있다. 서사적 지형에 있어 여기서는 동일하지 않은 세계가 동시성을 지니고 위치하게 되며, 느낌과 집단적 기억의 자취를 통해 장소들이 결부되거나 접합된다. 공간 구성상 파격적인 사건의 진행은 크레올화 Kreolisierung[125]를 거친 표현 형식의 영역에까지 나타난다.[126] 특히 그와 같은 초국가적인 공간의 개방은 문학과 예술을 포괄적인 “문화적 지형학” 프로젝트와 결부시키는데, 이러한 프로젝트는 문화학의 중심 연구 분야로서 "사고를 지형학적으로 조직하는 기술"[127]에 관심을 가진다.

이론적으로 더 강화된 공간성과 장소성, 경계 넘기와 지형학에 대한 새로운 발견은 문학 연구에서 뚜렷한 전환점을 의미한다. 이는 내적 공간을 과대평가하는 것에서 벗어나 주제로서, 또 문학 텍스트의 조건을 이루는 환경으로서 현실 공간을 평가 절상하는 데에까지 이른다. 이 전환은 공간적이기보다는 오히려 지형학적인데, 왜냐하면 지형학적 전환은 공간에 대한 묘사로서, 지형학은 재현 문제와 연결되어 있기 때문이다. 가스통 바슐라르의 초기작 『공간의 시학』으로 소급할 수 있는 그런 문학적인 지형학은 예를 들어 문학 및 철학 텍스트[128]의 도움으로 지리적인 장소화를 통해 구체적으로 표현되는데,[129] 특히 지형학적 전통을 철저히 수용한 아비 바르부르크의 므네모시네 그림지도는 결정적으로 역사의 좌표를 시각적 과정으로서 보여준다(아이코닉 턴 참조).

문학 텍스트의 장소화 양상은 또한 영문학자이자 비교문학자인 힐리스 밀러 Hillis Miller가 저서 『토포그래피스 Topographies』에서 제기한 질문, 즉 소설, 시, 철학 텍스트에서 지형적 묘사는 어떻게 기능하며 이는 무엇을 의미하는지에 대한 물음으로 이어진다.[130] 여기서 공간적 혹은 지형적 턴 역시 소리 없이 작동하고 있다. 왜냐하면 문학적 풍경 역시 묘사를 통해 제시된 대상이 아니라, 인간의 활동 또는 시적·언어적 활동, 곧 특징 부여하기 및 투영의 결과물로 간주되기 때문이다. 단순한 행위환경 그 이상의 의미를 지닌 공간을 생성하는 것이 바로 언어의 수행적 능력이다. 지형학적 문학은 "빈 공간을 세계로 변형시킨다."[131] 지형학적 성찰을 통해 문학은 문학 고유의 세계를 중계하고 역사적 현실 좌표에 대한 연결고리를 전달한다. 이처럼 문학에서 장소화를 실현한다면, 이는 문학 텍스트의 텍스트적 영역[132]에서만 유익한 것이 아니다. 장소화는 이론들, 문학 이론, "여행하는 이론들 traveling theories"의 번역 분야에도 나타난다. 이러한 공간적 관점에서 밀려는 초국가적 턴 담론에 발을 들여놓으면서 동시에 이론을 지형학적으로 지역화시키는 것, 즉 이론은 장소와 연관되어 있으며 그것이 생성되는 주변 환경과 결합되어 있다는 관점을 환기시킨다. 또한 이론과 구상되고 있는 개념들은 (이는 아무리 번역이 된다 하더라도 이러한 개념의 구상을 잘 관찰해야 한다) 문화 특정적이며 장소와 연결되어 있다. 그렇기 때문에 문화적 경계를 넘어 단절 없이 "장소를 벗어날 수" 없는 것이다.

문화지리학은 포괄적인 공간적 지평을 일컫는데, 독일에서 발간된 "문학의 지형"에 대한 비중 있는 심포지엄 논문집은 확실히 문예학의 관점에서 "지형학적 턴 topographical turn"을 구상한 바 있다.[133] 여기서 출발점은 어떤 주어진 공간, 현장이나 장소가 아니라, 지형학적 문화기술 Kulturtechniken, 매핑, 재현. 장소화하기, 움직임, 네트워크 형성 등을 통해 공간을 만들어내는 것이다. 편집자인 하르트무트 뵈메 Hartmut Böhme가 서문에서 밝히고 있는 것처럼, 단순한 공간 구성을 넘어서서 물리적인 물질성과 공간이 가진 매개성의 중재가 연구 범주의 중심을 이룬다. "공간은 결코 그저 거기에 있는 것이 아니다. (...) 왜냐하면 공간은 일단 물질적이며, 다시 말해 무게가 실려 있으며 긴장을 요구하기 때문이다."[134] 이러한 접근 방식은 공간적 턴이 개념적으로 지나친 비약을 하는 것에 맞서, 독일 공간 담론에서 추정하는 공간의 "현실적인 토대"를 확증해주는 것으로 보인다. 이 지점에서 공간 전환에 대해 학문적으로 뚜렷한 관점이 함께 작용하는 가운데, 여하튼 하나의 턴으로 연결되어 가용할 수 있다는 점 그 자체로도 분명 대단한 것이다.

그럼에도 불구하고 세계 문학이 문화적 지형도에 기여한 바가 정당성을 얻을 수 있을 만큼 이와 같은 지형적 공간 이해가 충분한지에 대해서는 의문의 여지가 있다. 초국가적인 문학의 경계 넘기를 분석하는 데에 이러한 지형적 공간 이해를 적용할 때, 경계에 대한 성찰, 여행 정복의 역사, 공간의 움직임이라는 측면에서만 문학이 필요한 것이 아니라 바로 그것이 지닌 허구적 "창작"과 공간을 구성하는 관계들에 대한 재해석에 대해서도, 심지어는 정치 및 개념상의 매핑 전략에 참여하는 데에도 문학은 요구된다. 이러한 관점에서 앞에서 언급한 심포지엄 논문집에서 견지하고 있는 독자적인 공간에 대한 시각이 문예학의 새로운 경계를 설정하기 위해 "최근에 주장되고 있는 지형학적 턴"[135]에만 기대어 있는 한, 최근 국제적으로 활발히 분화되고 있는 공간 담론에서는 뒤처지게 될 것이다. 문학 연구에서 공간적 이해가 지속적으로 개방되면서 한층 더 강화되어 학제적인 국제적 이론으로 발전될 때 비로소 공간적 턴의 다양한 방법론적 접근은 여러 갈래로 뻗어나가며 확고하게 사용될 수 있다.

마지막으로 이와 같은 초국가적 관점은 결국 공간에 대한 문예학에서의 성찰을 더 풍성하게 만들어줄 수 있을 것이다. 예컨대 유럽중심적 지형도에 반기를 드는 담론을 구체화시킨 "공간 매핑 이론 프로젝트"가 그것이다. 그러한 이론 프로젝트의 목표는 소수자 담론들을 활성화시킬 수 있는 "사이 공간"의 척도를 마련하는 일이다. 지그리트 바이겔은 "지형학적 턴"[136]에 대한 논문에서 이에 대한 중요한 근거들을 제공하는데, 그것들은 아마도 훨씬 더 직접적으로 문학 텍스트의 해석과 관계가 있을 것이다. 예컨대 이민자 문학의 경우 이러한 개념적 입장에서 출발한다면 문화적 정체성과 국가 영토 간의 단절을 새로운 관점으로 볼 수 있고, 혹은 바이겔이 잉게보르크 바흐만의 "지형학적 시학"을 지지하는 다른 논문에서 제시한 바와 같이 공간에 대한 문학 텍스트의 묘사를 초점을 달리 하여 볼 수 있을 것이다. 즉, 이 경우에 장소와 공간들은 각인된 기억의 흔적들로 채워져 있거나, 아니면 다른 기억의 "무대들"과 관련하여 "사이 공간"으로 바뀐다.

무엇보다도 여기서 기억의 장소란 역사학이 등장시킨 개념이다. 역사학은 지금껏 사건들을 시간 순서대로 나열하지 않을 때조차도 확고하게 연대기적으로 작업해왔기 때문에, 역사학에서 공간이라는 범주는 특히나 엄청난 도전을 의미한다. 지중해에 관한 책[137]을 펴낸 페르낭 브로델 Fernand Braudel과 같은 선구자들 이후 다시금 "역사적 서사를 공간화하려는"(소자) 경향이 강화되어 나타난다.[138] 특히 2004년 킬 Kiel에서 개최된 독일 '역사학자의 날'은 "커뮤니케이션과 공간"을 주제로 삼았으며, 이 주제는 초문화적 역사학과 경제 및 기업의 역사에 이르기까지 광범위한 적용의 스펙트럼을 소개하였다.[139] 여기서는 "공간"이라는 주제에 대해 대상 지향적 경향이 강하게 나타나는 것처럼 보이는데, 이는 민속학의 관점에서 공간에 포커스를 맞춘 문화사를 서술할 때와 유사하다.[140] 하지만 이러한 시도들은 공간적 턴에 있어서는 제한적으로만 유용하다. 그렇긴 해도 전체적으로 볼 때 공간적 턴은 문화지리학과 더불어 바로 역사학에서 가장 폭넓게 전개된 것처럼 보인다. 물론 항상 충분할 만큼 정교하게 다듬어지지 않고, 특정한 연구 문제를 심화하거나 해결할 수 있는 잠재력에 대해서는 숙고할 여지가 있지만 말이다. 역사와 기억의 장소에 대한 관점은 여러 권으로 된 방대한 저서 『독일의 기억의 장소』[141]에서처럼 메타포와 "공간이라는 주제 Thema Raum"을 추적한다. 그와 반대로 논문집 『장소대화

Ortsgespräche』에 실린 논문들은 구상적 커뮤니케이션 역사에 대한 핵심적 범주로서 공간을 탐구한다.[142] 이 논문들은 '공간화하기'의 실천에서 출발하여 공간적 턴 담론을 19세기의 변화되고 기술화된 공간구조(철도, 전신망)에 대한 탐구로 뚜렷이 발전시킨다. 그리고 공간적 턴을 커뮤니케이션과 매개성 차원으로 확충시키며, 특히 커뮤니케이션에서 공간화된 역사의 토대를 마련하기 위해 활용한다. 이렇게 한다면 커뮤니케이션 차원은 공간적 턴의 독일어권 버전에서 담론화 이전의 공간으로서의 물질성으로 회귀할 위험을 막을 수도 있을 것이다.

여하간 공간적 턴은 보다 포괄적인 경험의 가능성과 공간·역사적이고 정치적 관련성에 대한 탐구의 장을 열었다. 이는 문화학적 역사 연구를 문화화시키는 협소함에 맞서 강화될 수 있을 것이다.[143] 국가의 역사를 축소시키는 일도 역시 이를 통해 나타난다. 놀라운 것은 공간적 턴의 생성과 역사학의 초국가화가 동시에 일어났다는 것이다. 세계사 연구[144]를 위한 새로운 포커스로서 "공간"은 국제 관계 분석에 특히 적합한 단초가 된다. 그리고 이를 위해 동양을 고안해 낸 것부터 "동유럽을 만들어 낸 것"[145]까지 멘탈 매핑은 확실히 공간의 역사에서 중요한 구성요건이다. 역사서술과 미술사의 중간 영역에서 공간적 턴과 명백히 관계되는 근대 초기의 정치적 공간에 대한 학제적 탐구는 도시공간과 지배 세력의 구조의 예에서 주목할 만하다.[146] 그러나 또한 지도처럼 공간기록에 대한 매체와 풍경화 속의 공간묘사를 비교해 보면 새로운 인식 가능성들이 생겨나기도 한다.[147]

공간적 턴이 불가피하게 지식을 이념사에서 분리시키고 그 지식의 구체적인 위치를 탐구한다는 사실을 우리는 지식의 공간에 대한 학문사적 연구에서 볼 수 있다. 이렇게 해서 공간 범주의 인식론적 잠재력은 "학문적 지식을 더 이상 개념사나 이념사라는 추상적 공간 내에서 다루는 것이 아니라, 지식의 우발성과 지역성, 즉 지식 산물의 역사적 맥락 내에서 묘사할 수"[148]있게 만든다. 이때 만약 그 지식 공간들이 무엇보다도 재현의 공간, 즉 지식의 표현전략이나 이미지화 과정의 측면에서 탐구된다면, 이는 물론 아이코닉 턴을 위한 예비 작업이 된다. 이미 여기서 공간과 매체성의 결합이 암시적으로 나타나는데, 이는 종국에는 공간적 턴이 상당 부분 포함되어 있는 매체이론으로 이어진다.[149] 공간에 대한 논의가 인터넷, 인터넷의 장소성, 인터넷이 지닌 다양한 공간 및 인터넷의 젠더 분화에 관한 연구에 적용될 수 있는 몇몇 단초가 될 수 있다는 언급도 필요해 보인다.[150]

젠더 연구는 공간의 젠더적 양상과 결부된다. 젠더 연구는 본격적으로 공간적 턴을 특히 구체적인 공간조성, 공간의 상징화 및 코드화와 결부시킨다. 여성의 지평 확장과 관련하여 역사가 긴 페미니즘의 공간 메타포는 우선 실질적 공간과 밀접하게 관계가 있다. 그 예로 버지니아 울프의 『자기만의 방』(1929)[151]이 있다. 이후 젠더와 연관된 공간 논의는 성과 관계된 의미들이 개입되면서 점점 더 주변부나 경계선상의 공간 경험과 밀접하게 연관되었다. 젠더 지향의 서사학에서는 언어의 코드화 과정에서 어떻게 특정한 공간에 성별에 따른 역할이 부여되는지 탐구한다.[152] 그러나 또한 텍스트의 경계를 넘는 공간탐구, 예를 들면 (페미니즘의) 건축 이론에서는 가정/일, 생산/소비, 사적 영역/공적 영역처럼 이미 이분법적으로 굳어진 대립쌍의 해체를 도모하고 있다. 이는 이러한 대립쌍들이 공간적으로 표현되었다는 것을 비판하면서 시작된다. 즉 일터와 주거 지역이라는 영역이 기능적으로 분리되어 있다는 것이다. 말하자면 그러한 기능적 분리는 여성을 주거 지역 속에,

즉 특정 젠더를 위한 도시 공간(젠더화된 공간) 속에 고립시킬 뿐만 아니라 젠더 담론의 공간적 은유법을 통해서도 고립시킨다는 점이다.[153]

이렇게 실제 공간 분석에 대한 공간적 관점이 구체적일수록 "공간의 함정"에 빠질 위험은 물론 더 커진다. 공간적 턴에서 이 "공간의 함정"은 무엇보다도 사회학 관점에서 비판받았다. 말하자면, 사회학에서 단지 허울뿐인 (언제나 활기를 띠고 있는) 공간 개념의 회귀, 그리고 물리적·지리적 공간을 끌어들여 사회적 실천의 결과들이 마치 자연스럽게 주어진 공간으로 변화되도록 하는 경향이 공간의 함정이라는 것이다.[154] 사회적 관계와 역사 발전 분석을 공간 범주에 위임하고 공간을 활용하는 것, 즉 사회적인 것의 공간화는 탈정치화만을 의미하지는 않는다. 그것은 한편으로는 사회 현상들을 자연적인 것으로 볼 위험을 내포하고 있다. 줄리아 로소 Julia Lossau와 롤랑 립푸너 Roland Lippuner는 피에르 부르디외의 최초 구별 분석에서 이를 밝혔고, 그 다음에는 다시 물리적·사회적 공간이 서로 용해된다는 점을 보여 주었다.[155] 다른 한편으로 (혼종성을 강조하여 이해하는 것과 유사하게) 일종의 조화주의의 위험에 대한 우려도 제기되었다. "비판 이론은 '경계' 또는 '전선'과 같은 용어를 개념의 전이나 일반적 위반, 그리고 문화적 위반 내지 전이를 논하는 과정에서 사용하는 경향이 있다. 그 때문에 우리는 정치적 갈등이나 전쟁에 대해서는 망각하게 되는 것을 우려해야 한다. 즉 경계라는 이미지가 계속 이렇게 사용될 수 있다는 것을 우려해야 한다."[156]

결론적으로 공간적 턴은 중심, 주변, 변두리, 경계와 같은 문화학 자체의 공간적 범주들이 메타포적 성격에서 벗어나 더 정확하게 규정되고 그 복합적 특성 속에서 고려될 수 있는 한 중심이 되는 턴이며 자기반영적이다. 어쨌든 "전회 Wende"라는 형태 자체가 공간적 메타포를 만들어내며, 전회를 수반하는 문화학적 논의의 전개가 하나의 공간적 움직임, 즉 명백히 동시적 좌표를 형성하며 어떤 진화론적 발전 관점으로는 볼 수 없는 그러한 움직임이라는 것은 결코 우연이 아니라는 뜻이다. 이론의 환경, 지적 영역, 접촉구역, 학문적 경계 넘기가 그러하다. 여기서 공간적 턴이 문화학 연구 자체의 자기 이해로 방향을 돌리게 된 것, 그리고 유럽의 문화학 담론을 이론적 실험실에서 해방시키고, 이를 "의미와 뜻의 변이로 옮겨 놓으며, 육지와 바다, 탱크부대와 로켓방어시스템을 동등하게 다루면서 사회적 환경으로 옮겨놓는 일"[157]에 얼마나 소극적이었는지를 발견하게 된 것은 우연이 아니다.

이와 반대로 공간적 턴과 아이코닉 턴이 중첩되면서 새로운 이해 방식을 얻을 수 있다. 물론 (지도와 공간 재현을 거쳐) "세계의 이미지"를 만들어내는 "시각화에 대한 욕구"[158]로 공간적 턴을 소급시키는 데까지 가서는 안되겠지만, 그럼에도 여기서 공간적 턴과 아이코닉 턴 사이의 독특한 연결 부분은 더욱 풍성해진다. 이 연결점은 최종적으로는 공간의 물질성에 대한 중요한 인식으로 이끄는데, 물론 이와 같은 통찰은, 거꾸로 확고한 영토상의 자연화된 공간 개념으로 돌아가 뚜렷한 구상이 없는 신실증주의로 빠지도록 미혹되어서는 안 될 것이다.[159] 오히려 물질화에 대한 관점은 (공간이론가 루돌프 마레쉬 Rudolf Maresch가 요구하듯) 가상적이거나 상징적 공간구상을 평가절상하는 추상적 공간관계 뿐 아니라, 또한 실제 위치, 교통체계, 해협과 물적 자원에 대한 고려가 이루어지도록 지금까지보다 더 강력하게 동기부여를 할 수도 있을 것이다. 그리고 이들은 단순한 장소가 아니라 사회적·상호 문화적으로 관계하는 복합적 공간이며 활동, 갈등의 공간, 또 보이지 않는 권력 행사와 번역 과정이다. 그러한 시각은 이스라엘과 팔레스타인 사이에서 여전히 이어지고 있으며, 분쟁과 같은 영토적 공간 관계와 공간 갈등을 다시금 진지하게 받아들이도록 요구한다.

그러나 공간적 턴은 그러한 공간 개념의 구체화와 공간 개념에 대한 경험적·사회적 관점을 결부시킴으로써 문화학 자체가 목표로 하는 청사진에 접근할 수 있을 때 비로소 실현될 수 있을 것이다. 문화학에서 여행 "패러다임"과 번역적 턴에 대해 경계를 넘나드는 개념의 이동이 나타나듯, 공간과 관계된 "이동학"[160]으로의 발전이 바로 그것이다. 하지만 이는 독일에서의 공간적 턴이 국제적 논의에 더 강하게 연결되어 있다는 것을 전제로 한다. 즉 단순한 개념적 사변이 아닌, 뚜렷한 구상을 지닌 성찰이자 글로벌하고 상호 문화적이며 사회 내적인 현실 관계에 대한 더욱 분명한 연관성이 요구되는 것이다.

(번역: 조규희, 김성화)

6장 요약

공간적 턴은 전통적으로 시간과 역사를 중심으로 이루어져 온 세계인식과 지식사와 문화사에 대해 공간을 통해 새로이 접근하려는 시도이다. 서구 정신사의 주요 동력이었던 18세기 계몽주의와 진보적 발전사관은 공간을 망각한 채 시간만으로 역사를 파악했다. 그러나 인류의 역사는 인간의 의지 발현만으로 전개된 것이 아니라 자연 및 주변 환경으로서 공간과의 관계 속에서 성립되었으며, 역사는 지리와 결합하여 파악된다. 또한 세계화라는 초국가적인 현상은 인종적, 공간적, 영토 및 민족국가의 경계를 넘어 탈영토화, 탈지역화된 '지구촌'이라는 개념을 형성했다. 세계화는 사회, 집단, 민족 정체성 및 민족 전통과 결부시켜 공간을 이해하는 영토적 공간 개념의 해체를 가져왔다. 이는 계몽주의, 진보적·진화론적 발전사관, 식민주의의 '선진적-후진적' 이분법 및 위계적 도식이 아니라, 다양성을 지닌 문화적 공간의 병존으로서 세계를 초국가적으로 이해하게 한다.

이러한 배경에서 에드워드 소자는 포스트식민주의적 관점에서 유럽중심적 지리학과 그것의 이분법적 공간 구성을 비판한다. 유럽중심주의는 중심(유럽 및 유럽문화의 공간)과 저변적 공간(게토, 원주민 거주 지역, 식민지역)의 양극적 구도로 유럽과 타문화 및 사회의 관계를 규정해왔다. 포스트식민주의적 관점에서 공간은 단순히 물리적 영역이 아니며, 공간에는 정치 및 권력관계가 내포되어 있음이 강조된다. 아르준 아파두라이는 초국가적 관점에서 민족국가가 아닌 '민족공간' 개념을 제시한다. 이는 영토적 공간 개념에 근거한 민족국가가 아니라, 전 세계적 네트워크를 이루고 있는 디아스포라 집단의 공동의 문화적 표상과 다양한 지역성에 주목한 것이다. 이는 공간과 공간의 경계는 물리적 영토가 아니라 문화와 정체성을 통해 새로운 범주를 형성할 수 있다는 것을 의미한다.

공간과 공간성에 대한 연구는 포스트식민주의, 페미니즘 연구에서 주목받을 뿐 아니라 주변인, 중심-저변, 탈영토화, 매핑처럼 공간을 중심으로 새로운 문화 개념을 만들어낸다. 공간에 대한 재개념화는 이동성, 경계 문제, 이주, 성별 및 민족적 특성 등 국제적 주요 논의에 공간적 성찰을 연결시키며, 다양한 학문 분야에 다음과 같은 새로운 연구점을 제공한다. (1) 지리학은 정치와 공간을 결합시켜 정치와 이주, 공간과 지정학적 정치의 관계에 대한 정치 문화지형도를 만들어낸다. (2) 문화학에서 도린 매시는 공간이 성별에 따라 어떻게 특수하게 구조화·조직화되며, 표상되고 이미지로 나타날 수 있는지 페미니즘과 지리학을 결합한 연구 관점을 보여준다. 이는 공간적 관점에서 현대와 세계화의 역사를 새롭게 쓰는 계기가 된다. (3) 민속학에서는 공간에 대한 개념적 접근과 함께 경험적 현장 조사, 지역·개별 사례를 통한 문화 비교 등의 방법론을 통해 구체적이며 경험적인 탐구가 이루어진다. (4) 문학 연구에서는 문학 텍스트가 특정 장소를 어떻게 성찰하며 형상화시키는지를 중점적으로 다루는데, 상호 문화성 및 문화 연구적 관점에서 이민자 및 포스트식민주의 문학에서 나타나는 공간적 성찰을 들 수 있다. 공간성과 장소성, 경계 넘기와 지형학에 대한 이론은 문학 연구에 뚜렷한 전환점을 제공한다. 문학에서 지형학적 공간 이해는 경계에 대한 성찰, 여행, 정복의 역사, 공간적 움직임뿐 아니라, 허구적 창작, 공간을 구성하는 관계들에 대한 재해석, 정치 및 개념상의 매핑 전략과도 관계한다. 즉 문학 연구에서 초국가적 관점은 유럽중심적 지형도에 대한 반론이 되는 담론에 대해 구체화시킨다. (5) 젠더 연구는 젠더적 관점에서 공간적 턴을 구체적 공간 구성, 공간의 상징화 및 코드화와 결부시킨다.

(요약: 김성화)

미주

1 Mike Crang/Nigel Thrift (Hg.): Thinking Space. London, New York 2000, xi쪽.

2 Fredric Jameson: The Political Unconscious. Narrative as a Socially Symbolic Act. London 1981, 9쪽. Andrew Thacker: Moving Through Modernity. Space and Geography in Modernism. Manchester 2003, 1쪽에서 재인용.

3 Fredric Jameson: Postmoderne — zur Logik der Kultur im Spätkapitalismus, in: Andreas Huyssen/Klaus R. Scherpe (Hg.): Postmoderne. Zeichen eines kulturellen Wandels. Reinbek 1986, 45–102쪽, 여기서는 60쪽 이하.

4 Orvar Löfgren: Leben im Transit? Identitäten und Territorialitäten in historischer Perspektive, in: Historische Anthropologie 3 (1995), 349–363쪽 참조.

5 옮긴이 주–여기서 공간의 '자연화'와 '실증화'란 전통의 지리학에서처럼 공간을 '이미 주어진, 실제의 물리적 영토'로 귀속시켜 이해하는 것을 의미하고, 이는 포스트모던의 '탈영토주의', '탈지역화' 공간 개념과 대비된다.

6 Karl Schlögel: Im Raume lesen wir die Zeit. Über Zivilisationsgeschichte und Geopolitik. München, Wien 2003, 68쪽.

7 같은 책, 37쪽 이하 참조.

8 지리와 역사 간의 지정학에 대해서는 Schlögel: Im Raume lesen wir die Zeit, 36쪽 이하 참조.

9 Uwe Mai: Rasse und Raum. Agrarpolitik, Sozial– und Raumplanung im NS–Staat. Paderborn, Wien 2002 참조.

10 Georg Simmel: Soziologie des Raumes (1903), in: ders.: Schriften zur Soziologie. Eine Auswahl. Hg. Heinz–Jürgen Dahme/Otthein Rammstedt. Frankfurt/M. 1995, 221–242쪽.

11 Walter Benjamin: Das Passagen–Werk. Hg. Rolf Tiedemann. Frankfurt/M. 1991.

12 공간적 턴의 대표적인 후기 주창자에 대해서는 특히 다음의 책을 참조할 것. Karl Schlögel: Die Mitte liegt ostwärts. Europa im Übergang (1986). München, Wien 2002; 공간적 턴의 영향 아래 현재 동유럽의 공간적 성찰은 개념적으로 지속되고 있다. 이에 대해서는 다음의 잡지를 참조할 것. die Zeitschrift 《Osteuropa》 3 (2005) mit ihrem Themenheft 《Der Raum als Wille und Vorstellung. Erkundungen über den Osten Europas》.

13 Schlögel: Im Raume lesen wir die Zeit, 25쪽.

14 Stefano Boeri: Border Syndrome. Notes for a Research Program, in: Territories. Is– lands, Camps and Other States of Utopia (Katalog der Ausstellung vom 1.Juni bis 25. August 2003). Hg. KW — Institute for Contemporary Art. Berlin 2003, 52–60쪽, 여기서는 52쪽.

15 Rudolf Maresch: Empire Everywhere. On the Political Renaissance of Space, in: Territories, 15–18쪽, 여기서는 15쪽.

16 Marc Augé: Orte und Nicht-Orte. Vorüberlegungen zu einer Ethnologie der Einsamkeit. Frankfurt/M. 1994.

17 Johanna Rolshoven: Von der Kulturraum- zur Raumkulturforschung. Theoretische Herausforderungen an eine Kultur- und Sozialwissenschaft des Alltags, in: Zeitschrift für Volkskunde 99, 2 (2003), 189-213쪽, 여기서는 195쪽; James Clifford: Routes. Travel and Translation in the Late Twentieth Century. Cambridge/Mass. London 1997 참조.

18 Roland Robertson: Glokalisierung. Homogenität und Heterogenität in Raum und Zeit, in: Ulrich Beck (Hg.): Perspektiven der Weltgesellschaft. Frankfurt/M. 1998, 192-220쪽, 여기서는 200쪽.

19 Rolshoven: Von der Kulturraum- zur Raumkulturforschung, 191쪽 이하 참조.

20 Daniela Ahrens: Grenzen der Enträumlichung. Weltstädte, Cyberspace und transnationale Räume in der globalisierten Moderne. Opladen 2001, 132쪽.

21 Maresch: Empire Everywhere, 16쪽 참조.

22 Rudolf Maresch/Niels Werber: Permanenzen des Raums, in: dies. (Hg.): Raum – Wissen – Macht. Frankfurt/M. 2002, 7-30쪽.

23 Edward Soja/Barbara Hooper: The Spaces that Difference Makes. Some Notes on the Geographical Margins of the New Cultural Politics, in: Michael Keith/Steve Pile (Hg.): Place and the Politics of Identity. London, New York 1993, 183-205쪽, 여기서는 《The Spatial Turn in the New Cultural Politics of Difference》 (189쪽 이하) 장 190쪽.

24 공간적 턴의 핵심인물과 선구자들에 대한 정보는 다음의 책을 참조할 것. Phil Hubbard/Rob Kitchin/Gill Valentine (Hg.): Key Thinkers on Space and Place. London, Thousand Oaks, New Delhi 2004.

25 Sabine Motzenbäcker: Der 《spatial turn》 in den Sozialwissenschaften und die Geographie. Falsche Freunde oder nahe Verwandte? 2002년 2월 4일 베른 강연 (http://www.pcg-projectconsult.de/geopolitische-analysen/Literatur/spatial_turn.pdf), 3쪽.

26 공간적 전회의 선구적 역할로서의 문화지리학에 대해서는 다음의 글을 참조. Mike Crang/Nigel Thrift: Preface, in: dies. (Hg.): Thinking Space, xi쪽.

27 Edward W. Soja: Thirdspace. Journeys to Los Angeles and Other Real-and-Imagined Places. Cambridge, Oxford 1996, 3쪽 참조.

28 John Agnew: Geopolitics. Re-Visioning World Politics. London 1998 침조. 독일어권의 문화지리학이 국제적 논의의 개념 구상이나 문화학적으로 연결된 예로는 다음의 논문 모음집을 참조할 것 Sammelband von Hans Gebhardt/Paul Reuber/Günter Wolkersdorfer (Hg.): Kulturgeographie, Aktuelle Ansätze und Entwicklungen. Heidelberg, Berlin 2003.

29 다음의 논문을 예로 들 수 있다. Michaela Ott: Raum, in: Ästhetische Grundbegriffe. Historisches Wörterbuch in 7 Bänden. Stuttgart, Weimar 2003, hier Bd. 5, 113-149쪽; 상세한 연구보고서로는 다음의 글을 참조할 것. Andrej Holm:

Sozialwissenschaftliche Theorien zu Raum und Fläche. Leipzig 2004; 철학적 개념사와 관련해서는 다음의 글을 참조할 것. Stephan Günzel: Philosophie. in: Fabian Kessl u.a. (Hg.): Handbuch Sozialraum. Wiesbaden 2005, 88-110쪽. (《철학과 공간성》이라는 제목으로 아래의 웹사이트에도 수록되어 있음. http://www.geophilosophie.de/Texte/Guenzel_Raum.pdf)

30 Martina Löw: Raumsoziologie. Frankfurt/M 2001.

31 Henri Lefebvre: The Production of Space. Oxford, Cambridge 1991.

32 Soja: Thirdspace, 47쪽.

33 Michel Foucault: Andere Raume (1967), in: Karlheinz Barck u.a. (Hg.): Aisthesis. Wahrnehmung heute oder Perspektiven einer anderen Ästhetik. Essais. Leipzig 7. Aufl. 2002, 34-46쪽 참조.

34 Pierre Bourdieu: Sozialer Raum und 《Klassen》, in: ders.: Sozialer Raum und 《Klassen》. Leçon sur la leçon. 2 Vorlesungen. Frankfurt/M. 1995, 7-46쪽 참조.

35 Doreen Massey: Power-Geometries and the Politics of Space-Time. Hettner Lecture 1998. Heidelberg 1999, 9-23쪽; dies.: Space, Place and Gender. Cambridge, Oxford 1994. 참조.

36 David Harvey: The Urban Experience. Baltimore 1989 참조.

37 학제를 포괄하는 문화학적 지평으로 지리학을 확장한 것과 관련해서는 다음 글을 참조할 것. Ian Cook/David Crouch/Simon Naylo/James R. Ryan (Hg): Cultural Turns/Geographical Turns. Perspectives on Cultural Geography. Harlow 2000.

38 지리적 공간 성찰에서의 〈문화적 턴〉에 대해서는 아래의 글들을 참조할 것. Paul Reuber/Günter Wolkersdorfer (Hg.): Die neuen Geographien des Politischen und die neue politische Geographie – eine Einführung, in: dies. (Hg.): Politische Geographie. Handlungsorientierte Ansätze und Critical Geopolitics. Heidelberg 2001, 5쪽; 다음 글도 참조할 것. Phil Hubbard/Rob Kitchin/Brendan Bartley/Duncan Fuller (Hg.): Thinking Geographically. Space, Theory and Contemporary Human Geography. London, New York 2002, 62쪽; Gebhardt/Reuber/Wolkersdorfer (Hg.): Kulturgeographie, 특히 다음 장 참조. Der Spatial Turn in den Kulturwissenschaften und seine Folgen fiir die Kulturgeographie, 16쪽 이하.

39 Michael Keith/Steve Pile: Conclusion. Towards New Radical Geographies, in: dies. (Hg.): Place and the Politics of Identity, 220-226쪽; Doreen Massey: Spaces of Politics – Raum und Politik, in: Gebhardt/Reuber/Wolkersdorfer (Hg.): Kultur- geographie, 31-46쪽 참조.

40 Soja: Thirdspace, 92쪽 이하 참조.

41 같은 책, 87쪽 참조.

42 본서의 제4장 「포스트식민주의 턴」, 263쪽 이하 참조.

43 Edward W. Said: Kultur und Imperialismus. Einbildungskraft und Politik im Zeitalter der Macht. Frankfurt/M. 1994, 93쪽 참조.

44 같은 책, 94쪽.

45 같은 책, 95쪽.

46 사이드의 "상상의 지리학"을 지리학 연구 분야를 재개념화하기 위한 추동으로, 또는 데렉 그레고리의 명쾌한 논문들을 추동으로서 보기 위해서는 Edward Said's Imaginative Geographies, in: Crang/Thrift (Hg.): Thinking Space, 302–348쪽을 참조할 것; Derek Gregory: Geographical Imaginations. Cambridge, Oxford 1993 참조.

47 Edward W. Soja: Postmodern Geographies. The Reassertion of Space in Critical Social Theory. London, New York 1989, 225쪽.

48 Said: Kultur und Imperialismus, 92쪽 참조; 본서의 제4장 「포스트식민주의 턴」, 285쪽 이하 참조.

49 Soja: Postmodern Geographies, 420쪽.

50 Peter Jackson/Philip Crang/Claire Dwyer (Hg.): Transnational Spaces. London 2004.

51 Arjun Appadurai: Sovereignty without Territoriality. Notes for a Postnational Geography, in: Setha M. Low/Denise Lawrence-Zúñiga (Hg.): The Anthropology of Space and Place. Locating Culture. Malden, Oxford 2003, 337–349쪽.; Arjun Appadurai: Globale ethnische Räume, in: Ulrich Beck (Hg.): Perspektiven der Weltgesellschaft. Frankfurt/M. 1998, 11–40쪽.

52 Appadurai: Globale ethnische Räume, 11쪽.

53 같은 책, 19쪽.

54 같은 책, 23쪽.

55 Salman Rushdie: Heimatländer der Phantasie. Essays und Kritiken 1981–1991. München 1992, 22쪽.

56 Appadurai: Globale ethnische Räume, 23쪽.

57 Kathleen M. Kirby: Indifferent Boundaries. Spatial Concepts of Human Subjectivity. New York 1996, 174쪽.

58 공간적 턴의 맥락에서 "문화적 행위들"로서의 경계에 관해서는 Vittoria Borsò: Grenzen, Schwellen und andere Orte. 《La géographie doit bien étre au cœur de ce dont je m'occupe》, in: dies./Reinhold Görling (Hg.): Kulturelle Topographien. Stuttgart, Weimar 2004, 13–41쪽 참조. "경계"에 대한 수많은 연구에 관해서는 단지 언급만 하겠다: Markus Bauer/Thomas Rahn (Hg.): Die Grenze. Begriff und Inszenierung. Berlin 1997; Richard Faber/Barbara Naumann (Hg.): Literatur der Grenze - Theorie der Grenze. Würzburg 1995; 민속학적인 측면에서: Fredrik Barth (Hg.): Ethnic Groups and Boundaries. The Social Organization of Cultural Difference. Oslo 1994.

59 예를 들어, 총서 Jürgen Barkhoff/Hartmut Böhme/Jeanne Riou (Hg.): Netzwerke. Eine Kulturtechnik der Moderne. Köln, Weimar, Wien 2004.

60 연결-카테고리의 인식론적 역사에 대해서는 Borsò: Grenzen, Schwellen und andere Orte, 14쪽 이하.

61 Soja: Thirdspace 참조.

62 Soja: Postmodern Geographies, 234쪽 참조.

63 Soja: Thirdspace, 6쪽 참조.

64 같은 책, 5쪽 참조; 독일과 연결된 제3의 공간 개념에 관해서는 Edward Soja: Thirdspace – Die Erweiterung des Geographischen Blicks, in: Gebhardt/Reuber/Wolkersdorfer (Hg.): Kulturgeographie, 269–288쪽, 여기서는 289쪽을 보라.

65 Soja: Thirdspace – Die Erweiterung des Geographischen Blicks, 281쪽.

66 같은 책, 286쪽; 이 책 본서의 제4장 「포스트식민주의 턴」, 277쪽 이하 참조.

67 Doris Bachmann–Medick: Dritter Raum. Annährungen an ein Medium kultureller Übersetzung und Kartierung, in: Claudia Breger/Tobias Döring(Hg.): Figuren der/des Dritten. Erkundungen kultureller Zwischenräume. Amsterdam, Atlanta 1998, 19–36쪽 참조.

68 Stephan Günzel: 《Topologie. WeltRaumDenken》, Weimar, 2005년 11월 10일 심포지움, Einführung: spatial turn, topographical turn, topological turn(http://www.geophilosophie.de/Material/Guenzel_Topologie–Einfuehrung.pdf), 5쪽.

69 예를 들어, Rosalyn Diprose/Robyn Ferrell (Hg.): Cartographies. Poststructuralism and the Mapping of Bodies and Spaces. St. Leonards 1991.

70 Jon Bird/Barry Curtis/Tim Putnam/George Robertson/Lisa Tickner (Hg.): Mapping the Futures. Local Cultures, Global Change. London, New York 1993 참조.

71 Andreas Huyssen: Mapping the Postmodern, in: Charles Jencks (Hg.): The Post–Modern Reader. New York 1992, 40–72쪽.

72 이에 관해서는 – 공간적 턴과 연계해 - Sabine Damir–Geilsdorf/Béatrice Hendrich: Orientierungsleistungen räumlicher Strukturen und Erinnerung. Heuristische Potenziale einer Verknüpfung der Konzepte Raum, Mental Maps und Erinnerung, in: Sabine Damir–Geilsdorf/Angelika Hartmann/Béatrice Hendrich (Hg.): Mental Maps - Raum - Erinnerung. Kulturwissenschaftliche Zugänge zum Verhältnis von Raum und Erinnerung. Münster 2005, 25–48쪽 참조.

73 서평이 달린 서지 목록: Wilfried Kaiser: Mental Maps - kognitive Karten. Stuttgart 1994 참조; 이슬람학에서의 공간 범주와 특별히 연관시킨 연구로는: Damir–Geilsdorf/Hartmann/Hendrich (Hg.): Mental Maps - Raum - Erinnerung. 참조.

74 Fredric Jameson: Cognitive Mapping, in: Cary Nelson/Lawrence Grossberg (Hg.): Marxism and the Interpretation of Culture. Houndmills, London 1988, 347–360쪽 참조.

75 Schlögel: Im Raume lesen wir die Zeit, 263쪽; 공간적 턴의 특성에 비추어 역사학과 문화학을 위한 지도 제작의 결실에 대해서는 Ute Schneider: Die Macht der Karten. Eine Geschichte der Kartographie vom Mittelalter bis heute. Darmstadt 2004.

76 Karl Schlögel: Kartenlesen, Augenarbeit. Über die Fälligkeit des spatial turn in den Geschichts– und Kulturwissenschaften, in: Heinz Dieter Kittsteiner (Hg.): Was sind Kulturwissenschaften? 13 Antworten. München 2004, 261–283쪽, 여기

서는 273쪽.

77 Schlögel: Im Raume lesen wir die Zeit, 40쪽.

78 같은 책, 10쪽.

79 Schlögel: Kartenlesen, Augenarbeit, 262쪽.

80 Schlögel: Im Raume lesen wir die Zeit, 51쪽 참조.

81 같은 책, 503쪽.

82 같은 책, 504쪽.

83 같은 책, 465쪽.

84 Gebhardt/Reuber/Wolkersdorfer (Hg.): Kulturgeographie 참조.

85 Sigrid Weigel: Zum 《topographical turn》 Kartographie, Topographie und Raumkonzepte in den Kulturwissenschaften, in: KulturPoetik 2, 2 (2002), 151–165쪽.

86 같은 책, 156쪽.

87 Holm: Sozialwissenschaftliche Theorien zu Raum und Fläche, 23쪽. 참조.

88 Hubbard/Kitchin/Bartley/Fuller(Hg.): Thinking Geographically 참조.

89 Soja: Thirdspace, 170쪽.

90 Soja: Postmodern Geographies, 1쪽 이하 참조.

91 Crang/Thrift: Thinking Space, 1쪽 참조.

92 Rolshoven: Von der Kulturraum zur Raumkulturforschung, 207쪽.

93 Rob Shields: Space and Culture. A Resumé of Everyday Life, in: Space and Culture 5, 1(2002), 4–8쪽, 여기서는 1쪽 참조.

94 Reuber/Wolkersdorfer: Die neuen Geographien des Politischen, 6쪽 참조. ("Der 'Spatial Turn' in den struktur- und handlungsorientierten Ansätzen der Politischen Geographie")

95 이에 대해 Antje Schlotmann의 논문은 중요한 논점을 제시한다: Rekonstruktion alltäglicher Raumkonstruktionen. Eine Schnittstelle von Sozialgeographie und Geschichtswissenschaft? In: Alexander C. T. Geppert/Uffa Jensen/Jörn Weinhold (Hg.): Ortsgespräche. Raum und Kommunikation im 19. und 20. Jahrhundert. Bielefeld 2005, 107–133쪽.

96 Johannes Fabian: Time and the Other. How Anthropology Makes Its Object. New York 1983, 31쪽.

97 같은 곳, 2쪽.

98 Massey: Power-Geometries and the Politics of Space-Time 참조; 매시의 저술은 최근 독일어로도 번역되어 있다: Space of Politics – Raum und Politik, 특히 39쪽; 또한 관점에 따라 구조주의적, 포스트구조주의적, 해체주의적, 포스트식민주의적 공간사유의 실행에 대해서는 매시의 다음 연구를 참조할 것. For Space. London, Thousand Oaks, New Delhi 2005, 여기서는 13쪽 이하.

99 Iris Schröder/Sabine Höhler (Hg.): Welt-Räume. Geschichte, Geographie und Globalisierung seit 1900. Frankfurt/M. 2005.

100 Setha M. Low/Denise Lawrence-Zúňiga (Hg.): The Anthropology of Space and Place. Locating Culture. Malden, Oxford 2003.

101 Mary Louise Pratt: Imperial Eyes. Travel Writing and Transculturation (1992). London 2003.

102 Bernhard Klein/Gesa Mackenthun: Das Meer als kulturelle Kontaktzone. Räume, Reisende, Repräsentationen. Konstanz 2003.

103 같은 곳, 9쪽.

104 같은 곳, 9쪽; Michael C. Frank u. a. (Hg.): Räume (=Zeitschrift für Kulturwissenschaften 2, 2008) 참조.

105 Michaela Wolf: Triest als 《Dritter Ort》 der Kulturen, in: Federico Celestini/ Helga Mitterbauer (Hg.): Ver-rückte Kulturen. Zur Dynamik kultureller Transfers. Tübingen 2003, 153-173쪽 참조.

106 Löfgren: Leben im Transit, 351쪽 참조.

107 옮긴이 주 – 사람들이 갖고 있는 특정 지역에 대한 심적 이미지를 표현하는 지도.

108 Margaret C. Rodman: Empowering Place. Multilocality and Multivocality, in: Low/ Lawrence-Zúňiga (Hg.): Anthropology of Space and Place, 204-223쪽, 여기서는 207쪽 참조.

109 Brigitta Hauser-Schäublin/Michael Dickhardt (Hg.): Kulturelle Räume – räumliche Kultur. Zur Neubestimmung des Verhältnisses zweier fundamentaler Kategorien menschlicher Praxis. Münster, Hamburg, London 2003, 20쪽 이하 참조.

110 같은 곳, 18쪽 참조.

111 Löw: Raumsoziologie; zum spatial turn in der Soziologie – im Anschluss an Anthony Giddens' Eröffnung der Raumperspektive – Ahrens: Grenzen der Enträumlichung, 14쪽, 132쪽 참조.

112 Graduiertenkolleg 《Raum und Ritual. Funktion, Bedeutung und Nutzung sakral bestimmter Raume》 (http://www.uni-mainz.de/Organisationen/RaumRitual/index.htm).

113 문학에서 공간묘사에 대한 Elisabeth Bronfen의 초기 연구 참조: Der literarische Raum. Eine Untersuchung am Beispiel von Dorothy M. Richardsons Romanzyklus 《Pilgrimage》. Tübingen 1986; 그리고 Alf Mentzer의 새 연구 참조: Die Blindheit der Texte. Studien zur literarischen Raumerfahrung. Heidelberg 2001.

114 다음 Sigrid Weigel 저서의 같은 내용의 장 참조: Ingeborg Bachmann. Hinterlassenschaften unter Wahrung des Briefgeheimnisses. Wien 1999, 352쪽 이하.

115 Graham Huggan은 이를 호주와 캐나다 문학의 예를 들어 보여주었다. Graham Huggan: Territorial Disputes. Maps and Mapping Strategies in Contemporary Canadian and Australian Fiction. Toronto 1994, 324쪽.

116 Topos RAUM – Die Aktualität des Raumes in den Künsten der Gegenwart 2004년 11월 베를린 훔볼트대학 예술아카데미 학회 참조.; Paolo Bianchi/Sabine Folie (Hg.): Atlas Mapping. Künstler als Kartographen, Kartographie als Kultur. Wien 1997. 참조.

117 Ottmar Ette: Literatur in Bewegung. Raum und Dynamik grenzüberschreitenden Schreibens in Europa und Amerika. Weilerswist 2001, 10쪽.

118 같은 곳, 40쪽.

119 같은 곳, 80쪽.

120 이에 대해서는 다음을 참조할 것. Doris Bachmann-Medick: Texte zwischen den Kulturen. Ein Ausflug in 《postkoloniale Landkarten》, in: Hartmut Böhme/Klaus R. Scherpe (Hg.): Literatur und Kulturwissenschaften. Positionen, Theorien, Modelle. Reinbek 1996, 60-77쪽.

121 같은 곳, 67쪽 참조.

122 Salman Rushdie: Die Satanischen Verse. Roman, (o. O.) 1989, 355쪽.

123 Nuruddin Farah: Maps. Roman. Frankfurt/M. 1994.

124 Patrick Chamoiseau: Texaco. Ein Martinique-Roman (1992). München, Zürich 1995.

125 옮긴이 주 – 크레올이란 서로 의사소통이 되지 않는 사람들 사이에서 상인들과 같은 중개자들에 의해 자연스럽게 형성된 언어가 그 사용자들의 자손들을 통해 자기언어가 된 언어를 말한다.

126 이에 대해 더 상세한 내용은 다음을 참조할 것. Bachmann-Medick: Texte zwischen den Kulturen, 73쪽 이하.

127 Borsò/Görling (Hg.): Kulturelle Topographien, 20쪽 참조.

128 Franco Moretti: Atlas des europäischen Romans. Wo die Literatur spielte. Köln 1999 참조; 또한 Elmar Holenstein: Philosophie-Atlas. Orte und Wege des Denkens. Zürich 2004. 참조.

129 Gaston Bachelard: Poetik des Raumes (1957). Frankfurt/M. 6. Aufl. 2001.

130 J. Hillis Miller: Topographies. Stanford 1995.

131 같은 곳, 277쪽.

132 같은 곳, 56쪽 참조.

133 Hartmut Böhme (Hg.): Topographien der Literatur. Deutsche Literatur im transnationalen Kontext. DFG-Symposion 2004. Stuttgart, Weimar 2005.

134 Hartmut Böhme: Einleitung: Raum – Bewegung – Topographie, in: 같은 곳, IXXXIII쪽, 여기서는 XVII쪽.

135 같은 곳, XII쪽.

136 Weigel: Zum 《topographical turn》, 여기서는 153쪽.

137 Fernand Braudel: Das Mittelmeer und die mediterrane Welt in der Epoche

Philipps II. 3 Bde. Frankfurt/M. 1990.

138 여기서 길잡이가 될 만한 예로 Christoph Conrad (Hg.): Mental Maps (Geschichte und Gesellschaft 28, 3 (2002)), Themenheft zu Raum in den Geschichtswissenschaften.

139 Karsten Borgmann/Udo Hartmann (Hg.): Querschnittsberichte vom Historikertag 2004. Berlin 2004 (www.edoc.hu-berlin.de/e_histfor/4/PDF/HistFor_4-2004.pdf).

140 놀라울 정도로 공간적 턴과 무관한 Wolfgang Kaschuba의 공간-시간 좌표에 기반한 문화사 개요와 그것에 상응하는 문화기술, 인식 형태, 기구와 표현 형식(풍경, 시계, 여행, 기술, 철도, 라디오, 자동차, 매체적 세계 등) 참조: Die Überwindung der Distanz. Zeit und Raum in der europäischen Moderne. Frankfurt/M. 2004.

141 Etienne François/Hagen Schulze (Hg.): Deutsche Erinnerungsorte. 3 Bde. München 2001-2003.

142 Geppert/Jensen/Weinhold (Hg.)의 전집 참조: Ortsgespräche, 특히 서문 참조.: Verräumlichung. Kommunikative Praktiken in historischer Perspektive, 1840-1930, 15-49쪽.

143 Schlögel: Im Raume lesen wir die Zeit, 12쪽; 사례 연구로는 다음을 참조할 것. Michael Borgolte: Christen und Juden im Disput. Mittelalterliche Religionsgespräche im 《spatial turn》, in: Historische Zeitschrift 286, 2 (2008), 359-402쪽.

144 다음 연구는 이를 보여준다. Jürgen Osterhammel: Raumbeziehungen. Internationale Geschichte, Geopolitik und historische Geographie, in: Wilfried Loth/Jürgen Osterhammel (Hg.): Internationale Geschichte. Themen – Ergebnisse – Aussichten. München 2000, 287-308쪽.

145 Frithjof Benjamin Schenk: Mental Maps. Die Konstruktion von geographischen Räumen in Europa seit der Aufklärung, in: Geschichte und Gesellschaft 28, 3 (2002), 493-514쪽, 여기서는 499쪽 이하 참조.

146 Cornelia Jöchner: Politische Räume. Stadt und Land in der Frühneuzeit. Berlin 2003.

147 Tanja Michalsky: Raum visualisieren. Zur Genese des modernen Raumverständnisses in Medien der Frühen Neuzeit, in: Geppert/Jensen/Weinhold (Hg.): Ortsgespräche, 287-310쪽 참조.

148 Hans-Jörg Rheinberger/Bettina Wahrig-Schmidt/Michael Hagner: Räume des Wissens. Repräsentation, Codierung, Spur, in: dies. (Hg.): Räume des Wissens. Repräsentation, Codierung, Spur. Berlin 1997, 7-21쪽, 여기서는 8쪽.

149 매체 이론에서 공간 이론에 대한 단초, 육체성과 매개성에 대한 공간 구성의 종속성에 대해서는 뮌헨 대학교의 연구단체 《Raumtheorie》의 논문집 참조 (http://www.raumtheorie.lmu.de).: Jörg Dünne/Hermann Doetsch/Roger Lüdeke (Hg.): Von Pilgerwegen, Schriftspuren und Blickpunkten. Raumpraktiken in medienhistorischer Perspektive. Würzburg 2004; 정체성 공간의 매개 구조에 대해서는 또한 다음을 참조할 것. Brigitte Hipfl: Mediale Identitätsräume. Skizzen

zu einem 《spatial tum》 in den Medien- und Kommunikationswissenschaften, in: dies./Elisabeth Klaus/Uta Scheer (Hg.): Identitätsräume. Nation, Körper und Geschlecht in den Medien. Eine Topographie. Bielefeld 2004, 16-50쪽; Thomas Schindl: Räume des Medialen. Zum spatial turn in Kulturwissenschaften und Medientheorien. Boizenburg 2007. 참조.

150 Alexandra Budke/Detlef Kanwischer/Andreas Pott (Hg.): Internetgeographien. Beobachtungen zum Verhältnis von Internet, Raum und Gesellschaft. Wiesbaden, Stuttgart 2004. 참조.

151 이 텍스트와 공간-젠더와 관계된 주요 텍스트들은 다음 연구서의 독본에 게재되어 있음. Jane Rendell/Barbara Penner/Iain Borden (Hg.): Gender Space Architecture. An Interdisciplinary Introduction. London, New York 2000.

152 Natascha Würzbach의 개관 논문 참조: Raumdarstellung, in: Vera Nünning/Ansgar Nünning (Hg.): Erzähltextanalyse und Gender Studies. Stuttgart, Weimar 2004, 49-71쪽; Nicole Schröder (Hg.): Grenz-Gänge. Studien zu Gender und Raum. Tübingen 2006. 참조.

153 Kerstin W. Shands: Embracing Space. Spatial Metaphors in Feminist Discourse. Westport 1999, 8쪽 이하 참조; 또한 Massey: Space, Place and Gender; Daphne Spain: Gendered Spaces. Chapel Hill, London 1992 참조; Sybille Bauriedl/ Michaela Schier/Anke Strüver (Hg.): Geschlechterverhältnisse, Raumstrukturen, Ortsverhältnisse. Erkundungen von Vielfalt und Differenz im spatial turn. Münster 2010; Löw: Raumsoziologie, Kapitel 《Geschlechtsspezifische Räume》, 246쪽 이하 참조.

154 Vgl. Roland Lippuner/Julia Lossau: In der Raumfalle. Eine Kritik des spatial turn in den Sozialwissenschaften, in: Georg Mein/Markus Rieger-Ladich (Hg.): Soziale Räume und kulturelle Praktiken. Über den strategischen Gebrauch von Medien. Bielefeld 2004, 47-63쪽, 여기서는 48쪽.

155 같은 곳, 54쪽 참조.

156 Patrick Ffrench: Passage Barré. Port Bou, September 26, 1940, in: Territories, 230-234쪽, 여기서는 230쪽.

157 Rudolf Maresch: Die Rückkehr des Raums. Über die Notwendigkeit, modische Theorien und Diskurse zu vererden (www.rudolf-maresch.de/texte/42.pdf), 7쪽.

158 Jürgen Osterhammel: Die Wiederkehr des Raumes. Geopolitik, Geohistorie und historische Geographie, in: Neue Politische Literatur 43 (1998), 374-397쪽, 여기서는 375쪽; Jürgen Osterhammel: Raumbeziehungen, 307쪽 참조.

159 이 비판에 대해서는 다음을 참조할 것. Geppert/Jensen/Weinhold: Verräumlichung, 18쪽.

160 Maresch/Werber: Permanenzen des Raums, 27쪽.

참고문헌

Bachelard, Gaston: Poetik des Raumes (1957). Frankfurt/M. 6. Aufi. 2001.

Bachmann-Medick, Doris: Texte zwischen den Kulturen. Ein Ausflug in 《postkoloniale Landkarten》, in: Hartmut Böhme/Klaus R. Scherpe (Hg.): Literatur und Kulturwissenschaften. Positionen, Theorien, Modelle. Reinbek 1996, S. 60-77.

Bahr, Andreas/Burschel, Peter/Jancke, Gabriele (Hg.): Räume des Selbst. Selbstzeugnisforschung transkulturell. Köln, Weimar, Wien 2007.

Böhme, Hartmut (Hg.): Topographien der Literatur. Deutsche Literatur im transnationalen Kontext. DFG-Symposion 2004. Stuttgart, Weimar 2005.

Borsò, Vittoria/Görling, Reinhold (Hg.): Kulturelle Topographien. Stuttgart 2004.

Burk, Thomas: Raumtheoretische Positionen in angloamerikanischen und deutschsprachigen sozial- und kulturwissenschaftlichen Publikationen seit 1997. Ein Literaturbericht. http://raumsoz.ifs.tu-da1mstadt.de/forschung/foo5-literatur/lit-raumtheorie.pdf.

Crang, Mike/Thrift, Nigel (Hg.): Thinking Space. London, New York 2000.

Döring, Jörg/Thielmann, Tristan (Hg.): Spatial Turn. Das Raumparadigma in den Kultur-und Sozialwissenschaften (2008). 2. Aufl. Bielefeld 2009.

Dünne, Jörg/Günzel, Stephan (Hg.): Raumtheorie. Grundlagentexte aus Philosophie und Kulturwissenschaften (2006). 3. Aufl. Frankfurt/M. 2008.

Dünne, Jörg/Doetsch, Hermann/Lüdeke, Roger (Hg.): Von Pilgerwegen, Schriftspuren und Blickpunkten. Raumpraktiken in medienhistorischer Perspektive. Würzburg 2004.

Ette, Ottmar: Literatur in Bewegung. Raum und Dynamik grenzüberschreitenden Schreibens in Europa und Amerika. Weilerswist 2001.

Günzel, Stephan (Hg.): Raumwissenschaften. Frankfurt/M. 2009

Günzel, Stephan (Hg.): Raum. Ein interdisziplinäres Handbuch. Stuttgart 2010.

Hallet, Wolfgang/Neumann, Birgit (Hg.): Raum und Bewegung in der Literatur. Die Literaturwissenschaften und der Spatial Turn. Bielefeld 2009.

Holm, Andrej: Sozialwissenschaftliche Theorien zu Raum und Fläche. Leipzig 2004 (UFZ-Bericht 26, http://www.ufz.de/data/ufz-bericht_26_042156.pdf).

Hubbard, Phil/Kitchin, Rob/Bartley, Brendan/Fuller, Duncan (Hg.): Thinking Geographically. Space, Theory and Contemporary Human Geography. London, New York 2002.

Hubbard, Phil/Kitchin, Rob/Valentine, Gill (Hg.): Key Thinkers on Space and Place. London, Thousand Oaks, New Delhi 2004.

Lefebvre, Henri: The Production of Space. Oxford, Cambridge 1991.

Lippuner, Roland/Lossau, Julia: In der Raumfalle. Eine Kritik des spatial tum in den

Sozialwissenschaften, in: Georg Mein/Markus Rieger-Ladich (Hg.): Soziale Räume und kulturelle Praktiken. Über den strategischen Gebrauch von Medien. Bielefeld 2004, S. 47-64.
Low, Sethama/Lawrence-Zúñiga, Denise (Hg.): The Anthropology of Space and Place. Locating Culture. Maiden, Oxford 2003.
Löw, Martina: Raumsoziologie. Frankfurt/M. 2001.
Maresch, Rudolf/Werber, Niels (Hg.): Raum - Wissen - Macht. Frankfurt/M. 2002.
Massey, Doreen: For Space. London, Thousand Oaks, Delhi 2005.
Miller, J. Hillis: Topographies. Stanford 1995.
Osterhammel, Jürgen: Die Wiederkehr des Raumes: Geopolitik, Geohistorie und historische Geographie, in: Neue Politische Literatur 43 (1998), S. 374-397.
Rau, Susanne: Räume. Konzepte, Wahrnehmungen, Nutzungen. Frankfurt/M. 2013.
Rendell, Jane/Penner, Barbara/Borden, lain (Hg.): Gender Space Architecture. An Interdisciplinary Introduction. London, New York 2000.
Schlögel, Karl: Im Raume lesen wir die Zeit. Über Zivilisationsgeschichte und Geopolitik. München, Wien 2003.
Schlögel, Karl: Kartenlesen, Augenarbeit. Über die Fälligkeit des spatial turn in den Geschichts- und Kulturwissenschaften, in: Heinz Dieter Kittsteiner (Hg.): Was sind Kulturwissenschaften? 13 Antworten. München 2004, S. 261-283.
Schroer, Markus: Räume, Orte, Grenzen. Auf dem Weg zu einer Soziologie des Raums. Frankfurt/M. 2006.
Soja, Edward W.: Postmodern Geographies. The Reassertion of Space in Critical Social Theory. London, New York 1989.
Soja, Edward W.: Thirdspace. Journeys to Los Angeles and Other Real-and-Imagined Places. Cambridge, Oxford 1996.
Stockhammer, Robert (Hg.): TopoGraphien der Moderne. Medien zur Repräsentation und Konstruktion von Räumen. München 2005.
Warf, Barney/Arias, Santa (Hg.): The Spatial Turn. Interdisciplinary Perspectives. London, New York 2008.
Weigel, Sigrid: Zum 《topographical turn》. Kartographie, Topographie und Raumkonzepte in den Kulturwissenschaften, in: KulturPoetik 2, 2 (2002), S. 151-165.

공간적 턴에 관한 인터넷 문헌 및 웹사이트(최종접속: 2013년 11월):

dispositio.de (Weblog 《Raumforschung》 http://www.dispositio.de/?q=raumtheorie
Research on Place and Space (http://pegasus.cc.ucf.edu/-janzb/place/) (ausfuhrliche Bibliographie des Philosophen Bruce B. Janz zur Raumforschung)

Die topologische Wende im 21. Jahrhundert (http://www.wadoku.de/wiki/display/BA/Home)
Space & Place in Philosophy and the Humanities: http://cyberplace.blogger.de (weblog)

7

아이코닉 턴

Iconic Turn

1. 아이코닉 턴/픽토리얼 턴의 생성과 발전

2. 아이코닉 턴의 관점들: 미술사에서 학제 간 일반 이미지학으로?

3. 언어적 턴을 대체하는 아이코닉 턴: 이미지학에서 도상학으로?

4. 아이코닉 턴과 개별 학문

제7장 아이코닉 턴

아이코닉 턴[1]이 등장하는 배경에는 19세기 중반 이후 시작된 “이미지 혁명”[2]이 있다. 인터넷 공간에는 정보와 이미지 저장이 늘어나고 그에 따라 미디어 사회에는 이미지가 범람한다. 의학과 자연과학 분야는 기술적으로 이미지를 만들어내고, 모든 것을 제어하는 현대 사회 도처에는 감시 영상이 넘쳐난다. 하지만 일상 문화에서 나타나는 그러한 이미지 현상만이 아이코닉 턴에서 중요하게 언급되는 것은 아니다. 논의의 초점은 무엇보다 이미지에 대한 새로운 문화학적 관심이다. 인식 비판, 언어 비판과 관련하여 아이코닉 턴은 무엇보다 시각적 능력을 요구하는데, 이것은 서구 사회에서 이미지를 적대시한 플라톤 이래로, 그리고 철학에서의 이성중심주의 이래로 주목받지 못한 능력이었다. 서구 문화권에서 오랜 시간 언어가 행사해온 강력한 지배력이 이미지 문화에 대한 연구를 변방으로 밀어냈기 때문이다.

미국의 문예학자이자 문화이론가인 미첼 William Mitchell은 1992년 '픽토리얼 턴 pictorial turn'을 언어적 헤게모니에 반하는 방향 전환으로 진단하고, 동시에 미래에는 이미지의 도움을 받는 사고와 함께 이미지에 대한 깊은 사고가 중요해질 것이라 선언했다.[3] 거의 같은 시기인 1994년 예술사가인 뵘 Gottfried Boehm은 자신의 논문 「이미지의 귀환」[4]에서 '아이코닉 턴'을 선언한다. 이와 함께 일반 언어학, 특히 언어적 턴 이후 언어와 텍스트가 행사해 온 지배적 영향력에 대한 대응과 역습 차원에서 마침내 '일반 이미지학 Allgemeine Bildwissenschaft'이라는 하나의 학문을 확립하려는 목표가 세워진다. 우세해진 매체학에 반응하면서 이미지학은 이미지가 가지고 있는 고유한 논리를 탐색하고 이미지 문화에 대한 접근 가능한 새로운 분석 방법을 발견하기 위해 우선 미술사에 정착해야 했다. 오랫동안 이미지는 최종적으로 자체 내에 숨겨진 의미나 서브텍스트 subtext 혹은 서술 가능한 이야기로 "읽혀"왔다. 이때 이미지는 단순히 기호나 모사, 혹은 일러스트가 아니라 자신만의 영향력을 전개하고 있어 언어에서 벗어나 있는 것처럼 보인다. 물론 아이코닉 턴은 구체적 이미지 분석을 넘어 시각적 지각과 문화 전체 영역으로 확장된다. 이로써 좀 더 포괄적인 '비주얼 턴 visual turn'의 토대가 마련되고, 연구 영역은 주의, 기억, 보기, 관찰하기와 같은 영상 활동과 지각 미디어 및 시각 문화로 확장된다.

아이코닉 턴을 주도하는 학문이 무엇인가에 대한 문제는 다른 턴들과 비교해 논쟁의 여지가 더욱 크다. 이미지로의 전환은 여전히 진행 중이고 다양한 분과 학문들로 이루어진 긴장 관계 속에서 대립적인 입장들을 정리하고 조율하는 과정에 있다. 분명한 개념 정의를 둘러싸고 지속적으로 벌어지는 학문적 갈등 가운데 형식 분석에 기초한 역사적 이미지학으로 발전 중인 미술사, 이미지 인간학, 이미지 매체학과 초문화적 이미지 문화학, 그리고 '비주얼 스터디스 visual studies'에서 현재 강력하게 부상 중인 학제적 일반 이미지학에 이르기까지, 현재의 입장들이 앞으로도 얼마만큼 지속될 수 있을지는 불분명하다.[5] 그럼에도 일반 이미지학은 이미지 문제를 파고드는 분과 학문들의 다양한 스펙트럼을 종합하고자 한다. 하지만 다양한 혹은 서로 상충되는 이미지학의 관점들을 하나의 보편적 메타 학문을 통해 강제로 통합하지 않고 '이미지학'이라는 독자적인 학문적 틀 안에 종합하는 것이 어느 정도나 가능한 것일까? 이미지에 대한 개방적 성찰은 결국 이미지학이라는 학문적 지붕을 정립하려는 기획에 있어 거의 잊고 있던 질문, 즉 '아이코닉 턴은 도대체 문화학에 어떠한 의미가 있을까?'라는 질문을 남길 수밖에 없다. 미술사를 문화학의 영역으로 확장시키는데 있어 중요한 문제는 문화학의 새로운 방향 설정을 위해 이미지 성찰이 기여하는 바가 무엇이었느냐는 또 다른 관점의 방향이었다.

1. 아이코닉 턴/픽토리얼 턴의 생성과 발전

아이코닉 턴의 생성사에는 다양한 징후들이 등장한다. 아이코닉 턴의 초기 역사는(예를 들어 뵘의 경우) 독자적인 시각 이해의 바탕에서 시각 문화를 이해하고 점차 위력을 더해가는 현재의 미디어 이미지로부터 그것을 구하고자 하는 분과 학문적 노력이었다. 자우어랜더 Willibald Sauerländer는 아이코닉 턴에 관한 일련의 강의를 모은 논문집[6]에서 "아이코닉 턴은 미디어 시대에 위협받고 있는 예술적 이미지의 자율성을 해석학적으로 구원하고자 하는 하나의 단호한 시도"[7]였다고 말한다. 자우어랜더의 이러한 주장은 아이코닉 턴에 대한 일반적으로 통용되는 한 대가의 이야기가 분명 아니다. 자우어랜더 스스로가 말한 바와 같이, 미술사적 이미지 개념의 자율성 요구를 넘어 영화, 비디오, 디지털 영상 등과 같은 미디어를 통해 거대하게 확장되는 "이미지 세계"[8]의 도전을 생각해보면, 이는 훨씬 더 강력하게 퍼져있는 이야기이다. 말하자면, 특히 1980년대 이후 비주얼 컬처 Visual Culture와 픽토리얼 턴에 대한 미국의 논의와 연결되어 고급문화 중심의 이미지 전통과 미학적 평가에서 벗어난 모든 이미지와 이미지 지각에 대한 개방적 태도의 등장이라고 할 수 있다. 이렇게 확장된 이미지에 대한 개념은 너무나 강력해서 협의의 아이코닉 턴과 광의의 픽토리얼 턴을 구분하던 초기의 관점은 더 이상 유지되지 못한다.

아이코닉 턴의 형성 과정을 학문사적 인식론적 시각에서, 특히 미첼과 뵘의 주장에 따라 살펴보면, 언어적 턴과 아이코닉 턴의 대립은 너무나 첨예하게 나타나 다른 모든 턴들과의 대립은 "이 둘 사이에서" 희미해질 정도다. 미첼은 아이코닉 턴이 부상하게 된 계기를 모든 것을 시각으로 재현하려는 움직임에 직면하여 철학이 점점 더 강하게 방어적 태도를 취한 사실에서 찾는다.[9] 다시 말해 이미지의 불명확성에 비해 언어가 가지고 있는 성찰적이고 논리적인 자질을 철학이 강하게 방어했다는 것이다. 이것은 물론 20세기 철학에 대한 상당히 일방적인 설명이다. 20세기 철학은 무엇보다 하이데거, 후설, 메를로 퐁티와 같은 현상학에서부터 데리다와 푸코의 철학에 이르기까지 이미지 문제와 관련한 논쟁에서 이미지학의 첫발을 분명하게 내디뎠다. 나름의 방식으로 아이코닉 턴을 준비했고, 그러면서 이미지가 가지고 있는 재현의 성격을 극복하고 세상을 이해하며 인지하는 능력을 밝혀냈다.[10] 더 나아가 뵘은 철학의 "인식불확실성"으로부터 직접 독자적인 "이미지로의 전환"을 이끌어내려 한다. 뵘은 이러한 전환을 철학 자체가 가지고 있는 "이미지의 잠재력", 즉 니체 철학의 이해를 위해 필수적인 이미지의 기능과 비트겐슈타인의 언어유희, 그리고 블루멘베르크의 은유에서 확인한다.[11] 그러면서 그러한 철학적 단초를 이미지에 대한 인식 전환으로 발전시키기 위해 미술사를 요구한다. 그러나 아이코닉 턴은 역설적이게도 (늦은 감이 있지만) 미술사가 언어적 턴의 모습으로 부각되어 조형예술을 기호체계와 텍스트 및 담론 현상으로 발견하기 시작하면서 나타난다. 아이코닉 턴을 추동했던 것은 분과 학문의 내부에서 진행된 언어적 전환에 대한 반대 방향이었다.[12] "비판적 이미지학 Kritische Ikonologie"이라는 미첼의 기획 역시 여전히 독자적인 분과 학문과의 관련성을 지닌다. 이러한 기획은 선구자 파노프스키 Erwin Panofsky의 언어로 매개되는 이미지학을 넘어서는 것이며, 동시에 "로고스에 대한 아이콘의 저항"[13]을 선포하는 것이다. 보기와 관찰하기라는 지각 형식의 성찰로 접근하는 이러한 확장된 논의는 이미지를 초월하는 '비주얼 스터디스'로 나아간다. 뵘은 시선이라는 감각적 지각 범주를 연구 영역에 명시적으로 포함시킴으로써 방향을 제시한다.[14]

아이코닉 턴의 출발점을 명시하기는 어렵다. 미첼이 자신의 최근 저서 『그림은 무엇을 원하는가?』에서 밝히고 있는 것처럼 아이코닉 턴이 전례 없이 현존하는 현상이 아니기 때문이다. 아이코닉 턴은 오히려 사진에서 인터넷에 이르기까지의 모든 매체적 변혁기에 반복적으로 나타나는 토포스이며, 변혁기마다 시각적인 것은 하나의 역사적 전환점으로 설정되었다.[15] 다른 한편으로 아이코닉 턴의 현재까지의 이론 변화는 모든 턴들과 마찬가지로 지난 수 세기 동안의 실제적인 발전 과정에 초점을 맞추어 역으로 살펴볼 수 있다. 예를 들어 브레데캄프 H. Bredekamp는 정치적 이미지학 연구를 통해 이미지로의 전환이 토마스 홉스의 『리바이어던』(1651)에서 시작되었다고 보는데, 이 책에는 근대 국가의 "원형"이 보는 행위를 통해, 말하자면 책 표지 안쪽에 그려져 있는 그림을 통해 제시되어 있다. 이미 홉스의 작업에서는 국가 조약을 유효하게 만드는 이미지의 "가시적 능력"[16]이 글을 매개로 하는 좀 더 취약한 소통 방식과 대립되어 있던 것이다. 브레데캄프는 이미지가 가지고 있는 이러한 속성에서 아이코닉 턴이 매우 일찍부터 시작되었다고 본다. 이러한 초기의 흔적 이외에도 아이코닉 턴의 명시적 역사는 이미지 묘사와 해석의 방법을 비예술적 이미지로 확대 적용하기 시작한, 그리고 예술 경계의 해체를 통해 중세 미술과 공예 미술을 수용하며 뒤이어 등장한 사진과의 논쟁에서 자극을 받은 19세기 미술사로 거슬러 올라간다.[17] 더욱이 아이코닉 턴은 이미 찰스 다윈과 진화생물학 분야에서 사용된 이미지화와 이미지 도식처럼 자연과학적 측면에서 사진이 등장하는 미디어의 궤적을 따른다. 이후 등장하는 인터넷의 부상은 이미지 미디어에 의해 만들어진 빙산의 일부에 지나지 않는다.[18] 특히 영화는 이미지 성찰이 미디어 이론으로 넘어가는 뚜렷한 전환점을 만들어 내는데, 미디어 이론은 나름의 방식으로 이미지학을 추동시킨다. 하지만 이론 발전 과정을 미디어적이고 기술적으로 되짚어보면, 아이코닉 턴을 야기했던 것은 무엇보다 이미지, 미디어, 그리고 사회적 연출 형식 간의 폭발적인 동맹이다.[19] 특히 제2차 걸프전(1990-1991) 당시 경험했던 이미지 정치와 이미지 연출, 이미지 검열을 통한 매스컴 보도가 역사적, 정치적 의미에서 아이코닉 턴의 비판적 촉매제였다는 사실은 간과할 수 없다.

아이코닉 턴의 의도는 점차 증가하는 이미지의 범람을 비판적 이미지 분석을 통해 이해하려는 노력에 있다. 미술사만이 이를 위한 유일한 원동력은 분명 아니다. 미술사나 철학만으로는 아이코닉 턴을 추동시킬 수 없었다. 일상의 세속적 이미지와 기술을 인정하고 평가하는 매체학이 있었기에 비로소 이러한 작업은 가능했다.[20] 고급문화의 영역을 벗어나 이미지를 기술적 미디어와의 관계 속에서 새롭게 규정하려는 미디어 이론의 자극은 이미지, 미디어 및 지각의 범주에 문화학적 연구를 위한 하나의 새로운 인식론적 잠재력을 부여하도록 요구한다.

2. 아이코닉 턴의 관점들: 미술사에서 학제 간 일반 이미지학으로?

미첼은 "픽토리얼 턴은 어떤 것에 대한 대답이 아닌, 단지 질문하는 방식일 뿐"[21]이라고 말한다. 픽토리얼 턴이 현재의 이미지 문화에 대한 해답이 아니라 이미지 문화에 대한 역사적, 기호적, 미술사적, 인간학적, 철학적, 인식 비판적 질문이라는 것이다. 플라톤이 처음으로 중요하게 제기했던 "이미지란 무엇인가?"라는 질문[22]이 디지털 이미지 시대에는 시대에 뒤떨어져 보이긴 하지만, 이러한 문제 제기는 더욱 명확하게 "이미지"의 다양성에 초점을 맞춘다.

이러한 질문에 대해 서로 상이한 방향의 대답들이 나오기는 하지만, 그래도 광범위하게 확장된 하나의 강력한 이미지 개념이 작용한다. 자연과학과 의학에서 이미지를 만들어내는 방식과 마찬가지로 여기에도 일상의 이미지가 중요하다. 따라서 아이코닉 턴은 전통적인 이미지 개념, 즉 예술작품에 한정된 미술사의 이미지 개념을 점점 더 의문시하는 요소들을 수집한다. 브레데캄프는 다음과 같이 매우 일반적인 정의를 내린다. "나에게 있어 이미지는 시각적 구성이다. 그것은 의미와 관계되어 있기도 하고 그렇지 않기도 하다."[23] 이미지는 자신의 전사(前史)에서부터 시작해 모사된 것과의 관계, "의미", 매체성과 내구성뿐만 아니라 다층적인 지각과 수용에 이르기까지 세밀하게 검증되어야 한다. 언제, 어디서 어떠한 조건 하에서, 그리고 어떠한 미디어를 통해 이미지의 특성이 잘 드러나는가?[24] 이에 대해 한스 벨팅 H. Belting은 다음과 같이 말한다. "'이미지'는 지각이 만들어낸 것 이상의 무엇이다. 이미지는 개인적 혹은 집단적 상징화의 결과로 생성된다. 이러한 방식을 통해 눈에 보이거나 내면의 눈앞에 나타나는 모든 것은 이미지로 부를 수 있거나 혹은 이미지로 바뀔 수 있다."[25] 이로써 이미지 개념은 결정적으로 확대된다. 이미지 개념은 인간학적으로 정초되며 동시에 지각과의 관계, 주체의 시선, 내면의 눈과의 관계가 이미지 판단의 중요한 기준이 된다. 이것은 물질적 대상으로서의 이미지라는 객관적 상태를 결정적으로 넘어서는 것이다.

이런 방식으로 확장된 이미지 개념으로 인해 한편으론 이미지의 본질에 관한 존재론적 질문이 간과되기도 한다. 이미지가 이미지와의 상호작용을 통해, 특히 이미지를 지각하는 문화적 관습과 정서적 속성을 통해 비로소 구성된다고 보기 때문이다. 때문에 철학자 게르노트 뵈메 G. Böhme가 이미지 이해를 위한 철학적 토대를 제공하고자 옹호한 이미지 화용론을 발전시키는 것 역시 포기할 수 없다.[26] 다른 한편으로 이미지에 대한 광범위한 이해로 인해 철학과 전통적인 미술사의 이미지 성찰[27]은 한계에 이르게 된다. 분과 학문을 넘어서는 이미지학이 요구되는 이유는 현재의 이미지 세계가 이질적일 뿐만 아니라, 이미지 분석이 사회적 공간에서의 이미지 생산과 감각적 지각 활동, 정신적 이미지 생산과 같은 다층적인 차원을 필요로 하기 때문이다.[28]

미술사/ 역사 이미지학

미술사가 주도적으로 제기하는 중요한 질문, 즉 "이미지란 무엇인가?"라는 질문이 예술 개념에 국한된 이미지 개념을 확장시키기는 하지만, 그러한 문제 제기가 이미지 개념의 일관된 정의를 낳지는 못한다. 전통적인 패널 페인팅의 이미지를 넘어 그림, 사진, 영화, 디지털 이미지, 거울 이미지, 예술 이미지, 꿈 이미지, 상상의 이미지에 이르기까지 이미지가 가지고 있는 다양성이 크기 때문이다. 이로써 요구되는 기호론적, 미학적, 인간학적, 철학적 접근 방식에 따라 아이코닉 턴, 즉 이미지학의 다양한 연구 방법이 세분화된다. 예를 들어 현상학적 이미지 이론은 가시성에, 이미지 인간학은 몸의 특성에, 그리고 이미지 기호학은 기호적 특성에 초점을 맞춘다. 이러한 일련의 다양한 입장들로 인해 형식 분석과 역사적 의미 구성을 위한 미술사의 영역이 새롭게 대두된다. 새롭게 대두된 영역은 "도상적 차이"[29]를 강조하는데, 뵘은 이 차이를 이미지 분석을 위한 결정적 기준으로 설정한다. 뵘은 형식 분석이 이러한 차이를, 즉 이미지가 가지고 있는 두 가지 측면인 물질적 문화 차원의 속성과 상징적 의미 차원의 속성을 설명할 수 있다고 주장한다. 이러한 차이를 통해 이미지가 가지고 있는 기본적인 대립구조, 즉 만들어진 형태와 그 의미를 구성하는 표상적 지시적 특성 사이에 있는, 그리고 물질적, 매체적, 기술적 생산과 재현능력 사이에 있는 이미지의 근본적 대립구조가 설명된다는 것이다.

특히 기술적 이미지 미디어의 부상을 감안하면, 미술사는 자신의 고유한 학문체계를 이미지학으로 전환할 때 비로소 분과 학문을 넘어서는 이미지 분석 능력을 발전시킬 수 있다. 독일어권에서 이러한 새로운 연구 방향의 대표자는 뵘, 브레데캄프, 벨팅, 그리고 켐프 M. Kemp와 바른케 M. Warnke다. 1983년 벨팅이 초기에 제기했던 질문과 1993년 "미술사의 종말"[30]이라는 그의 결정적인 선언은 이미지학의 확장을 가져온 토대를 마련했다. 벨팅이 의미했던 것은 "틀에 갇힌" 이미지에 국한된 보편적, 선형적 미술사의 전통적 서사와 배타적 경향을 가진 전통적 정전에 종말을 고하는 것이다. 결국 이미지로의 전환은 여타의 턴들에서와는 달리 훨씬 더 근본적인 자기 이해, 즉 미술사가 이미지학으로 전환된다는 사실과 관련이 있다.[31] 미술사는 더 이상 예술에만 초점을 맞추지 못하며, 모든 종류의 이미지를 연구 대상으로 포착한다. 그러나 연구 영역과 관련한 이러한 새로운 콘셉트는 그 초점을 이미지와 관계된 대상 영역과 시각과 관련한 테마 분야로 제한하지 않기 위해 이미 중요한 걸음을 내딛는다. 이미지를 주제로 전환하는 것 이외에 중요한 것은 방법론을 명확하게 하는 것이기 때문이다. 그럼에도 미술사의 주변부에서 분과 학문을 넘어서는 일반 이미지학을 통해 미술사 밖에서 제기된 "위협"에 맞서는 미술사적 방법론은 여전히 중요한 의미를 지닌다.[32] 미술사가 오만해지고 유럽 민속학의 여타 역사적 이미지 연구 방법론[33]을 시야에서 놓치는 위험이 있기는 해도 말이다.

미술사에서 이러한 독자적인 자기 이해로의 재전환은 아비 바르부르크 Aby Warburg 학파의 영향을 받아 형성되었으나 국가사회주의로 인해 와해되었던 이미지학의 기존 전통을 이어갈 수 있다는 것을 의미한다.[34] 바르부르크(1866-1929)와 그의 이미지학,[35] 그리고 이미지 기억 연구는 이미지학으로의 방향 전환을 야기한 가장 큰 추진력이다. 바르부르크는 개념적으로 "예술"을 "이미지"로 대체하고 므네모시네 지도 Mnemosyne Atlas[36]에서 예술에만 국한되지 않은 이미지 세계를 구성한다. 므네모시네 지도는 역사적 이미지학으로서의 미술학을 위한 중요한 선구자적 작품 중 하나로, 우표에 관한 바르부르크의 논문이나 파노프스키의 롤스 로이스 라디에이터 그릴에 관한 에세이와 같이 광범위한 이미지 개념을 사용할 때 많이 인용되는 사례다. 바르부르크의 접근 방식에는 광범위한 이미지 개념의 전망 이외에도 이미지 연구에 대한 인간학적 접근의 씨앗이 포함되어 있다. 바르부르크가 이미지에서 관심을 가졌던 것은 무엇보다 오랜 생명력을 유지하는 이미지 상징의 영향력, 즉 고대의 이미지 상징에서처럼 그 안에 체화된 "파토스의 형식들"이 가지고 있는 지속적인 감성적 자극이 지닌 힘이었다. 바르부르크의 이미지학은 파노프스키에 의해 확장되어 주도적인, 하지만 여전히 텍스트중심적인 미술사적 방법론으로 발전되었지만, 이후에는 시각적 방법론으로 개편된다(특히 미첼과 신예술사의 접근을 통해). 바르부르크의 몸과 관계된 이미지의 에너지 연구, 다시 말해 이미지가 가지고 있는 감성적 영향력과 관련하여 몇 년 전에 함부르크에서도 학제적인 "정치적 이미지학"이라는 연구 방향이 생겨났다.[37]

하지만 미술사가 실제로 얼마나 "이미지로의 전환"[38]을 이끄는 주도 학문이 될 수 있을까? 이러한 질문이 강하게 제기되는 이유는 이미지학이 다양한 형태로 변형되고 있고 가상 이미지에까지 이르는 이미지에 대한 관심이 새롭고 폭넓게 커져가는 현실과 관련이 있다. 미술사가 이미지학으로 확장되거나 혹은 심지어 역사적 이미지학으로서의 위상을 갖게 되면, 미술사는 더 이상 분과 학문이 되지 못한다. 그럼에도 미술사가 다른 학문에서도 나타나는 이미지 지각기술과 이미지 시각화기술의 문화적 중요성을 강조하게 되면, 미술사는 그만큼 더 쉽게 분과 학문을 넘어서는 일반 이미지학에게 주도권을 빼앗길 수 있다. 바로 이러한 팽팽한 영역 다툼이 예술과 이미지의 경계에 관한 문제, 미학적 차별성에 관한 문제, 또한 현재의 이미지 형식에 대한 역사적 차원의 문제를 다시 조명하도록 한다. 미술사의 시각에서 보면 "이미지 연구"는 결국 이미지학이라는 프로젝트를 위한 포기할 수 없는 전제조건이다. 개별 형식을 분석하는 이미지학의 도구[39]는 기술적 이미지 분석과 자연과학 및 공학과의 목표지향적인 협력에까지 이르는 경계를 넘기 위한 필수 토대이다. 베를린 훔볼트 대학의 헬름홀츠 문화기술센터에서처럼 현재 그러한 공동 작업이 실행되고 있는데, 그것은 그야말로 역사적 모범사례가 될 것이다. 이러한 방식으로 브레데캄프는 자신의 논문 〈고대에 대한 동경과 기계 숭배〉[40]에서 17세기 이후 박물관의 역사적 사례를 인용해 예술소장품의 시각적 지각이 인식능력을 통해 예술적 이미지와 기술적-과학적 이미지 사이의 경계를 얼마나 희미하게 만들 수 있었는가를 묘사한다.

이미지 미디어학

물론 미술사가 기술적 이미지와 학문 체계 및 환경적 특성에 관여하는 것은 미디어 이론이나 미디어 역사를 언급하지 않고서는 불가능하다. 이러한 맥락에서 "미디어 턴"[41]은 다른 여느 학문 분야에서도 간과할 수 없는, 개별적인 턴이 아닌 각각의 지식을 매개하는 결정적인 변혁이라 할 수 있다. 아도르노의 미학과 프랑크푸르트 학파의 "문화산업"에 대한 비판, 그리고 벤야민의 혁신적인 글 「기술복제 시대의 예술작품」은 역사적으로 그러한 변혁의 중요한 발자취를 남긴다.[42] 이러한 성과는 기술적으로 생산되고 재생산 가능한 이미지에 대한 연구와 평가뿐만 아니라, 이미지 "시뮬라시옹"을 통해 현실 대체 방식에 대한 통찰력을 제공한다. 이러한 분석에 있어 장 보드리야르의 미디어 이론은 획기적인 성찰이다.[43] 이미지 생산과 아이코닉 턴의 토대는 무엇보다 시각 미디어다.[44] 미디어 이론가 프리드리히 키틀러 F. Kittler는 이와 같은 시각을 통해 "지난 수백 년간 쌓아온 예술적 이미지 제국에 대한 민속학적 관점"[45]을 보인다. 그는 이미지가 생산되고 복제되고 전송되고 저장될 수 있다고 주장한다. 여기서 말하고자 하는 것은 사진, 영화, TV, 컴퓨터와 같은 이미지 저장 미디어다. "고대부터 이어져 온 글쓰기의 독점"[46]이 그보다 더욱 오래된 기존의 기술적 이미지 미디어에 의해 와해되었고, 이것이 극단적으로 정보화시대에 다시 새로운 디지털 전자 미디어에 의해 첨예화되었다는 것이다.

매체학은 분명 아이코닉 턴을 위한 중요한 촉매제 역할을 했다. 하지만 이미지로의 전환을 위한 지속적인 문화학적 발전이 매체학의 영역에서는 일어나지 않았다. 매체학은 이미지학이라는 독자적인 관점을 통해 아이코닉 턴을 풍성하게 만들지 못했다.[47] 기술적 미디어가 가져오는 변혁, 특히 새로운 기술 미디어가 행사하는 문화 지배적 역할이 훨씬 더 중요했기 때문이다. 일반적인 문제 영역에서 "가상 기술"[48]에 기초한 이미지 세계의 시뮬레이션이 언급되기는 하지만, 고유한 특성을 가지고 있는 이미지 미디어 자체가 중심테마로 다루어지지 않는다. 결국 매체학이 요구하는 것은 성찰적 이미지 개념인데, 이 같은 개념은 이미지의 기술적 가능성 이외에 상징적 표현 가능성에 초점을 맞춘다. 이미지로의 전환을 이끄는 또 다른 중요한 접근 방식은 역사 지향적인 문화학적 이미지 매체학의 외연을 넓히는 데 생산적으로 사용될 수 있다. 이를 위한 주목할 만한 접근 방식은 인간학적 미디어사, 사진의 역사와 이론[49], 유럽 민속학의 역사적-실용주의적 이미지 미디어 연구[50], 그리고 미디어 기술[51]이다. 이러한 접근 방식이 좀 더 새로운 미디어 이론의 복잡함에 갇혀 변방으로 밀려나기는 했지만, 마르틴 슐츠 같은 이론가는 미술사의 측면에서 이미지 매체학을 역사적으로 되돌아보는 접근 방식을 수용하기도 한다. 여기에는 지각의 문제와 몸 관련성이 기술적 미디어와 크게 관계없다는 미디어 이해가 깔려있다.[52] 또한 이미지 미디어를 기술적 전달이나 기호 중개의 역할로 축소하는 대신, 지각과의 명확한 관계 설정과 동시에 독자적인 형식미학적 구조, 그리고 문화적 상징화의 차원이 훨씬 중요하다는 사고가 존재한다. "미디어가 이미지를 체화한다."[53]

이미지 인간학

체화 Verkörperung는 벨팅의 이미지 인간학이 인간학적 "이미지 매체사"[54]의 관점을 미술사에 도입한 중심 범주다. 이미지 인간학의 이미지 역사적 접근 방법과 이미지의 체화라는 중심 논쟁에 있어 본질적이지는 않다고 하더라도, 미디어 이론의 그러한 채택과 수정은 미술사의 영향력과 중요성을 지켜준다. 몸과 관련한 이미지의 작용을 강조하며 미술학 대신 이미지학을 도입한 바르부르크의 관점은 더욱 본질적이다. 바로 이러한 전통에서 벨팅은 한편으로는 자신의 몸을 통해, 다른 한편으로는 관찰자 내부의 신체 의식의 변화를 통해 수행되는 이미지와 몸의 상호작용에 주목한다. 이때 중요한 것은 외부의 이미지가 관찰자 개인의 이미지 저장 행위를 통해 내면의 이미지로 바뀌는 일종의 이미지 번역이다.[55] 결국 인간의 몸 자체가 이러한 번역 과정을 통해 매개체를 교환하는 이미지 미디어가 되며,[56] "몸은 이미지를 지각, 기억, 투사 가능하게 만드는 살아있는 미디어다."[57]

여기서 주목할 점은 시각적 지각을 신체적 지각으로 번역함으로써 내부 이미지와 외부 이미지의 대립이라는 이원론을 지양하려는 시도다. 몸을 "이미지의 장소"[58], 꿈과 기억 같은 내면의 장소를 공간적-신체적으로 경험하는 "이미지의 장소"로 보고 있기는 하지만, 벨팅이 이미지에 주목하며 아이코닉 턴에서 공간적 턴을 완성하고 있다는 사실 역시 주목할 만하다. 그러나 이러한 관점은 공간적 턴과 아이코닉 턴에게는 또다시 하나의 협소한 시각이기도 하다. 물론 이를 통해 이미지 이론에서 물질적 경험의 측면이 강조되기는 하지만 본질적인 신체 이해의 관점에서 본다면, 몸은 마치 지각 행위를 위해 물러나 있는 장소로서 논란의 여지가 없는, 재현에서 "벗어나 있는" 영역으로 보인다. 하지만 그렇다면 성에 따른 몸의 차이는 어떻게 설명할 것이며, 사회적 실천과 그 과정 및 갈등은 어떻게 볼 것인가? 공간과 장소에 대해 이야기하려면, 이러한 문제들은 피할 수만은 없는 문제들이다. 이미지의 소비와 사용 방식 및 그 기능에 대해 이야기할 때도 마찬가지다. 그러나 지금까지 이 문제들은 결정적으로 주목받지 못하고 있다.

몸을 "이미지의 장소"로 정의하면 상징화의 과정은 특별한 방식의 인간학적 설명이 가능하다. 이러한 과정은 권력과 정치, 젠더 관계가 개입되어 이미지를 상징화하고 의미화하는 사회적 공간이 아닌, 자연화되고 본질화된 몸[59] 안으로, 관찰자 "자신"[60] 안으로 옮겨놓는다. 동시에 벨팅은 이미지 인간학을 내부의 장소뿐만 아니라, 집단적 문화적 기억의 이미지, 글로벌 세계에서 다양한 문화적 장소(이미지로 상실된 장소)를 "여행하는"[61] 상징적 이미지와 관련시킨다. 벨팅의 이러한 접근 방식은 실제로 진지하게 수용될 수 있겠으나, 그러려면 벨팅이 강하게 배제시킨 지리적인 개념과 사회사의 관점이 포함되어야 할 것이다.[62] 그러므로 이미지 인간학에서 문화학이 강조된다면 문화적으로, 사회적으로 다양한 이미지 사용 방식에 따른 좀 더 강력한 이미지 정치에 대한 세분화가 요구된다. 왜냐하면 "인간학적 의미에서의 장소는 사회적으로 규정된 장소와는 근본적으로 다르다."[63]는 벨팅의 주장이 과연 맞는지가 의문시되기 때문이다. 이미지가 가지고 있는 몸과의 관련성(인간, 자기, 기억, 혹은 단순히 매개체와 관련하여 매우 모호한 동의 관계에 있는)은 따라서 문화학적으로뿐만 아니라 신경생리학적으로도 따져봐야 할 것이다. 신경생리학은 이미지가 자리 잡는 과정을 뇌의 활동으로 보여줌으로써 이미지를 성찰한다.

그럼에도 이미지 인간학은 문화에 특화된 시각적 지각 형식 이론으로 이미지 개념을 확장시키는 데 있어 이론적 타당성을 확보하는 생산적 가능성을 가지고 있다. 이미지 인간학은 기술에 초점을 맞춘 이미지학과 매체학으로 미술학을 축소하려는 시도에 대한 보완적 차원의 반대 움직임이다.[64] 무엇보다 이미지 인간학은 현재의 많은 이미지학적 접근 방법에 기저를 이루고 있는 기호적 이미지 이론에 뚜렷한 반대의견을 제기한다. 도상적 기호 관계에 제한받지 않고 지각하는 인간 개념을 수용하기 때문에, 이미지가 가지고 있는 몸과의 관련성은 이미지 기호 이론을 뛰어넘는 핵심적 문제가 된다.

학제 간 일반 이미지학

이미지 기호학은 학제 간 일반 이미지학 형성에 토대를 제공한다.[65] 2003년 9월 독일 막데부르크에서 개최된 대규모 학술대회에서 하나의 새로운 학문을 세우자는 기획이 제인되었다. 이 학문은 이후 철학자 클라우스 작스 홈바흐 K. Sachs-Hombach가 주도하는 막데부르크 학파로 알려지는데, 이 학파는 오늘날 이미지학 가상 연구소와 연계되어 분과 학문으로 남아있다.[66] 이 학문은 노골적으로 미술사적 이미지학과 경쟁을 벌인다("물론 꽤 오랜 시간 동안 지도학이나 미술사와 같은 몇몇 상이한 이미지학이 있기는 했다."[67] 하지만 "학제 간 일반 이미지학"[68]은 아니었다). 미술사를 넘어 여기에서 요구되는 것은 이미지를 기술하는 것뿐만 아니라 이미지화를 위한 인과적, 경험적 전제조건까지도 파악할 수 있는 능력이다.[69] 하지만 이미지를 미디어로 설명하거나 이미지학과 매체학을 결합하려는 생산적인 노력은 거의 찾아볼 수 없다.

그러나 동시에 이미지학이라는 하나의 새로운 학문이 처음으로 생명력을 얻어 주도적 학문으로 정립되기 시작하는데, 이것으로부터 "이미지와 관련된 학문들의 기초"[70]가 마련될 것이다. 이렇게 다양한 학문 분야를 묶어놓다 보니 서로 관점이 다르고 모순적인 입장이 있기도 하다. 때문에 이미지학이 오랫동안 어떠한 방법론적 토대 위에 자리 잡고 있는지는 여전히 불분명하다. 접근 방법의 이질성은 그래서 분과 학문적 전문성이 부족하다는 비판을 야기한다. "문제는 꽤 복잡한 이미지 작업 방식, 새롭게 등장하는 철학적 미학의 주장들, 시각 기호학

모두가 '이미지학'이라는 개념 아래 항해하고 있다"[71]는 데 있다. 이처럼 중요하게 대두되는 학제적 이미지학의 결집은 "공동의 이론적 프레임"을 통해 공고해져야 한다. "이것을 위한 하나의 구체적 제안은 이미지가 지각과 직결된 기호라는 테제에 있다."[72] 일반 언어학의 모범을 따라가기는 하지만, 기호학은 학제적 이미지학의 고유한 토대로 간주된다.[73] 벨팅뿐만 아니라 미첼 및 브레데캄프와 슐츠 같은 다른 미술사가들은 이미 이미지를 기호와 동일시하는 이미지학의 입장에 대해 날카로운 비판을 가한다. 이들은 이미지 기호학이 이미지의 감성적인 영향력을 파악하지 못하며, 언어와 유사하게 구조화되어 암호해독에만 의존하고 있다며 이미지 기호학의 한계를 지적한다. 이러한 비판은 결국 컴퓨터 이미지 연구와 연계하려는 이미지학의 노력을 통해, 또한 기호론적으로 매개된 응용 연구를 통해 검증될 것이다. 이때 이미지는 기호와 기호화된 것 사이의 차이를 무조건적으로 인정하지 않으며, 이미지 외부에 있는 어떤 것을 불가피하게 지시하지도 않는다. 이미지 기호학의 도구는 또한 이미지가 가지고 있는 "몸과의 관련성"[74]을 놓치고 있으며, 기호 사용에서 명확하게 드러나지 않는(이미지 숭배, 이미지 갈등, 이미지 금기 등을 통한) 이미지의 초월적 능력도 파악하지 못한다. 이점이 이미지의 예측 불가능성을 언어적 통제 하에 두고, 소위 말해 코르셋처럼 엄격하게 조이는 언어적 방법론 속에 억지로 가두는데, 철학자 게르노트 뵈메가 비판하고 있는 것처럼, 그와 더불어 이미지 특유의 명확한 속성은(지시적 속성 대신) 사라진다.[75]

이미지학이라는 현재의 기획, 심지어 아이코닉 턴을 개별 분과 학문의 관점에서 파악하려는 시도는 모든 비판에도 불구하고 성공적으로 안착하는 것처럼 보인다. 하지만 그러한 방식으로 포괄적인 요구를 받는 이미지학은 각각의 분과 학문들에서 행하는 이미지 연구를 수용하고 이미지 현상을 양적으로 수집하는 것 이상의 방법론적인 특성화와 융합화를 가져와야 한다. 개별 학문의 고유한 관점들을 포기하는 것을 대가로 이것이 가능할지는 모르겠으나, 이러한 관점들이 나름대로는 아이코닉 턴을 문화학 관련 학문들과 다시 연결시키는데 결정적 역할을 한다. 필자에게 있어 이미지학의 문제는 문화학이 포괄적인 문화적 개별 학문으로서 가지고 있는 문제와 비슷하게 중첩되어 있는 것처럼 보인다. 때문에 복수의 개념으로 이미지학을 말하는 것이 오히려 좋을지도 모른다. "복수의 이미지학이 가지고 있는 제한적 토대"[76]를 고려하면 학문적으로 독자적인 분과 학문을 만들겠다는 요구는 오히려 심한 반작용에 부딪히게 될 것이다. 더욱이 이미지를 바라보는 관점은 좀 더 일반화될 수 있다. 예를 들어 의학이나 기술 분야에서는 이미지를 바라보는 관점을 규범화된 학문적 토대를 기반으로 특정하고 제한하지 않는다. 게다가 이미지와 관련한 개별 분과 학문들의 접점으로서 필수 불가결한 이미지 개념에 대한 합의된 일치는 여전히 불가능한 것으로 보인다. 디트마르 다트 Dietmar Dath가 정당하게 제기했던 것처럼, "새로운 사회적, 법률적, 정치적 상황의 거센 풍파에 직면해 이미지학의 해석능력의 가치가 떨어지는 것을 막기 위해"[77] 결국은 시각 문화가 학술적 지식의 울타리에 갇히는 위험이 존재한다. 미술사와 이미지 기호학 사이에서 벌어지는 영역 다툼과 그 균열에 집착하는 대신, 아이코닉 턴이 문화학과 관련한 제반 학문들을 위해 도대체 어떤 의미가 있는지를 숙고해 보면, 이러한 위험은 아마도 줄어들 것이다.

트랜스컬처 이미지학/문화 이미지학

문예학자 비르기트 메르스만 B. Mersmann이 지금까지는 최초로 자신의 강령적 논문에서 논한 바와 같이, 상호 문화적, 초문화적 transcultural 이미지 문화학 혹은 순전히 문화학의 제안을 통한 이미지 성찰은 명백히 문화학적 특성을 지닌다.[78] 여기에서 아이코닉 턴은 전에 없이 더욱 또렷하게 문화학적 관점, 특히 트랜스문화학의 개방적 속성과 연결된다.[79] 벨팅이 인간학적 토대를 통해 비교 문화적 이미지 분석을 시작했다면, 이제 글로벌 세계에서 이미지 문화 간의 차이는 더욱 결정적으로 두드러지게 나타난다. 이에 상응하는 "상호 문화적, 트랜스문화적 아이코닉 턴"이 이러한 상황에서 "문화 이미지학"을 촉진시킬 수 있을지 모른다. 문화 이미지는 이미지를 문화적으로 코드화하는 데 있어 그 토대를 마련하는 것을 목표로 하고 특히 문화 개념 자체를 시각적으로 강조한다. 하지만 메르스만이 주장하듯이[80], "이미지로서의 문화"가 "텍스트로서의 문화"라는 개념을 얼마만큼 대체할 수 있을지는 텍스트와 이미지의 관계가 충분히 해명되지 않는 한 의문의 여지가 있다. 그래도 너무나 오랫동안 유럽의 텍스트모델과 언어학적 분석 방법의 지배하에 있었던 상호 문화적 문화학 연구 중심이 결정적으로 이동하기 시작했다. 더욱이 아이코닉 턴에서 시각적, 매체적으로 축소되는 경향을 보이던 문화 개념은 메르스만의 언급처럼 이제 자신의 문화 인간학적 잠재력을 되찾는다.[81] 특히 "문화 이미지"와 문화적 이미지 같은 이미지가 지금까지 충분히 연구되지 않았지만, 문화적 차이를 형성하고 번역할 수 있는 능력은 바로 이러한 잠재력에 속한다. 이때 다양한 시각 문화들 간의 상호작용에 주목하는 "번역 연구로서의 문화 이미지학”[82]이라는 비관습적 시각은 흥미로운 방식으로 번역적 턴의 지평에 연결됨으로써 유용하게 쓰일 수 있을 것이다.

비주얼 컬처/ 비주얼 스터디스

문화학을 위한 아이코닉 턴의 유용성 문제에 있어 또 다른 가교 역할을 하는 것은 이미지의 자연화와 절대화 너머에 있는 지각 형식과 이미지 비평에 대한 명백한 관심일 것이다. 이러한 관심을 주로 촉진시킨 것은 비주얼 스터디스다.[83] 이로부터 문화학이 연구 테마에 대한 강박증으로부터 결정적으로 벗어날 수 있으리라 기대되고, 대상 영역 대신 방법론적으로 특색 있는 새로운 인식 태도에 대한 포괄적인 개방이 기대된다. 이러한 개방적 태도는 이미지의 특성을 좀 더 포괄적인 문화적 “커뮤니케이션 시스템”[84]에 편입시키고 사회의 시각 구조를 통찰하도록 할 것이다.[85] 여기에서 그 출발점이 되는 것은 역시 매체사적 변혁의 시대에 디지털 기술 이미지가 가지고 있는 지배력일 것이다. 이에 반해 문화학적 관심은 이미지, 테크놀로지 미디어, 그리고 새로운 시각화 기술을 통해 지각 자체가 어떠한 방식으로 구성되는가에 있다. 미디어 전송에 대한 명시적인 언급과 함께 문화학과 관련한 제반 학문들에서의 픽토리얼 턴과 아이코닉 턴에 대해 말하는 것은 매체사적 변혁기에 이미지가 범람하며 변화된 이미지의 역할을 말해주는 것이다. 하지만 이것은 예술과 특히 미디어아트에서 현재 점점 많이 나타나듯이 “이미지로부터의 하차”를 의미하기도 한다.[86] 모방 기능과 재현 기능으로부터의 이러한 하차가 암시하는 것은 이미지로 만드는 행위와 시각화의 기술이지, 이미지에 대한 전통적 이해에서처럼 재현된 것과 모방된 것이 결코 아니다. 이로써 사회적 문화적으로 학습된 실천으로서의 '보기'가 새롭게 주목받는다.[87] 이에 따르면 보기는 단순한 시각적 지각 이상을 의미한다. 보기는 기술화되고 매체화된 지각 특성과 경제적, 문화적 권력관계와 관련해 맥락화된다. 비판적 이미지학이라는 포괄적인 문화학적 작업은 이러한 지평에서 움직인다. 미첼이 강조하고 있듯, 이러한 문화학적 작업은 "시각성, 기구, 제도, 담론, 몸, 형상성의 복합적 상호작용"으로서 재현과 시각적 현존을 넘어 다층적인 기능적 맥락에서 "오히려 이미지의 포스트언어학적, 포스트기호학적 재발견"[88]을 수행한다.

비주얼 스터디스, 다시 말해 시각 문화[89]에 대한 연구 접근 방식은 지각 방식 자체의 의미에 주목한다. 이러한 맥락에서 비주얼 턴에 관해 이야기할 수 있는데, 비주얼 턴은 이미지에서 수행성으로 연구의 초점을 옮기고[90], 보기, 관찰, 시선의 형식과 같은 지각실천을 사회적, 문화적 과정으로 조명한다. 하지만 비주얼 스터디스의 영역 역시 이질적이고 논쟁의 여지가 있다. 조나단 크래리 J. Crary는 이러한 연구 방향의 일환으로 19세기 후반의 "주의의 계보학 Genealogie der Aufmerksamkeit"[91]을 통해 연구를 진행한다. 크래리는 시각적 지각 형식을 연구할 뿐만 아니라, 시각적 지각의 복합체를 그 구성요소들로 파헤친다. 놀랍게도 이때 청각적인 요소 역시 시각적 인상의 한 부분으로서 연구의 전면에 대두된다. "나는 단지 보기의 양태뿐만 아니라, 청각과 촉각, 그리고 무엇보다 복잡하게 뒤섞인 양태들을 통해 규정 가능한 주체를 지시하기 위해 '지각'이라는 문제적 용어를 사용한다. 이러한 양태들은 '비주얼 스터디스'의 시야에서 불가피하게 완전히 또는 대부분 사라진 것들이다."[92] 문화학적 관점을 통해 아이코닉 턴에 슬쩍

편입된 시각적 자율성의 이러한 상대화를 구조적으로 파악할 수 있을 것이다. 크래리는 스스로 여기에 활용될 수 있는 고무적이고 발전적인 맥락화를 제안한다. 그는 시각적인 것을 다른 감각들과 함께 주체성의 제어 가능성이라는 맥락과 연결시키고, 이로부터 시각적인 것을 경제적 노동조건과 관련해 근대화 과정의 중요한 구성요소로 설명한다.

물론 지금까지의 논의에서 중요한 것은 시각적 지각 형식에 집중함으로써 이미지 대상에 대한 고착화로부터 단호하게 벗어나는 것이다. 어쨌든 이러한 현상은 "이미지라는 테마"에 국한되는 것보다는 방법론적으로는 생산적이다. 톰 홀러트 T. Holert[93]의 연구 방법을 포함하여 시각 문화에 관한 미국의 지배적인 접근 방식에는 특히 시각화의 사회적이고 정치적인 측면이 강조되어 있다. 그와 더불어 권력 행사와 감시를 위한 수단으로서의 시각화에 이르기까지 사회적이고 젠더 특유의 관습적 시선에 대한 성찰을 위한 연구 분야가 설정되어 있다.[94] 그렇다고 유럽의 역사에서 시각적 원리의 지배적 게스투스로 표현되고 있는 시선 형식에 대한(성찰적 턴에 암시되어 있는 것처럼) 근본적 비판이 진화된 것은 아니다.[95] 그러나 시각적 원리 내지는 통제하는 "조망"의 결과를 단호하게 문제시하는 시선과 '보기'에 대한 비판적 이론이 일기 시작했다. 이러한 비판은 동시대 사회에서 자행되는 점점 공격적인 감시 행위와 "빅 브라더"[96]처럼 TV 시리즈에서 매체적으로 가공된 감시에까지 이른다. 보기의 사회적 토대와 문화적 코드화가 점점 더 치밀하게 연구되면서, "이미지란 무엇인가"라는 문제 역시 점점 더 지각과 권력의 사회적 행위로 맥락화된다.[97] 왜, 누구에 의해서 이미지가 생산되고 사용되고, 이미지는 어떻게 작용하며, 어떻게 지각되는가? 이때 보기 및 가시성과 명료성의 관계, 그리고 재현, 지각, 지배 전략의 관계를 비판적으로 성찰하는 것과 관련하여, "재현 비판의 개혁"[98]으로서 시각 문화 접근 방식에 대한 자기 자신의 이해를 근거로 한 성찰적 턴과의 흥미로운 접합점이 드러난다. 시각 문화 연구는 방법론적으로 유익한 (시각적인) 지각 형식에 접근하고 이것을 권력 및 지식과 연관시키면서 자신의 문화학적 중요성을 증명한다. 물론 이는 시각 문화 연구가 무한한 연구 대상 영역으로 인해 좌초하지 않고, 이미지를 다룰 때 의도적으로 이미지의 장소와 구체적인 문화기술 및 분석기술을 끌어들인다는 점을 전제로 한다.

3. 언어적 턴을 대체하는 아이코닉 턴: 이미지 지식에서 도상적 인식 도구로?

아이코닉 턴은 전적으로 언어적 턴에 반대되는 움직임으로 이해될 수 있다. 언어적 턴의 핵심은 모든 인식은 언어에 종속된다는 것인데, 아이코닉 턴은 바로 이에 반하는 흐름인 것이다. 요컨대 언어적 턴은, 비주얼 스터디즈의 주창자 가운데 한 사람인 바바라 마리아 스태포드 Barbara Maria Stafford의 말대로, 인식에 위계성을 두는 경향을 보여 왔고 또 여전히 보이고 있는데, 이는 언어적 턴이 "서구 문화에서 언어를 신과 닮은 행위 주체자로 토템화"[99]하기 때문이다. 언어적 턴의 파급력은, 이미지성에 대한 학제적 접근이 이를테면 시각(보기)의 은유가 아니라 여전히 언어적 특성을 띤 읽기 은유에 기초하는 일이 많다는 현상에서도 알 수 있다. 즉, 그러한 접근은 역설적이게도 그림이 없어도 가능하다는 것이다. 이러한 현상에는 텍스트와 리터러시의 문화(이것은 깊이, 의미, 사고, 진지함과 결부된다)를 과도하게 평가절상하는 일이 수반된다. 또한 이는 스펙터클 및 수행의 문화(이것은 피상성, 휘발성과 결부된다)를 평가절하하는 널리 퍼진 풍조와 맥을 같이 한다. 이처럼 텍스트의 과도한 강조는 문화 개념 자체에도 영향을 주고 있는데, 특히 해석적 턴과 관련한 "텍스트로서의 문화"라는 관념에까지 파고든다. 성찰적 턴에서조차도 재현은 거의 늘 텍스트적 재현으로 축소되어 버린다.

아이코닉 턴이 단지 이미지를 이해하는 차원을 넘어서 세계를 이미지를 '통해서' 이해하려는 것일진대, 이 경우에도 어떤 기본 조건이 충족이 될 때에야 턴이라고 할 수 있을 것이다. 그 기본 조건이란 대상의 층위(즉, 연구 대상으로서의 이미지)가 어떤 의미에서든 방법론적 태도의 층위로 전환되어야 한다는 것, 이로써 이미지 자체를 인식 매체와 분석 범주로서 주목해야 한다는 것이다. 이렇게 할 때에야 비로소 아이코닉 턴은 방법론적 잠재력을 발휘하게 되고 "모든 분야에서 이미지 분석 수단을 방법론적으로 갈고 다듬어야 한다는 요청"[100]으로 작용한다. 재현 비판은 이미 성찰적 턴에서 시작된 것이기는 하지만 이미지에 적용될 때에야 비로소 완전히 꽃피우게 될 것으로 보인다. 그렇다면 "이미지란 무엇인가?"라는 물음도 재현 비판의 측면에서 보자면 명증성, 현존성, 모사 기능을 직접적으로 가지는 것처럼 보이는 이미지를 의도적으로 해체할 것을 요구하게 된다. 모든 이미지가, 심지어 사진조차도 단지 잘라내기, 초점 두기만 다르게 하더라도, 구성된 것, 생산된 것, 형상화된 것이 된다는 통찰은 진실한 모사 및 진실성 전반에 대한 의심을 강화시킨다.

이에 따라 이미지의 신뢰성 내지 "세속적 형태의 이미지 믿음"에 대한 비판, 특히 전자적, 디지털적으로 만들어진 이미지에 대한 비판도 아이코닉 턴의 핵심 주제에 속한다.[101] 이미지 비판은 지각, 해석, 인식의 대상으로서의 이미지에만 국한되지 않고 다양한 층위에서 이루어진다. 최근에는 이미지가 지식을 형성하는 데 어떤 힘을 갖는지에 대한 물음이 더 많이 이루어지고 있다. 그리하여 "이미지의 논리"[102]가 독자적으로 존재한다는 주장, 즉 이미지의 물질성으로부터 상상적인 것이 특별한 방식으로 풀려나온다는 것[103]은 인식론적으로 매우 폭발력 있는 가치를 얻게 된다. 이러한 이미지 논리는 그 동안 주목받지 못했던 지각과 인식의 공간들, (추상적인 것과 사실적인 것에 대한) 새로운 증거들, 직관적인 것들에 도달하게 해 준다. 이러한 것들은 지금까지 언어의 지배로 인해 차단되었던 것들이다. "언어 너머에는 거대한 의미 공간들, 즉 예기치 못했던 시각, 청각, 손짓, 표정, 몸짓의 공간들이 존재한다. 이것들은 언어를 통해 개선되거나 추후 정당화될 필요가 없다."[104] 여기서는 바로 이미지성에서 출발하여 언어적 현실이 확장된다. 이 확장은 언어적인 것을 넘어서며, 흥미롭게도 좀 더 개진되어야 할 점이지만 시각적인 것도 넘어선다. 그러니까 여기에는 말하자면 소리가 별도로 포함되는 것이다. 여기서 소리는 아직 완전히 독립적인 것도 아니며 이미지에 대한 보완으로서 반영된 것도 아니기는 하지만 말이다. 그렇다면 이렇게 강력한 환기력을 갖는 이미지 논리는 새로운 인식 지평을 넓히는 일을 넘어서 결국 언어적 턴을 대체해 버리는 지경까지 가는 것일까?

이런 점에서 아이코닉 턴은 언어적 턴 이후의 문화학 발전 과정에서 처음부터 이정표로 간주되어 온 것이다. 즉, 서구 문화에서 처음으로 이미지가 문화적, 철학적으로 주도적인 역할을 하게 된 것뿐만 아니라, 이미지에다 인식의 대변혁까지도 결부시키려고 하는 것이다. 다시 말해 아이코닉 턴은 언어적 턴과 이것에 수반하는 "로고스 중심주의적 편견"[105], 즉 언어가 지배적인 인식 매체라는 것을 물러나게 하고 문화학에서 두 번째로(!) 큰 패러다임 교체를 일으킬 수 있다고 보는 것이다. 물론 아이코닉 턴의 이러한 패러다임 요청은 일련의 다른 턴들에 비추어 대대적으로 상대화되어야 할 것이다. 더구나 언어와 문자의 패권도 쉽게 무력화될 수 없을 것으로 보인다. 이미지는 텍스트를 대체하지 못한다. 이미지는 오히려 한편에서는 (언어적) 해석에 의존함으로써 사람들이 이미지의 흡인력에 말려들지 않도록 하는가 하면, 다른 한편에서는 언어를 보완하는 "보여주기"[106] 차원을 필수적인 것으로 요구한다. 물론 도상적 패러다임 교체에 대해 가장 크게 불신하는 부분은 인식론적 성격의 것이다. 사실 언어적 턴은 시기를 늦게 잡더라도 재현 기능과 은유성이 언어의 공백을 채우게 될 때부터 "그 귀결로서 아이코닉 턴으로"[107] 진입한 것처럼 보인다. 이 점은 고트프리트 뵘이 최근에 이미지학의 중간 결산을 위한 어느 학회에서 재차 강조한 바 있는데, 그는 이렇게 말했다. "그러니까 아이코닉 턴이 가르치는 바이자 그 턴이 현대성에 대한 아마도 가장 중요한 이론적 통찰로 연결되는 지점은 모든 인식은 언어가 아니라 재현에 종속된다는 점일 것이다."[108] 하지만 어느 한 인상적인 논문에서는 아이코닉 턴을 언어적 턴과 동일한 연속선상에 있는 것으로 지칭할 수 있는 것인지 의문을 표시하고 있다. 오히려 이 두 턴은 "완전히 양립 불가능하다"[109]는 것이다. 두 턴은 결코 동일한 논리 층위에 속하는 것이 아니라는 것이다. 그러니까 언어적 턴은 방법론적 전환을 철저하게 꾀하였는데, 새로운 종류의 문제를 발견하는 일 대신에 오래된 문제들을 단호히 새로운 방식으로, 즉 시종일관 언어의 문제로 파악하여 다루었기 때문이라고 한다. 반면에 이미지는 그러한 보편적인 방법론적 잠재력을 인정받지 못하고 있다. 아이코닉 턴은 새로운 성격의 문제에만 관심을 돌려서 "특정한 주제로 향한다"[110]는 것만 강조할 뿐이라는 것이다. 현상들 자체가 이미지'로서' 파악될 때에야 비로소 이미지에 언어와 동일한 근본적 인식기능이 부여될 것이라고 한다. 그렇게 되어야만 아이코닉 턴이 언어적 턴과 동등한 지위를 얻게 된다는 것이다.

이 논거는 주목할 만한데, 다른 턴들의 위상과 관련해서도 그렇다. 다른 턴들도 모두 대상과 주제의 영역을 넘어서 인식론적 도약을 한다고 주장하고 있기 때문이다. 그렇다면 좀 더 자세히 살펴볼 때 아이코닉 턴의 경우도 단지 "이미지에 대해 새롭게 그리고 다르게 생각하는 일"[111]이기만 한 것이 아니라, 이미지의 '도움으로'도(물론 그것만 가지고는 아니지만) 사고하고, 이미지를 인식 수단으로 투입해서 오로지 시각적인 대상 영역들과는 완전히 다른 영역들에서도 새로운 인식을 얻는 일이 가능한 것일까? 물론 이에 대한 접근들이 없는 것은 아니다. 시각적 인식에서 확인되듯이, 시각적인 것이 지시 기능을 하는 것과 지식이 재현에 종속되어 있음을 고려한다면 말이다. 그것이 구체적으로 말하는 바에는 뇌과학적 통찰, 역사적 과정을 이미지로 전달하기 등등뿐만 아니라, 지식의 상상적 차원[112]도 포함된다. 이 차원은 문화학적으로 포기할 수 없는 부분으로서 언어만 가지고는 해명될 수 없는 것이다. 그러니까 아이코닉 턴은 이미지에 단연코 인식론적인 지위를 부여하는 것이 된다. 그 지위는 "도상적 에피스테메"[113]의 지위, 설명 매체의 지위, 그리고 인지적으로 구성하는, 예컨대 기억을 각인하거나 신화를 창조하는 "이미지 행위"[114]의 지위를 말한다. 이러한 이미지 행위적 사고운동은 브레데캄프에게는 "아이코닉 턴을 이루는 핵심"이 된다. 즉 대상 확장이 아니라 “새로운 방식의 철학하기”가 되는 것이다.[115] 하지만 아이코닉 턴이 근본적인 것이 될 수 있다는 주장, 말하자면 아이코닉 턴이 새로운 메가급 전환이 되어 언어적 턴을 무력화시킬 수 있다는 주장은 의심스럽다. 오히려 다른 전환들의 경우와 유사한 방식으로 언어적 턴의 기반을 약화시키자는 것이 아이코닉 턴의 평범한 주장이 될 것 같다. 그리고 그 방법은 언어적 턴을 분리해 내고, 언어적 턴이 추방했던 것들을 통해 다시 그 언어적 턴을 풍요롭게 만들고, 언어적 턴의 방법론적 혁신 잠재력을 발휘하게 하는 것이다. 이를 통해 아이코닉 턴은 언어적 턴 자체가 아니라 언어적 턴의 방법론 독점을 의문시하는 것이다. 그러니까 “이미지로서의 문화”가 새로운 공식으로 부상하는 것은 아닐 것이다. 도상적 성찰도 변함없이 언어 비판에 의존하기 때문이다. 물론 도상적 성찰은 문화 개념을 더욱더 정밀하게 다듬는 데 있어 중요한 물질적 및 상상적 요소를 부각시켜 준다.[116]

4. 아이코닉 턴과 개별 학문

그 어떤 턴보다 아이코닉 턴의 경우 분명히 드러나는 사실은 어떤 확고한 주도 학문이 있어서 그것이 노선변화의 성격을 규정하고 이어서 제반 학문들에 적용되는 것이라고 볼 수 없다는 것이다. 오히려, 특히 아이코닉 턴에서 보듯이 이미지학의 전체 프로젝트에 다층적인 특성을 부여하는 것은 이제 개별 학문들이라는 점이다. 물론 그 특성이 더욱 구체적으로 전개되고 있는 곳은 전문적 역량이 드러나는 사례 연구들에서다. 이들 연구에서 비로소 도상적 전환의 인식 성과가 검증된다. 심지어 아이코닉 턴에게 문화학적 구심점으로서 활력을 유지시켜 준 것은 주로 그러한 구체적 응용 및 사례 연구들이다. 이미지학의 관할 영역 쟁탈전이 벌어지게 되면서 아이코닉 턴이 질식 상태에 빠지기 전까지는 그러했다.

이미지의 범람은, 말하자면 이미지 성찰이 분과 학문들을 가로질러 이루는 거대한 물결과도 같다. 심지어 이미지적 관점은 전통적인 문화학 분과 학문들을 넘어서 '경제학'과 '비주얼 경영 Visual Management' 연구로까지 파급되고 있다. 이 경영 분야는 파워포인트 프레젠테이션을 대안적인 "사업 결정 제안서"로 삼는 일 외에도 아이코닉 턴을 통해 더욱더 철저한 추동력을 마련하고 있다. 즉, "이미지로의 전환은 기업 경영을 그 핵심에서부터 변화시키고 있어서, 경영은 시각적 실천이 되고 있다."[117] 그래서 "비전 vision"으로 이어지고 있는데, 이 비전은 추상적인 언어가 아니라 시각적 인상을 통해 실천 가능한 것으로 간주된다. 이처럼 문화학적 성찰이 흥미롭게도 엉뚱한 영역에 개입하는 예에서 보듯이 아이코닉 턴의 파급력은 대단하다. 그렇다면 개별 학문들의 이미지 성찰은 비판적 이미지학에 어느 정도까지 기여하고 있는가?

지금의 논의에서는 이 물음에 대한 최종적인 답변을 할 수는 없지만, 아이코닉 턴은 전체적으로는 이미지 감수성과 이미지 능력의 향상을 꾀한다고 확언할 수는 있다. 미술사 분야에서 전문적 탁월함과 능력을 통해 보이는 이미지 및 형식 분석에 힘입어 아이코닉 턴은 이제 매체학 영역으로 파급된다. 매체학에서는 일상생활과 소비 활동의 시각화 및 미학화를 다루는 복합적인 넓은 영역을 포착하며, 이미지의 형식을 세분화하여 기업 이미지 영상, 감시 영상, 모니터링 영상, 사회적 자아 이미지, 미디어 이미지 등을 구분한다. 특히 미디어 이미지는 사건, 이미지, 지각의 동시성이 특징인데, 이 점은 예컨대 2001년 9월 11일 쌍둥이 빌딩 붕괴 사건에서 잘 드러났다. 미디어 이미지는 또한 미디어에 의한 연출과 조작이 특징적이기도 하다. 그 예로는 CNN에 의해 이라크 전쟁의 연출과 시각적 현실 구성이 이루어진 것을 들 수 있다. 동시에 이러한 미디어 이미지는 집단적 이미지 기억을 활성화하고 이미지(할리우드 영화 시퀀스의 배경에 등장하는 9. 11. 이미지)에 강력한 인용의 성격을 부여한다.[118] 여기서 중심이 되는 문제들을 진척시킬 수 있을 것으로 보이는 것은 비주얼 수사학 visual rhetoric [119]이라는 접근 방법이다. 그 문제들이란 이런 것이다. 즉, 이미지에서는 어떤 효력이 나오는가? 미디어에 의해 규정된 현실에서 이미지는 어떤 설득력을 갖는가? 문화적 지식은 이미지로 재현되는가? 이미지는 어떠한 젠더 및 권력의 위계와 연관되는가? 글로벌한 이미지 지식은 존재하는가?

여기서 비판적 이미지학은 무엇보다도 이미지의 조작 가능성을 폭로한다. 예컨대 〈역사인류학〉이라는 학술지에 실린 한 논문에서는 2003년 2월에 콜린 파월이 유엔 안전보장이사회에서 위성사진을 조작한 사실을 다룬 바 있다.[120] 이미지를 통해 이라크에 대량살상무기가 존재한다는 것을 입증하고 이렇게 해서 전쟁을 정당화하기 위해 애썼지만 그 이미지는 결국 위조된 것으로 판명되었다. 이 사건의 폭발력이 더욱 더 컸던 것은 거북하게도 안전보장이사회 건물 로비에 피카소의 반전 그림 〈게르니카〉를 재현한 태피스트리가 걸려 있었는데 전쟁으로 인한 고통을 일깨우지 않으려고 그것을 커튼으로 가렸기 때문이다. 이 두 경우에서 이미지는 자신의 힘을 보여주었다. 그러므로 비판적 이미지학의 과제는 다큐멘터리라고 주장되는 이미지나 기술적 이미지의 신빙성을 깨는 일에만 국한되지는 않을 것이다. 이미지 정치의 민낯을 벗겨내는 일 또한 중요하다. 이미지 정치는 이미지의 증거제시 기능을 설득의 수사학을 위해 오용했으며[121] 동시에 이미지의 위력에 경악하기도 했다.

이미지 정치는 '정치학'에서 계속 파헤쳐야 할 중요한 영역일 것이다. 이 분야에서 아이코닉 턴은 비교적 늦게 자리를 잡았고 그 후에도 여전히 걸음마 수준을 면치 못하고 있다. 그래서 "비주얼 정치 커뮤니케이션 이론"[122]에 대해서는 여전히 완만하고 조심스러운 접근만 이루어지고 있다. 정치학은 수십 년 동안 언어정치 쪽으로 편향되어 왔는데, 이로 인해 복합적인 이미지 정치의 영역은 미답의 상태로 있었던 것이다. 이미지는 합리성이나 해방의 잠재력을 인정받지 못했던 것이다.[123] 최근의 접근들은 "비주얼 정치" 및 "정치적 이미지"[124]의 이론에 주목하고 있으며, 또한 "정치학적 이미지 연구"[125]에도 초점을 맞추고 있는데, 이 연구는 예컨대 전쟁의 수행 및 정당화나 정책 전달을 위한 매체성과 관련한 이미지 정치[126]를 대상으로 한다. 그런데 이 접근들은 모두 문제에 봉착해 있다. 어떤 문제냐 하면, 이미지학이 이미지 분석과 이미지 비판을 위한 독자적인 도구를 갖고 있지 못해서 미술사와의 협력 그리고 여기서는 특히 "정치적 도상 연구"와의 협력에 의존하고 있다는 것이다. 이 점은 이제 점차 이미지 기능에 주목하기 시작하는 다른 분과 학문들도 안고 있는 문제이다.

이러한 문제와 관련하여 특히 전통적으로 텍스트가 중심이 되어 온 분과 학문들에는 방법론적 개방성이 요구되었다. "법은 텍스트다"[127]라는 강령의 관점에서 보자면, 법학이 이미지학에 개방성을 보이며 "법의 도상학"[128]으로 나아가는 것은 놀라운 일이다. 그러나 이 일은 법이 커뮤니케이션과 관련 있고 법의 매체가 이미지 매체 커뮤니케이션 쪽으로 전환되는 점을 고려해 볼 때 불가피한 일이다. 여기서 새롭게 주목되고 있는 것은 무엇보다도 법률 문서 속의 이미지와 재판 과정의 시각적 전달이다. 또 다른 텍스트 학문인 문예학에서 뚜렷하게 볼 수 있는 이미지에 대한 관심은 특히 매체상호성 연구(텍스트상호성 연구의 확장임[129])에서 드러난다. 이와 관련하여 영문학 쪽에서 나온 한 연구 방향은 픽토리얼 턴의 다양한 접근들을 다루며 텍스트-이미지 관계의 성찰을 위한 접근을 구체화시킨다. 가브리엘레 리플 Gabriele Rippl은 19세기와 20세기의 문학 텍스트를 "이미지 기술(技術)의 역사"를 따라가며 문화학적으로 분석하는 가운데 기술적 격변(회화-사진-영화-TV)을 문학 텍스트 자체의 이미지 성찰에서, 즉 에크프라시스적 ekphrasic 및 회화적 텍스트 전략에 의한 "기술(記述)의 예술"에서 재발견한다.[130]

아이코닉 턴은 매체 이론의 지평 확장을 통해 문학에서 제일 먼저 도입된 것이 분명하다. 물론 여기에는 문화학적, 상징 중심적 매체 이해가 함께 작용한다. 이 부분은 그 동안 기술적 매체화와 비교해 볼 때 억압되어 온 것이다.

아이코닉 턴이 오늘날 '자연과학', '기술', '의학'에서도 추진되고 있다면, 이제 기술에 의한 시각화 방식들이 절대다수를 점하게 된다. 엑스선, 초음파, MRI와 같은 의료 이미지 생성 방식부터 지구 위성사진 형태의 지리적 시각화[131]에 이르기까지 다양한 방식들이 중심적인 방법이 되고 있는데, 특히 신경과학에서 그러하다.[132] 오랜 세월 동안 자연과학에서 사용되는 이미지는 단순히 예시를 하거나 대상을 객관적으로 보여주는 방식으로 간주되었다. 하지만 여기서 이미지는 모사가 아니라 "시각적으로 구현된 이론적 모델 및 데이터 결집"[133]이라는 인식이 점점 확고한 위치를 얻고 있다. 이미지는 구성된 것이라는 특성은 "가시성의 구성"[134], "가시적으로 만들기" 및 보여주기의 과정에서 드러나는데, 이것은 모사적 재현과는 거리가 멀다. 이미지는 인식 과정 자체를 결정적으로 부각시킨다. 예컨대 컴퓨터가 생성하는 이미지를 사용함으로써 시각적 사실 관계(물리적 현상)에 대한 인식을 얻고 이 인식을 다양한 번역 단계를 거쳐 상징적 재현으로 변환시킬 수가 있다.[135] 색채 부여, 부분 선택, 편집 조작, 패턴 형성 등에 여지를 주는 이미지 전략이 사용되면, 그러한 시각화는 미학적, 주관적으로 영향을 받은 것으로 나타날 수도 있다. 이 경우에도 이미지는 해석이 필요하며 역사적 자리 매김이 이루어져야 한다. 여기서 매우 힘들지만 비교적 진보적인 것으로서 미술사와 자연과학 사이의 대화[136]가 있는데, 이것은 모사의 객관성에 대한 맹신을, 모사가 자연에 충실하다는 오해를 불식시켜 주고 있다. 이렇게 해서 바로 과학사에서도 이미지를 신뢰하기보다는 이미지에 대한 거리두기를 옹호하며, 자연과학의 이미지도 역사화하거나 양식사적으로 분석할 것을 지지한다.[137]

이러한 접근은 여러 번역 단계를 거치는 시각화 과정을 의도적으로 문제 삼을 수 있는데, 특히 나노기술에서 눈으로 볼 수 없는 최소 원자 입자를 주사(走査) 터널링 현미경 scanning tunneling microscopy을 통해 시각화하는 예에서 잘 드러난다. "주사 터널링 현미경은 예컨대 우리가 눈으로 볼 수 있기까지 적어도 네 단계의 연속적인 변환 과정을 거쳐 이미지를 생성한다."[138] 이 변환 단계들은 자동으로 연속되는 것이 아니라, 어떤 이미지화 기술이 선택되고 후속 처리를 위해 어느 이미지가 출발 이미지로 선택되느냐에 따라 달라지기 때문에 주관적인 요소가 결정적인 역할을 한다. 그래서 바로 이 점에 착안할 필요가 있으며, 나아가 이미지성을 산출하는 번역 과정을 의식화하기 위해 아이코닉 턴을 번역적 턴과도 결합시킬 필요가 있다. 나노 세계와 같이 지금까지 보지 못했던 것을 인간이 지각할 수 있게 처리하는 방식이 아직 완전히 파악되지 않았기 때문에 번역 과정에 주목하던 것을 넘어서 이제는 시각화와는 다른 방식의 지각화 조작, 예컨대 청각적 처리도 주목받을 수 있다. "듣지 못하는 것을 들을 수 있게 함으로써 완전히 새로운 차원을 가져다 줄 '음향적 턴 sonic turn'이 아마도 곧 우리 앞에 다가올 것이다."[139] 그 밖에도 비판적 이미지학은 정치적으로 의미 있는 시각화들을 포착할 수 있을 것인데, (초음파를 통한) 임신의 시각화가 낙태 논쟁에 영향을 미치는 것이 그러한 사례가 될 것이다.[140]

어쨌든 이러한 시각화 사례들을 대하면서 아이코닉 턴은 다양한 학문들에서 시각화 실천이 증대하고 있는 것을 단순히 기술하거나 설명하는 것에 만족하지 않고 불편한 질문을 던지고 있다. 자연과학이 이미지와 대상 사이의 동일성을 믿게 하려고 하지만, 과학과 기술의 이미지들도 그렇게 객관적인 것이 아니지 않을까? 그러한 이미지들도 예컨대 유사점, 시각화 기술, 모델 구성, 패턴 형성 등의 선택을 통해 어떤 특정한 양식을 따른 것이 아닌가?[141] 과학사 연구에서는 어쨌든 그러한 이미지, 이미지화 방식, 사진 등이 갖는 미학적, 주관적 요소를 밝혀내고 있는 중이다.

이러한 과학에서의 시각화 문제는 복합적인 전체 재현 실천 영역에 귀속되어야 한다는 점은 '문화 그리기' 논쟁에 대한 여러 접근들이 보여주고 있다. 이 접근들도 시각인류학 분야에서, 성찰적 턴의 맥락에서 벌어진 텍스트 중심적 문화 쓰기 논쟁의 경우와 유사하게, 이미지의 모사적 성격에 대한 신뢰에 타격을 입혔다. 이 접근들은 사진이 식민과 연결되어 있다는 데서 출발하는데, 타문화에 대한 시각적 재현이 유럽의 이미지 개념을 타지의 이미지 전통과 이미지 적용에 투사시키는 한, 타문화의 그것들을 제대로 반영하지 못한다는 것을 보여주었다.[142] 그래서 이미지의 수행성도 오랫동안 현저히 과소평가되어 왔던 것이다. 시각적 수행성은 유럽 문화권에서도 중요한 문화적 실천이 되어 왔는데도 말이다. 이 문화적 실천은 아이코닉 턴이 진행되면서 비로소 주목을 받고 있다.

이 점에서 수행적 턴과 아이코닉 턴 사이에 흥미로운 연결이 나타나는데, 이를 이끄는 질문은 이러하다. "이미지는 인간의 행동을 연출하고 공연하는 데 어떤 역할을 하는가(...)"?[143] "수행적인 것의 도상학"이라는 이 새로운 분야로부터는 신체 중심적 이미지 인간학의 지평 또한 확장될 수 있다. 그 확장은 한편으로는 행위연출에 의한 이미지 생성이라는 좀 더 포괄적인 수행 과정 쪽으로 나아가며, 다른 한편으로는 문화적 수행성의 도상적 과정으로 나아간다. 이미지는 세계에 대한 지각을 구조화하고 변경한다.[144] 이미지가 자체의 명증성을 획득하는 방식은 "뭔가를 수행적으로 나타내는"[145] 것이다. 이미지는 의례에서도 중요한 역할을 수행한다. 이미지가 상징 축적(예컨대 간통녀 남편 재현하기에서)을 통해 자체의 고유한 수행력을 전개하는 방식으로 말이다. 이것은 예컨대 근대 초기에 있었던 조롱과 질책의 의례(샤리바리[charivari])에서 이미지 수수께끼와 조롱 이미지가 사용된 데서 드러난 바 있다.[146] 이처럼 이미지는 의례적이고 연출적인 요소, 행동방향 설정적인 요소와 긴밀히 결부되며, 이로써 아이코닉 턴은 좀 더 포괄적인 문화학적 맥락 속으로 들어가게 된다. 아이코닉 턴을 문화적 행위의 분석에서 성과를 낼 수 있게 만드는 것은 말하자면 "외부로부터"이지 예전부터 늘 이미지 친화적이었던 분과 학문들에서 나온 것이 아님을 보여주는 예들이 바로 거기에서 찾아진다.

아이코닉 턴이 선언되기 수년 전에 '종교학'에서는 특히 수행성이 강조됨으로써 이미 이미지적 전환의 조짐이 보였던 것이 분명하다. 그 움직임은 지금까지 언어적 논변 중심적이었던 종교학이 종교에서의 시각적 커뮤니케이션을 전면에 부각시키면서 일어났다. 이와 관련하여 페터 브로인라인 Peter Bräunlein은 원래부터 재현이라는 서구적 맥락과 관계없는 "이미지 행위"[147]를 연구할 것을 제안한다. 그는 중세의 경건 실천[148]에서부터 인도 힌두교의 시각적 행동양식에 이르기까지 이미지의 실용 기능에서 출발하여 의례적, 환상적 요소들을 종교의 시각적 인식방식으로 평가한다. 그 요소들에는 시선 교환, 신들림, 열광, 그리고 이미지에 의해 매개된 모방 행위를 통한 변신이 포함된다.

이미지 행위는 대부분 시각적 신체화를 말한다. 그리고 시각적 신체화는 젠더에 민감한 연구를 요구한다. 실제로 신체라는 조건이 맞아떨어지면서 아이코닉 턴이 '젠더 연구' 속으로 침투할 수 있게 할 적절한 관문이 열리게 된다. 사실 한스 벨팅의 접근은 말하자면 신체적 전환을 일으켰다. 그 방법은 신체로 방향을 돌리는 것인데, 이것을 이미지학에서 일어난 인간학적 전환의 일부로 보았다. 물론 이 전환은 젠더 특수성에 따라 구분하지 않는 인간학적 상수(常數)로 이해된 것이다. 이제 여기서 젠더 연구가 시작된 것은 그 연구가 성을 중심적 신체 범주로(그래서 또한 이미지 범주로) 선언하고 스스로를 이미지학으로 주장하게 되면서이다.[149] 그러한 "매체, 신체, 성에 관한 학문으로서의 이미지학"[150]이 사회적 인류학의 의미에서 연구하는 대상에는 이미지 과정이 진행되는 가운데 이루어지는 성 "정체성" 형성이 있으며, 가시성/비가

시성의 지평에서 시선을 성적으로 코드화하기, 또한 당연하겠지만 다양한 기술적 매체에 비춰지는 시선 실천의 변화가 속한다.[151] 여기서 페미니즘적 미술사는 양식 범주의 예를 통해 비판을 제기하는데, 아이코닉 턴은 이미지 역사로 확장된 미술사를 촉진한다는 것이다. 이러한 미술사는 말하자면 젠더를 도외시하면서 자체의 형식 및 이미지 능력으로 퇴각해 거기에 안주할 수 있게 된다는 것이다.[152] 반면에 보기, 시선, 관찰됨이라는 지각 범주에 대한 관심이 크게 늘고 있다. 이런 지각 범주들은, 여성적인 것이 남성 시선의 대상이 되는 것에서 볼 수 있듯이, 성 특수성에 주목하는 연구 없이는 드러날 수 없다.[153]

대두하고 있는 이미지성의 문화인류학에는 역사적 차원이 필수적인데, 이를 이해하기 위해 '역사학'이 아이코닉 턴에 어떤 흥미로운 기여를 하는지를 살펴볼 수 있다. 이 기여는 역사학자 디터 키트슈타이너 Dieter Kittsteiner가 한 것으로서 "내면적 이미지 세계"[154]에 관한 이론을 세우려는 시도이다. 내면적 이미지 세계란 인식을 이끄는 의식적 또는 무의식적인 시각적 표상으로서, 언어에 고착된 해석학(거대한 책으로서의 역사)을 "이미지'에 따른' 해석"을 통해, 특히 신경생물학적 접근의 도움을 통해 확장하기 위한 것이다. 키트슈타이너의 말에 따르면, 내면적 표상 이미지는 역사적 지식을 구성한다. 그 이미지는 역사 이해의 과정에 작용하며 역사가도 가지고 있는 것이기 때문이다(예컨대, 1989년 11월 9일 밤의 베를린 장벽 이미지, 2001년 9월 11일의 이미지 등). 이러한 이미지는 역사의 기호로 작용하는 경우가 많다. 그래서 아랍인들은 특히 9. 11. 이후에 오사마 빈 라덴의 이미지와 아주 쉽게 결부된다. 역사적 사건의 이러한 개인화는 복잡한 구조의 특정한 역사를 시각적으로 압축하고 단순화시켜 파악하기 쉽게 하도록 하는 데 즐겨 사용된다. 하지만 여기서 키트슈타이너는 비판적인 역사 이미지 분석을 옹호한다. "현실은 더욱 복잡하며, 그래서 역사학의 과제는 이미지의 쇄도 속에서도 그 복잡성을 회복하는 것"[155]이라는 것이다. 키트슈타이너는 이미지를 역사 연구의 원천자료로 진지하게 여겼을 뿐 아니라 그것의 인식론적 지위를 강조하기도 했지만, 회자되고 있는 아이코닉 턴에 대해서는 회의적인 시각을 보인다. "우리에게는 문화사에서의 '아이코닉 턴'이 필요 없다. 우리에게 정말 필요한 것은 우리 머릿속에 들어있는 이미지의 기능에 대한 비판적 분석이다."[156] 물론 아이코닉 턴이 없다면, 즉 (역사 지식을 포함한) 지식이 발생하는 데 이미지가 갖는 중요성에 대한 새로운 주목이 없다면, 키트슈타이너가 제안하는 그러한 초점두기도 포착되지 못했을 것이다.

아이코닉 턴이 역사학에 적용되는 그 밖의 경우에 대해서는, 일부는 연구 현황을 조망한 논문[157]에서 이미 정리된 바 있지만, 2006년 독일 콘스탄츠에서 "역사의 이미지"를 주제로 한 역사학 학술대회에서 논의된 바 있다. 지금까지 그러한 적용들은 이미지가 레알리아 realia(실물) 연구를 넘어서는 역사 연구의 원천자료로 평가되는 곳("역사 그리기[picturing history]")[158]에서뿐만 아니라, "역사적 이미지 연구"[159], 역사적 이미지학[160]에서도, 혹은 바르부르크와 연결되는 "역사적 이미지 지식의 지도"[161]에서도 구체화된다. 또한 역사기술에서 표상과 재현이 갖는 의미를 다루는 곳[162], 예컨대 성찰적 턴과 연관되는 헤이든 화이트 Hayden White의 경우에도 이미지 관점은 효과를 발휘한다. 그 밖에도 역사적 "비주얼 컬처"[163]에 대한 구체적인 연구들은 재현 형식들을 행위자들의 경험에 의도적으로 재접속시키는 것을 가능하게 해 준다. 그러한 연구는 전단지 선전과 매스컴의 의미에 관한 것일 수도 있고, (국가)선전과 “시각적 적대 세계들” 사이의 정치적 도상학에서 사진이 하는 역할[164]과 사진이 식민주의에 사용되는 것[165]에 대한 것일 수도 있으며, 전쟁 사진과 같은 이른바 다큐멘터리 이미지[166] 그리고 무엇보다 홀로코스트의 시각적 재현[167]에 관한 것일 수도 있다. 이와 관련하여 '과학사'에서도 많은 성취를 이룬 시도들이 나왔는데, 아이코닉 턴을 통해서 그 동안 인식하지 못한 역사적 이미지 영역들을 개척하려는 시도들이 있다. 여기서 인체에 대한 새로운 이해를 촉발한 의학의 시각화 기술은 단지 한 가지 예에 불과하다.[168]

여기서는 역사학 분야에만 국한하더라도 아이코닉 턴이 적용되는 영역의 전체 스펙트럼을 모두 다 펼쳐 보일 수는 없지만, 역사 이미지와 특히 “내면 이미지”의 연구에서 출발하여 뇌과학으로 이어지게 하는 교량을 만들려는 시도는 언급해 볼 가치가 있다. 물론 내면 이미지는 현대의 '뇌과학'이 맡을 영역으로 요구된다.[169] 지각 생리학의 관점에서 이루어진 뇌과학 실험에서도 이미지의 모사적 성격에 대한 불신이 옳은 것으로 입증되었다. 두뇌 속의 이미지는 외부 세계의 모사가 결코 아니다. 반대로 세계는 바로 내면 이미지의 투사인 것이다. 현실의 대상들은 뇌에서, 즉 대뇌의 시각 영역에서 비로소 이미지로 지각된다. 이때 감각 인상들은 뇌에 기억된 정보와 함께 세계에 대한 일관된 이미지로 조합되어야 하므로 해석과 구성의 과정은 필수적이다. 그러니까 우리가 세계를 모사한다는 것은 착각일 뿐이다. 실제로는 단지 구성할 따름이다.[170] 하지만 우리는 (시각을 포함한) 우리의 감각이 확실하다고 신뢰한다. 물론 우리의 감각은 뇌과학자 볼프 징어 Wolf Singer의 말대로 매체의 이미지 조작으로 인해 갈수록 교란되고 있다. “그래서 매체들이 범람하는 이미지를 좀 더 신중하게 다루지 않는다면 머지 않은 장래에 우리가 아이코닉 턴으로 체험하고 있는 것이 아이코닉 턴다운 turn down으로 바뀔지도 모른다."[171] 어쨌든 시각의 "자연"이 모사가 아니라 구성이라는 뇌과학의 인식이 이미지학에 의미하는 바는 이미지학이 시각의 "문화"에 대한 독자적인 서술관점을 포기해야 된다는 것이 아니다. 오히려 문화학적 이미지학은 이미지에 대한 아주 복잡한 관념들을 그대로 고수해야 할 것이다. 그 이미지들은 마르틴 슐츠 Martin Schulz의 말대로 "한없이 다양하고 복잡하여 그 가운데서 모든 것들이 합류하고 서로 의존하며, 그것들은 유전적으로 물려받은 이미지, 꿈의 이미지, 기억, 지각된 이미지, 소망, 동경, 불안, 집단 및 개인적 관념과 순수하게 주관적인 성격의 관념이다."[172] 이렇게 중첩된 이미지의 다양성에 비추어 볼 때, 인지 이미지학이 "신경미학" 또는 "미학의 신경생물학"[173]의 구상으로까지 이어지고 있는 것은 문화학과 자연과학 간의 흥미로운 연결 시도로 보이기는 한다. 하지만 이것은 복잡성을 단순화시킨 환원주의적인 것이 될 수도 있다. 이미지는 정신적으로 구성된 것이라는 자체의 고유한 통찰을 자연적인 것으로 간주한다면 말이다. 그 대신 이 통찰을 개방 상태로 둠으로써 사회적 상호작용, 역사적 각인, 젠더 특수적 수용, 정치적 권력이라는 명백히 문화적인 구성 차원을 고려해야 한다.

결국 다음과 같은 질문이 제기된다. 아이코닉 턴은 '문화학' 전반에 어떤 의미를 갖는가? 제일 먼저 아이코닉 턴은 이미지 능력 그리고 분석 범주로서의 이미지를 새롭게 해명했고, 그러면서 모방적 현존에 기대려고 하는 모든 시도를 문제 삼았다. 아이코닉 턴은 또한 이미지의 자기성찰성을 문화 현상을 분석하는 데 이용하도록 했으며, 시각적 행위 및 이미지 정치가 사회문화적 연관성을 형성하는 것을 더욱 중대하게 취급하도록 유도했다.[174] 가시성은 문화적, 사회적 분석의 결정적 범주가 되고 있다. 가시성은 사회적 자기재현의 가능성을, 심지어 감시의 형식을 포함하여 사회적 연출에 대한 감수성을 환기시킬 뿐 아니라, (예컨대 빈곤, 불평등, 질병 등을) 시야에서 가려 보이지 않게 하는 사회적 지배 및 배제 전략들을 부각시켜 준다. 하지만 그러한 은폐를 폭로하거나 가시적인 것으로 만드는 일은 복잡한 관계를 보이는 시각화를 전제로 한다. 이것에 대해서는 이미지-텍스트 관계의 문제, 이들의 상호작용, 매체 간의 긴장 관계의 문제, 그리고 문자와 텍스트를 통해 이미지를 논평할 필요성에 관한 문제가 필수적으로 따른다. 이와 관련하여 호르스트 벤첼 Horst Wenzel의 「텍스트-이미지학을 위한 변론」[175]은 역사적, 중세학적 예증을 넘어서 계속 생각해 볼거리를 제공해 줄 수 있을 것 같다.

이 측면에서 볼 때도 아이코닉 턴은 문화학에서 비주얼 컬처 스터디스 Visual Culture Studies에서처럼 이미지, 담론, 지식, 권력 사이의 관계를 조명할 때에 특히 흥미롭다.[176] 아이코닉 턴은 단지 미술사와 이미지학으로 거슬러 올라가는 대신에 스스로를 더욱더 확장시켜 이미지 정치학 영역 안으로 들어가야 할 것이다. 특히 전 세계적으로 이미지 논쟁, 이미지 금지, 이미지 전쟁의 위험이 보이는 가운데 그러한 이미지 정치가 얼마나 텍스트와 언어에 의존하는지 드러난다. 이러한 의존은 이미지의 증거성 차원을 넘어서 이미지 이해에 나타나는 문화적 단절, 이미지 터부의 위반, 그 밖에 가능한 조작 및 기만을 드러내 보이기 위함이다. 이를 향해 좀 더 나아가기 위해서는 "이미지 비판"에 대한 이미지 화용론적 접근이 도움이 될 것이다. 이 접근은 특히 고트프리트 뵘이 주도하는 바젤 대학의 스위스 국가연구센터 '아이코닉 크리티시즘 — 이미지 비판. 이미지의 권력과 의미'에 의해 학제적으로 추진된 것과 같은 것이다.[177] 이러한 접근은 바로 시각성, 보여주기, 지각, 말하기, 그리고 심지어는 듣기가 함께 나타내는 통일성에 주목한다. 반(反)형상주의 aniconism에 반대하는 시도들도 아이코닉 턴의 사회적 중요성을 검증하고 인정하는 데에 구체적 접점들이 되어 준다.[178] 다시금 문화학 이론 구성을 위해서는 특히 주의(注意), 관찰, 시선 등과 같은 시지각의 범주와 과정에 주목해 보는 것이 방향을 제시해 줄 것이다. 이렇게 하면 비교에 개방된, 문화 상호 간 접속력이 있는 문화 기술(技術) 및 지각 태도의 증가가 더욱 가속화될 것이다. 여기서 바로 시지각의 기술 종속성은 여전히 문화에게만 너무 좁혀진 초점을 개방하도록 만드는 추동력이 될 수 있을 것이다.

그럼에도 불구하고 이 아이코닉 턴에는 결정적으로 비판받을 여지가 있다. 그 여지는 아이코닉 턴이 특히 청각적인 것을 은폐함으로써 자기 과장에 빠진 데 있다.[179] 특히 (동영상을 포함한) 이미지에서, 즉 영화에서 음향을 배경에 두는 것이 전례 없이 중요해진 데서 볼 때 "순수" 아이코닉 턴에만 집중하는 일은 일방적인 것으로 드러난다. 이미지와 시지각은 사운드트랙에, 말하자면 이미지를 동반하면서 강조하고 해석하는 음향에 의존하므로 이 점은 "시청각적 턴 audio-visual turn"을 받아들여 심화시키게 할 동인이 될 것이다. 문화학의 이론 변화의 차원에서도 인식론적 잠재력이 특출하고 더욱 파급력 있는 결과가 나타날 수 있다. 그래서 프랑스 포스트구조주의는 여전히 일종의 "문자 숭배"를 했던 것이다. 자크 데리다에게서 이 문자 숭배는 "음성언어 중심주의 이데올로기 혐의"[180]를 나타내는 것이라기보다는 직접적 현전이라는 허구적인 목소리의 형이상학을 근본적으로 의문시하는 것이 된다.

이와 유사한 불신은 시각적인 것이 직접성을 갖는다는 주장에도 해당된다.[181]

이러한 이론적 억압에 직면하여 아이코닉 턴은 이미지를 복권시킴으로써 거기에 효과적으로 대항하였다. 아이코닉 턴은 인식의 시각적 토대에 집중함으로써 근대의 지배적인 시각 패러다임에 연결될 수 있다(성찰적 턴 참조). 아이코닉 턴은 시각적 지식 생산을 강화하는데, 이것은 과학들에서 오랫동안 지배적인 것으로서, 예컨대 민속지학의 "참여하는 관찰"과 같은 것이다. 물론 이러한 맥락에서 볼 때 아이코닉 턴과 시각적인 것에 의한 특유의 억압, 특히 청각적인 것의 억압 역시 인식할 수 있어야 할 것이다. 이렇게 해서 다시금 성찰적 턴의 시각화 비판에 접목될 수 있을 것이다. 이 시각화 비판은 포괄적인 의미에서의 논변적인 것을 다시 요구하는 것인데, 이 요구는 관찰하기뿐만 아니라 관찰'되기'까지도 끌어들이기 위한 것이며, 또한 민속지학적 실천의 장에서 청취가 갖는 가치를 높게 평가하는 것을 포함한 청각적 표현 지각을 끌어들이기 위한 것이다. 이렇게 해서 지금까지 거의 시도되지 않은 흥미로운 연구 접점이 마련될 가능성이 있을 수 있는데, 그 접점은 사운드 스터디스 sound studies라는 아주 새로운 분야에서 "문화 듣기 Hearing Cultures"를 연구하려는 최초의 시도들에서 찾을 수 있다. 이런 시도들은 다시금 민속지학이, 여기서는 특히 음악 민속지학이 시각적 전환을 보완하면서 문화학을 위해 성과를 낼 수 있을 것이다.[182]

물론 이 점에서 아이코닉 턴은 여전히 한계를 보이는데, 그 한계를 문예학자 라인하르트 마이어-칼쿠스 Reinhart Meyer-Kalkus도 "말해라, 내가 너를 볼 수 있도록"이라는 부당하게 억압된 경구에 근거해 다음과 같이 암시하고 있다. 즉, "이미지와 이미지 매체를 새롭게 정립하더라도 청각적 차원을 망각상태에서 끄집어내는 데는 적합하지 않다."[183] 하지만 이 청각적 차원은 이미 파노프스키가 "공(共)표현성 Koexpressivität"[184]을 언급한 데서 그 가능성이 마련되었다고 한다. 더욱이 이미지성은 가청적인 것을 환기하고 가청적인 것이 밑받침이 되어 줌으로써 비로소 작동한다는 것이다.[185] 벌써부터 "(시)청각적 턴 (visual-)acustic turn"[186]을 선포할 의도는 없지만, 지각 과정이 이 방향으로 향하는 것은 문화학을 위해서 요청되는 것이라는 점을 숙고해 볼 필요가 있을 것이다. 미첼도 이 점을 강조하고 있는데, 비주얼 턴을 생산적으로 확장하는 것에 대한 최근의 숙고에서 이렇게 말한다. "중요한 과제는 시각이 다른 감각들, 특히 청각과 촉각에 대해 갖는 고유한 관계를 연구하고 이 감각들이 특별한 문화적 실천에서 어떻게 형성되는지를 확인하는 것이다."[187] 게다가 최근의 매체 이론이 감각들 간의 매체상호적 연결을 강조하는 점에 비추어 볼 때 도상적 전환의 추동력은 이제 더 이상 시각 영역에만 한정될 수는 없다. 민속지학적 시선에 대해서는 많은 언급이 있어 왔으며, 이것은 아이코닉 턴에서의 시각 원칙에 대한 개혁에 있어서도 다시 관철되고 있다. "하지만 민속지학적 귀는 어떻게 되었나?" 이것은 그 동안 듣지 못했지만, 계속해서 여운을 남기는 제임스 클리포드 James Clifford의 질문이다.[188]

(번역: 강병창, 김요한)

7장 요약

아이코닉 턴은 19세기 중반 이후 매체가 발달하면서 나타나기 시작하는 이미지의 범람 현상과 관련 있다. 아이코닉 턴은 이처럼 점차 증가하는 이미지의 범람을 비판적 이미지 분석을 통해 이해하고자 한다. 물론 그 이전 시대에도 이미지에 대한 관심은 있었으나, 서구 문화권에서 오랜 시간 언어가 행사해온 강력한 지배력 덕분에 이미지 문화에 대한 연구는 오랜 역사를 갖지 못한다. 미국의 문예학자이자 문화이론가인 미첼 William Mitchell은 1992년 픽토리얼 턴 pictorial turn을 언어적 헤게모니에 반하는 방향으로 진단하고, 미래에는 이미지에 대한 깊은 사고가 중요해질 것이라 선언한다. 거의 같은 시기 예술 이론가인 뵘 Gottfried Boehm은 자신의 논문 「이미지의 귀환」에서 비슷한 개념으로 아이코닉 턴을 선언하는데, 이를 통해 일반 언어학, 특히 언어적 턴 이후 언어와 텍스트가 행사해온 지배적 영향력에 대한 대응과 역습 차원에서 일반 이미지학이라는 이미지에 대한 하나의 학문이 정초된다. 이미지학은 이미지가 가지고 있는 고유한 논리를 탐색하고 이미지 문화에 대한 접근 가능한 새로운 분석 방법을 발견하며 예술사적으로 정착된다. 이렇게 아이코닉 턴은 구체적 이미지 분석을 넘어 시각적 지각과 문화 전체 영역으로 확장된다. 이로써 좀 더 포괄적인 비주얼 턴의 토대가 마련되고, 연구 영역은 주의, 기억, 보기, 관찰하기와 같은 영상 활동과 지각 미디어 및 시각 문화로 확장된다.

그림, 사진, 영화, 디지털 이미지, 예술 이미지, 꿈 이미지, 상상의 이미지에 이르기까지 이미지가 가지고 있는 다양성이 크기 때문에, 기호적, 미학적, 인간학적, 철학적 접근 방식에 따라 아이코닉 턴의 연구 방법은 다양하게 세분화된다. 예를 들어 현상학적 이미지 이론은 가시성에, 이미지 인간학은 몸의 특성에, 그리고 이미지 기호학은 기호적 특성에 초점을 맞춘다. "이미지란 무엇인가?"라는 질문을 주도적으로 제기한 미술사는 분과 학문을 넘어서는 이미지 분석 능력을 발전시키며 모든 종류의 이미지를 연구 대상으로 포착하려 한다.

형식 분석에 기초해 역사적 이미지학으로 발전 중인 미술사, 이미지 인간학, 이미지 매체학과 초문화적 이미지 문화학, 그리고 비주얼 스터디스 visual studies

에서 현재 강력하게 부상 중인 학제적 일반 이미지학에 이르기까지, 아이코닉 턴을 주도하는 학문이 무엇인가에 대한 문제는 논쟁의 여지가 크다. 그러나 이론 발전 과정을 매체적 기술적으로 되짚어보면, 아이코닉 턴을 야기했던 것은 이미지, 미디어, 그리고 사회적 연출 형식 간의 폭발적인 동맹이다. 특히 제2차 걸프전(1990-1991) 당시 경험했던 이미지 정치와 이미지 연출, 이미지 검열을 통한 매스컴 보도가 역사적, 정치적인 의미에서 아이코닉 턴의 비판적 촉매제였다는 사실은 간과할 수 없다. 중요한 것은 아이코닉 턴의 의도인데, 아이코닉 턴은 이미지 능력 그리고 분석 범주로서의 이미지를 새롭게 해명하고, 그러면서 모방적 현존에 기대려고 하는 모든 시도를 문제 삼는다. 방법론적으로 아이코닉 턴은 이미지를 복권시킴으로써 음성언어 중심주의의 이데올로기에 효과적으로 대항한다. 아이코닉 턴은 인식의 시각적 토대에 집중하고 시각적 지식 생산을 강화함으로써 근대의 지배적인 시각 패러다임에 연결된다.

(요약: 김요한)

미주

1 옮긴이 주 – 일반적으로 아이코닉 턴으로 번역되나 여기서는 픽토리얼 턴 pictorial turn과 구분하기 위해 아이코닉 턴으로 번역하여 사용한다.

2 Reinhard Brandt: Bilderfahrungen – Von der Wahrnehmung zum Bild, in: Christa Maar/Hubert Burda (Hg.): Iconic Turn. Die neue Macht der Bilder. Köln 2004, 44–54쪽. 여기서는 53쪽.

3 W. J. T. Mitchell: Der Pictorial Turn, in: Christian Kravagna (Hg.): Privileg Blick. Kritik der visuellen Kultur. Berlin 1997, 15–40쪽; 이 논문은 잡지 〈Artforum〉(1992년 3월호)에 처음 실림. 89–94 쪽, 다음 문헌에서 재발행됨. W. J. T. Mitchell: Picture Theory. Essays on Verbal and Visual Representation. Chicago, London 1994, 3–34쪽.

4 Gottfried Boehm: Die Wiederkehr der Bilder, in: ders. (Hg.): Was ist ein Bild? München 1994, 11–38쪽.

5 미술사와 이미지학 사이에 위치한 아이코닉 턴이라는 문제적 담론에 대한 적절한 개괄은 다음 문헌을 참고할 것.(상세한 서지학을 포함하고 있음). Martin Schulz: Ordnungen der Bilder. Eine Einfuhrung in die Bildwissenschaft. München 2005.

6 Christa Maar/Hubert Burda (Hg.): Iconic Turn. Die neue Macht der Bilder. Koln 2004 참조. (다음의 누리집도 참조: http://www.iconicturn.de).

7 Willibald Sauerländer: Iconic Tum? Eine Bitte um Ikonoklasmus, in: 같은 책., 407–426쪽, 여기서는 407쪽.

8 Horst Bredekamp/Gabriele Werner (Hg.): Bildwelten des Wissens. Kunsthistorisches Jahrbuch fur Bildkritik (2003년부터 발간) 참조.

9 Mitchell: Pictorial Tum, 16쪽.

10 플라톤의 이미지에 대한 질문으로부터 논의를 시작하는 이미지 현상학에 대해서는 다음을 참조할 것. Iris Därmann: Tod und Bild. Eine phänomenologische Mediengeschichte. München 1995, 특히 188쪽 이하 참조.

11 Boehm: Wiederkehr der Bilder, 14쪽; 메타포의 역사를 따라가며 철학에서 처음으로 시도한 도상학 Ikonologie으로는 다음을 참조. Bernhard H. F. Taureck: Metaphern und Gleichnisse in der Philosophie. Versuch einer kritischen Ikonologie der Philosophie. Frankfurt/M. 2004.

12 Horst Bredekamp: Einbildungen, in: Kritische Berichte 1 (2000), 31–37쪽, 여기서는 34쪽 참조.

13 Mitchell: Pictorial Tum, 31쪽 참조.

14 Boehm: Wiederkehr der Bilder, 17쪽 참조.

15 W. J. T. Mitchell: What Do Pictures Want? The Lives and Loves of Images. Chicago, London 2005, 349쪽 참조.

16 Horst Bredekamp: Thomas Hobbes: Der Leviathan. Das Urbild des modernen

Staates und seine Gegenbilder. 1651–2001. 2. veränderte Aufl. Berlin 2003, 130쪽.

17 Horst Bredekamp: Bildwissenschaft, in: Uhich Pfisterer (Hg.): Metzler Lexikon Kunstwissenschaft. Ideen, Methoden, Begriffe. Stuttgart, Weimar 2003, 56–58쪽 참조.

18 Horst Bredekamp: Drehmomente — Merkmale und Ansprüche des iconic tum, in: Maar/Burda (Hg.): Iconic Turn, 15–26쪽, 여기서는 17쪽 참조.

19 이론적 배경에 관해서는 다음의 발터 벤야민의 예술작품 문건을 참조할 것. Walter Benjamins Kunstwerkabhandlung (Das Kunstwerk im Zeitalter seiner technischen Reproduzierbarkeit).

20 Friedrich A. Kittier: Optische Medien. Berliner Vorlesung 1999. Berlin 2002 참조.

21 Mitchell: Pictorial Turn, 26쪽.

22 Platons Dialog 〈Sophistes〉 참조.

23 Horst Bredekamp, in: Hans Dieter Huber/Gottfried Kerscher: Kunstgeschichte im 〈Iconic Tum〉. Ein Interview mit Horst Bredekamp, in: Kritische Berichte 26, 1(1998)(Sonderheft Netzkunst), 85–93쪽, 여기서는 82쪽.

24 Schulz: Ordnungen der Bilder, 53쪽 참조.

25 Hans Belting: Bild-Anthropologie. Entwürfe für eine Bildwissenschaft. München 2001, 11쪽.

26 Gemot Böhme: Theorie des Bildes. München 1999.

27 철학에서의 이미지 성찰과 뵈메의 이론에 대해서는 다음을 참조. Stefan Majetschak: **〈**Iconic Tum**〉**. Kritische Revisionen und einige Thesen zum gegenwärtigen Stand der Bildtheorie, in: Philosophische Rundschau 49,1 (2002), 44–64쪽.

28 Belting: Bild-Anthropologie, 12쪽 참조.

29 Boehm: Wiederkehr der Bilder, 30쪽; "도상적 차이"의 의미에 관해서는 다음을 참조할 것. Axel Müller: Wie Bilder Sinn erzeugen. Plädoyer für eine andere Bildgeschichte, in: Stefan Majetschak (Hg.): Bild-Zeichen. Perspektiven einer Wissenschaft vom Bild. München 2005, 77–96쪽, 여기서는 81쪽 이하.

30 Hans Belting: Das Ende der Kunstgeschichte. Eine Revision nach zehn fahren. 2. erw. Aufl. München 2002.

31 Bredekamp: Bildwissenschaft, 56쪽.

32 여기에 대한 더 자세한 설명은 342쪽 이하 참조.

33 예를 들어 다음을 참조할 것. Helge Gemdt/Michaela Haibl (Hg.): Der Bilderalltag. Perspektiven einer volkskundlichen Bildwissenschaft. Münster, New York, München, Berlin 2005; darin u.a. Helge Gemdt: Bildüberlieferung und Bildpraxis. Vorüberlegungen zu einer volkskundlichen Bildwissenschaft, 13–34쪽.

34 브레데캄프는 미술사의 전통 속에 있는 이러한 단절을 이미지학으로서 자신의 다음 글에서 강조함. **〈**Bildwissenschaft**〉**, 57쪽.

35 아비 바르부르크의 이론에 대한 인상적인 요약은 다음에서 볼 수 있음. Schulz:

Ordnungen der Bilder, 29쪽 이하.

36 Horst Bredekamp/Michael Diers (Hg.): Aby Warburg. Gesammelte Schriften. Abt.1.Bd.1,1: Der Bilderatlas MNEMOSYNE. Hg. Martin Wamke. Berlin 2000.

37 Martin Warnke: Politische Ikonographie, in: Kunsthistorische Arbeitsblätter 2(2003), 5–16쪽 참조; Forschungsstelle Politische Ikonographie (Hg.): Bildindex zur politischen Ikonographie. Hamburg 1993; Joachim Butler/Karen Michels (Hg.): Kunst und Politik. Eine Bibliographie. Hamburg 2002.

38 Vgl. Mitchell: Pictorial Tum, 17쪽.

39 Horst Bredekamp/Angela Fischer/Birgit Schneider/Gabriele Werner: Bildwelten des Wissens, in: Bildwelten des Wissens 1,1 (2003), 9–20쪽.

40 Horst Bredekamp: Antikensehnsucht und Maschinenglauben. Die Geschichte der Kunstkammer und die Zukunft der Kunstgeschichte (1993). Berlin 2000; vgl. auch Horst Bredekamp/Jochen Brüning/Cornelia Weber (Hg.): Theater der Natur und Kunst – Theatrum naturae et artis. Wunderkammern des Wissens. Katalog, Essays und Dokumentation. Berlin 2001.

41 Schulz: Ordnungen der Dinge, 102쪽 참조; Stefan Weber: Die Welt als Medienpoiesis. Basistheorien fur den 《Medial Turn》, in: Medien Journal 23,1 (1999), 3–8쪽 참조; Reinhard Margreiter: Realität und Medialität. Zur Philosophie des 《Medial Tum》, 같은 책, 9–18쪽 참조; Knut Hickethier: Einführung in die Medienwissenschaft. Stuttgart, Weimar 2003, 12쪽 이하 참조.

42 Bredekamp: Einbildungen, 31쪽 이하 참조.

43 Jean Baudrillard: Agonie des Realen. Berlin 1978; vgl. auch Vilém Flusser: Ins Universum der technischen Bilder. Gottingen 1989.

44 Kittier: Optische Medien 참조.

45 같은 곳, 10쪽.

46 같은 곳, 12쪽.

47 이미지-매체학과 관련된 미디어 이론의 스펙트럼에 대해서는 다음을 참조. Das Forschungsprogramm des Karlsruher Graduiertenkollegs Bild – Korper – Medium. Eine anthropologische Perspektive (http://kunstwissenschaften.hfg-karlsruhe.de/docs/forsch programm.pdf), 9쪽 이하.

48 Lorenz Engell: Technologien des Imaginären, in: ders.: Ausfahrt nach Babylon. Essais und Vorträge zur Kritik der Medienkultur. Weimar 2000, 207–229쪽 참조.

49 Wolfgang Kemp: Theorie der Fotographie. München 1979 참조; Jens Jäger: Photographie. Bilder der Neuzeit. Einführung in die Historische Bildforschung. Tübingen 2000 참조.

50 "뉴미디어의 혁신에 의한 지각 양태들"(200쪽)의 근본적 전환에 대해서는 다음을 참조. Christoph Kock: Bilderfolgen. Wahmehmungswandel im Wirkungsfeld Neuer Medien, in: Gemdt/Haibl (Hg.): Bilderalltag, 199–209쪽 참조.

51 비교적 최근의 연구 영역에 대해서는 다음을 참조. Kelly Askew/Richard R. Wilk

(Hg.): The Anthropology of Media. A Reader. Oxford 2002; Heike Behrend/J ean-François Werner (Hg.): Visual Anthropology 14, 3 (2001): "Photography and Modernity in Africa."

52 기술적 미디어 개념에 대한 비판에 대해서는 다음을 참조. Hans Ulrich Reck: "Inszenierte Imagination" Zu Programmatik und Perspektiven einer "historischen Anthropologie der Medien", in: Wolfgang Müller-Funk/ders. (Hg.): Inszenierte Imagination. Beiträge zu einer historischen Anthropologie der Medien. Wien, New York 1996, 231-244쪽, 특히 231쪽 이하.

53 Schulz: Ordnungen der Bilder, 105쪽.

54 Belting: Bild-Anthropologie, S. 12; 카를스루에 대학 박사 과정 연구팀 "Bild - Körper - Medium. Eine anthropologische Perspektive"도 미디어 인간학적 이론의 단초들을 추적하고 있다. 사례 연구에 대해서는 다음을 참조. Hans Belting/Ulrich Schulze (Hg.): Beiträge zu Kunst und Medientheorie. Projekte und Forschungen an der Hochschule für Gestaltung Karlsruhe. Stuttgart 2000.

55 Belting: Bild-Anthropologie, 21쪽.

56 같은 곳, 54쪽.

57 Hans Belting: Image, Medium, Body. A New Approach to Iconology, in; Critical Inquiry 31 (Winter 2005), 302-319쪽, 여기서는 315쪽.

58 "Der Ort der Bilder II" in: Belting: Bild-Anthropologie, 57쪽 이하 참조.

59 같은 곳, 57쪽.

60 Belting: Der Ort der Bilder, in: Hans Belting/Lydia Haustein: Das Erbe der Bilder. Kunst und moderne Medien in den Kulturen der Welt. München 1998, 34-53쪽, 여기서는 34쪽.

61 Belting: Bild-Anthropologie, 45쪽.

62 같은 곳, 71쪽 참조.

63 같은 곳, 50쪽.

64 같은 곳, 9쪽.

65 마르틴 슐츠 Martin Schulz가 묘사한 것처럼 이미지 기호학의 교과서적인 문건이라 할 수 있는 다음을 참조할 것. Klaus Sachs-Hombach (Hg.): Das Bild als kommunikatives Medium. Elemente einer allgemeinen Bildwissenschaft. Köln 2003.

66 www.bildwissenschaft.org; 다음 사이트에서 이미지학에 대한 가상 강의를 참조할 것. http://www.computervisualistik.de/kolloquium/uebersicht_vorlesung.html, 즉, 여기에서 이미지학은 매체를 의식한 방향 설정과 함께 인터넷을 사용해서 등장하고 있다. 또한 2005년부터 인터넷에서 발간되고 있는 잡지 《Image-Online》도 참조할 것..

67 Klaus Sachs-Hombach: Konzeptionelle Rahmenüberlegungen zur interdisziplinären Bildwissenschaft, in: ders. (Hg.): Bildwissenschaft. Disziplinen, Themen, Methoden. Frankfurt/M. 2005, 11-20쪽, 여기서는 11쪽.

68 같은 곳, 11쪽.

69 같은 곳, 16쪽.

70 같은 곳, 14쪽.

71 Schwarze Legenden, Wucherungen, visuelle Schocks. Der Kunsthistoriker Horst Bredekamp im Gespräch mit Wolfgang Ullrich, in: Neue Rundschau 114, 3 (2003) (Themenheft 《Bildkompetenzen》), 9–25쪽, 여기서는 10쪽.

72 Klaus Sachs-Hombach: Bildwissenschaft als interdisziplinäres Unternehmen (22.1.2004) (http://hsozkult.geschichte.hu-berlin.de/forum/type=diskussionen&id=372), 4쪽.

73 Mieke Bal/Norman Bryson의 다음 문건을 참조. Semiotics and Art History, in: The Art Bulletin LXXIII, 2 (Juni 1991), 174–208쪽.

74 Hans Belting: Nieder mit den Bildern. Alle Macht den Zeichen. Aus der Vorgeschichte der Semiotik, in: Majetschak (Hg.): Bild-Zeichen, 31–47쪽, 여기서는 39쪽 참조.

75 이와 관련해 다음을 참조. Lambert Wiesing: Die Sichtbarkeit des Bildes. Geschichte und Perspektiven der formalen Ästhetik. Reinbek 1997; James Elkins: On Pictures and the Words That Fail Them. Cambridge 1998.

76 Sachs-Hombach: Bildwissenschaft als interdisziplinäres Unternehmen, 4쪽.

77 Dietmar Dath: Die schlimmsten Filme, die es nicht gibt. Wer hat Angst vor der Heraufkunft einer neuen "visuellen Kultur"? Die Schriftsteller und Künstler jedenfalls nicht, wie der Umgang mit dem gigantischen Bildervorrat der Gegenwart beweist, in: Frankfurter Allgemeine Zeitung Nr. 176 vom 31. Juli 2004, 37쪽.

78 Birgit Mersmann: Bildkulturwissenschaft als Kulturbildwissenschaft? Von der Notwendigkeit eines inter- und transkulturellen Iconic Tum, in: Zeitschrift fur Ästhetik und Allgemeine Kunstwissenschaft 49,1 (2004), 91–109쪽 참조; 상호 문화적 이미지학 또한 베를린 자유대학 민속학과의 중점 연구인 '시각적 인간학'의 연구 대상이다. 거기서 관건은 "다양한 문화들 내의 여러 재현 형식들을 탐구하고" 시각적 미디어들을 분석 및 기록 수단으로 투입하는 것이다. (http://www.web.fu-berlin.de/ethnologie/studium- visanthr.htm).

79 이와 같은 방향의 이론적 단초들은 다음에서 발견된다. Belting/Haustein (Hg.): Erbe der Bilder.

80 Mersmann: Bildkulturwissenschaft, 95쪽.

81 같은 곳, 93쪽.

82 같은 곳, 107쪽; 그리고 다음을 참조할 것. Band einer Konferenz im Berliner Haus der Kulturen der Welt zur Bildwanderung und -übersetzung: Petra Stegmann/Peter C. Seel (Hg.): Migrating Images. Producing... Reading... Transporting... Translating. Berlin 2004.

83 이와 관련한 비판적인 문건으로 다음을 참조할 것.. W. J. T. Mitchell: Showing Seeing.

A Critique of Visual Culture, in: Journal of Visual Culture 1 (2002), 165–181쪽, wiederabgedruckt in: ders.: What Do Pictures Want?, 336–356쪽.

84 Bredekamp: Einbildungen, 33쪽 참조.

85 Mitchell: Showing Seeing, 345쪽 참조.

86 Sabine Flach: "Korper–Szenarien". Zum Verhältnis von Körper und Bild in Videoinstallationen. München 2002, 15쪽 참조.

87 Kravagna: Vorwort, in: ders. (Hg.): Privileg Blick, 7–13쪽, 여기서는 8쪽 참조.

88 Mitchell: Pictorial Tum, 19쪽.

89 역사적, 이론적 개괄은 다음을 참조. Margaret Dikovitskaya: Visual Culture. The Study of the Visual after the Cultural Turn. Cambridge/Mass., London 2005 (여기서는 특히 서론의 시각 문화 연구에 대한 상세하고 통합적인 서지학적 글이 유용하다. 같은 책, 1–45쪽); 또한 다음을 참조. Nicholas Mirzoeff: An Introduction to Visual Culture. London 1999; ders. (Hg.): The Visual Culture Reader. 2. Aufl. London, New York 2002; Jessica Evans/Stuart Hall(Hg.): Visual Culture. The Reader. London, Thousand Oaks, New Delhi 1999.

90 Hans Belting: Zur Ikonologie des Blicks, in: Christoph Wulf/Jorg Zirfas (Hg.): Ikonologie des Perfomativen. München 2005, 50–58쪽, 여기서는 51쪽 참조.

91 Jonathan Crary: Aufmerksamkeit Wahrnehmung und moderne Kultur. Frankfurt/M. 2002, 14쪽.

92 같은 곳, 15쪽 참조.

93 Tom Holert: Bildfähigkeiten. Visuelle Kultur, Repräsentationskritik und Politik der Sichtbarkeit, in: ders. (Hg.): Imagineering. Visuelle Kultur und Politik der Sichtbarkeit. Köln 2000, 14–33쪽, 여기서는 9쪽; 회의적인 관점으로 독일어권의 시각 문화를 소개한 자료로는 다음을 참조. Tom Holert: Kulturwissenschaft/Visual Culture, in: Sachs–Hombach (Hg.): Bildwissenschaft, 226–235쪽.

94 Holert: Bildfähigkeiten, 21쪽; Norman Bryson: Das Sehen und die Malerei. Die Logik des Blicks (1983). München 2001 참조.

95 Kravagna: Vorwort, 7쪽 참조.

96 이와 관련하여 다음을 참조. Karlsruher Ausstellungskatalog von Thomas Y. Levin/Ursula Frohne/Peter Weibel (Hg.): Crtl Space. Rhetorics of Surveillance from Bentham to Big Brother. Cambridge/Mass., London 2002.

97 예를 들어 브리슨(Bryson)의 경우. Bryson: Sehen und die Malerei, 9쪽과 20쪽.

98 Holert: Bildfahigkeiten, 20쪽.

99 Barbara Maria Stafford: Good Looking. Essays on the Virtue of Images. Cambridge, London 1996, 5쪽 참조: 《totemization of language as a godlike agency in western culture》.

100 Bredekamp: Drehmomente, 16쪽.

101 Bredelkamp/Fischer/Schneider/Wemer: Bildwelten des Wissens, 18쪽.

102 Gottfried Boehm: Jenseits der Sprache? Anmerkungen zur Logik der Bilder, in: Maar/Burda (Hg.): Iconic Turn, 28–43쪽, 여기서는 39쪽 이하.

103 같은 곳, 43쪽 참조.

104 같은 곳, 43쪽.

105 Schulz: Ordnungen der Bilder, 8쪽 참조.

106 Gottfried Boehm: Das Paradigma 《Bild》. Die Tragweite der ikonischen Episteme, in: Hans Belting (Hg.): Bilderfragen. Die Bildwissenschaften im Aufbruch. München 2007, 77–82쪽 참조.

107 Schulz: Ordnungen der Bilder, 36쪽.

108 Boehm: Paradigma 《Bild》, 4쪽.

109 Karlheinz Lüdeking: Was unterscheidet den pictorial turn vom linguistic turn? In: Klaus Sachs-Hombach (Hg.): Bildwissenschaft zwischen Reflexion und Anwendung. Köln 2005, 122–131쪽, 여기서는 122쪽.

110 같은 곳, 128쪽.

111 Schulz: Ordnungen der Bilder, 92쪽.

112 Boehm: Paradigma 《Bild》, 7쪽.

113 같은 곳, 5쪽.

114 Horst Bredekamp: Theorie des Bildakts. Über das Lebensrecht des Bildes. Frankfurt/M. 2010.

115 Im Königsbett der Kunstgeschichte. Interview mit Horst Bredekamp, in: Die Zeit Nr. 15 vom 6. 4. 2005.

116 Boehm: Jenseits der Sprache?, 30쪽 이하 참조.

117 http://www.visual-management.biz, 2쪽.

118 이에 관해서는 Tom Holert: Das klaustrophobe Visuelle, in: Message 4 (2001) (http://www.message-online.de/arch4_01/41_holert.htm) 참조.

119 수사학 이론에서 시각적 전환이 갖는 넓은 지평에 대해서는 Charles A. Hill/Marguerite Helmers (Hg.): Defining Visual Rhetorics. Mahwah 2004 참조.

120 Stefan Schweizer/Hanna Vorholt: Der 《Guernica Cover-Up》 vom Februar 2003. Verhüllung und Enthüllung im zeitgenössischen Bildgebrauch, in: Historische Anthropologie 11,3 (2003), 435–446쪽; 미술사 관점을 부각시켜 이 논문을 재구성한 것에 대해서는 동일저자들의 Bildlichkeit und politische Legitimation im Vorfeld des Irakkriegs 2003, in: Bildwelten des Wissens. Kunsthistorisches Jahrbuch für Bildkritik 2,1 (2004), 29–77쪽 참조.

121 Schweizer/Vorholt: Bildlichkeit, 33쪽 참조; 헤게모니적 이미지 생산에 의한 증거 전략이 갖는 국제정치적 의미에 대해서는 Tom Holert: Smoking Gun. Über den 《forensic turn》 der Weltpolitik, in: Transkriptionen 5 (2005), 5–9쪽 참조.

122 Wilhelm Hofmann: Die politische Kultur des Auges. Der pictorial turn als Aspekt des cultural turn in der Politikwissenschaft, in: Birgit Schwelling

(Hg.): Politikwissenschaft als Kulturwissenschaft. Theorien, Methoden, Problemstellungen. Wiesbaden 2004, 309–334쪽, 여기서는 309쪽 참조.

123 같은 곳, 312쪽 참조.

124 Benjamin Drechsel: Politik im Bild. Wie politische Bilder entstehen und wie digitale Bildarchive arbeiten. Frankfurt/M., New York 2005 참조.

125 Benjamin Burkhardt (= Drechsel): Poli tikwissenschaftliche Bildforschung – eine Skizze, in: Matthias Bruhn/Karsten Borgmann (Hg.): 《Sichtbarkeit der Geschichte》. Beiträge zu einer Historiografie der Bilder. Berlin 2005 (Historisches Forum Bd. 5), 101–110쪽, 여기서는 105쪽 이하(http://edoc.hu-berlin.de/e_histfor/5/PDF/HistFor_5-2005.pdf)의 유용한 개관 참조.

126 Frank Lesske: Politikwissenschaft, in: Sachs-Hombach (Hg.): Bildwissenschaft, 236–246쪽 참조.

127 Klaus F. Röhl: Rechtswissenschaft, in: Sachs-Hombach (Hg.): Bildwissenschaft, 247–256쪽, 여기서는 247쪽. 룉은 보훔 대학교에서 "시각적 법 커뮤니케이션(Visuelle Rechtskommunikation)"이라는 프로젝트를 이끌고 있다(http://www.ruhr-uni-bochum.de /rsozlog).

128 시각적 은유 체계에 대해서는 Michael Stolleis: Das Auge des Gesetzes. Geschichte einer Metapher. München 2004 참조.

129 이에 관해서는 Gabriele Rippl: Beschreibungs-Kunst. Zur intermedialen Poetik angloamerikanischer Ikontexte (1880–2000). München 2005, 50쪽 이하 참조.

130 같은 곳, 21쪽 참조; Renate Brosch (Hg.): Ikono/Philo/Logie. Wechselspiele von Texten und Bildern. Berlin 2004 참조; 문예학적 이미지-텍스트 연구에 대해서는 Monika Schmitz-Emans: Die Literatur, die Bilder und das Unsichtbare. Spielformen literarischer Bildinterpretation vom 18. bis zum 20. Jahrhundert. Würzburg 1999; Gerhart von Graevenitz/Stefan Rieger/Felix Thürlemann (Hg.): Die Unvermeidlichkeit der Bilder. Tübingen 2001도 참조; 중세 "아이콘 텍스트"로서 중세의 이미지 필사본을 예로 하여 이미지와 텍스트가 상호작용하는 것에 대해서는 Horst Wenzel/Christina Lechtermann (Hg.): Beweglichkeit der Bilder. Text und Imagination in den illustrierten Handschriften des 〈Welschen Gastes〉 von Thomasin von Zerclaere. Köln, Weimar, Wien 2002 참조. 이미지성에[대한 문학적 논의에서 이미지를 기억 및 보존 매체로 보는 것에 대해서, 문학이 "이미지 문화"에 어떻게 기여하는지에 대해서, 그리고 텍스트 외적 심층구조와 관련한 텍스트의 자기성찰에 이미지가 어떤 매개체 역할을 하는지에 대해서는 Manfred Schmeling/Monika Schmitz-Emans (Hg.): Das visuelle Gedächtnis der Literatur. Würzburg 1999 참조.

131 Bredekamp: Drehmomente, 20쪽 이하 참조.

132 이에 관한 요약은 Kai Vogeley: Neurowissenschaft, in: Sachs-Hombach (Hg.): Bildwissenschaft, 97–108쪽 참조.

133 Bettina Heintz/Jörg Huber: Der verführerische Blick. Formen und Folgen wissenschaftlicher Visualisierungsstrategien, in: dies. (Hg.): Mit dem Auge denken. Strategien der Sichtbarmachung in wissenschaftlichen und virtuellen Welten.

Zürich, Wien, New York 2001, 9–40쪽, 여기서는 9쪽.

134 Martina Heßler: Einleitung: Annäherungen an Wissenschaftsbilder, in: dies. (Hg.): Konstruierte Sichtbarkeiten. Wissenschafts- und Technikbilder seit der Frühen Neuzeit. München 2006, 11–37쪽, 여기서는 13쪽 참조.

135 같은 곳, 12쪽 참조.

136 미술에서의 이미지와 과학에서의 이미지의 관계에 대해서는 Caroline A. Jones/ Peter Galison (Hg.): Picturing Science, Producing Art. New York, London 1998 참조.

137 미술사학자 볼프강 켐프는 이렇게 요약한다. "지식의 이미지 세계에서 기능하는 이미지들은 시대 및 매체 특유의 성과이며, 코드화되어 있으며, 따라서 '이미지를 부여하는 절차'가 만들어 내는 순수한 생산물도 아니고 자연적 과정이나 상태의 단순한 모사도 아니다"(Wolfgang Kemp: Reif für die Matrix. Kunstgeschichte als Bildwissenschaft, in: Neue Rundschau 114, 3 (2003), 39–49쪽, 여기서는 42쪽); Lorraine Daston/ Peter Galison: Das Bild der Objektivität, in: Peter Geimer (Hg.): Ordnungen der Sichtbarkeit. Fotografie in Wissenschaft, Kunst und Technologie. Frankfurt/M. 2002, 29–99쪽 참조; Olaf Breidbach: Bilder des Wissens. Zur Kulturgeschichte der wissenschaftlichen Wahrnehmung. München 2005 참조.

138 Wolfgang M. Heckl: Das Unsichtbare sichtbar machen. Nanowissenschaften als Schlüsseltechnologie des 21. Jahrhunderts, in: Maar/Burda (Hg.): Iconic Turn, 128–141쪽, 여기서는 136쪽.

139 같은 곳, 129쪽.

140 Carol A. Stabile: Täuschungsmanöver 《Fötus》, in: Kravagna (Hg.): Privileg Blick, 125–153쪽; Barbara Orland: Der Mensch entsteht im Bild. Postmoderne Visualisierungstechniken und Geburten, in: Bildwelten des Wissens 1, 1 (2003), 21–32쪽 참조; 이러한 시각화의 역사적 차원에 대해서는 Barbara Duden: Die Anatomie der Guten Hoffnung. Bilder vom ungeborenen Menschen 1500–1800. Frankfurt/M., New York 2003 참조.

141 Martin Kemp: Bilderwissen. Die Anschaulichkeit naturwissenschaftlicher Phänomene. Köln 2003, 15쪽 참조: "모든 시각적 산물은 우리가 '양식'이라고 부르는 특성을 지니고 있다."

142 Iris Därmann: Ethnologie, in: Klaus Sachs-Hombach (Hg.): Bildwissenschaft, 174–184쪽, 여기서는 178쪽 참조; 관련 예로는: James R. Ryan: Picturing Empire. Photography and the Visualization of the British Empire. London 1997; Elizabeth Edwards (Hg.): Anthropology and Photography 1860–1920. New Haven, London 1992.

143 Christoph Wulf/Jörg Zirfas: Bild, Wahrnehmung und Phantasie, in: dies. (Hg.): Ikonologie des Performativen. München 2005, 7–32쪽, 여기서는 7쪽.

144 같은 곳, 15쪽.

145 같은 곳, 18쪽.

146 Katja Gvozdeva: Rituale des Doppelsinns. Zur Ikonologie der Charivari-Kultur im Spätmittelalter und in der Frühen Neuzeit, in: Wulf/Zirfas (Hg.): Ikonologie des

Performativen, 133–150쪽 참조; 민속학/유럽 민족학 측 관점에 대해서는 Ruth-E. Mohrmann: Konfliktrituale im Bild der Frühen Neuzeit, in: Gemdt/Haibl (Hg.): Bilderalltag, 87–106쪽 참조.

147 이에 관해서는 Peter J. Bräunlein: Bildakte. Religionswissenschaft im Dialog mit einer neuen Bildwissenschaft, in: Brigitte Luchesi/Kocku von Stuckrad (Hg.): Religion im kulturellen Diskurs. Festschrift für Hans G. Kippenberg zum 65. Geburtstag. Berlin 2004, 195–233쪽 참조.

148 중세 경건성의 시각적 실천에 대해서는 Klaus Schreiner (Hg.): Frömmigkeit im Mittelalter. Politisch-soziale Kontexte, visuelle Praxis, kör perliche Ausdrucksformen. München 2002도 참조.

149 Katharina Sykora: Verlorene Form – Sprung im Bild. Gender Studies als Bildwissenschaft, in: Kritische Berichte. Zeitschrift für Kunst und Kulturwissenschaften 4 (2001), 13–19쪽, 여기서는 14쪽 이하.

150 같은 곳, 18쪽.

151 Marion Strunk (Hg.): Gender Game. Tübingen 2002 참조; Kravagna (Hg.): Privileg Blick의 논문들도 참조.

152 이러한 비판에 대해서는 Maike Christadler; Haben nur Männer Stil? Zum Geschlecht einer ästhetischen Kategorie, in: Kritische Berichte 31.3 (2003), 83–93쪽 참조.

153 Mieke Bal/Norman Bryson: Looking In. The Art of Viewing. London, New York 1999 참조.

154 Heinz Dieter Kittsteiner: 《Iconic turn》 und 《innere Bilder》 in der Kulturgeschichte, in: ders. (Hg.): Was sind Kulturwissenschaften? 13 Antworten. München 2004, 153–182쪽, 여기서는 165쪽.

155 같은 곳, 165쪽.

156 같은 곳, 178쪽.

157 Martina Heßler: Bilder zwischen Kunst und Wissenschaft. Neue Herausforderungen für die Forschung, in: Geschichte und Gesellschaft 3T, 2 (2005), 266–292쪽 참조.

158 Peter Burke: Augenzeugenschaft. Bilder als historische Quellen. Berlin 2001, 13쪽 참조; "미술작품"이 사료가 됨을 강력히 암시하는 것에 대해서는 Bernd Roeck: Visual turn? Kulturgeschichte und die Bilder, in: Geschichte und Gesellschaft 29, 2 (2003), 294–315쪽 및 같은 저자: Das historische Auge. Kunstwerke als Zeugen ihrer Zeit. Von der Renaissance zur Revolution. Göttingen 2004 참조; Joan M. Schwartz: Negotiating the Visual Tum. New Perspectives on Images and Archives, in: American Archivist 67, 1 (2004), 107–122쪽의 종합 서평 참조.

159 Jens Jäger: Photographie. Bilder der Neuzeit. Einführung in die Historische Bildforschung. Tübingen 2000; Matthias Bruhn/Karsten Borgmann (Hg.): 《Sichtbarkeit der Geschichte》. Beiträge zu einer Historiografie der Bilder, in: Historisches Forum 5 (2005) (http://edoc.hu-berlin.de/e_histfor/5/), 그 가운데서도

특히 Matthias Bruhn: Historiografie der Bilder. Eine Einführung, 5–14쪽 참조; 역사적 이미지 연구에 대해서는 Jens Jäger/Martin Knauer: Historische Bildforschung oder 〈Iconic Turn〉 – das ungeklärte Verhältnis der Geschichtswissenschaft zu Bildern (www.rrz.uni-hamburg.de/Bildforschung/JaegerKnauerBildforschung.pdf) 참조.

160 Heike Talkenberger: Historische Erkenntnis durch Bilder. Zur Methode und Praxis historischer Bildkunde, in: Hans-Jürgen Goetz (Hg.): Geschichte. Ein Grundkurs. Reinbek 1998, 83–98쪽.

161 Bernhard Jussen (Hg.): Liebig's Sammelbilder. Vollständige Ausgabe der Serien 1 bis 1138. Berlin 2003 (CD 형태).

162 Habbo Knoch: Renaissance der Bildanalyse in der Neuen Kulturgeschichte, in: Bruhn/Borgmann (Hg.): 《Sichtbarkeit der Geschichte》, 49–61쪽, 여기서는 53쪽 이하 참조. 크노흐는 여기서 "새로운 문화사의 '재현적 턴 representational turn'"을 언급한다(같은 곳, 52쪽).

163 이에 대해서는 Susanne Regener: Bilder/Geschichte. Theoretische Überlegungen zur Visuellen Kultur, in: Karin Hartewig/Alf Lüdtke (Hg.): Die DDR im Bild. Zum Gebrauch der Fotografie im anderen deutschen Staat. Göttingen 2004, 13–26쪽 참조.

164 "역사적 행위주체들의 실천에 있어서의 시지각"에 대해서는 Alf Lüdtke: Kein Entkommen? Bilder-Codes und eigen-sinniges Fotografieren: eine Nachlese, in: 같은 곳, 227–236쪽, 여기서는 229쪽 참조.

165 Gesine Krüger: Writing in Images. Aspects of Mission Photography in Southern Africa, in: Wolfram Gleichmar Hartmann (Hg.): Hues Between Black and White. Historical Photography form Colonial Namibia 1860s to 1915s. Windhoek 2004, 241–258쪽; Jens Jäger: 《Unter Javas Sonne》. Photographie und europäische Tropenerfahrung im 19. Jahrhundert, in: Historische Anthropologie 4, 1 (1996), 78–92쪽 참조.

166 Gerhard Paul: Bilder des Krieges – Krieg der Bilder. Die Visualisierung des modernen Krieges. Paderborn 2004 참조.

167 Barbie Zalizer (Hg.): Visual Culture and the Holocaust London 2001; vgl. Bettina Bannasch/Almut Hammer (Hg.): Verbot der Bilder – Gebot der Erinnerung. Mediale Repräsentationen der Shoah. Frankfurt/M., New York 2004 참조.

168 이에 관한 개관과 비판에 대해서는 David Gugerli: Soziotechnische Evidenzen. Der 〈pictorial turn〉 als Chance für die Geschichtswissenschaft, in: Traverse. Zeitschrift für Geschichte 6,3 (1999), 131–159쪽 참조.

169 특히 Gerald Hüther: Die Macht der inneren Bilder. Wie Visionen das Gehirn, den Menschen und die Welt verändern. 2. Aufl. Göttingen 2005 참조.

170 Wolf Singer: Das Bild in uns – vom Bild zur Wahrnehmung, in: Maar/Burda (Hg.): Iconic Turn, 56–76쪽, 여기서는 75쪽 참조.

171 같은 곳, 70쪽.

172 Schulz: Ordnungen der Bilder, 145쪽.

173 Maar/Burda (Hg.): Iconic Turn에서 뇌 연구자 세미르 제키 Semir Zeki와 바바라 마리아 스태포드 Barbara Maria Stafford가 기고한 논문 참조. Karl Clausberg: Neuronale Kunstgeschichte. Wien, New York 1999도 참조.

174 Mitchell: What Do Pictures Want?, 343쪽 참조: "시각 문화는 사회적인 것의 시각적 구성이지 시각의 사회적 구성인 것은 아니다(Visual culture is the visual construction of the social, not just the social construction of vision)."

175 Horst Wenzel: Zur Narrativik von Bildern und zur Bildhaftigkeit der Dichtung. Plädoyer für eine Text-Bildwissenschaft, in: Hans Belting (Hg.): Bilderfragen. Die Bildwissenschaften im Aufbruch. München 2007, 317-332쪽 참조.

176 Schulz: Ordnungen der Bilder, 92쪽 참조.

177 Iconic Criticism - Bildkritik. Macht und Bedeutung der Bilder (http://www.eikones.ch); 2005년 4월 21-23일 오스트리아 빈의 국제 문화학 연구센터(IFK)에서 "이미지학? 중간결산"이란 주제로 개최된 학술대회에서도 유사한 제안이 나온 바 있는데 이에 대해서는 Belting (Hg.): Bilderfragen 참조.

178 Horst Bredekamp: Das Bild als Leitbild. Gedanken zur Überwindung des Anikonismus, in: Ute Hoffmann/Bemward Joerges/Ingrid Severin (Hg.): Logicons. Bilder zwischen Theorie und Anschauung. Berlin 1997, 225쪽 이하 참조.

179 라인하르트 마이어-칼쿠스 Reinhart Meyer-Kalkus는 나와 나눈 어떤 대화에서 아이코닉 턴이 사실상 "시청각적 턴"이라고 기술함으로써 청각적 차원이 상보성을 갖는 것의 중요성을 동영상에서도 계속 추적하도록 나에게 자극을 주었다.

180 문화학에서 청각적인 것 그리고 특히 목소리를 이렇게 해석하고 복권하는 것에 대해서는 Reinhart Meyer-Kalkus: Stimme und Sprechkünste im 20. Jahrhundert. Berlin 2001, 461쪽 및 446쪽의 "목소리의 역사인류학"(447쪽) 옹호 부분 참조.

181 하지만 데리다는 이미지 문제에 대한 논의를 다루지 않았는데, 이에 관해서는 예컨대 Jacques Derrida: Das Theater der Grausamkeit und die Geschlossenheit der Repräsentation, in: ders.: Die Schrift und die Differenz. Frankfurt/M. 1972, 351-379쪽.

182 Veit Erlmann (Hg.): Hearing Cultures. Essays on Sound, Listening and Modernity. Oxford, New York 2004; Michael Bull/Les Back (Hg.): Auditory Culture Reader. Oxford, New York 2003 참조; 독일의 경향으로서 베를린 예술대학교의 새로운 "소리 연구" 석사 과정(http://www.udk-sound.de) 참조; Nicola Gess/Florian Schreiner/Manuela K. Schulz (Hg.): Hörstürze. Akustik und Gewalt im 20. Jahrhundert. Würzburg 2005 참조.

183 Meyer-Kalkus: Stimme und Sprechkünste, 461쪽.

184 같은 곳, 56쪽.

185 같은 곳, 56쪽: "시각예술인 회화와 조각의 경우에서도 이것들이 청각성 영역을 어떤 방식으로 환기시키는지 물음을 던져 보는 것도 유용하다."

186 Petra Maria Meyer (Hg.): Acoustic Turn. München 2007 참조.

187 Mitchell: What Do Pictures Want?, 349쪽.

188 James Clifford: Halbe Wahrheiten, in: Gabriele Rippl (Hg.): Unbeschreiblich weiblich. Texte zur feministischen Anthropologie. Frankfurt/M. 1993, 104–153쪽, 여기서는 117쪽.

참고문헌

Asmuth, Christoph: Bilder über Bilder, Bilder ohne Bilder. Eine neue Theorie der Bildlichkeit. Darmstadt 2011.

Belting, Hans: Bild-Anthropologie. Entwürfe für eine Bildwissenschaft. 4. Aufl. München 2011.

Belting, Hans (Hg.): Bilderfragen. Die Bildwissenschaften im Aufbruch. München 2007.

Belting, Hans: Florenz und Bagdad. Eine westöstliche Geschichte des Blicks. München 2008.

Boehm, Gottfried: Die Wiederkehr der Bilder, in: ders. (Hg.): Was ist ein Bild? München 1994, S. 11-38.

Böhme, Gernot: Theorie des Bildes. München 1999.

Bredekamp, Horst: A Neglected Tradition? Art History as 《Bildwissenschaft》, in: Critical Inquiry 29,3 (2003), S. 418-429.

Bredekamp, Horst: Thomas Hobbes: Der Leviathan. Das Urbild des modernen Staates und seine Gegenbilder 1651-2001. 2. veränderte Aufl. Berlin 2003.

Bredekamp, Horst: Bildwissenschaft, in: Metzler Lexikon Kunstwissenschaft. Ideen, Methoden, Begriffe. Hg. Ulrich Pfisterer. Stuttgart, Weimar 2004, S. 56-58.

Bredekamp, Horst/Wemer, Gabriele (Hg.): Bildwelten des Wissens. Kunsthistorisches Jahrbuch für Bildkritik (seit 2003).

Bruhn, Matthias/Borgmann, Karsten (Hg.): 《Sichtbarkeit der Geschichte》. Beiträge zu einer Historiografie der Bilder. Berlin 2005 (Historisches Forum Bd. 5), http://edoc.hu-berlin.de/e_histfor/5/PDF/HistFor_5-2005.pdf.

Bryson, Norman: Das Sehen und die Malerei. Die Logik des Blicks (1983). München 2001.

Crary, Jonathan: Aufmerksamkeit. Wahrnehmung und moderne Kultur. Frankfurt/M. 2002.

Dikovitskaya, Margaret: Visual Culture. The Study of the Visual after the Cultural Turn. Cambridge/Mass., London 2005.

Drechsel, Benjamin: Politik im Bild. Wie politische Bilder entstehen und wie digitale Bildarchive arbeiten. Frankfurt/M. 2005.

Frank, Gustav: Textparadigma kontra visueller Imperativ. 20 Jahre Visual Culture Studies als Herausforderung der Literaturwissenschaft. Ein Forschungsbericht, in: Internationales Archiv für Sozialgeschichte der deutschen Literatur 31,2 (2006), S. 26—89.

Gegenworte. Hefte für den Disput über Wissen 20 (2008): Visualisierung oder Vision? Bilder (in) der Wissenschaft.

Gerndt, Helge/Haibl, Michaela (Hg.): Der Bilderalltag. Perspektiven einer

volkskundlichen Bildwissenschaft. Münster, New York, München, Berlin 2005.
Haas, Stefan: Vom Schreiben in Bildern. Visualität, Narrativität und digitale Medien in den historischen Wissenschaften, in: zeitenblicke, 5,3 (2006), http://www.zeitenblicke.de/2006/3/Haas/index_html.
Haselstein, Ulla (Hg.): Iconographies of Power. The Politics and Poetics of Visual Representation. Heidelberg 2003.
Heintz, Bettina/Huber, Jörg (Hg.): Mit dem Auge denken. Strategien der Sichtbarmachung in wissenschaftlichen und virtuellen Welten. Zürich, Wien, New York 2001.
Heßler, Martina: Bilder zwischen Kunst und Wissenschaft. Neue Herausforderungen für die Forschung, in: Geschichte und Gesellschaft 31,2 (2005), S. 266-292.
Hill, Charles A./Helmers, Marguerite (Hg.): Defining Visual Rhetorics. Mahwah 2004.
Holert, Tom (Hg.): Imagineering. Visuelle Kultur und Politik der Sichtbarkeit. Köln 2000.
Hüther, Gerald: Die Macht der inneren Bilder. Wie Visionen das Gehirn, den Menschen und die Welt verändern. 2. Aufl. Göttingen 2005.
Jones, Caroline A./Galison, Peter (Hg.): Picturing Science, Producing Art. New York, London 1998.
Kaser, Karl: Andere Blicke. Religion und visuelle Kulturen auf dem Balkan und im Nahen Osten. Wien, Köln, Weimar 2013.
Kittier, Friedrich A.: Optische Medien. Berliner Vorlesung 1999. Berlin 2002.
Kittsteiner, Heinz Dieter: 〈Iconic turn〉 und 〈innere Bilder〉 in der Kulturgeschichte, in: ders. (Hg.): Was sind Kulturwissenschaften? 13 Antworten. München 2004, S. 153-182.
Kravagna, Christian (Hg.): Privileg Blick. Kritik der visuellen Kultur. Berlin 1997.
Levin, Thomas Y./Frohne, Ursula/Weibel, Peter (Hg.): Crtl Space. Rhetorics of Surveillance from Bentham to Big Brother. Cambridge/Mass., London 2002.
Maar, Christa/Burda, Hubert (Hg.): Iconic Turn. Die neue Macht der Bilder. Köln 2004.
Maar, Christa/Burda, Hubert (Hg.): Iconic Worlds. Neue Bilderwelten und Wissensräume, Köln 2006.
Majetschak, Stefan: 〈Iconic Turn〉. Kritische Revisionen und einige Thesen zum gegenwärtigen Stand der Bildtheorie, in: Philosophische Rundschau 49,1 (2002), S. 44-64.
Majetschak, Stefan (Hg.): Bild-Zeichen. Perspektiven einer Wissenschaft vom Bild. München 2005.
Mersmann, Birgit: Bildwissenschaft als Kulturbildwissenschaft? Von der Notwendigkeit eines inter- und transkulturellen Iconic Turn, in: Zeitschrift für

Ästhetik und Allgemeine Kunstwissenschaft 49,1 (2004). S. 91-109.
Mersmann, Birgit/Schulz, Martin (Hg.): Kulturen des Bildes. München 2006.
Mirzoeff, Nicholas (Hg.): The Visual Culture Reader. 2. Aufl. London, New York 2002.
Mitchell, William J. T.: Picture Theory. Essays on Verbal and Visual Representation. Chicago, London 1994.
Mitchell, William J. T: Der Pictorial Turn, in: Christian Kravagna (Hg.):
Privileg Blick. Kritik der visuellen Kultur. Berlin 1997, S. 15-40.
Mitchell, William J. T.: What Do Pictures Want? The Lives and Loves of Images. Chicago, London 2005.
Mitchell, William J. T.: Bildtheorie. Frankfurt/M. 2008 (darin: Pictorial Turn, S. 101-135).
Paul, Gerhard: Bilder des Krieges - Krieg der Bilder. Die Visualisierung des modernen Krieges. Paderborn 2004.
Rimmeie, Marius/Sachs-Hombach, Klaus/Stiegler, Bernd (Hg.): Bildwissenschaft und Visual Culture. Bielefeld 2014.
Rippl, Gabriele: Beschreibungs-Kunst. Zur intermedialen Poetik angloamerikanischer Ikontexte (1880-2000). München 2005.
Rustemeyer, Dirk (Hg.): Bildlichkeit. Aspekte einer Theorie der Darstellung. Würzburg 2003.
Sachs-Hombach, Klaus (Hg.): Wege zur Bildwissenschaft. Interviews. Köln 2004 (online zugänglich unter: http://www.bildwissenschaft.org/index.php?menultem=5).
Sachs-Hombach, Klaus (Hg.): Bildwissenschaft zwischen Reflexion und Anwendung. Köln 2005.
Sachs-Hombach, Klaus (Hg.): Bildwissenschaft. Disziplinen, Themen und Methoden. Frankfurt/M. 2005.
Schade, Sigrid/Wenk, Silke: Studien zur visuellen Kultur. Einführung in ein transdisziplinäres Forschungsfeld. Bielefeld 2011.
Schulz, Martin: Ordnungen der Bilder. Eine Einführung in die Bildwissenschaft. München 2005.
Stafford, Barbara Maria: Good Looking. Essays on the Virtue of Images. Cambridge/Mass., London 1996.
Trivium. Deutsch-französische Zeitschrift für Geistes- und Sozialwissenschaften 1 (2008): 《Iconic Turn》 et réflexion sociétale (《Iconic Tum》 und gesellschaftliche Reflexion), http://trivium.revues.org/index 223.html
Warburg, Aby: Der Bilderatlas MNEMOSYNE. Hg. Martin Warnke unter Mitarbeit von Claudia Brink. 2. Aufl. Berlin 2003.

아이코닉 턴에 관한 인터넷 문헌 및 웹사이트(최종접속: 2013년 11월):

http://www.iconic-turn.de (zugleich Weblog)

http://www.gib.uni-tuebingen.de/(Gesellschaft für interdisziplinäre Bildwissenschaft)

http://www.trivium.revues.org/index1412.html (Linksammlung zu bildwissenschaftlichen Websites, Blogs, Zeitschriften usw.)

전망

컬처럴 턴즈가 문화학에서
새로운 패러다임 전환을 유도하는가?

전망: 컬처럴 턴즈가 문화학에서 새로운 패러다임 전환을 유도하는가?

이 책에 소개된 일곱 가지 턴들은 현재 시의성 있는 문화학의 새로운 방향들이다. 이들은 이미 자리를 잡았거나 아니면 이미 고전이 되어버렸다. 또 부각되고 있거나, 생성 과정 중에 있기도 하다. 이들을 개괄적으로 살펴보고 나니 턴들의 위계 질서에 대한 질문, 그리고 이들의 새로운 관점이 얼마나 관철될 수 있는지, 또 지속될 수 있는지에 대한 질문이 제기된다. 아직 최종적인 답변은 할 수 없다. 어쨌든 턴들을 창안해서 학계에서 관철시키려는 새로운 시도들은 끊임없이 생겨나고 있다.

여기에는 우선 문화 기억 연구에 기초한 '기억적 턴 mnemonic turn'[1]이 있는데, 이것은 몇몇 지역에서는 패러다임의 위상으로까지 인정받고 있다. 마찬가지로 막강하게 패러다임 변화를 기대하게 하는 것이 바로 '미디어적 턴 medial turn'[2]이다. 기억과 매체성은 문화학의 핵심 범주로서 좀 더 분명하게 분석해 볼 가치가 있다. 이들은 이후에 추가되는 끝없이 다양한 문화적 턴들의 밀림 속에서 바로 길을 터주는 역할을 하고 있기 때문이다. 더 나아가서는 '윤리적 턴 ethical turn'[3]을 이야기하는데, 이것은 문학 분야에서 철학적 턴과 함께 도입된 신인본주의 Neohumanismus의 발상에서 나온 것이다. 그리고 신역사주의 New Historicism의 결과로 언급되는 '역사적 턴 historic turn'[4]이 있고, 이야기와 담론적이고 사회적인 자기상이 갖는 문화적 잠재력을 강조하는 '내러티브 턴 narrative/narrativist turn'[5]도 있다. 이러한 턴들을 관통하는 것이 바로 "상급"의 턴들이다. 예를 들면 과학철학이나 심리학에서 (서사 연구에 이르기까지) 말하는 '인지적 턴 cognitive turn'[6]이 이에 해당된다. 이 턴은 언어적 인식 조건만이 아니라 멘탈 차원의 인식 조건에도 초점을 맞춘다. 마찬가지로 철학에서의 '디지털 턴 digital turn'이나 '전산적 턴 computational turn'[7]의 부상도 관찰된다. 그리고 동시에 문학에서는 포스트모던에서 나와 "사회적 현실"로의 회귀를 의미하는 '사회적 턴 social turn'[8]이 감지되고 있다. 또한 학문사에서는 '실천적 턴 practice turn'[9]이라든가 트라우마에 이르기까지 경험 범주의 가치를 강조하는 '경험적 턴 experiential turn'[10]이 암시되고 있는 듯하다. 마찬가지로 '감정적 턴 emotional turn'[11]이 부상 중인데, 이것은 '전기적 턴 biographical turn'[12]을 거쳐야 강화되고 비로소 접근 가능하기도 하다. 좀 더 확장된 지평에서 거론되고 있는 것으로 '제국적 턴 imperial turn'[13]이 있는데, 이는 더 이상 민족사를 중심으로 하지 않고 제국 및 제국주의를 의식하는 역사 서술에서 나타난다. 국제정치 무대에서는 심지어 '포렌식 턴 forensic turn'[14]이 자리를 잡고 있다. 그것은 전쟁의 근거를 만들기 위한 작전에서 이라크에 대량살상 무기가 존재함을 입증하기 위해 자료를 골라낼 수 있는 것처럼 "국제정치를 범죄 과학 수사로 리포맷하는 것"[15]과 같다. 그러나 이제 국제정치적인 면에서 더 포괄적이고 더 유용한 것으로 드러나는 것이 바로 "생명정치적 턴 biopolitical turn"[16]이다. 이 턴은 인간의 몸과 생명을 정치와 기술을 통해 광범위하게 통제하고 있는 막강한 바이오 권력을 전면에 내세운다. 마지막으로 "포스트분과학문 시대 postdisziplinäres Zeitalter"의 파편화의 위험성을 학제 간의 대화와 토론을 통해 피할 수 있기 위해서는 아마도 '대화적 턴 dialogical turn'[17]이 필요할 것이다. 여기서 예시로만 언급되고 있는 턴들 중에서 물론 어떤 것이 장차 문화학 연구의 주도 노선으로, 혹은 부분 궤도나 일탈 궤도로 두각을 나타낼 것인지 학문 간의 대화만으로는 결정하지 못할 것이다.

대부분 아직 미완의 상태로 부상하고 있는 턴들은 학문의 장을 구성하는 각 분야에서 새로운 학문의 왕국을 도출시키려는 시도들인 경우가 많다. 따라서 이들은 다음과 같은 심사 기준을 통과해야 할 것이다. 즉, 각 턴들은 새로운 연구 대상에 초점을 맞추는 데에 그치지 않고 분석 범주의 차원으로 나아가며 바로 이를 통해 초분과적 역량을 펼치게 된다. 그렇다면 이를 통해 턴들은 과연 어느 정도까지 개념적 도약을 이루어 내고 있는가? 이러한 평가 잣대로 알곡에서 쭉정이를 걸러내게 될 것이다. 또한 이미 확립된 턴들 역시 이러한 비판적 시험을 피해갈 수 없다. 왜냐하면 턴들은 연속해서 발생하고 있고, 점점 더 발전하면서 다른 학문적 턴들과 교차하며 여러 융합적 턴들을 만들어 내기 때문이다. 또한 다양하게 초점을 옮기면서, 패러다임 전환이 아니라 새로운 개념들이 출현할 수 있도록 동력을 제공하기 때문이다. 그러나 개별 턴들을 총망라해볼 때, "결국" 알 수 있는 것은 그래도 상위 단계에서 일종의 패러다임 전환을, 즉 문화학 자체의 "전환"을 이야기할 수 있을지도 모른다는 것이다. 이 "패러다임 전환"은 "여러 차원들의 다원화 Pluralisierung der Dimensionen"[18]와 확장이 상호 간에 이루어지면서 칼 슐뢰겔 Karl Schlögel이 말한 "전체사 histoire totale"의 이념으로 가는 도상 위에 있다고 할 수 있다. 좀 더 실용적으로 조심스럽게 표현해보면 이러한 패러다임 전환은 문화학의 여러 턴들의 특정한 공통점이 집약된 곳에서 볼 수 있다. 이러한 공통점은 전체를 개괄해서 볼 때에야 비로소 뚜렷하게 드러난다. 이렇듯 모든 개별 턴들은 제각기 특별한 입장과 접근 방식에서 출발하지만, 결국에는 문화학 연구의 공통된 특징을 향해 가게 된다.

모든 턴들에서 확인할 수 있는 것은 빅터 터너가 유고 논문인 「과정, 시스템 그리고 상징」에서 밝히고 있듯이, "'현존하는' 어휘에서 '생성 중인' 어휘로"[19]의 변동만이 아니라, 더 이상 존재를 주장하지 않고 과정을 강조하는 시각이 열린다는 점이다. 마찬가지로 모든 턴들의 공통점은 턴들이 사회적 행위 및 현실의 관계들로, 그리고 언어적 턴 이후의 문화학을 움직이고 있는 '문화 간 경계 넘기'로 방향을 돌린다는 것이다. 모든 현실의 문제들이 언어나 담론으로 전달된다는 통찰로 인해 우리는 일반적으로 진정성이 있다고 주장하는 모든 것을 문제시하게 되었고, 경험, 역사, 성, 정체성, 문화란 만들어진 것이고 구성된 것이라는 점을 반복해서 듣게 되었다. 문화적 턴들의 이러한 공통점은 이분법이나 이항 체계를 의도적으로 거부하고 본질주의로부터 돌아섬으로써 확장되고 변형되고 있다. 중첩 및 번역 관계를 중시하면서 양극적 대립을 거부하는 입장은 모든 턴들과 개별 학문에서 나타나고 있다. 이 입장은 결코 우연히 발생한 것이 아니며, 세계 사회의 차원에서 이원적 세계가 다원적 세계로 해체되는 현상과 일치하고 있다.

1. 다양한 턴들과 문화 연구의 번역 가능성

문화학 이론 자체는 이러한 다원적 세계를 상대하고 있다. 요컨대, 에드워드 사이드가 말한 바 있듯이, 이 세계는 "세계를 향한 비평"[20]을 필요로 한다. 그렇기 때문에 이미 언어적 턴에서 물려받은 언어에 대한 집착은 턴들을 차례로 겪으면서 점차 느슨해지고 있다. 말하자면 세계와 관계를 맺는다는 것은 언어와 관계를 맺는 것 이상을 의미하는 것이다. 일련의 새로운 경향이 계속 등장함에 따라 메가 '턴'이자 지배적 서사인 언어적 턴이라는 보편적 흐름 역시 더 고도로 분화되고 있다. 클리포드 기어츠[21]의 비유를 사용하자면, 언어적 턴은 문화에 대한 성찰이라는 좀 더 포괄적인 직조물 안에 엮여 들어가게 되었다. 그러나 이러한 이론적 조직은 기어츠 식의 어떤 고정불변의 문화적 의미들의 체계가 아니라 지속적인 번역 과정에 의해서만 유지될 수 있다. 문화적 턴들은 이러한 (번역) 개념들과 구상들을 모색하고, 문화학은 그 개념과 구상들을 도구로 삼아 문화학 스스로 야기한 것이기도 한 억압된 것을 다시 소환할 수 있거나 현실 상황 자체를 대하는 것과 똑같이 사회과학 및 자연과학과 협상하기도 한다. 즉, 현실의 변화를 문화학의 언어로 번역할 수 있게 하려면 어떤 작동 개념들이 개발되어야 할까? 문화학의 언어 및 기술 체계는 접점들을 만들어내기 위해 어느 정도로 번역될 수 있으며 번역할 준비가 되어 있는가? 만일 그 접점들을 확보할 수만 있다면 문화학은 문화 간 상이한 지식 체계를 위해서도 그리고 개별 학문들의 학제적 체계를 위해서도 개방될 수 있을 것이다.

문화학에서 제일 중요한 번역의 성과는 사회적, 경제적 이슈들을 문화 개념에 다시 통합시킨 것이라 할 수 있다. 세계와의 관계는 문화에 대한 관계 그 이상을 의미한다. 문화학과 경제 영역 간에 균열이 커지는 이유는 문화주의자들이 언어, 텍스트, 상징체계를 문화주의적으로 과도하게 과장한 결과 "문화적 지각 및 해석 도식은 물질적-경제적 토대를 갖고 있는 동시에 그 결과라는 사실에 대해 눈을 감고 있기 때문이다."[22] 문화주의자들의 이러한 맹목적인 태도를 보면서, 텍스트란 과연 무엇이냐는 텍스트성의 범주를 놓고 팽팽하게 다투는 현장에서[23] 문화주의에 대한 상당한 회의가 일게 되었다. 그 결과 수많은 새로운 경향들이 생겨났다. 그리고 그것들은 이제 물질성과 행동성을 다시 회복함으로써 문화학의 지나친 문화주의에 저항하면서 또 다른 길을 모색하고 있다. 그러면 문화학은 루츠 무스너 Lutz Musner가 말하듯이 "경제 중심으로 확장된 문화 개념으로부터 도전을 받고 있는" 것일까?[24]

그러나 이렇듯 문화학의 필연적인 경제화가 어느 정도로 더욱 파격적인 "경제적 턴 economical turn"이 될지는 아직은 두고 볼 일이다. 그 외에는 단지 경험적 현실 세계의 어떤 동인들이 구체화되어 향후에 아직은 윤곽이 드러나지 않은 문화학의 새로운 이론들로 "번역"될 수 있을지 그저 추측만 할 수 있을 뿐이다. 결국 문화학이 앞으로 어떻게 발전해나갈지는 매우 불확실하다. 문화학 자체가 미래를 향해 열려 있기에 "현장의 향방에 대한 불확실성"[25]을 감내해야 하기 때문이다. 민속지학자 마커스와 피셔는 문화학의 미래가 이렇게 불안정한 것은 문화학의 전형적인 특징인 실험적 태도 때문이라고 강조한 바 있다. 하지만 이러한 설명에는 좀 더 깊은 의미가 있다. 즉, 문화학이 "어떤 새로운 유행이나 방법론, 혹은 이론적 전회"가 아닌 "심층적인 사회 변화"[26]에서 생겨난 것과 마찬가지로 그 미래 역시 결코 이론 실험실 안에서 결정되지 않는다는 말이다.

하지만 문화학은 단순히 사회가 만드는 자극에 반응만 하는 것이 아니다. 그 자극을 통해 여러 새로운 경향들이 만들어지고 이론으로 발전하고 있다. 왜냐하면 문화학은 스스로 "작동하는" 개념들을 가지고 작업하는 것이 특징이기 때문이다. 그 말은 문화학이 현실을 기술만 하는 것이 아니라 현실을 주조하는 개념들을 가지고 작업한다는 의미이다. 그러나 그렇다고 문화학이 의미를 창출하는 "방향 제시의 지식"을 제공할 수 있을지는 의문스럽다. "문화학은 여러 방향들에 대한 방향을 제시해주기는 하지만, 의미 창출이나 명확한 목표를 제시하지 못하는 것처럼 방향을 만들어내지 못한다."[27] 문예학자 알레이다 아스만 Aleida Assmann의 이와 같은 진술은 앞에서 소개한 문화학의 중요한 새로운 이론들을 통해 분명히 확인되었다. 일찍이 문화학이 시도한 "매핑" 실험이 전혀 다른 좌표들과 중심축들 속에서 발견되듯이[28], 문화학이 향후에 혹은 미래지향적으로 어떻게 발전할지에 대해서도 완전한 합의가 이루어지지는 않을 것이다. 알레이다 아스만은 어쩌면 윤리적 형태의 미래를 구상하고 있는지도 모른다. 그 미래의 모습은 미적 경험에 대한 책임, 언어에 대한 책임, 역사적 기억에 대한 책임, 문화적 특수성에 대한 책임과 같은, 그녀가 필수 불가결하다고 여기는 기준에 따라 만들어진 것일지 모른다.[29] 하지만 언어적 턴이 지나가고

난 이후에는 실효성 있고 번역 가능한 문화학 개념들이 적용될 수 있는 아주 다른 모습의 문화학을 생각해 볼 수 있을 것이다. 예를 들면, 담화의 기초인 (문화학에서 핵심적인) 정치 철학은 현시대 분석에서 중요한 두 개의 중심축을 가지고 있다. 그것은 위르겐 하버마스의 정치 철학 에세이집의 제목인 『자연주의와 종교 사이』(2008)에서처럼 자연주의와 종교이다. 이 책의 제목은 한편으로는 "자연주의적 세계관의 확산"과 다른 한편으로는 이에 거스르는 "종교 공동체와 전통들의 재활성화"[30] 사이에서 현재 나타나고 있는 긴장 관계들을 반영한다. 문화학적으로 표현하자면 그것은 "(신경)생물학적 턴 (neuro–)biological turn"과 "종교적 턴 religious turn" 사이의 긴장 관계를 의미한다.

애초에 근대화 기획으로 시작된 문화학은 앞으로도 문화적 근대화, 세속화, 합리화의 결과들에 대해 비판적 입장을 견지할 수 있어야 한다. 왜냐하면 근대화, 세속화, 합리화의 결과들이 현재의 유럽 사회를 형성하기도 하고 도전이 되기도 하기 때문이다. 이와 관련하여 하버마스는 신경생물학적 축 외에 정치–철학적 성찰이라는 두 번째 중심축을 구상했다. 그 내용의 핵심은 다름 아닌 "후기 세속적 postsäkular" 사회로 종교가 눈에 띄게 재진입하고 있는 현상이다. 문화학 이론가들은 이러한 미래 사회의 발전에 대해 면밀한 주의를 기울여야 할 것이다. 하버마스에 따르면 "후기 세속적 사회"에서 중요한 것은 "종교적 언어에서 나온 중요한 논의 결과들을 이해 가능한 공적 언어로 번역하는"[31] 일이다. 하지만 이러한 과정의 일부로서 종교적 신념과 신앙의 표현들은 세속적 국가와 세속적 헌법이라는 "제도에 의해서만 번역되어야 한다"[32]. 그렇게 될 때만이 비로소 종교적 신념과 신앙의 표현들이 일반적으로 받아들여지는 공공의 언어가 될 수 있기 때문이다. 이에 따라 '후기 세속적 사회'의 특징으로 두 가지를 들 수 있다. 하나는 신앙과 지식의 분리를 주장하는 것이고, 다른 하나는 철저히 세속화되고 단순화된 과학적 이성의 관점에서 종교 공동체의 가치들을 배제하는 대신 법적 권리들과 사회적으로 간과할 수 없는 종교 공동체의 가치 체계를 통합하는 것이다.[33] 하지만 이러한 통합을 위해 필요한 이성적인 "사회적 대화"를 수행하기 위해서는 제도적으로 "번역을 유보하는 Übersetzungsvorbehalt" 편협성은 "협력적 번역 작업"[34]으로 보완될 필요가 있겠다.

여기서 흥미롭게도 하버마스는 번역 개념을 다루기는 하지만, 번역 개념이 가진 범주로서의 역량을 성찰하면서 발전시키지는 않고 있으며, 번역 개념을 자신의 의사소통이론의 근본적 요소로 강화하지도 않는다. 번역적 턴이라는 발상이 이를 위해 또 다른 자극을 줄 수 있었을 텐데 말이다. 하지만 그렇기 때문에 그가 언급한 "번역 유보"라는 말이 갖는 개념적인 어설픔과 모호함이 두드러지게 된다. 왜냐하면 이 논의의 관건은 실제적인 번역의 문제가 아니라, 종교를 일반적으로 이해할 수 있는 논거의 형식으로 진술함으로써 사람들이 귀를 기울이게 할 수 있는 "번역가능성 Übersetzbarkeit"의 문제이기 때문이다. 문화학이라는 경험적 렌즈 역시 이 문제에서는 더욱 예리하다. 문화학의 렌즈는 한편으로는 '정치 철학 die Politische Philosophie'의 근본적인 논거를 토대로 구축될 수 있지만, 다른 한편으로는 이와 같은 사회적 번역 과정에 필요한 문화 특유의 지각 양식, 즉 행동양식과 재현 형식들을 보다 정확하게 들여다볼 수 있기 때문이다. 마지막으로 문화학은 하버마스가 그랬던 것처럼 문화를 단순히 사회적 의사소통이나 (성공적) 대화에만 의존하는 고정된 관점으로 이해하지 않는다. 그 이유는 특히 문화적 턴이라는 렌즈를 통해 문화학은 자신이 가진 경험적 문화 분석을 앞세움으로써 보다 효과적으로 분석 범주들을 개발할 수 있기 때문이다. 요컨대 문화학은 대화를 통한 번역을 주장하는 대신, 오히려 사회적 모순과 갈등 상황 그 자체로부터 '번역 가능성'이라는 불확실한 범주를 구상하고 개발하려고 시도한다.

이런 의미에서 문화학이 "종교적 턴"[35]에서도 어떤 접점들을 발견했는지 더 분명해지고 있다. 그 접점이란 바로 격렬한 종교적 도전들이다. 세속적 담론과 종교적 담론들 사이의 갈등에서 볼 수 있듯이 우리는 그 도전들을 다각도에서 매우 심각하게 받아들여야 한다. 문화적 진술과 종교적 진술 양식 간에 번역 가능한 접점들과 한계들은 어디에 있는가? 이러한 대립을 촉발한 계기는 아마도 문학 및 문화 비평에서 진행되어 왔던 "종교로의 이상한 회귀"일 것이다. 이는 "비평의 종교적 전회"[36]라고 결산한 에드워드 사이드가 볼 때는 이미 1970년대부터 신비평과 함께 시작된 "신앙 체계라는 안전한 대피소"로의 후퇴라고 할 수 있다. 이는 "'타자'에 대한 마니교적 신화화"[37]의 경향 속에서 계속되고 있다. 하지만 문화학의 관점에서 보자면, 종교적 턴이란 그것이 "세계를 향한 비판"(사이드)으로서 기능하는 문화학 분석의 세속적이고 비판적인 작업을 밀어내거나 다른 것으로 대체하지 않는 한에서만 흥미롭다. 말하자면 종교적 턴은 종교적 담론을 통해 간섭하거나 유사 종교적인 것을 너무 강조하지 않을 때, 그리고 이론들을 신격화하거나 종교적 의미를 과도하게 부여하거나 신화화나 제의화에 관여하지 않을 때 그 의미를 갖는다. 사이드는 종교적 턴의 그러한 간섭을 우려한다. 그 이유는 그가 오리엔탈리즘 담론의 유사 종교적 폐쇄성을 이미 경험했기 때문일 것이다. 하지만 다른 한편에서 "종교적 턴"의 비판 방법은 매우 유용하다. 왜냐하면 종교적 턴은 종교라는 요인을 문화학적 분석 안으로 통합하여 사회적 행동들에서 나타나는 특별한 종교적 논리를 규명하거나, 거기에서 "정치적인 종교"를 해석하기 위한 분석 범주를 확보할 수 있기 때문이다.[38]

우리가 이제 문화학 담론이 계속되는 가운데 가능한 중심축들("종교적 턴"이 그중 하나일 수 있다)에 대해 "전망"하는 것을 넘어 그와 같은 문화학이 앞으로 어떻게 바뀔 것인가라는 문제를 생각해 본다면, 또 다른 관점에서, 즉 "문화학적 기술 체계" 자체에서부터 생각을 시작해 볼 수 있을 것이다. 언어적 턴이 그동안 다양한 턴들에 의해 극복되고 수정된 이후, 특히 두 가지 중심 노선이 드러날 징조가 보이는데, 이들은 문화학 내부에서의 세부적 변화들만을 가능케 하는 것이 아니라 더 나아가 문화학 자체가 방향을 전환할 수 있는 계기가 되게 할 것이다. 즉, 그것은 신경생물학의 도전과 글로벌/트랜스문화적 도전을 말한다. 특히 이러한 도전들 때문에 문화적 성찰의 중심축이 이동될 가능성이 있는데, 결국은 문화학 자체가 근본적으로 바뀌지 않을 수 없을 것이다. 그 도전들에 의해 "문화학적 기술 체계" 전체가 영향을 받고 있음은 물론 문화학 자신의 특수한 어휘들이 가진 연결 능력뿐만 아니라 경계 영역에서 사고할 수 있는 능력과 (자기 자신을) 번역할 수 있는 능력이 드러나기 때문이다. 말하자면 이제 세계는 문화학적 기술 체계(혹은 문화학)를 신경생물학적 지평과 더불어 글로벌 및 트랜스문화적 기술 체계의 지평에서 새로이 규정하고 자리 매김할 것을 요구하고 있기 때문이다.

2. 신경생물학의 도전 — "(신경)생물학적 턴"의 발상과 한계

여러 턴들을 거치면서 서서히 드러나는 공통의 핵심 전제들은 다양성을 띠면서 문화학적 기술 체계의 윤곽을 만들어낸다. 그러나 여전히 남아 있는 의문은 이러한 기술 체계가 특히 현재의 신경생물학의 기술 체계와 어느 정도까지 활발한 논의를 벌이면서 자체적 패러다임의 비약으로 이어질 수 있는가 하는 점이다. 물론 이렇게 패러다임의 비약이 이루어지면 그 영향력이 막대하여 하나의 학술 집단 전체, 즉 정신과학 및 문화학의 분과 집단이 생물학을 비롯한 자연과학이라는 또 다른 학술 분과 연합에 의해 밀려나는 위기에 빠질 것이다. 이는 문화학의 기술 체계와 자연과학의 기술 체계의 경계를 없애거나 연결하는 고차원적 패러다임 교체를 의미하는 것으로서, 프랑크푸르트의 신경학자 볼프 징어 Wolf Singer에 따르면, 그것은 "댐의 붕괴 Dammbruch"[39]와 흡사한 것이다. 과연 징어가 프랑크푸르트 및 여타 증권가 언어를 빌어 표현하듯이, "하나의 기술 체계가 다른 하나의 기술 체계에 의해"[40], 즉 문화학적 세계(인식의) 범주 체계가 자연과학적 체계에 의해 "적대적으로 인수"되는 일이 벌어질 것인지 아직은 모르는 일이다. 물론 징어는 이를 부정한다. 어쨌든 (두 기술 체계 간의) 협상과 대결 과정은 불가피하며, 이러한 과정에서 문화학은 "적대적 인수"와는 상관없이 문화학의 위대한 "자산"인 언어와 자기성찰성을 최대한 활용해야 할 것이다. 우리는 이러한 협상 과정이 두 가지 기술 체계의 상호보완으로 귀결될 수 있기를 바라기도 하고 가정하기도 한다. 여기서 일종의 "합병 Fusionierung"(징어)이 실제로 제3의 "보다 포괄적인 기술 체계"의 발전으로 이어질 수 있을지 여부는 문화학과 자연과학 간의 상호적 번역 과정이 얼마만큼 성공적으로 이루어지느냐에 달려있을 것이다.

이를테면 "제3의 공간"에서 두 가지 기술 체계가 접근하기 위한 최소한의 전제는 비단 문화학적 턴들만이 (문제의) 이분법 원칙과 분명한 선을 긋는 것이 아니라 신경생물학 역시 더 이상 정신과 몸을 이원적으로 구분하지 않는다는 데 있다. 정신적인 것에 그에 내재하는 고유한 힘을 부여하지 않고, 반대로 그것이 몸에 종속되어 있음을 인정하는 것이다. 이와 비슷한 흥미로운 내용들이 "(신경)생물학적 턴"을 아이코닉 턴에 연결함으로써 나타나는데, 이는 뇌 연구의 비약적 발전에 결정적으로 기여한 것이 바로 자연과학과 의학에 도입된 새로운 이미지 생성 기술이라는 점에서 설명된다. 즉 뇌 연구의 결과로 나온 인식들은 뇌의 구조와 활동을 점차 보다 정밀하게 모사할 수 있기에 비로소 가능한 것이다.

그러나 대체 "(신경)생물학적 턴"은 어느 정도까지 이미 그 실체를 드러내고 있는가? 아직은 매우 희미하다고 해도 개별 문화학에서는 '생물학적 전회 biologische Wende'가 거론되고 있는데, 예를 들어 다윈의 진화론 관점을 이어받은 생물학적인 문화 및 문학 이론인 문제의 생물시학 Biopoetics[41], 그리고 역사학[42] 및 신경미학 Neuroästhetik[43]에서의 "신경적 턴 neuronal turn"[44] 및 신경문화적 발상들이 이에 해당된다. 그러나 뇌 연구를 통한 신경생물학적 턴은 보다 파급력이 클 것이다. 이 전회로 인해 말하자면 코페르니쿠스적 전환이, 즉 문화학 장의 개별적 턴보다 훨씬 더 강력한 파장을 일으킬 거대한 메가 턴이 발생할 것이기 때문이다. 어쨌든 생물학적 전환은 이미 그것이 신경의 그물망에서 지각과 감성, 의식 등이 작동하는 방식을 연구하는 것을 목표로 삼기에 문화학적으로 중요한 의미를 띤다. 이로써 생물학적 전회는 또한 여러 턴들이 연구 대상 및 주제 영역을 넘어서 지각의 관점으로 이행하고 나서 도달한 바로 그 영역을 다루게 된다. 물론 이러한 경합 상황을 뇌 연구는 생물학적 과정에 토대하는 "정신, 의식, 감정, 의지 행위, 그리고 행위의 자유 등을 이의 없이 자연적인 과정으로 간주하는"[45] 쪽으로 결론지으려는 듯 보인다. 그러나 그러한 방식의 진단만으로는 아직 코페르니쿠스적 전환을 말하기 어렵다. 코페르니쿠스적 전환을 거론하려면 먼저 정신과학적, 문화학적, 사회과학적 기술 체계가 실제 자연과학의 체계에 의해 대체되어야만 한다. 그러나 현재는 두 가지 기술 체계가 아직은 병존하고 있는 상태다.

물론 뇌 연구가 추구하는 것은 "우리가 지닌 인간상의 변화"이며, 이러한 인간상은 문화학의 관심을 끌지 않을 수 없다.[46] 여하튼 이를 위해 정신과학자들과 문화과학자들 간의 공동 작업이 이루어졌고, 11명의 신경학자들이 합의한 '선언'에서는 "정신과학자들과 신경과학자들이 심도 있는 대화를 나누면서 공동으로 새로운 인간상을 그려낼 것"[47]임을 강조하고 있다. 이러한 선언에서는 적어도 온건한 표현을 써서 정신과학의 기여를 인정하듯 "신경적 환원주의"를 고집하지는 않는다. 그러나 이미 하버마스가 뇌 연구의[48] 도전과 과도한 요구들을 비판하였듯이, 실제로는 (인간의 행위를 일정한 "동기들"을 통해 설명하는) '합리적' 행위 분석을 대체하려는 환원주의적 연구 전략이 지배적이다. 즉, 합리적 행위 분석 대신에 '인과적' 행위 분석이 중심이 되는 것이다. 이는 동기들에 근거한 인간의 어떠한 자유 행위도 인정하지 않고, 인간의 행위를 예컨대 주체의 판단 능력의 배후에서 결정적인 힘으로 작동하는 신경학적 원인에 따라서 설명하려는 것이다. 하버마스는 이와 같은 환원주의적이고 생물학적 인간상에 대해 자유로운 인간상을 대비시켰다.

자유는 어째서 포기할 수 없는가? 중요한 것은 불가역적인 자유 의식이며, 이것은 결정론의 관점에서 뇌 연구가 지향하는 전복과는 다르게 문화적 행위와 정신적 행위 논거에 귀속되어 있는 기술 체계와 범주(체계)에서 나온다.

그럼에도 불구하고 신경학과 필연적인 논쟁을 벌이다 보면 물론 문화학은 수세적 입장에 빠지기 쉽다. 문화학자들이 자포자기식으로 뇌 연구의 초기 구상들이나 뒤쫓으며, 뇌 연구의 미래상에 줄곧 (수동적으로) "반응하기만" 하는 경우가 그러하다. 이 경우 미래의 뇌 연구 안에서는 마치 정신과학과 문화학의 성과들이 흔적 없이 사라질 것 같다. 만일 문화학적 기술 체계의 특수하고 고유한 능력을 강화시키고, 나아가 이러한 능력은 생물학적으로 재해석될 수 없다는 점을 분명히 밝혀낸다면, 그것이 보다 생산적일 것이다. 턴들의 범주적, 방법론적 성취점들은, 그리고 독자적이면서도 분과에 기반을 둔, 보다 포괄적인 "생명과학 Lebenswissenschaft"[49]의 형성으로 나아가는 턴들의 시도들은 이를 위한 훌륭한 지표가 된다. 어쨌든 문화학들은 (전 세계적) 갈등을 분석하고 그것에 접근할 수 있는 범주들을 제공한다. 갈등의 극복은 신경생물학적 연구에 의해 결코 대체될 수 없는 범주들을 필요로 한다. 그렇게 하여 현실의 이질적인 세계 사회에서 간문화성, 트랜스문화성 및 문화적 차이들은 뚜렷한 연구 영역이자 필수 불가결한 분석적 범주가 되는 것이다. 담론성은 또 다른 불가피한 범주이다. 다시 하버마스의 말을 빌리자면, 그 담론적 사건 Diskursgeschehen은 생물주의적 전환에 의해 자연적 사건 Naturgeschehen으로 재해석되는 위험에 처한다. 즉 "이러한 관점에서 담론적 사건은 마치 주체의 배후에서 진행되는 듯이 보이는 자연의 사건으로 변화된다."[50]

담론에 속하는 것은 기호와 상징, 언어와 언어유희의 전체 영역이다. 바로 이러한 차원에서 그리고 이러한 범주에서 신경생물학적 턴은 난점에 부딪힌다. 신경생물학적 턴 그 자체가 언어의 범주를 경시하지 못하기 때문이다. 즉 그것은 그 자체의 기술 체계에서 여전히 언어의 범주에 귀속되어 있다. 하버마스는 이 점에서 지속적으로 "정신주의적 언어 mentalistische Sprache"를 주장한다. 이것이 없다면 우리는 주체의 의식과 동기 등의 미시적 차원을 밝혀낼 수 없다. 반면 뇌 연구는 오히려 오만하게 "기술 체계들의 병합 과정"[51] 쪽으로 방향을 잡고 있는데, 이것 말고는 다른 가능성이 없는 것 같다. 신경과학자들의 "선언"이 다음과 같은 점을 시인하면서 끝나기 때문이다. "신경생물학적 기술 체계조차 주체의 감정 및 책임감 등과 같은 "이러한 '내적 관점'의 자율성"[52]이 인정되는 곳에서 한계에 부딪힌다." 그럼에도 불구하고 신경생물학의 연구 프로그램은 소위 주도 학과라는 자부심에서 마치 미래를 담보한 양 공격적으로 제시되고 진행된다. 이는 물론 차후의 연구 자원을 획득하기 위한 것이다. 비록 새로운 인간상을 위한 자연과학과 정신과학의 협업에서 코페르니쿠스적 전환은 일어나지 않았지만, 정신과학 및 문화학에 대한 뇌 연구의 강력한 도전은 이미 시작되었다. 그 반대의 경우도 마찬가지이다.

언어적, 상징적 해석의 전제들은 단지 언어에, 그리고 문화학의 사회적 소통에만 해당되는 것이 아니다. 생물학적 연구들 역시, 비록 "뇌들 간에 이루어지는 대화"[53]만 다루겠지만, 이러한 해석적 전제들에 종속되어 있다. 그렇기 때문에 "(신경)생물학적 턴"은 문화학을 포기할 수 없다는 것을 가장 명확하게 보여준다. 즉 문화학은 생물학에 "먹힐" 수 없다. 정반대로 최근에는 신경생물학적 턴도 다시금 문화학으로 되돌아간다고 이야기한다. 자연과학과 신경과학은 이제 그 모습을 서서히 드러내는 인간의 뇌의 "자기 인식"을 목격하면서 문화학의 자기 인식과 자기 성찰의 특수한 능력 없이는, 즉 언어적, 상징적 전제 없이는 이에 대응할 수 없는 듯 보이기 때문이다. 언어와 상징이 없다면 어떠한 인간의 뇌도 스스로 사유할 수 없지 않은가. 문화학은 환원주의적, "경험주의적 언어"에 맞서, 앞서 하버마스가 강조한, 행위자의 자기 인식을 포착하는 데 필요한 복합적인 "정신주의적 언어"를 앞으로도 고수해야 한다. 그리고 이 두 가지의 언어 (작동) 방식 사이에는 번역 가능성의[54] 기회와 동시에, 이 두 언어의 간극을 메워주는 "교량 이론"[55]을 정립하려는 모든 시도에도 불구하고, 그것의 한계가 존재한다.

이러한 대립의 지평에서 결과적으로 문화학과 정신과학의 위상은 그 어느 때보다 높아진다. 문화학과 정신과학이 오랫동안 전도양양한 자연과학 연구의 위세에 뒤로 밀려나 자신의 고유한 범주를 신생학문의 인식을 위해 희생해야만 하는 위험에 처해 있었다면, 이제 문화학과 정신과학은 자연과학에 지대한 도전이 되고 있다. 즉 뇌 연구에 의한 인간에 대한 해석의 타당성은 그 한계를 드러내고 있다. 그것은 뇌 연구자들의 "선언"에 나타난 자기 평가뿐만 아니라, 그들 자신이 문화적 특징을 띤 의사소통 및 번역 형식에 종속되어 있다는 점을 고려할 때 그러하다. 문화학의 자기성찰성은 여기서 각기 독특한 관찰 시점을 가진, 상이하고도 (상호)보완적인 "언어 놀이 Sprachspiele"을 지각하고 세분화하며 분석하는 데 필수적인 것으로 입증된다. 그리고 이러한 상이한 언어 방식들을 통해 비로소 인간상에 대한 논쟁을 이끌어나갈 수 있다. 그것은 인간의 행위와 자유 의식에 불가결한 상징적인 자기 묘사와 의미 구축 및 위기 극복이라는 문화적 공간을 개척하고 생산한다.

연구 자원을 획득하기 위해 현재의 경쟁에서 재고할 것은, 문화학 연구가 생물학적 보편주의를 지향하는 신경학보다는 문화적 차이로 인해, 즉 문화가 지닌 갈등의 소지로 인해 발생하는 문제를 성찰하고, 나아가 그러한 문제의 해결 전략에 맞는 범주들을 제시하는 데 훨씬 더 기여할 수 있다는 점이다. 따라서 "(신경)생물학적 턴"이 문화학에 의미하는 바가 스스로를 생물화하는 것이나 자연과학적 연구에 진지하게 몰두하는 일은 아닐 것이다. 오히려 문화학은 그 자체의 고유한 (현실에 개입하고, 새로운 현실을 만들어내며, 그저 현실을 모사함에 그치지 않는) 개념적 특질을[56] 당당하게 그리고 번역의 자세로 자연과학과의 경계 및 교차 구역으로 유입시켜야 할 터이다. 그럼으로써 우리는 "경계를 가로지르는 인식의 지형학"[57]이라는 중재 공간을 이제까지보다 훨씬 더 강도 높게 다룰 수 있다.

결과적으로 문화학과 자연과학의 대화란 번역에 대한 (긍정적) 기대와 동시에 번역의 한계가 여러 가지로 긴장을 이루어내는 갈등으로 점철된 과정이 아니고 그 무엇이겠는가? 여하튼 여기서 하나의 공통된 언어를 처음으로 찾아낼 수 있을 것이다. 번역은 이 점에서 결국 하나의 결정적인 연결고리가 되어 문화학이 번역과 유사하게 근본적인 합의와 중개의 범주로서 자신의 새로운 윤곽을 만들어나가는 차후의 주도적 흐름에도 영향을 미칠 것이다.

3. 트랜스컬처: "글로벌 턴"의 시작인가?

턴들의 좌표는 어떤 방향으로 전개될까? 각 턴들의 주도적인 개념들은 아직도 너무나 (의미 중심의) 문화에 고정된 채로 교체되고 있으며, 문화학은 여전히 의미 형성, 의미이해, 해석의 필요성에 기반을 둔 의미 개념이라는 징후 하에 널리 이해되고 있다.[58] 즉, (해석학적인) 텍스트학이 여전히 긴 그림자를 드리우고 있는 것이다. 그러나 문화학은 일찌감치 그 그림자로부터 벗어난 상태로 전개되고 있다. 그리하여 텍스트성에 치우친 기존의 범주에 반대하는 움직임으로서 또 하나의 문화학 줄기가 우세하게 전개되었는데, 바로 실용적이고 수행적인 행위학으로서의 문화학이었다. 하지만 여러 턴들이 교체되면서 드러났듯이, 오늘날에는 번역, 관찰, 기억, 비교, 서술, 서사, 표현, 연출과 같은 문화적 실천 및 지각 형식에 관해 그리고 전 지구적 상황들이 이러한 지각 및 표현 형식에 어떤 작용을 하는지에 관한 문제들에 관심이 더욱 집중되고 있다. 이와 같은 문화기술들과 경험 구성의 범주들은 문화 영역뿐만 아니라 경제 영역에도 영향을 주고 있다.[59] 문화학의 경계를 밀어내거나 뛰어넘는 이러한 응용 분야들을 볼 때, 턴들이 갖는 생산적인 특별한 면모가 입증되고 있다. 따라서 "문화 개념의 위기"[60]는 극복될 수 있는데, 이는 끊임없이 새로운 문화 "독법"의 생산을 통해서 가능할 뿐만 아니라, 학문 분과를 넘어 문화들을 포괄할 수 있는 연계 가능성을 갖는 실용적인 범주들의 모색을 통해서도 가능하다. 하지만 더불어 초문화(트랜스컬처) transkulturell 및 초국가적 transnational 개념 체계로의 개편도 요구된다. 즉, 문화학의 범주 및 개념의 번역과 함께 매우 유럽중심적인 문화학의 기술 체계 자체를 초문화적으로 번역하는 것이 요구된다. 이는, 예를 들면, 인도계 미국 역사학자 디페시 차크라바르티 Dipesh Chakrabarty가 제안한 "범주교차적 번역 cross-categorical translations"[61]이나 "여행하는 개념들 traveling concepts" 혹은 여러 문화들 사이를 오가는 개념들과 서로 교차되는 이론들을 통해서 가능하다.[62]

"문화 연구 Cultural Studies는 글로벌화의 문제를 다룰 뿐만 아니라 그 자체로 '글로벌화'되고 있다 (...) 나에게 흥미로운 것은 문화 연구가 도처에서 이러한 재번역 Neuübersetzung의 과정을 거치고 있다는 점이다."[63] 이렇듯 스튜어트 홀 Stuart Hall은 1992년 문화 연구 자체의 글로벌화에 관한 어느 인터뷰에서 이미 문화학의 글로벌화를 문화학의 번역 및 "새(재)번역"의 과정으로 이해했다. 따라서 문화 연구는 국제화와 현대화의 과정 속으로 번역되어야 한다고 그는 말한다. 이때 "디아스포라 지성인"은 그러한 번역의 행위자가 된다. "그들은 한 언어를 다른 언어로, 한 세계를 다른 세계로 끊임없이 번역한다 (...)."[64] 예컨대 미국-유럽식 문화학이 아시아와 아프리카의 문화학으로 번역된다면, 이러한 변화는 여러 이론들을 통해 패러다임과 턴들의 변형이자 새로운 맥락을 향한 개방으로 파악된다. 이때 번역은 "원문"의 표상에서 마침내 풀려나게 되는 것이다. 즉, "번역이란 본래의 원문이라는 개념 없이 재표현과 재맥락화가 이루어지는 지속적인 과정이다. 그러므로 나는 문화 연구가 '실제로는' 종결된 서구적 프로젝트였는데 지금은 다른 곳에서 관심을 받고 있는 연구라고 말하고 싶지 않다. 내 말은 문화 연구가 어떤 새로운 문화 공간 안으로 들어설 때마다 그 개념들은 달라진다는 뜻이다 (...)."[65] 그러므로 '문화 연구'를 "번역한다"는 것은 (미국 혹은 유럽을 제외한) 패권을 갖지 못한 나라들을 향해 문화 연구를 활짝 개방함으로 주변부로 경제의 중점이 이동하는 것에 발맞춰 문화 연구가 아시아 문화 연구 혹은 아프리카 문화 연구가 될 수 있음을 의미한다. 다시 말해 문화 연구가 일반성과 보편성을 주장하려는 스스로의 경향에 대해 비판적인 문제 제기를 하면서 오히려 글로벌한 배척과 "특수성"을 지나 새롭게 지역화되고 구상된다는 의미다.[66]

배척과 불평등의 문제를 가지고 이렇게 특수성과 지역화의 방식으로 초문화적 맥락으로 전회하는 것은 비판적 비교주의로 전환하는 것과 연결되고 이를 통해 방법과 방법론에도 영향을 끼치게 된다. 그리하여 상대주의의 문제 즉, 차이와 공통점의 비교의 문제는 방법론의 문제만이 아니라 연구관의 정치 맥락에서도 생겨난다.[67] 비록 그 실행이 어렵긴 해도 문화학의 과제는 서구중심적이지 않은, 결코 탈지배적이지는 않지만 그래도 "글로벌 대화 global conversation"[68]에서부터 비로소 발전될 수 있는 연구 범주와 방법론을 만드는 것이다. 또한 학문의 정전화 과정과 특히 유럽 (학문)범주의 보편 가능성의 문제와 이를 "범주교차적 번역"의 측면에서 비판적으로 숙고할 필요성의 문제 역시 여기에 해당된다. 연구 범주가 유럽중심적으로 고착되었기에 이를 다른 문화적 맥락으로 번역하기가 어려운 것일까? 그렇다면 과연 "글로벌 대화"에서 어느 정도로 자문화의 연구 개념들이 사용되어야 하는 것일까? 그러므로 "글로벌 턴 global turn"은 특히 문화학의 범주 자체를 번역할 준비를 갖추도록 요구한다.[69]

그러니까 문화들을 뛰어넘는 이와 같은 턴에서도, 예컨대 글로벌 합병이나 국제 관계 형성 혹은 관계 단절의 주제에 이르는 지역학의 확장을 통해 양적으로만 연구 분야가 팽창되는 것이 결코 아니다. 오히려 로컬 혹은 지역적인 관계들도 새로운 조명을 받게 하는 새로운 초문화적 연구 태도라는 것이 중요하다. 이에 대한 뚜렷한 조짐과 동인은 여러 분야의 연구 동향에서 이미 나타나고 있다. 초국가적 역사학의 다양한 접근들, 초문화적 사회학 내지는 "글로컬 glokal(!) 문화 연구"[70]와 같은 세계 사회 Weltgesellschaft의 사회학, 세계 현대 문학에 대한 초국가적 비교문예학에서부터 "조각난 세계"의 "다양한 장소 안에 하나로 집약된 민속지학"[71] 즉, 다국적 세계 안에 "다중적으로 위치한 민속지학"[72]이 되려고 하는 초국가적 민속학 등이 그것이다.

지금까지 문화학적 성찰의 향후 방향성을 제시해줄 수 있는 주축들 내지는 "선봉에 선" 문제들을 우선 대강 훑어보았다. 끝으로 한 번 더 짚고 넘어가야 할 것은, 이들은 여러 문화적 턴들 자체가 그러하듯 여러 분과 학문에서 크게 벗어나지 못하고 있다는 점이다. 이들은 다름 아닌 내용과 방법상의 동인과 조명 방식을 비축하고 있는 것으로, 이 동인과 조명 방식은 분과 학문에 맞는 장비와 도구로 가공되어 구체적인 분과 연구에 도입될 때 비로소 현실화된다. 물론 이들은 분과 학문에 매여 있는 연구가 사회발전의 맥락 속에서와 마찬가지로 각각 포괄적인 이론 및 담론의 맥락 속에 자리 잡고 있는 것이 생산적이거나 심지어 반드시 필요한 것일 수 있음을 보여준다. 오늘날 "파편화된 세계"에서 이렇게 방향을 설정하는 시도들은 그 자체로 꼭 필요한 것이다.

문화학의 새로운 방향 설정의 출발점이 된 클리포드 기어츠의 해석적 턴만 해도 여전히 전적으로 통일된 문화적 의미 체계가 전제가 되었다. 그러나 이제 우리는 "조각난 세계"와 대면하고 있다. 기어츠의 판단에 의하면 동구권과 민족국가들이 해체된 이후 사회와 문화가 처한 현 상황은 매우 복합적으로 얽혀 있으며 많은 차이를 드러내고 있다. 이러한 상황에서 "장르 간의 경계 해체"로는 더 이상 충분해 보이지 않으며, 오히려 문화학의 범주와 개념 정책을 '깊이 파는 방식 Tiefenbohrung'이 적합하다. 울리히 벡 Ulrich Beck의 시각에서 볼 때, 이러한 '깊이 파는 방식'은 "방법론적인 민족주의"와 이것이 견지했던 "민족적 시선"과 결별을 고한 이후 "방법론적인 세계시민주의 methodologischer Kosmopolitismus"로 나아가게 할 수 있을 것이다. 이는 결국 "문화학의 패러다임 전환"이라고 할 수 있다.[73] 기어츠 역시 비슷한 논지로 이렇게 질문한다. 문화학 이론은 작금의 문화적 상황이 드러내는 "완고한 특수성"과 소통할 수 있는 언어를 어떻게 개발할 수 있을까? "문화학 이론은 먼저 우리가 살고 있는 시대의 특징인 완고한 특수성을 파악해야 하는데, 이때 대체로 방해가 되는 것은 분해하기보다는 요약하는 언어이다. 서술하고 평가하는 장르들은 다양하게 혼합되어 있으며, 불규칙적이며 변할 수 있고 불연속적인 우리가 사는 세계에는 그다지 쓸모가 없다."[74] 이 말은 여전히 일반성과 의미맥락을 지향하는 문화학의 어휘로는 더 나아갈 수 없다는 말이다. 그것 말고 다른 분석 범주가 필요하다. 물론 문화적 "특수성"에 대한 분석 범주뿐만 아니라 문화적 갈등에 대한 범주도 있어야 한다. 바로 턴들의 분화야말로 문화학의 분석어휘가 네트워크 개념과 관계의 표현[75]으로, 특히 문화를 포괄하는 논의에서 두드러지는 새로운 번역 개념으로 다층적인 초문화적 "전회"를 위한 전제라고 할 수 있다.

그동안 턴들에 의한 문화학의 새로운 방향 설정은 방법론과 분석 범주들에 있어서 매우 정교해지고 다양해져서 문화학은 여러 문화와 이론의 풍경들을 조망하면서도 길을 잃지 않았다. 광활한 초문화적 지평에서도 마찬가지였다. 길을 잃기는커녕 오히려 지역의 "특수성"을 수용하고 게다가 "구체적인 사례들의 저지대로 들어갈"[76] 준비도 갖추었다. 언어적 턴 이후의 여러 문화적 턴들에서 문화학의 토대에 대한 성찰과 연구가 겨냥하는 것은 텍스트성이나 실천 연관성으로만 국한되어서는 안 될 것이다. 문화학의 연구 분야들은 무엇보다도 문화 간 그리고 범주 간의 불확실한 사이 공간 및 번역 공간들을 만들어낸다. 이는 "파편화된 세계"를 직면하면서 기어츠가 던진 다음과 같은 핵심 질문에서 나타나는 공간들이다. "같은 민족이 아닌 나라란 어떤 나라인가? 그리고 합의가 없는 문화란 어떤 문화인가?"[77]

(번역: 장은수, 조규희, 김형래, 서유정)

미주

1 Aleida Assmann: Gedächtnis als Leitbegriff der Kulturwissenschaften, in: Lutz Musner/Gotthart Wunberg (Hg.): Kulturwissenschaften. Forschung — Praxis — Positionen. Wien 2002, 27–45쪽, "새로운 패러다임"으로서의 기억에 대해서는 여기서는 27쪽 참조. Jan Assmann: Das kulturelle Gedächtnis. Schrift, Erinnerung und politische Identität in frühen Hochkulturen. München 1997, 11쪽: "기억의 개념을 중심으로 문화학의 새로운 패러다임이 구축되고 있기 때문에 (...)" 참조.

2 Stefan Weber: Die Welt als Medienpoiesis. Basistheorien für den 〈Medial Turn〉, in: Medien Journal. Zeitschrift für Kommunikationskultur 23, 1 (1999), 3–8쪽. Stefan Weber (Hg.): Theorien der Medien. Von der Kulturkritik bis zum Konstruktivismus. Konstanz 2003. Reinhard Margreiter: Realität und Medialität. Zur Philosophie des 〈Medial Turn〉, in: Medien Journal. Zeitschrift für Kommunikationskultur 23, 1 (1999), 9–18쪽 참조.

3 Vernon W. Gras: The Recent Ethical Turn in Literary Studies, in: Mitteilungen des Verbandes Deutscher Anglisten 4 (1993), 30쪽 이하. David Parker: Introduction: The Turn to Ethics in the 1990s, in: Jane Adamson/Richard Freadman/David Parker (Hg.): Renegotiating Ethics in Literature, Philosophy, and Theory. Cambridge 1998, 15쪽 이하. Doris Feldmann: Beyond Difference? Recent Developments in Postcolonial and Gender Studies, in: Ansgar Niinning/Jiirgen Schlaeger (Hg.): Anglistik heute. Trier 2006, 7–27쪽, 특히 13쪽 이하 참조. 표절이 날로 증가하는 것 외에도 학계에서 볼 수 있는 윤리적으로 문제시될 수 있는 태도를 주시할 때 학문 연구 자세 자체의 "윤리적 턴"은 시의적절한 주제인 것 같다.

4 Terrence J. McDonald (Hg.): The Historic Turn in the Human Sciences. Ann Arbor 1996.

5 Martin Kreiswirth: Tell Me a Story. The Narrativist Turn in the Human Sciences, in: ders./Thomas Carmichael (Hg.): Constructive Criticism. The Human Sciences in the Age of Theory. Toronto 1995, 61–87쪽. Norbert Meuter: Geschichten erzählen, Geschichten analysieren. Das narrativistische Paradigma in den Kulturwissenschaften, in: Friedrich Jaeger/Jürgen Straub (Hg.): Handbuch der Kulturwissenschaften. Bd. 2. Stuttgart, Weimar 2004, 140–155쪽 참조.

6 Steve W. Fuller/Marc De Mey/Terry Shinn/Steve Woolgar (Hg.): The Cognitive Turn. Sociological and Psychological Perspectives on Science. Dordrecht 1989 참조. Bruno Zerweck: Der cognitive turn in der Erzähltheorie. Kognitive und "Natürliche" Narratologie, in: Ansgar Nünning/Vera Nünning (Hg): Neue Ansätze in der Erzähltheorie. Trier 2002, 219–242쪽.

7 Jon Dorbolo: Distributing the Computational Turn, in: APA Newsletters: Newsletter on Philosophy and Computers 00,I (2000) 참조.

8 Wieland Freund: Literaturforum: Der social turn, in: Die Neue Gesellschaft. Frankfurter Hefte 5 (Mai 2002), 301–302쪽 참조.

9 Theodore R. Schatzki/Karin Knorr-Cetina/Eike von Savigny (Hg.): The Practice Turn in Contemporary Theory. London 2000. Iver B. Neumann은 사실상 국제 관계 영역에서 언어적 턴을 실천의 범주로 다시 되돌리려고 적극 시도한다. Iver B. Neumann: Returning Practice to the Linguistic Turn. The Case of Diplomacy, in: Millenium. Journal of International Studies 31. 3 (2002), 627-651쪽 참조. Kevin Schilbrack: Introduction. On the Use of Philosophy in the Study of Rituals, in: ders. (Hg.): Thinking Through Rituals. Philosophical Perspectives. New York, London 2004, 1-30쪽, 여기에서는 1쪽: "그러나 지난 세기의 많은 철학자들이 행위 혹은 실천을 주요한 분석 용어로 만든 것 역시 사실이다. 그러므로 지난 세기는 세계는 행위를 통해 드러난다고 재평가하는, 즉 실천적 턴을 만들어 낸 세기라고 볼 수 있다 (...)".

10 Dominick LaCapra: History in Transit. Experience, Identity, Critical Theory. Ithaca, London 2004, 3쪽 이하 참조.

11 Rainer Schützeichel (Hg.): Emotionen und Sozialtheorie. Disziplinare Ansätze. Frankfurt/M., New York 2006 참조. Thomas Anz: Emotional Turn? Beobachtungen zur Gefuhlsforschung, in: literaturkritik.de 12 (Dez. 2006) 참조.

http://www.literaturkritik.de/public/rezension.php?rez_id=i0267.

12 Prue Chamberlayne/Joanna Bornat/Tom Wengraf (Hg.): The Turn to Biographical Methods in Social Science. Comparative Issues and Examples. London 2000 참조.

13 Antoinette Burton (Hg.): After the Imperial Turn Thinking with and through the Nation. Durham 2003 참조.

14 Tom Holert: Über den 《forensic turn》 in der Weltpolitik, in: Transkriptionen 5(2005), 5-9쪽 참조.

15 같은 책, 6쪽.

16 Marianne Pieper/Thomas Atzert/Serhat Karakayali/Vassilis Tsianos (Hg.): Empire und die biopolitische Wende. Die internationale Diskussion im Anschluss an Hardt und Negri. Frankfurt/M., New York 2006. Giorgio Agamben: Homo sacer. Die souveräne Macht und das nackte Leben. Frankfurt/M. 2002.

17 Charles Camic/Hans Joas (Hg.): The Dialogical Turn. New Roles for Sociology in the Postdisciplinary Age. Lanham u. a. 2004, 15쪽 참조.

18 Karl Schlögel: Kartenlesen, Augenarbeit. Über die Fälligkeit des spatial turn in den Geschichts- und Kulturwissenschaften, in: Heinz Dieter Kittsteiner (Hg.): Was sind Kulturwissenschaften? 13 Antworten. München 2004, 261-283쪽, 여기서는 265쪽 참조.

19 Victor Turner: Process, System, and Symbol. A New Anthropological Synthesis, in: ders.: On the Edge of the Bush. Anthropology as Experience (Hg. Edith L B. Turner). Tucson 1985, 151-173쪽, 여기서는 152쪽: "나의 개인적 견해는 인류학이 구조나 평형상태, 기능, 체계와 같은 개념들을 더 이상 강조하지 않고 과정, 불확정성, 성찰을 강조하고 있다는 것이다. 즉, 하나의 '존재'에서 '생성중인' 하나의 어휘로 옮겨가고 있다 (...)"

20 Edward W. Said: Einleitung: Weltzugewandte Kritik, in: ders.: Die Welt, der Text und der Kritiker. Frankfurt/M. 1983, 7–46쪽.

21 Clifford Geertz: Dichte Beschreibung. Bemerkungen zu einer deutschen Theorie von Kultur, in: ders.: Dichte Beschreibung. Beiträge zum Verstehen kultureller Systeme. Frankfurt/M. 1983, 7–43쪽. 여기서는 9쪽의 다음 내용을 참조할 것. "나는 막스 베버와 같이 인간은 저절로 직조된 의미의 직물에 연루된 존재라고 생각한다. 나는 문화를 이러한 직물로 간주한다."

22 가교역할을 한 아래의 논문 모음집은 "경제의 탈역사화는 최근 문화사의 탈경제화에 상응한다"(11쪽)라는 보완적인 연구 결과에서 출발하고 있다. Hartmut Berghoff/Jakob Vogel(Hg.): Wirtschaftsgeschichte als Kulturgeschichte. Dimensionen eines Perspektivenwechsels. Frankfurt/M., New York 2004, 11쪽 참조. 문예학의 입장에서는 "문학과 경제(내지는 특정 학문 분야들 전체) 관계의 가능성"(14쪽)을 다룬 다음 연구를 참조할 것. Joseph Vogl: Kalkül und Leidenschaft. Poetik des ökonomischen Menschen. München 2002.

23 Doris Bachmann–Medick: Textualität in den Kultur–und Literaturwissenschaften. Grenzen und Herausforderungen, in: dies. (Hg.): Kultur als Text. Die anthropologische Wende in der Literaturwissenschaft. 2. Aufl. Tübingen, Basel 2004, 298–338쪽 참조.

24 Lutz Musner: Kultur als Textur des Sozialen. Essays zum Stand der Kulturwissenschaften. Wien 2004, 76 쪽.

25 George E. Marcus/Michael M. J. Fischer: Anthropology as Cultural Critique. An Experimental Moment in the Human Sciences. Chicago, London 1986, x쪽.

26 Aleida Assmann: Die Unverzichtbarkeit der Kulturwissenschaften - mit einem nachfolgenden Briefwechsel (Hildesheimer Universitätsreden NF 2). Hildesheim 2004, 4쪽.

27 같은 책, 26쪽 이하.

28 이 책의 서문 7쪽 이하 참조.

29 Assmann: Unverzichtbarkeit der Kulturwissenschaften, 21쪽 이하 참조.

30 Jürgen Habermas: Einleitung, in: ders.: Zwischen Naturalismus und Religion. Philosophische Aufsätze. Frankfurt/M. 2005, 7–14쪽. 여기서는 7쪽 참조.

31 Jürgen Habermas: Vorpolitische Grundlagen des demokratischen Rechtsstaates? In: ders.: Zwischen Naturalismus und Religion, 106–118쪽. 여기서는 118쪽.

32 Jürgen Habermas: Religion in der Öffentlichkeit. Kognitive Voraussetzungen für den "öffentlichen Vernunftgebrauch" religiöser und säkularer Bürger, in: ders.: Zwischen Naturalismus und Religion, 119–154쪽, 여기서는 136쪽 이하.

33 같은 책, 119, 154쪽. 여기서는 특히 146쪽 이하 참조.

34 같은 책, 138쪽.

35 John Panteleimon Manoussakis (Hg.): After God. Richard Kearney and the Religious Turn in Continental Philosophy. New York 2005. 종교의 의미에 대한 다

수의 신간들 중 다음을 참고할 것. Richard Rorty/Gianni Vattimo: Die Zukunft der Religion, Hg. mit einer Einleitung von Santiago Zabala. Frankfurt/M. 2006.

36 In: Said: Die Welt, der Text und der Kritiker, 293–296쪽, 여기서는 295쪽. das Special Issue "Literary History and the Religious Turn" der Zeitschrift English Language Notes 44, I (March 2006) 참조.

37 Said: Die religiöse Wende der Kritik, in: ders.: Die Welt, der Text und der Kritiker, 294쪽.

38 종교 자체를 폭력 행위를 통해 어느 정도 실행에 옮기는 근본주의의 수행적 폭력에서부터 국가사회주의의 맥락에서의 "폭력의 종교"(274쪽) 및 "정치적 종교"에 대한 새로운 해석을 위한 분석 범주에 이르기까지 종교적 폭력을 분석하는 예에서 종교라는 요인을 연관시킨 연구들은 다음과 같다. Bernd Weisbrod: Religious Languages of Violence. Some Reflections on the Reading of Extremes, in: Alf Lüdke/Bernd Weisbrod (Hg.): No Man's Land of Violence. Extreme Wars in the 20th Century. Göttingen 2006, 251–276쪽.

39 Wolf Singer: Im Grunde nichts Neues, in: ders.: Der Beobachter im Gehirn. Essays zur Hirnforschung. Frankfurt/M. 2002, 171–180쪽, 여기서는 178쪽.

40 같은 책, 180쪽.

41 Karl Eibl: Animal Poeta. Bausteine der biologischen Kultur– und Literaturtheorie. Paderborn 2004. 참조. Brett Cooke/Frederick Turner (Hg.): Biopoetics. Evolutionary Explorations in the Arts. Lexington 1999 참조.

42 Johannes Fried: Der Schleier der Erinnerung. Grundzüge einer historischen Memorik. München 2004. 참조.

43 Karl Clausberg: Neuronale Kunstgeschichte. Selbstdarstellung als Gestaltungsprinzip. Wien, New York 1999.

44 "신경적 턴"에 대해서는 다음의 글에 제시된 논의의 발상을 참조할 것, in: Christian Geyer (Hg.): Hirnforschung und Willensfreiheit. Zur Deutung der neuesten Experimente. Frankfurt/M. 2004. 이 책에서 특히 Johannes Fried: Geschichte und Gehirn. Irritationen der Ge– schichtswissenschaft durch Gedächtniskritik, 111–133쪽 참조. Christian Geyer: Frieds Brainstorming. Jetzt ist auch die Geschichte aufs Gehirn gekommen, 134–139쪽, 여기서는 134쪽 "신경적 턴 앞에 놓인 역사 Die Historie steht vor ihrem neuronal turn" 참조. Markus Völkel: Wohin führt der 《neuronal turn》 die Geschichtswissenschaft?, 140–142쪽.

45 Das Manifest. Elf führende Neurowissenschaftler über Gegenwart und Zukunft der Hirnforschung, in: Gehirn & Geist 6 (2004), 30–37쪽, 여기서는 36쪽 (www.gehirn–und– geist.de/manifest).

46 같은 책, 37쪽.

47 같은 책, 37쪽.

48 Jürgen Habermas: Freiheit und Determinismus, in: ders: Zwischen Naturalismus und Religion, 155–186쪽, 여기서는 155쪽 이하.

49 Ottmar Ette: ÜberLebenswissen. Die Aufgabe der Philologie. Berlin 2004 참조.

50 Habermas: Freiheit und Determinismus, 162쪽.

51 Singer: Im Grunde nichts Neues, 179쪽.

52 Manifest, 37쪽 참조.

53 Wolf Singer: Vom Gehirn zum Bewußtsein, in: Norbert Elsner/Gerd Lüer (Hg.): Das Gehirn und sein Geist. Göttingen 2000, 189–204쪽, 여기서는 201쪽 참조.

54 이런 맥락에서 하버마스 역시 아직은 번역범주라 할 수 없지만, 번역 개념을 통해 논거를 펼치고 있다. Habermas: Freiheit und Determinismus, 172쪽.

55 개념의 명확성과 경험의 검증 가능성이라는 자연과학적 범주의 잣대에 따른 '교량이론'의 제안에 대해서는 (예를 들어 의미와 이해의 발생에 대해서는) 다음의 글을 참조할 것. Gerhard Roth: Aus Sicht des Gehirns. Frankfurt/M. 2003, 197, 202쪽 이하.

56 Lutz Wingert: Grenzen der naturalistischen Selbstobjektivierung, in: Dieter Sturma (Hg.): Philosophie und Neurowissenschaften. Frankfurt/M. 2006, 240–260쪽, 특히 253쪽 참조.

57 Walburga Hülk/Ursula Renner (Hg.): Biologie, Psychologie, Poetologie. Verhandlungen zwischen den Wissenschaften. Würzburg 2005.

58 Friedrich Jaeger, Jörn Rüsen, Burkhard Liebsch, Jürgen Straub이 공동 발행한 3권짜리 문화학 사전 (Handbuch, Stuttgart/Weimar 2004)에는 문화학의 다양한 발상들과 방향들이 정리되어 있긴 하지만 모두 해석학적 경향으로 일관되고 있다. 특히 Jörn Rüsen: Ausblick: Sinnverlust und Transzendenz – Kultur und Kulturwissenschaft am Anfang des 21. Jahrhunderts, in: 앞의 책, 제 3권, 533–544쪽. Dietrich Böhler/Micha H. Werner: Alltagsweltliche Praxis und Rationalitätsansprüche der Kulturwissenschaften, in: 앞의 책, 66–83쪽, 여기에서는 69쪽, Kulturwissenschaften als 《die Wissenschaften vom Sinnhaften und auf Sinnhaftes Bezogenen》을 참조할 것.

59 Doris Bachmann-Medick: 1 + 1 = 3? Interkulturelle Beziehungen als 《dritter Raum》, in: Weimarer Beiträge 45, 4 (1999), 518–531쪽 참조.

60 Rolf Lindner: Konjunktur und Krise des Kulturkonzepts, in: Lutz Musner/Gotthart Wunberg (Hg.): Kulturwissenschaften. Forschung – Praxis – Positionen. Wien 2002, 69–87쪽.

61 Dipesh Chakrabarty: Provincializing Europe. Postcolonial Thought and Historical Difference. Princeton, Oxford 2000, 85쪽 참조. 이에 대한 자세한 설명은 본서 제4장 「포스트식민주의 턴」과 제5장 「번역적 턴」을 참조할 것.

62 문화분석을 위한 'travelling theories'의 근본적인 역할에 대해서는 Mieke Bal: Kulturanalyse. Frankfurt/M. 2002, 특히 11쪽을 참조할 것. 또한 Mieke Bal: Travelling Concepts in the Humanities. A Rough Guide. Toronto, Buffalo, London 2002 역시 참조할 것.

63 Stuart Hall: Cultural Studies und die Politik der Internationalisierung. Kuan-Hsing Chen interviewt Stuart Hall, in: Stuart Hall: Cultural Studies. Ein politisches

Theorieprojekt. Ausgewählte Schriften 3. Hamburg 2000, 137–157쪽, 여기서는 137쪽.

64 같은 책, 144쪽.

65 같은 책, 138쪽.

66 같은 책, 143쪽 이하.

67 같은 책, 149쪽 참조.

68 Margaret Jacob은 이에 대해 하나의 서구 학문 분과에서 시작해 점점 더 글로벌한 현상이 되었던 자연과학의 예를 가지고 설명한다. Margaret C. Jacob: Science Studies after Social Construction. The Turn toward the Comparative and the Global, in: Victoria E. Bonnell/Lynn Hunt (Hg.): Beyond the Cultural Turn. New Directions in the Study of Society and Culture. Berkeley, Los Angeles, London 1999, 95–120쪽 참조, 여기에서는 112쪽.

69 Kenneth J. Gergen: Understanding as Relationship. Cultural Psychology in Global Context, in: Jürgen Straub/Doris Weidemann/Carlos Kölbl/Barbara Zielke (Hg.): Pursuit of Meaning. Advances in Cultural and Cross-Cultural Psychology. Bielefeld 2006, 83–102쪽. 이 글은 서구적 범주의 보편화 경향에 대한 뚜렷한 문제의식을 갖고 범주들에 대해 특히 광범위한 상호 문화적 성찰을 하고 있는 글이다.

70 Ulrich Beck: Was ist Globalisierung? Irrtümer des Globalismus – Antworten auf Globalisierung. Frankfurt/M. 제 5판, 1998, 91쪽. (Roland Robertson의 《글로벌화(Globalisierung)》의 개념을 차용함.) 역사학에 대해서는 탁월한 다음 논문을 참조할 것. Reinhard Blänkner: Historische Kulturwissenschaften im Zeichen der Globalisierung, in: Historische Anthropologie 16,3 (2008), 34T–372쪽. 문학에 대해서는 Ansätze zu einer 《Poetik des Globalen》 (XV쪽), in: Ulfried Reichardt (Hg.): Die Vermessung der Globalisierung. Kulturwissenschaftliche Perspektiven. Heidelberg 2008을 참조할 것. 또한 Elke Sturm-Trigonakis: Global playing in der Literatur. Ein Versuch über die Neue Weltliteratur. Würzburg 2007도 참조할 것. [재판에서 추가된 부분임. 나중에 넣을지를 결정해야 함]

71 George E. Marcus: The Twistings and Turnings of Geography and Anthropology in Winds of Millennial Transition, in: Ian Cook/David Crouch/Simon Naylor/James R. Ryan (Hg.): Cultural Tums/Geographical Turns. Perspectives on Cultural Geography. London, New York 2000, 13–25쪽, 여기에서는 15쪽.

72 같은 책, 15쪽.

73 Ulrich Beck: Globalisierung als Metamachtspiel der Weltinnenpolitik. Zehn Thesen zu einer Neuen Kritischen Theorie in kosmopolitischer Absicht, in: Friedrich Jaeger/Jörn Rüsen (Hg.): Handbuch der Kulturwissenschaften. Bd. 3: Themen und Tendenzen. Stuttgart, Weimar 2004, 521–532쪽, 여기에서는 531쪽. Ulrich Beck: Der kosmopolitische Blick oder: Krieg ist Frieden. Frankfurt/M. 2004도 참조할 것.

74 Clifford Geertz: Welt in Stücken. Kultur und Politik am Ende des 20. Jahrhunderts. Wien 1996, 30쪽.

75 Ulf Hannerz: Transnational Research, in: H. Russel Bernard (Hg.): Handbook of Methods in Cultural Anthropology. Walnut Creek, London, New Delhi 1998, 235–256쪽, 특히 246쪽 이하 참조.

76 Geertz: Welt in Stücken, 27쪽: "정치 이론은 흔히 높은 곳에서 세계의 집단 정체성을 이루는 이러한 특징, 차이, 특수성, 꼬리표붙이기의 미로를 내려다본다. 이론가들은 마치 열기구를 타고 있는 것처럼 저 높은 곳을 생각에 잠겨 날아다닌다. (...) 그러면 타당성, 안정성 혹은 지성적 균형을 상실하는 값을 치르면서 구체적인 사례들의 저지대로 들어가는 것 외에 우리가 할 수 있는 일이 무엇인가?"

77 같은 책, 31쪽.

색인(인물)

ㅂ

ㅅ

ㅇ

색인(용어)

ㅇ

ㅈ

역자 약력

'호모포에티카'는 한국외대 독일어과를 중심으로 독일문학과 문화를 사랑하고 함께 배우기를 좋아하는 사람들의 연구모임이다.

강병창

한국외국어대학교 언어연구소 인문한국(HK) 교수로 재직하고 있다. 한국외국어대학교 독일어과를 졸업했고, 같은 대학교 대학원에서 통사-화용 접점(정보구조)에 대한 논문으로 박사학위를 받았다. 「Metaphor and Its Humorousness」, 「Unifying Opposites through Metaphor」, 「언어기호의 매체상호성」 등을 비롯하여, 은유, 유머, 언어폭력, 언어 매체성 등에 관한 논문이 다수 있다. 저서로는 『언어와 유머』가 있으며, 공저로는 『내러티브와 매체』, 『인지와 감정의 내러톨로지』, 『세미오시스의 매체성과 물질성』, 『말과 그림 사이』, 『디지털 문화와 놀이』 등이 있다. 『거짓말의 언어학』, 『번역이론 입문』 등을 공역했다.

김성화

현재 한국외대 독일어과 강사로 재직 중이다. 한국외국어대학교에서 초기낭만주의와 노발리스 연구로 문학박사학위를 취득했다. 독일 보훔 루어대학교에서 박사후 연구과정으로 시각매체와 매체수용 연구 프로젝트를 수행했다. 역서 『카프카: 비유에 대하여』, 『데미안』, 공역 『괴테, 예술작품 같은 삶』, 공저 『신화·문학 속 여성의 다매체적 변용』이 있다. 주요 논문으로는 초기낭만주의, 시각매체 및 매체수용, 토마스 베른하르트 연구가 있다.

김요한

한국외대 독일어과를 졸업하고 같은 대학교에서 『하이퍼텍스트 문학 연구 - 하이퍼텍스트의 구조적 특성과 새로운 문학의 가능성』이란 논문으로 박사학위를 취득했다. 현재 영남대학교 유럽언어문화학부에 교수로 재직하고 있다. 주요 논문으로 「원형과 전형, 그리고 변용」, 「소설 보기, 영화 읽기」, 「아리아드네의 실」, 「괴물열전」, 등이 있고, 저서로 『디지털 시대의 문학하기』, 『매체와 장르』(공저), 『디지털 문화와 놀이』(공저) 등이 있다.

김영옥

현재 한국외국어대학교 독일어과 강사이다. 하인리히 하이네에 관한 박사논문으로 문학박사 학위를 취득했고 그 후 수사학을 연구 중심 주제로 삼고 있다. <플라톤과 괴테의 반수사학의 수사학>으로 연구재단의 지원을 받아 동대학 철학문화연구소의 연구교수를 역임했다. 『고대수사학』을 번역했고 플라톤, 괴테, 하이네, 영화의 수사학에 관한 논문들을 썼다.

김형래

현재 한국외대 독일어과 교수로 재직 중이다. 2008년 독일 보훔대학에서 영화학 박사학위를 취득했다. 역서 『파스빈더와 들뢰즈』, 『들뢰즈의 시네오시스』와 공역서 『영화와 텔레비전 분석 교과서』, 『괴테: 예술작품 같은 삶』 등이 있으며, 공저로 영화평론집 『신과 함께』, 『기생충』 등이 있다. 미하엘 하네케, 빔 벤더스, R.W. 파스빈더에 관한 논문 및 들뢰즈의 영화 이론에 관한 다수의 논문이 있다.

김혜숙

현재 동아대학교 독어독문학과에서 재직 중이다. 1998년 독일 파사우 대학에서 독일문학 박사학위를 취득했다. 역서로 『뒤렌마트 희곡선』, 『죽음』 등이 있다.

서송석

현재 서울여자대학교 독어독문학과 조교수로 재직 중이다. 한국외대 독일어과를 졸업하고 독일 뒤셀도르프 대학에서 니클라스 루만의 체계이론을 통한 괴테의 소설 『빌헬름 마이스터』 분석으로 문학박사학위를 취득하였다. 영화 평론 시리즈 『신과 함께, 『택시운전사』 및 한국괴테학회의 『괴테사전』을 공동 저술하였고,『호모 루덴스 vs 호모 디기탈리스』로 HK 세미오시스 연구총서에 참여하였으며 『몰교양 이론』, 『괴테, 예술작품 같은 삶』을 공동 번역하였다. 논문으로는 「야스퍼스와 토마스 만의 괴테 인식」, 「예술 및 문학사회학의 지평 확대를 위한 새로운 모색」, 「니클라스 루만의 인간과 주체 개념」 등이 있다.

서유정

현재 한국외국어대학교 독일어과 교수로 재직 중이다. 독일 본 대학교에서 여성작가들의 유년기-자서전 연구로 독문학 박사학위를 취득했다. 역서로 『하늘의 문화사』, 『팝콘 먹는 소크라테스』, 『마이카의 황새』, 『'세대'란 무엇인가? 카를 만하임 이후 세대담론의 주제들』(공역), 『괴테. 예술작품 같은 삶』(공역) 등이 있다. 여성문학, 노년문학, 매체와 서사, 문학과 심리, 문학적 인간학을 주제로 한 다수의 연구논문이 있으며, 최근의 논문으로는 「문학적 인간학의 개념과 조망」이 있다.

신혜선

현재 국립 공주대학교 독어독문학과 교수로 재직 중이다. 2013년 독일 본 대학에서 독문학박사학위를 취득했다. 역서 헤르만 헤세 『청춘은 아름다워라』, 공역 『괴테, 예술작품 같은 삶』, 『영화와 텔레비전 분석교과서』 등이 있으며, 공저로 『신화·문화 속 여성의 다매체적 변용』 이 있다. 논문으로는 헤르만 헤세, 로베르트 무질, 하인리히 만의 소설에 관한 연구가 있으며, 청춘기담론 및 자아정체성 연구와 문화학 연구에 관한 다수의 논문이 있다.

이도영

독일 본 대학교(Universität Bonn) 번역과 학사 및 석사과정을 마치고, 한국외국어대학교에서 독일의 "인터넷 상담 게시글과 댓글 분석"이라는 논문으로 박사학위를 받았다. 현재는 한국외국어대학교와 고려대 등에 시간강사로 출강하고 있다. 주요 논문으로는 「독일 인터넷 채팅에서의 직시어 분석」(2018), 「독일 #MeTwo 텍스트에 나타난 함축적 차별 연구」(2019), 「인스타그램 뉴스 기사를 구성하는 이미지 기호와 언어 기호의 상호관계 - 독일 zdf heute 뉴스 기사를 중심으로」(2020) 등이 있으며, 세미오시스 학술총서 11, 『소셜 미디어 속의 기호적 실천과 담론』(2019)에 공동 저자로 참여하였다.

이정현

한국외국어대학교와 고려대학교 강사. 2017년 한국외국어대학교에서 독일 코미디작가 로리오의 유머 연구로 언어학박사학위를 취득하였으며, 현재 한국외대와 고려대 등에 출강하고 있다. 『일반 통번역 이론 기초』를 공동 번역하였으며, 논문으로는 「로리오의 TV코미디에 사용된 소도구의 기능 연구」, 「로리오의 스케치에 나타난 정치 풍자」, 「독일어 수업의 사회적 형태」와 「외교관계에서의 국가 간 사과 전략」이 있다.

장은수

연극평론가이며 현재 한국외대 서양어대 학장, 독일어과 교수, 세계문화예술경영연구소장으로 재직 중이다. 오스트리아 빈대학교에서 문학 박사를 취득했고, 한국독어독문학회 회장, 한국브레히트학회장, 세계문학비교학회장, 한국드라마학회장 등을 역임했다. 논문으로는「페터 슈타인의 <파우스트> 마라톤공연」, 「포스트드라마 시대의 <보이체크>」, 「베를린 샤우뷔네와 연극혁신 프로그램」, 「포스트서사극시대 우리 전통극의 새로운 가능성」, 「Upcycling Brecht」등이 있고, 역서로 『마지막 도박』, 『도둑들』, 『괴테, 예술작품 같은 삶』(공역) 등이 있으며, 그리고 저서로는『브레히트의 연극세계』(공저), 『한국현대연출가연구』(공저), 『연극공간의 이론과 생산』(공저), 『연극과 젠더』(공저),『퍼포먼스 드라마투르기』(공저) 등이 있다.

조규희

현재 한국외국어대학교 강사로 재직. 독일 파더본대학에서 '68이후의 서독 노동문학 서클에 대한 연구로 박사학위 취득. 역서 『자유』, 『카카오』 외에, '문학과 노동가치의 형성'이라는 주제로 근현대 독일소설을 다룬 논문으로는 「게으름의 권리」,「노동을 통한 자기실현이 불가능한 세대의 문학」,「독일 산업노동자와 기계노동공간의 출현과 문학적 대응」 등이 있다.

주미경

독일 마인츠 대학에서 독문학, 철학 및 교육학으로 박사학위 취득하였고, 현재 한국외국어대학교와 상명대학교에 출강하고 있다. 저서로는 『Natur und Modernität. Untersuchungen zu den Frauengestalten in den Dramen Georg Kaisers』가 있고, 역서와 논문으로는 『영화와 텔레비전 분석 교과서』(공역), 『괴테. 예술작품 같은 삶』(공역), 「카이저의 「유대인 과부」에 나타난 니체의 생철학」, 「독일어 수업에서의 즉흥연기」, 「Die Kunstzeitschrift 『Der Sturm』 in der expressionistischen Kunstepoche」 등이 있다.

컬처럴 턴즈

초판 인쇄 2021년 2월 8일
초판 발행 2021년 2월 15일

지은이 Doris Bachmann-Medick
옮긴이 호모포에티카(강병창, 김성화, 김요한, 김영옥, 김형래, 김혜숙, 서송석, 서유정, 신혜선, 이도영, 이정현, 장은수, 조규희, 주미경)
발행인 윤성우 Director, University Knowledge Press
편집장 신선호 Executive Knowledge Contents Creator
도서편집 이근영 Contents Creator
장혜정 Contents Creator
디자인 우승민 Designer
재무관리 조아라 Managing Creator
전자책·사전 장혜린 Contents Creator
발행처 한국외국어대학교 지식출판콘텐츠원
02450 서울특별시 동대문구 이문로 107
전화 02)2173-2493~7
FAX 02)2173-3363
홈페이지 http://press.hufs.ac.kr
전자우편 press@hufs.ac.kr
출판등록 제6-6호(1969. 4. 30)
인쇄·제본 (주)트윈벨미디어 02)2088-1810

ISBN 979-11-5901-817-6 [93300] 정가: 30,000원

* 잘못된 책은 교환하여 드립니다.

HUiNE은 한국외국어대학교출판부의 어학도서, 사회과학도서, 지역학 도서 Sub Brand이다. 한국외대의 영문명인 HUFS, 현명한 국제전문가 양성(International+Intelligent)의 의미를 담고 있으며, 휴인(携引)의 뜻인 '이끌다, 끌고 나가다'라는 의미처럼 출판계를 이끄는 리더로서, 혁신의 이미지를 담고 있다.